CORPVS CHRISTIANORVM

Continuatio Mediaeualis

243

CORPVS CHRISTIANORVM

Continuatio Mediaeualis

243

COLLECTIO EXEMPLORVM CISTERCIENSIS

EXEMPLA MEDII AEVI

inuestiganda atque edenda
curant

Jacques Berlioz   Marie Anne Polo de Beaulieu
Jean-Claude Schmitt

TOMVS V

TURNHOUT
BREPOLS ❧ PUBLISHERS
2012

COLLECTIO EXEMPLORVM CISTERCIENSIS

in codice Parisiensi 15912 asseruata

cura et studio

Jacques Berlioz et Marie Anne Polo de Beaulieu

auxilium praestantibus

Pascal Collomb, Marie-Claire Gasnault, Pierre Gasnault, Isabelle Rava-Cordier

TURNHOUT
BREPOLS PUBLISHERS
2012

CORPVS CHRISTIANORVM

Continuatio Mediaeualis

in Abbatia Sancti Petri Steenbrvgensi
a reuerendissimo Domino Eligio Dekkers
fundata
nunc sub auspiciis Vniuersitatum
Universiteit Antwerpen
Vrije Universiteit Brussel   Universiteit Gent
Katholieke Universiteit Leuven
Université Catholique de Louvain
edita

editionibus curandis praesunt
Rita Beyers   Georges Declercq   Jeroen Deploige
Paul-Augustin Deproost   Albert Derolez   Willy Evenepoel
Jean Goossens   Guy Guldentops   Mathijs Lamberigts
Gert Partoens   Paul Tombeur   Marc Van Uytfanghe
Wim Verbaal

parandis operam dant
Luc Jocqué   Bart Janssens
Paolo Sartori   Christine Vande Veire

© 2012 BREPOLS ⁑ PUBLISHERS (Turnhout – Belgium)

All rights reserved. No part of this publication may be reproduced,
stored in a retrieval system, or transmitted, in any form or by any means,
electronic, mechanical, photocopying, recording, or otherwise,
without the prior permission of the publisher.

Cette édition est dédiée
à Jacques Le Goff et à Brian Patrick McGuire.

AVANT-PROPOS

L'édition du recueil cistercien de récits exemplaires conservé dans le manuscrit latin 15912 de la Bibliothèque nationale de France a été menée par une équipe interdisciplinaire durant plusieurs années, et non sans quelques interruptions, dans le cadre du séminaire «Recherches sur les *exempla* médiévaux» (Groupe d'anthropologie historique de l'Occident médiéval, Centre de recherches historiques, École des hautes études en sciences sociales-Centre national de la recherche scientifique, Paris) animé par Jacques Berlioz et Marie Anne Polo de Beaulieu.

Cette équipe était formée de: Jacques Berlioz, Gérard Blangez, Alain Boureau, Claude Bremond, Hélène Cassaigne, Bernard Darbord, Rosamaria Dessi-Lauwers, Jean-Luc Eichenlaub, Marie-Claire Gasnault, Anna Launay, Marie Anne Polo de Beaulieu, Colette Ribaucourt, Catherine Velay-Vallantin.

Chacun des membres de cette équipe s'est chargé de transcrire une partie du manuscrit et d'identifier les sources des récits correspondants.

Isabelle Rava-Cordier a poursuivi les recherches de sources et en a harmonisé les notices; elle s'est chargée également des *indices* des sources. Pascal Collomb (EHESS, Paris) a procédé à la mise aux normes de l'ensemble suivant les critères de la collection; il a rédigé les notes liturgiques; avec M. A. Polo de Beaulieu il a établi les *indices* des matières, de personne et de lieu. Pierre Gasnault a donné la description codicologique du manuscrit et relu le texte latin, avec P. Collomb, Pierre-Olivier Dittmar et M. A. Polo de Beaulieu. J. Berlioz et M. A. Polo de Beaulieu, outre la direction de l'ouvrage, ont écrit son introduction.

Cette édition a été rendue possible grâce au soutien du Centre national de la recherche scientifique, de l'École des hautes études en sciences sociales, et de l'Agence nationale de la recherche.

Nos remerciements vont particulièrement à Luc Jocqué, Publishing Manager aux Éditions Brepols, pour ses relectures, son acribie, et sa longue patience.

BIBLIOGRAPHICA COMPENDIA ADHIBITA

AASS	*Acta sanctorum*, Paris-Rome-Bruxelles, 3e éd., 1845-1870.
Barthélemy de Trente, *Liber epilogorum*	Barthélemy de Trente, *Liber epilogorum in gesta sanctorum*, ed. E. Paoli, Florence, Galluzzo, 2001.
Berlioz, 'Les ordalies dans les *exempla* de la confession'	J. Berlioz, 'Les ordalies dans les *exempla* de la confession', in *L'aveu: antiquité et Moyen Âge*, Rome, 1986 (École française de Rome, 88), p. 315-340.
Berlioz, 'Crapauds et cadavres dans la littérature exemplaire'	J. Berlioz, 'Crapauds et cadavres dans la littérature exemplaire (XIIe-XIVe siècles)', in *Micrologus*, 'Il cadavere', 7 (1999), p. 231-246.
BHL	*Bibliotheca hagiographica latina antiquae et mediae aetatis*, Bruxelles, 2 vol., 1898-1901, et un vol. de supplément, Bruxelles, 1911.
BHL, *Suppl.*	*Bibliotheca hagiographica latina antiquae et mediae aetatis, Novum supplementum*, éd. H. Fros, Bruxelles, 1986 (Subsidia hagiographica, 70).
BnF	Bibliothèque nationale de France, Paris, France.
CAO	R.-J. Hesbert, *Corpus Antiphonalium Officii*, Rome, 6 vol., 1963-1979.
CCCM	*Corpus Christianorum, Continuatio Mediaevalis*, Turnhout.
CCSL	*Corpus Christianorum, Series Latina*, Turnhout.
Colgrave-Mynors	B. Colgrave, R. A. B. Mynors, ed., *Bede's Ecclesiastical History of the English People*, Oxford, 2001 [1969].
Conrad d'Eberbach, *Exordium Magnum Cisterciense*	Conrad d'Eberbach, *Exordium Magnum Cisterciense*, éd. Br. Griesser, Rome, Editiones Cistercienses (Series Scriptorum S. Ordinis Cisterciensis, 2), 1961.
Conrad d'Eberbach, *Le Grand Exorde*	J. Berlioz (dir.), Conrad d'Eberbach, *Le Grand Exorde de Cîteaux ou Récit des débuts de l'Ordre cistercien*, Turnhout, Brepols/Cîteaux-Commentarii cistercienses, 1998.

CSEL	*Corpus scriptorum ecclesiasticorum latinorum*, Vienne.
DACL	*Dictionnaire d'archéologie chrétienne et de liturgie*, Paris, 1924-1951.
EW	Eusebius Werke. 2/1-3, *Die Kirchengeschichte*, éd. E. Schwartz, Th. Mommsen, 2e éd. 1999 [1903-1908] (Die Griechischen Schriftsteller der ersten Jahrhunderte, neue Folge, 6/1-3).
Geoffroy de Monmouth, *Historia regum Britanniae*	Geoffroy de Monmouth, *Historia regum Britanniae* (éd. N. Wright, *The Historia regum Britannie of Geoffrey of Monmouth*, vol. I, Bern, Burgerbibliothek, ms. 568, 1984, vol. II, *The First Variant Version: a critical edition*, 1988).
Herbert von Clairvaux und sein Liber miraculorum	*Herbert von Clairvaux und sein Liber miraculorum. Die Kurzversion eines anonymen Redaktors*. Untersuchung, Edition und Kommentar, ed. G. Komptascher Gufler, Bern etc., P. Lang, 2005.
Hilka, *Wundergeschichten*	A. Hilka, *Die Wundergeschichten des Caesarius von Heisterbach*, Bd. 1 und 3 (Publikationen der Gesellschaft für Rheinische Geschichtskunde, 43). Bonn 1933/37.
Lehmann	P. Lehmann, 'Ein Mirakelbuch des Zisterziensordens', in *Erforschung des Mittelalters*, Band IV, Stuttgart, 1961 [1927], p. 264-282.
McGuire, 'The Cistercians and the rise of *exemplum*'	Br. P. McGuire, 'The Cistercians and the rise of *exemplum* in early XIIIth century: a re-evaluation of Paris BN ms. lat. 15912', *Classica et Mediaevalia*, 34 (1983), p. 211-267.
McGuire, 'Les mentalités cisterciennes'	Br. P. McGuire, 'Les mentalités cisterciennes dans les recueils d'*exempla* du XIIe siècle: une nouvelle lecture du *Liber Visionum et Miraculorum* de Clairvaux', in *Les* exempla *médiévaux, nouvelles perspectives*, Paris, Champion, 1998, p. 107-145.
McGuire, 'A lost Clairvaux Collection'	Br. P. McGuire, 'A Lost Clairvaux *Exemplum* Found: The *Liber visionum* compiled under Prior John of Clairvaux (1171-1179)', in *Analecta Cisterciencia*, 39 (1983), p. 27-62.
McGuire, *Friendship and faith*	Br. P. McGuire, *Friendship and faith: Cistercian men, women, and their stories, 1100-1250*, Aldershot, 2002 (Variorum Collected Studies Series, 742), p. 264

Meister	Al. Meister, éd., *Die Fragmente der Libri VIII Miraculorum des Caesarius von Heisterbach*, Rome, 1901.
MGH, SS	*Monumenta Germaniae Historica, Scriptores*.
MGH, SS auct. ant.	*Monumenta Germaniae Historica, Auctores antiquissimi*.
MGH, SS rer. merov.	*Monumenta Germaniae Historica, Scriptores rerum merovingicarum*.
PG	J.-P. Migne, éd., *Patrologiae Cursus completus* [...], *Series graeca*, Paris.
PL	J.-P. Migne, éd., *Patrologiae Cursus completus* [...], *Series latina*, Paris.
Poncelet	A. Poncelet, 'Miraculorum B. V. Mariae quae saec. VI. XV. latine conscripta sunt index postea perficiendus', *Analecta Bollandiana*, 21 (1902), p. 241-360.
SATF	*Société des Anciens Textes Français*
SBO	J. Leclercq, H. Rochais, C. H. Talbot, éd., *Sancti Bernardi Opera*, Rome, 9 t. en 10 vol., 1957-1977.
SC	*Sources chrétiennes*, Paris.
Strange	J. Strange, éd., *Caesarii Heisterbacensis monachi ordinis cisterciensis Dialogus Miraculorum*, Cologne, Bonn, Bruxelles, 2 vol., 1851.
Torrell-Bouthillier	Pierre le Vénérable, *Livre des merveilles de Dieu* (*De Miraculis*). Introduction, traduction et notes par J.-P. Torrell et D. Bouthillier, Fribourg-Paris, 1992 (Vestigia, 9).
Tubach	F. C. Tubach, *Index exemplorum. A Handbook of medieval religious tales*, Helsinki, 1969 (Fellow Folklore Communications, 204).
Welter	J. Th. Welter, *L'Exemplum dans la littérature religieuse et didactique du Moyen Âge*, Paris-Toulouse, 1927 [réimpr. Genève, 1973].

INTRODUCTION

I. La place du manuscrit Paris, BnF, lat. 15912
(dit *Collectio exemplorvm Cisterciensis*)
parmi les premiers recueils cisterciens d'*exempla*

Dans la seconde moitié du XIIe siècle et dans le premier tiers du XIIIe siècle, les moines cisterciens furent de grands producteurs et compilateurs de récits exemplaires. Brian P. McGuire a pu parler d'Âge d'or de la narration cistercienne (*Golden Age of Cistercian Storytelling*)[1]. Parurent alors diverses vies du saint fondateur et des collections de miracles (visions, histoires morales) témoignant de l'enthousiasme d'un l'ordre en plein essor. Les collections établies dans le cadre cistercien offrent deux étapes dans leur développement.

En premier lieu, comme l'a souligné Br. P. McGuire, le premier matériel narratif fut transmis sous l'influence des *Vies des Pères du Désert* ou des *Dialogues* de Grégoire le Grand : miracles, visions, brefs aperçus de la vie de saints personnages, expériences individuelles, désastres naturels et autres signes d'interventions surnaturelles trouvèrent place dans des recueils élaborés, semble-t-il, à la hâte et destiné à un usage interne, pour édifier les moines de Clairvaux[2]. Vint tout d'abord le *Livre des miracles* du prieur Jean de Clairvaux, conçu dans les années 1170-1180 ; il a été édité par Olivier Legendre sous le titre de *Collectaneum exemplorum ac visionum Clarevallense*[3]. Ce recueil hétérogène fournit une matière narrative cistercienne d'une exceptionnelle richesse. Il

---

[1] Br. P. McGuire, 'Cistercian Storytelling – A Living Tradition : Surprises in the World of Research', *Cistercian Studies Quarterly*, 39 (2004), p. 281-309, spec. p. 293.

[2] Br. P. McGuire, 'The Cistercians and the rise of *exemplum*', p. 211-215.

[3] Selon O. Legendre, le *Collectaneum* n'est aucunement un recueil factice ; le manuscrit est divisé en quatre grandes parties, de longueur très inégale ; dans les deux premières se décèle une réelle volonté d'organisation et de cohérence narrative. Cf. O. Legendre, 'Le *Liber visionum et miraculorum*. Édition du manuscrit de Troyes (Bibl. mun., ms. 946)', *Positions des thèses*, Paris, École nationale des chartes, 2000, p. 197-199 ; id. (éd.), *Collectaneum exemplorum et uisionum Clareuallense e codice Trecensi 946*, Turnhout, Brepols, 2005 (CCCM, 208), p. LVII-LX.

faut y ajouter le *Liber visionum et miraculorum* d'Herbert de Clairvaux (ou de Torres), achevé à Clairvaux vers 1178, dont on trouve dans les bibliothèques européennes de nombreuses – et éclatées – versions[4]. Le but d'Herbert de Clairvaux était d'éblouir le lecteur par nombre de miracles et de merveilles, sans les interpréter ou les intégrer dans un quelconque système.

Dans une seconde étape, les *exempla* furent rangés selon une structure mieux définie et un plan davantage réfléchi; la provenance de leurs sources se trouva soigneusement précisée. Ils devaient illustrer un point théorique ou théologique, non transmettre une expérience directe. Le recueil édité ici, anonyme et sans titre, conservé sous la cote Paris, Bibliothèque nationale de France, lat. 15912, composé au début du XIIIe siècle, se place aux aurores de cette mouvance, car ses *exempla* sont rangés sous soixante-dix-neuf rubriques, même si leur agencement ne suit pas un plan qui semble rigoureux; quant à leurs sources, qui sont surtout d'origine savante, elles sont clairement annoncées, même si les chapitres offerts en fin de manuscrit, pour l'essentiel empruntés au *Liber visionum et miraculorum* d'Herbert de Clairvaux, se présentent sans classement thématique et sans indication de provenance[5]. Un autre recueil, d'une structure plus ferme, est l'*Exordium magnum Cisterciense* de Conrad d'Eberbach, dans lequel le livre d'Herbert de Clairvaux est incorporé, mot à mot; il s'agit d'un ensemble vaste et sophistiqué de distinctions illustrant la première histoire des Cisterciens et quelques uns de leurs membres les plus distingués[6]. Enfin, s'impose le *Dialogus mira-*

---

[4] Sur le *Liber visionum et miraculorum*, O. LEGENDRE (éd.), *Collectaneum*, p. LXXXVI-XCIII; S. MULA, 'Herbertus di Torres', dans *Herbertus Turrium Sardiniae Archiepiscopus* Bolletino semestriale del Gruppo di studio 'Herbertus', Porto Torres, Centro Studi Basilica di San Gavino, I, s. d. [1999], p. 5-8. Édition de la version courte par Gabriela KOMPATSCHER GUFLER, *Herbert von Clairvaux und sein* Liber miraculorum : *die Kurzversion eines anonymen bayerischen Redaktors*, Francfort, P. Lang, 2005.

[5] Br. P. McGuire place sous la première étape le présent manuscrit. Il nous semble toutefois plus élaboré dans sa construction que le *Collectaneum exemplorum ac visionum Clarevallense* ou le *Liber visionum et miraculorum*.

[6] Br. GRIESSER (éd.), *Exordium magnum Cisterciense, sive, Narratio de initio Cisterciensis Ordinis*, Rome, 1961 (Series scriptorum S. Ordinis Cisterciensis, 2); nouv. éd., Turnhout, Brepols, 1994, ²1997 (CCCM 138); J. BERLIOZ (dir.), Conrad d'Eberbach, *Le Grand Exorde de Cîteaux ou Récit des débuts de l'Ordre cistercien*, Turnhout, Brepols/Cîteaux-Commentarii cistercienses, 1998; H. PIESIK, *Exordium Magnum Cisterciense oder Bericht vom Anfang des*

culorum composé par Césaire de Heisterbach entre 1219 et 1223 ; solidement bâti sous la forme de douze *distinctiones* allant de la conversion aux fins dernières, il offre environ sept cent quarante récits ; il a reçu un grand succès, se trouvant conservé dans près de quarante manuscrits et ayant été imprimé dès 1481[7].

Pour en revenir à notre recueil, ses qualités ont été soulignées dès 1927 par Jean Thiébaud Welter dans sa thèse sur l'*exemplum* médiéval[8] ; en 1983, dans une longue et magistrale étude, Br. P. McGuire en a proposé une nouvelle datation, l'a replacé dans la lignée des recueils cisterciens d'*exempla*, et en a finement étudié les sources[9]. Et l'on ne peut qu'être surpris par la provenance fort diversifiée des récits et le classement des *exempla* sous de multiples rubriques, au moins dans sa première partie. De ce point de vue, il préfigure les grands recueils mendiants de la seconde moitié du XIIIe siècle. En un mot, le manuscrit Paris, BnF lat. 15912, est un excellent témoin de la seconde étape des recueils cisterciens d'*exempla*, et fournit des indications très importantes sur un renouvellement des méthodes, des contenus et des usages cisterciens appliqués à la narration exemplaire.

II. Le manuscrit Paris, Bibliothèque nationale de France, lat. 15912

Structure générale

L'ouvrage peut être divisé en trois sections, bien que le manuscrit présente un flot ininterrompu d'*exempla*, soit :

1. 71 (ou plutôt 72 eu égard à un oubli d'une rubrique dans la table des matières qui ouvre le manuscrit) chapitres sur les vices et les vertus (fol. 7-121), ou ayant trait à la vie monastique, et issus d'une myriade de sources. Il n'y a pas d'allusion à des événements

---

Zisterzienserordens von Conradus Eberbacensis, 2 t., Langwaden, 2000, 2002 (Quellen und Studien zur Zisterzienserliteratur, 3, 5).

[7] J. STRANGE (éd.), *Caesarii Heisterbacensis monachi ordinis cisterciensis Dialogus Miraculorum*, Cologne, Bonn, Bruxelles, 2 vol., 1851 ; A. BARBEAU (trad.), Césaire de Heisterbach, *Le Dialogue des Miracles*. Livre I : *De la conversion*, Oka, 1992 (Voix monastiques, 6) ; N. NÖSGES, H. SCHNEIDER (trad.), *Caesarius von Heisterbach : Dialogus Miraculorum – Dialog über die Wunder : Lateinisch-deutsch*, 5 t., Turnhout : Brepols, 2009.

[8] WELTER, p. 251-254.

[9] Br. P. McGUIRE, 'The Cistercians and the rise of *exemplum*', p. 211-267.

historiques postérieurs à 1190. Les titres ou les auteurs sont indiqués en rouge.

2. Des chapitres (fol. 121-131), avec des titres mais non numérotés (et non mentionnés dans la table, fol. 6r°-v°). Les récits sont surtout issus des vies de saints cisterciens du XIIe siècle. Et sans doute après le fol. 129c, de récits clunisiens.

3. De longs extraits du *Liber miraculorum* de Herbert de Clairvaux (fol. 131-170) (selon une version primitive du texte, sans indication de chapitres, telle qu'on peut la trouver dans l'édition de Pierre-François Chifflet, Dijon, 1660, reprise dans la Patrologie latine), suivi de récits variés, en partie d'origine clunisienne (fol. 170-174). L'ensemble est dépourvu de conclusion, et le mot *Finis* est d'une autre main.

Description matérielle[10]

Le manuscrit latin 15912 de la Bibliothèque nationale de France est un manuscrit constitué de 179 feuillets qui se répartissent ainsi : 4 feuillets de garde de papier datables du XVIIe siècle (fol. 1-4) ; 1 feuillet de garde de parchemin de même époque (fol. 5) ; 169 feuillets de parchemin de l'époque médiévale (fol. 6-174) ; 1 feuillet de garde de parchemin datable du XVIIe siècle ; 4 feuillets de garde de papier datables du XVIIe siècle. Les cinq derniers feuillets ne sont pas numérotés. La foliotation en chiffres arabes des autres feuillets date du XIXe siècle. Les feuillets 6-174 sont ainsi disposés : 1 feuillet isolé monté sur onglet (fol. 6) et 21 cahiers de 8 feuillets chacun (fol. 7-174).

Les cahiers sont numérotés en chiffres romains de I à XXXI. La numérotation est placée au milieu de la marge inférieure du verso du dernier feuillet du cahier. A l'origine, les cahiers étaient tous munis d'une réclame placée dans la partie droite de la marge inférieure du verso du dernier feuillet du cahier. Ces réclames ont le plus souvent disparu lors de la reliure du manuscrit. Elles subsistent entières aux fol. 78v et 142v et, partiellement, aux fol. 38v, 94v, 102v et 134v.

---

[10] La description matérielle du manuscrit et son historique sont dus à Pierre Gasnault.

INTRODUCTION   XVII

Les feuillets de parchemin médiévaux mesurent 340 × 240 mm. L'écriture y est répartie sur deux colonnes de 30 lignes chacune. La réglure a été exécutée à la mine de plomb.

L'écriture est une écriture posée de type gothique dont le module varie quelque peu suivant les feuillets, sans toutefois que l'on puisse discerner l'intervention de plusieurs mains. Elle est datable du début du XIIIe siècle.

Le texte a été soigneusement révisé. Des mots ou des lettres ont été rayés et exponctués, généralement à l'encre rouge. Des additions correspondant à des oublis ont été transcrites en marge par la même main. Ces additions sont généralement signalées par un signe de renvoi tracé à l'encre rouge et elles sont entourées d'un trait rouge (fol. 9, 11, 22v, 23v, 50v, 62v, 137).

Quelques autres additions marginales ont été écrites de façon plus cursive et dans un module plus réduit par une main qui semble toutefois contemporaine (fol. 17v, 21, 58, 124, 173). Les titres des différents chapitres et paragraphes ont été écrits à l'encre rouge du fol. 6 au fol. 127 et aux fol. 173 et 174. Un titre courant est écrit, dans la marge supérieure, à l'encre rouge, parfois ocre jaune, du fol. 7 au fol. 121[11].

Les initiales des chapitres et des paragraphes sont peintes en bleu et rouge avec des antennes qui se développent dans les marges. Le manuscrit comporte de nombreuses initiales de moindre taille alternativement bleues et rouges et parfois ocre-jaune. Une seule initiale verte se remarque au fol. 140v. Quelques lettres d'attente, finalement tracées à l'encre noire, ont subsisté. Les débuts de chapitres (et quelques *exempla*) sont signalés par des lettres ornées de filigranes plus ou moins développés : fol. 11vb, 12ra, 15rb, 15vb, 16ra, 17va, 19ra, 21va, 22vb, 25rb, 25va, 27rb, 28rb, 30vb, 34vb, 37rb, 39ra, 40ra, 41ra, 42va, 49va, 51ra, 52rb, 53vb, 56rb, 57va, 59vb, 62vb, 66vb, 67ra-b, 70rb, 74ra, 74vb, 75rb, 75va, 76rb, 77rb, 79va, 80vb, 82rb, 85va, 86ra, 87rb, 88va, 90rb, 90va, 91rb, 101ra, 102va, 105vb, 108va, 109vb, 113va, 116vb, 118rb, 118va, 120va, 121ra, 121vb.

Dans quelques cas rares, la décoration est différente : le titre du chapitre est en bleu et brun clair : fol. 106rb et 118vb. A partir du fol. 123ra on note l'arrêt de la décoration des lettres au début des

---

[11] Une troisième main plus tardive donne par deux fois des additions marginales (sans signe d'appel dans le texte). Leur degré d'illisibilité a fait que nous avons renoncé à les intégrer (fol. 17v et 31v).

chapitres, ne subsistent que les titres rubriqués. Au fol. 123ra, on observe un titre incomplet: *De uirtute orationis. Cap* puis blanc en attente du chiffre. À partir de ce chapitre les chapitres suivants ne sont pas numérotés et ne comportent pas la mention *cap*. Aux fol. 123ua et 124rb, on observe les fins de plusieurs lignes inachevées entourées d'un trait rouge; au fol. 123ua, dans la marge gauche mention de la même écriture mais avec une encre plus pâle: *nichil deest*. Un trou dans le parchemin est situé dans cette zone.

Le manuscrit a été relié, dans la première moitié du XVIIe siècle, en maroquin rouge incarnat qui est décoré à la Du Seuil. Au milieu de chaque plat ont été frappées les armes du cardinal de Richelieu accompagnées de sa devise latine *His fulta manebunt*[12]. Le dos est divisé en six compartiments par des nerfs. Dans le second est doré un titre disposé sur cinq lignes SUMMA / VIRT. ET/ VITIERV̄ (*sic*) / INCERTI/ AUTHOR. Les armes de Richelieu, de plus petites dimensions que sur les plats sont frappées dans les autres compartiments[13]. Des gardes de papier marbré sont collés sur les contreplats. Les tranches sont dorées.

Histoire du manuscrit

L'histoire du manuscrit latin 15912 de la Bibliothèque nationale de France peut être reconstituée, du moins depuis la première moitié du XVIIe siècle, à partir de diverses mentions qu'il porte. Il appartenait alors au cardinal de Richelieu.

En effet, le titre qui est écrit dans la marge inférieure du fol. 6 et qui est datable du XVIIe siècle *Summa virtutum et vitiorum incerti authoris 29*[14] correspond à un catalogue de la bibliothèque de Richelieu qui fut établi de son vivant. Ce catalogue, dont il existe plusieurs copies donne le même titre pour le numéro 29 en y ajoutant les précisions suivantes «folio, sur parchemin, sans couverture»[15]. Peu de temps après et du vivant de Richelieu, le manuscrit reçut la reliure qui est décrite plus haut.

Dans l'inventaire de la bibliothèque de Richelieu qui fut dressé en 1643, quelques mois après le décès du cardinal[16], par les

---

[12] H. OLIVIER, G. HERMAL et R. DE ROTON, *Manuel de l'amateur de reliures armoriées françaises*, 4e série, Paris, 1925, pl. 406, 1.
[13] *Id.*, pl. 406.
[14] La même main a écrit le mot *finis* dans la marge inférieure du fol. 174v.
[15] Paris, BnF, ms. latin 15466, fol. 18v.
[16] Richelieu était mort le 4 décembre 1642.

libraires parisiens Thomas Blaise et Antoine Vitré, le manuscrit fut ainsi décrit sous le n° 2802 : *Item Summa virtutum et vitiorum incerti sive anonymi, ms. sur velin, relié idem, cotté 2802, prisé vingt cinq livres tournois*[17]. Cette numérotation 2802, suivie des signatures « Blaise Vitré » a été reportée dans la partie supérieure du fol. 1, selon un procédé suivi pour tous les livres décrits dans cet inventaire.

En vertu d'un arrêt du Parlement de Paris, en date du 14 février 1660, ce manuscrit, avec l'ensemble des livres manuscrits et imprimés de Richelieu, fut réuni à la bibliothèque du collège de Sorbonne[18]. Le cardinal avait, en effet, demandé que sa bibliothèque fût déposée dans ce collège qu'il avait fait reconstruire et dans la chapelle duquel il fut enterré.

Dans le courant du XVIIIe siècle, le timbre sec « Bibliothèque de Sorbonne » fut apposé dans les marges inférieures des fol. 6, 105v et 174v, et la cote 344 fut écrite dans la partie supérieure du fol. 5v. A la même époque, Henri-Michel Guédier de Saint-Aubin, qui fut bibliothécaire du collège de Sorbonne de 1736 à 1742, décrivit ainsi le manuscrit dans un catalogue de manuscrits de la Sorbonne provenant de la bibliothèque de Richelieu : « Codex membran. in folio, 13 saeculi, continet summam vitiorum et virtutum, cui adjuncta sunt exempla varia. Principium : Domitianus primus se Deum...[19] » Un de ses successeurs, l'abbé Antoine Gayet de Sansale, bibliothécaire de 1783 à 1792, transcrivit la traduction française de cette description sur ce même folio 5v : « Ce ms. du 13e siècle contient la Somme des vices et des vertus, à laquelle on adjoint quelques exemples. Principium : Domitianus primus se Deum... »

Durant la Révolution française, les manuscrits de la bibliothèque du collège de Sorbonne, devenus biens de la Nation, furent réunis à la Bibliothèque nationale. Ils formèrent alors un fonds spécial, le fonds de la Sorbonne, au sein duquel le manuscrit Sorbonne 344 reçut le n° 43. Il est ainsi décrit dans un cata-

---

[17] Paris, Bibl. Mazarine, ms. 4271, fol. 401v. La mention *idem* qui renvoie à une description de reliure notée dans un article précédent de l'inventaire doit se développer ainsi "maroquin incarnat et dorez à filets avec les armes de son Éminence".

[18] Sur la bibliothèque de Richelieu voir, en dernier lieu, P. GASNAULT, 'Note sur les livres de Richelieu', *Mélanges de la bibliothèque de la Sorbonne*, 8 (1988), p. 185-189.

[19] Paris, BnF, nouv. acq. lat. 101 (olim Arsenal 6264), p. 441 ; nouv. acq. lat. 100 (olim Arsenal 6268), fol. 287v.

logue de ce fonds alors rédigé: « Traité d'un auteur anonyme intitulé *Summa virtutum et vitiorum*. Manuscrit du 13ᵉ siècle[20]. » En 1868, ce fonds de la Sorbonne fut supprimé; les manuscrits en furent répartis dans les différentes séries du département des manuscrits suivant la langue dans laquelle ils étaient rédigés[21]. L'ancien Richelieu 2802, Sorbonne 34, reçut définitivement la cote «latin 15912». C'est alors qu'il fut folioté[22], et il est ainsi décrit dans l'inventaire que publia Léopold Delisle: «Recueil d'exemples moraux tirés de l'histoire sainte et profane, des Vies des Pères, de Bède, de Guill. de Malmesbury, des moines de Cluny et de Cîteaux. XIIᵉ s.[23]»

Dans son état actuel, le manuscrit latin 15912 ne présente aucun autre élément objectif qui permettrait de reconstituer son histoire avant son arrivée dans la collection de Richelieu. Il y parvint sans couverture. La couleur jaune très foncé, presque brune, du verso fol. 174 incite même à penser que ce feuillet est demeuré longtemps sans être protégé par une reliure. Si une mention d'appartenance avait été écrite sur les feuillets de garde ou aux contreplats de la reliure, elle a disparu avec elle.

La critique interne du contenu du manuscrit conduit à en rechercher l'origine dans un établissement de l'ordre de Cîteaux. Comme l'a souligné Brian Patrick McGuire, un certain nombre d'*exempla*, principalement ceux précédés de la rubrique *sine titulo* font intervenir des religieux de l'ordre de Cîteaux, auxquels s'ajoutent les extraits importants de l'œuvre d'Herbert de Clairvaux[24]. Plusieurs abbayes cisterciennes sont citées: Clairvaux, Cîteaux, Morimont, La Prée, Igny, Longpont, Ourscamp, Les Roches, Déols, L'Aumône, Foigny, Fontmorigny, Gastines, Grandselve, Bonnevaux, Baulaucourt, Cambron, Landais, Le Miroir, Mores, etc.

Il convient de remarquer que Richelieu fut abbé commendataire de Cîteaux de 1636 à 1642, ce qui lui ouvrait les portes des abbayes cisterciennes. D'autre part, il possédait au moins un

---

[20] Paris, BnF, nouv. acq. fr. 5483, fol. 281.
[21] L. DELISLE, *Le Cabinet des manuscrits de la Bibliothèque nationale*, t. 2, Paris, 1874, p. 207.
[22] Note au fol. 1: "Volume de 174 feuillets. Les feuillets 2-4 sont blancs. 4 mai 1869."
[23] L. DELISLE, *Inventaire des manuscrits de la Sorbonne conservés à la Bibliothèque impériale sous les n° 15716-16718 du fonds latin*, Paris, 1870, p. 28.
[24] Br. P. McGUIRE, 'The Cistercians and the rise of *exemplum*', p. 225.

manuscrit provenant d'une abbaye cistercienne. Il s'agit d'une bible latine en quatre volumes qui porte l'ex-libris de l'abbaye de Foigny (BnF, ms. latin 15177-15180)[25]. Cette bible de grand format est datable du milieu du XIIe siècle[26]. Elle est donc antérieure au manuscrit latin 15912, qui pourrait néanmoins avoir la même provenance[27]. L'hypothèse de Br. McGuire plaçant dans l'abbaye de Beaupré l'origine du manuscrit latin 15912 paraît fragile, car l'histoire des manuscrits de cette abbaye est relativement bien connue[28]. Un bon nombre d'entre eux parvinrent dans la première moitié du XVIIe siècle entre les mains de Philippe de Béthune. Son fils Hippolyte donna à Louis XIV, en 1664, sa très importante collection de manuscrits de telle sorte que quarante-sept manuscrits provenant de Beaupré sont conservés, depuis la seconde moitié du XVIIe siècle, par la Bibliothèque royale, aujourd'hui nationale, et ils sont inscrits dans l'ancien fonds latin[29]. Il est certes possible qu'un manuscrit de Beaupré soit parvenu dans la bibliothèque de Richelieu avant 1642, mais c'est peu probable.

III. La date et la provenance du manuscrit

J.-Th. Welter a commis une erreur en datant le manuscrit de la fin du XIIIe siècle. Il se fondait sur une source du manuscrit, la *Pontificalis historia*, qu'il identifiait à tort à la chronique de Martin le Polonais (seconde moitié du XIIIe siècle). Pour

---

[25] Foigny (Aisne, commune La Bouteille, canton et arrondissement de Vervins), abbaye cistercienne, fille de Clairvaux, fondée en 1121.
[26] Sur la bible de Foigny, voir W. Cahn, *La Bible romane*, Fribourg, 1980, p. 179, n° 96.
[27] En 1635, l'abbaye de Foigny souffrit beaucoup des ravages provoqués par la guerre franco-espagnole (Jean de Lancy, *Historia Fusniacensis coenobii ordinis Cisterciensis*, Bono Fonte, 1670, p. 107). Sur les manuscrits de Foigny, voir A. Bondéelle-Souchier, *Bibliothèques cisterciennes dans la France médiévale. Répertoire des abbayes d'hommes*, Paris, 1991, p. 99-101 (p. 99, lire 1635 et non 1653). Foigny possédait un manuscrit de *l'Exordium magnum Cisterciense* de Conrad d'Eberbach, du XIIIe siècle, aujourd'hui ms. 331 de la Bibliothèque municipale de Laon.
[28] Br. P. McGuire, 'The Cistercians and the rise of *exemplum*', p. 226-229. Beaupré (Oise, commune d'Achy, canton de Marseille-le-Petit), abbaye cistercienne, fille d'Ourscamp, fondée en 1135.
[29] L. Delisle, *Le Cabinet des manuscrits de la Bibliothèque impériale*, t. 1, Paris, 1868, p. 266 ; A. Bondéelle-Souchier, *Bibliothèques cisterciennes*, p. 20-23.

Br. P. McGuire, le manuscrit a été composé vers 1200 («at soon before or after 1200»). Il a été en effet rédigé après 1194, ce qu'indique l'utilisation de la *Vita* de Hugues de Bonnevaux, mort en 1194. Br. P. McGuire ajoute qu'il n'y a pas de mention d'abbés cisterciens ayant «fleuri» après 1200 et qu'il a été écrit avant la croisade albigeoise. Les éléments de polémique offerts par le compilateur contre le déclin de l'ordre cistercien correspondent à la période de réforme de l'ordre, vers 1190-1200[30]. Quant à Étienne Harding, il est cité comme premier abbé de Cîteaux[31] (c'est seulement après 1220 que Robert de Molesmes est crédité de ce titre). Selon Pierre Gasnault l'écriture est datable du début du XIIIe siècle. Les initiales à filigrane peuvent aussi fournir un élément de datation intéressant. Selon une expertise faite par Patricia Stirnemann sur quelque trois feuillets (30v, 31r-v), le manuscrit pourrait dater des environs de 1215-1220[32]. Il est donc loisible de penser que le manuscrit a été composé entre les années 1200 et 1220.

Quant au lieu de composition du recueil, la critique externe ne permet pas de l'établir. Ce lieu n'est pas cité non plus dans le recueil lui-même. Un survol des abbayes citées dans les histoires introduites par la mention *sine tytulo* fait apparaître un large éventail d'abbayes situées dans le nord de la France : Clairvaux surtout, puis Ourscamp, L'Aumône, La Prée (près de Bourges), Igny, Les Roches (près de Poitiers), Fontaines (en Grande-Bretagne). Selon P. Stirnemann, le style des filigranes est tributaire de Paris. Peut s'envisager un monastère au nord de Paris, dans l'Oise, l'Aisne, etc., d'autant qu'un chevalier de Neufchâtel(-sur-Aisne) est cité[33], mais ni au sud ni à l'est de Paris ; l'écriture peut être parisienne ou de ces mêmes régions. La liste des villes citées pointe effectivement vers le nord du Bassin parisien : Provins, Meaux, mais également des petites communes comme Beton Bazoches, Neufchâtel-sur-Aisne...

Br. P. McGuire pensait que le recueil avait été composé dans le Beauvaisis, sans doute au monastère de Beaupré (fille du monastère d'Ourscamp), qui se trouve à quelques kilomètres de

---

[30] Br. P. McGuire, 'The Cistercians and the rise of *exemplum*', p. 222-225.
[31] Étienne Harding est cité dans les *exempla* XXXIX, 1 ; LXXXI, 38, 45, 46.
[32] Cf. P. Stirnemann, 'Fils de la Vierge. L'initiale à filigranes parisiennes : 1140-1314', *Revue de l'Art*, 90 (1990), p. 58-73
[33] *Exemplum* LXXXI, 96.

Beauvais[34]. L'un des arguments les plus solides offert par Br. P. McGuire était que nombre d'*exempla* concernent la Grande Bretagne[35] : Beaupré est sur la route entre l'Angleterre et Paris, Clairvaux ou Cîteaux. Et Br. P. McGuire avait proposé d'appeler le compilateur du présent manuscrit « le compilateur de Beaupré ». Pour notre part, nous avions pensé, puisque les arguments en faveur d'un rattachement à l'abbaye de Beaupré restaient trop hypothétiques, offrir à notre manuscrit le nom de « Recueil de la collection de Richelieu[36] »; mais par commodité, nous lui avons donné le nom factice de *Collectio exemplorum Cisterciensis e codice Parisiensis lat. 15912 asseruata.*

En l'état actuel de nos connaissances, ce manuscrit est unique.

IV. LE PUBLIC, LE BUT ET LES SOURCES DU RECUEIL

« D'après les indications fournies à la fois par les titres de chapitre et de texte, notait avec raison J. Th. Welter, le compilateur semble avoir composé le recueil à l'usage exclusif de ses confrères cisterciens. Ce qu'il a uniquement en vue, c'est leur perfectionnement religieux et moral. Dans ce but il expose sous forme de récits toutes les obligations religieuses qui incombent au moine et traite de même jusque dans les moindres détails des vices et des défauts de la solitude monastique, qui peuvent entraver son avancement spirituel, ainsi que des remèdes à y apporter[37]. » Ce recueil, destiné donc à un usage interne, se devait, à travers les *exempla*, de montrer aux moines et aux convers comment bien se conduire et de leur indiquer comment retrouver la ferveur des premiers temps cisterciens. Ce qui étonne encore, c'est la continuité d'écriture et de mise en page entre la première partie du recueil (présentée donc sous forme de rubriques dument référencées) et la seconde, radicalement différente, où les sources sont tues, offertes sans référence explicite au recueil d'Herbert dont le compilateur s'inspire à l'évidence. Il est

---

[34] Br. P. McGuire, 'The Cistercians and the rise of *exemplum*', p. 225-229.
[35] *Exempla* situés en Angleterre : IV, 6 ; VIII, 6 ; VIII, 16 ; IX, 8 ; XII, 3 ; XIX, 1 ; XXXII, 3 ; XXXII, 4 ; XLVIII, 10 ; XLVIII, 11 ; LII, 4 ; LV, 5 ; LVIII, 9 ; LIX, 13 ; LXIII, 20 ; LXXVIII, 1 ; LXXX, 2 ; LXXX, 3 ; LXXX, 4 ; LXXXI, 44.
[36] Ce recueil est en effet cité sous ce titre dans certaines publications citées dans la bibliographie.
[37] WELTER, p. 252-253.

possible de forger l'hypothèse que la première partie était réservée aux moines de chœur ayant un bon niveau de latin tandis que la seconde partie a plutôt servi à l'instruction des convers, très souvent mis à l'honneur notamment à travers la figure du convers Laurent[38] gratifié de visions[39]. De plus, l'examen des correspondances entre cette dernière partie et le *Liber miraculorum* (dans sa version courte) de Herbert de Clairvaux (voir Annexe 3), fait apparaître que ses deux premiers *exempla* correspondent au premier récit du troisième chapitre, *De conuersis*.

Une rapide analyse du contenu des rubriques permet de constater, comme le fit déjà J. Th. Welter, qu'aux vertus monastiques (humilité, abstinence, obéissance, charité, etc.) font écho les vices qui accablent les moines (envie, cupidité, luxure, hypocrisie, sodomie, etc.). Le déroulement de la vie monastique (prière pour les défunts, discipline, prédication, fêtes, études, sacrements, etc.) et les traits de sa spiritualité (vénération de la Vierge, crainte de la mort, etc.) sont aussi vigoureusement dessinés. La *dignitas* du moine et particulièrement celle du Cistercien est particulièrement soulignée (rubr. 31, 32). Mais s'il est possible de délimiter des ensembles thématiques plutôt cohérents (sans parler des extraits du *Liber* d'Herbert de Clairvaux, présentés toutefois d'un seul tenant), il est difficile de percevoir un plan rigoureux dans l'ordre des chapitres. Le tableau suivant en rend compte[40]. Les vices et les défauts qui affligent les moines ne sont, par exemple, point regroupés, mais répartis au long de l'ouvrage. Il en est de même des rubriques intéressant la vie monastique ou les éléments de foi.

---

[38] *Exempla* sur le convers Laurent de Clairvaux : LXXXI, 72-76.
[39] Br. P. McGuire, 'Cistercian Storytelling', p. 283. Pour la correspondance entre cette deuxième partie (chapitre LXXXI) et le *Liber Miraculorum* (version courte) de Herbert de Clairvaux, voir l'annexe 3, qui fait ressortir une alternance des emprunts aux livres respectivement dédiés aux moines (*exempla* 3-11, 17-31, 49-57, 59-60, 66-76, 85, 90-92), aux abbés (*exempla* 33-48, 82) et aux convers (*exempla* 1-2, 12-16, 58, 77-81, 83-84, 86, 93-94).
[40] Cf. Annexe 1 : Rubriques de la *Collectio exemplorum Cisterciensis*

Contenu général (hors extraits du *Liber* de Herbert de Clairvaux)	Rubriques
Vertus monastiques et vices présentés sous forme binaire : *crudelitas/mansuetudo* ; *gula/abstinentia*, etc.	1-22
Vie monastique ; éléments de foi	23-30
Exaltation de l'état monastique cistercien	31-32
Éléments de foi ; vertu monastique	33-35
Vices	36-40
Vie monastique	41-51
État du clergé séculier	52-53
Vertus	54-59
Éléments de foi	60-63
Vertus monastiques et vices ; éléments de foi	64-77
Vierge Marie	78-79
Élément de foi	80

Pour ce qui est du nombre d'*exempla* induits par les rubriques, l'on constate que ce sont les vertus qui en attirent le plus. Le tableau des quinze rubriques les plus riches en récits en témoigne, car en leur sein quatre seulement intéressent les vices (Vaine gloire, Cupidité, Luxure, Ambition), et encore la rubrique «Vaine gloire» n'arrive-t-elle qu'en 8ᵉ position. C'est la rubrique «Humilité» qui recueille le plus d'anecdotes (44 récits), suivie d'«Abstinence» et de «Charité», qui en comportent respectivement 34 et 31[41].

	Tableau des quinze premières rubriques les plus riches en récits		
	Rubriques	*Nombre de récits*	%
1	2. *De humilitate*	44	5,3%
2	12. *De abstinencia*	34	4,1%
3	4. *De caritate*	31	3,8%
4	55. *De elemosina*	31	3,8%
5	9. *De patientia*	28	3,4%

---

[41] Voir Annexe 2.

	Tableau des quinze premières rubriques les plus riches en récits		
	Rubriques	*Nombre de récits*	%
6	63. *De corpore Christi*	26	3,1%
7	64. *De discretione*	25	3,0%
8	37. *De uana gloria*	23	2,8%
9	59. *Quam grauiter soleat Deus in hostes suos uindicare*	23	2,8%
10	22. *De pudicitia*	22	2,7%
11	38. *De cupiditate*	22	2,7%
12	18. *De confessione*	20	2,4%
13	21. *De luxuria*	20	2,4%
14	57. *De contemptu mundi*	19	2,3%
15	8. *Contra ambitionem*	17	2,1%

Br. Mc Guire a déjà fourni une riche étude des sources utilisées par le « compilateur »[42]. Ce dernier a pris soin de citer ses sources, au moins lors de leur première occurrence lorsqu'il les utilise en série continue. Il renvoie volontiers aux *Vitae Patrum*, aux *Dialogues* de Grégoire le Grand, à Sulpice Sévère, aux écrits d'Ambroise, de Jérôme et d'Augustin ; aux ouvrages historiques d'Eusèbe, Rufin et Bède le Vénérable, à la chronique de Sigebert de Gembloux (appelée parfois *Cronica Eusebii*) ; aux œuvres d'auteurs du XIIe siècle comme Guillaume de Malmesbury (*Gesta regum*), Eadmer (*Vita Anselmi*), Pierre le Chantre (*Verbum abbreviatum*), Geoffroy d'Auxerre, ou à l'auteur de la *Chronique du comte de Flandre*. D'autres sources furent d'identification malaisée comme l'ouvrage indiqué sous le titre *De visione cuiusdam monachi* qui est en fait la *Vision du moine d'Eysham* ou le mystérieux *Liber deflorationum*, dont la plupart des récits ont été retrouvés dans le *Collectaneum exemplorum* ou dans les *Collaciones* d'Odon de Cluny[43].

---

[42] Br. P. McGuire, 'The Cistercians and the rise of *exemplum*', p. 230-258.
[43] Six récits sont extraits des *Collationes* d'Odon de Cluny : VIII, 9 (*exemplum* 116) ; XXI, 1 (283) ; XXII, 4 (306) ; XLV, 1 (497) ; LI, 4 (553) ; II, 12 (22) ; six du *Collectaneum exemplorum et uisionum Clarevallense* : XII, 4 (172) ; XIII, 1 (203) ; XVIII, 1 (253) ; XLIII, 1 (476) ; XLVIII, 1 (521) ; LXIII, 3 (700) ; trois récits

Sous le titre *Sine tytulo* l'on trouve vingt-cinq *exempla*[44]. Les autres titres indiquant pour l'essentiel la source du récit, Br. P. McGuire tend à penser qu'ici l'auteur voulait indiquer qu'il avait tiré le récit d'une source orale. Ainsi, pour l'*exemplum* XXI, 17 (299), l'auteur cite comme source Pons, évêque d'Auvergne (*Hoc retulit Pontius, Aruernensis episcopus, ab abbate Clareuallensi in episcopum assumptus*), qui fut d'abord abbé de Cîteaux; or cet *exemplum* se trouve bien précédé de la mention «sans titre». De même, plus loin (LXIII, 20), le compilateur semble indiquer que l'abbé de Saint-Albans, en Angleterre, lui a transmis plusieurs récits, dont un qu'il rapporte sous l'énigmatique *Sine tytulo*...[45]. En revanche, la seconde partie du manuscrit (LXXXI), qui revendique seulement des sources orales, ne recourt jamais au *Sine tytulo* et ne cite pas sa source principale, Herbert de Clairvaux. Une explication peut être avancée, à la suite de Br. P. McGuire: un statut adopté en 1134 indique qu'aucun moine ne doit écrire un nouvel ouvrage sans en avoir la permission du chapitre général. Cette règle est rappelée en 1202 et en 1237[46]. L'intitulé *Sine tytulo* protègerait donc l'auteur de l'accusation d'être un auteur. En les mêlant à des *exempla* de sources écrites sûres, l'auteur échapperait donc aux foudres de son ordre. Les récits du type *Sine tytulo* sont, il est vrai, hauts en couleur. Un chevalier choisit pour pénitence de s'enfermer dans un cercueil avec des serpents qui le dévorent (XX, 3); un prévôt est dévoré dans son tombeau par des crapauds (LIX, 21); dans l'abbaye de Déols, la statue de la Vierge saigne. Une dizaine relève du «folklore monastique» cistercien. Six mettent en scène des nobles ou chevaliers. Quatre, des prêtres ou évêques. Cinq évoquent des miracles. L'on peut comprendre que le compilateur ne put se résoudre à abandonner ces spectaculaires récits et les abrita sous un pudique *Sine tytulo*. Par ailleurs, notre présente *Collectio exemplorum* n'est-elle pas elle-même,

---

se trouvent dans les deux ouvrages: 157 XI, 1 (157); XXXVIII, 4 (444), LV, 7 (590); un seul récit n'a pas été repéré dans les deux ouvrages: LVIII, 4 (641).

[44] Il s'agit des *exempla* I, 9 (9); III, 3 (57); VIII, 14 (121); XI, 9 (165); XIII, 4 (206); XVI, 2 (241); XVIII, 9 (261); XIX, 5 (277); XX, 3 (280); XXI, 17 (299); XXII, 15 (317); XXXI, 5 (394); XXXII, 1 (395); XXXIII, 1 (403); XXXVIII, 16 (456); XLVII, 4 (514); XLVIII, 2 (522); L, 4 (539); LI, 7 (556); LV, 20 (603); LVIII, 9 (646); LIX, 21 (668); LXII, 9 (697); LXIII, 20 (717); LXV, 4 (752).

[45] Br. P. McGuire, 'The Cistercians and the rise of *exemplum*', p. 220-221.

[46] *Ibid.*, p. 221.

alors que son auteur se dérobe et que son titre se cache, le parfait modèle d'un ouvrage *Sine tytulo*?

La particularité du recueil conservé dans le manuscrit latin 15912 est sa bipartition entre une première partie (plus conséquente) fondée sur des sources écrites, ce qui lui donne un caractère savant et une dernière partie (réunie sous un chapitre 81 créé pour la circonstance) systématiquement liée à des sources données comme orales, qui semble s'apparenter aux premiers recueils et au folklore monastique. Si cette dernière partie doit beaucoup à la compilation d'Herbert de Torrès[47], ce dernier n'est jamais cité. Dès la première partie, trois chapitres fortement liés à la vie monastique cistercienne avaient fait des emprunts au *Liber miraculorum* d'Herbert de Torrès, comme on peut le constater par le tableau suivant[48].

Collectio exemplorum Cisterciensis	HERBERT DE CLAIRVAUX, *Liber miraculorum*
XLIII, 1. *De proprietate* : récit plus court	III, 27 (PL 185, 1373B-D)
XLIII, 2. *De proprietate* : récit plus court	Cf. II, 36 (PL 185, 1346B)
LXIII, 18. *De corpore Christi* : récit quelque peu différent	Cf. III, 23 (PL 185, 1371A-D)

La fin du manuscrit, clairement comprise dans le recueil, ne rassemble pas moins de 82 *exempla* largement empruntés au *Liber miraculorum et visionum*, jamais mentionné. Le compilateur s'inspire directement du livre d'Herbert dont il suit parfois le plan : l'*exemplum* LXXXI, 53 correspond au *Liber I*, c. 3 (PL 185, 12787D-1278A), le suivant au *Liber I*, c. 3 (PL 185, 1278A-1280D) et ainsi de suite (même série dans la version courte de Herbert). Welter avait cru que les quelque 80 *exempla* finaux venaient de l'*Exordium magnum*, alors que 17 *exempla* ne se trouvent que dans le *Liber miraculorum et visionum*[49]. Le tableau de concordance entre *Liber miraculorum et visionum*, notre recueil et l'*Exordium magnum* prouve qu'il y a le plus souvent concordance au niveau

---

[47] Stefano Mula prépare l'édition du *Liber miraculorum* d'Herbert de Torrès pour le CCCM, Brepols. Elle permettra de mieux appréhender l'apport immense de ce compilateur très actif.

[48] Tableau établi par I. Rava-Cordier.

[49] WELTER, p. 251-254 ; il s'agit des *exempla* LXXXI, 15, 21, 23, 24, 53, 56, 57, 62-64, 67, 68, 70, 72, 79-81.

de l'ordre des *exempla* entre le *Liber miraculorum et visionum* et la *Collectio exemplorum Cisterciensis* qu'entre ce manuscrit et l'*Exordium magnum* (voir Annexe 3). Cette seconde partie semble d'abord centrée sur Clairvaux (*exempla* 1 à 15, puis 19-35), puis sur des abbayes diverses (Cîteaux, Saint-Amand, Saint-Aubin d'Angers, etc.); elle s'achève sur quelques récits clunisiens ou empruntés à la chronique de Guillaume de Malmesbury, ou à un livre de miracles tel que celui envoyé à Innocent III (1198-1216) par Gérard, abbé de Casamari (diocèse de Veroli), entre 1181 et 1210[50].

V. Principes d'édition

Nous avons décidé d'éditer l'ensemble du manuscrit Paris, BnF, lat. 15 912 car aucune rupture d'écriture ou de mise en page n'indique le passage d'un recueil à un autre. La segmentation des *exempla* suit au plus près la mise en page de ce manuscrit. Les indications graphiques (lettres rubriquées, pieds-de-mouche et/ou alinéas) ont permis d'établir la numérotation suivie des *exempla*. Pour les récits concernant un même personnage et qui enchaînent divers épisodes de sa vie, ont été introduits les lettres a, b, c, d..., sous un même numéro. Cette solution permet de respecter le plus possible les choix de la mise en page du copiste et ouvre des perspectives de recherche sur les recompositions des vies de convers, moines et abbés entre les compilations cisterciennes depuis le *Collectaneum exemplorum ac visionum Clarevallense* jusqu'à l'*Exordium Manum Cisterciense*. C'est également le meilleur moyen d'approcher l'unité narrative considérée par le copiste (et peut-être le compilateur) comme un récit autonome.

L'unicité du manuscrit nous a conduits à respecter sa graphie (*ciclades*, *circunlatus*, *cohertio*, *equonomus* – mis pour *economus* –, *hortholanus*, *menbra*, *nepharius*, *ortulus*, par exemple), sans normalisation, ainsi que les séparations de mots. Les *c* et les *t* ont été distingués (on trouvera *nouitius* et *nouicius*, par exemple). Pour quelques mots, afin d'aider le lecteur, nous avons fourni en note leur équivalent habituel (*cabronibus*/*capronibus*; *epylensia*/ *epilepsia*, par exemple). Le texte a été ponctué selon les habitudes modernes.

---

[50] P. LEHMANN, « Ein Mirakelbuch des Zisterziensordens », in *Erforschung des Mittelalters*, 4, Stuttgart, 1961 [1927], p. 264-282.

Dans la mesure où est édité un manuscrit unique, s'est posée la question de son amendement lors de passages ou de mots dont l'absence est flagrante, ou sont corrompus, ou échappent au sens. Les ajouts ou corrections indispensables apportés au texte sont rares et l'ont été, sauf exception, en référence à la source probable du compilateur. Il a donc été jugé inutile de rappeler dans l'apparat critique que ces interventions étaient faites en accord avec la source présumée. Les crochets obliques < > ont été utilisés pour les mots ajoutés par les éditeurs.

ANNEXE 1

Rubriques de la *Collectio exemplorvm Cisterciensis* (hormis les extraits du *Liber* de Herbert de Clairvaux)

Contenu général	Titres des rubriques[1]	Nombre de récits (sur 826 au total)
Vertus monastiques et vices présentés sous forme binaire : *crudelitas/mansuetudo*; *gula/abstinentia*, etc.	1. *De superbia*	10
	2. *De humilitate*	44
	3. *De inuidia*	3
	4. *De caritate*	31
	5. *De crudelitate*	4
	6. *De mansuetudine*	10
	7. *De ambitione*	5
	8. *Contra ambitionem*	17
	9. *De patientia*	28
	10. *De impatientia*	4
	11. *De uitio gule*	12
	12. *De abstinencia*	34
	13. *De inobedientia*	6
	14. *De obedientia*	16
	15. *De uirtute orationis*	15
	16. *De reuerentia orationis*	4
	17. *De compunctione*	9
	18. *De confessione*	20
	19. *De impenitentia*	5
	20. *De penitentia*	5
	21. *De luxuria*	20
	22. *De pudicitia*	22
Vie monastique; éléments de foi	23. *De cauenda mulierum uisione*	3
	24. *De pugna contra temptamenta*	8

---

[1] Les rubriques ont été placées sous une numérotation en chiffres arabes.

Contenu général	Titres des rubriques	Nombre de récits (sur 826 au total)
	25. *De silentio*	13
	26. *De potentia lacrimarum*	3
	27. *De flagellis Domini*	11
	28. *De ardore fidei*	16
	29. *De diuersis generibus martyrum*	09
	30. *De obseruantia sacrorum dierum*	3
Exaltation de l'état monastique cistercien	31. *De dignitate monachorum*	5
	32. *De dignitate ordinis cisterciensis*	8
Éléments de foi ; vertu monastique	33. *Quantum ualeat oratio uel elemosina pro defunctis*	3
	34. *De penis animarum*	7
	35. *De perseuerantia*	2
Vices	36. *De ypocrisi*	3
	37. *De uana gloria*	23
	38. *De cupiditate*	22
	39. *De symonia*	4
	40. *De sodomico uitio*	2
Vie monastique	41. *Quam graue sit res pauperum non pauperibus erogare*	2
	42. *Quod aliene res inuente non debent retineri*	5
	43. *De proprietate*	7
	44. *De amore paupertatis*	14
	45. *De trangressione uoti*	6
	46. *De grauitate*	8
	47. *De disciplina*	10
	48. *De ueneratione Virginis matris*	11
	49. *De studio litterarum*	4
	50. *Cum quanta reuerentia audiendum sit uerbum Dei*	14
	51. *De reuerentia circa quelibet sacramenta*	10

Contenu général	Titres des rubriques	Nombre de récits (sur 826 au total)
État du clergé séculier	52. *De officio prelatorum*	14
	53. *De dignitate clericorum*	2
Vertus	54. *De misericordia*	8
	55. *De elemosina*	31
	56. *De uirtute nominis Christi*	4
	57. *De contemptu mundi*	19
	58. *De zelo justitie*	10
	59. *Quam grauiter soleat Deus in hostes suos uindicare*	23
Éléments de foi	60. *Quantus sit amor Christi in suos*	4
	61. *De uirtute sanctorum*	14
	62. *De uirtute sancte crucis*	9
	63. *De corpore Christi*	26
Vertus monastiques et vices	64. *De discretione*	25
	65. *De accidia*	10
	66. *De memoria mortis*	3
	67. *De metu mortis*	2
	68. *De timore Domini*	5
	69. *Ne quis seruum judicet alienum*	5
	70. *De quiete*	13
	71. *De curiositate*	8
	72. *De uitio lingue*	2
	[73.] *De humilitate*	3
	[74.] *De uirtute orationis*	4
	[75.] *Contra sompnolentos*	3
	[76.] *De astutia diaboli*	3
	[77.] *De perseuerantia*	2
Vierge Marie	[78.] *De ueneratione Virginis matris*	3
	[79.] *De Salue Regina*	2
Élément de foi	[80.] *De memoria mortis*	9

ANNEXE 2

Rubriques par ordre décroissant d'*exempla* (hormis les extraits du *Liber* d'Herbert de Clairvaux)

Rubriques	Nombre d'*exempla*	%
2. *De humilitate*	44	5,3 %
12. *De abstinencia*	34	4,1 %
4. *De caritate*	31	3,8 %
55. *De elemosina*	31	3,8 %
9. *De patientia*	28	3,4 %
63. *De corpore Christi*	26	3,1 %
64. *De discretione*	25	3,0 %
37. *De uana gloria*	23	2,8 %
59. *Quam grauiter soleat Deus in hostes suos uindicare*	23	2,8 %
22. *De pudicitia*	22	2,7 %
38. *De cupiditate*	22	2,7 %
18. *De confessione*	20	2,4 %
21. *De luxuria*	20	2,4 %
57. *De contemptu mundi*	19	2,3 %
8. *Contra ambitionem*	17	2,1 %
14. *De obedientia*	16	1,9 %
28. *De ardore fidei*	16	1,9 %
15. *De uirtute orationis*	15	1,8 %
44. *De amore paupertatis*	14	1,7 %
50. *Cum quanta reuerentia audiendum sit uerbum Dei*	14	1,7 %
52. *De officio prelatorum*	14	1,7 %
61. *De uirtute sanctorum*	14	1,7 %
25. *De silentio*	13	1,6 %
70. *De quiete*	13	1,6 %
11. *De uitio gule*	12	1,5 %
27. *De flagellis Domini*	11	1,3 %
48. *De ueneratione Viginis matris*	11	1,3 %

Rubriques	Nombre d'*exempla*	%
1. *De superbia*	10	1,2%
6. *De mansuetudine*	10	1,2%
47. *De disciplina*	10	1,2%
51. *De reuerentia circa quelibet sacramenta*	10	1,2%
58. *De zelo iustitie*	10	1,2%
65. *De accidia*	10	1,2%
17. *De compunctione*	9	1,1%
29. *De diuersis generibus martyrum*	9	1,1%
62. *De uirtute sancte crucis*	9	1,1%
[80.] *De memoria mortis*	9	1,1%
24. *De pugna contra temptamenta*	8	1,0%
32. *De dignitate ordinis Cisterciensis*	8	1,0%
46. *De grauitate*	8	1,0%
54. *De misericordia*	8	1,0%
71. *De curiositate*	8	1,0%
34. *De penis animarum*	7	0,8%
43. *De proprietate*	7	0,8%
13. *De inobedientia*	6	0,7%
45. *De trangressione uoti*	6	0,7%
7. *De ambitione*	5	0,6%
19. *De impenitentia*	5	0,6%
20. *De penitentia*	5	0,6%
31. *De dignitate monachorum*	5	0,6%
42. *Quod aliene res inuente non debent retineri*	5	0,6%
68. *De timore Domini*	5	0,6%
69. *Ne quis seruum judicet alienum*	5	0,6%
5. *De crudelitate*	4	0,5%
10. *De impatientia*	4	0,5%
16. *De reuerentia orationis*	4	0,5%
39. *De symonia*	4	0,5%
49. *De studio litterarum*	4	0,5%
56. *De uirtute nominis Christi*	4	0,5%
60. *Quantus sit amor Christi in suos*	4	0,5%
[74.] *De uirtute orationis*	4	0,5%
3. *De inuidia*	3	0,4%

Rubriques	Nombre d'*exempla*	%
23. *De cauenda mulierum uisione*	3	0,4 %
26. *De potentia lacrimarum*	3	0,4 %
30. *De obseruantia sacrorum dierum*	3	0,4 %
33. *Quantum ualeat oratio uel elemosina pro defunctis*	3	0,4 %
36. *De ypocrisi*	3	0,4 %
66. *De memoria mortis*	3	0,4 %
[73.] *De humilitate*	3	0,4 %
[75.] *Contra sompnolentos*	3	0,4 %
[76.] *De astutia diaboli*	3	0,4 %
[78.] *De ueneratione Virginis matris*	3	0,4 %
35. *De perseuerantia*	2	0,2 %
40. *De sodomico uitio*	2	0,2 %
41. *Quam graue sit res pauperum non pauperibus erogare*	2	0,2 %
53. *De dignitate clericorum*	2	0,2 %
67. *De metu mortis*	2	0,2 %
72. *De uitio lingue*	2	0,2 %
[77.] *De perseuerantia*	2	0,2 %
[79.] *De Salue Regina*	2	0,2 %
Total	826	

ANNEXE 3

CORRESPONDANCES ENTRE LA *COLLECTIO EXEMPLORVM CISTERCIENSIS*, LE *LIBER MIRACVLORVM ET VISIONVM* DE HERBERT DE CLAIRVAUX, ET L'*EXORDIVM MAGNVM CISTERCIENSE*

Collectio exemplorum Cisterciensis (Paris, BnF, ms. lat. 15912)	Herbert de Clairvaux, *Liber miraculorum*. Version longue (éd. P. F. Chifflet, 1660, reprise dans PL 185)	Herbert de Clairvaux, *Liber miraculorum*. Version courte (éd. G. Kompatscher Gufler)[1]	Conrad d'Eberbach, *Exordium magnum Cisterciense* (éd. Br. Griesser)
XLIII, 1 (476)	III, 27	LXXII, 2-6	
XLIII, 2 (477)	Cf. II, 36	VIII, 7	5, 2
LXIII, 18 (715)	III, 23		
LXXXI, 1 (826a)	*Fragm. ex Lib. de mir.*, III, 8	LX, 2-43	4, 20
LXXXI, 2 (826b)	*Fragm. ex Lib. de mir.*, III, 9	LX, 44-48	4, 20
LXXXI, 3 (827)	1, 8	XII, 2-8	2, 23
LXXXI, 4 (828)	1, 9	XXXII, 1-7	4, 14
LXXXI, 5 (829)	3, 14	XXIX, 1-9	3, 21
LXXXI, 6 (830)	3, 15	XXX, 1-35	4, 1
LXXXI, 7 (831)	3, 16	XLII, 1-8	4, 2
LXXXI, 8 (832)	3, 17-18	XLII, 9-17	4, 2
LXXXI, 9 (833)	1, 11	XIII, 1-64	3, 19
LXXXI, 10 (834)	1, 12	XLV, 1-18	4, 6
LXXXI, 11 (835)	1, 13	XIV, 1-11	3, 26
LXXXI, 12 (836)	1, 14	LXII, 2-6	4, 23
LXXXI, 13 (837)	1, 15	LXIII, 2-7	4, 18
LXXXI, 14 (838)	1, 16	LXIV, 2-4	4, 17
LXXXI, 15 (839)	1, 17	LXV, 2-18	4, 16
LXXXI, 16 (840)	1, 18	LXVI, 2-15	

---

[1] *De abbatis* (I-X) ; *De monachis* (XI-LIX) ; *De conuersis* (LX-LXXXI)

Collectio exemplorum Cisterciensis	Herbert de Clairvaux, *Liber miraculorum.* Version longue	Herbert de Clairvaux, *Liber miraculorum.* Version courte	Conrad d'Eberbach, *Exordium magnum Cisterciense*
LXXXI, 17 (841)	1, 19	XXI, 44-50	4, 4 (dernier §)
LXXXI, 18 (842)	1, 21		5, 14
LXXXI, 19 (843)	1, 22	XXX, 2-8	4, 3
LXXXI, 20 (844)	1, 23	XXVI, 1-5	4, 5
LXXXI, 21 (845)	1, 32	LXVIII, 2-5	4, 15
LXXXI, 22 (846)	1, 34		
LXXXI, 23 (847)	2, 2	XXXVI, 1-10	4, 9
LXXXI, 24 (848)	2, 3	XXXIV, 1-6	4, 5
LXXXI, 25 (849)	2, 4	XXXV, 1-21	
LXXXI, 26 (850)	2, 5	XL, 1-8	4, 10
LXXXI, 27 (851)	2, 6	XLI, 1-23	3, 33
LXXXI, 28 (852)	2, 7	XXXVII, 1-6	4, 11
LXXXI, 29 (853)	2, 8	XXXVIII, 1-10	4, 8
LXXXI, 30 (854)	2, 9	XXXIX, 1-44	3, 18
LXXXI, 31 (855)	2, 10	XXVII, 1-27	3, 32
LXXXI, 32 (856)	2, 12	III, 10-21	3, 30
LXXXI, 33 (857)	2, 14	III, 37-44	2, 11
LXXXI, 34 (858)	2, 14	III, 45-58	
LXXXI, 35 (859)	2, 15	III, 59-78	2, 15
LXXXI, 36 (860)	2, 19	III, 90-91	2, 7
LXXXI, 37 (861)	2, 20	III, 146-154	2, 8
LXXXI, 38 (862)	2, 23	I, 2-12	1, 23
LXXXI, 39 (863a)	*Fragm. ex lib. de Mir.*, VII, 15	II, 2-17	1, 32
LXXXI, 40 (863b)	*Fragm. ex lib. de Mir.*, VII, 16	II, 18-28	1, 32
LXXXI, 41 (863c)	*Fragm. ex lib. de Mir.*, VII, 17	II, 29-41	1, 32
LXXXI, 42 (863d)	*Fragm. ex lib. de Mir.*, VII, 18	II, 42-51	1, 32
LXXXI, 43 (863e)	*Fragm. ex lib. de Mir.*, VII, 18	II, 52-58	1, 32
LXXXI, 44 (863f)	*Fragm. ex lib. de Mir.*, VII, 18	II, 59-63	1, 32
LXXXI, 45 (864a)	2, 24	I, 2 et 13-34	1, 28

INTRODUCTION   XXXIX

Collectio exemplorum Cisterciensis	Herbert de Clairvaux, *Liber miraculorum*. Version longue	Herbert de Clairvaux, *Liber miraculorum*. Version courte	Conrad d'Eberbach, *Exordium magnum Cisterciense*
LXXXI, 46 (864b)	2, 24	I, 35-41	1, 31
LXXXI, 47 (865a)	1, 26	VI, 1-20	3, 16
LXXXI, 48 (865b)	1, 26	VI, 21-28	
LXXXI, 49 (866a)	1, 1	XXII, 1-7	3, 13
LXXXI, 50 (866b)	1, 1	XXII, 8-31	3, 13
LXXXI, 51 (866c)	1, 1	XXII, 32-57	3, 13
LXXXI, 52 (866d)	1, 1	XXII, 58-69	3, 13
LXXXI, 53 (867a)	1, 3	XXIV, 1-6	1, 32 et 3, 15
LXXXI, 54 (867b)	1, 3	XXIV, 7-15	3, 15
LXXXI, 55 (868)	1, 4	XXV, 1-25	3, 16
LXXXI, 56 (869)	1, 4	XXV, 26-39	3, 16
LXXXI, 57 (870)	1, 28	XV, 1-14	4, 22
LXXXI, 58 (871)	1, 29	LXVII, 2-27	4, 19
LXXXI, 59 (872)	1, 30	XXXIII, 2-9	3, 34
LXXXI, 60 (873)	1, 31	XVI, 1-8	4, 21
LXXXI, 61 (874)	1, 32	LXVIII, 2-5	4, 15
LXXXI, 62 (875)	2, 11		
LXXXI, 63 (876)	2, 11		2, 1
LXXXI, 64 (877)	2, 11	III, 2-8	2, 10
LXXXI, 65 (878)	2, 13	III, 23-36	3, 19
LXXXI, 66 (879)	1, 5	XXVIII, 1-8	3, 31
LXXXI, 67 (880)	2, 28	XVII, 1-17	
LXXXI, 68 (881a)	2, 29	XVIII, 2-5	3, 17
LXXXI, 69 (881b)	2, 29	XVIII, 6-14	3, 17
LXXXI, 70 (881c)	2, 29	XVIII, 7-20	3, 17
LXXXI, 71 (881d)	2, 29	XVIII, 21-26	3, 17
LXXXI, 72 (881e)	2, 29	XVIII, 27-31	3, 17
LXXXI, 73 (882a)	2, 30	XIX, 2-9	4, 34
LXXXI, 74 (882b)	2, 30	XIX, 10-27	4, 34
LXXXI, 75 (882c)	2, 30	XIX, 28-33	4, 34
LXXXI, 76 (882d)	2, 30	XIX, 34-40	4, 34
LXXXI, 77 (883)	2, 31	LIII, 2-13	
LXXXI, 78 (884)	2, 32	LIII, 2-13	
LXXXI, 79 (885)	2, 33	LIV, 2-17	4, 35

Collectio exemplorum Cisterciensis	Herbert de Clairvaux, *Liber miraculorum.* Version longue	Herbert de Clairvaux, *Liber miraculorum.* Version courte	Conrad d'Eberbach, *Exordium magnum Cisterciense*
LXXXI, 80 (886)	2, 34	LV, 2-10	5, 2 (2ᵉ partie)
LXXXI, 81 (887)	2, 35	LVI, 2-10	5, 3
LXXXI, 82 (888)	2, 36	VIII, 2-6 et 8-13	5, 2
LXXXI, 83 (889)	2, 37	LVII, 2-17	
LXXXI, 84 (890)	2, 38	LVII, 18 et LVIII, 2-12	
LXXXI, 85 (891)	2, 39	XLIV, 2-16	
LXXXI, 86 (892)	2, 40	LIX, 2-18	4, 32
LXXXI, 87 (893)			
LXXXI, 88 (894)	2, 43		
LXXXI, 89 (895)	2, 44		
LXXXI, 90 (896)	3, 1	XLVI, 1-19	2, 24
LXXXI, 91 (897)	3, 2	XLVII, 2-4	
LXXXI, 92 (898)	3, 4	XLIX, 2-12	5, 6
LXXXI, 93 (899)	3, 6	L, 6-8	
LXXXI, 94 (900)	3, 7	LI, 2-21	5, 4

BIBLIOGRAPHIE SÉLECTIVE

BERLIOZ, Jacques, Marie Anne POLO DE BEAULIEU, Colette RIBAUCOURT, 'Saint Bernard dans les *exempla* médiévaux', in P. Arabeyre, J. Berlioz et Ph. Poirrier (éd.), *Vies et légendes de saint Bernard. Création, diffusion, réception (XIIe-XXe siècle)*. Actes des Rencontres de Dijon, 7-8 juin 1991, 1993 (Cîteaux, Commentarii Cistercienses, Textes et documents, 5), p. 116-140.

BERLIOZ, Jacques, 'Les ordalies dans les *exempla* de la confession (XIIIe-XIVe siècle)', in *L'aveu. Antiquité et Moyen Âge*. Actes de la Table ronde organisée par l'École française de Rome avec le concours du CNRS et de l'Université de Trieste, Rome 28-30 mars 1984, Rome, École française de Rome, 1986, p. 315-340. [Sur la rubrique *Confessio*, avec transcription de certains *exempla*.]

—, 'Crapauds et cadavres dans la littérature exemplaire (XIIe-XIVe siècles)', *Micrologus*, 'Il cadavere', 7 (1999), p. 231-246.

—, 'Gli exempla cistercensi nella prima parte del Tractatus de diversis materiis predicabilibus di Stefano di Bourbon († c. 1261)', *H. Herbertus Archiepiscopus Turritanus*. Bolletino del Gruppo di Studi 'Herbertus', Porto Torres, Centro Studi Basilica di San Gavino, III, 2 (2002), p. 17-37, repris et augmenté dans 'Du monastère à la place publique. Les *exempla* cisterciens chez Étienne de Bourbon', in M. A. Polo de Beaulieu, P. Collomb et J. Berlioz (dir.), *Le Tonnerre des exemples. Exempla et médiation culturelle dans l'Occident médiéval*, Rennes, Presses universitaires de Rennes, 2010 (coll. Histoire), p. 241-256.

DELISLE, Léopold, *Inventaire des manuscrits de la Sorbonne conservés à la Bibliothèque impériale sous les n° 15716-16718 du fonds latin*, Paris, 1870, p. 28.

EASTING, Robert (éd. et trad.), *The Revelation of the Monk of Eynsham*, Oxford, Oxford University Press, 2002 (The Early English Text Society), spéc. XXVIII-XXIX (relevé des *exempla* du manuscrit lat. 15912 inspirés de la *Vision du moine d'Eynsham*). Néanmoins, cette édition d'un manuscrit latin (branche C) et de la traduction anglaise (d'après un manuscrit de la fin du XIVe siècle) n'a pas été prise en compte dans les *Fontes* pour d'évidentes raisons chronologiques.

FOIS, Graziano, 'Su un manoscritto disperso del *Liber Miraculorum* di Herbertus di Torres e un ipotetico ramo francese', *H. Herbertus Archiepiscopus Turritanus*. Bolletino del Gruppo di Studi 'Herbertus', Porto Torres, Centro Studi Basilica di San Gavino, III, 2 (2002), p. 87-106, spec. p. 99-100.

Fois, Graziano, Duilio Caocci, 'Appunti preparatori per una bibliografia ragionata', *Herbertus Turrium Sardiniae Archiepiscopus* Bolletino semestriale del Gruppo di studio 'Herbertus', Porto Torres, Centro Studi Basilica di San Gavino, I, s. d. [1999], p. 17-21. [Bibliographie complète sur Herbert de Clairvaux.]

Legendre, Olivier, 'Le *Liber visionum et miraculorum*. Édition du manuscrit de Troyes (Bibl. mun., ms. 946)», *Positions des thèses*, Paris, École nationale des chartes, 2000, p. 197-204, spéc. p. 201-202.

—, éd., *Collectaneum exemplorum et uisionum Clareuallense e codice Trecensi 946*, Turnhout, Brepols, 2005 (CCCM, 208), CXIV-468 p., spéc. p. XCV-XCVII.

McGuire, Brian Patrick, 'The Cistercians and the Rise of the *Exemplum* in Early Thirteenth Century France: A Reevaluation of Paris BN ms. lat. 15912', *Classica et Mediaevalia*, 34 (1983), p. 211-267, repris dans *Friendship and Faith: Cistercian Men, and their Stories, 1100-1250*, Aldershot-Burlington, Ashgate, 2002 (Variorum Collected Studies Series, 742).

—, 'Taking Responsibility: Medieval Cistercian Abbots and Monks as their Brother's Keepers', *Citeaux. Commentarii Cistercienses*, 39 (1988), p. 249-269.

—, *The Difficult Saint. Bernard of Clairvaux and his Tradition*, Kalamazoo, Cistercians Publications, 1991 (Cistercian Studies Series, 126), 317 p., spec. p. 189-225.

—, 'La vie et les mentalités des Cisterciens dans les *exempla* du XIIe siècle', in J. Berlioz et M. A Polo de Beaulieu (dir.), *Les* exempla *médiévaux: nouvelles perspectives*, Paris, Champion, 1998 (Nouvelle Bibliothèque du Moyen Âge, 47), p. 107-145.

—, 'Cistercian Storytelling – A Living Tradition: Surprises in the World of Research', *Cistercian Studies Quarterly*, 39 (2004), p. 281-309, spéc. p. 293.

Mula, Stefano, 'Herbertus di Torres', *Herbertus Turrium Sardiniae Archiepiscopus* Bolletino semestriale del Gruppo di studio 'Herbertus', Porto Torres, Centro Studi Basilica di San Gavino, I, s. d. [1999], p. 5-8.

—, 'Twelfth- and thirteenth-century Cistercian Exempla Collections: Role, Diffusion and Evolution', *History Compass*, 8 (2010), p. 903-912.

—, 'Geography and the Early Cistercian Exempla Collections', *Cistercian Studies Quarterly*, 46 (2011), p. 27-43.

Polo de Beaulieu, Marie Anne, 'De l'*exemplum* monastique à l'*exemplum* mendiant: continuités et ruptures', in R. Forster et R. Günthart (éd.), *Didaktisches Erzählen. Formen literarischer Belehrung in Orient und Okzident*, New York, Berne, Berlin, Bruxelles, Francfort, Oxford, Vienne, Peter Lang Verlag, 2010, p. 55-84.

—, 'Traces d'oralité dans les recueils d'*exempla* cisterciens', in S. Vanderputten (éd.), *Understanding Monastic Practices of Oral Communica-*

tion (Western Europe, Tenth-Thirteenth Centuries), Colloque international de Gand, 23-24 mai 2008, Turnhout, 2011 (Utrecht Studies in Medieval Literacy, 21), p. 139-158.

—, Conclusion du Colloque international *Prédication et performance, Moyen Âge et début des Temps Modernes (XIIe-XVIe siècle)*, Paris, 23-24 juin 2011, Paris, Garnier, à paraître. [Analyse du passage du ms. Paris, BnF, lat. 15912 sur le théâtre.]

—, 'Diffusion du *Liber miraculorum* de Herbert de Torrès dans la littérature exemplaire', à paraître dans *H. Herbertus Archiepiscopus Turritanus*. Bolletino del Gruppo di Studi 'Herbertus'.

POLO DE BEAULIEU, Marie Anne, Pascal COLLOMB, Jacques BERLIOZ (dir.), *Le Tonnerre des exemples. Exempla et médiation culturelle dans l'Occident médiéval*, Rennes, Presses universitaires de Rennes (coll. Histoire), 2010, 423 p., spéc. p. 164, 165, 173, 178, 180, 224, 231, 241, 248, 267, 379, 416.

SMIRNOVA, Victoria, 'Le *Dialogus miraculorum* de Césaire de Heisterbach : le dialogue comme axe d'écriture et de lecture', in M. A. Polo de Beaulieu (éd.), *Formes dialoguées dans la littérature exemplaire du Moyen Âge*, Paris, Champion, à paraître.

WELTER, Jean Thiébaud, *L'Exemplum dans la littérature religieuse et didactique du Moyen Âge*, Paris-Toulouse, 1927 [reprint, Genève, Slatkine, 1973], spéc. p. 251-254.

COLLECTIO EXEMPLORVM CISTERCIENSIS

CONSPECTVS SIGLORVM

cod.   Paris, Bibliothèque nationale de France, lat. 15912, fol. 7-174 (saec. XIII[in])

CAPITVLA SEQVENTIS OPERIS

1. De superbia
2. De humilitate
3. De inuidia
4. De caritate
5. De crudelitate
6. De mansuetudine
7. De ambitione
8. Contra ambitionem
9. De patientia
10. De impatientia
11. De uitio gule
12. De abstinentia
13. De inobedientia
14. De obedientia
15. De uirtute orationis
16. De reuerentia orationis
17. De compunctione
18. De confessione
19. De impenitentia
20. De penitentia
21. De luxuria
22. De pudicitia
23. De cauenda mulierum uisione
24. De pugna contra temptamenta
25. De silentio
26. De potentia lacrimarum
27. De flagellis Domini
28. De ardore fidei
29. De diuersis generibus martyrum
30. De obseruantia sacrorum dierum |
31. De dignitate monachorum
32. De dignitate ordinis Cisterciencis
33. Quantum ualeat oratio uel elemosina pro defunctis
34. De penis animarum
35. De perseuerantia
36. De ypocrisi
37. De uana gloria
38. De cupiditate

39. De symonia
40. De sodomitico uitio
41. Quam graue sit res pauperum non pauperibus erogare
42. Quod aliene res inuente non debent retineri
43. De proprietate
44. De amore paupertatis
45. De trangressione uoti
46. De grauitate
47. De disciplina
48. De ueneratione Virginis matris
49. De studio litterarum
50. Cum quanta reuerentia audiendum sit uerbum Dei
51. De reuerentia circa quelibet sacramenta
52. De officio prelatorum
53. De dignitate clericorum
54. De misericordia
55. De elemosina
56. De uirtute nominis Christi
57. De contemptu mundi | 6ua
58. De zelo iustitie
59. Quam grauiter soleat Deus in hostes suos uindicare
60. Quantus sit amor Christi in suos
61. De uirtute sanctorum
62. De uirtute sancte crucis
63. De corpore Christi
64. De discretione
65. De accidia
66. De memoria mortis
67. De metu mortis
68. De timore Domini
69. Ne quis seruum iudicet alienum
70. De quiete
71. De curiositate
72. De uitio lingue
73. De humilitate
74. De uirtute orationis
75. Contra sompnolentos
76. De astutia diaboli
77. De perseuerentia
78. De ueneratione Virginis matris
79. De *Salue regina*
80. De memoria mortis

CAPITVLVM I

DE SVPERBIA

[1] 1. In cronicis. Domitianus primus se deum et dominum appellari precepit tanteque fuit superbie ut aureas et argenteas statuas sibi in Capitolio iusserit collocari.

[2] 2. Primus Diocletianus adorari se ut deum et gemmas uestibus calciamentisque inseri iussit, cum ante eum omnes imperatores in modum iudicum salutarentur et clamidem purpuream a priuato habitu plus haberent.

[3] 3. Tullius Hostilius, primus regum Romanorum, purpura et fascibus usus est ac deinde fulmine cum sua domo conflagrauit.

[4] 4. In Affrica quidam ortodoxi episcopi, linguis sibi excisis radicitus a Wandalis, postmodum clare loquendo multis fuere miraculo. Quod miraculum unus eorum auxit qui in elationem uersus, statim diuino dono priuatus obmutuit.

[5] 5. Contentio inter Romanam ecclesiam et arrogantiam Iohannis, episcopi Constantinopolitani, uniuersalis patriarche nomen sibi usurpantis, sub Pelagio papa concepta et a Gregorio iam inde non leniter exagitata, non antea quiescere potuit quam Iohannes ipse subita morte obiit.

[6] 6. | De Exceptionibus magistri Ricardi. Anastasius imperator perfidus, cum sepe ab Hormisda papa corriperetur, per legatum ipsius respondit: "Nos iubere uolumus, non iuberi." Sed cum in sua perduraret perfidia, ictu fulminis interiit.

[7] 7. De Dyalogo Gregorii pape. Beatus Benedictus cuidam clerico, quem ab immundo spiritu sanauerat, precepit dicens: "Vade et post hec carnem non comedas, ad sacrum uero ordinem nunquam accedere presumas." Que cum aliquot annis sollicite obseruasset et omnes priores sui interim de hac luce migrassent suosque iuniores sibimet superponi in sacris ordinibus cerneret, uerba uiri Dei quasi ex longo tempore oblitus postposuit atque ad sacrum ordinem accessit. Quem mox is qui reliquerat tenuit eumque uexare quousque animam excuteret non cessauit.

I, 12 quidam] quidem *cod.*

8. Cum monachus quidam, cuiusdam defensoris filius, mense beati Benedicti cum lucerne ministerio astaret, cepit per superbie spiritum in mente tacitus uoluere et in cogitatione dicere: "Quis est hic cui manducanti seruitium impendo? Quis sum ego ut isti seruiam?" Ad quem uir Dei statim conuersus, uehementer cepit eum increpare dicens: "Sig|na cor tuum, frater. Quid est quod loqueris?" Vocatisque statim fratribus, precepit ei lucernam de manibus tolli; ipsum uero iussit a ministerio recedere et sibi eadem hora quietum sedere. Qui requisitus a fratribus quid in corde habuerit, confessus est et non negauit se fuisse superbia eleuatum.

9. Sine tytulo. Cum quidam miles iter ageret, demones eum arripientes ad locum quo properabat per aera ferre ceperunt. Quem cum portarent, ait unus ad alterum: "Vide si caudatam habet uestem." Cui alter: "Veste caudata non utitur." Nam ante dies paucos huiusmodi uestem se uouerat amplius non habere. Tunc demon: "Si caudatam uestem habuisset, multa ei modo mala intulissemus." Et irati mox in fossatum proiecerunt.

10. Vite Patrum. Virgo quedam uestita cilicio per sex annos semper inclusa et omnem ciborum respuens uoluptatem, dum superbia intumesceret, diuino destituta auxilio, aperuit subito fenestram celle sue et eum qui ei ministrare consueuerat suscipiens concubuit cum eo.

CAPITVLVM II

DE HVMILITATE

[11] **1.** In cronicis. Eraclyus sanctam crucem | reportans, cum regio scemate ornatus portam Iherusalem uellet intrare, per quam Ihesus ad crucem subeundam exiuit. Porta diuinitus clausa est eique rursum ad monitum angeli humiliato et discalciato porta ultro aperta est. 7ub

[12] **2.** Godefridus, rex Iherusalem, nunquam in ea ciuitate, in qua Dominus spinis coronatus est, diadema portare consensit.

[13] **3.** De Ecclesiastica Hystoria. Lugdunenses martyres in tanta gloria positi et semel et iterum et frequentius martyres effecti, post bestias, post ignes et laminas, neque se ipsi martyres dicebant, neque aliis ita se appellantibus indulgebant. Sed si forte aliquis, uel in epistola, uel in sermone, martyres nominasset, increpabant acrius, dicentes quod hec appellatio soli Christo debetur, uel illis qui in ipsis penis animas posuerunt.

[14] **4.** De Philippo imperatore traditum est nobis quod christianus fuerit et in die Pasche (id est in ipsis uigiliis) cum interesse uoluisset et communicare mysteriis, ab episcopo loci non prius esse permissus nisi confiteretur peccata sua et inter penitentes staret et condigne satisfaceret. Ferunt igitur eum libenter quod a sacerdote fuerat imperatum susce|pisse. 8ra

[15] **5.** Constantinus imperator sacerdotibus non credebat sufficere si se equalem preberet, nisi eos et longe preferret et ad ymaginem quandam diuine presentie ueneraretur.

[16] **6.** Constantinus imperator in tanta ueneratione et affectu beatum Paphnutium habuit, ut sepius eum intra palatium euocatum complecteretur et illum oculum qui in confessione fidei fuerat ei euulsus, auidioribus osculis demulceret.

[17] **7.** Spiridion, Ciprius episcopus, pastor ouium etiam in episcopatu positus permansit. Quadam uero nocte, cum ad caulas fures uenissent et manus improbas quo aditum educendis ouibus facerent extendissent, inuisibilibus quibusdam uinculis astricti usque ad lucem uelud traditi tortoribus permanserunt. Cum uero oues ducturus ad pascua matutinus se ageret senior, uidet iuuenes absque humanis uinculis caulis pendere districtos. Cunque cau-

sam noxe comperisset, absoluit sermone quos meritis uinxerat. Insuper unum eis arietem dedit.

8. Helena, regina uenerabilis, uirgines Deo sacratas quas Ierosolimis repperit inuitasse ad prandium et tanta eas uene|ratione curasse dicitur, ut indignum crederet si famularum uterentur officiis sed ipsa, manibus suis, famule habitu succincta cibum apponeret et poculum porrigeret, aquam manibus ministraret et regina orbis et mater imperii famularum Christi se famulam deputaret.

9. Tripartita Hystoria. Imperatrix Placilla, Theodosii coniunx, non regni fastigio elata est, sed pocius amore diuino succensa. Repente nanque ut uenit ad purpuram, claudorum atque debilium curam habuit permaximam, non seruis, non ministris aliis utens, sed per semet ipsam agens et ad eorum habitacula ueniens, unicuique exhibens quod necessitas postulasset. Sic etiam per ecclesias et xenodochia discurrens, suis manibus ministrabat infirmis, ollas eorum extergens, ius degustans, offerens coclearia, frangens panem cibosque mynistrans, calices diluens et alia cuncta faciens que seruis mos est sollempniter operari. Hiis autem qui eam de hiis nitebantur prohibere dicebat: "Aurum distribuitur imperatori. Ego autem pro ipso imperio hoc opus offero bona michi omnia conferenti." Sed et uiro suo sepe dicebat: "Oportet te semper, marite, cogitare quid | dudum fuisti, quid modo sis."

10. Quidam monachus crebro ad imperatorem Theodosium ueniens nec impetrans quod petebat, tandem tedio affectus eum ab ecclesiastica communione prohibuit et, posita eius obligatione, discessit. Verum fidelissimus imperator ad palatium reuersus, tempore prandii, astantibus pransoribus ait non se sumpturum cibum nisi prius eius uinculum solueretur. Quam ob rem misit ad ciuitatis episcopum, rogans ut iuberet ei qui eum ligauerat quatinus eius uincula soluerentur. Cumque dixisset episcopus eum tali uinculo non teneri et securum esse preciperet, ille tamen non acquieuit, donec qui ligauerat multo labore requisitus ei communionem quam prohibuerat reddidisset.

11. Fertur quia dum Constantinopolim episcopus Ebronensis fuisset defunctus, saccum eius sordidissimum Theodosius imperator quesierit atque ex eo circumamictus sit credens ex defuncti sanctitate aliquid promereri.

12. De Libro deflorationum. Beatus Petrus, Alexandrinus episcopus, nunquam in chathedra episcopi sedere uoluit, sed super scabellum ipsius cathedre residebat. |

CAPITVLVM II

[23] **13.** Beatus Gregorius papa primus se seruum seruorum in suis epistolis nominauit.

[24] **14.** Ieronimus. Episcopi sacerdotes se sciant esse, non dominos; honorent clericos quasi clericos, ut et ipsis a clericis quasi episcopis deferatur. Scitum est illud oratoris Domitii: "Cur ego te, inquit, habeam ut principem, cum tu me non habeas ut senatorem."

[25] **15.** Augustinus. Furatus est adhuc puer beatus Augustinus cum coetaneis suis poma in uicino pomerio domus sue. Quod furtum ita exaggerat, ut pene maius cunctis criminibus uideatur. Ait enim: "Feci furtum nulla compulsus egestate, nisi penuria et fastidio iusticie et sagina iniquitatis. Nam id furatus sum quod michi habundabat et multo melius, nec ea re frui uolebam quam furto appetebam, sed furto et peccato. Arbor erat pirus in uicinia uinee nostre, pomis onusta, nec forma, nec sapore illecebrosis. Ad hanc excuciendam nocte intempesta perreximus et inde onera ingentia abstulimus, non tam ad nostras epulas quam porcis illico relinquenda. Nam et si quid pomorum illorum in os nostrum intrauit, ibi fuit facinus condimentum."

[26] **16.** De Dialogo Gregorii. | Cum uir Dei Constantius propter sanctitatis opinionem a multis frequentari cepisset, quidam rusticus ad uidendum eum ueniens, eum in ligneis gradibus stantem repperit, reficiendis lampadibus seruientem. Erat autem pusillus ualde, exili forma atque despecta. Qui cum quesisset quis esset Constantius et hunc esse audiret, despexit et irrisit dicens: "Ego hominem grandem credidi; iste autem de homine nichil habet." Quod uir Dei audiens in amplexus rustici ruit eumque ex amore nimio constringere cepit brachiis et osculari magnasque gratias agere quod de se talia iudicasset, dicens: "Tu solus es qui in me oculos apertos habuisti." 9ra

[27] **17.** Petrus Cantor. Cum Stephanus, senescalus Francie, nepotes magistri Anselmi uellet promouere et milites facere, nobilibus quoque puellis in matrimonio iungere, idem Anselmus ait: "Absit, o domine, ut hanc rem facias. Potius maneant in conditione et uocatione in qua uocauit eos Dominus, ne in superbiam extollantur. De pauperibus et rusticanis nati sunt. Tales ergo, rogo, permaneant. Mallem enim me nunquam Sacram Scripturam legisse, quam eos sic promotos humilitatem | reliquisse." 9rb

[28] **18.** Willelmus Malmesberiensis monachus. Ricardus, dux Normannie, cenobium Fiscannense quod pater eius inchoauerat, perfecit. Hic, noctibus, famulorum fallens custodias ad matutinos monachorum pergebat, sepe in oratione usque in diem persistens.

Quadam nocte, ostium monasterii inueniens obseratum, excusso uiolenter pessulo, sacriste soporem turbauit. Qui surgens et illum amictu plebeio uestitum intuens in capillos inuolat, alapas et colaphos plures ingeminans. Ille, incredibili patientia nec responsum dedit. Postero die in capitulo querelam deposuit et monachum ad uicum Argentias sibi precepit occurrere, minitans se sic uindicaturum quod tota de hoc Gallia loqueretur. Die dicto monachus a iudicibus abiudicatus est, quem ille mox absoluit et uicum eundem qui optimi uini ferax est, officio sacriste addidit, pronuntians eum optimum esse monachum qui nec iratus silentium fregit. Hic autem cum moreretur, ante ostium ecclesie ut ab omnibus conculcaretur se sepeliri mandauit.

19. Rex Eduuardus | habuit multas filias quarum una, Eburga nomine, dum uix adhuc trima esset, sic ab ipso probata est utrum ad Dominum an ad seculum declinatura esset. Posuerat ille in triclinio diuersarum professionum ornamenta: hinc calicem et euangelia, inde armillas et monilia. Illuc uirguncula a nutrice allata est et genibus parentis assedit. Iussaque utrum mallet eligeret, toruo aspectu secularia respiciens, prompte manibus reptans, euangelia et calicem puellari innocencia adorauit. Mox pater ipsam deosculans: "Vade, inquit, filia mi, quo te uocat diuinitas." Itaque sanctimonialis effecta, in tanta sanctitate enituit, ut singularum sociarum suarum sotulares nocte furtim subriperet et diligenter lotos et inunctos rursus lectis apponeret.

20. De Vita Pauli primi heremite. Cum Paulus et Anthonius de statu seculi inter se sermocinarentur, suspiciunt alitem coruum in ramo arboris consedisse, qui inde leuiter subuolans integrum panem ante mirantium ora deposuit. Post cuius abscessum: "Eia, inquit Paulus, Dominus nobis prandium misit, uere pius, uere | misericors; sexaginta iam anni sunt quod dimidii semper panis fragmen accipio. Verum ad aduentum tuum Christus militibus suis duplicauit annonam." Cum ergo super uitrei fontis marginem resedissent, quis panem frangeret oborta contentio pene diem duxit in uesperam: Paulus more cogebat hospitis, Anthonius iure refellebat etatis. Tandem fuit consilium ut, apprehenso pane, dum ad se quisque nititur, pars sua remaneret in manibus. Cum beato Anthonio a Pauli habitaculo reuertenti duo discipuli occurrissent dicentes: "Vbi tantum moratus es, pater?", respondit: "Ve michi pec-

---

II, **126** addidit] addixit *cod.*   **141** lectis] *sup. l. al. man.*

catori, quia falsum nomen monachi porto. Vidi Helyam, uidi Iohannem in deserto et uere in paradiso Paulum uidi."

[31]   **21.** De Vita sancti Anthonii. Semper omnes clericos usque ad ultimum gradum ante se orare beatus Anthonius compellebat. Interrogabat etiam eos frequenter cum quibus erat. Et si aliquid ab eis necessarium audiret, se fatebatur adiutum.

[32]   **22.** Vite Patrum. Nuntiata cuidam monacho mors patris sui est. Qui nuntianti respondit: "Desine blasphemare. Meus pa|ter immortalis est."

[33]   **23.** Abbas Pambo, cum moreretur, astantibus sibi dixit: "Ex quo in hanc solitudinem ueni, extra laborem manuum mearum non recolo me panem comedisse neque penituisse de sermone quem locutus sum usque in hanc horam. Et sic uado ad Deum quomodo qui nec initium fecerim seruiendi Deo."

[34]   **24.** Vite Patrum. Frater quidam stimulatus a fornicatione, cum undecies iam uenisset ad senem ut seipsum accusaret, timens ne molestus seni fieret, ait ad eum: "Pater, dic michi aliquod uerbum!" Cui senex: "Crede, fili, quia si permitteret Deus temptationes meas transferri in te, omnino sustinere non posses." Hoc autem sene dicente propter nimiam humilitatem, quieuit stimulus fornicationis a fratre.

[35]   **25.** Frater quidam de nimia abstinentia infirmus, cum sederet ad mensam tussiens excreabat flegma. Quo nolente, de sputo eius uenit super alium fratrem. Qui cum uellet ei dicere: "Quiesce iam et non excrees super me", ut se ipsum uinceret, tulit quod excreauerat et comedit. Et tunc cepit ad se ipsum dicere: "Aut non dicas fratri quod eum contristet, aut manduca quod horres."

[36]   **26.** Dixit abbas Pastor: | "Nos non didicimus ianuam ligneam claudere, sed magis lingue ianuam cupimus clausam tenere."

[37]   **27.** Abbas Anthonius uidens omnes laqueos Inimici expansos in terra ingemuit et ait: "Quis, putas, transiet istos?" et audiuit uocem dicentem: "Humilitas."

[38]   **28.** Dicebant de abbate Arsenio quia, sicut dum in palatio esset, nemo melioribus uestibus eo utebatur, ita dum in conuersatione moraretur, nemo uilioribus utebatur.

[39]   **29.** Cum interrogaret aliquando abbas Arsenius quendam senem egyptium de cogitationibus suis, alius uidens eum dixit: "Abba Arseni, quomodo tu, qui tam in greca et latina lingua edoctus es, rusticum istum de cogitationibus suis interrogas?" Cui ille respondit: "Latinam quidem et grecam linguam quantum ad se-

culum apprehendi, sed alfabetum istius rustici necdum discere potui."

[40] 30. Puella quedam male a demonio uexabatur. Audientes autem parentes eius quod quidam solitarii possent eam curare, quadam die exeuntes in plateam inuenerunt unum ex ipsis uendentem sportellas suas et tulerunt eum in domum, quasi sportarum precium accepturum. | Quam cum monachus intrasset, uenit puella et dedit ei alapam. Mox ille conuertit ei et aliam maxillam secundum diuinum preceptum. Demon etiam coactus cepit clamare: "O, uiolentia mandati Ihesu Christi expellit me hinc!" Et statim mundata est puella.

[41] 31. Occurit aliquando Machario diabolus cum falce messoria et uolens eum percutere, nec preualens, ait: "Multam uiolentiam patior a te, Machari, quia non possum preualere aduersum te. Et enim quicquid tu facis, et ego facio. Ieiunas tu et ego penitus non manduco. Vigilas tu et ego omnino non dormio. Sola humilitas tua me superat."

[42] 32. Volens episcopus probare abbatem Moysen quem nuper ordinauerat, ait clericis suis: "Quando intrat abbas Moyses ad altare, expellite eum et sequimini ut audiatis quid dicat." Qui emittentes eum dicebant: "Exi foras, Ethyops." Qui mox egrediens dicebat: "Bene tibi fecerunt, cinerente et cacabate; qui cum homo non sis, quare te in medio hominum dare presumpsisti?"

[43] 33. Interrogatus frater Nistero quomodo hanc acquisisset uirtutem, ut quando oritur aliqua | tribulatio in monasterio, non loqueretur neque se medium faceret, respondit: "Quando primum intraui in congregationem, dixi in animo meo: 'Tu et asinus unum esto'."

[44] 34. Frater quidam dixit abbati Sysoi: "Video me ipsum, quia mens mea ad Deum intenta sit." Cui senex: "Non est hoc magnum ut mens tua cum Deo sit, sed hoc est magnum si te ipsum uideas sub omni creatura."

[45] 35. Quidam demoniacus percussit quendam solitarium in maxilla, qui mox conuertit ei et aliam; demon non ferens incendium humilitatis eius mox exiuit ab eo.

[46] 36. Quidam frater expulsus est de cetu fratrum sine causa. Vnde quidam contristati egressi sunt et uocauerunt eum dixeruntque ei: "Quid, putas est in corde tuo quia expulsus es et iterum reuocatus?" Qui ait: "Posui in corde meo quia essem equalis cani, qui, quando fugatur, egreditur, quando autem reuocatur, ingreditur."

CAPITVLVM II

[47]   **37.** Cuidam fratri apparuit diabolus transformatus in angelum lucis et dixit ei: "Ego sum Gabriel et missus sum ad te." Qui respondit: "Vide ne ad alium missus sis. Ego enim non sum dignus ut angelus mittatur ad me." | Diabolus autem non comparuit.

[48]   **38.** Senex quidam ieiunauit LXX ebdomadas, semel in ebdomada reficiens, postulans a Deo ut apperiret ei quendam locum Scripture. Et cum nichil proficeret, dixit: "Vado ad fratrem meum et requiro ab eo." Et cum abiret, missus est ad eum angelus Domini dicens: "LXX ebdomade quas ieiunasti non te fecerunt proximum Deo. Nunc uero quando ita humiliatus es ut ad fratrem tuum pergeres, missus sum indicare tibi sermonem." Et apperiens ei quod querebat, discessit ab eo.

[49]   **39.** Quadam die sancto Proterio angelus Domini astitit dicens: "Cur grande aliquid te esse credis? Vis uidere meliorem te? Vade ad monasterium illud et ibi feminam quamdam inuenies coronam habentem in capite, quam te meliorem esse cognoscas." Hec se stultam simulans nunquam a coquina recedebat, tocius illic ministerii officium implens. Hanc nullus uidit unquam sedere ad mensam, sed solis mensarum contenta reliquiis, sequestrata ab aliis, sic secum uiuebat; irrisiones etiam et iniurias plures sepe sibi illatas patientissime sustinebat. Hanc igitur | cum uir Dei inter alias uirgines non uidisset, fecit eam uocari utpote ceteris seniorem. Cui cum omnes de illatis iniuriis satisfacere uellent, tantam non ferens gloriam de monasterio occulte aufugit.

[50]   **40.** Dixit abbas Moyses quia "Nisi habuerit homo in corde suo quia peccator est, Deus non exaudit eum." Dixit iterum: "Nisi conuenerit oratio operationi, in uanum laborat homo."

[51]   **41.** Quidam frater interrogauit abbatem Pemenem dicens: "Quomodo possum minorem me arbitrari ab eo qui homicida est?" Respondit senex: "Hoc debet homo dicere in corde suo: 'iste quidem hoc solum peccatum fecit. Ego autem omni hora homicidium committo meipsum interficiens'. Hec est sola hominis iusticia, ut semetipsum reprehendat."

[52]   **42.** Abba Paphnutius Danielem discipulum suum optans sibimet successorem dignissimum prouidere, superstes eum presbiteri honore prouexit. Qui tamen prioris humilitatis consuetudinem non omittens, nil unquam sibi illo presente de sublimioris ordinis adiectione donauit, sed semper, abbate Paphnutio spiritu-

---

241 apperiret] aperiret *legend.*   269 Paphnutius] Panutius *cod.*

ales hostias offerente, hic uelud | diaconus in prioris ministerii
275 mansit officio.

43. *Bernardus.* Vincebat in beato Bernardo sublimitatem nominis humilitas cordis, nec tam poterat uniuersus eum mundus erigere quam seipse deicere solus. Summus reputabatur ab omnibus, infimum ipse se reputans. Et quem sibi omnes, ipse se nemini
280 preferebat. Denique sicut ipse sepius fatebatur inter summos quosque honores et fauores populorum et sublimium personarum alterum mutuatus hominem uidebatur, seque potius reputabat absentem, uelud quoddam sompnium suspicatus. Vbi uero simpliciores ei fratres, ut solebant, fiducialius loquebantur et amica
285 semper liceret humilitate frui, ibi se inuenisse gaudebat et in propriam redisse personam. Innata ei a puero uerecundia usque ad diem perseuerauit extremum. Inde erat quod, licet tam magnus esset et excelsus in uerbo glorie, nunquam tamen in quamlibet humili cetu sine metu et reuerentia uerbum fecit, tacere magis de-
290 siderans, nisi conscientie proprie stimulis urgeretur, timore Dei, caritate fraterna.

44. Solitus erat beatus Bernardus in familiari collocutione fateri | uix se credere hominibus, quod sic eum sibi utilem crederent, ut dicebant. Sed nec paruum sese in suis super hoc cogita-
295 tionibus sustinuisse conflictum perhibebat, quod nec tam ueraces homines fallere uelle, nec tam prudentes falli posse uerisimile uideretur, cum alterutrum excusare non posset. Quem enim totus mirabatur orbis, solus ipse quod erat mirabilius non uidebat, sue uidelicet operationis opinionisue splendorem, sicut ille quondam
300 uir simplex et rectus nec solem cum fulgeret, nec lunam incedentem clare se uidisse memorabat.

CAPITVLVM III

DE INVIDIA

[55]   **1.** De Dialogo Gregorii. Florentius, presbiter, inuidie succensus facibus opinionem beati Benedicti pro posse suo ubique corrumpere non cessabat. Qui in tantum etiam prorupit facinus, ut inunctum ueneno panem illi quasi pro benedictione transmitteret, quem uir Dei cum gratiarum actione suscepit, sed eum, que pestis in pane lateret, non latuit. Qui tamen ex eius imperio a coruo quodam in tali loco delatus est, ubi non posset ab ullo homine inueniri. Sed prefatus presbiter, cum magistri corpus necare non potuit, se ad extinguendas | discipulorum animas accendit, ita ut in orto celle cui Benedictus inerat ante eorum oculos nudas VII puellas mitteret, que coram eis ludentes illorum animos ad libidinem inflammarent. Quod uir sanctus aspiciens et discipulis pertimescens, idque pro sua solius fieri persecutione pertractans, inuidie locum dedit et, ordinatis ibi monasteriis, cum paucis monachis recessit. Moxque ut uir Dei humiliter eius odia declinauit, hunc Omnipotens terribiliter percussit. Nam cum predictus presbiter stans in solario de recessu uiri Dei exultaret, perdurante immobiliter tota domus fabrica, solarium illud cecidit et presbiterum conterens extinxit. Verum cum hoc uiro Dei Maurus celeriter nuntiasset, uir Dei in grauibus sese lamentis dedit, uel quia inimicus occubuit, uel quia de inimici morte discipulus exultauit.   12ra

[56]   **2.** Quidam monachi ursum beati Florentii, custodem ouium suarum, quem et fratrem uocare consueuerat, per inuidiam occiderunt. Qui nimio dolore accensus eis imprecatus est dicens: "Spero ab omnipotente Deo quia in hac uita ante oculos omnium ex malicia sua uindictam recipient | qui nil ledentem se ursum meum occiderunt." Cuius uocem protinus ultio diuina secuta est. Nam quatuor monachi qui ursum occiderant statim elephantino morbo percussi sunt, ut membris putrescentibus interirent. Quod factum uir Dei uehementer expauit et se crudelem in eorum morte homicidam fuisse omni tempore uite sue defleuit.   12rb

[57]   **3.** Sine titulo. Quadam die, dum Petrus, abbas Igniaci, fratres ad communionem accedentes conspiceret, uidit quod angelus Domini corpus Christi de manu sacerdotis suscipiens reuerenter ponebat in os accedentium singulorum. In cuius susceptione hos-

pitis facies uniuscuiusque tanto clarior apparebat quanto ei deuotus adherebat. Inter ceteros autem affuit quidam frater, qui non solum nullam consecutus est gratiam, sed etiam quam habebat uisus est amisisse, dum eius facies in magnam nigredinem sit conuersa. Venerabilis autem pater de bona conuersatione filiorum certificatus, super illum de quo mentio facta est doluit uehementer et ei celerem adhibere medicinam curauit. Diuina itaque celebratione peracta, fratrem illum secreto secum assumens | paterna mansuetudine commonuit, ut suam ei conscientiam reuelaret. Frater uero ammirans pro tam repentina patris ammonitione respondit: "Iam pridem, pater, omnia nota feci uobis." Et abbas: "Sed forte aliquod postea contraxisti peccatum, quod necdum penitentia uel confessione delesti." Tunc ille altius suspirans ait: "Nescio quid a tempore conuersionis commiserim, excepto quod cuiusdam fratris bene acta sinistra semper interpretatione intelligo et ad uerecundiam meam dico quod hic michi ante omnes in omni gratia familiaritatis officia et caritatis impendit." Intelligens sapiens medicus ingratitudinem et inuidiam in eius pectore regnare dixit: "Vis, fili, ut uocetur frater ille et prostratus ante pedes eius ueniam petas, ut sic tua sanetur commotio?" Et ille: "Volo, pater et suppliciter rogo." Vocatus ilico frater aduenit et mox ante pedes eius alter prosternitur. Qui statim erigens eum et causam rei ignorans, uersa uice eius pedibus se prosternit, a quo cito erectus cognitaque causa noxam ei remittit ac deinceps in magne familiaritatis amore sibi mutuo coniunguntur. Hiis ita gestis, die sequenti dominica, fratribus ad com|munionem accedentibus, uenerabilis pater faciem illius monachi super aliorum facies splendidam et decoram aspexit.

CAPITVLVM IIII

DE CARITATE

[58]   **1.** De Pontificali Historia. Syxtus papa post annum primum a quodam Basso incriminatur. Quo audito, Valentinianus Augustus iussit concilium sancte synodi congregari. Et, facto conuentu, a LVI episcopis purgatur et Bassus a synodo condempnatur, ita tamen ut ei propter humanitatem Ecclesie non negaretur uiaticum in extremis. Valentinianus autem Augustus cum matre sua Placida furore sancto commoti subscriptione Bassum condempnauerunt et omnes facultates sancte Ecclesie sociauerunt. Bassus uero intra mensem tercium nutu diuinitatis defunctus est, cuius corpus Syxtus episcopus cum linteaminibus et aromatibus tractans et manibus suis recondens sepeliuit ad beatum Petrum in cubiculum parentum eius.

[59]   **2.** De Ecclesiastica Hystoria. Multo grauius lapsus credentium quam ea que inferebantur tormenta martiribus cruciabant.

[60]   **3.** Cum beatus Gregorius Nazanzenus totum se Dei seruitio mancipasset, tantum de Basilii college sui amore presumpsit ut sedentem illum | de doctoris cathedra deponeret ac secum ad monasterium manu iniecta perduceret.   13ra

[61]   **4.** De Tripartita Hystoria. Mos erat beato Spiridioni episcopo ex fructibus qui nascebantur ei, alios quidem pauperibus erogare, alios autem mutuare uolentibus. Sed neque per se dabat neque per se recipiebat, sed solum cubiculum demonstrabat, inuitans petentes ut quantum opus haberent tollerent et denuo reuocarent quantum se nouerant hinc portasse. Quidam uero dum mutuum reddere deberet iuxta morem, intrans cubiculum ipsum mutuum secum retulit fraudulenter. Verum post certum tempus uenit iterum aliquid mutuari, missusque ad horreum ut quantum uellet metiretur nil prorsus inuenit. Quo per eum cognito, ait uir Dei: "Vide, homo, ne forte non reddideris quod alia uice fueras mutuatus. Nam horreum plenum est." Tunc ille quod deliquerat indicauit et quod petierat inuenire promeruit.

IIII, **3** Historia] ecclesia *cod.*

CAPITVLVM IIII

[62]   **5.** De Ecclesiastica Hystoria Anglorum. Cum beatus Albanus adhuc paganus esset, clericum quendam persecutores fugientem, hospitio recepit. Quem dum orationibus continuis ac uigiliis intentum die noctuque conspiceret, subito diuina gratia respectus, exemplum fidei ac | pietatis illius cepit emulari et, relictis ydolis, christianus integro ex corde effectus est. Post paucos autem dies peruenit ad aures principis clericum apud Albanum latere. Vnde et mox, missis militibus, iubetur adduci. Qui cum ad tugurium martyris peruenissent, mox se sanctus Albanus pro hospite ac magistro ipsius habitu indutus militibus exhibuit atque ad iudicem uinctus perductus est. Quo uiso, tyrannus furore succensus, cum nullo modo ualeret eum ad ydolatriam reuocare, post multa tormenta eum capite plecti iussit. Tunc oculi carnificis qui eum percussit in terram unacum beati martyris capite deciderunt.   13rb

[63]   **6.** Rex Osuualdus gentem cui dominabatur Christi dominio desiderans subiugare, petiit a Scotis ubi ipse fuerat baptizatus ut sibi antistitem mitterent, qui fidem christianam populo predicaret et celestibus eum imbueret sacramentis. Vbi pulcherrimo sepe spectaculo contigit, ut, euangelizante antistite qui Anglorum linguam perfecte non nouerat, ipse rex suis ducibus ac ministris uerbi celestis interpres existeret.

[64]   **7.** Ambrosius. Cum Dalmatius | tribunus postularet beatum Ambrosium ut causam Ecclesie quam contra Auxentium hereticum habebat iudicibus laicis committeret, respondit: "Nunquid eligam iudices laicos, qui cum tenuerint ueritatem fidei aut proscribentur aut necabuntur. Ego igitur aut preuaricationi offeram homines aut pene. Non tanti est Ambrosius ut propter se deiciat sacerdocium. Non tanti est unius uita quanti est dignitas omnium sacerdotum."   13ua

[65]   **8.** Cum beatus Ambrosius sacrificium offerret, raptum cognouit a populo suo Castulium quendam presbyterum arrianum. Hunc enim in platea offenderant transeuntes. Tunc amarissime flere et orare in ipsa oblatione Deum cepit ut subueniret ne cuius sanguis in causa Ecclesie fieret. "Certe, inquit, domine Deus, opto ut meus sanguis pro salute non solum populi, sed etiam pro ipsis impiis effundatur." Tunc, missis presbyteris et diaconibus, eripuit iniurie uirum.

[66]   **9.** Cum Theodosius imperator iam corpore solueretur, magis de statu ecclesiarum quam de suis periculis anxius extitisse refertur.

[67]   **10.** Antioche uirgo | fuit fugitans publicos uisus, sed quo magis uirorum euitabat oculos, eo incendebat amplius. Pulchritudo enim audita nec uisa plus desideratur. Verum, persecutione in-   13ub

75 stante, proditur ac ducitur ad tribunal duplex professa certamen
et castitatis et religionis. Sed ubi uiderunt constantiam professio-
nis, metum pudoris, paratam ad cruciatus, erubescentem ad as-
pectus, ilico aut sacrificare aut lupanari prostitui iubetur. Tunc secum uirgo: "Quid agam? Hodie aut uirgo aut martyr. Altera mihi
80 inuidetur corona. Sed nec uirginis nomen agnoscitur, ubi uirginitatis auctor negatur. Tolerabilius est autem mentem uirginem
quam carnem habere." Tunc fleuit et tacuit nec pudoris elegit iniuriam, sed Christi recusauit. Ducitur ad lupanar. Sed uirgo Christi
prostitui potest, adulterari non potest. Clauditur intus columba,
85 strepunt accipitres foris. Certant singuli quis predam primus in-
uadat. At illa manibus ad celum leuatis de prostibulo oratorium
faciebat. Vixque compleuerat precem et ecce uir miles specie terri-
bilis | irrupit. Tunc quemadmodum uirgo tremuit cui populus   14ra
tremens cessit. Ad quam miles: "Ne, queso, paueas, soror. Frater
90 huc ueni saluare animam, non perdere. Salua me ut ipsa salueris.
Quasi adulter ingressus, si uis quasi martyr egrediar. Vestimenta
mutemus. Tua me uerum militem facient, mea te uirginem. Sume
pilleum qui tegat crines, abscondat ora. Solent erubescere qui lupanar intrauerunt." Et inter hec uerba clamidem exuit, suspectus
95 tamen adhuc habitus et persecutoris et adulteri. Virgo ceruicem,
miles clamidem offert. Que pompa illa, que gratia cum in lupanari
de martyrio certarent. Tunc lupus et agna non solum pascuntur
simul, sed etiam immolantur. Quid plura? mutato habitu, euolat
puella de laqueo et quod nulla unquam uiderunt secula, egredi-
100 tur de lupanari uirgo. Statim unus qui erat inmodestior intrauit.
Sed ubi hausit oculis rei textum: "Quid hoc, inquit, est? Puella intrauit, uir uidetur." Tunc indicio rei quia tanto debebatur uictori
corona, dampnatus est pro uirgine qui pro uirgine est comprehen-
sus. Fertur puella ad locum | supplicii cucurisse, certasse ambo   14rb
105 de nece cum ille diceret: "Ego sum iussus occidi, te absoluit sentencia quando me tenuit." At illa clamaret: "Non ego te uadem
mortis elegi, sed predam pudoris optaui. Si pudor queritur, manet
sexus. Si sanguis exposcitur, fideiussorem non desidero, habeo
unde dissoluam. In me lata est ista sentencia que pro me lata est.
110 Certe si pecunie fideiussorem te posuissem et absente me, iudex
tuum censum feneratori adiudicasset, eadem me sentencia conu-
enires, meo patrimonio soluerem tuos nexus. Moriar ergo innocens, ne moriar nocens. Nichil hic medium. Hodie aut rea ero
sanguinis tui aut martyr mei. Ego obprobrium declinaui, non mar-
115 tyrium. Quod si mihi preripis mortem, non redemisti me, sed cir-

cumuenisti." Et quid multa? Duo contenderunt et ambo uicerunt. Nam simul martyrio coronati sunt.

[68] 11. **Augustinus.** Exemplo beati Augustini discimus quod multos ad salutem quandoque trahere debeamus, qui Donatum hereticum comprehendi fecit inuitumque seruari. Ad quem etiam ita scribit: "Displicet tibi quia | traheris ad salutem cum tam multos nostros ad pernitiem traxeris. Quid enim uolumus, nisi te comprehendi et presentari et seruari ne pereas? Et ne putes neminem cogendum esse ad bonum, audi quid de inuitandis Deus precipiat et compelle intrare."

[69] 12. Mater beati Augustini omnium fratrum qui cum illo communiter uiuebant, ita curam gerebat, acsi omnes genuisset, ita seruiebat quasi ab omnibus genita fuisset. Eos uero quos carne pepererat tociens parturiebat spiritu, quociens a uia iusticie deuiare uidisset.

[70] 13. De Dialogo Gregorii. In Fundensi monasterio erat quidam monachus hortholanus qui cum olera sua sibi furari animaduerteret, totum ortum circuiens, inuenit iter unde fur uenire consueuerat. Et serpentem reperiens, "In nomine, inquit, Iesu Christi, precipio tibi ut aditum istum custodias." Qui mox obaudiens, in transuersum in itinere se tetendit. Cunque fur solito adueniens sepem ascenderet, uidens serpentem, tremefactus post semetipsum concidit eiusque pes per caltiamentum in sude sepis inhesit, sic, que usque dum hor|tolanus rediret, deorsum capite pependit. Qui pendentem furem conspiciens, serpentem abscedere iubet. Qui illico discessit. Ad furem uero ait: "Frater, tradidit te Deus mihi." Et eum sine lesione deponens, olera que furto appetebat auferre, ei cum magna dulcedine prebuit, dicens: "Vade et post hoc furtum non facias, sed cum necesse habueris huc ad me ingredere et que cum peccato laborabas tollere, ego tibi deuotus dabo."

[71] 14. Cum beatus Paulinus omnia sua omnino erogasset pauperibus et cuidam uidue pro redimendo filio pretium postulanti quod dare posset nisi se penitus non haberet, petenti femine respondit: "Mulier quod possim dare non habeo sed meipsum, tolle me seruum tui iuris profitere atque ut filium recipias, uice illius me in seruitium trade." Quod cum illa irrisionem putaret, uir Dei ei citius persuasit. Perrexerunt ergo utrique ad Affricam. Quem

---

133 consueuerat] conseuerat *cod.*

CAPITVLVM IIII

cum illa regis genero pro filio obtulisset et ille uenusti uultus hominem conspexisset, quam artem nosset inquisiuit. Cui uir Dei
respondit: "Artem quidem nescio, sed | ortum bene excolere
scio." Quod cum ille libenter acciperet, suscepit seruum et roganti
uidue reddidit filium. Discessit igitur mulier et episcopus exco-
lendi orti curam suscepit. Quem cum dominus suus uirum sapientem cerneret, amicos, familiares cepit deserere et cum eo sepius colloqui atque eius sermonibus delectari. Quadam igitur die
domino suo secum secretius loquenti ait: "Vide quid agas et
Vuandalorum regnum qualiter disponere debeas prouide, quia
rex citius et sub omni celeritate moriturus est." Quod cum ille regi
diceret et rex uirum uidere desideraret respondit: "Cotidie michi
herbas uirentes ad prandium afferre consueuit, has itaque huc ad
mensam tuam portare faciam ut quis sit qui michi hec locutus est
agnoscas." Hunc ergo rex subito cum inspexisset intremuit atque
accersito genero suo secretum quod prius absconderat indicauit
dicens: "Verum est quod audisti. Nam in nocte hac in sompnio
sedentes in tribunalibus iudices uidi, inter quos etiam iste sedebat
et flagellum quod aliquando acceperam eorum michi iudicio tol-
lebatur, scilicet percunctare quisnam sit. Nam ego hunc tanti me-
riti uirum popularem ut cons|picitur non suspicor esse." Tunc re-
gis gener secreto Paulinum tulit quisnam esset inquisiuit. Cui
respondit: "Seruus tuus sum quem pro filio uidue uicarium sus-
cepisti." Cunque ille instanter inquireret, tandem ab eo extorsit
ipsum fuisse episcopum. Quod ille audiens ualde pertimuit atque
humiliter obtulit dicens: "Pete quod uis quatinus ad terram tuam
a me cum magno munere reuertaris." Tunc in exemplum Ihesu
Christi ille qui se solum in seruitium tradiderat cum multis a seruitio in libertatem rediit, omnes uidelicet sue ciuitatis captiuos,
cum onustis frumento nauibus secum reducens in patriam.

15. De Vita Patrum. Duo fratres perrexerunt ad ciuitatem ut uen-
derent quod operati fuerant. Et cum a se inuicem fuissent diuisi,
incurrit unus in fornicationem. Veniens post hec alius frater dixit
ei: "Reuertamur ad cellam nostram." Qui respondit: "Non uenio
quia modo lapsum carnis incurri." Ille autem uolens eum lucrari
dixit: "Sic et mihi contigit, sed eamus et agamus penitentiam et
Deus ignoscet nobis." Quibus cum senex iniunxisset penitentiam,
ille innocens pro fratre suo agebat peniten|tiam tanquam si ipse
peccasset. Vnde in breui reuelauit Deus uni ex senibus quod pro
multa caritate illius qui non peccauerat indulsisset illi qui fornica-
tus est.

[73] **16.** Frater quidam cum fecisset sportas et eis ansas imposuisset, audiuit uicinum suum alium monachum dicentem: "Quid facio quia proximum est mercatum et non habeo ansas quas imponam sportellis meis?" Ille uero soluit ansas quas imposuerat sportis suis et attulit eas fratri illi dicens: "Ecce istas superfluas habeo, tolle eas in sportas tuas."

[74] **17.** Dixit senex cuidam seni: "Duo sunt fratres ex quibus unus quiescit in cella sua protrahens ieiunium sex dierum et multum sibi laborem imponit. Alter uero egrotantibus deseruit. Cuius opus magis acceptum est Deo?" Respondit senex: "Si frater ille qui sex diebus ieiunium libat appendat se per nares, non potest illi esse equalis qui infirmantibus deseruit."

[75] **18.** Quidam frater cuidam seni ministrabat. Contigit autem ut uulnus fieret in corpore senis et sanies multa ex eo cum fetore proflueret. Dicebat autem cogitatio sua fratri illi: "Discede hinc quia fetorem huius putredinis non poteris sustinere." Qui mox ut huius | cogitationem reprimeret lauit uulnera senis et aquam in uase recolligens, quotiens sitiebat, bibebat ex ipsa.

[76] **19.** Quadam die beatus Paphnutius orauit Dominum ut sibi ostenderet cui sanctorum similis esset. Cui mox angelus Domini assistens respondit quod similis esset cuidam symphoniaco qui in uico illo arte cantandi uictum querebat. Ad quem mox sanctus perueniens percunctatur quid boni ageret. Qui se indignissime uite hominem et ex latrocinio ad istud uile artificium deuolutum esse respondit. Tunc sanctus requisiuit si uel inter latrocinia aliquid pii operis unquam egisset. "Nichil, inquit, mihi conscius sum boni, hoc tantum scio quod cum inter latrones essem capta est a nobis aliquando uirgo Deo sacrata. Cuius cum ceteri college mei cuperent eripere pudorem, obieci me in medium et erui eam de contaminatione latronum. Alio quoque tempore inueni mulierem honeste forme in heremo oberrantem et interrogata a me unde et cur uel quomodo in hec loca uenisset, respondit: Nichil me infelicem interroges, sed si ancillam placet tibi habere abducito me quo uis. Meus siquidem maritus | pro quodam debito iam plurimum cruciatus in carcere seruatur, pro quo et tres filii mei iam distracti sunt et ego infelix ad similes penas requiror de loco ad locum fugitans. Inedia miseriaque confecta per hec nunc loca latitans oberro triduumque iam hic sine cibo ducens. Ego ubi hec

---

213 Paphnutius] Pahnutius *cod.*

audiui miseratus ad speluncam adduxi et eam reficiens .CCC. etiam solidos dedi ei pro quibus se ac maritum et filios non solum seruituti sed etiam suppliciis asserebat obnoxios." Tunc Paphnutius: "Ego nil tale feci, sed si uis perfectus esse relinque omnia et sequere me ad heremum." Qui mox secutus est eum.

[77] 20. Venit quidam frater ad beatum Ammonium rogans sicubi esset cellula uacans in qua habitare posset. Cui ille: "Ego, inquit, requiram, sed donec inueniam hic esto in hoc monasterio." Et relinquens ei omnia pariter cum monasterio, ipse procul ab eo loco paruissimam cellulam repperit atque in ea se constituit, omnia sua fratri nouicio derelinquens.

[78] 21. Fertur cum sancto Machario uuam quis aliquando detulisset, ille caritate plenus ad alium fratrem detulit eam qui quasi infirmior uidebatur. Sed et ille de proximo plus quam de se cogitans | protulit ad alium et ille iterum ad alium. Et sic cum per omnes cellulas que longe erant a semetipsis disperse uua circunlata fuisset, ignorantibus ipsis qui eam primus misisset, ad ultimum ipsi defertur qui eam primus miserat. Gratulatus autem sanctus Macharius quod tantam continentiam tantamque caritatem uideret in fratribus, ad acriora spiritualis uite exercitia se extendit.

[79] 22. Quidam senex, si quis detraxisset ei, festinabat, si uicinus ei erat, per seipsum bene illum remunerare; quod si longius maneret, transmittebat ei munera.

[80] 23. Cum quis uolebat a beato Iohanne aliquid mutuare, non dabat per manus suas, sed ei dicebat: "Vade et quod opus habes tolle tibi." Et cum reportaret, iterum dicebat: "Repone in loco unde tuleras." Si autem nil detulisset, nil ei penitus loquebatur.

[81] 24. Quidam senior commorans in solitudine nunquam sibi soli cibum indulsisse testatus est, sed etiam si per totos quinque dies ad eius cellulam nullus e fratribus aduenisset, refectionem iugiter distulisse, donec sabbato uel dominico die, deuote congregationis obtentu procedens ad ecclesiam peregrinorum quempiam repperisset: quem ex|inde reducens, eo consorte refectionem corporis, non tam sue necessitatis obtentu quam humanitatis gratia causaque fratris assumeret.

[82] 25. Sancti Hugonis. Cum duo milites unum de fratribus beati Hugonis interemissent nullusque refugii locus ut se ad salutem reciperent eis pateret in Galliis, ipse eos in asilo Cluniacensi recepit; et monachos factos, unum retinuit sub ordinis disciplina; alterum qui caput mali extiterat, fuga lapsum et postea predis atque rapinis intentum et ob hoc male interfectum amisit.

[83] **26.** Sancti Bernardi. Erat in precordiis sancti Bernardi uehemens sancti desiderii et sancte humilitatis conflictus. Modo enim seipsum deiciens fatebatur indignum per quem fructus aliquis proueniret; modo oblitus sui estuabat flagrantissimo ardore, ut nullam nisi ex multorum salute consolationem recipere uideretur. Sane fiduciam caritas pariebat, sed eandem castigabat humilitas.

[84] **27.** Cum ex predicatione itineris Ierosolomitani graue contra beatum Bernardum quorumdam hominum uel simplicitas uel malignitas sumpsisset scandalum eo quod tristior sequeretur effectus, in li|bro ad papam Eugenium sic respondit: "Si placuit Deo tali occasione plurimorum eripere, si non orientalium corpora a Paganis, occidentalium animas a peccatis, quis audeat illi dicere: Quid fecisti sic? Denique si necesse sit, inquit, unum fieri e duobus, malo in nos murmur hominum quam in Deum esse. Bonum mihi si dignetur me uti pro clypeo. Libens excipio in me detrahentium linguas maledicas et uenenata spicula blasphemorum, ut non ad ipsum perueniant. Non recuso inglorius fieri ut non irruatur in gloriam Dei."

[85] **28.** Increpatione beatus Bernardus rarius utebatur, monitis potius et obsecrationibus agens. Quam uero inuitus et non ex cordis amaritudine uerbum proferret amarum ex eo maxime animaduertebatur quod perfacile huiusmodi impetum cohiberet. Eius tamen obiurgationem non minus facile compescebat aliquando grauis et turbulenta responsio quam humilis et modesta, ut ab aliquibus proinde diceretur cedenti insistere, cedere resistenti. Dicebat enim ubi resonat utrinque modestia dulce esse colloquium; ubi uel ex parte altera utile; ubi ex neutra perniciosum. Vbi enim hinc inde duritia sonat, iur|gium est, non correctio, nec disciplina sed rixa, ut deceat magis interim prelatum dissimulare et, commotione sanata, utilius castigare subiectos, aut certe, si ita res exigit, obseruare consilium sapientis, quia stultus non corrigitur uerbis. Loquitur ipse de increpationibus minus utiliter, minus patienter acceptis, in sermone super Cantica Canticorum .XLII°. inter cetera dicens: "Vtinam neminem obiurgare necesse sit: hoc enim melius est. Sed quoniam in multis offendimus omnes, mihi tacere non licet, cui ex officio incumbit peccantes arguere, magis autem urget caritas. Quod si arguero et fecero quantum meum est, illa autem procedens increpatio quod suum est non faciat neque ad que misi illam, sed reuertatur ad me uacua tanquam iaculum feriens et resiliens, quid me animi tunc habere putatis, fratres? Nonne angor, nonne torqueor? Et (ut mihi aliquid usurpem de uerbis

magistri, qui de sapientia non possum) coartor e duobus et quid eligam ignoro. Placeamne mihi in eo quod locutus sum quia quod debui feci? Aut penitentiam agere super uerbo meo quia quod uolui non recepi?" Et infra: "Dicas forsitan mihi quia bonum meum ad me reuertatur et quia liberaui animam meam et mundus sum a san|guine hominis cui annuntiaui et locutus sum ut auerteretur a uia sua mala et uiueret." Sed etsi innumera alia addas, me tamen ista minime consolabuntur mortem filii intuentem, quasi uero illa reprehensione liberationem meam quesierim et non magis illius. Que enim mater etiam si omnem quam potuerit curam et diligentiam adhibuisse se sciat egrotanti filio, si demum frustratam se uiderit et omnes labores suos esse penitus ineffices, illo nihilominus moriente, propterea unquam a fletibus temperabit?"

[86] 29. Oderat beatus Bernardus uelud naturaliter omne scandalum et grauamen cuiuslibet hominis sustinere ei admodum graue, non sentire impossibile erat. Adeo neminem spreuit, nullius hominis scandalum paruipendit etsi ueritatem Dei iustitiamque pretulerit.

[87] 30. Doctus erat beatus Bernardus uincere in bono malum, sicut ad quosdam fratres inter cetera scribens ait: "Adherebo uobis; etsi nolitis, adherebo; etsi nolim ipse, inuitis prestabo, ingratis adiciam, honorabo contempnentes me." Vsque adeo siquidem omnes homines germano amplectebatur affectu, ut eorum scandalo, sicut ipse fateri solebat, grauiter | ureretur, quibus nullam occasionem scandali uidebatur prebuisse. Piissimum enim grauiter pectus affligebat alterius scandalum, quam proprie immunitas conscientie solabatur.

[88] 31. De Vita Patrum. Quidam senior percunctantibus fratribus cur ita indifferenter apud eum preterirentur cotidiana ieiunia, respondit: "Ieiunium semper est mecum. Vos autem continuo dimissurus mecum iugiter tenere non possum. Itaque suscipiens in uobis Christum, reficere debeo eum. Deducens autem uos, humanitatem eius obtentu prebitam districtiore ieiunio potero compensare."

---

338 grauiter] grauius *legend.*

CAPITVLVM V

DE CRVDELITATE

[89] **1.** De cronicis. Tarquinius Superbus excogitauit uincula, taureas, fustes, exilia, carceres, compedes et cathenas. Hic causa filii sui qui Lucretiam corruperat expulsus est.

[90] **2.** Nero, ut similitudinem Troie ardentis inspiceret, plurimam partem romane urbis incendit. Primus Nero, super omnia scelera sua, Christi nomen persequitur.

[91] **3.** De Ecclesiastica Hystoria. Tempore Diocletiani, tanta rabies persecutionis in ecclesia extitit, ut cathene que homicidis, adulteris, uenenariis et sepulchrorum uiolatoribus fue|rant fabricate, tunc episcoporum, diaconorum atque religiosorum hominum colla restringerent, ita ut ⟨nec⟩ uincula criminosis superessent, nec locus ergastuli resideret. Flagris primum per omne corpus Dei carpuntur martyres. Post hec traduntur ad bestias, quibus ferro et igni feritas adhibetur. Additur adhuc bestiis intra caueas furor et ita seuiores semetipsis effecte proruunt claustris, circundant martyres, sed diuine miserationis adesse sentientes custodiam, procul ab eorum corporibus abscedunt. Tunc mittuntur quibus hoc artis est instigare bestias aduersus eos et incredibili uelocitate a bestiis discerpuntur. Sed et ipsi martyres aduersum se bestias prouocare iubentur, nec sic etiam aliquid pati possunt. Sed, o dure et impie mortalium mentes! Bestiarum feritas Dei uirtute mansuescit; humana uero rabies non ferarum mitescit exemplis, sed temptatur adhuc ab hominibus Deus. Iubentur alii criminosi bestiis subici et ilico deuorantur. Verum nec sic incitate bestie cultoribus Dei aliquid molestie ingerunt. Iubentur fere mutare et ilico earum feritas mansuescit.

[92] **4.** Augustinus. De Catilina uecor|di nimis et crudeli homine dictum est quam gratuito crudelis erat; predicta tamen causa: ne per otium scilicet torpesceret manus aut animus.

CAPITVLVM VI

DE MANSVETVDINE

[93] **1.** De Ecclesiastica Hystoria. Helenus tante fuit mansuetudinis in moribus et tante dulcedinis, ut "mel atticum" a sodalibus diceretur.

[94] **2.** De Tripartita Hystoria. Cum a quodam familiarium imperator Theodosius interrogaretur cur nullum se ledentium morti subiceret: "Vtinam, inquit, esset mihi possibile mortuos ad uitam reuocare!" Sic enim clemens extitit ut si quando quispiam dignum morte aliquid committeret, nec usque ad ciuitatis portas moriturus perueniebat, sed ex eius clementia continuo reuocatio sequebatur.

[95] **3.** Ambrosius. Beneficium se putabat accepisse auguste memorie Theodosius cum rogaretur ignoscere et tunc propior erat uenie cum fuisset commotio maior iracundie. Prerogatiua ignoscendi erat indignatum fuisse et optabatur in eo quod in aliis timebatur: ut irasceretur. Hoc erat reorum remedium, quoniam cum haberet supra omnes potestatem, quasi parens postulari malebat quam quasi iudex pu|nire. Denique magis arguentem quam adulantem probabat.

[96] **4.** Augustinus. Mater beati Augustini uiro tradita infideli uelut domino seruiebat, satagens eum lucrari Christo. Quam illi loquens moribus mirabilem se ei atque amabilem exhibebat! Ita enim cubilis tolerauit iniurias, ut nunquam de hac re cum marito haberet simultatem. Erat autem sicut beniuolentia precipuus, ita ira feruidus. Sed nouerat hoc non resistere irato uiro, non tantum facto, sed ne uerbo quidem. Iam uero refractum et quietum cum oportunum uideret, rationem facti sui reddebat. Denique cum matrone plurime, quarum uiri mansuetiores erant, plagarum uestigia etiam dehonestata facie, gererent inter amicarum colloquia, ille arguebant maritorum uitam, hec, earum linguam uelud per iocum grauiter ferens, dicebat non oportere aduersus dominos superbire. Cumque mirarentur ille, scientes quem ferocem uirum sustineret, nunquam auditum fuisse aut aliquo indicio claruisse quod eam uir suus acciderit aut quod a se inuicem uel unum diem do-

---

VI, 35 acciderit] aciderit *cod.*

mestica lite dissentirent et causam familiariter quererent, dicebat illa quod supra | memoraui. Socrum etiam suam, primo susurriis malarum ancillarum aduersum se irritatam, sic obsequiis ac dulcedine uicit, ut illa ultro filio suo medias linguas famularum proderet expeteretque uindictam.

5. De Dialogo Seueri. Duo senes in quodam monasterio per .XL. annos ita ibi degere ut nunquam inde discesserint ferebantur. Quorum unum nunquam sol uiderat manducantem, alterum nunquam iratum.

6. Petrus Cantor. Querenti de quodam satis religioso in omnibus preterquam nimis seuerus erat quare non promoueretur, responsum est: "Quia minus socialis et mitis est."

7. Iohannes Elemosinarius. Cum Constantinus imperator in Nicea synodo inter episcopos resideret et quidam clerici atque monachi turpes accusationes contra se in scriptis illi porrexissent, ille omnia combussit dicens: "Vere si propriis oculis uidissem sacerdotem Dei aut monachum peccantem, clamide mea illum tegerem ne ab aliquo uideretur."

8. De Vita Patrum. Dixit senex: "Si quis loquitur tecum de quacunque causa, noli cum eo contendere. Sed si bene dixit, dic: 'Etiam'. Si uero male, dic ei: 'Tu scis | quod loqueris'."

9. Intrante aliquando abbate Machario in cella sua, uenit ei uox dicens: "Machari, nondum peruenisti ad mensuram meriti illarum duarum mulierum illius ciuitatis." Qui mane consurgens uenit in domum illarum et conuocans eas dixit: "Propter uos tantum laborem pertuli. Dicite ergo mihi operationem uestram." Que dixerunt: "Crede nobis quia in hac nocte non fuimus sine uiris nostris. Quid ergo boni possumus habere?" Qui cum instaret, dixerunt: "Nos quidem secundum seculum extranee nobis sumus. Placuit autem nobis nubere duobus fratribus secundum carnem. .XV. anni hodie sunt ex quo in domo hac pariter habitamus et nescimus si aliquando litigauimus ad inuicem uel si turpem sermonem dixit una ad alteram; sed in pace et concordia totum hoc tempus peregimus. Voluimus autem ingredi monasterium uirginum, sed uiri nostri nos non permiserunt. Tunc inter nos et Deum testamentum disposuimus ut usque ad mortem ex ore nostro sermo secularium non egrediatur."

10. Odonis Cluniacensis abbatis. Cum beatus Odo, Cluniacensis abbas, secus uiam anum repperisset aut debilem, statim de equo descendebat et eum desuper sedere faciebat. | Et ne forte laberetur, uni e famulis ei adherere faciebat. Ipse uero psallendo pedes ceteros sequebatur. Cum uero pueros reperiebat, quiddam eos cantare cogebat, quasi eorum ludum remunerans eis aliquid merito largiretur.

CAPITVLVM VII

DE AMBITIONE

[103] **1.** De cronicis. Vortegiunus, consul Genuisseorum, Constantem ex monacho in regem sublimauit et uice episcopi ipse capiti eius diadema imposuit. Affectabat enim sibi regnum usurpare si Constans, qui legitime non poterat regnare, quolibet modo aut depositus aut peremptus fuisset.

[104] **2.** Iudeus quidam maleficus promittens greco principi Sarracenorum annis .XL. principatum tenere, suadet ut in toto regno suo Dei sanctorumque ymagines deponi edicat. Qui, spe diu regnandi seductus, edictum quidem proponit sed ipse mox obit.

[105] **3.** Karolus iunior, Ludouici Germanorum regis filius, a demonio grauiter in presentia patris et optimatum eius uexatur; et in ipsa uexatione confitetur hoc sibi ideo contigisse, quia contra patrem suum conspirationem facere moliebatur.

[106] **4.** De Dialogo Gregorii. Quadam die, cum pauperes Bonifacium episcopum importune precarentur ut eis aliquid daret et ipse nichil omnino quod eis prestaret reperiens, | estuari cepit animo ne ab eo exirent uacui. Cui repente ad memoriam rediit quia Constantius presbiter, nepos eius, equum, cui sedere consueuerat, uendidisset atque hoc ipsum pretium in archa sua haberet. Illo igitur absente, archam comminuit et .XII. aureos pauperibus erogauit. Qui ueniens et fractam archam repperiens, cum furore nimio cepit clamare dicens: "Omnes hic uiuunt; ego solus in hac domo uiuere non possum." Quem cum uir Dei locutione blanda temperare uoluisset et ille cum iurgio responderet: "Redde mihi solidos meos!" ille, ecclesiam Beate Virginis ingressus, Dominum orans, extenso uestimento, mox in sinu suo .XII. aureos repperit furentique presbitero reddidit dicens: "Notum tibi sit quia post mortem meam huic ecclesie episcopus non eris propter auaritiam tuam." Vnde patet quod pro adipiscendo episcopatu eosdem solidos preparauerat.

19rb

[107] **5.** Cum Sabini, Canusie urbis episcopi, uita in longum senium traheretur, eius archidiaconus, adipiscendi episcopatus ambitione succensus, eum ueneno extinguere molitus est. Qui cum uini fusoris eius animum muneribus corrupisset, cum uir Dei ad eden-

CAPITVLVM VII

dum discumberet, mixtum ueneno ei uinum | obtulit. Cui statim 19ua
episcopus ait: "Bibe, tu, hoc quod mihi bibendum prebes." Tre-
40 mefactus iuuenis, deprehensum se esse sentiens, maluit moriturus bibere quam penas pro culpa tanti homicidii tolerare. Cunque
sibi calicem ad os duceret, uir Dei compescuit dicens: "Non bi-
bas." Da mihi: "Ego bibam." Sed uade, dic ei qui tibi illud dedit:
"Ego quidem uenenum bibo, sed tu episcopus non eris." Facto
45 igitur signo crucis, episcopus uenenum bibit securus. Eademque
hora in loco alio quo erat, archidiaconus eius defunctus est, acsi
per os eius ad archidiaconi uiscera uenena transissent.

CAPITVLVM VIII

CONTRA AMBITIONEM

[108] **1.** De cronicis. Pertinax imperator, obsecrante senatu ut uxorem suam Augustam et filium Cesarem appellaret, contradixit, sufficere testatus quod ipse regnaret inuitus.

[109] **2.** Ricardus. Iouinianus cum uiolenter post Iuliani necem a militibus ad imperium traheretur, dixit se non uelle paganis hominibus imperare, cum ipse esset christianus. Sed, cunctis se christianos confitentibus, suscepit imperium.

[110] **3.** De Ecclesiastica Hystoria. Valentinianus qui pro Christo reliquit militiam, suscepit imperium iuxta | eius promissum centuplum accepturus a Domino in presenti.

[111] **4.** Beatus Gregorius Nazanzenus, cum a populo plurimum rogaretur ut, propria ecclesia dimissa, ad docendum populum et regendum Constantinopolim adueniret, urgente caritate aduenit. Vbi, cum multum uerbis proficeret et exemplis et gloriam subsequeretur inuidia, quidam obniti et prescriptionibus minus sanis uti cepere ut, ipso ad propria remeante, alius ordinaretur episcopus. Quod ille susurrari et sub dente ruminari sentiens, ipse profert quod nullus ei dicere audebat: "Absit, inquit, ut mei causa aliqua simultas in Dei sacerdotibus oriatur. Si propter me ista tempestas est, libens hinc discedo." Et egressus ad ecclesiam suam cum gaudio remeauit.

[112] **5.** De Tripartita Hystoria. Amonius monachus ita sine omni curiositate fuit, ut Rome cum Athanasio ueniens nullum opus totius ciuitatis inspiceret nisi tantum Petri et Pauli basilicam. Hic ad episcopatum tractus atque diffugiens aurem sibimet dexteram amputauit, ut sic ordinationem effugeret.

[113] **6.** De Ecclesiastica Anglorum Hystoria. Vacante aliquando sede archiepiscopatus anglicane | ecclesie, missus est a rege gentis illius Vichar presbyter ad dominum papam ut in archiepiscopum ordinaretur. Qui Romam ueniens, postquam itineris sui causam summo pontifici patefecit, non multo post, ipse et omnes pene qui cum ipso erant defuncti sunt. At summus pontifex, habito de hiis consilio, quesiuit sedulus quem ecclesiis Anglorum archiepiscopum mitteret. Erat autem non longe a Neapoli quidam abbas Adrianus nomine, uir moribus et scientia uenerandus. Hunc

ad se accitum papa iussit, episcopatu accepto, Britanniam ire. Qui indignum se tanto gradu respondens, ostendere se posse dixit alium cuius magis ad suscipiendam episcopiam eruditio conueniret et etas. Cunque monachum quemdam de uicino monasterio uirginum nomine Andream offerret pontifici, hic ab omnibus qui nouere dignus episcopatu iudicatus est. Verum pondus corporee infirmitatis ne episcopus fieri posset obstitit; et rursum Adrianus ad suscipiendum episcopatum accitus est. Qui, petens indutias si forte alium qui episcopus ordinaretur ex tempore posset inuenire et abiens, inuenit quendam monachum notum sibi Theodorum nomine, Tharso Cilicie natum, uirum seculari et di|uina litteratura et grece instructum pariter et latine, probum moribus et uenerandum etate. Hunc summo presentans pontifici ut episcopus ordinaretur obtinuit, hiis tamen conditionibus interpositis ut ipse cum eo proficisceretur et ei doctrine cooperator existens, diligenter attenderet ne quid ille contrarium ueritati fidei Grecorum more in ecclesiam cui preesset introduceret. Quam obedientiam Adrianus deuotissime suscepit et strenue adimpleuit.

7. Cum Theodorus archiepiscopus Ceaddan episcopum argueret non rite fuisse consecratum, uoce humillima respondit: "Si me nosti, domine, non rite episcopatum suscepisse, libenter ab officio discedo, quippe qui neque me unquam hoc dignum arbitrabar, sed obedientie causa iussus subire hoc quamuis indignus consensi." At ille audiens humilitatem responsi eius non eum episcopatum dixit dimittere debere, sed ipse ordinationem eius denuo catholica ratione consummauit.

8. Cum beatus Cubertus in quadam synodo ad episcopatum Lindiffarensis ecclesie unanimi omnium consensu eligeretur, de multis litteris ac nuntiis ad se directis nequaquam suo monasterio posset erui, rex ipse cum sanctissimo quodam | antistite necnon aliis religiosis ac potentibus uiris ad eum in quadam insula nauigauit. Quibus ad eius genua prouolutis et ubertim fundentibus lacrimas, tandem pietate uictum dulcibus extrahunt latebris atque ad sinodum pertrahunt. Quo dum perueniret, uix precibus eorum et imperiis suum eis consensum prebuit.

9. De Libro deflorationum. Beatus Gregorius sui apostolatus gloriam ita omnino uilipendebat ut angelus ad quendam heremitam qui unum catum pro releuando secum tedio habebat, de ipso testaretur dicens: "Maiorem dilectionem habes tu in hoc catto tuo quam Gregorius in omni imperio romano."

[117] **10.** Petrus Cantor. Cum de magistro Anselmo promouendo sermo aliquando haberetur, dixit se filium diaconi esse qui ante diaconatum de legitimo fuit matrimonio.

[118] **11.** Beatus Augustinus fugiebat ab omni ciuitate que non habebat episcopum, ne in episcopum raperetur. Vnde et de seipso dicit: "In nullo sentio Deum ita iratum mihi quam quod, cum indignus essem poni ad remum, positus sum ad apicem regiminis ecclesie."

[119] **12.** Mortuo Syxto papa, diu uacauit papatus nec inuentus est qui onus illud sub|iret quando non habuit diuitias et pompam secularem adiuncta. Hiis autem adiunctis tempore beati Siluestri, illico ambitio nascebatur lateque peruagabatur amor dominandi.

[120] **13.** Gaufridus Peronensis, prior Clareuallis, electus est in Tornacensi ecclesia. Cum a papa Eugenio et abbate suo beato Bernardo cogeretur subire onus episcopatus, prostratus in modum crucis ante pedes eorum, uidelicet abbatis sui et clericorum eum eligentium, ait: "Monachus fugitiuus si me eicitis esse potero; episcopus uero nunquam ero." Cui laboranti in extremis assidens quidam monachus ei amicissimus custos factus egroti ait: "Karissime frater, quia nunc corpore separamur, oro te ut, si uoluntas Dei fuerit, statum tuum post mortem mihi reueles." Annuit ille. Moritur et sepelitur. Paucis interpositis diebus, illi oranti secretius anima Gaufridi apparuit dicens: "Ecce assum G. frater tuus." Cui ille: "Mi care, quomodo est tibi?" Qui ait: "Bene. Sed reuelatum est mihi a sancta Trinitate quod si promotus fuissem in episcopatum, procul dubio fuissem de numero reproborum."

[121] **14.** Sine tytulo. In Tracia rex potentissimus nomine Dionisius cui pro magnificentia sua familia multa nimis seruiebat. Inter | seruientes autem quidam extitit qui, cum singulis diebus uideret regem ab omnibus honorari, purpura et bysso uestiri, splendide epulari, ipso rege cunctisque qui adherant audientibus, inclamaret: "Hic homo in bona constellatione natus est Deumque tenetur nimis diligere." Ad quem rex: "Ergo beatus cui hec sunt? – Vere, inquit, beatus." Tunc rex uni de officialibus secreto dixit: "Vade quantocius et ante ianuam palatii mei fac foueam profundissimam parari in qua, mane facto, ignem copiosum facies accendi, cuius nutrimentum erunt sulphur et cetera que putidum et teterrimum possint emittere fumum. Facies eciam super eandem foueam pontem artissimum fabricari, super quem uix uir unus recto itinere

possit incedere. Auream cathedram, quam michi cessuro super pontem pones et ante catedram mensam delicatissimis cibis refertam, ad ultimum super mensam acutissimos gladios per tenuissima fila facies appendi." Quo facto, rex illum qui eum felicem dicere consueuerat aduocans ait: "Vellesne similis mei fieri?" Et miser: "O utinam uel una hora!" Tunc rex precepit ei ascendere pontem et sedere in cathedra ac in mensam porrigere manum. Ad hec ille expauit uidens | se morti si hoc faceret destinatum. Vrgente tamen regis imperio, cum tremore et timore ascendit. Tunc rex: "Si potes, extende manum in mensam et comede." At ille pauidus, sermone semipleno ait: "Non comedam amplius etsi uelim, nam undique timor mortis conturbat." Rex igitur misertus eius, per iter quo ascendit iussit eum descendere et ait: "Talis est uita mea, quam tu hesterna die summam felicitatem putabas."

[122]   **15.** Vite Patrum. Beatus Ammonius, cum inuitus ad episcopatum traheretur, aurem sinistram radicitus cunctis uidentibus secuit dicens: "Vel nunc probatur uobis impleri non posse quod cupitis." Cunque episcopo qui missi fuerant hoc narrassent, ille respondit: "A Iudeis lex ista seruatur. Ego autem si dederitis mihi aliquem etiam naribus truncatum sed probum moribus, non dubito eum episcopum facere." Hoc audito, pergunt ad ipsum, instantissime eum rursus rogantes, parati uim facere si negaret. Quibus iratus respondit: "Si me cogitis ulterius etiam linguam meam, quia propter ipsam molesti estis, mihi abscidam." Tunc nil proficientes regressi sunt.

[123]   **16.** Anselmi. Beatus Anselmus, Cantuariensis archiepiscopus, sepe sub ueritatis testimonio testabatur quod libentius uellet in congregatio|ne monachorum loco pueri sub uirga magistri pauere, quam per pastoralem curam toti Britannie prelatus in conuentu populorum pontificali cathedra presidere.

[124]   **17.** De sancto Malachia. Diocesis illa ad quam beatus Malachias promotus est duas fertur antiquitus episcopales sedes habuisse et duos episcopatus extitisse; id uisum melius Malachie. Itaque quos ambitio conflauit in unum Malachias reuocauit in duos, partem alteri episcopo cedens, partem sibi retinens. O purum cor! O oculum columbinum! Locum tradidit nouo episcopo qui uideretur paratior, principalior haberetur, locum in quo sederat ipse. Vbi sunt qui de terminis litigant pro uno uiculo, perpetes ad inuicem

---

VIII, **117/118** quam – catedram] *in marg. al. man.*

155 inimicitias exercentes? Nescio si quod hominum genus magis quam istos antiquum uaticinium tangit: *Secuerunt pregnantes Galaad ad dilatandum terminos suos.*

VIII, **156/157** Secuerunt – suos] Am. 1, 13

CAPITVLVM IX

DE PATIENTIA

[125] 1. De cronicis. Valerianus episcopus octogenarius, nolens diuina sacramenta prophanis tradere, a rege Enserico omni urbe et domo exclusus, reliquum uite usque ad mortem nudus sub nudo aere exegit.

[126] 2. De Pontificali Historia. | Beatus Marcellus a Maxentio comprehensus, cum nec suum ordinem abnegare nec sacrificare ydolis penitus acquiesceret, ab eodem Maxentio in catabulo dampnatus est. Vbi cum multis diebus ieiuniis et orationibus intentus animalibus deseruisset, noctu a suis clericis eripitur et a quadam matrona nomine Lucina in uiduitate .XIX. annos habente honorifice suscipitur. Qui et domum suam nominis beati Marcelli titulo dedicans, cum ipsis Domino Ihesu iugiter seruiebat. Quo audito, Maxentius misit et tenuit beatum uirum iterum et in ecclesia sternens plancas fecit ibidem animalia catabuli congregari, ut eis uir beatus iterum deseruiret. 21ub

[127] 3. De cronicis. Leonem papam celebritatem letanie maioris agentem Romani capiunt, linguam ei oculosque euellunt. Cui uoce et uisu reddito diuinitus, iterum oculos et linguam eruunt radicitus. Qui de manu eorum erutus ad Karolum confugit quantocius. Cum quo Karolus Romam properans eum in sede sua recollocat reosque letaliter damnat.

[128] 4. De Ecclesiastica Hystoria. Cum sanctus Symeon, qui post beatum Iacobum Ierosolimis prefuit, multo tempore suppliciis | fuisset affectus, martyrio consummatus est, omnibus qui aderant et ipso iudice mirantibus ut .CXX. annorum senex crucis supplicium pertulisset. 22ra

[129] 5. Beatus Alexander genere Fryz in omnibus quas perpessus est penis ne unum quidem protulit sermonem, sed ab initio usque ad finem semetipsum semper cum Deo loquens, in laudibus eius precibusque permansit.

[130] 6. Athanasius sex continuis annis latuisse fertur in lacu cisterne non habentis aquam, ut solem nunquam uiderit.

[131] 7. Cum beatus Athanasius naui per Nilum iter ageret, comes qui ad hoc ipsum missus fuerat, cognito eius itinere, instanter eum insequi cepit. Et cum forte applicuisset Athanasii nauicula ad

quendam locum, comperit a pretereuntibus post tergum esse percussorem suum et iam iamque nisi prospiceret imminere. Conterriti omnes qui simul aderant socii, heremum suadebant ad fuge presidium expetendum. Tum ille: "Nolite, o filii, deterreri; eamus magis in occursum percussori nostro, ut sciat quia longe maior est qui nos defendit quam qui nos persequitur." Et, conuersa nauicula, ei obuiam uenit. Ille qui nullo genere suspicari posset in occursum sibi ue|nire quem quereret, tanquam pretereuntes aliquos interrogari iubet ubi audirent esse Athanasium. Cunque respondissent uidisse eum non longe euntem, tota celeritate festinat, in uanum capere festinans quem ante oculos positum uidere non potuit.

8. De Ecclesiastica Hystoria Anglorum. Quidam paterfamilias primo noctis tempore defunctus sed diluculo reuiuiscens et repente residens, omnes qui corpori flentes assederant timore percussos in fugam conuertit. Vxorem uero que sola remansit benigne consolatus: "Vere, inquit, a morte surrexi. Sed aliter quam uixi de cetero uiuendum est." Tunc substantia sua in tres partes diuisa, unam coniugi, alteram filiis tradens, tertiam sibi retinuit quam mox pauperibus erogauit. Et intrans monasterium, tam districte de cetero uixit ut multa illum que alios latebant uel horrenda, uel desideranda uidisse etiam si lingua sileret uita loqueretur. Erat autem locus in quo manebat super ripam fluminis situs, in quo flumine sepius se immergens, tamdiu psalmis et precibus insistebat quamdiu poterat sustinere. Sed nec egrediens sua unquam uestimenta uda | et algida deponebat donec ex suo corpore calefierent et siccarentur. Cunque hyemali tempore, defluentibus circa eum semifractarum crustis glacierum quas ipse aliquando contriuerat quo haberet locum standi siue immergendi in fluuio, dicerent qui uidebant: "Mirum, frater, quomodo tantam frigoris asperitatem ferre potes!" respondebat: "Frigidiora ego uidi." Visiones eius, quia ubique note sunt, minime hic ponere iudicaui.

9. De Dyalogo Seueri. Quidam presbyter Brictio nomine, ex discipulis beati Martini, obiurgatus ab ipso sancto cur qui nil ante clericatum haberet, equos aleret, mancipia compararet et, ut arguebatur a multis etiam puellas emeret, tante insanie felle commotus est ut uix manibus temperans mille conuicia in Martinum euomeret, se sanctiorem asserens, quippe qui a primis annis in

---

IX, **40** aderant] adherant *cod.* **41** expetendum] expetendam *cod.*

CAPITVLVM IX

monasterio inter sacras ecclesie disciplinas, ipso Martino educante, creuisset, Martinum uero in primis militie actibus sorduisse et nunc per phantasmata uisionum ridicula prorsus inter deliramenta senuisse. Tandem furore saciato egressus cum rapidus discederet, mox in penitentiam reductus reuertitur atque ad Martini genua se prosternit, ueniam poscens. | Statim sanctus supplicanti ignoscit. Exinde cum idem Britio apud eum magnis multisque criminibus premeretur persepe, cogi non potuit ut eum a presbyterio summoueret, ne suam uideretur persequi iniuriam, illud sepe commemorans: "Si Christus Iudam passus est, cur ego non patior Brictionem?"

10. De Dialogo Gregorii. Quadam die abbas Fundensis monasterii contra Libertinum, prepositum suum, graui iracundia commotus, quia uirgam qua eum feriret non habuit, arrepto scabello subpedaneo, ei capud ac faciem tutudit, totumque uultum ipsius tumentem ac liuidum reddidit. Qui uehementer lesus ad stratum proprium recessit. Die uero altera ad lectum abbatis ueniens mane orationem sibi humiliter petiit. Qui eum pro iniuria quam ei ingesserat uelle recedere putans ait: "Vbi uis ire?" Et ille: "Monasterii causa constituta est, pater, quam declinare nequeo. Quia hesterno die me iturum promisi ubi ire proposui." Tunc ille a fundo considerans asperitatem et duritiam suam, humilitatem ac mansuetudinem Libertini, ex lecto prosiliit, pedes Libertini tenuit, se peccasse, se reum esse testatus est, quia tali tantoque uiro tam cru|delem contumeliam facere presumpsisset. At contra Libertinus, se interim prosternens eiusque pedibus prouolutus, sue culpe, non illius seuitie fuisse referebat quod pertulerat. Sicque actum est ut ad mansuetudinem perduceretur pater et humilitas discipuli magistra fieret magistri. Cumque ad constitutam causam uenisset et a multis quereretur cur tam tumidam et liuidam faciem haberet, respondit: "Hesterno sero, peccatis meis facientibus, in scabello subpedaneo impegi et hec pertuli."

11. Pachomii. Erga locum montis ubi sancti Palemon et Pachomius morabantur, plenum spinis heremus adiacebat. Ad quem sepe Pachomius ueniens ligna legere, super spinas nudis pedibus incedebat. Et cum infigerentur ei plurime, letabatur patienter ac fortiter ferens recolensque quod Dominus noster in cruce clauis fuerat dignanter affixus.

---

108 Pachomii] Pachanii *cod.*   **109** plenus] plena *cod.*   quem] quam *cod.*

[136] **12.** Theodoro grauis passio capitis inflicta dolores ei acerrimos faciebat. Qui cum rogaret eum ut eum suis orationibus releuaret, ait ad eum: "Fili, pacientiam habe, quia pro doloribus tuis maius premium consequeris."

[137] **13.** Iohannes Elemosinarius. Preceperat beatus Iohannes cuidam dari .X. nummos ereos tantum. Qui, eo que quodquot uoluit non ac|cepit, cepit blasphemare episcopum et conuicia inferre. Quem cum unus assistentium uellet cedere, ait episcopus: "Sinite illum, fratres. Habeo .LX. annos blasphemans Christum per opera mea et unum conuicium non portabo ab isto?" Et precepit datori soluere sacculum et sumere pauperem quantum uellet.

[138] **14.** De Vita Patrum. Dixit abbas Byssarion quod .XL. noctes manserit inter spinas stans et non dormiens.

[139] **15.** Frater quidam solitarius uenit ad abbatem Theodorum, dicens quod sepius turbaretur. Cui senex: "Vade, humilia mentem tuam et subde te et habita cum aliis." Qui cum hoc fecisset et minime quieuisset, dixit ei senex: "Crede michi, habeo in isto habitu .LXX. annos et nec una die potui inuenire requiem. Et tu in octo annis requiem uis habere?"

[140] **16.** Abbas Moyses interrogauit abbatem Zachariam quid facere deberet. Qui tollens cucullam de capite suo misit illam sub pedibus suis et conculcans eam dixit: "Nisi ita conculcatus fuerit homo, non potest monachus esse."

[141] **17.** Contigit, instigante diabolo, ut in uico, in quo abbas Macarius morabatur, uirgo quedam lapsum carnis incurreret. Et, utero intumescente, cum interrogaretur de quo | concepisset, ait quia "solitarius ille dormiuit mecum." Quem homines uici illius comprehendentes ollas et cacabos in collo eius appenderunt et circunquaque ducentes uerberibus et contumeliis plurimis eum affecerunt. Superueniens autem quidam increpauit eos dicens: "Quamdiu ceditis monachum hunc peregrinum?" Responderunt parentes puelle: "Non dimittemus eum, donec fideiussorem prebeat, ut pascat eam." Tunc quidam qui ministrare ei solebat pro illo fideiussorem se obtulit. Cui Macharius reuersus ad cellam suam quantas haberet sportellas tribuit ut earum precium tribueret mulieri. Hoc autem secum dicebat: "Machari, ecce inuenisti tibi mulierem. Opus habes modo amplius laborare ut pascas eam." Non solum autem operabatur in die, sed et in nocte et transmittebat ei. Cum autem uenisset tempus infelici illi ut pareret, nequaquam parere potuit, donec uirum Dei a falso crimine

absoluisset. Quo audito, uir Dei, ne glorificaretur a populo, surrexit et fugit.

18. Abbas Gelasius habebat codicem Vetus et Nouum Testamentum continentem. Superueniens autem quidam frater peregrinus furatus est eum. Et ueniens in ciuitate ut eum uenderet, inuenit quendam qui eum comparare | se uelle diceret, tantum ut liceret eum ostendere alicui si .XV. solidos iuxta quod postulauerat ualeret. Et accipiens codicem ostendit Gelasio abbati. Cui senex: "Eme illum, quia bonus codex est, precium ualet quod dixit tibi." Qui rediens dixit aliter uenditori: "Ecce, inquit, ostendi abbati Gelasio et dixit michi quia carum est et non ualet quantum dixisti. "Ille hoc audiens dixit: "Nichil aliud dixit senex?" Qui ait: "Nichil." Tunc dixit ille: "Iam nolo uendere codicem istum." Et compunctus uenit ad senem, penitenciam agens, rogans ut codicem reciperet. Qui uix acquieuit accipere illum. Remansit autem frater ille cum sene usque ad exitum suum.

19. Abbas Macharius inuenit hominem qui adduxerat animal et rapiebat que habebat. Ipse uero ut peregrinus astitit furi et adiuuabat eum ad animal carticandum.

20. Venerunt latrones in monasterium cuiusdam senis dicentes: "Omnia que in cella tua sunt tollere uenimus." Quibus ille: "Quantum uobis uidetur, filii, tollite." Tulerunt quicquid in cella inuenerunt et abierunt. Obliti sunt autem ibi sacellum quod erat absconditum in cella. Quem senex tollens clamauit post eos dicens: "Tollite, filii, quod obliti estis." Qui admirantes eius pacientiam mox | omnia retulerunt.

21. Frater quidam rapiebat cuidam seni quicquid habebat in cella. Videbat autem eum senex nec obiurgabat, sed extorquebat sibi plus laborare, dicens: "Credo, opus habet frater iste." Astringebat etiam uentrem suum, ut panem cum indigentia manducaret. Cum autem moreretur senex ille, circumsteterunt eum fratres. Et respiciens illum qui furabatur dicit ei: "Iunge te huc ad me." Et tenens manus eius osculabatur eas dicens: "Gratias ago manibus istis quia propter ipsas uado ad regna celorum."

22. Tres philosophi amici fuerunt, quorum unus moriens alteri reliquit filium suum commendatum. Qui in etate iuuenili prouectus, nutritoris sui adulterauit uxorem. Quo cognito, missus est foras. Deinde cum plurimum peniteret, non ei concessit regressum, sed ait illi: "Vade et esto tribus annis inter dampnatos qui metalla in flumine deponunt et sic tibi indulgeo culpam tuam." Qui post triennium redeunti rursus ait: "Vade alios tres et da mercedes ut iniurias patiaris." Qui cum sic fecisset, iterum dicit ei: "Veni ad ciuitatem Atheniensium ut discas philosophiam." Erat ad portam ciuitatis quidam senex philoso|phus qui intrantes contumeliis afficiebat. Iniuriauit etiam iuuenem illum. At ille iniuriatus risit. Cui senex: "Quid est hoc? Tibi iniurias facio et tu rides?" Dicit ei iuuenis: "Non uis ut rideam, qui tribus annis ut iniurias paterer mercedes dedi et hodie gratis eas patior?" Cui senex: "Ascende et ingredere ciuitatem."

23. Quadam die cum beatus Macharius in cella sua sederet matutinus, culicem a quo in pede fuerat uulneratus interemit. Qui reprehendens quod fecerat, eo quod propriam iniuriam uindicasset, ita condempnare se uoluit ut in pratis extreme solitudinis per sex menses nudus sederet ubi culices cabronibus similes aprorum quoque perforant cutem. Sic ergo totus illic exulceratus est ut regressus ad cellam suam sola quod ipse esset Macharius uoce patefactus est.

24. Fuit Beniamin senior qui ualde clarus habebatur Dei dono ditatus, ut sine medicamine, tactu manus aut olei unctione sanaret egrotos. Hic in ydropicam incidit passionem et tantum corpus eius intumuit, ut non posset per ianuam celle sue efferri, nisi ianue cum tabulis antepositis sublate fuissent. Is ergo passionis sue tempore in sella latissima sedens sollempniter curabat egrotos, non grauiter ferens quod sue egritudini non prodesset; sed etiam se uisentes consolabatur et deprecabatur ut rogarent Deum pro anima eius et de corpore non curarent, quia "et dum sanum esset nil profuit mihi."

25. | Stephanus quidam perfectissimus monachus in ipsis uerendis miserabilem et incurabilem incidit passionem. Hic adeo per gratiam patientie alienus erat a sensu corporis ut, dum incideretur a medicis, manibus suis operaretur et loqueretur cum aliis tanquam si membra inciderentur alterius. Abscisis itaque uerendis partibus cunctis, nil penitus sentiebat, in tantum separata erat mens eius a rebus humanis et celestibus solis cogitationibus occupata.

26. Quedam religiosa femina paciencie uirtutem tanta auiditate sectata est ut non solum temptationum non uitaret incursus, sed etiam occasiones molestiarum sibimet procuraret quibus non cederet. Hec Alexandrie commanens beatum Athanasium adiit ro-

---

207 cabronibus] capronibus *legend*.

CAPITVLVM IX

gans ut aliquam sibi alendam uiduam daret, in quam suauiter repausaret. Qui eius propositum laudans iussit ex omnibus eligi
235 uiduam que et honestate morum et grauitate omnibus preferretur, ne forte desiderium largitatis percipientis uicio uinceretur. Cui cum domo abducte omnibus deseruiret obsequiis, uirtutem modestie eius ac lenitatis experta, uidens se ab ipsa momentis singulis gratiarum actione pro officio humanitatis onerari, post dies
240 paucos ad memoratum reuertitur sacerdotem: "Rogaueram, inquit, ut dari mihi preciperes quam ego reficerem et cui morigeris famularer obsequiis." Cumque ille nondum propositum femine intelligens esti|masset petitionem eius dissimulatione propositi fuisse neglectam, causasque more illius perquirens protinus
245 agnouisset honestiorem ei cunctis uiduam deputatam fuisse, occulte precepit ut eam que cunctis nequior esset ei deputaretur. Quam cum multo facilius inuentam sibique traditam domi habere cepisset atque eadem diligentia qua priori illi uidue, uel etiam studiosius ministraret, hoc solum ab ea pro tantis beneficiis recipiebat
250 gracie, ut indignis iugiter afficeretur iurgiis atque conuiciis, ita ut ne ab iniectione manuum procax mulier temperaret. Vnde cum talibus ad plenum exercitiis confirmata, uirtutem considerate pacientie perfecte adepta fuisset, memorato antistiti sic ait: "Nunc, pater, mihi dedisti in quam repausem."

[151] 255 **27.** Beatus Paphnutius in pueritia sua cum tante esset uirtutis et gratie ut etiam preclari uiri eum senioribus exequarent, quidam frater liuore succensus, pulcritudinem eius neuo quodam cupiens deformare, hoc genus malignitatis excogitat, ut die dominica dum Paphnutius esset in ecclesia, codicem suum in illius cella latenter
260 absconderet et sic rediens ad ecclesiam, coram omnibus codicem suum sibi assereret furto fuisse sublatum. Sic cogitauit et sic fecit. Que querimonia cum omnium animos plurimum permouisset, accusator ille instanter urgebat ut retentis in ecclesia omnibus | missi electi quique cunctorum singillatim fratrum cellulas scrutarentur.
265 Quid multa? Mittuntur tres a presbytero seniores qui uniuersorum cubilia reuoluentes, ad extremum in cella Paphnutii codicem absconditum reperierunt. Quem cum ad ecclesiam protinus retulissent, Paphnutius, ueluit qui crimen agnosceret, satisfactioni se totum tradens, locum penitencie humiliter ac deuote suscepit. Sed

---

255 Paphnutius] Pahnutius *cod.*   259 Paphnutius] Pahnutius *cod.*
266 Paphnutii] Pahnutii *cod.*   268 Paphnutius] Pahnutius *cod.*

cum duabus ferme ebdomadibus omni se contritioni carnis ac spiritus subiecisset, die dominica inuentor ille sceleris, rei sue fur improbus, laudis aliene callidus infamator, arreptus a seuissimo demone, rem coram omnibus patefecit. Verum cum multi ibi essent qui merito sanctitatis demonibus imperarent, a nullo tamen illorum, donec ad puerum Paphnutium uentum est, potuit a demone emundari.

28. De sancto Bernardo. Pacientiam beati Bernardi maxime quidem flagellis diuersis excitatam nouimus et probatam nimirum. Ab ipso sue conuersionis initio usque ad diem sacre depositionis tanta sustinuit ut uita eius his qui nouerant nonnisi mortis quedam protelatio uideretur. Veniens aliquando Claramuallem clericus ex his quos regulares canonicos uocant, importune satis instabat ut | in monachum reciperetur. Suadente patre sancto ut ad ecclesiam suam reuerteretur nec acquiescente recipere eum: "Vt quid ergo, ait ille, perfectionem tantopere in libris tuis commendasti, si eam desideranti opem renuis exhibere?" Et maligno spiritu iracundie uehementius instigatus: "Iam, inquit, si illos tenerem, discerperem libros." Cui uir Dei: "Puto, ait, in nullo eorum legisti non posse te in tuo claustro esse perfectum. Morum correctionem, non locorum mutationem, si bene memini, in libris omnibus commendaui." Tum uero impetum faciens homo uelud insanus in eum, percussit maxillam eius idque tam grauiter ut rubor succederet ictui tumorque rubori. Iam qui aderant in sacrilegum inuolabant, sed preuenit eos seruus Domini clamans et adiurans per nomen Christi nullatenus eum tangere, sed educere caute et curam eius habere ne ab aliquo ei uel in aliquo lederetur. Quod tam districte precepit ut miser ille timens et tremens absque omni iniuria eductus sit et deductus.

---

275 Paphnutium] Pahnutium *cod.*

CAPITVLVM X

DE IMPATIENTIA

[153] **1.** De Visione cuiusdam monachi. Erat in locis purgatoriis uxor cuiusdam plebeii. Que elemosinis et hospitalitati, licet dum aduiueret etiam super possibilitatem facultatule sue, semper | fuisset dedita et intenta et languore diutino uelut in fornace purgata, quia tamen emulis suis et quibuscumque sibi iniuste inimicantibus impacienti dicacitate conuiciari et obloqui et dolorem rancoris in animo tenere consueuerat, grauibus erat addicta suppliciis. Hoc tamen uitium inuincibile propter imperfectionem suam et semper oderat in se et frequenter defleuerat.

[154] **2.** De Vita Patrum. Laudatus est quidam fratrum aput sanctum Anthonium. Qui cum uenisset ad eum, temptauit si portaret iniuriam; et cum ferre non posset, dixit: "Similis es domui que a facie quidem ornata est, de retro uero a latronibus spoliata."

[155] **3.** Dixit abbas Agatho: "Iracundus, si mortuos suscitet, non placet Deo propter iracundiam suam."

[156] **4.** Dixit abbas: "*Qui habet tunicam uendat eam et emat sibi gladium*, hoc est: qui habet requiem dimittat eam et teneat pugnam."

25ua

X, **18/19** Qui – gladium] Luc. 22, 36

X, 7 iniuste] inuste *cod.*   inimicantibus] uermicantibus *cod.*

CAPITVLVM XI

DE VICIO GVLE

[157] **1.** De Libro deflorationum. Eduensis cenobii prepositus quandocumque occasionem repperire poterat inhianter carnibus uescebatur. Quod uicium cum fratres nullatenus emendare possent, ipse cum quadam die carnes comedere | uellet, offa, qua os impleuerat, strangulatus interiit.

[158] **2.** Alius quoque de cenobio Duorensi progressus ad quandam uillam peciit ab hospite suo carnem. Cumque ille respondisset: "Iam coquuntur", "Accelera, inquit, in spito coquere aliquid citius." At ille parabat carnes in spito. Sed monachus estuans partem de spito precidit quam super carbones iactauit, quam uidelicet torridam cineribus excussit et ore ingessit. Sed mox cum presenti uoracitate uitam finiuit.

[159] **3.** Quidam de Chormarino cum letissimus sero se cubitum collocasset, tempore nocturni officii, defunctus est. Hoc etiam cuidam abbati contigit.

[160] **4.** De Dialogo Gregorii. Quadam die quedam Dei famula, ortum ingressa, lactucam conspiciens concupiuit eamque signo crucis benedicere oblita auide momordit. Sed arrepta protinus a diabolo cecidit. Cumque uexaretur patri Equitio celeriter nuntiatur. Moxque, ut portam monasterii ingressus est, cepit diabolus, quasi satisfaciens clamare: "Ecce quid feci, ego quid feci. Sedebam mihi super lactucam, uenit illa et momordit me." Statimque egres|sus eam contingere ultra non ualuit.

[161] **5.** Quidam autem frater ad cellam Benedicti singulis annis ieiunus uenire consueuerat. Quadam ergo die uenienti alter uiator adiunxit, qui sumendos in itinere portabat cibos. Cumque iam tardior hora excreuisset, dixit: "Veni, frater, sumamus cibum, ne lassemur in uia." Qui nequaquam acquiescens, cepto itinere, gradiuntur. Et post paululum cibum offerenti contradixit. Cumque longius ambulassent et in itinere pratum et fontem et quecumque possent ad reficiendum corpus delectabilia uideri repperissent, conuiator ait: "Ecce aqua, ecce pratum in quo possumus commedere et parum quiescere, ut ualeamus postmodum iter nostrum explere." Cum igitur et uerba auribus et loca oculis blandiuntur, hac tercia admonitione persuasus, consensit.

CAPITVLVM XI

[162] **6.** Petrus Damianus. Quidam frater dum frixuras quasdam refectorio defferret in uasculo, gula instigante, unam in os proiciens comedit furtiue. Sed ilico eum tantus ardor libidinis inuasit, ut, quod numquam fecerat, nulla ratione comprimeret, donec inmunditie fluxum semen sibi propriis manibus eiecisset. De | quo recte dici potest quia post bucellam introiuit in eum Sathanas.

[163] **7.** In quodam monasterio beati Vincentii tamquam regulare statutum erat ut in Quadragesima per triduum non nisi modicum panis cum aqua fratres comederent. Hanc regulam quidam frater multis exercitiorum artibus pollens clam uiolare presumpsit comedendo. Hic iam mediante Quadragesima leui egritudine tactus cum robustus et alacer per omnia uideretur lecto decubuit. Conuentus super quibusdam offensionibus et admonitus ut ad tempus se suspenderet ab altari respondit: "Peccata mea quam pluribus spiritualibus uiris innotui, sed ab eis tale consilium non accepi." Secunda die egritudinis ecce ille non iacens sed sedens in lecto Dominicum corpus anxie flagitabat. Renuentibus cunctis fratribus et abbate eo quod nulla signa mortis pretenderet, importunitate preualuit. Sed heu miser qui corpus Christi accepit cum felle simul et animam exalauit. Quod uidelicet fel usque ad sepulturam ex eius ore effluere non cessauit.

[164] **8.** Episcopus quidam naupredam sibi parari precepit. Quod fieret et ille sacris altaribus deuotus assisteret ecce nauprede memoria illecebrosi gustus eum pulsauit affectu. Erubuit ille in tali loco talia se pati completaque missa febreticum anime piscem pauperi tradendum mandauit. Sic profecto canicula uoluptatis que sub mensa corporis utcumque potuisset uiuere ad | sancta sanctorum impudenter irrumpens penitentie fuste mactata meruit interire.

[165] **9.** Sine tytulo. Quidam comes Niuernensis illecebris gule per omnia seruiens tandem mortuus factus est esca uermium et ut presumitur eternorum. Huius filius, qui ei in comitatu successerat, uidit per sompnium in gutture patris sui uermen turpissimum qui buffo nuncupatur linguam ipsius miseri morsibus attrectantem horridis. Quod cum ter uidisset accessit secrete ad tumulum et, eo effosso, que in sompnis preuiderat uera esse cognouit. "O, inquit, miserande pater, tot preciosos morsellos deuorasti et heu quam turpis bestie morsellus factus es." Statimque, relictis omnibus, ad Carthusienses se transtulit. Sed cum uasa plurima aurea et argentea priori Carthusie per suum transmisisset nuntium, prior cuncta remisit dicens ad nuntium: "Fratres Cartusie non in auro et argento bibunt et comedunt sed uendat ea et det pauperibus quia

talibus non indigemus." Tandem ille conuersus est et tam feruenter conuersatus ut numquam sibi fieri pitantiam pateretur dicens se non ad sumendam pitantiam sed ad agendam penitentiam aduenisse. Hic cum quadam die pro iminenti tempestate ab agro domi coge|retur reuerti, quasi passus iniuriam uberrime flere cepit hic ex quo seculum dereliquit nullum usque in finem transegit quin usque ad sacietatem fleuerit.

10. Reuersus aliquando Petrus abbas Igniaci cum fratribus commedentibus ante refectorium transiret, uidit iuuenem in nitida ueste per refectorium celerrime discurrentem. Super quo uehementi admiratione percussus stetit in ostio prefatum iuuenem singulorum mensas uisitantem intuens diligenter. Qui, ut sibi uidebatur, scutellam pregrandem ferebat diuersa et delicatissima fercula continentem. Hec omnia cum multa sollicitudine commedentibus pro singulorum desiderio offerebat et ante eorum facies qui eius suggestioni consentiebant diutius stabat. Eorum uero mensas qui eius figmenta respuebant dato saltu pertransibat ceu si quis uiuos carbones nudis pedibus attigisset. Tunc abbas eum aduocans duxit in auditorium monachorum. Cui mox nulla benedictione premissa dixit: "Quis es uel quis tibi hanc contulit potestatem ut fratrum refectorium libere ingrediens eis que non licet ministrare presumas?" Tunc ille: "Quid ad te pertinet de ingressu meo uel egressu? Nonne scis quod omnis potestas a summo abbate est? Licentiatus | itaque ab eo sepius ingredior ecclesiam, claustrum, dormitorium, refectorium et, excepta una tantum modo, omnes alias officinas frequento et pro oportunitate earum, sicut in presenti cernis, malorum desideriorum inhabitantibus importunitatem inferre non cesso. Nam officina illa oneri mihi est et contraria. Et si eam quandoque ingredior, uelim nolim mox iratus et confusus expellor. Hec uocatur capitulum in qua super his que fratribus suggero aut priuata aut communi confessione omnes capiunt emendationem." His dictis, disparuit.

11. De sancto Bernardo. Vix aliquando ad commedendum beatus Bernardus uoluptate trahebatur appetitus, sed solo timore defectus. Etenim commesturus, priusquam commederet sola cibi memoria satur erat. Sic accedebat ad sumendum cibum, quasi ad tormentum. Semper autem post cibum quasi pensare solitus erat quantum commedisset. Si aliquando uel ad modicum mensuram solitam excessisse se deprehendisset impune abire non patiebatur.

[168]   **12.** De uino sepius beatus Bernardus dicebat decere monachum, quando sumere oporteret sic gustare illud ne quasi exinanisse calicem notaretur. Quod sic ipse seruabat quotiens sibi uinum apponi patie|batur ut non modo post unum potum, sed post totum qualecumque prandium suum uasculum in quo ei propinabatur uix aliquando uideretur minus plenum a mensula reportari.

CAPITVLVM XII

DE ABSTINENTIA

[169] **1.** De Ecclesiastica Hystoria. Adeo se Origenes pro iuuenilibus cupiditatibus reprimendis et pro sapientie capessendis profectibus die noctuque frenis abstinentie constringebat et indesinenter diuinorum meditationibus inherebat librorum ut si quando parum aliquid sompni necessitas naturalis exigeret, hanc ille non supra stratum quo omnino nullo utebatur, sed supra nudi soli dependeret superficiem.

[170] **2.** De Tripartita Hystoria. Pior ambulans comedebat. Consultus autem cur ita comederet: "Non, inquit, uolo ueluti necessarie uti cibo, sed tamquam extraneum aliquid agere." Pro qua re etiam, ab alio requisitus, ait: "Vt neque dum comedo anima uoluptatem sentiat corporalem."

[171] **3.** De Ecclesiastica Hystoria Anglorum. Fuit in Anglia quoddam cenobium cui domnus Colmanus longo tempore prefuit, tante parsimonie tanteque largitatis ut nil omnino pecuniarum haberent. Si quid enim pecunie accipiebant, mox pauperibus dabant. Nam neque ad susceptionem potentium seculi uel pecunias col|ligi uel domus prouideri necesse fuit, quia numquam ad ecclesiam nisi orationis tantum et audiendum uerbum Dei causa ueniebant. Rex ipse, cum oportunitas exegisset cum quinque tantum aut sex ministris ueniebat et, expleta in ecclesia oratione, discedebat. Quod si forte eo sibi refici contingeret, simplici tantum et cotidiano fratrum cibo contenti nil ultra querebant.

[172] **4.** De Libro deflorationum. Cuidam fratri in cella sua stanti diabolus apparuit in similitudinem leonis et ursi, quasi deuoraturus eum. Cui beata Virgo affuit ad liberandum eum, dans illi consilium, ut semper uilioribus pannis uteretur, laboribus subiceretur humilibus et uilioribus pasceretur cibis.

[173] **5.** Ad Marcellam de Vita Aselle. Beata uirgo Asella cum nondum annum impleuisset absque parentibus murenulas suas uendidit tunicam fusciorem, quam a matre impetrare non poterat pio induta negotiationis auspicio se repente Domino consecrarat. Hec postmodum unius cellule clausa angustiis, latitudine paradisi fruebatur. Idem terre solum et orationis locus extitit et quietis; ieiunium pro ludo habuit, inediam pro refectione et cum eam non

CAPITVLVM XII

uescendi desiderium sed huma|na confectio ad cibum traheret, pane et sale et aqua frigida concitabat magis esuriem quam restringebat. Cumque per omnem annum iugi ieiunio afficeretur biduo triduoque sic permanens, tamen uero in Quadragesima nauigii sui tendebat uela omnes pene ebdomadas uultu letante coniungens.

[174] 6. *Augustinus.* Quedam mulier prouecte etatis, propter mores optimos quos habebat, curam puellarum a parentibus sibi commissam diligenter gerebat. Erat autem in eis cohercendis, cum opus esset, sancta seueritate uehemens atque in docendis sufficienter instructa. Nam eas preter illas horas, quibus ad mensas parentum moderantissime alebantur etiam si exardescerent siti, nec aquam bibere sinebat, precauens consuetudinem malam et addens uerbum sanum: "Modo aquam bibitis, quia uinum in potestate non habetis. Cum autem ad maritos ueneritis facte domine apothecarum et cellariorum, aqua sordebit, sed mos potandi permanebit." Sic eas ad honestum modum formabat, ut nec liberet quod non deceret.

[175] 7. Mater beati Augustini cum adhuc iuuencula esset, praua consuetudine ducta, ad hoc paulatim defluxerat ut cum prius uinum uix labris pre moribus sorberet, | exiguum iam primos caliculos inhianter hauriret. Contigit autem ut ancilla eius aliquando sola litigans hoc crimen ei obiceret, amarissima insultatione uocans eam meri bibulam. Quo illa statim iaculo percussa, respexit feditatem suam confestimque exuit et dampnauit. Sicut igitur amici adulantes peruertunt, sic inimici litigantes plerumque corrigunt.

[176] 8. *De Vita sancti Antonii IIII.* Pernoctabat beatus Antonius in oratione sepissime, edebat semel in die post solis occasum. Nonnumquam uero triduo biduoque sic permanens, quarta demum die reficiebatur. Sumebat uero panem et sal, potumque aque per paululum. Quieti autem menbra concedens, iunco contexto et cilicio utebatur. Aliquotiens etiam super nudam humum iacebat; asserebat enim sensum animi sic posse reuiuiscere, si corporis fuissent impetus fatigati.

[177] 9. Cum beatum Antonium siue cibum siue sompnum indulgere corpusculo, aut alias nature necessitates, cogeret humana confectio, miro afficiebatur pudore quod tantam anime libertatem modici carnis termini cohercerent. Nam frequenter cum fratribus

---

XII, 73 alias] alia *cod.*

sedens, a cibo qui fuerat appositus esce spiritualis memoria abs-
trahe|batur.

[178]   **10.** Vestimento cilicino intrinsecus, desuper pellicio beatus Antonius utebatur. Numquam corpus lauit, numquam pedum sordes
abluit, nisi cum per aquam necessitas compulit pertransire. Nullus denique corpus illius nudum, antequam moreretur, umquam
uidit.

[179]   **11.** Ieiunanti beato Antonio diabolus uisus est assistere ut monachus; et panes offerens his sermonibus, ut comederet suadebat
et ut corpori suo aliquid indulgeret: "Et tu, inquit, homo es et humana fragilitate circumdatus; labor paululum quiescat ne subri-
piat egritudo."

[180]   **12.** De Vita sancti Hilarionis. Beatus Hilarion supra nudam humum stratumque iunceum usque ad mortem cubitauit, saccum
quo semel fuerat indutus numquam lauans, superfluum esse dicens mundicias in cilicio querere, nec mutauit alteram tunicam
nisi cum prior penitus scissa fuisset.

[181]   **13.** Numquam beatus Hylarion ante solis occasum nec in diebus festiuis, nec in grauissima ualitudine soluit ieiunium.

[182]   **14.** De Vita sancti Pachomii. Preceperat beatus Palemon Pacho-
mio, discipulo suo, ut in solempnitate paschali que essent eorum
usui necessaria prepararet. Qui, iussa senis adimplens, ait ad
eum: "Feci quod tua paternitas imperauit." Cumque post orationes uir Dei ad mensam uenisset uidissetque olei cum salibus
appa|ratum, fricans manibus frontem et ubertim fundens lacri-
mas, ait: "Dominus meus crucifixus est et ego nunc oleum come-
dam?" Cumque rogaret eum Pachomius ut modicum quid ex eo
sumeret, nullatenus acquieuit. Tunc pro more sal et panis allatus
est.

[183]   **15.** Abbas Macharius totam noctem sepe ducebat peruigilem et
quando uolebat circa mane propter ipsam naturam dormire, dicebat sompno: "Veni, serue male!" Et parum sedendo dormiebat
et statim surgebat.

[184]   **16.** Quidam fratres uenientes ad quendam senem uoluerunt ei
dare modicum olei. Quibus ipse dixit: "Ecce ubi iacet illud pa-
ruum uasculum quod attulistis michi ante tres annos et quomodo
posuistis illud sic remansit."

---

84 his sermonibus] *in marg.*

CAPITVLVM XII

[185] **17.** Abbas Elladius .XX. annos in cella sua fecit et numquam sursum oculos leuauit ut uideret tectum eius.

[186] **18.** Abbas Zenon iuxta cucumerarium sedens, animo suo suadenti ut unum saltem tolleret cucumerem, respondit: "Fures ad tormenta uadunt. Proba ergo te in hoc si potes ferre tormenta." Et cum quinque diebus stetisset in caumate et deficeret, ait: "Non possum portare tormenta. Non ergo rapiam aliena."

[187] **19.** Abbas Macharius quotiens | pro pace fratrum uinum bibebat, pro uno calice uini die integra nec aquam bibebat et fratres quidem uolentes eum recreare dabant ei uinum, sed et senex cum gaudio sumebat, ut seipsum postea cruciaret. Quod cum per eius discipulum innotuisset, nullus ei deinceps uinum presumpsit offerre.

[188] **20.** Obtulerunt fratres seni Machario in calice uinum. Qui abiciens ait: "Tollite a me mortem istam." Quod uidentes qui aderant, nec ipsi biberunt.

[189] **21.** Quidam senex statuit ut .XL. diebus non biberet. Et si quando cauma fiebat, lauabat surisculam et implebat eam aqua et appendebat eam ante oculos suos.

[190] **22.** Quidam senex interrogatus quomodo numquam, sicut ipse aiebat, sollicitatus esset a fornicatione, respondit: "Quia ex quo factus sum monachus, non sum satiatus pane nec aqua neque sompno neque horum quibus pascimur appetitu."

[191] **23.** Transeunte aliquando abbate Effrem, una prostituta ex immissione cuiusdam cepit ei blandiri, cupiens eum, si posset, ad turpem conmixtionem illicere; uel si hoc non posset, saltim ad iracundiam prouocaret, quoniam non uiderat eum quis | irascentem uel litigantem. Qui dixit ad eam: "Sequere me." Et cum uenissent ambo in loco populoso, dicit ei: "Veni huc et sicut uoluisti, commisceor tecum." Que respondit: "Quomodo possumus hoc facere coram tanta multitudine?" Cui ille: "Si homines erubescis, quanto magis erubescere debemus Deum qui reuelat occulta tenebrarum?"

[192] **24.** Iohannes subdiaconus. Ingressi senes in quandam speluncam reppererunt ibidem quandam aniculam uirginem sanctam iacentem et dixerunt ei: "Quando huc uenisti, anus, aut quis hic tibi ministrauit?" Nichil enim inuenerunt in ipsa spelunca praeter ipsam solam. Quibus illa respondit: ".XXXVIII. annos habeo in spe-

---

130 surisculam] furisculam *cod.*

lunca hac, herbarum contenta sufficientia et seruiens Christo et non uidi hominem nisi hodie. Misit enim uos Deus ut sepeliatis corpus meum." Et cum hoc dixisset quieuit in pace.

[193]   **25.** Vite Patrum. Beatus Innocentius proprio filio maledixit, eo quod presbyteri alicuius filiam corrupisset deprecatusque est Dominum dicens: "Da isti, Domine, spiritum talem ut nullum umquam ad peccandum in carne sua tempus inueniat." Rectius fore credens eum | sic atrocitate demonis quam in corporee uoluptatis inpuritate certaret. Quod quidem ita ut dixit factum est. Nam in Monte Oliueti ferreis cathenis ab inmundo correptus spiritu usque ad uite exitum uexatus est.

[194]   **26.** Dorotheus genere thebeus tale ducere principium curauit, ut cotidie lapides a mari colligeret et, annis singulis, hospitium edificaret; et ipsa hospitia non habentibus tribuebat. Noctibus autem propter eorum cibum faciebat sportas ut uenderet. Cuius erat cibus uncie sex et olerum unus fasciculus et ad bibendum aqua. Hic a iuuentute sic uiuens, nec in senectute defecit. Numquam uisus est in lecto soporatus uel pedes pro requie tetendisse aut dormire pro uoluntate, nisi quantum operando comedendo natura compressus oculos claudere potuisset, ita ut sepe cum comedens dormiret, cibus ex eius ore laberetur. Huic autem laboranti quidam dixit: "Cur ita perimis corpus tuum?" Qui respondit: "Quia me occidit, occido illud."

[195]   **27.** Cassianus. Quidam seniorum cum abbatem Cassianum reficientem ut adhuc quid ederet hortaretur, iamque se dixisset non posse, respondit: "Ego iam septies diuersis aduenientibus ⟨fratribus⟩ mensam posui, | hortans singulos cum omnibus cibum sumpsi et adhuc esurio; et tu primitus nunc reficiens, iam te dicis non posse?"

[196]   **28.** De Vita sancti Bernardi. Cum egrederetur beatus Bernardus de domo paterna, pater fratrum suorum, cum fratribus suis, spiritualibus filiis suis, quos uerbo uite Christo genuerat, uidens Guido, primogenitus fratrum, Niuardum fratrem suum minimum puerum cum pueris aliis in platea: "Eya, inquit, Niuarde, ad te solum respicit omnis terra possessionis nostre." Ad quem puer non pueriliter motus: "Vobis, inquit, celum, mihi terra. Non equa diuisio facta est." Quo dicto, abeuntibus illis, tunc quidem domi cum patre remansit, sed, modico post euoluto tempore, fratres secutus, nec a patre, nec a propinquis seu amicis potuit detineri.

[197]   **29.** Septem liberos genuit mater beati Bernardi, non tam uiro suo quam Deo: sex mares, feminam unam, mares omnes mona-

CAPITVLVM XII

chos futuros, feminam sanctimonialem. Deo namque, ut dictum est, generans, non seculo, singulos mox ut partu ediderat, ipsa manibus propriis Domino offerebat. Propter quod etiam alienis
195 uberibus nutriendos committere illustris femina refugiebat, quasi cum lacte materno materni quodammodo boni infundens eis naturam. Cum autem creuissent, quamdiu | sub manu eius erant, heremo magis quam curie nutriebat non patiens delicatiores assuescere cibos sed grossioribus et communibus pascens et sic eos
200 preparans quasi continuo ad heremum transmittendos.

[198] **30.** Beatus Bernardus cellam nouitiorum ingressus hoc semper in corde, hoc etiam in ore habebat: "Bernarde, Bernarde, ad quod uenisti?" Vnde in nullo sibi parcens, instabat omni die mortificare, non solum concupiscentias carnis que per sensus corporis fiunt,
205 sed et sensus ipsos per quos fiunt. Nam postmodum cum iam abbas Clareuallis esset, aduentantibus nouitiis et festinantibus ingredi, dicere solitus erat: "Si ad ea que intus sunt festinatis, hic ⟨foris⟩ hic dimittite corpora que de seculo attulistis: soli spiritus ingrediantur, caro non prodest quicquam carnalem concupiscen-
210 tiam carnem interpretans."

[199] **31.** Nullum tempus se magis perdere beatus Bernardus solebat conqueri quam quo dormiebat, ydoneam satis comparationem reputans mortis et sompnii: ut sic dormientes uideantur mortui apud homines quomodo apud Deum mortui dormientes. Vnde et
215 si religiosum aliquem in dormiendo aliquando seu durius sternentem audiret, seu minus composite iacentem uideret, paciente ferre uix poterat, sed carnaliter seu secula|riter eum dormire causabatur.

[200] **32.** Vix ad comedendum beatus Bernardus aliquando uoluptate
220 trahebatur appetitus sed solo timore deffectus. Etenim comesturus priusquam comederet sola memoria cibi satur erat. Sic accedebat ad sumendum cibum quasi ad tormentum. Semper autem post cibum quasi pensare solebat quantum comedisset. Si aliquando uel ad modicum mensuram solitam excessisse se depre-
225 hendisset impune abire non paciebatur.

[201] **33.** Vite Patrum. Sancta Saluia uidens sanctum Iouinum estu nimio fatigatum et ob hoc manus ac pedes proprios infusione aque frigide refouentem, ueluti proprium filium corripiens mollitiemque eius atque delicias reprehendens ait: "Quemadmo-
230 dum ita ausus es in hac etate, in qua adhuc sanguis tuus uiuit, sic curare ac fouere corpus tuum? Non intelligis quia ex hoc solent nasci anime lesiones? Crede mihi confidenter loquenti quod sexa-

gesimum ipsa eui annum agens, excepta summitate digitorum meorum, nec ora, nec pedes, nec partem aliquam membrorum aqua laui et hoc cum ualitudinibus laborarem et ab ipsis quoque medicis cogerer uti lauacro, numquam tamen uolui antiquum corporis mei morem palpare, non in lecto quieui, non lectica recumbens iter feci." |

[202]   **34.** Dixit quidam senex: "Sensus cum a cogitatione recesserit Dei, aut demoni efficitur similis aut brutis animalibus comparatur."

CAPITVLVM XIII

DE INOBEDIENTIA

[203] **1.** De Libro deflorationum. Frater quidam spernens mandatum prioris sui noluit obedire. Quem nocte sequenti duo nequam spiritus de lecto rapientes torquebant et reciprocis pulsionibus nunc ad summa nunc ad infima alterutrum proiciebant. Tandem in loco cenoso proicientes, eum dimiserunt. Quem fratres mane egressi inuenerunt, priori nuntiantes. Reportatur ad monasterium debilis et infirmus et nunquam deinceps pristine restitutus est sanitati, ut semper lueret inobedientie culpam per continuam debilitatis penam.

[204] **2.** Quidam frater inobediens maiori suo dormitum perrexit. Cui nocte duo demones astiterunt et dixit unus ad alterum: "Quis est hic?" Alter respondit: "Conuersus quidam." Primus rursus ait: "Non, sed inobediens quidam." Tunc ille intulit: "Ergo accipiamus eum." Et arripientes eum ceperunt flagellare, trahentes per dormitorium. Accurrunt fratres, uident illum solotenus protrahi, sed eos qui trahebant non poterant intueri. Quem cum usque ad portam monasterii iam horribiliter pertraxissent, beata Virgo affuit et liberauit eum.

[205] **3.** Ex Dialogo Gregorii. Quidam subdiaconus rogauerat beatum | Benedictum ut ei aliquantulum olei largiretur. Ille qui omnia decreuerat in terra tribuere, ut in celo omnia seruaret, parum quod remanserat olei iussit dari. Cellararius uero uerba iubentis distulit adimplere. Qui post paululum requisitus utrum quod fuerat iussum dedisset, respondit se minime dedisse, quia si illud tribueret, omnino nil fratribus remaneret. Tunc uir Dei iratus aliis precepit ut hoc ipsum uas uitreum, in quo parum olei remansisse uidebatur, per fenestram proicerent, ut nil in cella per inobedientiam remaneret. Factumque est. Sub fenestra eadem, ingens precipitium patebat saxorum molibus asperum. Proiectum itaque uas uitreum uenit in saxis, sed nec illud fractum est nec oleum est effusum. Quod uir Dei precepit leuari atque ut erat integrum petenti dari.

30ua

[206] **4.** Sine tytulo. Conuersus quidam Clareuallis caligas suas sine licentia in una grangiarum lauare presumpserat. Quod dum faceret, uoces quasdam audiuit dicentium ad alterum: "Percute, per-

cute, merge in aqua." Quorum unus respondit: "Nequaquam." Quo dicto, statim sensit se in dorso uehementer percussum, unde grauiter infirmatus, infra dies paucos obiit. Ecce quam periculosum professis obedientiam | quicquam inobedienter agere.

5. Vite Patrum. Senex quidam graui detentus infirmitate uidens quod fratres in eius seruitio laborarent ait: "Vado in Egypto ut soluam istos fratres." Et dicit ei abbas Moyses: "Ne uadas, quoniam in fornicatione incursurus es." Ille autem contristatus respondit: "Mortuum est corpus meum et tu mihi ista dicis." Surgens uero abiit. Ad quem cum plurimi conuenirent, uenit etiam et quedam uirgo fidelis seni infirmanti suum obsequium uolens impendere. Que in breui de ipso concipiens peperit filium. Quem senex suscipiens coram multitudine fratrum in Scithi exposuit dicens: "Hic est filius inobedientie." Et pergens ad cellam suam, ad inicium conuersationis sue reuersus est.

6. Vita sancti Odonis Cluniacensis abbatis. Quidam Cluniacensis monachus frequenter sibi curationem flebetomie adhibebat. Quod postquam ad abbatis Odonis peruenit noticiam, commotus est aduersus fratrem, eo quod sic agere absque licentia presumpsisset. Aliquando uerum cum id ageret, uena per quam sanguis defluebat, disrumpitur nec restringi potuit quousque spiritum exalaret.

CAPITVLVM XIV

DE OBEDIENTIA

[209]   **1.** De | Dialogo Seueri. Cum quidam, seculi actibus abdicatis, abbatem quendam, ut eum susciperet rogare cepisset et abbas graues esse sui monasterii labores, sua uero dura imperia respondisset esse, aliud potius monasterium ubi facilioribus legibus uiueretur expeteret, non temptaret aggredi quod implere non posset. Ille, nichil his permotus terroribus, sed magis ita omnem obedientiam pollicens, ut si eum abbas in ignem ire preciperet, non recusaret. Abbas ilico eius professionem non ueritus est experiri. Casu clybanus prope ardebat qui, multo igne succensus, coquendis panibus parabatur. In hunc ergo aduenam illum iubet magister intrare; nec distulit parere precepto. Medias flammas nil cunctatus ingreditur. Que mox tam audaci fide uicte, uelud illis quondam hebreis pueris cessere uenienti. Superata natura est, fugit incendium.

[210]   **2.** In eodem monasterio quidam itidem ab eodem abbate recipiendus aduenerat. Cum prima ei lex obedientie poneretur ac perpetem ad omnia polliceretur pacientiam, casu abbas storacinam uirgam iampridem aridam in manu gerebat; hanc solo fixit atque illi aduene id operis imponit, | ut tamdiu uirgam irrigaret donec quod contra omnem naturam erat lignum aridum in solo arido uiuisceret. Subiectus aduena dure legis imperio, aquam cotidie propriis humeris conuehebat, que a Nilo flumine per duo ferme milia petebatur. Iamque emerso duorum annorum spacio, labor non cessabat operantis et de fructu operis spes esse non poterat. Tercio demum anno cum ille aquarius non cessaret, uirga floruit et postea in arborem creuit.

[211]   **3.** De Dialogo sancti Gregorii. Cum puer Placidus in aquam cecidisset, Maurus ad imperium beati Benedicti, super aquam cucurrit et per uirtutem obedientie puerum liberauit.

[212]   **4.** Vite Patrum. Frater quidam carnis concupiscentiis plurimum impugnatus, ait ad patrem suum: "Pater, uado ad seculum; sustinere non ualeo." Cui pater: "Audi me, fili, adhuc semel et uade in

---

XIV, **11** prope] propter *cod.*

heremo interiori .XL. diebus et uoluntas Domini fiat." Et cum ibi .XX. diebus fuisset, ecce coram eo astitit diabolus in specie ethiopisse mulieris fetide et turpis aspectu, ita ut fetorem eius ferre non posset et abiciebat eam a se. Cui illa: "Ego sum que in cordibus hominum dulcis appareo, sed per obedientiam tuam et la|borem quem sustines, non me permittit Deus seducere te, sed innotui fetorem meum."

[213] **5.** Senex quidam lignum siccum plantauit et dixit abbati Iohanni: "Per dies singulos mitte ad pedem eius lagenam aque donec faciat fructum." Erat autem tam longe ab eis aqua, ut a sero pergeret et mane ueniret. Et post tres annos, uiruit lignum illud et fructum fecit. Sumens uero senex de fructu eius tulit ad ecclesiam et dixit fratribus: "Accipite et comedite obedientie fructum."

[214] **6.** Videns senex circa nemus leene stercora, dixit Iohanni discipulo suo: "Vade et aufer stercora illa." Et ille: "Et quid facio, abba, propter leenam illam?" Senex autem subridens ait: "Si uenerit contra te, liga illam et adduc ad me." Perrexit ergo frater ille uespere et ecce uenit leena super ipsum. Ille autem, sub uerbis senis, impetum fecit super illam, ut teneret eam. Que, dum fugeret, clamabat ille: "Expecta, quia abbas meus dixit ut ligem te" et tenens eam alligauit et adduxit ad senem. Qui uolens eum humiliare, cicidit eum dicens: "Bauose, canem fatuum adduxisti mihi", et soluens eam abire permisit.

[215] **7.** Vite Patrum. Abbas Siluanus uenit ad cellam Marci discipuli sui et pulsauit. | Qui statim exiens, litteram .o. quam faciebat imperfectam dimisit.

[216] **8.** Venit quidam ad abbatem Sysoi, uolens fieri monachus; et interrogauit eum senex si quid haberet in seculo. Qui ait: "Habeo unum filium." Cui senex: "Vade, iacta eum in flumen et tunc fies monachus." Qui, cum abisset et eum proicere uellet, unus e fratribus quem senex ad hoc direxerat, eum prohibuit.

[217] **9.** Quidam secularis renuntians seculo, tres filios in ciuitate reliquit. Post tres uero annos, cepit pro eis uehementer affligi. Quem abbas solito tristiorem uidens ait: "Quid habes?" et causam tristicie audiens precepit ut adduceret eos. Qui cum abisset, duobus iam defunctis, unum solum inuenit. Quem secum assumens adduxit ad monasterium. Et audiens quod abbas in pistrino esset, uenit ad eum cum filio suo. Abbas uero tenens infantem amplexatus est eum et ait patri: "Amas eum?" Et respondit: "Etiam." Tunc senex: "Si eum diligis, mitte eum in furnum." Mox tenens eum,

CAPITVLVM XIV

75 pater iactauit in furnum ardentem. Statim uero factus est furnus uelud ros.

[218] **10.** Quidam senex uidit quatuor ordines in celo, | quorum primus erat hominum infirmorum, agentium gratias Deo. Secundus hospitalitatem sectantium. Tertius in solitudine conuersantium. 80 Quartus uero eorum qui ad obediendum spiritualibus se subiciunt propter Deum. Vtebatur autem hic ordo torque aurea et coronam maiorem quam alii habebat; eo uidelicet quod omnes proprio uiuunt arbitrio, hic autem propriam uoluntatem propter Deum abiciens, alieno imperio obtemperat et obedit.

[219] 85 **11.** Senex quidam misit discipulum suum haurire aquam. Qui ueniens ad puteum, cum funem secum non haberet, facta oratione ait: "Abbas meus dixit ut implerem lagenam istam aqua", et continuo ascendit aqua usque ad summum putei.

[220] **12.** Euagrius diaconus. Quadam die, cum magni et perfecti uiri 90 ad beatum uenissent Antonium, contigit et sanctum Paulum Simplicem adesse cum eis. Et cum de prophetis et Saluatore plurima loquerentur, Paulus ex simplicitate animi interrogauit si Christus prius fuerit an prophete. Beatus uero Antonius cum pro eo quod tam absurde interrogauerat quasi erubuisset, blando nutu silere 95 atque abire eum iubet. | Ille, quia omne quodcumque ab eo dictum fuisset, tamquam preceptum Dei, seruare instituerat, accedens ad cellulam suam, silentium gerere instituit, nec omnino aliquid loqui. Quod cum comperisset, Antonius mirari cepit unde illi hec obseruantia placuisset quam a se sciebat non esse mandatam. 100 Cumque iussisset eum loqui et cur siluisset indicare, dixit ei Paulus: "Tu, pater, dixisti mihi ut irem et silerem." Tunc Antonius: "Omnes nos iste condempnat. Cum enim nos de celo Christum non audiamus loquentem, ab isto qualiscumque sermo qui ex ore nostro ceciderit obseruatur: "Denique obedientiam eius probare 105 uolens, iussit eum aliquando haurire aquam et in terram, tota die, effundere et contextas sportellas resoluere ac demum retexere et uestimentum dissuere atque iterum resuere", que omnia indifferenter ille facere satagebat.

[221] **13.** Cassianus. Quidam fratres edificationis obtentu uenientes ad 110 senem cum subiectionem Iohannis discipuli eius quam audierant mirarentur, uocans eum repente senex: "Ascende, ait, et sumens lenticulam olei, deorsum proice per fenestram." Quam ille, cum ad superiora peruolasset per fenestram proferens comminuendam | demisit ad terram, parum cogitans uel retractans precepti

ineptiam, diuturnam necessitatem, infirmitatem corporis, penuriam sumptuum, heremi squalentis necessitates et angustias.

14. Aliis rursus edificari cupientibus obedientie huius exemplo, uocans eum senior: "Currens, inquit, Iohannes, saxum illud huc aduolue quamtocius." Qui confestim saxum inmane, quod turbe multe hominum uel mouere non possent, applicata nunc ceruice, nunc toto pectore, tanto nisu prouoluere contendebat, ut sudore omnium menbrorum suorum non solum totum infunderet uestimentum, sed etiam ipsum saxum suis ceruicibus humectaret, in hoc quoque parum metiens impossibilitatem precepti, uel facti dum senem crederet nil absque ratione posse precipere.

15. Quidam frater patre comite ac ditissimo oriundus fuit, studiis liberalibus non mediocriter eruditus. Hic, relictis parentibus, cum ad monasterium peruolasset, ad comprobandam mentis eius humilitatem, uel fidei eius ardorem, confestim ei a seniore preceptum est, ut decem sportas quas necesse non erat publice uenditari, ceruicibus suis onerans distrahendas per plateas circum|ferret, adiecta conditione, qua diutius in hoc officio retineretur, ut si forte eas unus pariter emere uoluisset, non cederet, sed singillatim eas querentibus uenundaret. Quod ille tota deuotione, omnis confusionis uerecundia pro nomine ac desiderio Christi calcata, compleuit.

16. Cum abbati Iohanni ficus quedam de Libie partibus uelud res in loco insolite delate fuissent, confestim eas ad senem quendam qui mala ualitudine laborabat, per duos adolescentulos misit. Qui cum ad predicti senis tenderent cellam, infusa repente densissima nebula, tramitem recti itineris perdiderunt. Cumque tota die et nocte discurrentes per auiam heremi uastitatem, nequaquam potuissent egrotantis cellulam reperire, tam itineris lassitudine, quam inedia sitique confecti, fixis genibus, orationis in officio spiritum Domino reddiderunt. Qui post hec uestigiorum suorum indiciis diutissime perquisiti, inuenti sunt ficus intactas ut acceperant reseruasse, eligentes scilicet magis animam quam fidem perdere uitamque potius amittere temporalem quam senioris uiolare mandatum.

---

137 quedam] quidam *cod.*

CAPITVLVM XV

DE VIRTVTE ORATIONIS

[225] **1.** Excepta de Cronicis Eusebii. Constantinopolim per quatuor menses terremotu terra fluctuante, quidam coram omnibus orantibus sublatus in aera a diuina uirtute, admonitus est diuina uoce ut, factis letaniis, canerent omnes: "Sanctus, sanctus, sanctus fortis, sanctus inmortalis, miserere nobis", nil aliud apponentes. Quo facto, cessauit terremotus.

[226] **2.** Constantinopoli, mortalitate magna insurgente, statuta est sollempnitas purificationis beate Marie et statim cessauit.

[227] **3.** Quidam religiosus ab Ierosolimis rediens, in Sicilia reclusi cuiusdam humanitate aliquamdiu recreatus, didicit ab eo inter cetera quod in illa uicinia essent loca eructantia flammarum incendia, que loca uocantur ab incolis olla Vulcani, in quibus anime defunctorum luant diuersa pro meritorum qualitate supplicia, ad ea exequenda deputatis ibi demonibus, quorum se crebro uoces, iras et terrores, sepe etiam eiulatus audisse dicebat plangentium quod anime de eorum manibus eriperentur per elemosinas et per preces fidelium et hoc tempore magis per orationes Cluniacensium orantium indefesse | pro requie defunctorum. Hoc per illum abbas Odilo comperto constituit per omnia monasteria sibi subiecta ut in crastino Omnium Sanctorum memoria omnium in Christo quiescentium celebretur. Qui ritus nunc fere ubique in Ecclesia obseruatur.

[228] **4.** Karolus imperator rerum suarum heredem Christum testamento fecit et quicquid in re mancipi habebat in tres partes diuiso, tertiam eorum pauperibus et famulantibus palatio delegauit. Duas uero partes in uiginti unam subdiuisit et metropolitanis episcopis qui tot sibi suberant distribuit ut metropolis ecclesia tertiam assignate sibi partis haberet et duas inter suffraganeos episcopos diuideret.

[229] **5.** Augustinus ad Probam. Dicuntur fratres in Egypto crebras quidem habere orationes, sed eas breuissimas et raptim quodam modo iaculatas, nec ita uigilanter erecta, que oranti plurimum necessaria est per productiores moras euanescat atque hebetetur intentio. Ac per hoc etiam ipsi satis ostendunt hanc intentionem, sicut non est obtendenda si perdu|rare non potest, ita si perdu-

rauerit non cito esse rumpendam. Nam multum loqui est in orando rem necessariam superfluis agere uerbis. Multum autem precari est ad eum quem precamur diuturna et pia cordis excitatione pulsare. Nam plerumque hoc negotium agitur plus gemitibus quam sermonibus, plus fletu quam affatu.

[230] **6.** Virgo quedam sanctimonialis a Barbaris in captiuitatem ducta est, sed mirabiliter a Domino conseruata et cum magno honore suis parentibus restituta est. Domus siquidem illa Barbarorum ubi captiua ingressa est subita cepit dominorum infirmitate iactari, ita ut omnes ipsi Barbari periculosa egritudine laborarent. Quorum mater animaduertens ob uirginem Deo dicatam hoc euenisse, rogauit eam ut oraret pro ipsis, pollicens quod si salui facti essent, eam cum honore suis parentibus redderent. Ieiunauit illa et orauit et continuo exaudita est et sic ad patriam cum honore regressa. Verumptamen hoc nouerint uirgines uniuerse quod omnis uiolentia si sine consensu animi fiat, non pro corruptionis turpitudine | sed pro passionis uulnere deputatur. Tantum enim ualet in mente integritas castitatis ut ipsa uiolata nec in corpore possit pudicitia uiolari cuius menbra superari.

[231] **7.** De Dialogo Gregorii. Vir quidam uite uenerabilis Ysaac nomine quandam ingressus ecclesiam a custodibus petiuit ut sibi quantum uellet licentia concederetur orandi eumque horis secretioribus egredi non urgerent. Qui mox ad orandum stetit et usque in diem tercium immobilis in oratione permansit. Cumque hoc unus ex custodibus superbie spiritu inflatus cerneret unde proficere debuit inde ad defectus dampna peruenit. Nam hunc simulatorem dicere et uerbo rustico cepit impostorem clamare qui se tribus diebus et tribus noctibus orare ante oculos hominum demonstraret. Qui protinus currens uirum Dei alapa percussit sed hunc repente ultor spiritus inuasit atque ad uiri Dei uestigia strauit ac per os illius clamare cepit: "Ysaac me eiciet, Ysaac me eiciet", et factum est ita.

[232] **8.** De Vita sancti Pau|li primi heremite. Beatus Antonius Pauli speluncam introgressus uidit, genibus complicatis, erecta ceruice extensisque in altum manibus corpus exanime ac primo et ipse eum uiuere credens pariter orabat. Postquam uero nulla ut solebat suspiria precantis audiuit, in flebile osculum ruens intellexit

---

XV, **41** plerumque] ad uictorum *scr. sed eras.* **63** defectus] defuntus *cod.* **67** strauit] stauit *cod.*

quod etiam cadauer sancti Domini cui omnia uiuunt gestus officio precabatur. Tunc a duobus leonibus terra effossa, sacrum corpusculum sepeliuit tunicamque eius quam ipse in sportarum modum sibi texuerat secum assumens ad monasterium remeauit.

9. Vite Patrum. Dixit abbas Pastor: "Sicut incantator uirtutem uerborum que dicit nescit, set serpens audit et intelligens subicitur incantanti, sic et nos quamuis ignoremus uirtutem uerborum que loquimur, demones tamen audientes terrentur atque discedunt."

10. Dixit abbas Ysidorus: "Quando eram iuuenis et sedebam in cella mea non habebam numerum psalmorum quos dicebam in ministerio Dei. | Nox enim michi et dies in hoc expendebatur."

11. Abbas Arsenius uespere sabbati extendebat manus suas in celum donec mane die dominico sol illustraret faciem eius. Cum fratres aliquando comederent et adinuicem loquerentur, abbas increpans eos ait: "Tacete, fratres, ego scio unum hominem manducantem uobiscum et oratio eius ascendit in conspectu Domini sicut ignis."

12. Dixit senex quia assidua oratio cito corrigit mentem.

13. Missus est aliquando demon a Iuliano Apostata in occiduis partibus ut ei responsum aliquod inde referret. Cum autem peruenisset ad quendam locum ubi quidam monachus habitabat, stetit ibidem per .X. dies immobilis eo quod non poterat ultra progredi quia monachus ille non cessabat orando neque die neque nocte et regressus est sine effectu. Cui Iulianus: "Quare tardasti?" Cui demon: "Moram feci et nil profeci orationibus cuiusdam monachi impeditus."

14. Abbas Iohannes dixit: "Similis esse debet monachus homini habenti ad sinistram suam ignem et ad dexteram aquam. Quotiens enim suc|censsus fuerit ignis, tollit de aqua et extinguit illum. Sic oportet monachum facere omni hora ut quandocumque turpis cogitatio succensa fuerit ab inimico, tunc aquam orationis effundat et extinguat illam."

15. De Vita sancti Anselmi. Miles quidam erat Cadulus nomine. Hic quadam uice uigiliis et orationibus intentus audiuit diabolum sub uoce scutarii sui extra ecclesiam in qua erat uociferantem et, turbato murmure, equos et omnia sua, fracto hospitio a latronibus, iam tunc direpta esse et abducta conquerentem nec aliquid eorum ulterius recuperandum, nisi citius accurreret. Ad que cum ille nequaquam moueretur, maius uidelicet dampnum deputans orationi cedere quam sua perdere, dolens diabolus se despectum in speciem ursi se mutauit et per tectum illapsus ecclesie ante ipsum preceps corruit ut horrore saltem et fragore sui casus uirum cepto perturbaret. Sed miles immobilis permanet et monstrum securus irridet. Post que statum uite proposito sanctiori fundare desiderans, | Anselmum adiit, consilium eius super hoc addiscere cupiens. Verum cum ad ipsum pergeret, uocem audiuit huiusmodi: "Cadule quo tendis? Quid te priorem illum ypocritam cogit adire? Reuertere ne te seductor ille decipiat." Hec ille audiens et demonem esse intelligens, signo crucis se muniens, quo proposuerat ire perrexit. Quid plura? Audito Anselmo, relicto seculo, monachus aput Maius Monasterium effectus est.

CAPITVLVM XVI

DE REVERENTIA ORATIONIS

[240] **1.** De Vita sancti Bernardi. De omni re beatus Bernardus fidebat magis orationi quam industrie proprie uel labori.

[241] **2.** Sine titulo. Sanctus Seuerinus, Coloniensis archiepiscopus, apparuisse fertur cuidam archidiacono suo, illi ipsi, ut aiunt, qui cum eo audierat uoces angelorum canentium in transitu sancti Martini. Videbatur autem archidiacono quod super caput beati Seuerini episcopalibus uestibus induti et quasi in aere stantis inter celum et terram erat quedam nubes imbrem scintillans igneum super caput eius et super totum corpus eius. Interrogatus igitur ab archidiacono qua de cau|sa hoc pateretur cum tam sancte uixisset, respondit: "Hoc, inquit, iccirco patior quia in soluendo diuinum officium, in dicendo horas canonicas negligentior fui quam debui. Nam cum clerici mei circa me horas cantarent, famuli mei uel etiam aliqui de clericis uel laicis tunc mihi suggerebant negotia mea uel sua quibus ego male sedulus intendebam." Ad hec archidiaconus: "Domine, non credo magnum esse incendium quod pateris." Et dum hoc dixisset, una gutta ignee nubis cecidit super brachium suum. Que statim carnem usque ad os comedit. Quo exclamante ait sanctus: "Noli timere. Ecce uidisti quanta patior pro mea negligentia; nunc uidebis quid ualeam apud Deum." Et extendens manum suam signo crucis omnem dolorem brachii eius cum omni incendio effugauit.

[242] **3.** Sanctus Bernardus fratres in choro in spiritu aliquando excitans uidit angelos psallentibus interesse et quorundam uoces et uerba auro scribere, quorundam argento, quorundam atramento, quorundam aqua, ita ut nec unum iota nec unus apex nec una notula uide|retur preteriri. Auro scribantur que solo Dei amore fiebant, argento que amore sanctorum, atramento que quadam cantandi consuetudine et delectatione, aqua uero que cum murmure nolentium unde prope modum effusa nullam gratiam merebantur. False autem uoces que uel per negligentiam uel per animi leuitatem edebantur, nullo scribendi genere exprimi poterant ab angelis.

[243] **4.** De Vita sancti Hugonis Cluniacensis abbatis. Beatus Hugo de se quasi de alio referebat dicens quod quidam senior Dominum

Ihesum psallentem cithara in choro cluniacensi coram fratribus aliquando uidit. Cantus autem qui audiebatur illa euangelica an-
40 tiphona erat: *Sedere autem mecum non est meum dare uobis, sed quibus paratum est a patre meo.* Tunc etiam tantus odor celestium aromatum efferuescere uidebatur ut omnium balsamorum flagrantiam superaret.

CAPITVLVM XVII

DE COMPVNCTIONE

[244] **1.** Tripartita Historia. Cum Pambus, Athanasio deprecante, in Alexandriam descendisset et ibi mulierem theatralem uidisset, fleuit. Qui a presentibus inquisitus cur fleret, respondit: "Due res me mouerunt, una que | illius est perditio, altera uero quia non tantum studeo placere Deo quantum hec turpibus hominibus placere contendit."

[245] **2.** Quidam iuuenis Siluanus nomine de scena conuersus ad sanctum Pachomium uenit. Qui cum susceptus esset infectus peruersa seculi consuetudine nullis discipline regulis poterat coherceri, nonnullos etiam ex fratribus ad uanitates et ludicra conuertebat. Vnde et plurimi ut expelleretur petebant. Sed uir Dei et oratione pro eo ad Deum et correctione mitissima apud ipsum ita eum in breui diuino timore succendit ut se deinceps a lacrimis continere non posset unde et cum monachi ei dicerent ut tandem se a fletibus cohiberet, respondit: "Conor quidem sed a lacrimis temperare non possum." Quibus causam huius impossibilitatis instanter querentibus, ait: "Non uultis ut plangam cum uideam me foueri multis sanctorum fratrum obsequiis quorum et puluis pedum mihi uenerandus est. Timeo ualde ne sicut Dathan et Abyron me quoque prophanum hiatu suo terra deglutiat. Certe si ipsam miseram animam meam per lamenta diffunderem uel facerem magnum quid nullum pro factis meis | dignum possum repperire supplicium." De hoc autem beatus dicebat Pachomius quod solus ex omnibus suam humilitatem fuisset insecutus.

[246] **3.** Vite Patrum. Abbas Arsenius semper pannum habebat in sinu propter lacrimas, que crebro currebant ex oculis eius.

[247] **4.** Abbas Amon a quodam fratre interrogatus ut ei diceret aliquod uerbum respondit: "Vade et talem fac cogitationem tuam sicut faciunt iniqui qui sunt in carcere. Illi enim interrogant ubi est iudex et quando ueniet et ipso timore penarum suarum plorant."

[248] **5.** Dixit abbas Helyas: "Ego tres res timeo. Vnam quando egressura est anima a corpore meo, aliam quando occursurus sum Deo, tertiam quando aduersum me proferenda fuerit sententia."

[249] **6.** Rogabant abbatem Macharium ut faceret uerbum ad fratres. Qui lacrimatus ait: "Ploremus, fratres, antequam eamus hinc ubi lacrime nostre corpora nostra comburant."

[250] **7.** Abbas Pastor uidens mulierem sedentem in monumento et flentem amare dixit: "Talem luctum debet amare monachus. Nam si ueniant omnia delectabilia huius mundi non transferunt | animam istius a luctu."

[251] **8.** Frater quidam cum uellet conuerti et prohiberet eum mater sua, non quiescebat dicens: "Volo saluare animam meam." Qui tandem conuersus negligenter conuersatus est. Contigit autem ut mater eius moreretur. Qui postea graui infirmitate detentus raptus in mentis excessu uidit matrem suam cum his qui iudicabantur. Quem ita intuens dixit: "Quid est, fili? Et tu in locum tormentorum dampnatus uenisti? Vbi est quod dicebas: 'uolo saluare animam meam'." Confusus autem in his que audierat, stupidus factus est non habens quid responderet. Qui, miserante Deo, ad se rediens et de infirmitate conualescens, tam uehementer se affligere cepit ut uix unquam cessaret a fletu. Vnde cum argueretur, respondebat: "Si improperium matris mee sustinere non potui, quomodo Christi et sanctorum angelorum in die iudicii potero sustinere?"

[252] **9.** Paulus Simplex sedens aliquando in ingressu ecclesie uidit quendam introeuntem nigrum et obscurum toto corpore et demones ex utraque parte eius tenentes et trahentes eum ad se ipsos et capi|strum in naribus eius mittentes, sanctum uero angelum eius lugubrem tristemque sequentem. Tunc senex foris sedens cum lacrimis ingredi renuebat. Post paululum uero uidit illum exeuntem clarum quidem uultu candidumque corpore, demones sequentes a longe, angelum iuxta eum cum gaudio ambulantem. Quem tenens interrogauit eum que esset hec subita mutatio dextere excelsi. Qui conuictus a sene coram omnibus dixit: "Multo tempore in fornicatione uixi, sed modo cum audissem in ecclesia "Lauamini, mundi estote", caste amodo me uicturum promisi."

XVII, 54 improperium] improperuum *cod.*

CAPITVLVM XVIII

DE CONFESSIONE

[253] **1.** In Libro deflorationum. Quidam frater male se fallens, non suo abbati sed cuidam fratri confitebatur furtiue turpitudinem suam. Cui morienti malignus spiritus uisibiliter apparuit ut animam raperet. Qui cum monachum illum, cui fuerat confessus, inter alios uideret, cepit clamare et dicere: "Tu me prodidisti, tu me prodidisti!" Vocatur abbas, confitetur, absoluitur, diabolus effugatur.

[254] **2.** Petrus Cantor. Beatus | Bernardus monialibus predicans in principio sermonis sui propter peccata illarum obmutuit. Quibus penitentibus et confitentibus, uerbum uite eterne eis copiosius ministrauit.

[255] **3.** Quidam heremita prolapsus in lubricum carnis ait: "Doleo usque ad mortem et, nisi scandalum timerem nomenque monachorum uilipendi facerem, peccatum meum publice omnibus confiterer."

[256] **4.** Quidam abbas de Longo Ponte interrogatus quare tam frequenter confiteretur, respondit: "Videtur mihi singulis diebus me nunquam fuisse confessum."

[257] **5.** Quidam erubescens quod demoniacus ei peccata sua in facie exprobrasset ad confessionem cucurrit. Cui iterum redeunti demoniacus ait: "Scio quid egeris, peccata quidem tua sub lingua mea habeo, sed ea publicare non ualeo."

[258] **6.** Quidam in mari cum periclitaretur nauis, coram omnibus publice confessus est. Liberati autem a tempestate nullam peccati sibi confessi memoriam habuere.

[259] **7.** De libro Petri Cluniacensis abbatis. Quidam iuuenis lecto decumbens dum peccata sua presbytero confitetur, unum mortale, in quo ualde suspectus erat de quadam | scilicet maritata reticuit. Conuentus super hoc a suo presbytero, respondit: "Sic istud Domini corpus quod attulisti ad salutem merear suscipere, sicut huius rei que mihi obicitur culpam non incurri." Quod cum suscepisset, glutire non potuit et dum conaretur impotentia glutiendi illud iuxta lectum suum expuit. Territus presbyterum qui decesserat reuocauit; et confessus est et non negauit et confestim corpus Domini suscipiens facillime transglutiuit.

[260]   **8.** Simile contigit cuidam monacho apud Turrim super Maternam. Qui peccata sua confitens Randulpho abbati Cathalaunensis monasterii, grauia reticebat et corpus Domini per frusta in calice refudit comminutum. Territus, compunctus et confessus iterum resumpsit et facile deglutiuit.

[261]   **9.** Sine titulo. Fuit olim quidam flagitiosus cui sub quadam specie familiaritatis diabolus in humana forma sepius apparuit. Quadam igitur die cum iter ageret, affuit diabolus dicens ei: "Amice, ibo tecum quocumque ieris." Et cum iter agerent, contigit eos ad quandam | ecclesiam deuenire, in quam tunc causa orationis plurimi introibant. In qua cum homo uellet intrare cum ceteris, ait diabolus: "Noli, queso, tardare iter nostrum. Quantum ibi fueris, tantum uie dispendium patieris." Intrauit ille, diabolo foris remanente in atrio. Videns autem homo ceteros sua peccata cum lacrimis presbytero confiteri, compunctus est ilico et confessus est. Interim uero diabolus moram illius patienter non ferens, unicuique intranti ecclesiam cum clamore dicebat: "Dicite socio meo ut festinet egredi; nec mihi nec sibi tam longa oratio prosit." Tandem homo egressus est et illi egredienti ait diabolus: "Dic socio meo nouo oratori ut cito egrediatur, alioquin iam recedam." Cui ille: "Ego sum qui loquor tecum, surge, eamus hinc." Cui diabolus: "Non te uidi, nec te cognoui, alium quero qui modo intrauit ecclesiam istam." Cui homo: "Vere ego sum ille, miser quem multipliciter decepit et irretiuit diabolus omnibus diebus uite mee, sed me misericorditer respexit Dominus qui ait: '*Nolo mortem peccatoris*, etc.'." Quod audiens hostis | uictus et confusus abscessit.

[262]   **10.** Fuit quedam mulier que fidem thori minime custodiens, multis et precipue uiro suo suspecta fuerat et despecta. Que conuenta ab eo super tanto scelere respondit: "Parata sum ab imposito crimine me ipsam ferri iudicio expurgare." Cui ille: "Hoc mihi sufficit." Tunc coram sacerdote diem illi purgationis indixit. Interrita mulier secreto sacerdotem adiit, crimen confitetur; emendatioris uite uias ingreditur et penitentie luctu diem constitutam expectans. Die igitur assignata, ad tale spectaculum uenit populus innumerus. Tunc ferrum ignitum sacerdotali benedictione consecratum, iussu sacerdotis, mulier nuda manu suscepit. Et illud diutius circumferens ab omni ustione illesa permansit. Tunc omnes in commune benedicentes Deum mulierem cum gaudio ad

---

XVIII, **62/63** Nolo – peccatoris] cfr Ez. 33, 11

CAPITVLVM XVIII

domum propriam reduxerunt. Processu uero temporis, mulier oblita misericordiam quam sibi fecerat Deus, *ad uomitum reuertitur* nec tamen sicut prius notam incurrit infamie. Accidit autem quadam die ut ipsa cum ceteris matronis in atrio consistens ecclesie, ferrum illud | quod in iudicio portauerat, in cauerna macerie reperiret. Quod iocose accipiens continuo non solum in manu sed in omnibus menbris apparuit ustulata. Et clamans pre dolore, nullo cogente, ad laudem Dei quicquid gesserat pandit.

11. Miles quidam cum de pudicitia sue coniugis audiret a populo loqui, cepit rei ueritatem sedule ac diligentius explorare. Nec fefellit eum inquisitio eius. Nam sicut audierat sic et uidit. Vnde uehementer iratus eam in uilla, qua deprehensa fuerat, iurauit et statuit comburendam. Tunc illa uidens quod futurum erat, horrore mortis perterrita, compuncta medullitus culpam persequitur et abiurat accersitoque quodam cisterciensi monacho conscientiam suam, quam iam suo presbitero reuelauerat, ei in spiritu humilitatis et in animo contrito iterum patefecit. Tunc confidens de misericordia Dei, secura properat ad locum quo iam populo circumstante et flente, ignis copiosus a ministris militis fuerat paratus et accensus. Quid plura? Omnibus uestimentis, excepta camisia, spoliatur. Pannoque lineo liquenti cera perfuso quo | facilius arderet atque celerius obuoluta in ignem proicitur. Res mira! Pannus ille continuo ab igne consumitur, sed, camisia intacta remanente, mulier uirtute confessionis ab incendio liberatur. Tunc, accepta licentia a marito, beate Virgini matri in castitate perpetua famulaturam de cetero se promittit et constituto ibidem cisterciensis ordinis cenobio, cum aliis quampluribus mulieribus, quas suo exemplo conuertit ad Dominum, habitum religionis assumpsit.

12. Quidam infidelis, qui sacramenta Ecclesie contempnebat, tentus est et ad iudicium tractus. Vnde et timore potius quam amore fidelem se esse affirmans, pro probatione sue fidei calidi ferri iudicium se coram omnibus subiturum promisit. Assignatur ei dies quo dictis facta compenset. Verum interim, Deo miserante, redit ad cor et sacerdoti infidelitatem suam pure ac sinceriter confitetur. Qui iniunctam sibi penitentiam humiliter ac deuote suscipiens, die assignata iudicibus suis coram omni populo se presentat, ferrumque ignitum absque lesione cir|cumferens mundus ab imposito crimine omnium uocibus acclamatur. Tunc ad laudem et

---

77/78 ad – reuertitur] Prou. 26, 11

gloriam Dei uirtutem confessionis attolens, omnem infidelitatem suam omnibus enarrauit.

13. In urbe Leodicensi fuit quidam archidiaconus, qui filiam cuiusdam Iudei amore tam seuo dilexit ut in sancto die Parasceue condictione tamen ipsius pessime mulieris, cum ea opus nepharium perpetraret. Quod mox parentibus illa reuelauit. Qui propter Christianorum infamiam corruptelam filie patienter ferentes, conuocatis Iudeis plurimis, eis facinus perpetratum enarrarunt. Tum una omnium fuit sententia ut omnes clamore et impetu in die sancto Pasche ecclesiam intrarent et coram omni populo et clero tam enorme factum in christiane fide dedecus enarrarent. Verum archidiaconus mente compunctus sabbato accessit ad episcopum et tam detestabile factum cum lacrimis et gemitu ei aperuit et satisfactionem offerens, iniunctam sibi penitentiam deuote suscepit. Aduenit sanctus dies Pasche et ecce Iudei conglobati in unum ecclesiam intrant, archidiacono iam super analogium | ad legendum euangelium disposito et ornato. Quem intuentes Iudei acclamare uolentes diuino nutu lingue officium amiserunt. Ipsum tamen digitis ac manibus oculisque terribilibus et labiis more cornicum crepitantibus impetebant. Mirantibus uniuersis archidiaconus qui non suis meritis sed confessionis uirtute eos elingues factos intelligit, accessit ad episcopum suggerens ei ut ad laudem Dei et suam confusionem peccatum suum coram omni populo enarraret et sacramentum confessionis omnibus predicaret. Surgens ergo episcopus omnia que facta sunt enarrauit.

14. Fuit in domo de Prato nouitius quidam bone indolis adolescens et adhuc innocentiam continens uirginalem. Hic una noctium, cum dormiret, uidit se precinctum zona quadam admodum preciosa, que ex omni parte integra uidebatur. Cuius pulcritudinem cum miraretur, mulier coram eo assistens ioco eum procaci inquietabat. Cui cum nouitius intenderet repente rumpebatur zona eius et dormienti illudebatur. Excitatus a sompno intellexit fragilitatem carnis accidisse sibi et mane facto ad confessionis remedium festina|uit. Nocte iterum insecuta, uidet in sompnis idem nouitius zona predicta se esse precinctum, que ex omni parte sicut prius solida erat et integra. Tunc audiuit uocem dicentem sibi: "Quotiens nocturnam illusionem passus fueris, uade et confitere et certissime scias quod redintegrabitur zona tua."

15. Fuit in oppido quodam quidam presbyter Eulogius nomine cuius uita tam in conspectu Domini quam in oculis hominum placabilis erat. Hic consueuerat missam pro fidelibus defunctis sepissime decantare. Erant autem in eodem duo cenobia, unum monachorum cluniacensium et aliud canonicorum regularium. Hic graui infirmitate laborans, patrem monachorum adiit rogans ut in collegium fratrum recipi mereretur. Sed quia pauper erat non potuit impetrare. Inde simili prece patrem canonicorum pulsans, non meruit exaudiri. Inualescente tamen egritudine, mortuus est et in domo canonicorum cum pauperibus sepultus est. His ita peractis, post dies aliquot contigit sacristam illius ecclesie, media nocte, de lecto surgere ut ad cursum stellarum horam uigiliarum | uerius cognoscere posset. Cumque per fenestram dormitorii in cimiterium pauperum respexisset, uidit candidatorum multitudinem copiosam clara uoce dicentium: "Domine Ihesu Christe, miserere Eulogii." Et hanc orationem sine intermissione repetebant. Tunc sacrista ad unum eorum accedens, quinam essent et pro quo suplicarent inquirit. Qui respondit: "Anime fidelium sumus, qui meritis et precibus Eulogii sacerdotis, qui hic nuper sepultus est a penis purgatoriis meruimus liberari. Non cessabimus pro eo clamare ad Dominum donec peccatorum leuium, que ex mundane conuersationis fragilitate contraxit ueniam consequi et sanctorum aggregari collegiis mereatur. Et ut hoc tibi manifestum fiat, die illa tumulum eius aspiciens inuenies lilium miri candoris et miri odoris proxima parte oris eius radices emittens." His dictis, multitudo illa disparuit. Sacrista uero die prefixa, sepulchrum uisitans inuenit lilium abbatique ac fratribus rei ordinem patefecit. Tunc monachi hoc audientes corpus eius eo quod se eorum monasterio de|uouisset reclamauerunt, sed a causa iudicio decidentes et cedentes canonicis recesserunt confusi. Qui tollentes illud de tumulo, alias honorifice sepulture dederunt.

16. Fuit quidam episcopus cuius uita coram Deo et omni populo reprehensibilis apparebat. Hic cum quadam die sermonem haberet ad populum, compunctus est corde et coram omni populo peccata sua confessus est. Finita uero confessione, cum lacrimis dixit: "Iam non sum dignus uocari pastor et episcopus; cure pastorali renuntio et sicut unum ex uobis me habeo." Et cum descenderet de gradu, ut se pontificalibus exueret ornamentis, affuit angelus Domini qui eum retinuit et ait: "Respexit Deus humilitatem tuam et acceptauit confessionem. Reuertere et uices pontificis sicut prius diligenter exequere."

17. Fuit quidam rex qui filiam suam cum sola puella ne ab aliquo contaminaretur in arta custodia conseruabat. Verum eo nesciente, quidam iuuenis occulte ueniebat et dormiebat cum ea.

Dum autem | quadam nocte pater uellet eos simul deprehendere ut ei a puella fuerat intimatum, cito sentiens hec filia abscondit iuuenem sub culcitra et sic deludit sollicitudinem patris. Iuuenis uero quia nimis depressus erat, defunctus est. Quem cum mox cum ancilla precipitasset in flumen, timens ne ab eadem ancilla diffamaretur et illam pariter impegit cum iuuene. Adhuc tamen confidens de misericordia Dei cucurrit ad episcopum, in confessione omnia reuelauit. Qui diabolico repletus instinctu, cepit eam alloqui uerbis luxuriosis, asserens pro certo quod nisi sue libidini consentiret patri suo rei seriem reseraret. "Prius, inquit, iniunge mihi penitentiam de preteritis et sic habebit de futuris Deus indulgentiam." Post multum uero temporis, peracta penitentia secundum preceptum episcopi, iterum reuersa est ad eum si forte uellet ei amplius aliquid imperare. Ille uero in eius exardescens concupiscentia cepit eam multis urgere sermonibus ut suis uoluntatibus assentiret. Illa autem talia deliramenta respuens mox aufu|git. Et pater eius postquam resciuit omnia ab illo pessimo presule, uocat statim synodum ut quid ageret de filia esset sibi notum. Quibus congregatis in unum, prefatus rex stans in medio eorum filie turpitudinem reuelauit. Tunc sanctus Eusebius conuocans eam seorsum diligenter eam inquirit si uerba patris uera essent an non. Et confessa est et non negauit. Sed et quomodo penituisset et episcopum suo desiderio defraudasset, ei similiter patefecit. Quo audito, eam uir Dei reduxit ad concilium; patri eius et omnibus qui aderant affirmans quia peccati macula non esset in ea et quod innocens dampnaretur. Tunc pater letus effectus filiam suam reduxit cum gaudio et episcopi qui remanserant illum qui talia manifestauerat iudicantes inciso illius gutture ad terrorem aliorum linguam ei foras abstrahi et precidi fecerunt.

[270]   **18.** Beatus Antonius dicebat: "Si fieri posset quantos passus ambulat monachus uel quot calices aque bibit in cella sua debet senioribus declarare."

[271]   **19.** Dixit abbas Pastor: "Sicut uestes in capsa si longo tempore ibi di|misse fuerint putrefiunt, ita sunt cogitationes in cordibus nostris; sed si non feramus eas corporaliter longo tempore, exterminabuntur."

[272]   **20.** Sancti Malachie. Fuit quedam mulier cui spiritus iracundie et furoris in tantum dominaretur ut non solum uicini et cognati fugerent consortium eius, sed filii eius uix sustinerent habitare cum ea. Clamor et rancor et tempestas ualida ubicumque fuisset audax et ardens et preceps metuenda lingua et manu importabilis

omnibus et inuisa. Dolentes filii tum pro illa, tum pro se ipsis, trahunt illam ad presentiam Malachie, lacrimabilem eidem querimoniam deponentes. Vir autem sanctus et periculum matris et incommodum miserans filiorum seorsum aduocat illam fueritne aliquando confessa peccata sua, sollicite percunctatur, respondit: "Nequaquam." – "Confitere, inquit." Paret et ille iniungit penitentiam confitenti, oransque super eam ut Deus omnipotens det ei spiritum mansuetudinis, in nomine Domini Ihesu ne ultra irascatur iubet. Sequitur tanta mansuetudo ut nec dampnis, nec afflictionibus, aut | contumeliis exasperari queat.   40ra

CAPITVLVM XIX

DE IMPENITENTIA

[273] 1. Ecclesiastica Hystoria Anglorum. Fuit quidam miles in prouincia Merciorum, uir in armis strenuus et regi suo pro industria placens, sed pro interna suimet negligentia displicens. Admonebat illum sedulo ut confiteretur et emendaret ac relinqueret scelera sua, ne subita morte preuentus emendandi spacium non haberet. At ille uerba salutis despiciens, sese tempore sequenti penitentiam acturum esse promittebat. Tandem uero graui tactus infirmitate, decidit in lectum. Ad quem ingressus rex hortari cepit ut uel tunc penitentiam ageret commissorum. At ille respondit non se tunc uelle confiteri peccata sua, sed cum ab infirmitate resurgeret, ne exprobrarent sibi sodales quod timore mortis faceret ea que sospes facere noluerat; fortiter quidem sibi uidebatur loquutus, sed miserabiliter, ut post patuit, demoniaca fraude deceptus. Cumque ingrauescente morbo denuo ad eum uisitandum et docendum rex intraret, clamabat statim | miserabili uoce: "Quid uis modo? Quid huc uenisti? Non enim mihi ultra aliquid utilitatis aut salutis conferre potes." At ille: "Noli, inquit, ita loqui. Vide ut sanum sapias" – "Non, inquit, insanio, sed pessimam mihi conscientiam pre oculis habeo. Paulo enim ante intrauerunt domum duo pulcherrimi iuuenes et resederunt circa me unus ad capud et unus ad pedes. Protulit unus libellum perpulchrum, sed uehementer modicum ac mihi ad legendum dedit, in quo omnia que umquam bona feceram intuens scripta reperi. Et hec erant nimium pauca et modica; receperuntque codicem, neque aliquid michi dicebant. Tunc subito superuenit exercitus malignorum spirituum, proferensque princeps eorum codicem horrende uisionis et magnitudinis enormis; iussit uni ex satellitibus suis mihi ad legendum defferre. Quem cum legissem, inueni omnia scelera mea quecumque opere uel uerbo uel tenuissima cogitatione peccaui tetris litteris esse descripta et dicente illo ad duos iuuenes preclaros: 'Quid hic facitis cum noster sit iste'. | Responderunt: 'Verum est; tollite et in cumulum uestre dampnationis deferte uobiscum'. Quo dicto, statim disparuerunt. Tunc surgentes duo nequissimi spiritus percusserunt me, unus in capite et alius in pede. Qui uidelicet ictus modo cum magno tormento irrepunt in interiora

CAPITVLVM XIX

corporis mei mox ut ad se inuicem peruenerint, moriar et ab ipsis demonibus pertrahar ad inferna."

[274] 2. Fuit in quodam monasterio nobili frater ignobiliter uiuens. Qui licet sepe correctus, sua scelera non emendaret, propter necessitatem tamen operum ipsius exteriorum a fratribus equanimiter portabatur. Erat enim fabri arte singularis, sed ebrietati ac ceteris uite remissioris illecebris nimis deseruiens magisque in officina sua die noctuque residere quam ad orandum in ecclesia audiendumque cum fratribus de regno Dei concurrere consueuerat; hic tandem ad extrema perductus uocauit fratres et multum merens ac dampnato similis, cepit narrare quod uideret inferos apertos et Sathanan in profundum Tartari, Cayphamque cum ceteris qui occiderunt Ihesum, flammis | iuxta eum ultricibus contraditum. "In quorum uicinia mihi misero, inquit, locum aspicio eterne dampnationis preparatum." Audientes hec fratres ceperunt diligenter exhortari, ut uel tunc positus adhuc in corpore, penitentiam faceret. Respondebat iam desperans: "Non est mihi modo tempus uitam mutandi, cum ipse uiderim iudicium meum iam esse completum." Talia dicens sine salutis uiatico obiit, nec aliquis pro eo orare presumpsit.

[275] 3. Dialogus Gregorii. Crisaurius uir in hoc mundo rebus et uiciis plenus, ad extremum uite ueniens, uidit tetros spiritus coram se assistere et uehementer imminere ut ad inferni claustra se raperent. Qui constrictus nimis cum relaxari se iam posse desperaret, cepit magnis uocibus clamare: "Inducias usque mane, inducias uel usque mane!" Sed cum hec clamaret in ipsis uocibus de habitaculo sue carnis euulsus est.

[276] 4. Willelmus Malmesberiensis monachus. Celredum regem stupratorem sanctimonialium et ecclesiasticorum priuilegiorum fractorem splendide cum suis comitibus epulantem spiritus malignus arripuit et sine confessione et uiatico cum | diabolo sermocinantem et legem Dei detestantem animam extorsit.

[277] 5. Sine titulo. Quidam conuersus mercator ordinis nostri ne peccata sua confiteretur sepe impediebatur a Sathana. Sepe namque dicebat abbati: "Domine, libenter loquerer ad uos de confessione mea si tempus haberem." Ad quem abbas: "Quotienscumque uolueritis utimini me ut libuerit. Salus anime cunctis negotiis maius est." Quodam ergo die, cum abbas pro quodam exequendo negotio post missam equos suos parari iussisset, cum surrexisset ab oratione, mercator traxit eum in partem de confessione sua locuturus. Qui dum in quibusdam leuibus enumerandis moram face-

ret longiorem, conuersus abbatis, estimans eum negotii imminentis oblitum, uenit ut ei suggereret quod iam preterisset hora. Videns autem quod mercator loqueretur de confessione, substitit et cum paululum expectaret, uidit quod quidam canis ingens et rufus caudam suam usque ad nates in os truderet mercatoris et pedes suos posuerat anteriores super pectus abbatis, impellensque eum quantum poterat ut recederet, quasi diceret ad conuersum: "Noli plus | dicere", ad abbatem: "Noli plus audire." Igitur conuersus qui uiderat hoc, accessit propius et dixit abbati: "Domine, equi nostri parati sunt et iam grandis hora preteriit." Cui abbas: "Recedite hinc: adhuc plurima pars diei superest." Tunc mercator: "Hoc est, domine, quod sepe dicebam uobis, quod nunquam tempus haberem." Et abbas: "Noli turbari. Ego negotium istud cunctis negotiis libentissime anteponam." Tunc mercator: "Ego nunc plura ad memoriam non reduco. Sed ite nunc et si quid mihi occurrerit cum redieritis in id ipsum reuertar." His dictis, abbas perrexit in uiam suam. Cui iter redeunti conuersus suus que uiderat enarrauit. Quibus auditis, abbas ingemuit et ait: "Ve mihi. Mortuus est miser ille." Et cum festinatione reuertens repperit eum iam sepultum.

CAPITVLVM XX

DE PENITENTIA

[278] **1.** Pontificalis Hystoria. Marcellinus papa tempore Diocletiani ad sacrificium ductus est ut thurificaret, quod et fecit. Postea uero penitentia ductus pro fide Christi ab eodem tyranno martyrio nobiliter coronatur.

[279] **2.** Exceptiones de Ecclesiastica Hystoria. Cum beatus | Iohannes apostolus ad quandam urbem uenisset, omnibus ecclesiasticis sollempniter adimpletis, uidit iuuenem quendam ualidum corpore et uultu elegantem, sed et animis acrem nimis. Respiciensque ad episcopum qui nuper fuerat ordinatus: "Hunc, inquit, tibi studio summo commendo sub testimonio Christi et totius Ecclesie." Tum ille suscipiens omnem se habiturum diligentiam pollicetur. Denique diligenter enutritum baptismi etiam gratia consecrauit. Post hec uelud iam confidens gratie qua fuerat commonitus, paulo indulgentius habere iuuenem cepit. Sed ille per coeuos primo quidem uiciorum illecebris decipitur; inde nocturnis eum furtis socium sibi participemque consciscunt. Post hec iam ad maiora flagitia pertrahunt. Tunc ille sicut equus effrenis recti itineris lineam derelinquens totus fertur in preceps; dedignaturque iam de paruis sceleribus cogitare et ex integris perditioni se tradens nulli esse inferior in flagitiis patitur. Denique illos ipsos qui prius magistri criminum fuerant, discipulos facit et latronum ex his turmam, quibus ipse dux et princeps ualenter preesset instituit; et cum | his omni crudelitate grassatur. Verum elapso tempore, Iohannes ab episcopo reposcit depositum. Et episcopo quid diceret, hesitante: "Age, inquit, episcope, iuuenem abs te repeto et animam fratris." Tunc grauiter suspirans senior et in lacrimis resolutus ille ait: "Mortuus est. Nam pessimus et flagitiosus euasit et nunc cum multa latronum manu montem quendam occupat." Tunc apostolus uestem, qua indutus erat, continuo scindens et cum ingenti gemitu capud suum feriens: "Bonum te, inquit, custodem fratris anime dereliqui." Tunc ascenso equo, concitus ad locum peruenit. Statimque ab ipsis latronibus captus, non declinans neque effugere nitens, ingenti tantum uoce clamabat: "Ad hoc ipsum ueni; adducite mihi principem uestrum." Qui cum ueniret armatus eminus agnito Iohanne pudore actus in fu-

41ua

41ub

gam conuertitur. Ille equo post eum admisso, statim insequitur fugitantem et etatis oblitus simul et clamans: "Quid fugis, o fili, patrem tuum? Quid fugis inermem senem? Miser here. Noli timere. Habes adhuc spem uite. Ego Christo rationem reddam pro te. Certe et mortem pro te libenter excipiam | sicut et Christus excepit pro nobis et pro tua anima dabo animam meam. Sta tantum et crede mihi quia Christus me misit." At ille audiens restitit ac uultum demisit in terram et arma proiciens flebat amarissime: senisque genibus prouolutus gemitibus et ululatibus quibus poterat satisfaciens, suis lacrimis iterum baptizabatur, occultans solam dexteram suam. Apostolus uero ueniam pollicens et eius genibus prouolutus ipsamque dexteram cuius cedis consciencia torquebatur tamquam per penitentiam iam expurgatam deosculans; ad ecclesiam prouocat, ieiuniis et orationibus cum ipso iuuene pro indulgentia quam ei pollicitus fuerat diu perseuerans, nec prius destitit quam eum in omnibus emendatum etiam ecclesie preficeret, in hoc cunctis exempla uere penitentie derelinquens.

3. Sine tytulo. Quidam miles dominum suum ueneni poculo infecit ut rem scilicet illicitam quam cum eius uxore habebat securius atque liberius exerceret. Verum paucis diebus interpositis, audiuit nocte quadam uocem dicentem sibi: "Dampnatus es. Dampnatus es." Ad quam uocem exterritus ille respondit: "Non est hec uox Dei, sed diaboli. | Deus enim uult neminem perire." Et exurgens cum magna festinatione, perrexit ad episcopum suum, cui, cum sua peccata confessus fuisset, multa precum instantia extorsit ab eo licentiam sibimet ipsi iniungendi penitentiam. Quo impetrato, fecit sibi fieri magnum quoddam sarcofagum lapideum cum operculo similiter lapideo; fecit preterea colligi plura serpentium genera et serpentes uiuos iactari in sarcofagum et ieiunare ebdomadam unam. Quo facto et per manum episcopi benedicto, ipsum intrauit, populo inspectante statimque cepit a serpentibus deuorari ita ut omnes gemitum eius audirent. Sic dimissus est uno anno. Quo transacto, episcopus operculum tolli fecit uidensque in eo unum serpentem sed maximum, iterum operiri fecit sarcofagum et dimitti usque in annum alterum. Cumque, anno transacto, illud uenisset inuisere, uidit cuiusdam militis pulcherrimum corpus, quod inde sustollens cum gaudio magno sepeliuit in atrio benedicto.

4. Frater quidam interrogauit abbatem Pastorem dicens: "Feci peccatum grande et uolo penitere triennium." | Cui abbas: "Multum est." Et frater: "Iubes unum annum?" Et ille: "Multum est."

Qui autem presentes erant dicebant: "Vsque ad .XL. dies?" Senex iterum dixit: "Ego puto quia si ex toto corde homo penitentiam agat etiam triduanam penitentiam suscipiat Deus."

[282]   **5.** Vite Patrum. Quedam uirgo Christi a quodam incantatore sollicitata et corrupta est. Que concepit et peperit filium. Qui mox eius precibus morte subtractus est. Vnde et in tantum prorupit odium corruptoris, ut ex illo die ei non sit uisa ulterius. At tamen summis penitentie afflictionibus continentieque tradidit se ita ut Deum sibi propitium reddere cupiens, elephantiosis mulieribus per annos .XXX. seruiret. Cuius humilitatem Dominus respiciens reuelauit cuidam presbitero dicens: "Illa uirgo plus mihi in penitentia quam in uirginitate placuit."

CAPITVLVM XXI

DE LVXVRIA

[283] 1. Exceptiones de cronicis. De Libro deflorationum. Sancti quique pontifices sedibus suis quas corporaliter tenuerunt spirituali presentia semper adesse creduntur. Quod in hoc patet exemplo. Quidam nepharius nomine Dominicus quandam sanctimonialem a se corruptam in hospicio secum adduxit. Cui hospicio | cum latrina deesset, trabeculas que fontem sancti Georgii sepserant infelix abstulit et latrinam inde aptauit. Cumque sequenti nocte idem dormiret, comprehensus est a duobus atque ligatus. Quos cum interrogaret cur se ligarent et tam crudeliter impellerent, "Propter fornicariam, inquiunt, te sanctus papa iubet in audienciam duci." – "Dominus papa, inquit, ipse nunc in hac urbe non est et quomodo me ligari iussit?" – "Si papa Iohannes hinc abiit, sanctus Gregorius hic remansit." Ille excitatus cum internis febribus arderet, XII die expirauit.

[284] 2. Quidam presbiter incontinens per .IX. uices Romam adiit a beato Petro sperans impunitatem sceleris promereri. Sed ut Deus ostenderet quod satisfactionem nisi pro his peccatis que deseruntur non recipit, cum rediret nona uice et concubitum repeteret, ita diuino iudicio miser interiit, ut cum semen funderet, animam pariter exhalaret; sicut infelix mulier perhibuit.

[285] 3. Quidam heremita moriens, uidente socio, demonibus traditus est. Qui reatum eius ignorans sed uirtutem recolens, pene desperauit, dicens: "O quis poterit saluus esse, quando iste periit?" Cui | mox angelus astans dixit: "Non turberis. Ille enim licet multa bona fecerit, tamen per illud uicium, quod Apostolus immundiciam uocat, cuncta fedauit."

[286] 4. Quidam Archerius nomine cum in cella, que ecclesie adherebat, uxorem suam cognoscere uellet, ita sicut canis eidem inhesit, ut nullatenus ab ea diuelli posset.

[287] 5. Ieronimus ad Vitalem presbiterum. Quedam muliercula, cum expositum nutriret infantem et nutricis officio fungeretur cubaretque cum ea idem paruulus, qui usque ad decimum peruenerat annum, accidit ut plus quam pudicitia patitur mero se ingurgitaret, accensaque libidine obscenisque motibus ad coitum duceret infantem; prima ebrietas alterius noctis et ceterarum deinceps

fecit consuetudinem. Necdum duo menses fuerant euoluti et ecce
femine uterus intumuit. Quid plura? Dispensatione Dei factum est
40 ut que contra naturam simplicitate paruuli in contemptum Domini
abutebatur a nature Domino proderetur.

6. De Dialogo Gregorii. Mulier quedam ad dedicationem ecclesie beati Stephani fuerat inuitata. Nocte uero eadem qua subsequenti die ad dedicationem fuerat processura, | uoluptate carnis
45 ducta a uiro suo sese abstinere non potuit. Cumque mane facto
consciam deterreret perpetrata carnis delectatio processionem
uero imperaret uerecundia, plus erubescens uultum hominum,
quam Dei iudicium metuens, ad oratorium dedicandum processit. Mox uero, ut reliquie beati martyris oratorium sunt ingresse, a
50 demone mulier arripitur et coram omni populo crudeliter uexatur. Presbiter uero eiusdem oratorii ex syndone altaris eam cooperiens, mox pariter a demone corripitur et quid esset sibi et aliis
aperitur. Vnde mulier ad Fortunatum episcopum deducitur et eius
orationibus sanata est.

55 **7.** Quidam curialis sacratissimo paschali sabbato iuuenculam
cuiusdam filiam in baptismate suscepit. Qui post ieiunium domum reuersus multoque uino inebriatus, nocte ipsa, quod dictu
nefas est, eam perdidit. Mane facto, cum se aqua lauisset cepit
trepidare ecclesiam ingredi. Sed si tanto die ad ecclesiam non iret,
60 erubescebat homines. Si uero iret, pertimescebat iudicium Dei.
Vicit itaque humana uerecundia. Perrexit | ad ecclesiam sed
tremebundus stare cepit ac pauens atque per singula momenta
suspectus qua hora inmundo spiritui traderetur. Cumque ei in ipsa
missarum celebritate nil contigisset aduersi, decetero securus ec
65 clesiam intrauit. Die autem octauo morte subita defunctus est.
Cumque sepulture traditus fuisset, per longum tempus, cunctis
uidentibus, de sepulchro ipsius flamma exiuit et tamdiu ossa eius
concremauit, quousque omne sepulchrum consumeret.

8. Petrus Damianus. Quidam princeps Salernitanus cum qua
70 dam die perspexisset de monte flammas erumpere protinus ait:
"Sceleratus in proximo moriturus est et in infernum descensurus.
Est enim talis consuetudo in illis partibus, ut imminente morte diuitis reprobi, mons ille flammas euomat piceas et sulphureas." His
dictis, superueniente proxima nocte, dum idem princeps securus
75 cum meretrice concumberet, expirauit; quem ita diu perferens
tandem a se non hominem sed cadauer abiecit.

[291] **9.** Quidam clericus cum pelice sua per quinquennium luxurians, incensa urbe fortuito incendio, simul in | una domo cum illa combustus inuentus est.

[292] **10.** Quidam sacrista, cunctis ecclesie accensis lampadibus, deficiente oleo ut unam que supererat accenderet, ab abbate oleum petiit nec impetrauit. Qui in fide non hesitans, aqua lampadem impleuit: lumen adhibuit, que per totam noctem dominice resurrectionis cum ceteris radiauit. Sed et alias quasdam ille monachus dicebatur ostendisse uirtutes; hic tamen postmodum in luxuriam decidit et qui eatenus principi et ciuibus magne reuerentie fuerat habitus; publice cesus et sub inhonesto ludibrio turpiter asseritur decaluatus.

[293] **11.** Sophia, duorum marchionum soror, nobilis ac pulcherrima mulier, dum sana esset et incolumis, abbatem monasterii sancti Christophori ut sibi sepulturam construeret postulauit. Illo renitente et prohibente difficilius impetrauit; factum est igitur intra monachorum claustrum sepulchrum. Quod mox ut ingressa conspexit, nescio quo iudicio in egritudinem corruit et paulo post abortiit et obiit. Cuius tumulus, cum esset gipseus artificiosisque cementariorum studiis communitus, tantam | tamen illuuionem continui circiter anni circulum exalauit, ut tolerari uix posset nec fratres in tota illa claustri medietate sineret demorari. Quod iccirco actum esse creditur ut in illo uenustissimo corpore monachi attenderent quid de ceteris mulieribus in temptatione luxurie sentire deberent.

[294] **12.** Apud Parmense opidum, nocte quadam que sanctorum Geruasii et Prothasii natalicia precedebat, uir quidam maturius surrexit bouesque suos in pascua remotiora reduxit. Quod quidam conuicaneus, accensus libidine presentiens, ad domum eius accessit et se febricitare confingens in lectum uxoris quasi uir proprius introiuit. Cui infelix mulier tamquam egrotanti uiro compatiens, cepit illum ulnis astringere, pannis contegere et quibus ualebat impendiis confouere. At ille, ipsa uiolata, mox concitus abiit et non multo post maritus rediit, lectum repetit. Cui mox uxor exprobans ait: "O qualiter poteris hodie sanctorum martyrum ecclesiam ingredi et cum ceteris Christianis diuinis interesse mysteriis?" Illi attonito rem mulier ex ordine pandit, unde ambo se turpiter illusos esse dolentes ad ecclesiam tendunt pariter et omni

---

XXI, **95** abortiit] obotiit *cod.*

CAPITVLVM XXI

uerecundie | rubore postposito, querelam suam coram omnibus deposuerunt, ultionem sue iniurie a martyribus exorantes. Et ecce auctor sceleris a nequissimo demone mox corripitur et cum furore nimio in ecclesiam persiliens, cunctis uidentibus, ad terram eliditur, donec infelicem animam exalauit.

13. Papa Benedictus iunior post mortem suam in specie monstri uisus est. Accidit enim ut quidam, iuxta molendinum, equo residens pertransiret et ecce monstrum inmane conspiciens, subito terrore percussus est. Videbatur monstrum illud in aures aselli caudamque desinere; cetera ursus erat. Cumque uiator fugeret informe prodigium, humane uocis uerba formauit: "Noli, inquit, o uir, expauescere. Homo fui et ipse sicut tu es. Sed quia bestialiter uixi, post finem proferre bestie speciem merui." Cumque ille quereret quis fuisset: "Ego, ait ille, solo nomine Benedictus fui, qui nuper apostolice sedis apicem indignus obtinui. Vsque in diem iudicii per dumosa atque squalentia, per sulphurea loca et fetida atque incendiis conflagrata rapior et pertrahor. Post iudicium uero corpus meum et animam flamma gehennalis perhenniter | concremabit." Quia igitur luxuriose et carnaliter uixit, in asini et ursi forma comparuit.

14. Beatus Gengulfus audiens de uxore sua multa turpia et inhonesta narrari, duxit eam ad quendam fontem et ait ei: "Inmitte manum tuam et affer lapillum de fundo. Si nihil perpessa fueris mali, inculpabilis es." Mox illa, ut lapillum tangens, manum ad se retraxit: quicquid unda tetigerat cute nudatum est. Sicque dimisit eam.

15. In Legenda beati Marcelli Parisiensis legitur quod mulier quedam nobilis, spreto uiri thoro, alteri carni adhesit. Mortua tandem est et cum pompa ad tumulum deducta honorifice sepelitur. Verum ipso die a serpente igniuomo effossa est, ubi et menbrum quod uiro abstulerat dilanians et corrodens, ipsam nec terra dignam cunctis liquido demonstrauit.

16. De Visione cuiusdam monachi. Quidam princeps olim in seculo potentissimus inmanissima patiebatur tormenta. Hic equo insidens, igneo piceam ore et naribus flammam cum fumo et fetore tartareo iugiter exalante, gerebat arma que ut candens ferrum cum | malleis tunditur igneum scintillabant ymbrem, quo totus medullitus exurebatur. Optabat sane totius orbis datione, si fieri posset redimere uel unius calcaris supplicium quo suum in uaria precipicia perurgebat uectorem. Sella que suberat clauis et uerubus igneis hinc inde transfixa. Eminus intuenti horrorem incutiebat per maximumque sessoris iecur et precordia uniuersa suis aculeis transfigebat. Causa autem tantorum malorum extiterat tam humani sanguinis iniusta effusio quam legitimi thori adulterina transgressio. In his duobus frequentius deliquerat et parum deuotam in fine uite penitentiam habuit. Subsidia uero defuncto paucissima superstites filii et amici quibus inmensa contulerat, ut ipse mirabiliter querebatur, exhibuerant. Viri tantum modo sacre religionis aliquantulum suis orationibus eius calamitatem lenierant. Inde autem precipue adipiscende uenie spem habebat quod religiosis personis pro amore Dei beneficus et affabilis sepius extitisset.

17. Sine tytulo. Vir quidam cum uxore sua ad beatam Mariam de Rupe Amatoris pergens | duos superbos iuuenes habuit obuios in equis sedentes. Qui, uidentes pulcritudinem mulieris, inuitam et reclamantem in siluam proximam sustulerunt. Vir autem contristatus ualde cucurrit ad urbem Aruernicam, que proxima erat et querelam apud iudices deposuit de contumelia sibi et uxori illata. Mox missi apparitores secundum quod ipse personas eorum et habitum descripserat, unum sine altero repperientes adduxerunt eum in concilium. Qui, antequam quicquam interrogaretur, cepit clamare magnis uocibus: "Ardeo! ardeo!" Et ecce in umbilico eius quedam papula excreuerat, que uisa est fumum et ignem de se emittere. Qui ignis subito creuit in inmensum et cepit comburere uestimenta eius, deinde cutem et carnem, ad ultimum ossa, ita ut fere in unius hore spacio totus in puluerem et fauillam redactus sit, populo inspectante. Cumque adhuc arderet, ecce alter adulter ui diuina repente adductus est et morte simili mox consumptus. Hoc retulit Pontius, Aruernensis episcopus, ab abbate Clareuallensi in episcopum assumptus.

18. De Vita sancti Pachomii. | Vir quidam cum filia male uexata a demonio uenit ad beatum Pachomium, obnixe deprecans ut filie sue redderet sanitatem. Qui per ostiarium ei sic respondit: "Non est nobis consuetudo cum mulieribus loqui, sed si quid habes ex uestimentis eius, affer nobis et nos in nomine Domini benedicemus et sic puella sanabitur." Cumque tunica puelle fuisset allata, senex nimis intuitus ait: "Virginitatem suam quam Deo dedicauerat male seruauit. Spondeat itaque deinceps caste uiuere et propitiabitur ei Christus." Spondens igitur et uncta oleo, mox sanata est.

19. De Vita sancti Basilii. Quadam die beato Basilio celebrante diuina accidit ut eo eucharistiam exaltante signum in columba

aurea non fieret que cum sacramento dominico super altare dependens semper ad exaltationem sacrificii salutaris et moueri solebat; et erat signum gratie quod diuina pontificis sacrificium accepta-
200 bat. Cogitans igitur intra se cur hoc preter solitum accidisset, respiciens, uidit unum e diaconibus uentilantem circa altare, intendere alias et innuere muli|eri inclinate deorsum. Quem ilico de altari amouens, infra ecclesiam custodiri precepit; sicque columbam moueri protinus uidit. Diaconem ieiuniis submittens et uigi-
205 liis, quod ei habundabat pauperibus dare iussit et sic emendatum in suum ministerium recepit.

20. De Vita sancti Malachie. Quedam mulier in quodam oratorio, quod sanctus extruxerat Malachias, pernoctabat in oratione, quam reperiens solam homo barbarus accensus libidine et sui mi-
210 nime compos, irruit rabiosus in eam. Conuersa illa et tremefacta suspiciens, aduertit hominem plenum diabolico spiritu: "Et heu tu, inquit, miser, quid agis? Considera ubi es, hec sancta, defer Deo, defer seruo eius Malachie; parce et tibi ipsi." Non destitit ille furiis agitatus iniquis et ecce (quod horribile dictu est) uenena-
215 tum et tumidum animal, quod buffonem uocant, uisum est reptans exire de inter femora mulieris. Quid plura? Tremefactus resilit homo et, datis saltibus, festinus oratorio exit et pulchre operi fedo et fedum abhominandum interuenit et abhominabile monstrum.

CAPITVLVM XXII

| DE PVDICITIA

[303] **1.** Excepta de Eusebii Cronicis. Ecclesiastica Hystoria. Erat quedam aput Antiochiam admirabilis et ueneranda femina pulchritudine pariter et pudicitia formosa, cui erant due filie uirgines honeste satis ad materne pudicitie regulam enutrite; specie simul et moribus emula sibi probitate certantes quas religiosa mater secundum praeceptum diuinum in timore Domini educauerat. Que cum declinandi turbinis gratia sui absentiam procurassent, diligenter quesite et inuente Antiochiam uenire coguntur; sed cum perurgentibus militibus uehiculo imposite iter agerent; talibus mater ad filias utitur uerbis. "Scitis, dulcissime mee filie, quomodo a paruulis Deus uobis pater, Deus nutritor extitit et quod pudicitie bonum ita mecum pariter dilexistis ut ne oculus quidem uester unquam, sicut uobis conscia sum, lasciuiore fuerit maculatus aspectu. Quid igitur nunc agimus. Nunc uidetis quod omnis ista uis aut a Deo nos studeat aut a pudicitia separare. Prostituentur publicis lupanaribus menbra que aer ipse pene habuit incognita. | Ne queso, filie, quia nec parua nobis in Deo fides est ut mortem pertimescamus nec despecta pudicitia ut uiuere etiam cum turpitudine cupiamus. Quin immo si placet quod in omnibus tenetis etiam et in hoc sequimini matris exemplum. Preueniamus impuras carnificum manus et impiorum preripiamus incursus mundumque hunc qui nos ad impudicam et impuram compellit et pertrahit uitam pura et pudica morte dampnemus." Cumque filias uideret ad simile propositum accensas humane necessitatis causa descendere se simulant et, custodibus, cogente naturali reuerentia, paululum secedentibus adductis diligentius hinc inde uestibus, minacis se fluuii rapidis iniecere fluentis.

[304] **2.** Ecclesiastica Hystoria Anglorum. Rex Osuinus cum irruptiones regis Merciorum intollerabiles pateretur, cogente necessitate, promisit ei innumera dona in pacis precium largiturum, dummodo domum rediens a regni eius uastatione cessaret. Cumque rex perfidus eius precibus nullatenus assentiret, respexit ille ad diuine pietatis auxilium et uoto se obligans: "Si Paganus, inquit, nescit accipere nostra | donaria, offeramus ei qui nouit, Domino Deo nostro." Vouit ergo quia ut uictor existeret, filiam suam Do-

CAPITVLVM XXII

mino sacra uirginitate dicandam offerret; simul et duodecim possessiones prediorum ad construenda monasteria donaret. Quid multa? Victor extitit et uotum persoluit.

[305] **3.** Beata Edeltrida duos uiros habuit, primo quendam principem et postea regem Anglorum; et tamen, Deo fauente, florem uirginitatis perpetue non amisit. Quod cum quibusdam uenisset in dubium, beate memorie Vilfridus episcopus referebat dicens se testem uirginitatis eius esse certissimum, adeo ut Egfridus promiserit ei terras ac pecunias donaturum, si regine posset persuadere eius uti connubio, quia sciebat illam nullum uirorum plus illo diligere. Hoc etiam integritatis eius indicium fuit, quia sepulta caro eius corrumpi non potuit. Que multum diu regem postulans ut seculi curas relinqueret atque in monasterio tantum uero regi seruire permitteret, hec uix aliquando impetrauit.

[306] **4.** De Libro deflorationum. Cum beatus Gregorius Nazanzenus philosophie studiis aput Athenas floreret, per soporem uidit sedenti sibi et legenti duas decoras satis | dextra leuaque feminas consedisse. Quas ille castitatis instinctu oculo toruiore inspiciens, quenam essent et quid sibi uellent percunctabatur. At ille familiarius eum et ambitiosius conplectentes aiunt: "Ne moleste accipias, iuuenis note tibi satis sumus et familiares. Altera enim ex nobis sapientia, altera castitas dicitur, et misse sumus a Domino habitare tecum, quia iocundum nobis et satis mundum in tuo corde habitaculum preparasti."

[307] **5.** In Tractatu de obitu Valentiniani Iunioris. Audita fama cuiusdam nobilis ac pulcherrime uirginis, Valentinianus Iunior iussit eam ad comitatum uenire. Sed mox ita repressit concupiscentie motus, ut deductam nec conspicere dignaretur, immo statim redire precepit ut ceteros adolescentes doceret ab amore mulieris temperare quam qui potuit in potestatem habere despexerat et hoc cum adhuc non haberet uxorem. Quis tam dominus serui, quam ille sui corporis fuit.

[308] **6.** Beata Tecla copulam fugiens nuptialem et sponsi furore dampnata naturam etiam bestiarum uirginitatis uenera|tione mutauit. Namque parata ad feras cum aspectus quoque declinaret uirorum ac uitalia seuo offerret leoni, fecit ut qui impudicos detulerant oculos pudicos referrent. Cernere erat lingentem pedes bestiam, cubitare humi, muto testificante sono quod sacrum uirginis corpus uiolari non posset. Tantum habet uirginitas ammirationis, ut eam etiam leones mirentur.

[309] **7.** Quidam adolescens in conuiuio patris iubetur ne meretricios amores indiciis insolentibus prodat.

[310] 80 **8.** Ieronimus. Oblata est quedam mulier cum adultero consulari, hoc enim crimen maritus impegerat, qui susceptam penali carceris horrore circumdedit. Nec multo post cum liuidas carnes ungula cruenta pulsaret et sulcatis lateribus dolor quereret ueritatem infelicissimus iuuenis uolens compendio mortis longos uit- 85 are cruciatus, dum in suum mentitur sanguinem, accusauit alienum, solusque miserrimus omnium merito iussus est percuti, quia non reliquit innoxie unde posset negare. At uero mulier cum atrociter torqueretur, oculis quos tantum tortor alligare non potuit, suspexit ad celum et euolutis per ora lacrimis: "Tu, inquit, | Do- 90 mine Iesu, scis non ideo me negare uelle ne peream sed ideo mentiri nolle ne peccem." Tunc crines mulieris alligantur ad stipitem et toto corpore fortius alligato uicinus pedibus ignis apponitur. Vtrumque latus carnifex fodit, nec papillis dantur inducie. Immota mulier manet et bono conscientie fruens despiciensque 95 tormenta, libera uoce clamat: "Cede, torque, lacera, non feci." Tunc iratus consularis ait: "Quid miramini si torqueri maluit mulier quam perire." Igitur pari prolata in utrumque sententia dampnatos carnifex trahit. Tunc, populo circumstante, miserrimi iuuenis ad primum statim ictum amputauit gladius caput. Femine uero 100 cum totis uiribus dexteram carnifex concitaret, uix modicum sanguinis ex collo elicuit. Iratus percussor in secundos impetus dexteram torquet, set ferrum quasi feminam attingere non auderet, circa ceruicem torpet innoxiam. Tunc tercio frustra referiens, mucronem aptat in iugulum. Verum mirum dictu ad capulum gladius 105 reflectitur et uelud dominum suum uictum aspiciens confessus est se ferire non posse. Tandem cum ad feminam iudicandam populus armaretur et carnificem effugaret proru|pit in medium ad quem dampnatorum cura pertinebat et caniciem inmundam perfuso puluere turpans, "Meum, inquit, o ciues, petatis caput, me illi 110 uicarium detis." Nouus igitur ensis, nouus percussor apponitur. Stat uictima Christo tantum fauente munita. Semel percussa, concutitur, secundo percussa quassatur, tercio uulnerata prosternitur. Ideoque iussa est mori ne pro ea periret innoxius. Tunc a clericis cruento cadauere lintheis obuoluto tumuloque parato celatura 115 Dei misericordiam nox aduenit. Cum subito femine palpitat pectus et, oculis querentibus, lucem animatur ad uitam. Interim anus quedam moritur et quasi de industria, ordine currente rerum, uicarium tumulo corpus operitur. Dubia adhuc luce in lictore,

Zabulus occurrit, querit cadauer occise, sepulchrum sibi monstrari petit. Viuere putat quam mori potuisse miratur. Recens a clericis cespes ostenditur, carnifex confunditur, mulier cum quibusdam uirginibus secreto manens, secto crine, habitu uirili assumpto, refocillatur a medicis et sanatur. Que sanata imperatorem adiens rem ex ordine pandit et uite impetrat libertatem.

9. | Ad Eusebium. Cum beatus Augustinus subdiaconum quendam uocabulo primum ab accessu indisciplinato sanctimonialium prohiberet et ille sacra precepta contempneret, eum a clericatu remouit.

10. Ex Dialogo Seueri. Prima uirtus et consummata uictoria est feminarum, ab hominibus non uideri. Hinc est quod illa uirgo mirabilis tanta laude effertur, que ita se penitus ab omnium uirorum oculis remouerat, ut ne ipsum quidem ad se Martinum, cum eam ille officii causa uisitare uellet, admiserit. Verum beatus Martinus in tantum illius propositum approbauit, ut cum eadem uirgo ei xenium postea transmisisset, pro eius amore fecerit, quod antea non fecerat. Nullius enim xenium unquam, nullius munus accepit, nil ex his que uirgo miserat, refutauit.

11. Quidam ex fratribus cum ad fornaculum beati Martini carbonum copiam repperisset et, admota sellula, diuaricatis pedibus, super ignem illum nudato inguine resideret, continuo Martinus factam sacro tegmini sensit iniuriam, magna uoce proclamans: "Quis, inquit, nudato inguine nostrum incestat habitaculum?" Hoc ubi frater ille audiuit, continuo ad dis|cipulos accurrens, pudorem non sine Martini uirtute confessus est.

12. Ex Dialogo Gregorii. Quidam presbyter commissam sibi cum magno timore regebat ecclesiam qui ex tempore ordinis accepti presbyteram suam ut sororem diligens, sed quasi hostem cauens, ad se propius accedere nunquam sinebat. Hic febre correptus tandem ad extrema deductus est. Quem cum sua presbytera conspiceret, solutis iam membris quasi in morte distensum, si quod adhuc ei uitale spiramen inesset naribus eius apposita curauit aure dinoscere. Quod ipse sentiens cui tenuissimus inerat flatus quanto annisu ualuit ut loqui potuisset inferuescente spiritu collegit uocem atque erupit dicens: "Recede a me, mulier. Adhuc igniculus uiuit. Paleam tolle." Moxque cum sanctis qui ad eum uenerant apostolis ad regna celorum migrauit.

XXII, **146** qui] que *cod.*

13. Galla, quedam urbis romane nobilissima puella, intra adolescentie tempora marito tradita, in unius anni spacio eius est morte uiduata. Huic autem uirile consortium decetero penitus respuenti et se sponso celesti spiritualiter coniungere cupienti, cum ualde ignea conspersio corporis inesset, ceperunt medici dicere quod nisi ad amplexus rediret uiriles, calore minio contra na|turam barbas esset habitura. Dicto et factum est. Sed sancta mulier nil exterioris deformitatis timuit que interioris sponsi speciem amauit. Nec uerita est si hoc in ipsa fedaretur quod a celesti sponso non amaretur.

14. Guillelmus. Cum corpus uirgineum Egithe, filie regis Edgari, ut in altero tumulo poneretur, leuaretur a terra, totum in cineres resolutum inuentum est, preter digitum et aluum aluoque subiecta. Vnde nonnullis disputantibus, uni ex his que uiderant dormienti uirgo ipsa apparuit dicens: "Merito membra illa incorrupta seruantur; nam inmunis fui a crapula et copula carnali. Digitus autem beati Dunstani benedictione permanet incorruptus, qui me ipso digito signum crucis fronti mee frequenter intuens imprimentem, ait: "Nunquam hic digitus computrescat."

15. Sine tytulo. Quidam presbyter castitatis et honestatis amator, propter honestatem tantummodo et reuerentiam sacerdotii, cultui corporis aliquantulum indulgebat. Erat autem pulcher facie et decorus aspectu. Quadam die, domina eius, uxor cuiusdam militis, iniecit oculos in eum et confessa est ei secrete quia nimis amabat eum et tam se ipsam quam sua omnia ei ad suum libitum exponebat. Sacerdos hoc audiens, no|lens eam in tali articulo contristare, blande consolatus est eam. Illa gaudens effecta, diem ei constituit talium nuptiarum. Presbyter autem domum reuersus, omnem ornatum suum deposuit et cepit se nimis affligere ieiuniis et uigiliis ita ut macilentus fieret et exsanguis ac pallidus appareret. Die autem constituta, uenit ad dominam suam in pauperrimo et uilissimo habitu. Quem ita uilem et despectum conspiciens, Deo fauente, sic quicquid spoponderat abnegauit. Cui ille gratias agens, gaudens reuersus est in domum suam. Tandem illa rediens ad se et se ipsam increpans, confusa et compuncta est confessaque culpam suam presbytero, adulterato renuntiauit amori et eum caste decetero et sancte dilexit.

16. Quidam de senatoribus Auernis puellam sibi similem in coniugio sortitus est. Celebrata itaque nuptiarum sollempnitate, in uno stratu ex more locantur. Sed puella tristis et anxia conuersa ad parietem amarissime flebat. Cui ille: "Quid, inquit, turbaris?

Indica, queso, mihi." Qua reticente et illo amplius perurgente, conuersa ad eum, sic ait: "Si omnibus diebus uite mee plangam, numquid tante erunt lacrime ut tam inmensum pectoris mei dolorem abluere queant? Statueram ut corpus|culum meum inmaculatum Christo a uiri consortio conseruarem. Sed ue mihi que sic ab eo relicta sum ut quod optabam perficere non ualeam. O utinam in conceptu perissem, uel in uentre consumpta fuissem ne oculus me uideret. Volabam ad celum, sed heu iam in cenum demergor. Paradisum querebam, proh dolor dolores inferni inuenio." Hec illa et his similia plurima perorante, commotus pietate iuuenis et amore castitatis succensus, "Si uis, inquit, abstinere a carnali concupiscentia particeps tue mentis efficiar." Ad hec illa respondit: "Difficile est iuuenem ista prestare uirgini. Tamen si nature tue uim feceris, ut inmaculati permaneamus in saeculo, ego tibi partem tribuam dotis quam promissam habeo a Domino Iesu Christo cui me et famulam deuoui esse et sponsam." Tunc ille armatus uexillo crucis ait: "Faciam que hortaris"; et datis inter se dextris quieuerunt, multis postea in uno stratu recumbentes annis intacti ab inuicem et illesi. Nam cum, impleto certamine, puella migraret ad Christum, peracto uir funeris officio cum eam in sepulchrum deponeret ait: "Gratias tibi ago, domine Iesu Christe, quia hunc thesaurum sicut a te commen|datum accepi ita inmaculatum tue pietati restituo." Ad hec illa subridens: "Quid, inquit, loqueris quod non interrogaris?" Illaque sepulta, ipse non post multum tempus insequitur. Porro cum utriusque sepulchrum e diuersis partibus collocatum fuisset, miraculi nouitas que eorum castitatem manifestaret apparuit. Nam mane cum ad locum populi accederent, inuenerunt pariter sepulchra locata que longe inter se distare reliquerant, scilicet ut quos tenet socios celum, hic corporeum non separet monumentum; hos usque hodie duos amantes uocitari loci incole uoluerunt.

[319] **17.** Vite Patrum. Frater quidam abiit uisitare sororem suam in monasterio egrotantem. Que nunquam uidere uirum acquiescens neque occasionem dare fratri suo ut propter eam ueniret in medio feminarum, mandauit ei: "Vade, frater, ora pro me quia cum gratia uidebo te in regno celorum."

[320] **18.** Frater quidam cum uenisset cum matre sua ad quendam fluuium et illa transire non posset, pallio suo manus suas inuoluit ne aliquo modo corpus matris sue contingeret et ita portans eam transposuit fluuium. Cui mater ait: "Vt quid operuisti manus, fili?"

Qui dixit: "Quia corpus mulieris est ignis et ex eo | quod te contingebam, aliarum feminarum memoria me tangebat."

19. Duo magni senes dixerunt ad abbatissam Saram: "Vide ne extollatur animus tuus eo quod uiri solitarii ueniunt ad te." Que respondit: "Sexu quidem mulier sum, sed non animo."

20. De libro qui uocatur Paradysus. Quedam puella Alexandria nomine per decem annos intra quoddam sepulchrum sic latuit, ut neque uirum neque feminam conspexisset. Vnde a beata Melania interrogata quare se in tam arto conclusisset sepulchro, respondit: "Cuiusdam, inquit, animus in me quondam Iesus fuerat et ne uiderer eum contristari uel prodere, malui me ipsam in sepulchro dum uiuo recludere, quam nocere anime ad similitudinem Dei facte."

21. De Vita sancti Bernardi. Quodam tempore instinctu demonis in lecto dormientis iniecta est puella nuda. Quam ipse sentiens cum omni pace et silentio partem ei lectuli quam occupauerat cessit et in latus alterum se conuertit atque dormiuit. Misera uero illa aliquamdiu iacuit, sustinens et expectans, deinde palpans et stimulans. Nouissime, cum immobilis ille persisteret, illa, licet impudentissima esset, erubuit cum horrore ingenti atque admiratione perfusa, relicto eo, sur|gens aufugit.

22. Contigit item ut cum sociis aliquantis aput matronam aliquam hospitaretur. Considerans autem mulier iuuenem decorum aspectu capta est laqueo oculorum suorum et in concupiscentiam eius exarsit. Cumque tanquam honoratiori omnium seorsum ei lectulum fecisset preparari, surgens ipsa de nocte impudenter accessit ad eum. Quam ille sentiens nec consilii inops, clamare cepit: "Latrones, latrones." Ad quam uocem fugit mulier, familia omnis exurgit, lucerna accenditur, latro queritur, sed minime inuenitur. Ad lectulos singuli redeunt, fit silentium, fiunt tenebre, pausant ceteri sicut prius, sed non illa misera requiescit. Exurgit denuo, sed denuo ille proclamat: "Latrones, latrones." Queritur iterum latro, latet iterum, nec ab eo qui solus nouerat publicatur. Vsque tercio improba mulier sic repulsa uix tandem seu metu seu desperatione uicta cessauit. In crastino sciscitantibus sociis quosnam tociens ea nocte latrones sompniauerit, respondit: "Veraciter aderat latro et mihi hospita castitatem nitebatur auferre, imcomparabilem irreparabilemque thesaurum."

CAPITVLVM XXIII

DE CAVENDA MVLIERVM VISIONE

[325]   **1.** Excepta de Cronicis Eusebii. | De Dialogo Seueri. Semel in uita sua non uidua libera, non uirgo lasciuiens, sed sub uiro uiuens, ipso uiro pariter suplicante, beato Martino regina seruiuit et ministrauit. Hec edenti astitit, non cum epulante discubuit; nec ausa est participare conuiuio sed deferebat obsequium. Hec fuit uxor magni imperatoris, que sola inter omnes mulieres ministrare promeruit.

[326]   **2.** De Dialogo Gregorii. Vir quidam uenerabilis Martinus nomine inclusionis sue tempore primo decreuerat ut ultra mulierem non uideret. Quod audiens, quedam mulier audacter montem ascendit et ad eius specum impudenter prorupit. At ille, paulo longius intuens et uenientis ad se muliebria indumenta conspiciens, sese in orationem dedit, in terra faciem depressit, eo usque prostratus iacuit, quo impudens mulier a fenestra eius cellule fatigata discederet. Que, die eodem, mox ut de monte descendit uitam finiuit, ut inde daretur intelligi quia ualde displicuit Deo quod eius famulum ausu improbo infestauit.

CAPITVLVM XXIV

DE PVGNA CONTRA TEMPTAMENTA

[327]   **1.** Tripartita Hystoria. Ysidorus dicebat quadragesimum se annum habere, ex quo sentiret quidem mente peccatum, nec tamen consentiret | uel concupiscentie uel furori.

[328]   **2.** Ambrosius. Ille philosophie ipsius qui prius nomen inuenit cotidie priusquam cubitum iret, tybicinem iubebat molliora canere ut anxia curis secularibus corda mulceret. Sed ille sicut is qui laterem lauat, secularia secularibus frustra cupiebat abolere. Magis enim se obliniebat luto, qui remedium a uoluptate querebat. Verum nos non solum cum e sompno surgimus, cum prodimus, cum cibum paramus sumere, cum sumpsimus, et hora incensi, cum denique cubitum pergimus, sed etiam in ipso cubili psalmos cum oratione dominica frequenter debemus retexere, ut in ipso quietis exordio rerum secularium cura liberos diuina meditantes inueniat. Symbolum quoque specialiter debemus tanquam nostri signaculum cordis ante lucanis horis cotidie recensere. Quod etiam cum horremus aliquid animo recurrendum est. Quod non etiam sine militie sacramento miles in tentorio, bellator in prelio.

[329]   **3.** Ad Eustochium. "Nolo sinas cogitationem crescere, nichil in te babylonium, nil confusionis adolescat. Dum paruus est hostis interfice, nequitia elidatur in semine. Inpossibile est enim in sensum hominis non irruere notum medullarum calorem qui quanto studio sit iugiter reprimendus; exemplo beati Ieronimi | possumus edoceri qui de se ipso fatetur dicens: O quotiens in heremo constitutus et in illa uasta solitudine, que exusta solis ardoribus horridum monachis prestat habitaculum, putaui me interesse romanis deliciis. Horrebant sacco membra deformia et squalida cutis situm ethiopice carnis obduxerat, cotidie lacrime, cotidie gemitus etsi quando repugnantem sompnus oppressisset, imminens nuda humo uix ossa herentia collidebam. De cibis uero et potu taceo cum etiam languentes aqua frigida utantur et coctum quid accepisse luxurie sit. Ille igitur ego qui ob gehenne metum tali me carcere ipse dampnaueram, scorpionum tantum socius et ferarum sepe choris intereram puellarum. Pallebant ora ieiuniis et mens desideriis estuabat. In frigido corpore et ante hominem suum iam carnem premortua sola libidinum incendia bulliebant. Itaque

CAPITVLVM XXIV

omni auxilio destitutus ad Iesu iacebam, pedes rigabam lacrimis, crine tergebam et repugnantem carnem ebdomadarum inedia subiugabam. Memini me clamantem diem crebro iunxisse cum noctibus nec prius a pectoris cessare uerberibus quam Domino rediret increpante tranquilitas. Ipsam quoque cellulam meam quasi cogitationum mearum consciam pertimescebam et michimet iratus | et rigidus solus deserta penetrabam, et ut mihi testis est Dominus, post multas lacrimas, post celo oculos inherentes nonnunquam mihi uidebar interesse agminibus angelorum; et letus gaudensque cantabam: Post te in odore unguentorum tuorum curramus." Si autem hec sustinent qui exeso corpore solis cogitationibus oppugnantur, quid patitur iuuenis qui deliciis fruitur.

4. De Dialogo Gregorii. Cum beatus Benedictus tam acriter carnis stimulis temptaretur ut pene uoluptate deuictus heremum deserere uellet, subito inspiratus, uestimento exutus, se in spinarum aculeis et urticarum incendiis proiecit, ibique diu uolutatus totus ex eis corpore uulneratus exiit et per cutis uulnera eduxit a corpore uulnus mentis, quia uoluptatem traxit in dolorem.

5. De Vita sancti Antonii. Videns diabolus quod semper a beato Antonio uinceretur, qualis est merito talis ei et uultu apparuit. Puer siquidem horridus atque niger ad eius genua se prouoluens taliter cepit deflere: "Multos seduxi, plurimos decepi, sed sicut a ceteris sanctis ita et tuo sum superatus labore." Beatus siquidem Antonius cum naturali carnis ardore a diabolo temptaretur, fide et ieiuniis corpus omne uallabat et cum hostis | per noctes in pulchre mulieris uertebatur ornatu nulla omittens figmenta fallacie, Antonius ultricis gehenne flammas et dolorem uermis recordans, cogitationi libidinum opponebat, et eo se fornicationis spiritum nominante, dixit Antonius: "Multum despicabilis es, nulla mihi ideo cura est de te."

6. Videns diabolus beatum Antonium in principio conuersationis iam longe a uilla secedere et metuens ne accessu temporis heremum quoque habitare faceret, ita eum, congregatis satellitibus suis, uaria cede lacerauit ut doloris magnitudo et motum auferret et uocem. Nam et ipse postea referebat uulnera fuisse tam grauia ut uniuersa hominum superarent tormenta. Tunc delatus ad uillam tamquam mortuus in medio circumstantis populi usque ad noctis medium in quadam domo iacuit; sed, cunctis dormientibus excepto eo a quo delatus fuerat, nutu eum aduocans, nullo peni-

---

XXIV, **58** prouoluens] prouollens *cod.*

tus excitato, ad pristinum se referri fecit habitaculum et stare quidem propter plagas non poterat, orans uero prostratus, post orationem clara uoce dicebat: "Ecce ego hic sum Antonius; non fugio
80 uera certamina etiam si maiora faciatis, nullus me separabit a caritate Christi." Tunc frendens diabolus | et omnem miliciam suam aduocans ait: "Omnia arma aripite, acrius a nobis impugnandus est." Dixit et adhortantis uocem audientium turba consensit. Sonitus ergo repentinus increpuit ita ut, funditus loco agitato et pa-
85 rietibus patefactis, multifaria turba exinde demonum se effunderet. Antonius uero flagellatus et confossus, licet gemitum dolor uulnerum exprimeret, sensu tamen idem manens quasi de inimicis luderet loquebatur: "Si uirium aliquid haberetis, sufficeret unus ad prelium. Sed quoniam, uos eneruante Deo, frangimini, multitudine
90 temptatis inferre timorem. Cum hoc ipsum infirmitatis sit indicium quod irrationabilium formas induitis bestiarum. Si quid ualetis, si Dominus in me potestatem uobis dedit, ecce ego presto sum, deuorate concessum. Si uero non potestis, cur frusta nitimini? Non oblitus uero Iesus colluctationes serui sui, eidem protector est
95 factus." Denique cum eleuaret oculos ad culmen, uidit aperiri celum et, deductis tenebris, radium solis ad se influere. Post cuius adiumentum nec demonum aliquis comparuit et corporis dolor extimplo deletus est et edificium etiam restauratum. Ilico presentiam Domini intellexit Antonius et intimo pectore longa trahens sus-
100 piria ad lumen quod ei apparuerat loquebatur: "Vbi eras, Iesu bone, ubi eras? Quare non a principio affuisti ut sanares uulnera mea?" Et uox ad eum facta est: "Antoni, hic eram sed | expectabam uidere certamen tuum. Nunc autem quia dimicando uiriliter non cessisti, semper auxiliabor tibi et faciam te in omni orbe nominari."

[333] 105 **7.** De Vita sancti Hylarionis. Quantas temptationes beatus Hylarion pertulit, si enarrare uelim, modum excedam uoluminis. Quotiens illi nude mulieres cubanti, quotiens esurienti largissime apparuere dapes. Interdum orantem lupus ululans et uulpecula ganniens transiliuit. Psallentique gladiatorum pugna spectaculum
110 prebuit et unus quasi interfectus et ante pedes illius corruens sepulturam rogauit.

[334] **8.** Vite Patrum. Abbatissa Sara tredecim annis fortiter a fornicationis spiritu impugnata, nunquam orauit ut ab ea huiusmodi pugna recederet, sed hoc solum dicebat: "Domine, da mihi forti-
115 tudinem." Verum tandem oranti apparuit corporaliter spiritus fornicationis et dixit ei: "Tu me uicisti." Respondit: "Non ego, sed Dominus Iesus Christus."

CAPITVLVM XXV

DE SILENTIO

[335] **1.** De Tripartita Hystoria. Pambus cum sine litteris esset, accessit ad quendam ut doceretur psalmum. Qui dum audiret primum uersum tricesimi octaui psalmi: *Dixi custodiam uias meas ut non delinquam in lingua mea*, secundum uersum non passus est audire, dicens: "Si potuero opere hunc implere, hic uersus tantummodo | michi sufficiet." Cumque doctor culparet eum quod per sex menses ad eum minime uenisset, respondit: "Quia uersum illum adhuc opere non impleui."

[336] **2.** Vite Patrum. Abbas Agathon per triennium lapidem in ore portauit ut taciturnitatem disceret.

[337] **3.** Abbas Sysois .XXX. annis pro sola lingue custodia Deum exorauit. Hic dicebat quod peregrinatio nostra est ut os nostrum custodiamus.

[338] **4.** Senex dixit: "Monachus qui non retinet linguam in tempore furoris neque passiones corporis retinebit."

[339] **5.** Abbas Ammois quando ibat ad ecclesiam non permittebat discipulum suum iuxta se ambulare, sed de longe sequi. Sed si forte pro aliqua re appropinquaret ei, mox repellebat eum dicens: "Ne forte cum loquimur de utilitate anime, incurrat etiam sermo qui ad rem non pertinet."

[340] **6.** Frater interrogauit abbatem Sysoy dicens: "Desidero cor meum custodire." Dixit ei senex: "Et quomodo possumus custodire cor nostrum, si lingua nostra ianuam habuerit clausam?"

[341] **7.** Dixit abbas Pastor: "Nos non didicimus ianuam ligneam claudere, sed magis lingue ianuam cupimus clausam tenere."

[342] **8.** Pergentes aliquando fratres ad quendam solitarium, compulerunt eum extra horam manducare. Postea | uero dixerunt ei: "Non contristaris, abba?" Respondit: "Mea tristicia est si propriam uoluntatem fecero."

[343] **9.** Dicebat Arsenius: "Sepe me loqui penituit, tacere nunquam."

[344] **10.** Congregati fratres dixerunt abbati Pambo: "Dic unum sermonem, Pambe, ut edificetur animus archiepiscopi qui huc uenit."

XXV, 5/6 Dixi – mea] Ps. 38, 2

Qui respondit: "Si in taciturnitate mea non edificatur neque in sermone meo edificabitur."

11. Narrabant de abbate Or quia neque mentitus est unquam, neque iurauit, nec maledixit alicui homini neque, si necesse non fuerit, alicui locutus est.

12. De Vita sancti Odonis Cluniacensis. Frater quidam, Godefridus nomine, iussu beati Odonis abbatis cum equorum pastoribus in campum perrexerat. Factum est autem ut sequenti nocte cum grauati sompno pastores obdormissent et ipse peruigil orationi insisteret, fur affuit raptumque equum ascendit et fugam arripuit. Predictus uero frater maluit equum perdere quam silentium rumpere. Quod uidelicet si fecisset, fur protinus equum dimitteret. Tactu tamen unum e pastoribus excitauit eique quod contigerat signo ostendit. Mane itaque facto, uiderunt furem eminus uno affixum loco super equum sedere. Quem appre|hendentes uinctum beato Odoni miserunt. Cui mox uir Dei .V. argenteos solidos dari precepit, dicens iniustum esse eum absque digna mercede secedere eo quod per totum noctis spatium multum sustinuisset laborem.

13. Contigit aliquando ut gens seuissima Normannorum Turonorum fines cruentis gladiis deuastaret et, capta preda, noctu in quendam locum quo duo monachi requietionis causa diuerterant deuenissent, qui essent ipsi et si quid haberent sepe ac sepius inquirentes. Verum capere eos ac manus ligare ac pro suo libitu eos flagellis atterere potuerunt, sed eorum rumpere silentium nequiuerunt.

CAPITVLVM XXVI

DE POTENTIA LACRIMARVM

1. Ricardus. Theodosius imperator in summis Alpibus constitutus, expers sompni ac cibi, sciens quod destitutus suis, nesciens quod clausus alienis, Dominum Iesum solus solum, corpore humi fusus, mente celo fixus orabat. Dehinc uero, postquam insompnem noctem precum continuatione transegit et testes quas in precium celestis presidii appenderat, lacrimarum lacunas reliquit, fiducialiter arma corripuit. Solusque sciens se esse non solum, signum crucis prelio dedit ac se in bellum, | etiam si nemo sequeretur, uictor immisit futurus. Siquidem ubi ad contigua miscende pugne spatia peruentum est, magnus turbo uentorum in ora hostium irruit. Ferebanturque per aera spicula nostrorum atque ultra mensuram humani iactus per inane deportata, nunquam cadere priusquam inpingerent sinebantur et que ipsi uehementer intorserant, excepta uentis impetu supinata retrorsum, ipsos infeliciter configebant.

2. Augustinus. Cum mater beati Augustini beatum Ambrosium sepe ac sepius precaretur ut fili sui errores refelleret (erat enim manicheus) et ille responderet eum adhuc esse indocilem et quod legendo reperiret quis ille error et quanta impietas et illa non acquiesceret, sed magis precando et ubertim flendo instaret, ille iam substomachans tedio "Vade, inquit, a me, ita uiuas. Fieri enim non potest ut filius istarum lacrimarum pereat." Quod illa ita mox accepit, acsi de celo sonuisset.

3. De Dialogo beati Gregorii. Beata Scolastica cum beatum Benedictum fratrem suum secum una nocte remanere rogaret et ille nequaquam acquiesceret, illa cepit in manibus inclinans lacrimarum fluuium in mensam fundere et mox serenitatem aeris ad pluuiam traxit. |

CAPITVLVM XXVII

DE FLAGELLIS DOMINI

[351] **1.** Ricardus. Mauricius imperator cum iugiter Dominum in suis orationibus precaretur ut in hoc seculo suorum penam reciperet peccatorum, tandem meruit exaudiri. Quadam enim nocte, cum in stratu suo quiesceret, uidit se per sompnium ante Saluatoris astare ymaginem. Qui dixit ad eum: "Vbi uis reddam tibi mala que meruisti? Hic an in futuro seculo?" Et ille: "O amator hominum Domine, hic potius quam in illo." Tunc ymago: "Ecce dedi te cum uxore et filiis et omni cognatione tua Foce militi." Qui omnes postmodum in quadam silua mari contigua interfecit.

[352] **2.** Ecclesiastica Hystoria Anglorum. Fertur quia cum beata Ediltrida tumore ac dolore maxille siue colli premeretur, multum delectata sit hoc genere infirmitatis ac solita dicere: "Scio quia merito in collo pondus languoris porto in quo iuuenculam me memini superuacua moniliorum pondera portasse. Et credo quod ideo me superna pietas dolore colli uoluit grauari ut sic absoluar reatu superuacue leuitatis dum michi pro auro et margaritis de collo rubor tumoris ardorque promineat."

[353] **3.** Quedam abbatissa per sex continuos annos acri febrium dolore | uexata nunquam uel conditori suo gratias agere uel commissum sibi gregem publice et priuatim docere pretermisit.   52ua

[354] **4.** Ieronimus. Cum beatus Anthonius Didimi qui captus erat oculis admiraretur ingenium et acumen animi collaudaret sciscitans ait: "Num tristis es quod oculis carnis careas?" Cum ille pudore reticeret secundo tertioque interrogans tandem elicuit ut merorem animi simpliciter fateretur. Cui Anthonius: "Miror, ait, prudentem uirum eius rei dolere dampno quam formice et musce et culices habeant et non letari illius possessione quam sancti soli et apostoli meruerunt."

[355] **5.** De libris Petri Damiani. In monasterio quod beatus Gregorius infra urbis romane menia condidit quidam puer a parentibus oblatus est. Qui cum adolesceret ad seculum rediit et uxorem duxit. Diuino autem iudicio percussus in gutture cepit egrotare usque ad mortem. Hic ergo cum ad monasterium reportaretur uxore illius cum nonnullis aliis lecto assistentibus cepit gemens et ululans inordinata uoce garrire. Cumque increparetur quare non

quiesceret "Nonne, inquit, uidetis beatum Andream et beatum
Gregorium acerrimis me uerberibus flagellantes?" Postea paulu-
40 lum requiescens respirabat et dice|bat: "Modo uerberauerunt me
quia monasterium dimisi et uxorem accepi et iterum modo casti-
gauerunt me quia pauperibus mendicantibus maximeque scotige-
nis nichil dedi; sed eos etiam quod pessimum est irrisi; rursusque
modo castigatus sum quia sex nummos a quadam paupercula
45 uidua mutuo accepi et reddere nolui. Quot passus fecit illa dum
ueniret et illos requireret, tot modo ictus de amborum sanctorum
manibus pertuli, dum me pariter uerberarent." Tunc his qui aderant horam mortis sue predicens de lecto egreditur et ad ecclesiam beati Andree, mirantibus cunctis, aduenit; ubi strato compo-
50 situs ait: "Ecce sanctorum uerberibus flagellatus de corpore
egredior ita purificatus sicut de fonte baptismatis mundus exiui."
Quo, hora qua predixerat, defuncto et ad lauandum ex more nu-
dato, inuente sunt in eo indices et stimata plagarum.

[356]   **6.** Gaufridus Autisiodorensis. Quidam adolescens conuersus
55 est in monasterio Clareuallensi. Qui cum beatificaretur de tam
cita sua conuersione "Non cito, inquit, ueni, sed beatus essem si
hic natus fuissem." Post paucos annos lepra percussus est, post
diuturna supplicia tanquam perfecte purgatus in die natalis
Domini ausus est mori et recordati sunt fratres quod secundum
60 quod | optauerat contigisset ei, quando in eius obitu cantabatur
Puer natus est nobis.

[357]   **7.** Vite Patrum. Senex quidam erat qui frequenter egrotabat.
Contigit autem eum uno anno non egrotare; qui affligebatur
grauiter et plorabat dicens: "Dereliquit me Deus et non uisitauit."

[358] 65 **8.** Quidam senex uidit quatuor ordines in celo quorum primus
erat hominum infirmorum gratias agentium Deo; secundus hos-
pitalitatem sectantium; tertius in solitudine conuersantium; quartus uero eorum qui ad obediendum spiritualibus patribus se su-
biciunt propter Deum. Vtebatur autem hic ordo torque aurea et
70 coronam maiorem quam alii habebat eo uidelicet quod omnes
proprio uiuunt arbitrio; hic autem propriam uoluntatem propter
Deum abiciens alieno obtemperat et obedit.

[359]   **9.** Cassianus. Abbas Paulus in tantam cordis puritatem quiete
solitudinis silentioque profecerat ut non dicam uultum femineum
75 sed ne uestimenta quidem sexus illius conspectu suo pateretur
offerri. Nam cum eidem pergenti ad cuiusdam senioris cellam
unacum abbate Archebio casu mulier obuiasset offensus occursu
eius tanta fuga ad suum rursus monasterium recurrit quanta nul-

lus a facie leonis aufugeret ita ut ne abbatis Archebii reuocantis | eum clamore ac precibus flecteretur ut ad requirendum senem quemadmodum proposuerant cepto itinere pertenderent. Quod licet zelo castitatis et puritatis ardore sit factum, tamen non quia secundum scientiam presumptum est tali confestim correctione percussus est ut eius uniuersum corpus paralyseos ualitudine solueretur, nullumque in eum menbrum penitus explere suum preualeret officium eoque redactus est ut infirmitati eius nullo modo uirorum diligentia deseruire sufficeret nisi ei sola muliebris sedulitas ministrasset. Qui licet tanta esset omnium menbrorum debilitate constrictus, nichilominus tanta ex eo uirtutum gratia procedebat ut cum de loco quod corpus eius contigisset ungerentur infirmi confestim ualitudinibus cunctis curarentur.

[360] **10.** Abbas Moyses cum singularis et incomparabilis uir esset ob reprehensionem unius sermonis quem contra abbatem Macharium disputans paulo durius protulit quadam scilicet opinione preuentus ita diro confestim est demoni traditus ut humanas egestiones ori suo ab eo suppletus ingereret; quod flagellum gratia purgationis se Dominus intulisse ne scilicet in eo uel momentanea delicti macula resideret uelocitate curationis eius | atque auctoritate remedii demonstrauit; nam continuo abbate Machario in oratione summisso dicto citius ab eo spiritus nequam fugatus abscessit, de quo manifeste perpenditur non debere eos abhominari quos uidemus diuersis temptationibus siue istis nequitie spiritibus tradi.

[361] **11.** De cronicis. Atrebatis dum corpus sancti Vedasti transfertur sanctus Audomarus, qui pre senio cecus erat, ibi assistens meritis sancti Vedasti illuminatur, sed egre ferens se liberatum esse a cecitate quam pro salute sua sibi a Deo immissam esse gaudebat, rursus ad uotum suum excecatus est.

CAPITVLVM XXVIII

DE ARDORE FIDEI

[362]   **1.** Ecclesiastica Hystoria. Beatus lgnacius in quadam epistula de suo martyrio sic testatur "A Syria, inquit, Romam usque cum bestiis terra marique depugno die ac nocte connexus et colligatus .X. leopardis militibus dico ad custodiam datis qui ex beneficiis nostris seuiores fiunt sed et ego nequitiis eorum magis erudior nec tamen in hoc iustificatus sum. O salutares bestias que mihi preparantur quando uenient, quando emittentur, quando eis licebit frui carnibus meis quas ego et opto acriores parari et inuitabo ad deuorationem mei et deprecor ne forte, ut in nonnullis fecerunt, timeant cor|pus meum contingere, quin immo et si cunctabuntur ego uim faciam ego me ingeram. Nunc incipio esse discipulus Christi. Ignes, cruces, bestie, dispersiones ossium disceptationesque menbrorum ac totius corporis pene et omnia in me unum supplicia diaboli arte quesita conflentur dummodo Ihesum Christum merear adipisci." Itemque "Frumentum, inquit, ego sum Dei, bestiarum dentibus molar et subigar ut panis mundus efficiar Christo."

[363]   **2.** Beatus Germanicus, proconsule illi ne prime etatis florem amitteret suadente, nil moratus dicitur sponte preparatam sibi bestiam prouocasse ueluti tardantis increpans penas et inique huius uite ultro uelocem expetisse discessum.

[364]   **3.** Beatus Policarpus triduum antequam comprehenderetur uidit per sompnium ceruical capitis sui flaminis esse consumptum, quod interpretans astantibus dixit pro certo se ob Christum per ignem uite exitum sortiturum. Qui cum comperisset adesse comprehensores suos in occursum eis progressus leto admodum uultu ac placido compellere diros cepit cum ingenti oris gratia eisque quasi hospitibus mensam iubet apponi atque epulas largius ministrari, unius tantum hore spatio orationis gratia impetrato.

[365]   **4.** Cum beatus | Policarpus in Christum dicere conuicia cogeretur, respondit: "Octoginta et sex annis seruio ei et nil me lesit unquam. Quomodo possum maledicere et blasphemare regem meum qui salutem mihi dedit?" Cumque uehementius urgeretur ut fortunam Cesaris iuraret, "Si hanc, inquit, iactantiam queris et quis sim ignorare te simulas cum omni libertate audi a me quia

Christianus sum." Proconsul dixit: "Bestias habeo paratas aut si tibi contempnende uidentur igne consumi te faciam." Et Policarpus: "Quid moraris? Adhibe utrum uoles." Tunc, igne adhibito, cum clauis eum ne effugeret uellent affigere, ait: "Sinite me; qui enim dedit mihi ignis ferre supplicium, dabit ut sine clauorum affixione in flammis immobilis perseuerem." Tunc reuinctis post tergum manibus, uelut electus aries et ex magno grege assumptus acceptabile holocaustum omnipotenti Domino oblatus est. Corpus autem eius in medio flamme positum non erat ut caro ardens sed tamquam si aurum aut argentum in fornace candesceret sed et odor suauissimus tanquam thuris incensi uel preciosissimi flagrantis unguenti de illo exibat.

5. Cum beatus Lucius duceretur ad mortem ait Vrbicio tyranno: "Gratias | ago quod me nequissimis dominis absolutum ad bonum et optimum patrem et regem omnium Deum remittis."

6. In tantum ardore capescendi martyrii adhuc puerulus exarserat Origenes ut sponte se periculis ingereret et aliis in certamine positis preceps in medio rueret ita ut insectari ipsam mortem ac rapere uelle uideretur quam et adipisci omnimodis potuisset nisi quod dispensatione Dei per sollicitudinem matris a suo desiderio frustraretur. Etenim cum mature eum uelle et ante lucanum prorumpere ad agonum certamina presensisset, noctu cubiculum eius ingressa omnia indumenta eius dormienti substraxit ut per hoc domi residere necessitate cogeretur. Ille maternis impeditus dolis cum nil aliud agere posset nec tamen mens quiescere pateretur, presertim cum pater eius Leonides pro Christo teneretur in uinculis, audet aliquid supra etatem, epistolam scribit ad patrem se quidem maternis artibus detineri, sed illum tenere debere quod cepit et addit etiam hoc: "Vide, pater, ne propter nos aliud aliquid uelis."

7. Apud Nichomediam uir quidam illustris, ut uidit aduersum cultores Dei in foro crudelia edicta pendere, calore nimio fidei ignitus | publice populo expectante, iniecta manu, librum inique legis detraxit ac minutatim discerpsit, Augusto in eadem urbe simul cum Cesare constituto. Ad quos cum relatum fuisset religiosi et illustris uiri factum, continuo in eum omnis crudelitatis genere deseuientes ne hoc quidem solum efficere quiuerunt ut eum

---

XXVIII, 53 capescendi] capessendi *legend*.

CAPITVLVM XXVIII

mestum aliquis uideret in penis, sed et, cum iam in suppliciis uiscera defecissent, spiritus tamen letabatur in uultu.

[369]   **8.** Fileas urbis que appellabatur Thebais episcopus coronam martyrum tanquam preciosior omnium lapis et gemma nobilior adornabat. Hic cum plurimos propinquos et consanguineos nobiles uiros in eadem urbe haberet quorum respectum habere ac precibus acquiescere frequenter a preside rogaretur, ille uelud si saxo immobili unda allideretur dicta garrientium respuebat animum ad celum tendens, Dominum habens in oculis, parentes et propinquos sanctos martyres et apostolos uocans. Aderat tunc quidam uir agens turmam militum Romanorum Phyloromus nomine, qui cum uideret Fileam circumdatum lacrimis propinquorum et calliditate | presidis fatigari nec tamen flecti aut infringi ullatenus posse exclamat: "Quid inaniter constantiam uiri temptatis? Num uidetis quod aures eius uerba uestra non audiunt, quod oculi eius uestras lacrimas non uident? Quomodo potest terrenis lacrimis flecti cuius oculi celestem gloriam contuentur?" Et his dictis unacum Filea capite plecti iubetur.

54ub

[370]   **9.** In partibus Egypti, in quadam campi planitie, preside pro tribunalibus residente, cuncti qui se christianos confitebantur capite iubebantur puniri. Quo cognito, egrediuntur cuncti pariter christiani ad contiguum menibus campum, non carnificum nexibus tracti, sed fidei uinculis colligati, nullus omnino defuit, sponte omnes immo et alter alterum preuenientes ceruices cedentibus obiectabant. Videres tunc fessos residere carnifices, uires resumere, animos reparare, mutare gladios, diem quoque ipsum non sufficere ad penam. Nullus tamen ex omnibus nec paruulus quidem infans deterreri potuit a morte, sed hoc singuli pauescebant ne forte dum properum sol uergens clauderet diem separatus a consortio martyrum remaneret. Denique dum priores quique iugularentur reliqui non | desidie aut corpori animos indulgebant sed psallentes et hymnos Deo dicentes locum quisque sui martyrii expectabat ut hec agentes etiam extremos spiritus in Dei laudibus exhalarent. O uere mirabilis et omni ueneratione dignus grex ille beatorum, turma uirorum fortium, corona splendoris glorie Christi. Istos et his similes per diuersas species martyrum uelut coronam quandam uariis floribus compositam dominus Christus intexens offerebat patri ut ab eo uelud uictores magni agonis remunerationes sumerent eternorum premiorum.

55ra

[371]   **10.** Aput Antiochiam duo iuuenes comprehensi cum simulachris immolare cogerentur dixerunt: "Ducite nos ad aras"; et cum

fuissent adducti manus suas ardenti superponentes igni, "Si subtraxerimus, inquiunt, sacrificasse nos credite" et quoad usque caro omnis in igne deflueret immobiliter permanserunt.

[372] 11. Aput Edissam cum imperator populos uidisset ecclesiis eiectos in campo habere conuenticulum, tanta dicitur iracundia accensus ut prefectum suum pugno percuteret, cur non fuissent inde quoque, sicut iusserat, deturbati; at ille licet esset paganus et iniuriis | ab imperatore fuisset accusatus, tamen consideratione humanitatis altera die ad uastandum populum processurus facit hoc ipsum ciuibus per occulta indicia clarescere quo scilicet cauere sibi possent ne inuenirentur in loco. Mane processurus terrorem solito maiorem per officium monet agitque omnia quo quam minimi uel si fieri posset nulli periclitarentur; uidet tamen frequentiorem solito populum ad locum tendere, currere precipites et festinare tanquam uererentur ne quis deesset ad mortem. Interea uidet quandam mulierculam ita festinam et properam domo sua prorumpere ut nec claudere ostium nec operiri ut mulierum habitum decet diligentius posset infantemque paruulum secum trahentem cursuque rapido irrupto etiam officii agmine festinantem. Tunc ille ultra non ferens, "Apprehendite, inquit, mulierem et adducite." Et adducta cum fuisset, "Quo, inquit, infelix mulier properas tam festina?" – "Ad campum, ait, quo Christiani conueniunt." – "Et non, inquit, audisti quia prefectus illuc pergit ut omnes interficiat quos inuenerit?" – "Audiui, ait et ideo festino ut ibi inueniar." – "Et quo, inquit, paruulum istum trahis?" – "Vt et | ipse martyrium consequi mereatur." Quod cum audisset uir moderatissimus redire officium et conuerti uehiculum ad palatium iubet et ingressus ait: "Imperator, si iubes mortem subire paratus sum; opus uero quod precipis implere non possum." Cumque edocuisset cuncta de muliere, repressit imperatoris infamiam.

[373] 12. Beatus Basilius prefecto mortem sibi minitanti nisi preceptis principis obediret respondisse fertur: "Atque utinam aliquid mihi esset digni muneris quod offerrem huic qui maturius Basilium de nodo follis huius absolueret." Cumque daretur ei nox que erat media ad spatium deliberandi respondisse perhibetur: "Ego crastino ero ipse qui nunc, tu te utinam non mutes."

[374] 13. Ambrosius. Cum beatus Ambrosius in ecclesia cum populo suo propter Arrianos iugiter moraretur, uidens propter se populum conturbatum ait: "O filioli, quid conturbamini, uolens nunquam uos deseram coactus repugnare non noui flere potero ac dolere aduersus arma, milites et tyrannos, lacrime mee arma sunt.

CAPITVLVM XXVIII

Talia enim munimenta sunt sacerdotis. Ad palatium imperatoris irem libenter si hoc congrueret sacerdotis | officio ut in palatio magis certarem quam in ecclesia, si in consistorio non reus soleat esse Christus sed iudex. Ego iam didici non timere sed uobis magis timere, plus cepi; sinite, queso, uestrum sacerdotem congredi. Non metuit arma, non Barbaros, qui mortem non timet, qui nulla carnis uoluptate retinetur. Seruum Christi non custodia corporalis sed Domini prouidentia protegere consueuit."

14. "Conuenior, inquit beatus Ambrosius, a comitibus et tribunis ut basilice fieret matura traditio dicentibus imperatorem uti iure suo eo quod in potestate eius essent omnia. Respondi si a me peteret quod meum esset, id est fundum meum, agrum meum, argentum meum, ius huiusmodi meum, me non refragaturum quamquam omnia que mea sunt sint pauperum; uerum ea que diuina sunt imperatorie potestati non esse subiecta. Si patrimonium petitur inuadite, si corpus occurram. Vultis in uincula rapere, uultis in mortem uoluntati michi est. Non ego me uallabo confusione populorum, nec altaria tenebo uitam obsecrans sed pro altaribus gratius immolabor. Templo autem Dei nil decerpere possum nec tradere illud quod custodiendum, non tradendum accepi; sed et in hoc | consulo imperatoris saluti, quia nec mihi expediret tradere, nec illi accipere, hec plena humilitatis sunt et, ut arbitror, plena affectus eius quem debet imperatori sacerdos. Denique si Naboth regi uineam non tradidit suam, num trademus ecclesiam Christi? Si ipse patrum hereditatem non tradidit, ego tradam Christi hereditatem? Respondi ego quod sacerdotis est quod imperatoris est, faciat imperator et prius est ut animam michi auferat quam fidem. Hec est uox liberi sacerdotis. His dictis, illi abierunt, ego domum me recepi cubitum ut si quis abducere uellet inueniret paratum. Item Calligonus, inquit, prepositus cubiculi, michi mandare ausus est: "Me uiuo, tu contempnis Valentinianum? Caput tibi tollo." Respondi: "Deus permittat tibi ut impleas quod minaris." Quam ardenter beatus Ambrosius martyrium sitierit, ex his uerbis patenter ostenditur. Denique uoti quia non extitit compos, gemens et dolens hoc iterum narrat: "Expectabam, fateor, magnum aliquid, aut gladium pro Christi nomine, aut incendium. At illi delicias mihi pro passionibus obtulerunt, sed athleta Christi non delicias, sed passiones suas exiget."

15. Sancta Sotheris ita | constans in penis extitit quod nec uultum inflexit, nec ora conuertit, nec gemitu uicta lacrimam dedit.

16. De Vita sancti Hylarionis. Cum beatus Hylarion in paruo tugurriunculo habitaret, latrones ad eum nocte uenerunt eum aliquid estimantes habere quod tollerent. Itaque inter mare et paludem a uespere usque ad solis ortum discurrentes numquam locum cubilis eius inuenire potuerunt. Porro, clara luce, reperto puero, quasi per iocum: "Quid faceres, inquiunt, si ad te latrones uenirent?" Quibus ille respondit: "Nudus latrones non timet." Et illi: "Certe occidi posses." – "Possum, inquit, possum et ideo latrones non timeo quia mori paratus sum." Tunc admirati constantiam eius et fidem, confessi sunt noctis errorem cecatosque oculos, correptiorem uitam deinceps promittentes.

CAPITVLVM XXIX

DE DIVERSIS GENERIBVS MARTYRII

1. Ecclesiastica Hystoria. Diaconus quidam Sanctus nomine in tantum crudelitates tyrannorum irrisit et ferinam in questione seuitiem ut numquam dignatus sit uel quis esset genere aut domo uel patria nomen saltem suum confiteri. Sed de his singulis interrogatus, nil aliud in omnibus tormentis nisi christianum | se esse respondit. "Hoc mihi nomen, hoc genus, hoc patria est. Aliud, inquit, omnino non sum quam christianus." Tunc candentes laminas eris et ferri erga inguinis loca et delicatiora queque menbrorum instauratis ignibus adhibent ex quo carnes quidem eius aduste ignibus defluebant. Ipse uero permanebat immobilis, inconcussus, intrepidus, celestibus eternisque fontibus qui procedunt de uentre Ihesu humanas in se flammas temperans. Verumptamen menbris omnibus martyr perierat et toto corpore unum ulcus horrebat. Perierat in eo humane forme agnitio et non solum quis esset sed quid esset tormentorum crudelitas ne agnosci possit abstulerat. Christus tamen in eo solus per martyrii gloriam recognoscebatur qui omnia per eius patientiam deuincebat. Sed carnifices scelerum nequaquam martyris erubuerunt uirtutem. Post paucos etenim dies considerantes quod si tumentibus adhuc uulneribus que indignarentur etiam ad molissimum manus tactum tormenta rursus inferrent et denuo menbra iam putrefacta uexarent, unum e duobus fore aut in sua eum impietatis iura cessurum aut si in tormentis animum posuisset terrorem ceteris intentandum | sed longe aliter quam cogitauerant cessit. Nam quod uix credi ab infidelibus potest, restitutum in primam speciem corpus per secunda tormenta et officia menbrorum que abstulerat prima crudelitas secunda reparauit ita ut iterata supplicia non ei iam penam contulerint, sed medelam. Verum iterum carcere clausus et ad noua supplicia iterum reuocatus, cum omnia superasset, tandem, ferro ceso capite, martyrium consummauit.

2. Attalus martyr nobilis et, quod cunctis nobilius est, uir optime consciencie fuit et in fide Christi per omnia exercitia martyr. Hic cum, prunis subter subiectis, in sella ferrea torreretur cumque

---

XXIX, **35** prunis] prinis *cod.*

nidor aduste carnis ad nares et ora populi expectantis proferretur, uoce magna exclamat ad plebem: "Ecce hoc est homines comedere quod uos facitis; quid a nobis uelut occultum inquiritis facinus, quod uos aperte committitis?" Et interrogatus quod nomen habet Deus, respondit: "Qui unus est non indiget nomine."

3. Apud Thebaidam sicubi uicine sibi due arbores inueniebantur ui quadam ab utraque inflexis contra se ramis eisque singulis singulos pedes martyrum obligantes tyranni subito ramos quos inflexerant relaxabant. Qui cum ad situm suum | naturali impetu referrentur discerptis despicatisque uisceribus auulsa secum menbra rapiebant, sed hoc non paucis diebus aut paruo tempore sed per annos aliquot cotidie quando minimum .X., interdum autem et centum in una die uiri uel mulieres uel paruuli necabantur. Tunc ungulis exarari uetus et leue ducebantur.

4. Quis Mesopotamie referat cruciatus ubi Christianos suini tergoris more singulis manibus pedibusque suspensis, amarissimo fumo subter ingesto, indignis cruciatibus enecabant, alios uero lento igni propter adhibito tormentis longioribus absumebant.

5. Apud Alexandriam hec crudelitas erga Cristianos acta est ut obtruncatis auribus atque inhonesto uulnere naribus, manuum quoque ceterorumque menbrorum summitatibus amputatis truncum sinerent abire derisum.

6. In regionibus Ponti crudelia gerebantur, harundines acute sub unguibus quibusdam digitorum infigebantur, aliis plumbum igne liquefactum et toto dorso diffusum usque ad loca pudenda quibus naturalis digestio procurari solet infundebatur, feminis quoque ueri candentes et reusti ardentes absque humanitatis ullo respectu ingerebantur per pudenda uiscerum | et naturalium secreta menbrorum.

7. Hec tandem fuit clementia principalis ut omnes Christiani, dextris oculis ferro effossis eisdemque cauterio adustis, sinistro etiam poplite nichilominus cauterio debilitato, per singulas quasque prouincias in eris ferrique metalla uel operis pene gratia deportarentur.

8. Tempore Iuliani in Ascalonia et Gaza tyranni sacerdotum ac uirginum Christi uteros uisceribus uacuantes et cumulantes ordeo exposuerunt commestioni porcorum.

9. De Vita sancti Pauli primi heremite. Callidus hostis tarda ad mortem martyribus supplicia conquirens animas cupit iugulare non corpora; que crudelitas ut nocior fiat, duo hec memorie causa exempla subicimus. Perseuerantem in fide Christi martyrem et in-

ter eculeum flammasque uictorem iussit tyrannus melle perungi et sub ardentissimo sole, religatis post tergum manibus, resupinari scilicet ut muscarum aculeis cederet qui ignitas sartagines ante superasset. Alium iuuenili etate florentem in amenissimos ortulos precepit adduci ibique inter candentia lilia et rubentes rosas cum leui iuxta murmure serperet riuus et | molli sibilo arborum folia uentus stringeret, super stratum plumis lectum supinari iussit et ne posset inde se excutere blandis sertorum nexibus irretitum relinqui. Quo cum, recedentibus cunctis, meretrix speciosa uenisset cepit delicatis stringere colla complexibus et, quod dictu quoque scelus est, attrectare uirilia ut corpore in libidinem concitato meretrix se superiaceret. Quid ageret miles Christi, quo se conferret nesciebat. Quod tormenta non uicerant, superabat uoluptas. Tandem celitus inspiratus precisam morsibus linguam in osculantis se faciem expuit ac sic libidinis sensum succedens doloris magnitudo compressit.

CAPITVLVM XXX

DE OBSERVANTIA SACRORVM DIERVM

[387]   **1.** Cronice. Constantinus dominicam diem a iudiciis aliisque causis liberam esse decreuit et in ea tantum orationibus occupari.

[388]   **2.** Pulsantibus uesperis, sabbato cuidam mulieri caput puero lauanti manus sanguine madent.

[389]   **3.** Dusinus episcopus in capite ieiunii quadragesimalis feria quarta fecit sibi et militibus sumptuosum conuiuium et balneum preparari; cuius uultum repente paralysis corripuit et faciem et os distorsit et cum tali morbo diu postea uixit.

CAPITVLVM XXXI

DE DIGNITATE MONACHO|RVM

[390] **1.** Vite Patrum. Puer quidam filius sacerdotis uidit quadam die Sathanam in templo sedentem et omnem multitudinem eius astantem ei et cum singuli actus suos ei referrent et eos flagellari preciperet, eo quod longo tempore parum mali fecissent, accessit quidam qui diceret: "Ecce quadraginta sunt anni quod impugno monachum quemdam et uix nocte preualui ut eum facerem fornicari." Quod diabolus audiens surrexit et osculatus est eum et coronam suam ponens in capite eius fecit eum consedere sibi dicens: "Magnam rem fortiter egisti!" Quod cum uidisset puer, egressus factus est monachus.

[391] **2.** Iohannes subdiaconus. Senex quidam dicebat: "Quia uirtutem quam uidi super baptisma, eandem uidi super uestimentum monachi, quando accepit habitum spiritualem."

[392] **3.** De Vita sancti Anselmi. Cum beatus Anselmus adhuc in seculari habitu esset et uoluntatem suam in tribus fluctuare conspiceret, utrum scilicet monachus, aut cultor heremi, an ex proprio patrimonio uiuens, quibuslibet indigentibus pro posse suo ministraret et super hoc Lamfranci et Maurilii Rothomagensis archiepiscopi consilium expeteret, quod potissimum iu|dicarent, eorum mox iudicio ordo monachicus ceteris antefertur. Qui hoc audiens mox Becci monachus effectus est.

[393] **4.** De Vita sancti Odonis Cluniacensis abbatis. Quidam Cluniacum uenit, deprecans ut reciperetur. Cuius petitioni cum fratres annuerent, ilico que in seculo sibi acquisierat renuntiauit et monasterio concessit. Cui cum fratres dicerent ut iret et cuncta secum deferret, sine socio pergere non consensit. Igitur cum quodam fratre ad locum ubi prius habitauerat reuersus, graui infirmitate correptus ibique defunctus est. Videns autem frater, qui cum eo uenerat, ipsum in supremo periculo constitutum, instanter pro eo Dominum precabatur. Vnde factum est ut ambo uisionem istam uiderent: Erat thronus in excelso positus, super quem uidebatur beatus Benedictus residere, ante cuius conspectum erat innumerabilis exercitus monachorum. Porro ascensus throni illius palliis uidebatur esse stratus in cuius subteriori gradu ceu ueniam petens frater ille iacebat. Igitur cum per longum spatium frater ille

iacuisset prostratus, accedens unus de assistentibus ad sanctum
Benedictum suggessit ei ut fratrem illum iuberet erigi. Et sic loqueretur quod uellet. Cui sanctus: "Hominem uideo, sed uesti-
mentum non recognosco | nec meum est hominis qui sit alterius
ordinis aut causam discutere, aut uitam diiudicare." Hec autem
audiens frater Cluniacensis in uisione illa exuebat se et fratrem infirmum inde uestiens ut ueniam iterum peteret admonebat. Quod
cum factum esset, uox desuper uenit et fratrem prostratum surgere et sursum ascendere precepit. Tunc frater Cluniacensis euigilans, mox opere compleuit quod per uisum agere uidit et quam
securus de anima fratris sui exitum eius prout potuit orando pro-
texit et sacra communione muniuit.

5. Sine tytulo. Adolescens quidam uiri potentis in seculo filius
ad conuersionem ueniens, in una domo Cisterciensis ordinis
Christi tyrocinium est professus deuoteque conuersationis initia
feliciori prouectu accumulans puer annis senem cepit moribus re-
dolere. Sed quia cotidie diei malitia propagatur et pericula temporis inualescunt, pater eius agitatus consiliis iniquis, cepit contra
domum, in qua filius suus religiosam uitam ducebat, lites, queri-
monias et testes instaurare ut ad uellicandas eorum facilitates posset aliquatenus peruenire, sed illius machinamentis abbas domus
predicte sagaci nouit obuiare consilio, aduocatum apud patrem |
filium mittens causam monasterii precibus allegare. Cumque
adholescens ad domum patris tenderet et uico, in quo manebat,
propinquaret repente oculos leuans uidit supra pinnaculum ecclesie duos demones incubare. Qua uisione insolita perterritus,
cepit in semetipsum cogitare et dicere: "Quia ad locum qui tam
pacate a demonibus possidetur nulla debeo ratione accedere, sed
ad monasterium summa cum festinatione redire, ubi feruor discipline et mutue dilectionis unitas nullis demonum uersutiis ualet
uel ad modicum sauciari." Cumque hec et his similia tacitus secum uolueret, illa que omnia potest obedientia in dubiis eius cogitationibus obtinuit principatum et omnino ambiguitatis scrupu-
lum speculo lucidissime ueritatis abstrusit, ita ut cum omni
constantia de Domini confisus auxilio demonum laqueos irrum-
pere non timeret, secum dicens: "Dominus illuminatio mea in ipsorum uisione, Dominus salus mea ab ipsorum subdola circu-

---

XXXI, **50** Sine tytulo] *add. in marg. al. man.* De dignitate ordinis Cisterciensis   **71** abstrusit] abtrusit *cod.*

CAPITVLVM XXXI

muentione. Ergo quem timebo? Si exurgat aduersum me prelium, in ipso sperabo." Sicque in Dei uirtute confirmatus ad domum patris cum | omni celeritate peruenit, ubi a patre et consanguineis susceptus in oscula, causam propter quam uenerat enarrauit atque mox a patre petitionem suam cum omni facilitate obtinuit et uerbis edificationis oblitteratam in patre pietatis ymaginem reformauit. Cumque post dulcia uite colloquia, pater secum eum aliquantulum retinere temptaret, ab inuito patre extorta potius quam accepta licentia cepit ad monasterium reditum maturare memor uisionis sue et quoniam a conuictu formantur mores et qui tangit picem inquinatur ab ea. Qui cum monasterio propinquaret, maxima confecta parte itineris, diu desideratum locum intuens, uidit circumquaque demonum examina uolitare et super domorum tecta et tegulas inestimabili numero residere. Qua uisione insperata tremefactus, "Heu, inquit, Domine Deus, numquid sanctuarium tuum subito proiecisti, in quo tibi tam spiritualiter tamque sublimiter a diebus antiquis famulatur? Numquid non locus iste uelut ortus irriguus manu tue operationis plantatus est et consitus, tue gratie stillicidiis irrigatus, discipline celestis exercitiis in gloriam subli|matus? At nunc, ut uideo, accepit sponsa libellum repudii et que erat libera facta est ancilla. Ab apostata enim angelo superata, eius est seruitio mancipata. Domine Deus et si malum est habitare ubi sunt demones, peius est ubi innumerabiles quam ubi pauci milia milium, quam ubi solus binarius dominatur." Hac ueri similitudine superatus, ad paternos lares gradum precipitem reuocauit et cadit in Cillam cupiens uitare Caribdim. Quem cum pater eius reuertentem conspiceret: "Vere, inquit, Dominus memor uotorum meorum qui te preripere a paternis amplexibus noluit fugientem compulit concito remeare." Atque his et similibus uerecundam de reditu monachi faciem cepit exagitare sermonibus sicque mansit aput patrem per dies aliquot iuuenis monachus usque dum Dominus aliquid melius de huiusmodi uisione ei ostendere dignaretur. Iamque paucis diebus elapsis, pater spiritualis de mora sui monachi cepit anxie cogitare, intra semetipsum dicens: "Domine, numquid adbreuiata est manus tua a cuius protectione ille iuuenis resiliuit etsi omnes scandalizati fuissent, in te ego istum numquam scandalizari | posse credebam, quin passionibus unici filii tui per pacienciam participans

---

87 tecta] tingua *cod.*

regni eius consors effici mereretur. At nunc aurum quod manus tue clementie de lutosa Egypti seruitute transtulerat in lutum conuertitur et qui tue ymaginis aureum uerticem argenteaque membra letabundus perspexeram tales nunc fictiles intueor contristatus, quos uirga exactoris in fornace ferrea conterit et confregit, sed quid me consolabitur mortem filii intuentem? Certe uadam et uidebo utrum destruxerit Dominus omnia speciosa, an adhuc cecidit ut fortior resurgat sub positione manus Domini subleuatus." Venit ergo hec et huiusmodi dicens pater spiritualis ad filium, medicus ad egrotum, non ustionem austeritatis afferens sed dulcedinis unctionem dixitque ad eum: "Fili, quid fecisti nobis sic? Ego et fratres tui toto cordis affectu dolentes de tuo reditu querebamur." Cui respondit: "Modo de meo reditu nolite dolere, quia redire non possum." – "Et quare, fili mi, ad illam dulcem et amicabilem societatem redire non potes?" Cui monachus: "Causa mecum est, nec uolo nec debeo indicare." – "Et quare, fili, mihi non uis indicare, cui omnia peccata | commissa in seculo et etiam in ordine non solum operis uerum etiam locutionis et cogitationis funditus reuelasti?" Sicque huiusmodi rationibus cepit exagitare monachum quoadusque rei ueritatem non erubuit confiteri uidelicet quomodo duos demones supra ecclesiam secularium uiderat et innumerabiles supra monasterium uolitare et hac sola de causa noluerit remeare. Quo audito, uir sapiens et gnarus, qui non ignorabat astutias diaboli, simplicitatem monachi cepit instruere dicens: "Karissime fili, numquid non nosti quod reges et principes seculi castra hostium obsidentes omnem exercitus multitudinem coadunant, instaurant munitiones et comportant aggeres? Cumque castra expugnauerint et sue ditioni subiecerint unum aut duos, quos sibi fideles existimant ad custodiam deputant, qui habitatores regant et imperent facienda. Ita, fili, princeps mundi, potestas tenebrarum facere consuluit; castra fidelium obsidet quosque sibi in prauis operibus subicit eis iugum sue seruitutis imponit. Quos uero firmiter resistere et omnes aditus sui cordis et corporis sollicite | custodire perspexerit contra illos totius potestatis ministros et sue fraudis colligit argumenta; iuxta illud esca eius electa et quia sagittare nititur in occultis inmaculatum, castrum expugnatum et ditioni illius subactum uicum istum in quo tu moraris intellige, castrum inexpugnabile domum nostram. Attende quia ibi sapientes presunt et simplices obediunt unde et ipsa est terribilis hostibus ut castrorum acies ordinata." His auditis, adolescens totus resolutus in lacrimas: "Vere, inquam, pater ita est ut dixisti. Nulla enim societas luci ad tenebras, nulla participatio religioni cum secularibus nec unquam teste fragilitas soliditati ferree coherebit. Nunc igitur, pater sanctissime, de Sodomis fugiamus in anteriora extenti, non retro respicientes, ne pereuntis Pentapolis incendium inuoluat." Sicque pii patris monitis ouis erronea ad ouile dominicum reuocatur, adiuuante pastorum principe Ihesu Christo domino nostro, cui est honor et gloria unacum Patre et Spiritu Sancto per infinita secula seculorum. Amen.

CAPITVLVM XXXII

DE DIGNITATE ORDINIS CISTERCIENSIS

1. Sine titulo. Gerardus, Clareuallensis abbas, uidit in somp|nis quandam dealbatorum multitudinem introire oratorium et ipse solus, ut sibi uidebatur, stallum tenebat abbatis. Venientes uero ante maius altare et humiliter inclinantes laudes Deo debitas persoluebant. Quibus expletis, profunde iterum inclinantes unus post alterum inter abbatis et prioris stallum exibant. Ecclesia uero tota erat palliis aureis adornata. Cuius rei causam abbas ab illorum ultimo requisitam audiuit. "Merito sic ecclesia adornatur quia nouum quendam sanctum de domo ista nobiscum in proximo assumemus." Vix uerba finierat cum, tabula pulsante, ad commendationem anime cuiusdam conuersi conuentus accurit.

2. Fuit in Claucesterie prouincia quidam prepositus ordini Cisterciensi ualde deuotus. Hic quandam abbatiam eiusdem ordinis sepe uisitans inter cetera que fratribus loci impendit beneficia lapideum oratorium propria fecit prouidentia et expensis. Post hec uero idem prepositus graui infirmitate correptus ab abbate et cellarario uisitatur. Qui uidentes illius imminere exitum, eum de tunica ipsius cellararii induerunt ut in religionis habitu expiraret. | Quo migrante, multi de ciuitate ad celebrandas circa corpus uigilias conuenerunt. Factum est autem ut in nocte ipsa domum illam demonum turba compleret suoque principi solium prepararet in medio. Residens ergo ille ceteris demonibus ait: "Prepositum illum qui toto uite sue tempore deseruiuit nobis huc attrahite illudendum." Qui uenientes ad corpus, cum illud non possent contingere, ad dominum reuertuntur dicentes adeo asperam et ignitam esse tunicam quod ipsum tangere non ualerent. Et ille: "Ite, ait et ubi tunica deficit arripite corpus." Verum cum hoc facere uellent, nutu Dei tunica se extendens totum corpus operuit et sic discessere confusi. Hec omnia quedam mulier religiosa aspiciens narrauit astantibus, qui omnes occulata fide ita esse probarunt. Hanc autem uisionem aput Vrsicampum narrauit idem cellararius, abbas factus cum iret ad capitulum.

3. Fuit in Anglia monachus quidam ordinis Cisterciensis cui consuetudo erat singulis diebus post completorium, cum cubitum isset, retractare omnes actus diurnos ut in crastino publice uel priuatim eos confiteretur. | Quadam igitur nocte persona splendidissima ei apparuit dicens: "Veni mecum." Qui mox factus in spiritu ibat cum eo. Tunc currentes per aera ad quendam murum mire altitudinis peruenerunt. Quem transilientes quadratum quoddam edificium in similitudinem claustri repererunt. Cuius ostium cum ingrederentur, apparuit eis mulier quedam nimii decoris et glorie. Quam ductor monachi uidens, flexis genibus, adorauit, similiter et monachus sequens eum et sic claustrum ingressi sunt. Erat autem in medio pratelli arbor quedam que frondium extensione eius superficiem operiebat. Sub arbore illa erat multitudo maxima puerorum miserabili uoce eiulantium. Dependebant autem ex ramis arboris illius innumere lampades metallis feruentibus bullientes ex quibus exiliebant gutte et aliis super oculos, aliis super manus, aliis super cetera menbra corporis cadentes eos grauissime affligebant. Erat in eodem claustro homo quidam nexibus igneis cum columpna ligatus qui a planta pedum usque ad uerticem totus ardebat. Pueri uero cum | predictam mulierem coram se cernerent transeuntem, clamabant singuli et dicebant: "Mater misericordie, miserere mei." Tunc quos uoluit aduocans ductori monachi tradidit dicens: "Duc eos in locum refrigerii et quietis." Qui gaudens suscipiebat eos et uerbis consolatoriis demulcebat. Clamabat etiam miser ille cum columpna uinctus, sed ei domina respondebat: "Tace quia non es dignus misericordia." Interea uentus aure repentis leniter aspirans omnes a pueris lampadarum guttas tollebat unde et tunc a clamore cessabant. Cum igitur mater misericordie claustrum septies circuisset et quos uolebat sic eripuisset, ad ostium claustri reuersa disparuit. Tunc ait monacho ductor suus: "Scis frater quid uideris?" Et ille: "Nequaquam, domine mi." Et senex: "Claustrum istud purgatorium est Cisterciensis ordinis. Porro in his menbris in quibus dum uiuerent peccauerunt in ipsis nunc torquentur. Mulier ipsa est beata uirgo Maria. Ego uero sum pater ordinis Benedictus. Ventus autem roris et refrigerii qui guttas tollens longius tulit a pueris, orationes sunt ordinis. Porro homo ille quem totum ardere uidisti conuersus quidam in ordine fuit qui | culpis suis exigentibus per diuersas domos emissus semper inordinate se habuit. Tandem uero, abiecto religionis habitu, reuersus ad seculum duxit uxorem. Et quadam nocte cum dormiret cum ea, subito expirauit."

4. In Britannia quidam malitiosus miles ordini Cisterciensi se contulit in extremis. Hunc abbas suscepit ut fratrem et sepeliuit. Sequenti autem nocte, alter miles qui cum eo uenerat a monasterio recessit. Nec enim audebat diem expectare propter hostes suos ne forte eum occiderent. Qui cum iter ageret, audiuit terremotum cuiusdam magne multitudinis. Quo audito, fixit gradum et timuit sed et de uia in campi latitudine se recepit. Et dum hesitaret ne forte in manus hostium suorum incurreret, uenit quidam ad eum precedens cursu celeri multitudinem, salutans et dicens: "Ne timeas", et ille: "Quis es?" – "Ego sum ille miles cuius sepulture heri interfuisti." – "Et nonne, inquit, mortuus es?" – "Vere, inquit, mortuus sum corpore, sed uiuo in anima. Et perfectius uiuam quando perfecta fuerit que a Deo mihi iniuncta est penitentia et scias quia mortis eterne suscepissem sententiam, nisi | me ordini Cisterciensi contulissem. Vnde et tibi consulo si uis saluus fieri ut et tu similiter facias in breui." His dictis, celeri cursu ad multitudinem remeauit. Miles uero disponens domui sui cum festinatione seculo ualefecit.

5. Fuit canonicus quidam ex his qui dicuntur regulares, opinionis bone, sed conscientie melioris. Hic itaque sanctos omnes propenso uenerabatur affectu, sed precipue Cisterciensis ordinis professores. Factum est autem dum quadam die solita intentione et puritate Dominum precaretur, raptus est spiritus eius in celum ubi cum aliorum congregationes sanctorum delectabiliter contemplaretur, una quidem beatitudine sed ordine et dignitate diuersas, suos Cistercienses circumquaque respiciens sollicite requirebat. Cumque non inuenisset eos, tristis admodum et anxius cepit animo fluctuare cogitans utrum nam beati essent quos in domo beatitudinis non uideret. Dum hec et huiusmodi uolueret animo, ecce uidet reginam celi in uestitu deaurato circumamictam uarietatibus. Que stetit et ait: "Quid turbaris et cogitationes ascendunt in cor tuum. Cistercienses optimam partem | elegerunt que non auferetur ab eis; funes ceciderunt eis in preclaris? Vis eos uidere?" Et ille: "Volo, Domina." Cumque cicladem auro textam qua uidebatur induta in humeros reiecisset et erexisset brachia, ecce uidet sub ascellis eius uastam quandam planitiem apparere et in ea dealbatorum exercitum magnum nimis ut gregem hominum, ut gregem sanctum, ut gregem Ierusalem in sollempnitatibus suis. "En, inquit, istos in sinu meo, en inter ubera propria commorantur. Sunt alii in sinu Abrahe, isti sinum Marie felici priuilegio sunt sortiti. Et quidem *in domo patris mansiones multe*

XXXII, **116/117** in domo – sunt] Ioh. 14, 2

sunt quas disposuit filius meus dilectoribus suis et meis, sicut disposuit ei pater. Verum in domo matris una est mansio, uidelicet pectus eius, singulariter meis Cisterciensibus preparata. Est locus penes me, ibi eos habeo, uideo, teneo, longumque tenebo, sicut gallina congregat pullos suos sub alas, sicut mater suos filios consolatur." His dictis, redit ad corpus de tanta spiritus iocunditate ad carnales molestias reuolutus sed nec illud dissimile quod sequitur.

6. Fuit clericus quidam magnus et honoratus in seculo. Hic dum nocte quadam | menbra sopori dedisset, uidit et ecce sedes posita erat in celo et filius hominis sedit in ea et omnis populus tribus et lingue stabant ad iudicium congregati. Cumque finito iudicio et data sentencia, diuersa diuersis redderentur stipendia meritorum, ecce Rachel cum ouibus patris sui, scilicet Maria suorum Cisterciensium cuneo coronata. Que cum fiducia accedens ad thronum glorie, ait ad iudicem: "Ecce ego et pueri mei quos dedit mihi Dominus." Tunc ille hylari uultu, serenata facie respondit: "Ecce, mater, celum coram te, in optimo loco eius colloca seruos tuos. Tui sunt celi et tua est terra, orbem terre et plenitudinem eius tue subdidi potestati nec potest aliquis dicere cur hoc facis." In hec uerba euigilat homo et secum retractans quod uiderat, cepit in corde suo beatificare ordinem cuius tantam gloriam fuerat contemplatus. Factoque mane consurgens, ualefaciens seculo, eorum se collegio sociauit.

7. Fuit in monasterio Clareuallensi monachus quidam bone indolis adholescens et inter ceteros nouitios diu laudabiliter conuersatus. Verum nouissimo sue probationis mense, grauissima cepit temptatione pulsari. Spiritus namque potestatem | habens ascendens contra eum locum deserere suadebat. Quid plura? Nouitius uiolentiam temptationis non ferens, manum prebuit temptatori. Quod, cum ad magistri sui, ipso referente, noticiam peruenisset, miratus nimium et turbatus quibus poterat modis resistere laborabat. Cumque suam nichil uideret industriam preualere, suplicat ut saltem abbatis aduentum, nam tunc forte aberat, prestolaretur. Paret ille preceptoris sui monitis pariter et preceptis. Porro post dies octo pater spiritualis regrediens filium iam egredi de monasterio festinantem, cum nulla uerborum ratione proficeret, adhibita sua et omnium fratrum oratione aliquantisper in pace retinuit. Ac paucis diebus terra eius quieuit a preliis. Siquidem iam dies sollempnis urgebat quo ablactatione filii pater cum fratribus pingue deuotionis conuiuium se celebraturum sperabat cum certe subito uentus turbinis ab aquilone prorumpens domum nouitii de nouo reedificatam tam ualde concutit et propulsat, quod nisi Dominus subposuisset manum suam ilico funditus corruisset. Repentino namque sonitu iuuenis uehementer commotus sine ulla retractione in crastino se recessurum confirmat. Nocte igitur insecuta | post multos animi angores et estus, post uarios disceptationum inter se cogitationum conflictus, post diuersos decursus aquarum quos deduxerant oculi eius, cum conturbatus e lectulo obdormisset, misit Deus misericordiam suam et ueritatem suam et animam eius ab imminenti periculo uisione huiusmodi liberauit. Vidit siquidem in uisu noctis et ecce finito mundi termino Dominus maiestatis *ad iudicandum uiuos et mortuos* cum uniuersis sanctorum agminibus et exercitibus angelorum aduenit. Tunc ante tribunal iudicis uniuersis astantibus ut secundum suum laborem propriam mercedem unusquisque reciperet, uox a throno processit precipiens ut egregii milites et amici precipui presentarentur qui Christum per arctas obedientie uias et semitas paupertatis recto itinere sunt secuti, hec est ordinis Cisterciensis acies ordinata, albis galeata cucullis. Porro nouitius hec audiens reputans quod unus esset ex ipsis intrare cum illis pariter attemptabat. Verum cum ab ingressu ab angelis arceretur, iurat et statuit quod si ei denuo uite spacia concedantur quod pedes suos supra petram statueret et dirigeret gressus suos et eum neque mors neque uita ab ordine separaret. Vix uerba finierat cum euigilans signum uigiliarum | aure percipit de porta patrie ad exilium iterum relegatus. Finitis itaque matutinis, matutinus senior non iam ad consolandum sicut heri et nudius tercius sed ad prosequendum abeuntem nouicium festinanter accurrit. Cui mox nouicius: "Conuertatur, pater, anima uestra in requiem suam, quiescat uox uestra a singultu et oculi uestri a lacrimis quia Dominus benefecit mihi. Nam etsi omnes recesserint sed non ego." Cui mox retulit pro dignitate ordinis ex ordine uisionem. Sicque probatus et dignus inuentus monachus effectus est.

8. Fuit in alia domo eiusdem ordinis monachus quidam tante sanctitatis tanteque uirtutis ut cum in arce uirtutum omnium iudicio consistere uideretur, ipse tamen, quasi adhuc per terram reperet, se uelud indignum ac malum operarium iudicabat. Hic cum iam plane ac uelociter curreret uiam mandatorum Dei et omnes ordinis obseruantias, graues plurimis et inportabiles, pro suauitate nimia pro nichilo computaret, cepit sepe ac sepius mente reuoluere si esset alia uiuendi forma sub celo in qua perfectius

CAPITVLVM XXXII

uiuere potuisset. Sed cum talia cogitanti occurrissent aliqua, nunc uidelicet ordo Cartusye, nunc Grandemontensium | grande nomen, nunc libera reclusorum uacatio, nunc heremitarum quies atque silentium et quid potissimum eligeret nescius uoluntatem Domini super hoc sibi peteret edoceri, quadam nocte uisum est ei, finito mundi termino, diem iudicii aduenisse et in circuitu sedis Dei pro qualitate meritorum diuersi ordines hominum ab angelis ordinari. Cumque omnes in modum coronarum ordinati fuissent et corona Cisterciensis propius adhesisset, monachus ille ad uocem Domini iubetur eligere cui se ordini uelit et cupiat amplius sociari. Tunc ille: "Domine, inquit, si placet, bonum mihi est, ut quorum fui laboris particeps, fiam pariter et corone." Et cum hoc dixisset, sompnus ab oculis et temptatio a mente recessit.

CAPITVLVM XXXIII

QVANTVM VALEAT ORATIO VEL ELEMOSINA PRO DEFVNCTIS

1. Sine titulo. Moris erat cuiusdam militis ut quotiens transiret per cimiterium, tociens stando pro ibidem quiescentibus diceret *Pater Noster*. Quadam igitur die dum id facere uellet, inimicos suos cum armis uenientes a longe cognouit et quid tunc facere deberet utrum scilicet fugeret an pro defunctis oraret hesitaret. Confortatus a Domino | restitit, gladio exerto inimicos expectans orationem dominicam ibidem stando perdixit. Quod illi uidentes mox in fugam conuersi sunt. Post aliquot dies, pace inter eos reformata, quesiuit ab eis cur illa die plures et armati se solum et inermem fugissent. Tunc illi: "Non eras, inquiunt, solus, sed uidimus tecum utriusque sexus ingentem multitudinem undique te uallantem in qua erant pueri tenentes baculos et rustici uangas et femine colos, qui omnes in nos impetum acerrime faciebant." Quod ille audiens intellexit animas fuisse fidelium ibidem quiescentium pro quibus orabat.

2. Duo duces Eusebius Sardiniensis et Ostorgius Siciliensis uaria et diuturna pugna inter se aliquando conflixerunt. Erat autem Eusebio summum studium circa defunctos in celebrationibus missarum, in elemosinis, in soluendis decimis et in multis aliis operibus pietatis et hec omnia facere pro defunctis. Preterea unam ciuitatem suarum habundantiorem uouerat Deo et liberandis fidelium animabus constituerat, nichil ex cunctis reditibus eius sibi retinens uel usurpans. At uero Ostorgius licet dicior ac poten|tior esset, nil tamen simile actitabat. Qui confidens in uirtute sua et in multitudine diuitiarum suarum urbem Eusebii quam prediximus aggressus, non tam uirtute quam fraudibus cepit. Quod audiens Eusebius ita egre tulit ut malle se diceret regni sui dimidium amisisse quam ciuitatem Dei. Cohortatus autem suos: "Quid faciemus, inquit, o boni milites. Inultamne dimittemus iniuriam Dei et nostram? Immo licet pauci cum multis congrediamur uiriliter in nomine Domini. Vincat quem iustus Dominus uincere de-

---

XXXIII, **13** inermem] inermen *cod.*   **21** in] *bis cod.*

CAPITVLVM XXXIII

creuerit." Mox undique conuocato exercitu, hostem insequitur eumque loco munitissimo in insidiis donec sese ille ostenderet operitur. Interea deputati custodes castrorum in eminentiori loco siti cum curiosius oculos undique circumferrent, uident a longe plurimam albatorum aciem uenientem et cum iam ad eos appropinquassent, statim suo principi nuntiare festinant. Qui, consultis primatibus suis, quatuor ydoneos uiros eo legat qui percunctentur eos unde et qui sint, quo tendant, pacifici an hostes adueniant. Similiter et de agmine illo candido quatuor equites diriguntur | qui sciscitantibus ydoneam referant rationem. Occurrentes ergo eis nuncii ducis eos officiose salutant et utrum pacifici an aduersarii sint interrogant. Qui respondentes dixerunt: "Vestri sumus et in adiutorium domini uestri ad eius debellandum aduersarium aduenimus, sed ite quamtocius et principem uestrum ad nos adducite." Quem cum citius cum ingenti leticia adduxissent, eadem illi replicant uerba: "Et ne, inquiunt, te sollicitum longius protrahamus, iam nos omne ius tuum ab hoste duplo exigemus et insuper aut dabit se tibi aut uinctum in tua trademus potestate. Tantum nos audi et, preparato exercitu, festina nos subsequi." Tunc princeps Dei se uoluntati committens, congregato omni exercitu suo, unam tantum legionem instruxit et contra .LX. milia securus de diuino auxilio ad bellum processit. Quem exercitus albatorum precedens .XL, ut uidebatur, milium tetendit aciem contra Ostorgium. Ostorgius uero ubi eos tali apparatu sibi imminentes agnouit, tanta rei nouitate percussus, qui sint, quidue petant, mox et ipse interrogatum mittit. Respondent his nuntiis quod et prioribus, scilicet de familia Dei esse ut autem ipsum illo|rum ducem Ostorgium capiant in ultione diuine iniurie se uenire, nisi his cito occurrat et Deo atque consorti suo Eusebio super inuasa ciuitate satisfaciat. Quod cum illi suo domino retulissent, tremefactus ille consultu suorum ad eos accessit atque Eusebio qui mox aduenerat quicquid uspiam tulerat dupliciter restituit. Insuper et se cum omnibus suis eius subdidit ditioni. Quibus ita pacificatis, Eusebius liberatoribus suis se et sua offerens totus ad gratiarum actiones conuertitur et qui essent humiliter sciscitatur. Et illi: "Nos, inquiunt, anime defunctorum sumus quas tuis beneficiis et elemosinis larga Domini donauit indulgentia quibus iam a peccatorum nexibus absolutis lucidas in eterna requie tribuit mansiones." Quibus dictis, itinere quo uenerant reuertuntur. Hec sanctus Maiolus, abbas Cluniacensis, retulit qui in illa contentione duorum principum dum quedam cenobia uisitaret captus fuit.

[405]   **3.** De Vita sancti Iohannis Elemosinarii. Quidam captus est a
Persis et retrusus in carcerem. Quidam ergo fugientes illinc uenerunt in Ciprum et interrogati a parentibus illius si forte uidissent
eum, dixerunt eis quia nos propriis manibus sepeliuimus eum.
80 Erat autem quem | sepelierant simillimus illi. Tunc parentes illius   64ra
ter in anno tanquam pro mortuo memoriam faciebant. Post quatuor autem annos uenit in Ciprum fuga lapsus a Persis. Dixerunt
ergo sui: "Vere, frater, audiuimus quia mortuus esses et memoriam tui ter in anno faciebamus." Qui, requisitis temporibus
85 quando hoc facerent, ait: "Et istis temporibus uenit quidam can-
didatus ut sol et dissoluebat omnia uincula mea et ipso die, liber
a uinculis circumquaque, nullo recognoscente me, deambulabam,
sed in crastinum inueniebar uincula ferrea portans."

CAPITVLVM XXXIV

DE PENIS ANIMARVM POST MORTEM

[406] 1. Ecclesiastica Hystoria Anglorum. Beatus Furseus cum ab angelo duceretur, uidit in aere quatuor ignes, unum scilicet mendacii cum hoc quod in baptismo abrenuntiare nos Sathane et omnibus operibus eius promisimus minime implemus. Alterum cupiditatis cum mundi diuitias amori celestium preponimus. Tercium dissensionis cum animos proximorum etiam in superuacuis rebus offendere non formidamus. Quartum impietatis cum infirmiores spoliare et eis fraudem facere pro nichilo ducimus.

[407] 2. De Visione cuiusdam monachi. Miles quidam per decennium | post mortem suam grauissimos pertulit cruciatus. Auiculam quandam niso similem in pugno suo ferebat que manum eius rostro et unguibus lacerabat, quia in lusu auium omni uite sue tempore fuerat delectatus. Quod peccatum nec in senectute defleuit neque deseruit, quia nec se in hoc delinquere estimabat, alias tamen castitate et misericordia laudabilis apparebat.

[408] 3. Grauissime in purgatorio inferuntur pene pro his excessibus quos leuissimos estimamus. Verbi gratia: qui preter locum et horam refectionis legitime herbas uel herbarum fructus non causa medicine, sed cuiusdam uoluptatis impulsu edere presumpsissent, prunas ardentes in ore uoluere cogebantur. Pro risu inmoderato, uerbera. Pro uerbis ociosis, in facie cedes. Pro uanis cogitationibus, uariam aeris inclementiam perferebant. Pro gestu dissolutiori uinculis igneis artabantur. Pro signorum numerositate superflua quibus ludicra queque et iocosa intulissent ad inuicem, digiti neglegentium uel excoriabantur uel tunsionibus quassabantur. Vagatio instabilium dura de loco in locum iactatione et collisione omnium menbrorum molestius plectebatur | uelut euagatio de claustro inutilis et indiscreta. Turpis sermo non solum in religiosis sed et in secularibus uiris pene sicut crimen aliquod capitale puniebatur. Ibi religiosi ualde uiri ob hoc solum quod in decore manuum et digitorum forma productiore gloriari solebant amara nimis supplicia perferebant.

[409] 4. Quidam in Sicilia iuxta Ethnam montem flammiuomum transiens audiuit uocem quasi hominis dicentis ad socios suos: "Facite copiosum ignem quia episcopus Podiensis uenit."

CAPITVLVM XXXIV

[410]

5. Abbas quidam odorifere opinionis et conuersationis eximie monasterio cuidam nigri ordinis preerat merito et honore pastoris et quia eadem ecclesia de illis erat quas regales uocant abbatias, idem abbas in guerrarum tumultibus regi suo assistere et per militares personas debitum prestare seruitium tenebatur. Cum itaque quodam tempore in obsidione cuiusdam castri cum rege et principibus moraretur, uir religiosus pugnantium tumultus declinans die quadam, sicut heri et nudius tercius consueuerat, loca castrorum ingressus cum monachis secessit in agrum ut oraret secretius et medi|taretur cum corde suo. Auulsus itaque a fratribus quantus est iactus lapidis et solite meditationi insistens cum singulorum fratrum suorum tam merita quam studia retractaret et oraret pro singulis, repente monachus quidam qui ex hac luce die ipsa migrauerat ante ipsius presentiam astitit, cuius et personam abbas optime recognouit. Cepit autem monachus qui apparuerat tanta facilitate et uelocitate in modum significantis manus et digitos circumferre ut ipsa signorum multitudine abbatis animum mitteret in stuporem cum subito ungues et articulos flamma uorax corripiens paulatim carnem et ossa et omnem manuum integritatem usque ad brachiorum iuncturam omnino consumpsit. Ipse tamen nec sic a signorum poterat abstinere nutibus. Sed statim manus consumpte nutu Dei in integritatem pristinam sunt reformate. Ad hec monachus cadens in terram ueniam petit. Quem sic abbas alloquitur: "Nunquid, frater, caste, deuote, sine querela fratrum, sine furti actione in monasterio habitabas? Cur ista pateris?" Et ille: "Etiam pater. Verum quia a significatione ociosa loco etiam et tempore et personis interdictis numquam | manus compescui, sed nec super huiusmodi excessu ueniam petii, post mortem pene quam uidistis cruciacione laboro. In spe tamen misericordie constitutus absolutionis uestre indulgentiam peto." Mox ab abbate absolutus disparuit. Hanc abbas uisionem cum multa cordis amaritudine recolens et pro tam leui excessu quam grauem excepisset sententiam mente perpendens cogitabat quam grauiora mereantur supplicia qui scelera grauiora committunt. Hec animo conferenti mox alter apparuit qui quolibet esuriente auidior celeri motu labia contorquebat et mendicantem linguam ore protrahens insaciabilem luxuriantis gule declarabat ingluuiem. Cuius etiam labia ignis repentinus inuadens, carnes faciei eius et partes gutturis adeo miserabili depascebat incendio ut consumptis omnino

---

XXXIV, **74** luxuriantis] *coniecimus,* lugurientis *cod.*

CAPITVLVM XXXIV

carnibus per solam arteriarum compagem et ossium caput corpori uix hereret, sed deuorate carnes subito in pristinam integritatem redibant. Ad hec miser prostratus in terram ueniam precabatur. Cuius mores sicut et prioris abbas commemorans cur hec meruisset supplicia requirebat. Tunc ille: "Nunquam institutam disciplinam | silentii soluere metui. Nunquam edendi legem timui uiolare ter uel quater aut quinquies in die manducans furtiue, nec ob hoc confessionis remedium ut decuit requisiui." Hec cum dixisset, data sibi ab abbate absolutione, recessit. Cumque abbas geminata cordis mestitudine utramque uisionem reuolueret, ecce tercius uultu lugubri, pallida et exangui facie, exeso corpore, uiribus destitutus apparuit. Cumque iste pectoris sui uelamen in abbatis subtraxisset aspectum in summitate papille modica quedam macula sed nigra nimis apparuit in qua etiam teterrimus ignis exortus carnes pectoris undique consumebat, ita ut omnia interiora usque carnem costarum uoracis incendii attaminatio deuoraret, sed incense carnes in statum pristinum sunt reuerse. Ad hec miser prostratus in terram dari sibi indulgentiam precabatur. Cuius religionem cum abbas supra ceteros attolleret et se uehementer moueri cur tantis addiceretur suppliciis diceret, ille respondit pene in cunctis operibus suis fauores hominum se quesisse. "Verumptamen, inquit, quia diuine propitiationis indulgentia | non defraudor, absolutionis uestre et fraterne orationis mihi precor subsidia non negari." Qui mox absolutus disparuit.

Post cuius abscessum statim quartus in teterrima effigie terribilis et horrendus accessit et qui solo rigore inclementis forme eterne mortis cui mancipandus erat inclementiam testabatur. Vilis namque cuculla caput eius caputio protegebat que usque in pectus descendens uentrem et inferiora nuda confusioni et turpitudini exponebat. Erat autem status eius procax, petulans et lasciuus, ipsa etiam pars ignominiosa sic erat gestiens in furorem, ut inquietudinem eius sancti uiri obtutus sustinere non possent. Interea ignis tartareus partes illas et uentrem corripiens penitus consumebat, sed post combustionem renasci denuo uidebantur. Ad hec miser nec ueniam petens nec indulgentiam consequens recedebat. Intellexit ergo uir Dei quod in tormenta inferni infelix anima descendebat. Interim fratres diutiorem solito abbatis moram admirantes cum iam dies pronus in uesperum reditum suaderet accedentes iacentem in terram et pene exanimem repere-

---

79 prostratus] prostatus *cod.*

runt. | Et taliter allocuntur: "Iam hora preteriit, pater, tempus est ut ad tentoria reuertamur." Ad quos conuersus sic ait: "Quo ibimus fratres? Quis nos post hanc miseram uitam locus recipiet?" Cumque eis uisionis ordinem retulisset, statim ad monasterium nuntium direxit, qui rei inquireret ueritatem. Cognouit igitur is qui missus fuerat eadem die et hora qua uir sanctus predixerat quatuor fratres ex hac uita migrasse.

[411] **6.** De Vita sancti Bernardi. Frater quidam bone intentionis set durioris erga ceteros fratres conuersationis et minus compatiens, quam deberet in monasterio Clareuallensi, defunctus est. Post paucos autem dies, uiro Dei apparuit uultu lugubri et habitu miserabili significans non ad uotum sibi cuncta succedere. Interrogatus autem quid sibi esset, quatuor dilaceratis sese traditum querebatur. Ad quod uerbum continuo impulsus est et quasi precipitanter expulsus a facie uiri Dei. Qui grauius ingemiscens post tergum eius clamauit: "Precipio tibi, inquit, in nomine Domini ut qualiter tecum agatur mihi in proximo iterum innotescas." Et conuersus ad orationem pro eo, ad oblationem hostie salutaris aliquos etiam fratrum quorum ampliorem nouerat sanctitatem eidem similiter subuenire mo|nebat. Nec uero destitit donec post paucos dies, sicut preceperat, per aliam reuelationem cognita eius liberatione meruit consolari.

[412] **7.** In comitatu Pictauensi, in quodam monasterio Cisterciensis ordinis Roches nomine, fuit quidam monachus tepiditati et ignauie deditus; qui pepigerat fedus cum ocio et pactum sempiternum inierat cum infirmitorio, exilii captiuitatem patrie reputans libertatem et tempus afflictionis sabbatum requiecionis, sed *uidebant eum hostes et deridebant sabbata eius.* Hic cum esset uirtute corporis ualidus, tamen ad ea que ordinis imperat disciplina erat omnino impotens et infirmus. Cumque pro tepiditate et ignauia sua a patre monasterii et ceteris senioribus suis, prout merebatur, publice et priuatim sepius obiurgaretur, infirmitatem corporis causabatur, dicens austeritatem ordinis propter sanum conscientie sue testimonium sibi omnimodis temperandam, quippe qui, infirmitate cogente, nil aliud agere preualeret. Sed tandem, disponente Domino, cum uiam uniuerse carnis ingredi cogeretur, quasi lignum infructuosum in die mortis sue cecidit,

---

XXXIV, **143** uidebant – eius] Thren. 1, 7

---

142 requiecionis] requiescionis *cod.*

CAPITVLVM XXXIV

non ad austrum sed aquilonem sola secum tepiditatis et neglegentie peccata reportans. Cumque | pii patris uigilantia pro anima filii esset ualde sollicita, quadam nocte in ipsa uigiliarum celebratione ei pre nimia psalmodie lassitudine soporato sepedictus monachus in una cupa aque usque ad summum repleta uisus est astitisse. Quem pater intuens et plus quam dici possit admirans, ait: "Tune es ille, proprio nomine eum uocans, qui ultimum uale nobis faciens ex hoc mundo migrasti?" Cui monachus: "Ego sum ille." Ad quem pater: "Adiuro te per Deum ut status tui indices michi ueritatem." Ad quem monachus: "Status meus, immo ut uerius dicam, casus meus miserabilior est quam sermone explicari uel cogitatione ualeat comprehendi." Cui iterum abbas: "Nonne in fine poteris ueniam promereri?" Ad quem monachus: "Potero utique, quia cum laborarem in extremis, enormitatem uite mee ante oculos reducens, maxima ductus sum penitentia et firmiter in animo meo proposui quod, si conualerem de infirmitate, omnes preteriti temporis negligentias condigna penitentie satisfactione delerem. Quia uero in tanta contritione ultimum exalaui spiritum, | aput misericordem iudicem misericordiam potero adipisci. Sed nunc interim non solum de omni malorum operum perpetratione sed etiam de omni bonorum omissione in isto dure calamitatis balneo usque ad nouissimum quadrantem satisfacere me oportet." Cui iterum abbas: "Et quomodo possum credere balneum hoc ad delenda omnia peccata tua sufficientem habere efficatiam?" Cui monachus: "Pater mi, mitte manum tuam huc et intingue summitatem digiti tui in aqua et proba utrum uerum dicam an mentiar." Quibus uerbis acquiescens abbas cum timore tinxit summitatem digiti in balneo cuius uehementi ardore ita est adustus et cruciatus ut sibi in retrahendo nimium tardus esse uideretur atque in magni doloris indicium oratorium inopinatis replens clamoribus, fratres circumquaque psallentes ad sui doloris spectaculum miserabile compelleret. Cumque fratres conturbati et territi undique aduenissent, sciscitantibus eis quid pateretur digitum pretendebat et, accensis candelis, inuenta est pars illa digiti que aquam intrauerat quasi ab igne penitus | deuorata. Sicque in illa turbatione uisio ipsa disparuit, sed dolor digiti non continuo cum ipsa discessit. Pensate, fratres karissimmi, quid mereatur qui mala commiserit, si sic punitur qui a bono cessauit, *factus sum insipiens, tu me coegisti*, coegisti, inquam, quia potestas etiam supplices cogit.

190/191 factus – coegisti] II Cor. 12, 11

CAPITVLVM XXXV

DE PERSEVERANTIA

[413] **1.** Vite Patrum. Interrogatus senex quomodo non scandalizetur monachus cum uidet aliquos ad seculum reuertentes, respondit: "Intueri debet monachus canes qui uenantur lepores. Sicut canis uidens leporem per quelibet discrimina sequitur donec comprehendat, nec propter eos qui retro redeunt, eo quod leporem non uideant ab incepto reflectitur, sic monachus qui Christum querit, neglectis omnibus scandalis, donec ad crucifixum perueniat cruci indesinenter intendit."

[414] **2.** Frater quidam .IX. annis mansit impugnatus a cogitationibus suis ut exiret de congregatione fratrum et cotidie tollebat pelliculam suam, in qua iacere solitus erat ut exiret et quando fiebat uespere, dicebat in semetipso: "Crastina die hinc discedo." Et mane dicebat: "Extorqueamus hodie hic stare propter Deum." | Qui cum sic .IX. annos implesset abstulit ab eo Dominus temptationem eius.

CAPITVLVM XXXVI

DE YPOCRISI

[415] **1.** De Visione cuiusdam monachi. Quidam episcopus post mortem suam penis deputatus est purgatoriis, eo quod non numquam pro uitanda aura inanis glorie, que uirtutum floribus semper noscitur inimica, in uultu, in uerbis exterius leticiam pretendebat, cum esset interius et contritus corde et compunctus affectu. In episcopo siquidem nichil debet esse fucatum.

[416] **2.** Vite Patrum. Quidam solitarius iuxta quandam ciuitatem habitans, tante religionis ab omnibus putabatur ut per ipsius merita tota ciuitas saluaretur. Facta autem hora exitus ipsius, quidam frater uidit diabolum descendentem super solitarium illum habentem tridentem igneum et audiuit uocem dicentem: "Sicut anima ista non me fecit requiescere neque unam horam in se, sic neque miserearis eius euellens eam." Statim diabolus tridentem igneum deponens in corde solitarii, animam eius cum multo dolore abstraxit.

[417] **3.** Dialogus Gregorii. Quidam frater magne estimationis inter fratres habebatur, sed sicut ex fine res patuit, longe aliter quam apparebat fuit. Nam cum se cum fratribus ieiunare demonstra|ret, occulte manducare consueuerat. Perductus igitur ad extrema, cunctis fratribus conuocatis et ab eo magnum aliquid ac desiderabile audire expectantibus, cuncta que fecerat prodere compulsus est. "Et nunc, inquit, draconi sum traditus, qui cauda sua genua mea pedesque colligauit, caput uero suum intra os meum mittens spiritum meum ebibens abstrahit." Quibus dictis, statim defunctus est.

CAPITVLVM XXXVII

DE VANA GLORIA

[418]   **1.** Ieronimus. Vidi, nomen taceo ne satiram putes, nobilissimam mulierum Romanorum, in basilica beati Petri semiuiris antecedentibus, propria manu, ut religiosior putaretur, singulos nummos dispertire pauperibus. Interea ut usu nosse perfacile est, anus quedam annis pannisque obsita precucurrit ut alterum nummum acciperet. Ad quam cum ordine peruenisset pugnus porrigitur pro denario et tanti criminis reus sanguis effunditur.

[419]   **2.** De Dialogo Seueri. Cuidam ex fratribus qui nuper ad heremum secesserat pater abbas panem miserat per duos pueros quorum maior habebat annos .XV. iunior duodennis erat; his ergo inde redeuntibus, aspis mire magnitudinis | fit obuiam quam iunior manu apprehendens pallio inuoluit. Denique monasterium quasi uictor ingressus, in occursum fratrum, expectantibus cunctis, captiuam bestiam, resoluto pallio, non sine iactantie tumore deposuit. Sed, cum infantum fidem atque uirtutem ceteri predicarent, abbas ipse altiori consilio ne infirma etas insolesceret uirgis utrumque compescuit, multum obiurgatos cur ipsi quod per eos Dominus operatus fuerat prodidissent opus illud non sue fidei sed diuine fuisse uirtutis discerent potius Deo in humilitate seruire et in signis et uirtutibus non gloriari, quia melior esset infirmitatis conscientia uirtutum uanitate.

[420]   **3.** Quidam sanctus fugandorum de oppressis corporibus demonum incredibili preditus potestate inaudita per singulos dies faciebat signa. Hic ferebatur omni penitus potu in perpetuum abstinere ac pro cibo .VII. tantum caricis sustentari. Hic ergo dum mirum in modum ab omni fere orbe frequentaretur, tante erat uenerationi ut etiam sanctissimi episcopi ab eo se contingi atque benedici humiliter postularent. Interea sancto uiro ut ex uirtute honor ita ex honore uanitas cepit obrepere. Quod malum ille ubi primum potuit in se | sentire grassari, diu multumque discutere conatus est, sed repelli penitus uel tacita conscientia uanitas perseuerante uirtute non potuit. Vbique nomen demones fatebantur

---

   XXXVII, **32** primum] *ex fonte coniecimus, quia propter membranae cauum quarta littera non legitur*

excludere a se populos non ualebat. Totis igitur precibus conuersus ad Dominum fertur orasse ut, permissa in se mensibus quinque diaboli potestate, similis his fieret quos ipse curauerat. Et factum est ita. Quinto autem mense non solum demone, sed, quod illi erat utilius, uanitate purgatus est.

4. Vir quidam nobilis uxorem cum filiis contempnens heremum constanter ingressus breui tempore in omni genere uirtutum emicuit. Interea subiit eum cogitatio iniecta per diabolum quod rectius esset ut rediret in patriam filiumque unicum ac domum totam cum uxore saluaret. Cella itaque derelicta, uenit ad monasterium, causam sue discessionis fratribus confitetur. Renitentibus cunctis, male animo fixa sententia non potuit auelli. Vix a monasterio discesserat cum impletus a demone cruentas spumas ore prouoluens suis dentibus se ipse lacerabat. Deinde ad idem monasterium fratrum humeris reportatus et ferreis nexibus religatus uix post biennium oratione sanctorum ab immundo spiritu liberatus est. Tunc ad he|remum unde discesserat mox regressus et ipse correptus est et aliis fuit exemplo ne quem aut falsa iustitia decipiat, aut incerta mobilitas deserere cepta compellat.

5. Ex Dialogo Gregorii. Quodam tempore Fortunatus episcopus ab obsesso quodam homine inmundum spiritum excussit. Qui malignus spiritus cum, uesperascente iam die, secretam ab hominibus horam cerneret, peregrinum quempiam esse se simulans, circuire cepit ciuitatis plateas et clamare: "O uirum sanctum Fortunatum episcopum ecce quid fecit: peregrinum hominem de hospitio suo expulit. Quero ubi requiescere debeam et in ciuitate non inuenio." Cuius uocem quidam audiens et quid ei fecerit episcopus inquirens, hunc inuitauit hospitio, sedere iuxta prunas fecit. Cumque uicissim loquerentur, paruulum eius filium idem malignus spiritus inuasit atque in eisdem prunis proiecit, ibique mox eius animam excussit. Qua de re existimo hunc uirum, qui malignum spiritum in hospitalitate suscepit, ostentationi potius intendisse quam operi ut meliora quam episcopus fecisse uideretur, qui eum scilicet suscepisset quem expulisset episcopus.

6. Abbas Eleutherius, cum in quodam monasterio uirginum deuenisset, rogatus est ab eis ut pue|rum quendam quem malignus spiritus omni nocte uexare consueuerat secum ad monasterium suum deduceret; consensit senex et ipsum secum deduxit. Qui cum multo tempore in monasterio incolumis permansisset, senis animus per leticiam de salute pueri immoderatius tactus est. Nam coram fratribus dixit: "Fratres, diabolus ibi cum illis sororibus iocabatur, at uero ubi ad seruos Dei uentum est, ad hunc puerum accedere non presumit." Vix sermonem finierat, cum puer coram eis, diabolo inuadente, acriter uexatus est. Quo uiso, senex se protinus in lamentum dedit, quem cum fratres consolari uoluissent, respondit: "Credite mihi, quia in nullius uestrum ore hodie panis ingredietur, nisi puer iste sit a demonio ereptus." Mox illis orantibus, puer sanitatem recepit. Pondus ergo miraculi quod senex solus portare non potuit, diuisit cum fratribus et portauit.

7. De Vita sancti Pachomii. Vna dierum cum Palemon et Pachomius ignem accenderent, quidam frater superueniens apud eos manere uoluit. Qui cum susceptus fuisset, inter uerba ut solet fieri erupit dicens: "Si quis est fidelis | ex uobis, stet super hos carbones et orationem dominicam sensim lenteque pronuntiet." Quem uir Dei intelligens superbie tumore deceptum commonuit, dicens: "Desine, frater, ab hac insania nec tale quid ulterius loquaris." Qui, correptione senis plus inflatus, super ignem cepit stare audacter, diabolo cooperante et Domino permittente, illesus. Qui in crastino proficiscens, eis exprobrans aiebat: "Vbi est fides uestra?" Post multum uero temporis, cernens diabolus eum sibi per omnia mancipatum transfigurauit se in pulchram mulierem splendidis uestibus adornatam et cepit ostium cellule eius uehementer extundere. Qui cum aperuisset, ait ei diabolus: "Obsecro te quia nimis a creditoribus urgeor et metuo ne me aliqua dampna uel pericula comprehendant, recipias me in tuam cellam." Qui mente cecatus nec quis esset ualens discernere, diabolum miser in suum recepit exicium. Qui mox eius suggestionibus cedens illius quasi mulieris petiuit amplexus, quem spiritus inmundus protinus inuadens elisit ad terram et reuolutus super pauimentum ueluti mortuus diu multumque permansit. Post aliquot autem dies in se reuer|sus, ad sanctum Palemonem reuertitur. Vbi cum eius orationes flagitaret subito correptus a demone per deserta discurrens agebatur infrenis. Tandem ad ciuitatem Panos deueniens, in fornacem balnei per amentiam sese precipitans incendio protinus interiit.

8. Vite Patrum. Quidam rogauit senem quendam ut acciperet pecunias in suis necessitatibus profuturas. Qui cum non acquiesceret utpote de labore proprio uiuens et ille instaret ut saltem eas pauperibus erogaret, respondit senex: "Duplex mihi obprobrium est, quia cum non indigeo accipio et aliena tribuens, uanam gloriam colligo."

CAPITVLVM XXXVII

[426] **9.** Dixit abbas Zenon: "Nunquam maneas in loco nominato, neque sedeas cum homine magnum nomen habente."

[427] **10.** Frater quidam per tres dies rogauit abbatem Theodorum ut diceret ei sermonem, qui non respondit ei et egressus est frater tristis. Vnde interrogatus a discipulo suo quare fratrem suo silentio contristasset, respondit: "Crede mihi, non dicam ei sermonem quoniam negociator est et alienis uerbis uult gloriari."

[428] **11.** Cum audisset abbas Moyses quia iudex prouincie ad eum uidendum uenisset, surrexit ut fugeret in palude. Cui cum iudex cum suis occurrisset | ait ei: "Dic nobis ubi est cella abbatis Moysi?" Qui ait: "Quid uultis eum inquirere? Homo fatuus est et hereticus." Et cum peruenisset ad ecclesiam et hec clericis retulisset, audiuit quod senex ille ipse esset Moyses.

[429] **12.** Abbas Iusteron cum quodam fratre ambulabat in heremo et, uidentes draconem fugerunt. Dicit ei frater: "Et tu times, pater?" Senex respondit: "Non timeo, fili, sed expedit quia draconem uidens fugi quoniam non habui spiritum uanam gloriam fugiendi."

[430] **13.** Dixit sancta Sincletica: "Sicut thesaurus manifestus cito expenditur, ita et uirtus quelibet cum innotuerit exterminabitur. Sicut enim cera soluitur a facie ignis, ita et anima laudibus inanitur et amittit uirtutum rigorem." Dixit iterum: "Sicut impossibile est uno eodemque tempore et herbam esse et semen, ita impossibile est ut secularem gloriam habentes celestem faciant fructum."

[431] **14.** Aliquando in cellis festiuitas est celebrata et edebant fratres in ecclesia. Dixit autem quidam frater ministranti quod coctum aliquid non edebat. Quod audiens, quidam senum dixit ei: "Expedierat tibi hodie in cella tua comedere carnes quam audire hanc uocem coram tot | fratribus."

[432] **15.** Quidam secularis cuidam solitario ministrabat. Contigit autem ut filius illius secularis infirmaretur. Qui multum rogabat senem ut ueniens oraret pro puero, qui surgens abiit cum ipso. Precurrens autem ille secularis introiuit in domum suam dicens: "Venite obuiam solitario illi." Videns autem senex eos a longe uenientes cum lampadibus, cognouit quia sibi uenirent in occursum. Exuens ergo se uestimenta sua misit illa in flumine et cepit lauare ea stans nudus. Quod uidens minister eius sequentibus se ait: "Reuertimini quia senex iste mente excessit." Et ueniens ad senem ait: "Quid fecisti?" Omnes dicebant quia senex iste demonium habebat. Qui ait: "Et ego uolebam audire."

[433] **16.** Beata Melania ueniens ad beatum Ysidorum presbiterum obtulit ei trecentas libras argenti. Qui cum sederet et uimen

intexeret sola eam uoce benedicens ait: "Det tibi mercedem Deus." Deinde dicit economo suo: "Suscipe caute et diuide per omnes qui sunt tam in Libia quam in insulis fratribus." Illa uero cum pro munere tanto plurimam benedictionem aut laudem ab eo expectaret, nilque ab eo au|diret amplius dixit ad illum: "Scito trecentas, Domine, in hac esse argentea libras." Qui iterum nec sursum quid aspiciens, ita respondit: "Cui exhibuisti hec, o filia, non opus habet a te mensuram cognoscere et quidem si michi illud offerres, competenter hoc diceres. Cum autem non mihi, sed illi Deo qui non spreuisse immo amplius honorasse duos illos nummos agnouimus, tace, quiesce."

[434] **17.** Sanctus Macharius, cum spiritu uane glorie temptaretur ut sanaturus uidelicet qui a demoniis uexabantur Romam pergeret, proiecit se in limine celle sue dicens demonibus: "Ducite me si potestis et trahite, ego enim pedibus non ibo quo uultis. Quod si usque ad uesperam non me moueritis, sciatis uos a me ulterius non audiendos."

[435] **18.** Vir quidam magne religionis, Serapion nomine, audiens in urbe romana uirginem quandam intra cellam suam reclusam uisionem hominum respuentem, accessit ad uetulam quandam que prefate uirgini ministrabat, rogans attentius ut cum eadem uirgine loqueretur. Que cum eius aduentum nollet omnino uirgini nuntiare, per se ipsum accessit dicens ad eam: "Quid hic | sedes?" Que respondit: "Non sedeo, sed ambulo." – "Quo ambulas?" – "Ad Dominum." inquit. At ille: "Viuis an mortua es?" Illa respondit: "Credo in Domino meo me esse mortuam seculo. Nam qui carne uiuunt ad Dominum ire non possunt." Tunc ille: "Si ergo mortua es, egredere et ueni mecum." Et egressa secuta est eum usque ad quandam basilicam et ait uirgo: "Quid amplius faciam?" – "Exue te, inquit, uestimentis tuis sicut et ego ut nudi transeamus per mediam ciuitatem." Et illa: "Si hoc egero multorum ledam animas qui me aut insanam aut demonem pati credent." Cui ille: "Et quid ad te que ut dicis apud illos mortua es? Mortuo enim nunquam cure est si quis ei detraxerit uel irriserit." Tunc illa: "Ignosce mihi, pater, nondum ad hanc uite mensuram perueni." Et senex: "Vade ergo, soror, ne magnum iam aliquid esse te credas et te mortuam seculo glorieris."

[436] **19.** Abbas Pemen a quodam interrogatus si melius est remotius an cum aliis habitare, respondit: "Homo si se ipsum reprehendit, ubique potest persistere. Si autem magnificat se non stat."

20. De Vita sancti Odonis abbatis Cluniacensis. | Frater quidam, dum preteritorum maculas studeret flendo suorum detergere delictorum et studia cetera omitteret, a beato Odone commonitus cur ad legendum non esset cum aliis uel discendum, mox eum exorauit ut compunctioni et orationi ei iugiter uacandi licentiam largiretur. Cui pater inquit: "Restat ut uno uel amplius tempore iste spiritus discedat a te, quam mens tua uane glorie sautietur stimulis." Mox frater ille predictam perdidit compunctionem et uix post medii anni spatium eam rursus exorando beatum Odonem meruit recipere.

21. De Vita sancti Bernardi. Cum fratres beati Bernardi et spirituales filii signa et mirabilia que per ipsum Deus cotidie faciebat admirantes audissent, non more carnalium in gloriam eleuabantur humanam, sed iuuenili eius etati et noue adhuc conuersationi spirituali sollicitudine metuebant. In quo nimirum zelo Galdricus auunculus eius et Guido primogenitus fratrum ceteris ante ibant, ut ipsos tanquam geminos stimulos quosdam carnis sue ne gratiarum magnitudo eum extolleret accepisse diuinitus uideretur. Neque enim parcebant uerbis durioribus exagitantes teneram uerecundiam eius, calump|niantes et bene gesta signa adnichilantes et hominem mansuetissimum nichilque contradicentem frequenter usque ad lacrimas improperiis et obprobriis affligentes.

22. Nunquam beatum Bernardum honor sollicitauit oblatus, nec motus est pes eius ut inclinaret se ad gloriam, nec magis eum delectaret thiara et anulus, quam rastrum et sarculus. In uestibus beato Bernardo paupertas semper placuit, sordes nunquam. Nimirum animi fore indices aiebat, aut negligentis, aut inaniter aput se gloriantis, aut gloriolam foris affectantis humanam.

23. Beatus Bernardus, sicut ipse de quodam sanctorum ait, legem dilexit et cathedram non affectauit. Quam felicius siquidem in uirtutum cathedra sedere meruit, dum noluit presidere in cathedris dignitatum.

CAPITVLVM XXXVIII

DE CVPIDITATE

[441] **1.** Excepta de Cronicis Eusebii. Rabodus, dux Frisonum, predicatione Wlfranni episcopi ad hoc deductus ut baptizari deberet, cum unum pedem in lauachro intinxisset, alterum pedem retrahens interrogauit ubinam plures suorum maiorum essent in inferno an in paradiso. | Et audiens plures esse in inferno, intinctum pedem extrahens: "Sacius est, inquit, ut plures quam pauciores sequar." Et ita ludificatus a demone promittente quod ei tertia die ab hinc incomparabilia bona daret, ipsa tertia die subita et eterna morte periit.

[442] **2.** Tempore persecutionis sub Decio Cesare quidam Christiani tam impudenter ad aras prosiliebant ut et affirmare niterentur se numquam christianos fuisse. Hi erant de quibus predixit Dominus: *Quoniam pecunias habentes difficile saluabuntur.*

[443] **3.** Ecclesiastica Hystoria Anglorum. Cum angelus ductor beati Fursei flammam diuisisset et eum duceret per medium ignis, subito inmundi spiritus arripientes unum de eis quos in ignibus torrebant iactauerunt in eum et contingentes humerum maxillamque eius incenderunt. Cognouitque beatus Furseus hominem et quia uestimentum eius morientis acceperit ad memoriam reduxit, quem angelus sanctus apprehendens statim in ignem reiecit. Dicebatque hostis malignus: "Nolite repellere quem ante suscepistis. Nam sicut bona suscepistis eius peccatoris | ita et de penis eius participes esse debetis." Contradicens angelus: "Non, inquit, propter auaritiam sed propter saluandam eius animam suscepit." Cessauitque ignis et conuersus angelus ad eum: "Quod incendisti, inquit, hoc arsit in te. Si enim huius uiri in peccatis suis mortui, pecuniam non accepisses, nec pena eius in te arderet." Qui, postmodum in corpore constitutus, omni uite sue tempore signum incendii quod in anima pertulit uisibile cunctis in humero maxillaque portauit.

[444] **4.** De Libro deflorationum. Quidam latro duos itinerantes quos hospitio susceperat nocte interficere temptauit, sed illi preualen-

---

XXXVIII, **15** Quoniam – saluabuntur] cfr Marc. 10, 23-24; Luc. 18, 24 tes interfecerunt eum. Cunque sepeliendus ad ecclesiam deferretur, sacerdos pro eo missam celebrare cepit. Cunque ad uerba celebrationis dominice uenire deberet, terribilis sonus in tecto ecclesie percrebuit et altare, sicut hucusque patet, usque ad radicem scissum est. Sicque sacerdos, cum omnibus ingenti pauore percussus, fugit et pro apostata sacrificare cessauit. Hoc contra eos dictum sit qui pro sceleratis ob gratiam eorum se oraturos pollicentur.

[445]   **5.** De Dialogo Gregorii. Quodam tempore, possessor quidam | Carcerius nomine, inmundo desiderio deuictus, quandam sanctimonialem feminam rapuit sibique illicito matrimonio coniunxit. Quod mox ut uir Dei Menas cognouit, ei per quos potuit que fuerat dignus audire mandauit. Cumque ille, sceleris sui conscius, ad uirum Dei accedere non auderet, oblationes suas inter alias oblationes misit ut eius munera saltem nesciendo susciperet. Sed uir Dei per Spiritum sanctum eius oblationes discernens ab aliis spreuit et abiecit dicens: "Ite et dicite ei: Oblationem suam omnipotenti Domino abstulisti et mihi tuas oblationes transmittis? Ego tuam non accipio quia suam abstulisti Deo."

[446]   **6.** Brixe ciuitatis episcopus, accepto pretio, Valerianum patricium in ecclesia sepeliri permisit. Qui Valerianus usque ad etatem decrepitam leuis ac lubricus fuit modumque suis prauitatibus ponere contempsit. Eadem uero nocte qua sepultus est, beatus Faustinus martyr in cuius ecclesia corpus illud fuerat humatum custodi suo apparuit dicens: "Vade et dic episcopo ut proiciat hinc has fetentes carnes quas hic posuit, aut si non fecerit, die .XXX. ipse morietur." Quam uisionem custos | episcopo timuit confiteri et rursum admonitus declinauit et ita die .XXX. morte subita episcopus est defunctus.

[447]   **7.** De libris Petri Damiani. Quidam hospitalis ualde alienam suem furatus est. Interea adest Ihesus in effigie pauperis et tanquam prolixo crine egebat tonsore. Ille protinus reuerenter assurgens, assumptis forcipibus, eum tondere cepit. Quod dum faceret, repperit in occipio eius duos oculos latitantes. Expauit ille et inquisiuit quid hoc esset. Cui Dominus: "Ego, inquit, Ihesus uocor qui undique cuncta conspicio et isti sunt oculi quibus uidi suem quam in cauea abscondisti." Moxque disparuit.

[448]   **8.** Cyprianus episcopus uidit maiorem Benedictum papam qui iam obierat nigro equo quasi corporaliter insidentem. Cui et ait: "Quomodo tibi est, pater?" – "Grauibus, inquit, afficior penis, spe tamen si adiutorium prebeatur de misericordia recuperatione non

priuor. Sed perge, queso, ad fratrem meum Iohannem qui nunc apostolicam occupat sedem, eique ex parte mea denuntia ut illam potissimam summam que in tali theca reconditur in pauperes pro salute mea distribuat. Nam cetera que pro me sunt indigentibus tradita mihi nil penitus profuerunt quia de rapinis | et iniusticiis acquisita sunt." His auditis, romanus episcopus episcopalis mox sarcine pondus abiecit, monachi opus et habitum sumpsit.

9. Quidam diues ac prepotens, bone opinionis et secundum humanum iudicium uite innocens, post suum obitum a quodam uiro religioso qui per spiritum ad inferiora descendit, in supremo cuiusdam scale stare uisus est. Que scala inter stridentes et crepitantes ultricis incendii flammas uidebatur erecta atque ad suscipiendas omnes ex eadem progenie constituta. Vir autem qui hec contemplabatur, dum causam huius horrende dampnationis inquireret, audiuit quia propter quandam possessionem Metensis ecclesie quam beato Stephano proauus eius abstulerat, cui iste iam decimus in hereditate successit.

10. In Babilonie partibus, apostolica sedes possessionem habebat unde tantum balsami reditum capiebat quod indeficienti fomite sufficeret lampadi que ante altare beati Petri rutilabat; hanc possessionem papa distraxit. Aliquando post cum idem papa predicto altari quasi deuotus assisteret et oraret, ecce quidam terribilis et grandeuus senex illum uehementer percussit et ait: "Tu extinxisti lucernam meam ante me, ego extinguo lucernam | tuam ante Deum." Moxque disparuit. Protinus ille corruit et paulo post obiit.

11. Cuidam sacerdoti uni misse spe lucri plures introitus inserenti, dum ceteri milites offerre paulatim desisterent, unus eorum sic ait: "Et si sic usque ad uesperam singulas missas inchoaueris, non desistam ab oblatione donec sanctam eucharistiam confeceris."

12. Martinus presbyter cardinalis et pauper benedictionem, .XX. libras a cancellario sibi transmissas ad sollempnizandum in Natale Domini accipere renuit, eo quod de rapina et symoniace acquisite erant. Hic etiam quendam episcopum qui ei, deficiente proprio, equum commodauerat cum legatione fungeretur, iuuare noluit in sua causa, nisi prius equo reddito et cognita causa eius prius iusta.

XXXVIII, **108** libras] librarum *cod.*

[453] 13. Quidam ad confessionem ueniens ad consilium sacerdotis ablata restituere recusauit. Qui, dum sine penitentia abiret, nummum sicut ceteri super altare obtulit, quem mox sacerdos post ipsum cum sputo proiciens ait: "*Pecunia cum te sit in perditionem*, qui, sicut Cayn *uagus et profugus* recedis a facie Domini. Absit me esca tua capi posita in muscipula." Compunctus uero, in crastino rediit et ad eius imperium satisfecit.

[454] 14. Mulier quedam moriens sepeliri recusauit in camisia sibi data, di|cens: "Sepeliar in camisia meis manibus elaborata, non alienis."

[455] 15. Petrus Cluniacensis abbas. Gaufridus dominus castri Sinemuri cum filio et tribus filiabus apud Cluniacum religionis habitum sumpsit. Qui post mortem suam cuidam sorori qualiter se haberet innotuit: "In hora, inquit, exitus mei, maligni spiritus in me terribiliter irruerunt. Sed beatus Petrus apparens ipsis perturbatis ait: 'Quid ad hunc uenistis?' – 'Noster, inquiunt, est et nostra opera dum esset in seculo fecit'. – 'Sed pro his, inquit beatus Petrus et, quod maius est, seculo renuntiauit'. – 'Vnum, inquiunt, superest quod nullo argumento cassari potest. Vestibus et telis que undique abluende ad castrum de Sinemuro deferuntur, nouas exactiones imposuit, quas nec ipse nec aliquis post eum remouit. Manente autem peccato, necesse est manere penitentiam peccati'. Ad quod apostolus: 'Nichil, inquit, excipiens pro omnibus peccatis suis monachus effectus est et ideo in partem salutis uocandus est'. Quo audito, demones in fugam uersi sunt et ego ab eorum terrore ablatus. Superest ergo ut filio meo Gaufrido qui in illa hereditate successit hec nota facias et ut prauam exactionem ad priorem consuetudinem redu|cat, ex parte nostra illi dicas." His dictis, disparuit.

[456] 16. Sine tytulo. Mulier quedam sub specie religionis inmensas pecunias congregabat quas, humo effossa, in medio cellule sue in olla pregrandi ibi reposita cotidie reponebat. Tandem olla impletur et mulier moritur. Post cuius exequias sacerdotes puellam que illi deseruire solebat interrogant quid de tanta fecisset pecunia, utrum eam distribuisset parentibus uel egenis. At illa respondit nunquam se uidisse quod ulli inopum manum misericordie porrexisset, aut ubi pecunia deuenisset se nescire fatetur. "Vnum tan-

---

117 Pecunia – perditionem] Act. 8, 20   118 Cayn – Domini] cfr Gen. 4, 12-14

tum scio, ait, quod in cellulam deportauit, regressum foris ultra non uidi." Tunc, effracta cellula, pecunia queritur; inuenta, episcopo deportatur. Cuius imperio super corpus illius in sepulchro proicitur. Verum, nocte insecuta, uoces a tumulo audiuntur, fletus et ululatus immensus; inter quas uoces hoc maxime resonabat se miseram, se infelicem, que auri consumebatur incendio. Denique, cum per triduum he uoces, adueniente nocte, resonarent, populis non ferentibus, ad sacerdotem uenitur. At ille accedens iubet opertorium tumuli amoueri, | submotoque, uidet aurum quasi in fornace resolutum in os mulieris cum flamma sulphurea penetrare. Tunc, lapide iterum aduoluto, orauit sacerdos ad Dominum ne uoces mulieris ulterius audirentur. Et factum est ita.

17. Quidam apud Lugdunensem urbem uix laborans ut unum trientem posset habere, cupiditate succensus de hoc triente uinum comparat, admixtisque aquis, iterum per argenteos uenundato, duplicat pecuniam. Hoc iterum atque iterum agit et tamdiu turpis lucri sectator est factus usque quo centum solidos de hoc triente lucraretur. Sed iudicium Dei confutauit lucra diaboli. Nam, collecta pecunia et in sacculo qui ex pelle phenicia erat reposita, quasi aliquid negociaturus in foro rerum uenalium uenit; et ecce repente, dum loqueretur cum socio, adueniens miluus rapit saculum quem gestabat in manu pedibus atque discerpere temptat, putans a colore partem carnis esse. Sed cum nil pinguedinis sentiret in eo, euolans super alueum Araris de quo hic aquas hauriens uino miscuerat, laxatum sacculum | deiecit in flumen. Ac ille, apprehensis capillis, elidens se in terram, spargens puluerem super caput suum, aiebat: "Ve mihi, quia iudicio Dei oppressus perdidi pecuniam que inique fuerat aggregata. Nam ex uno triente erexi .C. solidos. Nunc perditis centum solidis, unus mihi tantum triens remansit."

18. De Vita sancti Anthonii. Tendente beato Anthonio ad heremum, diabolus uolens eius impedire propositum argenteum discum in itinere proiecit. Quo uiso, callidi artificis cognouit esse astutiam, stansque intrepidus et discum cernens toruis oculis, doli auctorem in phantasmate obiurgabat argenti, dicens: "*Non impedies, diabole, uoluntatem meam, argentum tuum tecum sit in perditionem.*" Statimque discus ut fumus a facie ignis euanuit. Dehinc

---

186/188 Non – perditionem] cfr Act. 8, 20

CAPITVLVM XXXVIII

non ut ante phantasiam sed ingentem massam auri iacentem in itinere conspexit. Sed magnitudinem admiratus radiantis metalli rapido cursu quasi quoddam uitaret incendium, ad heremi solitudinem usque perrexit, ibique nouus hospes diutius habitauit.

19. De Vita sancti Hylarionis. | Cum beatus Hylarion ad uisenda monasteria ire disponeret, scientes monachi quendam e fratribus esse parciorem simul cupientes uicio eius mederi rogabant ut aput illum maneret. Quibus ille: "Quid, inquit, uultis et uobis iniuriam et fratri uexationem facere." Quod postquam ille frater parcus audiuit erubuit et, annuentibus cunctis, uix ab inuito impetrauit ut ad suum monasterium diuerteret. Post diem decimum uenerunt ad eum, custodibus iam in uinea sua quasi uilla esset ab eo dispositis. Qui cum lapidibus et glebarum iactu fundeque uertigine accedentes monachos deterrerent, sine esu uue mane omnes profecti sunt, ridente sene et dissimulante scire quod euenerat. Verum ab alio liberaliter suscepti mox ad uineam inuitati sunt. Tunc sanctus: "Maledictus qui prius refectionem corporis quam anime quesierit. Oremus, psallamus, reddamus Domino officium et tunc ad uineam properabitis." Erant autem qui uescebantur non minus ad tria milia, cunque .C. lagenis estimata fuisset adhuc integra uinea, post dies .XX. trecentas fecit. Porro ille frater parcus multo minus solito colligens etiam id quod habu|erat uersum in accetum sero doluit.

20. Vir Dei Hylarion quia compererat unum e fratribus ortuli sui nimis cautum custodem timidumque et pusillulum habere nummorum, ab oculis suis abiecerat. Qui uolens sibi reconciliari senem, frequenter ueniebat ad fratres et maxime ad Esichium quo senex uehementissime delectabatur. Quadam igitur die ciceris fascem uirentis sicut in herbis erat detulit. Quod cum ad uesperam Esichius posuisset in mensam, exclamauit senex se putorem eius ferre non posse, simulque unde esset interrogauit. Respondente autem Esichio quod frater quidam primitias agelli sui fratribus detulisset. "Non sentis, inquit, fetorem teterrimum et in cicere fetorem auaritie. Mitte bobus, mitte brutis animalibus et uide an comedant." Quod cum ipse in presepe posuisset, exterriti boues et plus solito mugientes, ruptis uinculis, in diuersa fugerunt.

21. De Vita sancti Iohannis Elemosinarii. Nauclerus quidam dampna pertulit et accedens ad beatum Iohannem rogabat cum lacrimis ut compateretur ei sicut omnibus. Cui mox quinque | libras auri dari precepit. Qui rursus uniuersa amittens naufragio, ad uirum misericordie accessit. Cui sanctus: "Certe, frater, nisi miscuisses pecuniis ecclesie illas pecunias que tibi remanserant, nullatenus naufragium pertulisses, de malis enim habuisti eas et perdite sunt cum eis que fuerunt ex bonis." Verum denuo .X. libras auri dari precepit, denuntians ei ne commisceret eis alias pecunias. Qui in naui que ex naufragio illi illesa remanserat nauigans, una die, uento ualido flante, proiectus est in terram et omnia perdidit et ipsam nauim et cum sese pre confusione et angustia interficere uellet, uir Dei, qui per spiritum hoc nouerat, mandat ei ut ad se nil omnino dubitans celeriter reuertatur. Quo presente, ait: "Credo, fili, quod de cetero non patieris naufragii detrimentum. Hoc uero tibi contigit eo quod ipsa nauis tua ex iniustitia acquisita fuisset."

22. Eunte aliquando beato Iohanne cum quodam episcopo amatore pecunie ad uisitandos pauperes, ut cognouit quod domesticus eiusdem episcopi .XXX. libras auri secum deferret, ait ad episcopum: "Ama et honora, frater Troile, fratres Christi", hoc enim erat ei nomen. Qui tanquam ueri|tus sermonem patriarche immo ad horam calefactus, singula nummismata dari pauperibus, qui illas .XXX. libras portabat precepit. Celeriter uero huius auri quantitas erogata est. Cum autem ad domum propriam remeasset et quid fecisset attenderet, cepit pro amissione pecunie uehementer affligi et quasi febri ualida occupatus in lectulum se recepit. Quod patriarcha audiens et causam cognoscens, celeriter uenit ad eum uultuque hylari sic affatus est eum: "Fili Troile, estimas quod in ueritate dixerim tibi dare fratribus huiusmodi datum. Crede mihi, ioco dixi, non serio. Volui enim pauperibus singula dare nummismata, sed quia sufficientem non habui quantitatem, huius rei gratia mutuam dedisti mihi eam et ecce attuli tibi .XXX. libras." Quas ut ille uidit et tenuit, subito febris disparuit, frigus recessit, color et uirtus corporis redierunt. Tunc propriis manibus huiusmodi fecit cyrographum: "Deus, domino meo patriarche Iohanni da mercedem .XXX. librarum que date sunt tibi, quoniam ego recepi mea." Verum in ipsa nocte ostendit ei Deus qua mercede priuatus esset. Vidit enim in sompnis domum | cuius pulchritudinem atque magnitudinem ars humana imitari non potest et ianuam huius totam auream et supra ianuam conscriptum tytulum: "Mansio eterna et requies Troili episcopi." Cum ergo legisset et plurimum exultaret, ecce quidam cubicularius regis sequentibus se ait: "Tollite tytulum et scribite: Mansio eterna ac requies Iohannis archiepiscopi Alexandrini, empta libris .XXX."; et euigilans elemosinator extunc factus est.

CAPITVLVM XXXIX

DE SYMONIA

[463] **1.** Petrus Cantor. Quadam die, cum fratres Cystercii quid comederent non haberent, Stephanus eiusdem cenobii primus abbas sterni fecit asinum suum et, assumpto conuerso suo cum duobus sacculis, exierunt in uillam uicinam panem fratribus mendicare. In qua, illis diuisim mendicantibus, conuerso quidam placentas, quidam caseos dabant que abbas ab eo accipiens et super asinum cui insidebat imponens, cum essent in reditu, diligenter quesiuit a conuerso a quibus elemosinam accepisset, qui multos enumerans dixit se a sacerdote illius uille elemosinam accepisse. Quod abbas | audiens pastoribus sibi factis obuiam statim cuncta distribuit. Cui conuersus: "Absit, mi pater, ut hanc rem facias; fratres enim domi moriuntur fame." Cui abbas: "Sacerdos ille symoniacus est, nec debemus a talibus accipere quicquam."

[464] **2.** Willelmus Malmesberiensis monachus. Henricus, tempore Conradi patris, a quodam clerico fistulam tulerat argenteam qua pueri ludentes aquam iaculantur. Pactus episcopatum cum foret imperator, adultus repetenti pollicitum impigre dedit. Non multo post graui morbo correptus, decubuit. Morbo crescente, triduo exanguis et mutus iacuit. Episcopi presentes pro uita eius, triduano indicto ieiunio, suplicabant. Conualescens, ascitum episcopum quem pro fistula fecerat deposuit sententia concilii: professus se illo toto triduo demones infestos uidisse flammam in se per fistulam iaculantes, interea iuuenem quendam semiustulatum aduentasse ferentem calicem aureum aqua plenum, cuius uisione et laticis aspersione extinctos ardores euasit. Hic erat beatus Laurentius | cuius ecclesie tectum longa incuria dissolutum compaginari fecerat et preter alia munera aureo calice honorarat.

[465] **3.** Miles quidam .XXVII. marcas argenti in ecclesia quadam cuius patronatu gaudebat clerico cuidam uendiderat personatum. Qui postea facti penitens, pro satisfactione tanti piaculi crucem susceperat, sepulchrum Domini si daretur facultas aditurus. In

---

XXXIX, 26 cuius] uisione *add. sequens fontem*   29 honorarat] honorificauit *in fonte*

qua peregrinatione defunctus est et in suppliciis ignis purgatorii deportatus. Fatebatur autem quod pro crimine symonie nisi Christi preuentus clementia ante mortem super hoc penituisset eternum nullatenus effugisset interitum. Nummos autem, quos pro uenditione ecclesie susceperat, ardentes cotidie uorare sepius cogebatur.

4. Iohannes Elemosinarius. Quodam tempore famis, cum beatus Iohannes quicquid habebat distribuisset pauperibus et multa etiam mutuo ad usus similes accepisset, bigamus quidam sancte ecclesie diaconus fieri desiderans accessit ad uirum Dei et ait: "Sunt mihi, domine, indigno ser|uo tuo frumenti ducenta milia modiorum et auri libre .C. et .LXXX. quas rogo dari Christo per te, tantum ego indignus in mynisterium uestri diaconatus frui merear." Cui sanctus: "Oblatio quidem tua multa et tempori necessaria sed maculosa est. Verum antequam ego et tu nasceremur, habuit Christus unde suos pauperes pasceret et nutriret. Vnde noueris quod non est tibi portio neque hereditas in hac parte." Cunque hunc tristem et sine effectu dimisisset, nuntiatur ei duas ecclesie naues applicuisse quas in Siciliam miserat propter frumentum.

CAPITVLVM XL

DE SODOMITICO VICIO

[467] **1.** De Visione cuiusdam monachi. De sodomitarum tormentis melius est silere quam loqui, cum oculus non uiderit nec auris audierit nec in cor hominis ascenderit que iugiter illis parantur et renouantur genera tormentorum. In breui temporis spatio .C. uel eo amplius penarum diuersitatibus omnimodis annullatos et mox restauratos, iterum ad nichilum pene redactos et demum reintegratos aspiciebam et harum uicissitudinum nullus erat finis, nulla meta, ter|minus nullus. Deinde, quod his omnibus est magis exosum et graue pariter ac uerecundum, monstra quedam ingentia igneam quantitatem preferentia illos iugiter impetebant et quantumlibet renitentes ac fugientes sibi abusionis genere commisceri cogebant. Tunc illi inter nefandos amplexus pre dolore nimio palpitabant, rugiebant, ululabant et deinde uelut exinaniti et in mortem deficientes collabebantur, innouatis mox cruciatibus excipiendi.

[468] **2.** Cassianus. Quidam frater probatissimo cuidam seni uicio carnis semetipsum grauissimo confessus est impugnari. Nam contra usum nature desiderio patiendi magis quam inferendi ignominiam intolerabili estu libidinis urebatur. Tunc ille, ut spiritualis uerusque medicus, postquam causam morbi huius et originem protinus peruidisset, grauiter suspirans: "Nequaquam, ait, tam nequam spiritui tradi te Dominus permisisset, nisi aliquid blasphemasses in eum." Quo ille comperto, confestim procidens ad pedes eius in terram, confessus est se in Dei Filium | cogitatione impia blasphemasse.

CAPITVLVM XLI

QVOD GRAVE SIT RES PAVPERVM NON PAVPERIBVS DARE

1. De Hystoria Turpini archiepiscopi. Miles quidam positus in extremis cuidam consanguineo suo precepit ut pretium equi sui pro salute anime sue pauperibus erogaret. Quo mortuo, consanguineus eius equum pro .C. solidis uendidit preciumque cibis et potibus ac uestibus uelociter expendit. Sed, quia malis factis diuini iudicis uindicta proxima esse solet, transactis .XXX. diebus, apparuit ei in nocte in extasi mortuus dicens: "Quoniam res meas pro redemptione anime mee in elemosina tibi ad dandum commendaui, scias omnia peccata mea Deum mihi dimisisse. Sed, quia iniuste elemosinam meam retinuisti, per .XXX. dies in locis penalibus moras me fecisse intelligas; te autem in eisdem locis unde egressus sum die crastina scias ponendum et me in paradiso futurum." His ita dictis, mortuus recessit uiuusque tremefactus euigilauit. Qui cum summo mane cuncta omnibus que audierat enarraret, ecce subito de medio circumstantium | a demonibus uiuus rapitur, sicque in infernum deducitur.

2. Ieronimus. Quidam heremita, speciem pretendens religionis sed uirtutem abnegans, aput imperitos homines faciendo sui miraculum pecunias maximas congregauit. Qui morte preuentus, Cresi opes orbisque stipes quasi in usum pauperum congregatas stirpi et posteris dereliquit. Tunc ferrum quod latebat in profundo supernatauit aquam et inter palmarum arbores myrre amaritudo monstrata est. Nimirum talem habuit socium et magistrum qui egentium famem suas fecit diuitias et miseris derelicta in suam miseriam detinuit. Quorum clamor tandem peruenit ad celum et patientissimas Dei uicit aures, ut missus angelus pessimus Nabal de Carmelo diceret: "*Stulte, hac nocte auferetur anima tua a te.*"

XLI, **29** Stulte – te] Luc. 12, 20

CAPITVLVM XLII

QVOD ALIENE RES INVENTE NON DEBENT RETINERI

[471] **1.** Augustinus. Pauper quidam apud Mediolanum sacculum solidorum inuenit. Memor tamen diuine legis, pitacium publice proposuit: "Qui solidos perdidit ue|niat ad illum locum, inueniet illum hominem." Ille qui plangens uagabatur, inuento et lecto pitacio, uenit ad hominem. Et ne forte alium quereret et non suum, interrogauit signa, interrogauit sacculi qualitatem, numerum solidorum. Cum omnia etiam fideliter ille respondisset, reddidit quod inuenerat. Ille repletus gaudio et querens uicem rependere, tanquam decimas obtulit ei solidos .XX., noluit accipere. Obtulit .X, noluit accipere. Saltem rogauit ut uel quinque acciperet, noluit. Ille stomachabundus proiecit sacculum: "Nichil perdidi, ait. Si non uis aliquid a me accipere, nec ego aliquid perdidi." Victus ille quod offerebatur accepit, sed continuo totum pauperibus erogauit.

75ub

[472] **2.** Ex Dialogo beati Gregorii. Vir Dei Sanctolus, cum ecclesiam beati Laurentii a Langobardis succensam restauraret et operariis suis quid alimentorum tribueret non haberet, forte ad quendam clibanum, in quo uicine mulieres pridie coxerant panes, deuenit. Ibique curuatus aspexit ne fortasse panis a coquentibus remansisset; cum repente panem mire magnitudinis atque insoliti | candoris inuenit, quem quidem tulit, sed deferre artificibus noluit ne forte alienus esset et culpam uelut ex pietate perpetraret. Quem cum omnibus mulieribus ostendisset et hunc suum esse singule denegarent, uir Dei letus ad multos artifices cum uno pane perrexit. Qui tamen panis per .X. dies omnibus copiose suffecit.

76ra

[473] **3.** Vite Patrum. Vnus ex discipulis Agathonis paruissimum fasciculum cicercule inueniens in uia dicit seni: "Pater, iubes, tollo illud?" Cui senex: "Tu illud posuisti?" Et frater: "Non." Cui senex: "Quomodo ergo uis tollere quod non posuisti?"

[474] **4.** Abbas Iohannes mutuauit aliquando a quodam fratre solidum unum et emit linum ut operaretur; et rogantibus fratribus linum dedit cum gaudio. Postea ueniens frater solidum suum repetiit; et cum senex non haberet unde redderet, abiit ad abbatem Iacobum dispensatorem ut rogaret eum. Et dum iret inuenit solidum et non tetigit eum, sed orans reuersus est in cellam suam. Et

cum frater ei molestus esset pro solido, iterum abiit et inuenit eundem solidum. Et rursus, facta oratione, reuersus est. Tertio abiens tulit eum. Et ueniens | ad abbatem Iacobum ait: "Cum uenirem ad te, hoc inueni; sed queso, conuoca fratres ne quis perdiderit solidum hunc." Et cum nemo eorum quippiam perdidisset, abbati Iacobo rem ex ordine pandit et ex eius licentia solidum reddit fratri.

5. Senex quidam in platea sacculum cum mille solidis inueniens stetit in eodem loco dicens: "Necesse est modo eum qui perdidit huc uenire." Et ecce ueniebat qui perdiderat, plorans. Tulitque eum seorsum et reddidit ei sacculum suum. Qui cum roganti ut aliquam partem acciperet acquiescere nollet et ille in eius laudibus acclamaret, senex ne agnosceretur aufugit.

CAPITVLVM XLIII

DE PROPRIETATE

[476] 1. De Libro deflorationum. Frater quidam modicum proprietatis sine licentia habens ad sanctam communionem inconfessus accessit. Mox autem ita intestinis uexari cepit, ut, stomacho reiciente, penaliter euomeret sacramentum, qui humiliter noluit euomere delictum.

[477] 2. Cuidam puelle in cenobio morienti malignus hostis apparuit. Que uehementer intremiscens recordata est quod unam aculam sine licentia haberet, quam de loco ubi hanc | esse dixit sorores detulerunt; sed demon non recessit. Illa uero aliquid proprium recognoscens se habere pro quo malignus hostis intraret, tandem recordata: "Vnum, ait, filum sericum ad spondam habeo." Quo mox reperto et ablato, mox diabolus recessit et puella quasi subridens migrauit.

[478] 3. Ieronimus. Quidam ex fratribus parcior magis quam auarior (nesciens .XXX. argenteis Dominum uenditum) .C. solidos quos lina texendo quesierat moriens dereliquit. Initum est inter monachos consilium (nam in eodem loco circiter .V. milia diuisis cellulis habitabant) quid facto opus esset. Et alii pauperibus distribuendos esse dicebant, alii dandos ecclesie, nonnulli parentibus remittendos. Macharius uero et Pambo et Ysidorus et ceteri quos patres uocant, Sancto in eis loquente Spiritu, decreuerunt infodiendos cum eodem dicentes: "*Pecunia tua tecum sit in perditionem.*" Nec hoc crudeliter quisquam factum putet. Tantus enim per totam Egyptum timor inuasit ut unum solidum dimisisse sit criminis.

[479] 4. Ex Dialogo beati Gregorii. Beatus Benedictus pro exhortandis animabus | fratres suos ad quasdam sanctimoniales mittere consueuerat. Quadam uero die misit ex more, sed is qui missus fuerat, post admonitionem factam, a sanctimonialibus feminis rogatus mappulas accepit sibique eas abscondit in sinu. Qui mox ut reuersus est a beato Benedicto uehementissime increpatur: "Quomodo, inquit, ingressa est in sinum tuum iniquitas?" At ille quid

---

XLIII, 24/25 Pecunia – perditionem] Act. 8, 20

egisset oblitus, ilico obstupuit. Cui ait: "Nunquid ego illic presens non eram quando de ancillis Dei mappulas accepisti tibique eas in sinum misisti?" Qui mox eas proiciens ueniam petiit et impetrauit.

[480] **5.** Vite Patrum. Frater quidam renuntians seculo pauca sibi retinuit. Quod cum audisset beatus Antonius, ait: "Si uis monachus fieri, uade in uicum illum et eme carnes, quas nudo corpori tuo imponens, ueni huc." Et cum sic fecisset, aues carnes et corpus eius lacerabant. Quo ostendente corpus suum laceratum, ait sanctus: "Qui renuntiant seculo et uolunt habere pecunias, ecce ita impugnati a demonibus discerpuntur."

[481] **6.** Quidam senator, seculo renuntians, aliqua sibi ad proprium usum retinuit. | Cui beatus Basilius ait: "Et senator esse desisti et monachum non fecisti."

[482] **7.** Quidam hortolanus, excepto usu tenui, omnem laborem suum pauperibus erogabat. Cui inuidens diabolus inmisit in corde eius ut aliquantam pecuniam colligeret, ut si forte egrotaret nulli esset molestus. Qui postquam lagenam de nummis implesset, contigit eum infirmari et putrefieri pedem eius. Et cum omnem substantiam suam frustra in medicos expendisset, unius consilio ut ipsum incideret pedem diem constituit. Verum illa nocte rediens ad seipsum de his que gesserat ingemuit dicens: "Recordare, obsecro, Domine, quomodo tibi in tuis minimis aliquando ministraui." Et cum hoc dixisset, astitit ei angelus Domini dicens: "Vbi sunt nummi quos collegisti? Et ubi est spes de qua tractasti?" Qui ait: "Peccaui, Domine. Ignosce mihi et amodo ulterius non faciam." Tunc angelus tetigit pedem eius et statim sanatus est. Exurgens mane abiit operari in agrum, ubi cum medicus qui eum secare uenerat repperisset, admiratus est magnificans Deum.

CAPITVLVM XLIV

DE AMORE PAVPERTATIS

[483] 1. De Dialogo Seueri. | Narrat Postumianus se cum sociis suis in quandam insulam applicuisse, ubi a quodam sene benigne recepti, post orationem ad prandium inuitati sunt. Tunc positis in terram ueruecum pellibus, fecit eos discumbere. Apposuit prandium sane locupletissimum, dimidium panem ordeaceum et fasciculum herbe. Erant autem quatuor, ipse erat quintus. Ad hec Postumianus subridens ait ad Gallum: "Placetne tibi prandium istud?" Et ille: "Istum dimidium ordeaceum timeo uel solus attingere." Homines autem illius insule non emunt neque uendunt; quid sit fraus aut furtum nesciunt. Aurum atque argentum, que prima mortales putant, nec habent nec habere cupiunt. Nam cum illi seni Postumianus .X. nummos aureos obtulisset, refugit, ratus ecclesiam non auro astrui, sed potius destrui.

[484] 2. Ex Dialogo Gregorii. Libertinus, prepositus Fundensis monasterii in Samnie partibus, pro utilitate monasterii aliquando carpebat iter. Cumque Darida, Gothorum comes, cum exercitu in eundem locum uenisset, Dei seruus ex caballo quo sedebat ab hominibus eius proiectus est. Qui iumenti perditi dampnum li|benter ferens etiam flagellum quod tenebat diripientibus obtulit dicens: "Tollite ut habeatis qualiter hoc iumentum minare possitis." Quibus dictis, se protinus in orationem dedit. Illi uero ad quemdam fluuium uenientes nec ullatenus transire ualentes, ad seruum Dei celeriter redeunt et eum inuitum super equum suum leuantes, mox regressi, per fluuium quasi per terram aridam transierunt.

[485] 3. Cum discipuli beati Ysaac humiliter ei suggererent ut pro usu monasterii possessiones que offerebantur acciperet, ille sollicitus sue paupertatis custos fortem sententiam tenebat dicens: "Monachus qui in terra possessionem querit, monachus non est." Sic quippe metuebat paupertas suam securitatem perdere, sicut auari diuites solent diuitias perituras custodire.

[486] 4. Cum messis quam ad totius anni stipendium cum discipulis suis uenerabilis pater Stephanus congregauerat in archa a quodam maligno homine fuisset incensa et ei diceretur a quodam: "Ve, ue, Stephane, quid tibi contigit!" Mox uultu ac mente pla-

cida respondit: "Ve, quid illi contigit qui hoc fecit! Nam | michi quid contigit?"

[487] 5. *Petrus Cantor.* Cum beatus Bernardus quereret a quodam abbate religioso quomodo ei et conuentui esset, respondit: "Optime, quia adhuc relicti sumus pauperes."

[488] 6. Quedam mulier religiosa fere penitus nil manducans et in extasim et uisionem angelicam sepe rapta, dum, sub obtentu edificande capelle et agrorum emendorum ad opus illius monasterii, dona ab offerentibus susciperet, gratiam pristinam et propheticum spiritum et allocutionem angelorum amisit.

[489] 7. Beatus Bernardus cum uideret has magnas edificationes construi et quasi regum palatia adornari fleuisse dicitur, eo quod in tam breui prima tuguriola spernerentur.

[490] 8. *De Vita beati Anthonii.* Hoc fuit beati Anthonii testamentum: "Melotem, inquit, et pallium tritum, cui superiaceo, Athanasio date episcopo, quod ipse michi nouum detulerat. Seraphion episcopus alium melotem accipiat. Vos cilicinum habetote uestimentum."

[491] 9. *De Vita sancti Hylarionis.* Vir quidam, Orion nomine, a beato Hylarione curatus a demonio, quasi gratiam redditurus plurima dona ad eius monasterium attulit. Cui sanctus: | "Non legisti quid Giezi, quid Simon passi sunt?" Cunque ille flens diceret: "Accipe et da pauperibus", respondit: "Tu melius potes tua distribuere, qui per urbes ambulas et nosti pauperes. Ego qui mea reliqui, cur appetam aliena? Multis nomen pauperum occasio auaritie est. Misericordia artem non habet. Nemo melius erogat quam qui sibi nichil reseruat."

[492] 10. *Vite Patrum.* Venit quidam ad beatum Arsenium, afferens ei testamentum cuiusdam senatoris parentis eius qui reliquerat ei hereditatem magnam ualde. Qui accipiens testamentum uoluit illud scindere. Ille autem pedibus eius prostratus ait: "Deprecor, non scindas illud, quia inciditur michi capud." Tunc dicit ei sanctus: "Ego prius mortuus sum quam ille et quomodo me fecit heredem?" Et remisit testamentum nil accipiens.

[493] 11. Dixit sancta Sincletica quoniam sicut fortia uestimenta dum calcantur et pedibus sepe reuersantur, lauantur atque incandidantur, ita fortis anima per uoluntariam paupertatem amplius confirmatur.

[494] 12. Vir quidam nobilis et diues obtulit presbitero heremi auri plurimum ut fratribus erogaret. Qui respondit: | "Non opus habent." Et cum insisteret posuit sportam cum solidis in ingressu ec-

clesie dicens: "Qui opus habet tollat." Et nemo tetigit. Quidam uero nec aspexerunt.

[495] 80 **13.** De Vita sancti Malachie. A die primo conuersionis sue beatus Malachias usque ad extremum uite sue sine proprio uixit: Non seruos, non ancillas, non uillas, non uiculos, non denique quicquam redituum ecclesiasticorum seculariumue uel in ipso habuit episcopatu. Mense episcopali nichil prorsus constitutum uel as-
85 signatum unde episcopus uiueret, nec enim uel domum propriam habuit.

[496] **14.** De Vita sancti Bernardi. Tempore beati Bernardi, monachi Clareuallenses pulmentaria sepius ex foliis fagi conficiebant. Panis instar prophetici illius ex ordeo et milio et uicia erat, ita ut ali-
90 quando religiosus uir quidam appositum sibi in hospitio ubertim plorans clam asportauerit, quasi pro miraculo omnibus ostendendum quod inde uiuerent homines et tales homines. At uirum Dei minus ista mouebant; nam summa erat ei sollicitudo de salute multorum.

CAPITVLVM XLV

DE TRANSGRESSIONE VOTI

1. In Libro deflorationum. | Due sanctimoniales de cenobio puellarum ad secularem uitam reuerse sunt, quarum iunior, intumescente brachio, uitam post paululum finiuit. Maior uero cuidam scelesto se coniunxit et partum ita monstruosum peperit ut longius collum haberet quam ulna una. Sed cum se iterum prostituisset, concepit quidem, sed edere partum non potuit quousque, disrupto uentre, interiit. Fuerant autem usque ad tempus illud quo exierant bene conuersate. Ad hoc enim egredi permisse sunt ut de rebus parentum qui foris nuper obierant aliquid monasterio reportarent; sed hac occasione seculum pregustantes oblite sunt Deum.

2. De Dialogo Gregorii. Quidam monachus beati Benedicti mobilitati mentem dederat nec ullis admonitionibus eius in monasterio permanere uolebat. Quadam igitur die, dum uir Dei, nimietatis eius tedio afflictus, iratus iuberet eum discedere, ille mox egrediens contra se assistere, aperto ore, draconem in itinere inuenit. Qui cum eum deuorare uellet, cepit ille tremens et palpitans magnis uocibus clama|re dicens: "Currite, currite: draco iste deuorare me uult." Currentes autem fratres draconem minime uiderunt, sed trementem ac palpitantem monachum ad monasterium reduxerunt. Qui statim promisit se nunquam de cetero de monasterio recessurum.

3. Damianus. Vir quidam diues Harduinus nomine promiserat, si ante non posset, saltem expleto decennio, se ad religionem in quodam monasterio sancti Vincentii transiturum. Expleto termino, tergiuersari cepit et abbas eiusdem monasterii uotis eius fauebat et dissuadebat conuerti, cuius nimirum pernecessariis sustentabatur auxiliis. Interea langore correptus, post confessionem, pauperibus et ecclesiis multa largiens, quasi cunctis bene dispositis securus, assistentes sibi cognatos et affines sub hac attestatione obstrinxit: "Obsecro, inquit, per caritatem que Deus est, ut nemo me huic mortali uite reddi deposcat, ne me imparatum, quod absit, mors inprouisa repperiat." Mortuus est ergo et aliquanto tempore post mortem suam illi abbati apparuit nocte per uisum hoc modo: uidebat et ecce in spaciosa campi planitie imperator uel |

quelibet excelsa potestas cum totius regni copioso conueniebat exercitu. Cunque ille stupefactus huc illucque oculos deduceret, ecce a quibusdam Harduinus ⟨ducebatur⟩ celeriter. "Heus, inquit abbas, siste gradum parumper. Mihi non loqueris? Eya, frater, quid tibi est? Letaris an pateris? In pena es an in gloria?" Cui ille tristis et flebilis: "Quid me, inquit, interrogas de gloria, qui iugibus penis afficior?" Ad quem abbas: "Quid ergo tibi beatus Vincentius fecit?" At ille: "Sanctus, inquit, Vincentius diu me fecit suum sperare colloquium. Sed quia dudum fatigatus hoc obtinere non merui, spem hanc omnino iam frustratus amisi." Sic plane promissionibus frustrabatur ab eo quia eum similiter promittendo frustrauerat.

[500]   **4.** Quidam presbiter, conuersionem promittens et differens, in paruo fluuiolo de equo cadens submersus est.

[501]   **5.** Gaufridus Autisiodorensis. Iohannes, Lugdunensis canonicus, celebri Cisterciensis ordinis rumore compunctus, tacitus secum proposuit se illo collegio sociandum. Quod propositum post dies paucos, subeunte alia cogitatione, mutauit; et pro quadam recompensatione illius propositi peregrinationem | apud Sanctum   79rb
Iacobum aggressus est. Qua deuote completa, dum se in cubiculum recepisset, quiescenti apparuit Dominus Iesus Christus cum beatis apostolis Petro et Iacobo. Quorum Petrus librum manu tenebat, in quo ad preceptum Domini legens, cum inter cetera sanctorum nomina nomen ipsius Iohannis legisset, "Tolle, ait Dominus, tolle, dele, dele eum, quia meum se futurum promiserat et resiliit a promisso." Accedens ergo propius beatus Iacobus et obsecrans dicebat: "Meus est, Domine, peregrinus: ne deleas, obsecro, nomen eius." Cui Deus: "Meus, inquit, non peregrinus, sed ciuis esse debuerat." Apostolus autem Iacobus in suplicatione persistens: "Ne deleas, inquit, Domine piissime, ne deleas eum, obsecro ego tibi: pro eo fideiubeo quod faciet quod proposuerat." Et Deus ad eum: "Quando faciet?" Et apostolus: "Infra .XV. dies." Excitus ad hec uerba Iohannes solo prostratus et fideiussori suo cum lacrimis gratias egit dicens: "Faciam prorsus, apostole, faciam quod tam mirum pro me pollicitus es." Dormienti iterum Deus cum predictis apostolis affuit iussitque iterum librum aperiri in quo audiuit Iohannes beatum Petrum legentem: | *"Murenulas aureas fa-*   79ua
ciemus tibi uermiculatas argento." Mox ille surgens et prefixum

---

XLV, **74/75** Murenulas – argento] Cant. 1, 10

diem preueniens adimpleuit uotum. Hic fuit primus abbas cenobii Boneuallensis et post ecclesie Valentine antistes. Cuius uita et mors multis miraculis effulsit.

[502]   **6.** Ex libris Petri Cluniacensis abbatis. Aput Martiniacum, monasterium feminarum, ignis cepit edificia deuorare. Incluse femine uotum uouerant se nunquam, qualibet necessitate, septa monasterii egressuras. Curritur ad Hugonem archiepiscopum Lugdunensem ut eis preciperet egredi de monasterio ne comburerentur. Precepit eis, ex auctoritate beati Petri et domini Vrbani pape cuius legatione per totam Galliam fungebatur, ut se a periculo eriperent. Cui respondit soror quedam nobilis et religiosa Gisla nomine se usque ad mortem et socias suas professionem seruaturas. "Tu autem, potius iniunge igni ut fugiat." Qui, fide illius confortatus, oratione ignem fugauit.

CAPITVLVM XLVI

DE GRAVITATE

[503] **1.** Ex Dialogo Gregorii. Quadam nocte cuidam puelle sancta Dei genitrix apparuit atque coeuas ei in albis uestibus ⟨puellas⟩ ostendit. Quibus cum illa admis|ceri appeteret sed sese eis iungere non auderet, requisita est a beata Virgine an uellet cum eis esse atque in eius obsequio uiuere. Cui cum illa diceret: "Volo", mox ab ea mandatum accepit ut ultra nil leue, nil puellare ageret, a risu et iocis abstineret et die .XXX°. ad eius obsequium ueniret. Illa quod uouerat soluit. Beata Virgo quod promiserat adimpleuit.

[504] **2.** De Vita sancti Anthonii. Habebat beatus Anthonius magnam gratiam et in uultu. Si quis ignarus inter multitudinem monachorum eum uidere desiderasset, nullo indicante, ceteris pretermissis, ad Anthonium currebat et anime puritatem agnoscebat in uultu et per speculum corporis gratiam sancte mentis intuebatur. Nam semper hilarem faciem gerens liquido ostendebat se de celestibus cogitare. Nunquam tamen hilaritate nimia resolutus est in risum.

[505] **3.** Vite Patrum. Manducantibus aliquando fratribus in caritate, risit unus frater ad mensam. Quem uidens abbas Iohannes fleuit dicens: "Quid putas habet frater iste in corde suo quia risit, cum debuisset magis flere, quia caritatem manducat?"

[506] **4.** De Vita sancti Malachie. Excitus aliquando puer Malachias opinione | cuiusdam magistri (erat enim famosus in disciplinis quas dicunt liberales) adiuit illum discendi cupiditate. Intrans uero domum uidit uirum ludentem subula crebrisque sulcantem tractibus nescio quo notabili modo parietem. Et solo uisu offensus puer serius, quod leuitatem redoleret, resiliuit ab eo ac deinceps illum nec uidere curauit. Ita cum esset studiosissimus amator litterarum, pre honesto tamen spreuit eas uirtutis amator.

[507] **5.** Primum et maximum miraculum quod beatus Malachias dedit ipse erat. Quis unquam in eo etiam si curiosius obseruaret, deprehendit ociosum, non dico uerbum, sed nutum? Quis manum pedemue mouentem frustra? Immo quid non edificans in eius incessu, aspectu, habitu, uultu? Denique uultus hylaritatem non fuscauit meror nec leuigauit risus. Ira eius in manu eius uocata ueniebat, exiens non erumpens. Nutu, non impetu ferebatur; non

urebatur illa sed utebatur. Sermo eius aut serius aut nullus. Aspectus aut officiosus aut demissus aut cohibitus intra se. Risus aut indicans caritatem aut prouocans, rarus tamen et ipse et quidem interdum educ|tus, excussus nunquam. Per omnia serius sed non austerus. Remissus interdum, dissolutus nunquam. Negligens nichil et si pro tempore multa dissimulans. Quietus sepe, sed minime aliquando ociosus. Totum in eo disciplinatum, totum insigne uirtutis, perfectionis forma.

6. De uita sancti Bernardi. In Claraualle plena hominibus, in qua nemini ociosum esse licebat, omnibus laborantibus et singulis circa iniuncta occupatis, media die medie noctis silentium a superuenientibus inueniebatur preter laborum sonitus uel si fratres in Dei laudibus occuparentur. Porro silentii ipsius ordo et fama tantam etiam apud seculares homines superuenientes sui faciebat reuerentiam, ut et ipsi non dicam praua uel ociosa sed aliquid etiam quod ad rem non attineret ibi loqui uererentur. Denique omnes in multitudine illa solitarii ibi erant. Vallem nanque illam plenam hominibus ordinis ratione caritas ordinata singulis solitariam faciebat, quia sicut unus homo inordinatus etiam cum solus est, ipsi sibi turba est; sic ibi in unitate spiritus et regularis | silentii in multitudine hominum ordinata solitudinem cordis sui singulis ordo ipse deffendebat.

7. Rediens Leodio Clareuallem summus pontifex uisitauit. Vbi a pauperibus Christi non purpura et bysso ornatis nec cum deauratis euangeliis occurrentibus, sed pannosis agminibus scopulosam baiulantibus crucem non tumultuantium classicorum tonitruo, non clamosa iubilatione, sed suppressa modulatione affectuosissime susceptus est. Flebant episcopi, flebat ipse summus pontifex, mirabantur congregationis illius grauitatem quod in tam sollempni gaudio oculi omnium humi defixi nunquam uagabunda curiositate circumferrentur, sed complosis palpebris ipsi neminem uiderent et ab omnibus uiderentur. Nichil in ecclesia illa uidit romanus quod cuperet. Solis moribus poterat inhiare ambitio nec dampnosa poterat esse fratribus, huiusmodi preda cum minui non posset asportata religio. Gaudebant omnes in Domino et sollempnitas non cibis sed uir|tutibus agebatur. Panis ibi opirus pro simila, pro careno sapa, pro rumbis olera, pro quibuslibet deliciis legumina ponebantur.

XLVI, **39** officiosus] offonsus *cod.*

[510]   **8.** De risu beati Bernardi dicimus quod ex eius ore frequenter audiuimus, dum cachinnos religiosorum hominum miraretur, non meminisse se a primis annis conuersionis sue aliquando sic risisse, ut non potius ad ridendum quam ad reprimendum sibi uim facere oporteret et risui suo stimulum magis adhibere quam frenum.

CAPITVLVM XLVII

DE DISCIPLINA

[511] **1.** Ex Dialogo Gregorii. Vir quidam romanus filium habens .V. annorum quem nimis carnaliter diligens remisse nutriebat atque idem paruulus, quod dictu graue est, mox ut eius animo aliquid offendisset, maiestatem Dei blasphemare consueuerat. Hic ad mortem deductus, cum pater suus eum in sinu teneret, malignos ⟨uenientes⟩ ad se spiritus trementibus oculis aspiciens, cepit clamare: "Obsta, pater, obsta, pater!" Qui clamans declinabat faciem ut se ab eis in sinu absconderet patris. Quem cum ille requireret quid uideret: "Mauri, inquit, homines | uenerunt qui me tollere uolunt." Qui cum hoc dixisset, maiestatis nomen blasphemauit et animam reddidit.

[512] **2.** De Visione cuiusdam monachi. Quidam abbas ex hac luce subtractus nunc in igne, nunc in balneis piceis et sulphureis grauissima supplicia perferebat non tam pro suis excessibus, licet offendisset in multis, quam pro peccatis et nequitiis subditorum. Ait enim: "Ab hora exitus mei de corpore indicibilibus addictus fui suppliciis et tamen leuissima mihi uisa sunt que tunc pertuli comparatione malorum in quibus modo sum; eratque mihi dies prima omnibus deinceps diebus remissior, dum ex omnibus que ibi post decessum meum ex consuetudine praua committunt quam per meam contraxerunt incuriam augentur pene et cruciatus mei. Quotiens enim dampnabile perpetrant aliquid quos superstites post me reliqui, accurrunt demones inde mihi cum nimia exprobratione insultantes, penas priores nouis semper atrocius cumulantes."

[513] **3.** De libris Petri Cluniacensis abbatis. Cuidam fratri aput Cluniacum quiescenti et uigilanti apparuit diabolus in | specie uulturis lassi et haneli cum quo duo demones in specie hominum erant dicentes ad uulturem: "Quid hic agis? Potesne aliquid operari?" Qui respondit: "Nichil possum, quoniam et crucis protectione et aque aspersione et psalmorum insusurratione ab omnibus repellor. Tota nocte hic frustra laboraui, ideoque huc fatigatus ueni. Vos

---

XLVII, **8** uenientes *add. sequens fontem*   **28** Cuidam] Quidam *cod.*

autem narrate michi si quid prospere egistis." – "Nos, inquiunt, uenimus de Cabilone ubi militem quendam cum uxore hospitis sui adulterari fecimus et per Triuorcium transeuntes magistrum scole cum uno puero fecimus commisceri. Sed tu iners quid agis? Surge et huius saltem monachi qui nos aspicit pedem abscide quem inordinate extra lectum extendit." Mox ille, dolabro ipsius fratris quod sub lecto iacebat erepto, percutere conatus est. Tremefactus ille ad se pedem retraxit. Ictus autem frustratus demonis in ultimam lecti partem delapsus est. Statimque maligni spiritus abscesserunt.

4. Sine tytulo. In una abbatiarum Cisterciensis ordinis quidam monachus nocte descenderat in ecclesiam. Et ecce | fremitus et commotio, ad cuius auditum ipse cepit moueri et mirari. Sumpta uero audacia, progressus ulterius uersus chorum, uidit circa altare lumen insolitum; et statim corruit, sustinere non ualens. Cunque ibi iaceret, quidam monachus, qui ex hac uita discesserat, cepit eum erigere suis sermonibus ne timeret. Exierunt itaque extra ecclesiam. Vbi dicto 'Benedicite' ac responso 'Dominus', inquisiuit uiuus a mortuo qualiter sibi esset. Et ille: "Optime", inquit. Et alter: "Rogo te, inquit, hinc discedens aliquid pertulisti penarum?" – "Pertuli, inquit et hoc .VII. diebus tam grauiter ut acerbitatem illam nulla retexere ualeat lingua carnis." – "Qua queso de causa?" – "Propter hoc, inquit, quam maxime, quia unum de sociis meis nullius certe prauitatis intuitu quantum ad me (quid uero intenderet nesciebam) aliquandiu sustinui minus ordinate iocantem." Tunc monachus: "Et quod erat, obsecro, lumen illud ante altare, unde tota, ut michi uidebatur, ecclesia incomparabiliter relucebat?" – "Pro certo noueris, ait defunctus, ubicunque corpus | Domini fuerit tantum lumen adesse nec deesse frequentiam angelorum, sed ob meritum fidei et propter defectum fragilitatis humane, dispensatione diuina a uobis salubriter occultantur."

5. De Vita sancti Pachomii. Manum alterius nemo teneat. Sed siue sederit, siue ambulauerit, uno cubito distet ab altero.

6. Si deprehensus fuerit aliquis ex fratribus libenter cum pueris ludere et ridere et habere amicitias infirme etatis, tertio commonebitur. Si non emendauerit, correptione seuerissima ut dignus est corripiatur.

7. Vite Patrum. Interrogatus abbas Agato a quodam fratre quomodo deberet habitare cum fratribus, respondit: "Sicut in prima die quando ingrederis ad eos, ita custodi peregrinationem tuam omnibus diebus uite tue, nec assumas fiduciam."

[518]   **8.** Cassianus. In septimana cuiusdam fratris cum preteriens economus tria lenticule grana uidisset iacere in terra que ebdomadario festinanti inter manus elapsa sunt, confestim super hoc abbatem consuluit. A quo uelut neglector sacri peculii iudicatus, ab oratione suspensus | est. Non solum enim seipsos non esse suos, sed etiam omnia que sua sunt credunt Domino consecrata.

[519]   **9.** De Vita sancti Odonis Cluniacensis abbatis. Erat in Cluniacensi cenobio frater quidam religiosus et amabilis ualde. Hic ad extrema deueniens, cum fratres circa eum eius spiritum Domino commendarent, subito emissa uoce clamauit dicens: "Adiuuate me, obsecro, domini, propter Deum. Modo, inquit, sum raptus ad iudicium ibique protulit accusator humani generis diabolus contra me ad testimonium de micis panum plenum sacculum, quas comedere secundum consuetudinem nolui et de mensa ceciderunt." Atque post pusillum iterum terribiliter cepit clamare dicens: "Ecce ipse diabolus deferens predictum sacculum: num uidetis eum?" Deinde signo crucis se muniens, inter uerba orationis spiritum exalauit. Ab illo ergo die cum omni diligentia facte sunt collecte. Verum quidam alius frater die quadam dum sederet ad mensam ita mentem in lectione occupauerat ut, collectis ex more micis, priusquam eas sumeret abbas lectioni finem | imposuit, unde quid ageret penitus ignorabat. Nam eas post finitam lectionem comedere non audebat, sed nec dimittere ne forte perirent. Clauso uero pugillo, post gratiarum actionem mox abbatis pedibus se prosternit. Qui cum interrogaretur cur ueniam peteret et ille quod factum fuerat patula manu uellet ostendere, predicte mice in margaritas conuerse sunt.

[520]   **10.** De Vita sancti Bernardi. Nichil beatus Bernardus negligebat, sed minima queque cum studio et intentione tractabat, ex propria siquidem experientia diffinire solitus sapientem, cui queque res sapiunt prout sunt.

CAPITVLVM XLVIII

DE VENERATIONE VIRGINIS MATRIS

1. De Libro deflorationum. Monachus quidam in corpore manens quotiens ante altare beate Marie transibat deuote salutans eam dicebat: *Aue Maria gracia plena, Dominus tecum.* Quo defuncto et adhuc in area posito, eadem salutatio in lingua eius euidenter cunctis apparuit, aureis litteris scripta.

2. Sine tytulo. Extra Castrum Radulphi est quedam abbatia que Dolis uocatur. | Super quadam columpna ipsius ecclesie exterius erat ymago quedam lapidea beate Dei Genitricis. Ad quam cum paupercula mulier uenisset orare, duo Brebantiones, qui ibi aderant, improperantes mulieri blasphemabant ymaginem. Sustulit igitur unus lapides et ad ymaginem iaciens brachium pueri dextrum confregit. Et continuo gutte sanguinis decurrerunt in terram et auctor sceleris expirauit. Quem cum socius eius tollere uellet, statim arreptus a demone, die sequenti morte simili uitam finiuit. Altera die, turba plurima ad tam grande spectaculum cum conueniret, uidentibus cunctis ymago ipsa scidit uestimenta sua lapidea et collum suum, quod firmatum fuerat monili lapideo et pectus suum usque ad mamillas, propter iniuriam que illata sibi fuerat et paruulo, denudauit. Verum ibidem pro certo multa sepius miracula fiunt.

3. Narrat beatus Ieronimus quod in ciuitate quadam quidam Christianus a quodam Iudeo domum sub annuali mercede suscepit. Peracto anno, Iudeus | domum suam recepit. Post paucos autem dies, plures Iudei in eadem domo conuenientes et curiosius circumferentes oculos tabellam quandam, in qua depicta erat ymago beate Marie et Filii sui, quam Christianus ibi oblitus fuerat offendunt. Qui uehementer irati protinus domino domus dixerunt: "Ex quo factus es Christianus?" Qui respondit: "Non sum, nec ero Christianus." Illi econtra dixerunt: "In hoc apparet te christianum esse, quia ymaginem Christi et Matris eius habes in domo tua." Quibus ille: "Iam uobis ostendam." Et accipiens tabellam cucurrit ut proiceret in cloacam. Sed dum curreret, anima simul cum corpore rapta est a diabolo.

XLVIII, 5 Aue – tecum] Luc. 1, 28

[524] **4.** Sarraceni quandam basilicam beate Virginis Marie ingressi, cum omnium sanctorum ymagines, que in pariete erant depicte, suis hastilibus detruncassent, ymaginem beate Marie nullo conatu uel leuiter tangere potuerunt.

[525] **5.** Iudeus quidam apud Constantinopolim in ecclesia que Blacherna dicitur, pulchre satis in tabula | ymaginem depictam zelo ductus subripuit et in cloacam iecit et quasi aluum purgaturus in fidei nostre infamiam sedit desuper. Sed multauit digna pena sacrilegum, cum inmundo profluuio uitalibus effusis in foueam. Sacra uero ymago leuata de sordibus undam oleaginam longa profudit linea.

[526] **6.** Fulbertus, Carnotensis episcopus, beate Virginis Marie deuotus famulus, natiuitatem eius primum per totam Galliam fecit celebrari, ad hoc responsoria instituens et sermonem. Quem ipsa in egritudine uisitauit, dicens: "Ne timeas, famule meus, ne timeas. Ego ero mediatrix inter te et filium meum et ut te certiorem reddam de futuro, ex hoc morbo conualescere faciam in presenti." Quo dicto, sacratissima Virgo de sinu suo producens mammillam, preciosissimi lactis tres guttas super faciem eius iecit et abiit. Qui confestim redditus sanitati, uase argenteo nectar illud recipi et ad perhennem memoriam seruari precepit.

[527] **7.** Olim quidam monachus horas beate Virginis | Marie cum nondum publice cantarentur in choro, stans aut flexis genibus cotidie in ecclesia deuotissime decantabat. Dulce habebat de ea loqui, dulce meditari. Ad omnem eius memoriam paratas habebat lacrimas. Vnde et graciam sibi piissime matris conciliauit. Quam ut ei competentius demonstraret, mater misericordie permisit collum eius morbo squinantie sic intumescere ut iam desperatus a ceteris mortuus putaretur. Cui ueluti laboranti in extremis, accurrit uelox auxiliatrix et instillans ori eius liquorem nectareum de mamillis, consolationes adiecit huiusmodi. "Noli, dilecte mi, timere, non morieris modo et tarde quidem ueni, aliis seruulis meis intenta. Nec deberem pati ut hoc collum tot laudum mearum organum tam deformi tumore turgesceret, uel ut hec uox salutationum mearum plectrum sileret. Sed uenio, uenio, inquit, amice et tarditatem aduentus mei salutis tue celeritate compenso." Et hec dicens, dextram | suam per collum eius et fauces suauissime duxit locum langoris gemmeis digitis contrectando, cuius tactum sanitas festina sequuta est.

[528] **8.** Quidam presbiter cuiusdam sanctimonialis expugnauerat uirginale propositum. Sed cum omnia cordis sui intima cuidam sa-

cerdoti pre ceteris sibi dilecto semper nota fecisset, hoc tamen crimen usque ad mortem non est ausus ei uel cuiquam alii confiteri. Verum ad extrema ueniens, in spiritu humilitatis et animo contrito illi omnia patefecit, orans ut si unquam eum dilexisset pro eo Domini clemenciam exoraret. Illo ergo mortuo, socius eius pro ipsius liberatione toto corde conuersus ad Dominum, una die de sancta Maria, altera pro defunctis per annum integrum missam celebrare disposuit. Quod et fecit. Euoluto autem anno, in die anniuersario depositionis eius, cum sacris astaret altaribus oculis sursum erectis, uidit beatam Dei matrem super altare stantem dicentemque diu se precibus eius fatigatam aduenisse eiusque pia importunitate magnum quid fecisse ut illi ueniam impetrasset a Fi|lio, qui eripuisset quod merito toti preferretur mundo "Et ne dubites, inquit, uide socium tuum absolutum astantem lateri tuo participationem sacri mysterii expectantem." Quem cum ipse benigne respiceret et ad nutum piissime matris pane uite reficeret, mox unacum illa ad regna celestia feliciter transmigrauit.

9. Frater quidam in quadam grangia Clareuallensi, cum in quadam sollempnitate beate Marie uigilaret in agro cum grege suo, recordatus sollempnitatis ipsius diei, cepit contristari et mestus esse, quod in monasterio uigiliis sollempnibus interesse non posset. Cumque propter hoc fleret, astitit ei Maria mater misericordie, stans ante eum in regio habitu et ornatu, circumuallata clarissimo agmine angelorum; et pastorem adiens quasi longa familiaritate sibi ante precognitum, cepit amicabiliter ab eo querere quare sic uultus illius concidisset, qui respondit: "Quia sollempnitati domine mee interesse non possum." Et illa: "Certe iam intereris, quia iustum est et uolo ut intersis." Mox audiuit chorum circumastantium mira suauitate psal|lentium in laudem Ihesu Christi et eius beatissime matris. Que suauitas cantus et iocunditas uisionis fere dimidium noctis spacium illum delectare non destitit, nec regales illius delicias interrupit. Quod beato Bernardo per Spiritum Sanctum innotuit. Vnde cum uerbum faceret in capitulo in die illa, inter cetera sic ait: "Vtinam sic sollempnizaremus in oratorio, sicut quidam felix hac nocte sollempnizauit in campo!"

10. Fuit in Anglie partibus abbas quidam nigri ordinis deliciis multis et diuitiis affluens, sed anime sue periculo minus caute prouidens, cure carnis in desideriis faciende operam nimiam impendebat. Hic graui preuentus egritudine ad extrema peruenit. Cunque homo interior de corporis ergastulo egressus fuisset, astitit ei a Deo missus ductor iuuenis inestimabilis pulchritudinis et splendoris. Ibant igitur pariter et aeris huius inania celerius transuolantes, tandem ad planitiem infinite latitudinis et longitudinis peruenerunt. In eadem autem planitie erat tribunal quoddam honorifice preparatum, in quo Rex glorie, circumastante angelorum exercitu, cum uniuersis sanctorum agminibus residebat. Erat | autem a dextris eius thronus beate Virginis sublimiter collocatus. Porro a sinistris iudicis demonum et dampnatorum hominum innumera multitudo, quos maligni spiritus secundum operum merita diuersis penarum cruciatibus mancipabant. Veniens interim abbas cum angelo, omnia mala que omni tempore uite cogitatione, locutione et opere commiserat, uiuaci mente quasi libro exarata legebat, seque pro singulis dampnabiliter reum esse et eternis deputandum suppliciis cognoscebat. Hunc demones a longe uenientem uidentes, desiderio noue prede suspensi a captiuorum suorum cruciatione cessabant, frendentesque dentibus in eum solam iudicis sentientiam expectabant. Sancti uero eum quasi ignotum et extraneum attendentes, nullo compassionis mouebantur affectu. Veniens itaque abbas ante tribunal iudicis ueniam mox petebat, dicens: "Miserere mei Deus, miserere mei Deus", indesinenter conculcans non tamen in spe misericordie, sed ne iudex in eum ferret sententiam. Erat siquidem uultus eius iudicis minax, terribilis et seuerus, nichil clementie seu leuitatis pretendens. Cum ergo abbas in terra | aliquandiu dictum sermonem repetens iacuisset, subiit animum eius beate Virginis matris dulcis memoria crediditque aput eam suorum se posse ueniam consequi delictorum et surgens ilico se in terram ante pedes eius proiecit. Vbi cum aliquandiu ut sibi in summa necessitate adesse dignaretur orasset, piissima Dei genitrix humili prece permota et ad filium conuersa sic ait: "Audi, Domine, quam pie, quam obnixe homo iste, in necessitate sui, mee requirit deffensionis auxilium." Ad quam sic iudex: "Tempus misericordie prerogatum est ei et ipse abusus est in superbia et de beneficio gracie cumulum congessit offense. Nunc iudicandi tempus est et per rigorem iusticie eius est malicie respondendum." Fuerat autem eidem abbati consuetudo, dum uiueret, ut horas beate Virginis attente psalleret semper et deuote et ante altare eius transiens angelicam salutationem ei referret. Nam reliqua que fecerat bona, uel pre multitudine malorum in obliuionem uenerant coram Deo, uel pro eis retributionem perceperat temporalem. Vnde gloriosa Virgo preces | eius benignius admittebat. Adhuc tamen abbas precibus insistebat et per uiscera, in que Dei filius pro redemptione generis humani descenderat et per

ubera que lactando suxerat, ne causam suam desereret precabatur. Cur etiam regina misericordie diceretur, ad cuius celsitudinis
gloriam propter humane fragilitatis lapsum conscendere meruis-
set instantius proponebat dicens: "Qua te fiducia mundus in suis
necessitatibus inuocabit, cum me ad pedes tuos iacentem cogno-
uerit inefficaciter laborasse?" Ad hec clementissima Dei genitrix solio regali descendens super scabellum tribunalis iudicis, genua
deuote flectebat et ubera sinu protrahens super iudicis genua de-
ponebat, tali eum prece sollicitans: "Fili dulcissime, Rex glorie
sempiterne, ecce pectus et ubera, ecce uenter et uiscera, que
homo iste in sua necessitate mihi commemorat. Attende quid tam
humilis inuocatio mereatur." Cunque plurima in hunc modum
proponeret, iam sancti in amorem rei miro transfundebantur affectu et iudicis indignatio in gratiam uertebatur. Cunque peroras-
set, ait iudex: "Ecce reum tue di|cioni, mater, relinquo." Gratias
igitur agens, surrexit; abbatem seorsum uocans super negligentia
sua durius increpauit, angeloque qui eum adduxerat, ut quod ei
nouerat expedire de eo faceret imperauit. Tunc demonum multitudo confusa ad captiuorum suorum cruciamina recurrebat et ua-
cationis illius penas ab eis duplicatis doloribus exigebat. Angelus
itaque abbatem reducens, ut anime sue iam cautius prouideret
monebat. Abbas ne se ad corpus reduceret si aliter fieri posset
precabatur, quia corporis habitationem propter multiplices humane fragilitatis lapsus uehementius exhorrebat. Interim corpus
sepultum et locatum in medio seruabatur et ecce, regrediente
anima, corpusculum omne contremuit et sub oculis omnium
astantium uiuus apparuit. Cunque metuerent, "Ne turbemini, inquit." Porro cum eis que passus fuerat enarrasset, a quarta feria
usque ad uesperam sabbati superuixit et suorum confessionem
faciens delictorum nouissime in bona spe misericordie animam
exalauit.

11. Fuit in Anglia conuersus quidam ordinis Cisterciensis, uir
simplex et maio|rum suorum cuiuslibet imperii promptissimus
executor. In ueneracione uero beate Virginis sic fuit deditus et
deuotus, quod in ore eius uix unquam aliud quam *Aue Maria* poterat inueniri. Ad aliud cogitationem suam uel locutionem deflec-
tere pro supplicio maximo reputabat. Tandem igitur graui correptus egritudine, cum iam tenderet ad extrema, contigit illum solum
hora refectionis in infirmitorio remanere. Cui in solitudine illa ne
consolatio diuina deesset, raptus est statim in spiritu a duobus an-
gelis eum ducentibus uersus quoddam edificium inestimande pul-

chritudinis et fulgoris, ubi quasi in uoce exultationis et confessionis pariter sunt ingressi. In cetu igitur sanctorum se ille quasi in paradiso arbitratus admissum, "O, inquit, quam felix existerem si in hoc loco locum mihi Dominus largiretur." Interim, unus ex angelis a quibus adductus aduenit, secretius quoddam habitaculum est ingressus, beate et gloriose Virgini illum adesse denuncians. Quo audito, pia Virgo statim illum accersiri precepit. Cum glorioso uirginum choro illi occurrens, congratulans et gracias officiosissime | reddens, quod in eius ueneratione tam sollicitus in terra fuerit ac deuotus, asserens nunc retributionis tempus adesse, sed oportere ipsum prius Filio suo Domino Ihesu Christo in interiori cubiculo presentari. Cui cum presentatus fuisset et sibi pro obedientie laboribus mansionem quietis eterne tempore oportuno reddendam audisset, motus est animo et prorumpens in lacrimas ac se ad pedes Redemptoris proiciens: "Heu! mihi, piissime Ihesu, num mihi reuertendum est denuo ad tam diutinas transacte penalitatis erumpnas? Clementissime Deus, ne differas, ne prolonges quod statim poteris impertiri." Cui Dominus: "Ad abbatem tuum oportet redire et de occultis tuis tria quedam more ecclesiastico confiteri. Quibus confessis, dices ei ut tibi per tres dies singulis diebus singula indicat psalteria. Ad quod, cum nunquam litteras didiceris, ita doctus eris ilico et disertus, quasi fueris optime litteratus. Hoc peracto, ad me die tertia sine dubio reuerteris." Et factum est ita.

CAPITVLVM XLIX

DE STVDIO LITTERARVM

[532] **1.** Ieronimus. Quod uicia carnis amare non possit qui | studia litterarum uere amauerit, testis est beatus Ieronimus qui de se ipso ita dicit: "Dum essem iuuenis et solitudinis me deserta uallarent, incentiua uiciorum ardoremque nature ferre non poteram. Que cum crebris ieiuniis frangerem, mens tamen cogitationibus estuabat. Ad quam edomandam cuidam fratri qui ex hebreis crediderat me in disciplinam dedi, ut post Quintillani acumina ac Ciceronisque fluuios, grauitatem Frontonis et lenitatem Plinii, alphabetum discerem, stridentia anhelantiaque uerba meditarer. Quid ibi laboris insumpserim, quid sustinuerim difficultatis, quotiens desperauerim quotiensque cessauerim et contentione discendi rursus inceperim, testis est mihi conscientia tam mea qui passus sum, quam eorum qui mecum duxerunt uitam. Et gracias ago Deo quod de amaro semine litterarum, dulces fructus capio."

[533] **2.** Beatus Cyprianus instar fontis purissimi dulcis incedit et placidus et cum totus sit in exhortatione uirtutum occupatus, persecutionis angustiis scripturas diuinas nequaquam deseruit.

[534] **3.** Augustinus. Narrat beatus Augustinus quod | cum in manus eius Cathegorie Aristotilis X super predicamenta uenissent, solus legerit et intellexerit, sed et omnes libros artium, quas liberales uocant, per se ipsum legerit et intellexerit quoscunque legere potuit. Ait enim: "Quicquid de arte loquendi et disserendi, quicquid de dimensionibus figurarum et de musicis et de numeris, sine magna difficultate, nullo hominum tradente, intellexi."

[535] **4.** Beatus Ambrosius ita iugiter frequentabatur a populo, quod ipse beatus Augustinus, licet nondum catholicus doctor tamen erat eximius, uix ad eum poterat habere, ut ipse fatebatur, accessum. "Volebam, inquit, illi estus meos et foueam periculi aperire nec poteram ut uolebam, secludentibus me ab eius aure cateruis negociosorum hominum, quorum infirmitatibus seruiebat. Cum quibus quando non erat, quod perexiguum temporis erat, aut corpus cibis reficiebat, aut lectione animum. Sed cum legebat, oculi per paginas ducebantur et cor intellectum rimabatur. Sedensque in diuturno silentio, quis enim tam intento oneri esse auderet? Discedebam coniectans quod nollet in aliud auocari. Verumptamen ita tacite legere causa seruande | uocis, que illi facile obtundebatur esse poterat."

CAPITVLVM L

CVM QVANTA REVERENTIA AVDIENDVM SIT VERBVM DEI

[536]   **1.** Pontificalis Hystoria. Anastasius papa constituit ut quotienscumque sancta Euangelia recitarentur, sacerdotes non sederent sed curui starent.

[537]   **2.** Ieronimus. Frequens sermo est cum plurima ranarum murmura religiose plebis auribus obstreperent, sacerdotem Dei precepisse ut conticerent ac reuerentiam deferrent sancte orationi. Tunc subito circumfusos strepitus quieuisse. Silent igitur paludes, homines non silebunt?

[538]   **3.** Ex Dialogis Seueri. Quadam die cum discipuli beati Martini de ipsius conferrent uirtutibus, nuntiatur multos secularium pro foribus stare, nec ingredi audentes, sed ut admitterentur orantes. "Nequaquam, inquit, unus eorum istos admisceri nobis conuenit, quia ad audiendum curiositate potius quam religione uenerunt."

[539]   **4.** Sine tytulo. Domnus Serlo quondam abbas de Elemosina quadam die sermonem faciebat in capitulo et ecce fere omnium conuersorum oculi sompno pergrauati uigilare non poterant. Vidit autem frater quidam spiritualis mulierem quandam intrare capitulum orna|tu meretricio, ferentem parapsidem plenum cibis delicatis et fumantibus. Et cuiuscumque naribus parapsidem illum admouebat, statim ipse dormiebat. Inter dormientes uero uisi sunt tres conuersi non solum obdormisse, sed etiam risisse. Hos notans qui hec uiderat, suggessit abbati ut secrete ab eis requireret quare illa hora risissent. Qui confessi sunt se in illa hora illusionem sompni passos fuisse. 86ua

[540]   **5.** De Vita sancti Anthonii. Cogitante beato Anthonio quomodo sancti apostoli, relictis omnibus, Christum secuti fuissent et que et quanta illis essent in premio repromissa, contigit in ecclesia illud Euangelium recitari, in quo Dominus dixit ad diuitem: *Vade et uende*, etc. Quo audito, quasi diuinitus huiusmodi ante memoriam concepisset et ueluti propter se hec esset scriptura recitata, ad se traxit dominicum imperium. Statimque egressus preceptum Domini effectui mancipauit.

L, **30/31** Vade – uende] Matth. 19, 21; Marc. 10, 21; Luc. 18, 22

CAPITVLVM L

[541] **6.** De Vita sancti Pachomii. Si dormitauerit sedens preposito domus uel monasterii, principe disputante, statim surgere compelletur et tamdiu stabit donec ei iubeatur ut sedeat.

[542] **7.** Vite Patrum. | Rogantibus fratribus abbatem Felicem ut uerbum edificationis proferret, respondit: "Modo non est sermo, nam quando faciebant fratres que dicebantur eis, tribuebat Deus senibus quo modo loquerentur. Nunc autem quoniam interrogant quidem, non autem faciunt que audiunt, abstulit Deus gratiam a senibus ut non inueniant quid loquantur."

[543] **8.** Quidam senex uenit ad quendam patrem qui coxit modicum lenticule et dixit: "Faciamus opus Dei et gustemus." Et unus quidem eorum compleuit totum psalterium, alter uero duos Prophetas maiores ex corde recitauit. Et facto mane, discessit senex et obliti sunt sumere cibum.

[544] **9.** Dixit abbas Palladius: "Initium recedendi a Deo fastidium doctrine est."

[545] **10.** Dixit abbas Abraham abbati Arem: "Quare cunctis fratribus leue iugum imponis, istum uero fratrem graui sarcina onerasti?" Preceperat enim ei ut anno uno integro ieiunans post biduum manducaret et dixit senex: "Alii fratres quomodo ueniunt ita discedunt; hic uero frater propter Deum uenit audire uerbum."

[546] **11.** Senex interrogatus de duricia cordis, respondit: "Natura aque mol|lis est, lapidis autem dura. Sed si aqua iugiter stillet super lapidem, perforat eum. Ita et sermo diuinus lenis est, cor autem nostrum durum. Qui igitur frequenter uerbum Dei audit, cor eius emollitur ad timendum Deum."

[547] **12.** Loquentibus aliquando senioribus de edificatione, uidit unus eorum angelos manus agitantes et laudantes eos. Cum autem sermo incideret secularis, discedebant angeli et uolutabantur porci in medio eorum, pleni fetoribus et polluebant eos.

[548] **13.** Cassianus. Quidam senex Machetes nomine hanc a Domino gratiam diuturnis precibus impetrauit, ut quotquot diebus ac noctibus ageretur collocutio spiritualis, numquam sompni torpore penitus laxaretur. Si quis uero detractionis uerbum seu ociosum temptasset inferre, in sompnum protinus incidebat ac sic ne usque ad aurium quidem eius pollutionem uirus obloquii poterat peruenire.

[549] **14.** Hic senex ociosorum fabularum diabolum esse fautorem ac spiritualium collocutionum impugnatorem semper existere his declarauit indiciis. Nam cum fratribus quibusdam de rebus spiritualibus disputaret eosque uideret | letali quodam sopore demergi,

ociosam repente fabulam introduxit. Ad cuius oblectationem cum eos euigilasse confestim atque erectas aures suas habere uidisset, ingemiscens ait: "Nunc usque dum de spiritalibus loquebamur, omnium uestrum oculi letali dormitione deprimebantur; at cum ociosa fabula intromissa est, omnes expergefacti torporem sompni dominantis excussimus. Vel ex hoc ergo perpendite quisnam collocutionis ipsius spiritualis fuerit impugnator, aut quis huius infructuose atque carnalis insinuator existat."

CAPITVLVM LI

DE REVERENTIA CIRCA QVELIBET SACRAMENTA

1. Pontificalis Hystoria. Theodolus, miserabilis presbiter, dum aduersus conscienciam furoris sui sacrificia Deo offerre auderet, in mediis precibus eliditur.

2. De Tripartita Hystoria. In partibus Orientis duo tyranni Iulianus et Felix quandam ecclesiam, ut ornamenta tollerent, intrauerunt, Iulianus autem impudenter contra sacrum altare mingens et quendam clericum eum prohibere temptantem in capite percutiens, fertur dixisse quod desolata esset diuina sollici|tudine religio christiana. Porro Felix uidens ornamenta uasorum: "Ecce, inquit, in quibus uasis Marie Filio ministratur." Sed diuina ultio affuit. Nam repente Iulianus, seua infirmitate detentus, uisceribus putrefactis, interiit et fimus non per meatus digestibiles emittebatur, sed scelestum os, quod blasphemiis ministrauerat, organum huius egestionis est factum. Porro Felix tamdiu sanguinem per os suum emisit donec et spiritum cum ipso emitteret.

3. Cum beatus Ambrosius imperatorem Theodosium absoluisset et ille munus ad altare, ut solitus erat, obtulisset, intra cancellos stetit. Tunc beato Ambrosio requirente quid ibidem expectaret et imperatore dicente se sustinere sacrorum perceptionem mysteriorum, idem episcopus per archidiaconem remandauit: "O imperator, interiora loca tantum sacerdotibus sunt collata, que ceteri nec ingredi nec contingere permittuntur. Egredere igitur et hanc expectationem cum ceteris habe communem. Purpura nanque imperatorem, non sacerdotes facit." Tunc piissimus imperator etiam hanc traditionem animo gratanti suscipiens remandauit |: "Non audacie causa intra cancellos mansi, sed in Constantinopolitana urbe hanc consuetudinem esse cognoui. Vnde ago gratias pro huiusmodi medicina." Denique cum esset Constantinopolim hanc pietatis regulam obseruare curauit. Nam in quadam festiuitate, oblatis ad altare muneribus, mox egressus est. Cumque Nectarius, tunc ecclesie presul, mandasset cur intus stare noluisset, mandauit princeps, "Vix, inquit, potui discere que differentia sit imperatoris et sacerdotis, uix enim ueritatis inueni magistrum. Ambrosium nanque solum noui digne uocari ponti-

ficem." Tantum itaque prodest increpatio a uiro uirtutibus florente prolata.

[553] **4.** De Libro deflorationum. Est ecclesia sancte Walburgis in qua miracula fiunt. Contigit autem ut eiusdem sancte Walburgis reliquie super altare per aliquot dies manerent, sed mox miracula cessauerunt. Tandem uero ipsa uirgo uni ex infirmis apparens, "Iccirco, inquit, non sanamini quia reliquie mee sunt super altare Domini, ubi maiestas diuini mysterii celebrari solummodo debet." Quod cum ille custodibus referret, tulerunt capsam et protinus miracula fieri cepe|runt. Si ergo ob illius mysterii reuerentiam nec ipsa sua pignora sancti uolunt propius uicinari, quid censendum est de inmundiciis?

[554] **5.** Quidam sacerdos, cum in die dominico de uenatu rediret et missam celebrare presumeret, mox, ut ad horam consecrationis uentum est, illas uoces quas post canes emittere solebat inclamare super sanctum altare cepit.

[555] **6.** Ex libris Gaufridi Autisiodorensis. Refert Suetonius de Nerone quod non audebat interesse sacris Eleusine, quia indigni per preconem submouebantur.

[556] **7.** Sine titulo. Quidam abbas de Norueia apud nos constitutus, retulit quod ecclesie sue data est quedam possessio, in qua erat basilica in honore sanctarum uirginum Margarete et Agnetis constructa. Et ipsa basilica sita est iuxta mare. Porro duo monachi abbatie sue eiusdem basilice gerunt custodiam, ibidem que Dei sunt celebrantes. Ceterum ipsa regio Norueie nimio frigore pre aliis terris constringitur, ita ut omnes regionis illius ecclesie ex plancis ligneis habeant pauimentum ob algorem uidelicet temperandum. Contigit igitur ut quidam miles ignotus cum armigero suo ibidem ap|plicuisset, hora qua in ipsa ecclesia diuina celebrabantur. Erat autem dies festus, unde et populi conuenerat multitudo. Venit itaque miles ad ostium ecclesie et ibidem substitit. Cui dixit armiger eius: "Quare non ingrederis ecclesiam?" Quo respondente: "Quia indignus sum sanctis sociari." Armiger irrisit militem et, licet multorum, ut putatur, conscius sibi peccatorum, irreuerenter ecclesiam intrauit. Vix ad medium basilice peruenerat, cum subito auditur uox et sonitus in pauimentum, quod plancis ligneis constratum erat, cadentis cunque miserandas emitteret uoces, conuenienti circa se populo in ecclesia constituto quam causam clamoris inquirenti dixit: "Due puelle cum cereis ardentibus assistentes incendunt faciem meam." Nullus a quo sic ureretur

poterat intueri. Et eiectus de ecclesia, ascensa naue, fugit non sanatus a dolore, nisi postquam terram illam exiuit.

8. Vite Patrum. Loqui aliquando in sacrario beatus Iohannes omnino non permittebat, sed in conspectu omnium emittebat eum dicens: "Si ut orares uenisti huc, in hoc mentem tuam et os tuum uacare exopta. | Scriptum est enim: *Domus mea, domus orationis uocabitur.*"

9. De Vita sancti Malachie. Dum sacramenta beatus Malachias offerret et appropiasset ei diaconus facturus aliquid pro officio suo, intuitus eum ingemuit quod sensisset penes illum latere quod non conueniret. Peracto sacrificio, secreto percunctatur de consciencia. Confessus est et non negauit illusum sibi per sompnium nocte ipsa. Cui iniungens penitentiam: "Non debueras, inquit, hodie ministrasse, sed uerecunde subtrahere te sacris ut hac humilitate purgatus dignius exinde ministrares."

10. Cronice. Cum maior ecclesia Colonie que est sancti Petri deberet dedicari, precedente nocte audite sunt uoces malignorum spirituum, inter se dolentium et conquerentium se a possessis diu sedibus debere expelli.

LI, **82/83** Domus – uocabitur] Matth. 21, 13

CAPITVLVM LII

DE OFFICIO PRELATORVM

[560]   **1.** Pontificalis Hystoria. Beatus Petrus apostolus, ut ad orationem et predicationem libere uacare posset, duos episcopos, Linum et Cletum, qui omne ministerium sacerdotale in urbe Roma superuenienti populo exhiberent, consilio Sancti Spiritus ordinauit. Vnde in consecratione beati Clementis sic | ait: "Sicut michi gubernandi tradita est a Domino Iesu Christo potestas ligandi atque soluendi, ita et ego tibi committo ut, ordinans dispensatores diuersarum causarum per quos actus ecclesiasticus profligatur, tu minime in curis seculi deditus repperiaris, sed solummodo ad orationem et predicationem satagas inueniri."

[561]   **2.** Ecclesiastica Hystoria. Beatus Euaristus .VII. diaconos ordinauit, qui custodirent episcopum predicantem propter stimulum ueritatis. Erat enim non solum in uerbo et doctrina perfecta sapiens, uerum etiam in opere consummate discipline prebebat exempla. Ipse est enim de quo dicitur: "Hic est qui quale habet uerbum, talem habet uitam et qualem habet uitam, tale habet et uerbum, quoniam que docet agit et que agit, hec docet."

[562]   **3.** Tripartita Hystoria. Volens Iulianus cultum demonum ampliare et sciens priores persecutores nichil profuisse ad augmentum paganitatis quod punierint Christianos, qui magis hinc creuerint et facti sunt gloriosi, mitem se ac patientem erga populum christianum simulabat. Denique processiones, sermones ad populum | ad instar ecclesie inter paganos instituit et ut magis alliceret Christianos peregrinorum, pauperum, debilium haberi curam mandauit. Sed et sacerdotibus precepit ut horas certas et dies et ordines sollempniter obseruarent et ne procederent ad spectacula et ne biberent in tabernis, neque operibus turpibus aut arti preessent.

[563]   **4.** Ecclesiastica Hystoria Anglorum. Tempore Colmani episcopi, in tanta ueneratione religionis habitus habebatur, ut ubicumque clericus aliquis aut monachus adueniret, tanquam Dei famulus cum magno gaudio ab omnibus susciperetur et, flexa ceruice, uel manu signari, uel ore illius se benedici populus exultabat. Denique si quis sacerdotum in uicum forte deueniret, mox in unum undique congregati uerbum uite ab illo expetere satagebant. Nam neque alia ipsis sacerdotibus aut clericis uicos adeundi quam pre-

CAPITVLVM LII

dicandi, baptizandi, infirmos uisitandi et ut breuiter dicam, quam animas curandi, causa fuit.

[564] 5. Ieronimus ad Asellam. De fictis amicis. "Dicant, inquit beatus Ieronimus, amici mei, quid unquam in me aliter senserunt quam quod | Christianum decebat? Pecuniam cuiusquam accepi? Munera, uel parua uel magna, non spreui? In manu mea es alicuius insonuit? Obliquus sermo, oculus petulans fuit? Nichil michi obicitur nisi sexus meus et hoc nunquam obicitur nisi cum Paula Ierosolimam proficiscitur... Dicebar sanctus, dicebar humilis et disertus. Nunquid domum alicuius lasciuioris ingressus sum? Nunquid me uestes serice, nitentes gemme, picta facies, auri rapuit ambitio? Nulla fuit aliqua Rome matronarum que meam posset edomare mentem, nisi lugens atque ieiunans, squalens sordibus, fletibus pene cecata, quam continuis noctibus Domini misericordiam deprecantem sol sepe deprehenderit, cuius canticum psalmi sunt, sermo Euuangelium, delicie continentia, uita ieiunium. Nulla me potuit aliqua delectare, nisi illa quam manducantem nunquam uidi; sed postquam eam pro sue merito castitatis uenerari, colere, suscipere eam cepi, omnes me ilico deseruere uirtutes. Verumptamen gratias ago Deo meo, quod dignus sim quem mundus oderit."

[565] 6. Ex Dialogo Seueri. Apud beatum | Ieronimum Postumianus .VI. mensibus mansit, de quo inter cetera sue narrationis sic ait: "Iugis est aduersus malos ei pugna perpetuumque certamen consciuit odia perditorum. Oderunt eum heretici quia eos impugnare non desinit. Oderunt clerici quia uitam eorum insectatur et crimina. Sed plane eum boni homines admirantur et diligunt. Totus semper in lectione, totus in libris est. Non die, non nocte requiescit: aut legit aliquid semper, aut scribit."

[566] 7. Petrus Cantor. Cum papa Alexander a quodam commendaretur, ait: "Bonus essem papa, si scirem penitentiam dare, iudicare, predicare et si prius fontem, scilicet caritatem, haberem, ex quo ista procedunt et oriuntur."

[567] 8. Beatus Thomas Cantuariensis cancellarium suum, cum eum institueret sacramento iurisiurandi astrinxit ne unquam aliquid usque ad canipulum in administratione cancellarie acciperet.

[568] 9. Iohannes Elemosinarius. Mox ut beatus Iohannes in patriarcham promotus est, precepit ministris suis dicens: "Ite per totam ciuitatem et conscribite michi usque ad | unum omnes dominos meos." Illis non intelligentibus et mirantibus quinam patriarche domini existerent, respondit: "Quos uos pauperes et mendicos

uocatis, istos ego dominos et auxiliatores predico. Ipsi enim nobis uere et auxiliare et celorum regnum dare poterunt." Fuerunt igitur nominati plusquam .VII. quingenti, quibus omnibus per singulos dies sufficienter ministrabat.

10. Sedebat beatus Iohannes cotidie iuxta ecclesiam, sanctum Euangelium tenens in manibus, ut omnes qui necessitatem habebant uel patiebantur iniuriam confidenter ad ipsum accederent et licenter. Vna igitur dierum, loco solito, usque ad horam quintam residens, cum nullus accessisset, mestus et cum lacrimis recessit. Cui sanctus Sophronius ait: "Que est, pater, causa huius tristicie?" Cui ille: "Hodie humilis Iohannes qualemcumque mercedem a quoquam non habuit, neque Christo pro innumeris peccatis meis aliquid obtuli." Cui sanctus Sophronius diuinitus inspiratus respondit: "Hodie, pater, gaudere et letari te oportet. Vere nanque beatus es, ita pacificans a Christo creditum tibi gregem, ut nullam habeat contra proximum suum li|tem aut dubietatem, sed uelut angelos sine litigio et sine iudicio homines esse fecisti."

11. Vna dierum uolens beatus Iohannes multos resecare egredientes post solutionem sancti Euangelii de ecclesia, indutus pontificalibus indumentis exiit post Euangelium et sedit cum turba. Quibus obstupentibus ait: "Filii, ubi oues, ibi pastor. Aut intrate, inquit et ingrediar, aut manete hic et manebo."

12. Vite Patrum. Dixit abbas Pastor: "Doce seruare cor tuum que docet alios lingua tua. Si quis enim docet aliquid et non facit que docet, similis est puteo, qui omnes ad se uenientes saciat et lauat; seipsum autem sordibus lauare non potest."

13. De Vita sancti Anselmi. Beatus Anselmus, Cantuariensis archiepiscopus, secularia negotia adeo exhorrebat ut, si quandoque, compellente necessitate, interesse placitis cogeretur et uani clamores ac iurgia orirentur, aut ea sedare, aut sese citius absentare curabat; nisi enim ita faceret, tedio statim affectus animo deficiebat et insuper grauem corporis egritudinem incurrebat. Vnde et sepe de medio multitudinis a suis ducebatur et proposita ei | aliqua ex diuina pagina questione, corpus eius et animus quasi salubri medicatus antidoto in consuetum statum reducebatur.

14. De Vita sancti Malachie. Beatus Malachias, cum parrochiani sui ad ecclesiam nollent uenire, per uicos et plateas occurrebat inuitis et circuiens ciuitatem perquirebat anhelus quem Christo acquireret. Sed et foris rura et oppida nichilominus sepius percurrebat celesti tritici mensuram erogans uel ingratis. Nec uehebatur equo, sed pedes cum suis discipulis ibat et in hoc uirum se apostolicum probans.

CAPITVLVM LIII

DE DIGNITATE CLERICORVM

[574]   **1.** Pontificalis Hystoria. Beatus Siluester instituit ut nullus laicus crimen clerico inferre presumat et ut nullus clericus propter causam quamlibet curiam introiret et ut sacrificium altaris non in serico neque in panno tincto celebretur, nisi tantum in lineo procreato ex terra, sicut corpus Domini nostri Ihesu Christi in syndone linea sepultum est.

[575]   **2.** De Karolo Flandrensi comite. Mos erat Flandrensi comiti ut, quando monachi uel clerici religiosi, necessitate aliqua cogente, in curia eius | causas agere haberent, eorum ante alia et querelas audiret et causas tractaret et sic demum ad alia se tractanda conuerteret. Indignum nanque prorsus et incongruum iudicabat ut qui lectioni uacare debent uel orationi, curie uel huiusmodi negotiorum immorentur actioni.

CAPITVLVM LIV

DE MISERICORDIA

[576] 1. Pontificalis Hystoria. Beatus Gregorius domum suam constituit monasterium; sic Bonefacius papa fecit.

[577] 2. Cronice. Beatus Odilo, Cluniacensis abbas, cum reprehenderetur quod in peccantes misericordior iusto esse uideretur, ait: "Si dampnandus sum, malo dampnari de misericordia quam de duricia."

[578] 3. Petrus Cantor. Beatus Petrus, Tarentinus archiepiscopus, quendam sollempniter penitentem et ligatum a summo pontifice tunica plumbea exonerauit. Qui interrogatus qua auctoritate id fecisset, respondit: "Illius qui ait: *Beati misericordes*, etc." Hic etiam cum argueretur de furto quod faciebat diuitibus ut pauperibus erogaret, respondit: "Iusto non est lex posita. Omnia etiam debent esse communia, nec sicut alienum subtraho, sed pauperibus quod eorum est reddo."

[579] 4. | Vir quidam plebeius cuiusdam militis filium interfecerat. Qui cum armata multitudine eum sequeretur et ille uideret se euadere non posse, in forma crucis ad pedes militis prouolutus ait: "Domine mi, subsiste parum et retrahe gladium, ut duo tantum proferam uerba. Me quidem iusta mors manet, sed parumper eam differ, ut confitear, uel si misericordius mecum agere uis, ne ueniat tibi in singultum mors mea; pro eo qui pro te mortuus est oro ut remittas eam michi ut habeas quod respondeas et opponas in iudicio, si districtius tecum agere uelit. Ego autem quamdiu uixero, pro anima filii tui peregrinabor." Qui statim gladium suum retraxit et eum liberum abire permisit.

[580] 5. De Visione cuiusdam monachi. Quidam episcopus in flammis pene continuis in locis penalibus propter adolescentie lubricos excessus exurebatur. Vestis tamen qua erat indutus non modo illesa, sed et se ipsa semper formosior reddebatur, quod ei beneficium prestiterat misericordia qua nudis specialiter compati et eorum indigentiam liberalissime releuare solebat.

LIV, 12 beati – misericordes] Matth. 5, 7

CAPITVLVM LIV

[581] **6.** Iohannes Elemosinarius. Cum beatus Iohannes esset iuuenis, uidit una | noctium in sompnis quandam puellam, cuius species super solem splendebat. Que stans ante lectum illius pulsauit eum in latere. Qui euigilans et signo crucis se muniens ait ei: "Que es tu et quomodo ausa es intrare super me dum dormirem?" Habebat et coronam de oliuarum ramis super caput suum. Tunc illa hylari uultu et subridens ait: "Ego sum prima filiarum regis." Qui hec audiens adorauit eam. Cui illa: "Si me possederis amicam, ego te ducam in conspectu Imperatoris. Etenim nemo habet potestatem apud eum sicut ego. Ego quidem feci eum in terris hominem fieri et saluare homines." Et hec dicens, disparuit. Qui in se reuersus ait: "Misericordia est et ideo habebat in capite ex oliue foliis coronam."

[582] **7.** Vite Patrum. Quidam frater peccauerat et iussit eum presbiter exire de ecclesia. Surrexit autem Byssarion et exiuit cum eo dicens: "Et ego peccator sum."

[583] **8.** De Vita sancti Bernardi. Fuit beatus Bernardus humanissimus in affectione, magis tamen fortis fide. Nam sicut ipse testatur, siccis oculis germani sui et germani tam necessarii, tam dilecti, Gerardi uidelicet, | celebrauit exequias, ne affectus fidem uincere uideretur. Nam extraneum quemlibet uix aut nunquam sine lacrimis sepeliuit.

---

53 Gerardi] .G. *cod.*

CAPITVLVM LV

DE ELEMOSINA

[584] **1.** Pontificalis Hystoria. Antiochia diuinitus hoc modo subuertitur. Quidam ciuis illius adeo elemosinis et hospitalitati deditus ut nullo unquam die sine paupere et hospite comederet, cum uno die usque ad uesperam urbem circuisset ut pauperem uel hospitem inueniret, offendit uirum seniorem in ueste alba cum duobus sociis stantem in medio ciuitatis et inuitans eum ad hospicium hoc responsum accepit ab eo: "Non poteras, o homo Dei, cum uestro Symeone hanc urbem saluare ne subuerteretur." Et, hoc dicto, sudarium quod in manu tenebat excussit super unam medietatem urbis. Statimque ipsa medietas cum habitaculis et habitatoribus subuersa est. Et uolens adhuc excutere sudarium super aliam partem ciuitatis, uix ab illis duobus sociis suis multa prece flexus est ut parceret relique medietati. Sicque uirum qui hec aspiciebat attonitum consolatus ex saluatione | domus sue discessit et ultra non comparuit.

[585] **2.** Pauper quidam cum a nautis elemosinam peteret nec acciperet, dicente nauclero: "Desiste elemosinam petere a nobis quia nichil hic preter lapides habemus." Cum subiecisset pauper, omnia ergo uertantur in lapides, quicquid manducabile erat in naui in lapides conuersum est, colore et forma rerum earumdem permanente.

[586] **3.** Sabinianus papa cum liberalitati beati Gregorii predecessoris sui derogaret et sub hoc obtentu manum subtraheret egenis, Gregorius eum per uisum ter pro culpa tenacie et huius derogationis increpatum quod non resipisceret etiam quarto horribiliter increpans et comminans, in capite percussit quo ille dolore uexatus non multo post obiit.

[587] **4.** Leo papa cum pauperem leprosum ante fores offendisset, eum fotum diligenter in lecto suo collocauit. Quem cum, reserato ostio, non inuenisset, in paupere Christum se suscepisse obstupuit.

[588] **5.** De Ecclesiastica Hystoria Anglorum. Quadam die, cum rex Oswaldus cum episcopo Adan consedisset ad prandium positusque esset coram eo in | mensa discus argenteus epulis refertus regalibus, intrauit subito minister ipsius cui suscipiendorum inopum

CAPITVLVM LV

erat cura delegata, indicauitque regi quia maxima undecumque adueniens pauperum multitudo per plateas sederet, postulans aliquid a rege elemosine. Qui mox dapes sibi appositas deferri pauperibus, sed et discum confringi atque eumdem minutatim diuidi precepit. Quo uiso, pontifex qui assidebat delectatus tali facto pietatis, apprehendit dexteram eius et ait: "Nunquam inueterescat hec manus." Quod et iuxta uotum benedictionis eius peruenit. Nam cum interfecto illo pugna manus cum brachio a cetero essent corpore resecte, contigit ut hactenus incorrupte perdurarent.

[589] 6. Donauerat rex Oswinus equum optimum antistiti Aidano. Cui cum, paruo tempore interiecto, pauper quidam occurreret, elemosinam petens, ille mox desiliens equum regaliter stratum pauperi dedit. Qui cum a rege corriperetur quare equum, quem illi specialiter elegerat possidendum, tribuisset pauperi, cum multa alia potuisset largiri, respondit: "Nunquid, o rex, tibi carior est ille filius | eque quam filius Dei?" Quo audito rex ueniens de uenatu discinxit se gladio suo festinusque accedens ante pedes episcopi corruit, postulans ut sibi placatus esset "quia nunquam, inquit, deinceps aliquid de hoc loquar aut iudicabo quid uel quantum de pecunia nostra filiis tribuas." Tunc rege ab episcopo benigne consolato, cepit econtra ipse tristis usque ad lacrimarum profusionem effici. Quod dum presbyter suus, lingua patria quam rex et domestici eius non nouerant, quare lacrimaretur interrogasset: "Scio, inquit, quia in ultimo tempore uicturus est rex. Nunquam enim ante hec uidi humilem regem. Sed nec gens ista digna est talem habere rectorem." Nec multum post rex ipse dolo cuiusdam militis occubuit.

[590] 7. De Libro deflorationum. Beatus Gregorius cum in quodam recessu quendam pauperem mortuum repperisset estimans eum stipis inopia perisse, per aliquot dies a missarum celebratione quasi penitendo cessauit.

[591] 8. De Hystoria Turpini archiepiscopi. Cum rex Aigolandus ex condicto ad Karolum causa baptizandi uenisset, forte repperit eum ad mensam sedentem et in | circuitu eius diuersi ordinis et habitus discumbentes. Qui dum de singulis interrogasset et qui essent ab eo edoctus fuisset, uidit fortuitu in quodam angulo tredecim pauperes, miserrimo habitu indutos, residentes in terram sine mensa, sine mappa comedentes, paruo cibo et potu utentes. "Et hi, inquit, cuiusmodi homines sunt?" Et Karolus: "Hec est gens Dei, nuncii domini nostri Ihesu Christi quos sub numero .XII. apostolorum Domini per unumquemque diem ex more pasci-

mus." Tunc Aigolandus respondit: "Hi qui circa te sunt residentes sunt felices et splendide epulantur et uestiuntur. Illi uero quos Dei tui omnino esse dicis et esse nuntios eius asseris, cur fame pereunt et male uestiuntur et longe proiciuntur a te et male tractantur? Male domino suo seruit qui sic turpiter nuntios eius recipit. Legem tuam quam dicebas esse bonam nunc esse falsam ostendis." Et scandalizatus ex hoc respuit baptizari. Tunc Karolus omnes pauperes quos in exercitu repperit diligenter et honorifice in uictu et uestitu de cetero tractari precepit.

9. | Posito Karolo in extremis, Turpinus archiepiscopus apud Viennam in ecclesia quadam raptus in extasi uidit ante se innumerabilium demonum multitudinem preterire ac uersus Lotharingiam tendere agnouit. Cunque conspiceret Ethiopem quendam lento gradu alios insequentem, dixit ei: "Quo tenditis?" Et ille: "Aquisgranum ad Karoli mortem tendimus ut eius animam ad Tartara deferamus." Tunc ille: "adiuro te, inquit, per nomen domini nostri Ihesu Christi, ut, peracto tue dispositionis itinere, ad me reuerti non differas." Cui post paululum reuertenti, dixit Turpinus: "Quid egistis?" Et demon: "Galetianus, inquit, sine capite tot ac tantos lapides et ligna innumerabilia basilicarum suarum in statera suspendit, quod magis appenderunt bona quam eius mala et iccirco eius animam nobis abstulit."

10. De Karolo Flandrensi comite. Tempore quodam acerrime famis Karolus comes per singulas curtes suas quas multas habebat, pauperes deputauit centenos et de | suo cotidianam eis stipem habundanter ministrari precepit. Preterea in quacunque urbe, oppido uel uilla esset, innumeri cotidie ad eum confluebant. Quibus ille alimenta, nummos et uestimenta propriis manibus distribuebat adeo ut apud Ypram uno die .VII. milia octingentos panes pauperibus erogauerit. Neminem enim a se frustratum recedere patiebatur, uestesque etiam quibus preciosis admodum utebatur, sibi detractas eis frequenter largiebatur. Denique uitam suam sic ordinauerat ut omnibus diebus operum suorum initia Domino dedicaret ut scilicet antequam ad ecclesiam procederet, elemosinam propriis manibus erogaret. Quod etiam ob ingentem in Christum deuotionem nudis consueuerat pedibus celebrare ita ut neminem in hoc pietatis officio sibi pateretur ministrare sed singula fercula singulis deferens sigillatim singulorum manus summa osculabatur ueneratione. Sed et diuites ad opera misericordie non tantum exemplis sed etiam sermonibus sepius inuitabat. Preterea tempore famis ceruisiarum confectiones et pota-

CAPITVLVM LV

tiones penitus interdixit. Decreuit etiam ut quicumque uenalem | faceret panem non unum, ut fieri solebat, sed duos quamlibet paruos singulis nummis distraheret ut pauperi cuiuis nummum non habenti uel obolo emendi facultas suppeteret.

[594] 11. Ambrosius. "Quid michi, ait beatus Ambrosius, hostes mei possunt obicere? Dicunt imperatori quod aurum erogatur. Hanc certe accusationem non timeo nec erubesco. Habeo erarios. Erarii mei pauperes Christi sunt. Hunc noui congregare thesaurum. Vtinam hoc mihi semper crimen ascribant quia aurum pauperibus erogatur. Habeo deffensionem sed in orationibus pauperum, ceci illi et claudi senes ac debiles robustis bellatoribus fortiores sunt."

[595] 12. Ex Dialogo Seueri. Eunti beato Martino ad ecclesiam hybernis mensibus seminudus pauper occurrit orans sibi uestimentum dari. Tunc ille accersito archidiacono iussit algentem sine dilatione uestiri. Sed dum archidiaconus pauperi dare tunicam distulisset, in secretarium ecclesie in qua beatus Martinus solus esse consueuerat festinanter intrauit dissimulatum se a clerico querens et a longe deplorans. Nec mora sanctus, | paupere non uidente, intra amphiboalum sibi tunicam latenter eduxit pauperemque contectum discedere iubet. Deinde archidiacono admonente ut ad agenda sollempnia procederet, respondit pauperem prius (de se autem dicebat) oportere uestiri. Qui causam nesciens pauperem non comparere causatur. "Michi, inquit sanctus, uestis que preparata est deferatur. Pauper non deerit uestiendus." Artatus clericus iam felle commoto e proximis tabernis nigerrimam uestem breuemque atque hispidam .V. argenteis comparatam rapit, ante Martini pedes iratus exponit. "En, inquit, uestem sed pauper non est hic." Ille nil motus iubet eum paululum stare pro foribus secreto procurans dum sibi uestem nudus imponeret ut esset occultum quod fecerat.

[596] 13. Ex Dialogo Gregorii. Beatus Bonefacius tempore quo cum matre sua puer habitabat egressus hospitium nonnunquam sine linea, crebre etiam sine tunica, reuertebatur quia mox ut nudum quempiam reperisset se ipsum expolians Christum in illo gestiebat uestire. Hic cum matrem aliquando eiulantem uideret eo quod omnem ipsius ali|moniam pauperibus erogasset horreum eius ingressus quod largiendo euacuauerat mox orando repleuit. Quod

---

LV, **138** amphiboalum] amphibalum *cod.*

cum illa uidisset cepit etiam agere ut daret, qui sic celitus posset que petisset accipere.

14. Petrus Damianus. Quidam episcopus sitiens uinum afferri precepit. Cunque pincerna totum quod erat in uasculo exhausisset et detulisset episcopo, ecce pauper importunis illud sibi dari precibus postulabat dicens quia nisi biberet, per ariditatem mox expiraret. Econtra minister asserebat nil se in uase reliquisse et in eo loco uinum nullatenus aliud reperiri posse. Episcopus in his angustiis constitutus precepit uinum pauperi dari. Et mox amplius sitire episcopus cepit dixitque ministro ut uas uinarium requireret si forte stillam aliquam inueniret consolationis. Qui diutius abnegans seque nil reliquisse constantius affirmans, tandem non spe erectus sed imperio paruit magis oppressus et uas quod uacuum reliquerat uino plenum admiratus inuenit.

15. Abbas quidam suauis edulii concupiscentia ductus naupredam sibi acquiri precepit. | Cunque ministri dicerent huius genus eo loco difficile reperiri, extitit qui diceret unam tantum naupredam in naualibus se uidisse propositam nullo pacto minus quam uiginti nummorum papiensium solidis coemendam. Iussit abbas dari pecuniam. Cocorum diligentia perfunctus et laute decoctus abbati piscis apponitur. Sed antequam tangeretur, ecce pauper ad ianuam hoc potissimum sibi dari quod abbati esset appositum anxie postulabat. Mox ut erat adhuc, integrum piscem uir Domini misit ad pauperem. Ilico pauper ille qui uidebatur cum ipsa parapside plena pisce in sublime se extulit et librata manu uelut xenium portans celum cunctis uidentibus penetrauit.

16. Quidam paterfamilias unum dumtaxat nummum in loculo possidebat quod ad emendum aliquid quod cum pane comederet gestiebat expendere utpote iamdudum siccus et aridus a lautioribus alimentis. Interim pauper aduenit et misericordiam postulans ipsum nummum accepit. Redit domum et panis qui solebat apponitur. Et ecce uir quidam | ignotus et quem antea nunquam uiderat festinus et anxius ligatos in manu eius .XX. denariorum solidos posuit dicens a domino suo ei transmissos. Cunque ille attonitus quis esset uellet inquirere, ille disparuit.

17. Petrus Cantor. Pie memorie comes Theobaldus subtalares cum uncto propria manu sepe pauperibus dedit.

18. De libris Petri Cluniacensis abbatis. Vir quidam prepotens, Bernardus cognomento Grossus, post mortem suam uulpinis pellibus et nouis indutus a quodam uisus est. Cui querenti quare sic esset indutus respondit: "Hanc uestem mihi olim recentem emi et ipsa die illam qua primum indutus sum, cuidam pauperi dedi. Et sicut noua data est, ita noua semper permanet et in penis inenarrabile refrigerium mihi prebet."

19. In territorio Granopolitano iuxta uillam nomine Ferrariam, a ferri copia sic dictam, quidam homines ferrum querebant. Inter quos quidam rusticus spe maioris lucri longius procedens instanter fodiebat; et ecce subito magna moles terre delapsa aditum per quem ingressus fuerat obstruxit. Quem uxor eius mortuum existimans, per annum continuum sin|gulis ebdomadibus pro eo semel cantari missam fecit, panem et candelam offerens sacerdoti. Vna autem tantum ebdomada aliis intenta negotiis, hoc beneficium marito suo non contulit. Transacto pene unius anni spacio, iterum fossores ad locum illum fodiendo perueniunt. Quorum uoces et malleorum sonitus audiens rusticus inclusus uociferari cepit. Ad quem tandem fossores peruenerunt et eum recognouerunt. Interrogatus quomodo tandiu uixisset respondit: "Cum in hoc loco fame et tenebris deficerem, subito quidam mihi cum pane et lucerna astitit qui me cibo confortauit et lumine illustrauit et illo pane .VII. uel .VIII. diebus refectus sum et candela illa totidem diebus illustratus. Sed per huius anni spacium equo pene interuallo una tantum ebdomada nescio qua causa hoc beneficium mihi subtractum est." Quod illi audientes et ab uxore eius que pro eo fecerat cognoscentes, glorificantes Deum extraxerunt illum.

20. Sine tytulo. In oppido quod Caduinum dicitur est monasterium quod rex Stephanus | construxit et in honore beati Stephani fecit dedicari in quo et post mortem sepultus est. In illis autem diebus erat quidam demoniacus in terra Apulie qui inquirentibus et plerumque interrogantibus secreta cordium reuelabat. Accidit autem ut post mortem regis Stephani tribus diebus nil sciscitantibus responderet. Die uero quarta cepit inquirentibus sicut consueuerat respondere. Tunc interrogatus quare per triduum tacuisset, ait: "Princeps noster cum magna multitudine demonum ad mortem regis Stephani me uocauit et ideo absens sciscitantibus non potui respondere." Et addidit: "Rex Stephanus exiens de corpore propter opera mala que inuenta sunt in eo, demonum preda factus est. Sed dum traheretur ad tormenta superueniens unus cuius caput conquassatum lapidibus apparebat de manibus nostris eum potenter eripuit. Dicebat autem se esse prothomartyrem Stephanum."

21. Fuit quidam episcopus qui licet in multis seculi actibus deditus esset, erat tamen amator pauperum et promptissimus misericordie operum executor. | Vidit hec hostis inuidus inuiditque et quem in multis obligatum tenebat, hoc eum bono spoliare temptauit. Itaque dum quadam die sollempni missam celebraturus, sermonem faceret ad populum, astitit ei diabolus in forma et habitu cuiusdam nobilis matrone et ut facile posset deprehendi magnitudine super ceteros eminebat. Episcopus autem intuens in eam mirabatur suspicans eam nobilem esse personam. Et cum frequenter oculos iniecisset in eam captus est laqueo oculorum suorum. Cunque conceptum ignem in se acrius estuantem ferre non posset, perrexit ad altare missam festinato celebraturus. Peractoque officio, domum ingrediens mox ministro precepit ut mulierem illam nobilem ad suum conuiuium inuitaret. Abiit ille et illam gaudentem adduxit. Cui occurrens episcopus eam secum discumbere fecit. Illis autem epulantibus et iocantibus ad inuicem, ecce pius Dominus miseratus miserum hominem iam iamque diaboli fraude subuertendum, mittit ei angelum suum in auxilium. Qui stans pro | foribus in specie peregrini uiatoris orat obnixe ut facultas ei loquendi cum episcopo concedatur. At portarius: "Non est, inquit, necesse te accedere ad eum. Si autem comedere uis, omnia parata sunt." Tunc ille: "Ad hoc tantum ueni ut cum episcopo loquar." Portarius igitur uidens instantiam eius, adit episcopum et super hoc uoluntatem eius inquirit. Cui presul: "Michi ad eum ire non uacat, sed suum mihi per te desiderium innotescat." Quod cum peregrino nuntiatum fuisset, dixit: "Volo ut dicat mihi quo in loco celum uicinius sit terre." Quod reuertens nuntius nuntiauit domino suo. Vnde episcopus super questione proposita admiratus ait: "Nunquid terrarum circuiui extrema ut de huiusmodi inquisitionibus nouerim respondere?" Cui mulier iuxta eum residens ait: "Noli turbari. Ego tibi problema aperiam. Respice hominem simul ex corpore et anima subsistentem. Corpus de terra plasmatum nemo qui dubitet. Animam uero celum esse scripture testantur. Et ecce in uno homine habes non solum celum esse uicinum terre, | sed etiam unum esse cum terra." Reuersus nuncius nuntiauit hec peregrino. "Quia prudenter mihi respondit, peto ut mihi adhuc edicat quis locus sit qui non habeat spacium unius pedis et plures in se habeat uarietates." Audiens hec episcopus irrisit hominem dicens: "Vnde hoc noui?" Cui matrona: "Ego tibi dicam. Respice faciem hominis unius pedis spacium non habentem et diuersitatem in se sensuum scilicet uisus, auditus, gustus, odoratus continentem." Episcopus autem admirans sapientiam eius, peregrino mandauit hec ita esse. Tunc peregrinus: "Quia de duobus satisfactum est mihi, uolo ut adhuc indicet mihi de cunctis creaturis que Deus creauit que celsior queue profundior sit et hinc letus abibo." Presul hoc per nuntium audiens irrisit hominem dicens: "Nunquid ego lustraui opera Dei ut hoc scire ualeam." At mulier que iamiamque miserum precipitatura erat in foueam libidinis respondit: "Nulla creatura celo celsior, nulla inferno profundior." His peregrinus auditis: "Vade, inquit, dic domino tuo quia | matrona que iuxta eum sedet hora diei prima in illa inferni profunditate fuit." Recurrit hec nuntius domino suo celeriter nuntiare. Quo audito, inimicus deprehensum se uidens in tenues auras euanuit, grauissimum post se fetorem relinquens. Episcopus autem de faucibus inimici se uidens erutum grates quamplurimas suo liberatori referens ad maiora uirtutum exercitia se conuertit.

22. Zacharias, sancti Iohannis discipulus, multociens in exultatione Deo dixisse refertur: "Sic, sic, Domine, aut tu mittendo aut ego dispergendo, uidebimus uero quis uincat." Hic enim cum forte ad horam non haberet quod pauperibus tribueret, mense uno uel duobus seruiuit alicui ut haberet unde necessitatem subleuaret egenorum.

23. Quidam peregrinus uolens beatum Iohannem temptare indutus uetera uestimenta dicit ad eum: "Miserere mei quoniam captiuus sum." Dicit datori: "Da ei sex nummismata." Deinde mutauit habitum et ei aliunde obuians ait: "Miserere mei quoniam coartor." Datori dicit | iterum patriarcha: "Da ei .VI. aureos nummos." Dicit distributor sancto: "Domine, iam secundo accepit." Qui quasi non aduerteret pertransiit. Venit et tercio rogans ut elemosinam acciperet. Quem sanctus recognoscens distributori ait: "Da ei .XII. nummismata, ne forte Christus meus sit et temptet me."

24. Vir quidam diues et nobilis audiens quod beatus Iohannes coopertorio scisso et laneo tegeretur transmisit ei coopertorium nummismatum .XXXVI. rogans eum ut eo ad mittentis memoriam uteretur. Quod ipse propter multam uiri deuotionem suscipiens coopertus una nocte per totam pene noctem dicebat: "Nunc humilis Iohannes pallio .XXXVI. nummismatum tegitur et fratres Christi frigore necantur? Quanti sunt qui modo dentibus strident pre glacie? Quanti sunt psiathium habentes subtus dimidium et supra dimidium et non possunt extendere pedes suos, sed dormiunt ut glomus trementes? Quanti nunc uacuo uentre nudique iacent, duplicem cruciatum habentes? Quanti desiderant saturari de | foliis olerum que proiciuntur de coquina mea? Tu uero expectas eternam iocunditatem assequi et uinum bibis et grandes deuoras pisces et in cubiculis demoraris, modo autem cum omnibus malis et in coopertorio .XXXVI. nummismatum te calefacis. Vere si sic uixeris, audies in futuro: "Recepisti bona in uita tua." Benedictus Deus! Humilis Iohannes alia nocte te non cooperietur. Iustius est enim ut tegantur .C.XLIIII. fratres et domini tui quam tu infelix." Mox ergo transmisit illud in crastinum ut uenundaretur et uidens is qui hoc obtulerat, emit illud .XXXVI. nummismatibus et rursus obtulit patriarche. Cum autem tercio id fecisset, dicit ei gratulabundus ille sanctus: "Videbimus quis deficiet, ego an tu."

25. Fuit in Affrica thelonearius quidam diues ualde et immisericors. Sedentibus ergo ad solem in hyeme pauperibus, ceperunt singuli domos elemosinatorum collaudare et pro eis orare per singulos, similiter et elemosinam non facientium uituperare. Venit autem iste in medium et ce|perunt de illo singuli ad alterutrum dicere: "Quis unquam de domo illa benedictionem accepit?" Et cum singuli dicerent nunquam se ab illa aliquid recepisse, ait unus eorum: "Quid dabitis mihi et ego accipiam hodie benedictionem ab eo?" Facientibus cum eo pactum, uenit et stetit ante portam domus expectans quando reuerteretur. Veniens autem, uidit egenum et non inueniens lapidem, per furorem arripit siliginem de clitella quam nutu Dei animal eius ante eum ferebat et iactauit in faciem eius. Qui eam suscipiens, abiit gaudens et eam pauperibus demonstrauit. Verum diues post duos dies egrotauit usque ad mortem et uidit in sompnis omnes actus suos a quibusdam appendere in statera. Ex una parte erant quidam mauri deformes, ex altera candidati uiri et splendidi. Qui nil inuenientes boni quod econtra appenderent, nimis tribulabantur et dicebant ad inuicem: "Ergo hic nos nichil habemus. Vere nichil habemus preter unam siliginem quam dedit ante duos dies Christo | et ipsam non uoluntarie. Quam cum posuissent, equalitas facta est." Tunc dicunt theloneario hi qui apparebant ei candidati: "Vade, auge ad siliginem hanc. Nam nisi feceris, isti mauri te apprehendent." Qui euigilans, ita decetero misericordie operibus incubuit, ut etiam proprio corpori non parceret. Contigit aliquando ex more eum ad theloneum procedere et obuiauit ei nauta qui naufragio nudus euaserat. Quem ille putans egenum expoliauit se esophorium suum quod illi melius erat et dat ei rogans ut hoc ipse uestiret.

Qui erubescens tam preciosa ueste uestiri, mox illam uendidit. Quam cum thelonearius uideret esse suspensam, contristatus est uehementer et ueniens domi nil comedere uoluit, sed ostium cubiculi super se claudens flebat dicens: "Quia non fui dignus ut mei memoriam haberet egenus." Cum ergo anxiaretur, obdormiuit et ecce uidit quendam speciosum tanquam solem ferentem crucem super caput suum uestitum esophorio quem dederat naute assisten|tem sibi et dicentem: "Quid ploras, domine Petre?" Qui respondit: "Quia, Domine, ex quibus largiris nobis damus alicui et male accipientes expendunt." Tunc dicit ei: "Cognoscis hoc?" Erat enim illo uestitus. Et ille: "Etiam Domine." Et Dominus ad eum: "Ecce ego uestior illo ex quo mihi illud dedisti et gratias ago tibi quoniam frigore affligebar et cooperuisti me." Ad se ergo reuersus, cepit beatificare pauperes et egenos et dicere: "Viuit Dominus! Si inopes Christus sic uestit, non moriar donec fiam unus ex eis." Accersitoque notario quem emerat, dicit ei: "Secretum uolo credere tibi. Duc me in sanctam ciuitatem et uende me cuilibet Christiano et precium da pauperibus, alioquin Barbaris te ipsum uendam." Qui uendidit eum .XXX. nummismatibus cuidam fabro argentario noto sibi et amico. Que sicut ei iussum fuerat, mox pauperibus erogauit. Pauco igitur tempore euoluto, cum faber ille Petrum seruum suum ad cuncta obsequia uideret promptum, humilem et deuotum tantus eius humilitatem uerecundatus et | uirtutem ait ei: "Volo, Petre, liberare te, ut sis decetero quasi frater meus." Ille uero noluit. Viderat eum frequenter conuicia perferre et percuti a conseruis suis, qui tanquam amentem eum habebant. Vnde cum aliquando tristaretur, apparebat ei qui in Affrica apparuerat uestitus esophorio eius tenens et illa nummismata in manu dicens ei: "Noli molestus esse, frater Petre, ego suscepi et precium tuum, sed sustine usque dum cognoscaris." Post aliquod uero tempus uenerunt a patria sua quidam uenditores argenti et suscepit eos dominus domini Petri, qui, cum ministraret, statim recognouit eos. Denique et ipsi ceperunt affigurare eum et ceperunt dicere: "Quam similat puer iste domno Petro theloneario." Et cum unus eorum diceret: "Vere ipse est, surgam et tenebo eum", ipse hec audiens, cucurrit ad portum et puero ostiario, qui erat surdus et mutus a natiuitate, auditum in nomine Domini reddidit et loquelam et sic effugiens nusquam comparuit.

26. Quidam a quodam duce repulsus urgente necessitate ad beatum | Iohannem accessit et quod petiit impetrauit. Sequenti nocte, uidet dux quod staret super altare quoddam cui offerebant multi oblationes et pro una quam ponebant accipiebant .C. pro ipsa de altari. Erat autem et patriarcha post tergum eius. Iacebat ergo una oblatio ante eos in uno scrinario et dicebat quidam duci: "Vade, domine dux, offer istam oblationem ad altare et tolle pro ea .C.." Illo autem pigritante, cucurrit patriarcha et tulit illam et obtulit et pro illa .C. accepit. Euigilans itaque non poterat discernere sompnium. Illum autem qui mutuum uolebat accipere aduocans interrogauit quod si petisset uellet accipere. Qui respondit: "Domine, antetulit mercedem tuam patriarcha." Tunc intelligens sompnium ait: "Ve illi qui uult bonum facere et differt."

27. Audiens aliquando beatus Iohannes cuiusdam elemosinatoris puerum orphanum derelictum in magna paupertate uersari, dicebant enim qui affuerant quia pater eius moriens nec unum ei nummisma dimisit, sed habens .X. libras auri, ait puero | suo: "Quid uis, fili? Dimittam tibi istas an dominam meam Dei genitricem curatricem et prouisorem?" Puero autem Dei genitricem eligente, precepit cuncta dari pauperibus. Et ecce, inquiunt, in multa consistit inopia, nocte et die domum nostre Domine non deserens. Cum hec ergo sanctus audisset, uocat quendam tabellionem secreto, cui rem ex ordine pandens, ait: "Vade et in ueteribus cartulis scribe testamentum cuiusdam nomine Theopenti et fac in eadem karta me et patrem pueri consobrinos fratres et uadens dic iuueni: 'Scis, frater, quod genus existens patriarche non debueras ita in paupertate uersari'. Et ostende ei kartam." Et cum hec fecisset, adducit iuuenem ad sanctum. Quem ille deosculans et amplectens ditauit et uxori tradidit.

28. Quidam interrogatus a sancto Iohanne quomodo factus esset elemosinator respondit: "Eram prius ualde immisericors et crudelis et semel dampna pertuli et in subtilitatem deueniens cepit cogitatio mea dicere mihi: 'Vere si esses elemosinator non relinqueret te Deus'. Statui ergo per singulos dies dare .V. ereos nummos | pauperibus et cum cepissem dare, statim Sathanas prohibebat me dicens: 'Vere quinque isti sufficiunt domui ad holera aut ad aliud necessarium comedendum' et sic tanquam de faucibus natorum meorum priuarem eos nil dabam. Cum ergo uidissem quod superarer a uicio, dixi puero meo ut michi singulis diebus .V. nummos quos daret pauperibus furaretur; sum enim trapezeta. Qui benefaciens cepit furari denos et cum uideret quod nobis be-

---

402 multi] multas *cod.*   404 scrinario] sanctuario *cod.*

nediceret Deus dabat et solidos. Ego uero Dei benedictiones admirans dixi ei: 'Vere multum profuerunt, fili, .V. nummi illi. Volo ergo ut des .X.'. Tunc puer subridens ait: 'Vade, ora pro furtis meis. Nam uere hodie non habuissemus quem manducassemus panem, sed si est fur iustus, ego sum'. Tunc mihi quid fecisset aperuit. Et ego ex fide illius dare ex animo assueui."

29. Vite Patrum. Interrogatus abbas Pastor a quodam fratre quid faceret de hereditate sibi dimissa respondit: "Si dederis eam ecclesie, clerici sibi facient conuiuia ex ea. Si parentibus tuis dederis, non est tibi merces. Si autem pauperibus, securus eris."

30. Quodam pau|peribus largiente elemosinam, ecce mulier quedam uenit ad eum ut acciperet et hec erat uestita uetustissimis rebus, quam cum uidisset misit manum ut daret ei multum, clausaque est manus eius et leuauit parum. Alia uero uenit ad eum bene uestita, cui cum parum tribuere uellet, aperta est manus eius et leuauit multum. Et requisiuit de utrisque mulieribus illis et cognouit quia illa que bonis uestibus utebatur, de magnis diuitiis ad paupertatem deuenerat, alia uero causa accipiendi sic se uestiebat.

31. De Vita beati Bernardi. In regno Gallie et finitimis regionibus aliquando fames inualuit. Seruorum autem suorum monachorum Clareuallensium horrea Dominus cumulauit, siquidem usque ad annum illum nunquam eis laboris sui annonna suffecerat. Sed et tunc quoque post messem collectam diligenter, omnibus supputatis, uix usque ad Pascha sibi eam posse sufficere estimabant. Cum autem emere uellent, sumptus non inuenerunt quod longe carius solito uenderetur. Itaque ab ipso tempore quadragesimali pauperum ad eos | multitudo maxima confluxit, quibus erogantes fideliter que habebant, Domino benedicente, ex modica illa annonna usque ad messem ipsi pariter et qui superueniebant pauperes alacriter sustentabantur.

CAPITVLVM LVI

DE VIRTVTE NOMINIS CHRISTI

[615] **1.** Cum de beata Blandina omnes martyres dubitarent, ne forte pro debilitate corporis fidem citius abnegaret, tanta tolerantia uirtutis animata est, ut resoluerentur primo et conciderentur carnificum manus, qui sibi pro contentiosa iudicis animositate inuicem succedebant. Denique prima luce usque ad uesperam semper innouantes tormenta uictos se ad ultimum confitentur, stupentes quomodo in ea spiritus remaneret, cum iam nil in ea ex corpore resedisset. Sed illa uere beata, ut postmodum ipsa retulit, quotiens "christiana sum" reclamauit, totiens noue uires corpori reddebantur et tanquam ablatis per confessionem doloribus instaurabatur recentior ad agones eoque magis quo intellexerat quod uox pia sensum doloris extingueret, sepius et alacrius "christiana sum" procla|mabat. Tandem uero cum omnia genera tormentorum et bestias superasset, exultans et ouans uelut ad sponsi thalamum inuitata et quasi inter dapes regias accubaret, sic uultu placido festinat ad mortem et gladio uitam consumat.

[616] **2.** De Ecclesiastica Hystoria Anglorum. Cum in quadam prouincia Paganorum per tres annos nulla pluuia de celo caderet, cepit fames acerrima miseram inuadere plebem et impia nece prosternere. Fertur enim quod sepe quadraginta aut quinquaginta homines inedia macerati procederent ad precipitium aliquod super ripam maris et iunctis manibus pariter omnes, aut ruina perituri, aut fluctibus absorbendi decederent. Verum, euangelizante illis Wlfrido episcopo, ipso die quo baptismum fidei gens illa suscepit, descendit pluuia serena copiosa, refloruit terra, redit uirentibus aruis annus letus et fructifer et sic cor et caro omnium exultauerunt in Deum uiuum.

[617] **3.** De Vita sancti Anthonii. Pulsauit aliquando diabolus ostium monasterii sancti Anthonii. Qui egressus | uidit hominem enormi sublimitate porrectum caput usque ad celum. Cunque ab eo quisnam esset inquireret, ait: "Ego sum Sathanas." Et Anthonius: "Quid hic, inquit, queris?" Respondit: "Cur mihi frustra imputant omnes monachi? Cur mihi omnes Christiani maledicunt?" Et Anthonius: "Iuste, inquit, faciunt, tuis enim frequenter molestantur insidiis." Et ille: "Non, inquit, facio, sed ipsi se inuicem turbant.

Nam ego miserabilis factus sum. Num legistis quia defecerunt inimici framee in finem et ciuitates eorum destruxisti?" Nullum iam habeo locum. Nullam possideo ciuitatem. Iam ubique Christi personat nomen, solitudines ipse monachorum stipantur choris." – "Vere, inquit Anthonius, Ihesus tuas funditus subruit uires et honore nudatus angelico uolutaris in sordibus." Vix autem Anthonius Ihesum nominauerat et ille sublimis aspectu Ihesu nomine deiectus est.

[618]   **4.** De Vita sancti Hylarionis. Quadam nocte beatus Hylarion infantium cepit audire uagitus, balatus pecorum, mugitus bouum, planctus quasi muliercu|larum, leonum rugitus, murmur exercitus et prorsus uariarum portenta uocum ut ante sonitu quam aspectu territus cederet, sed cum ille inclamasset Ihesum, ante oculos eius repentino terre hyatu pompa omnis absorta est.

CAPITVLVM LVII

DE CONTEMPTV MVNDI

[619] **1.** Ecclesiastica Anglorum Hystoria. Cedual, rex occidentalium Saxonum, cum genti sue duobus annis strenuissime preesset adhuc paganus, relicto imperio propter Dominum regnumque perpetuum, uenit Romam, hoc sibi glorie singularis desiderans adipisci ut ad limina beatorum apostolorum fonte baptismatis ablueretur, simul etiam sperans quia mox baptizatus carne solutus ad eternam uitam iam mundus transiret. Quod utique ut mente disposuerat, Domino iuuante, completum est.

[620] **2.** Ieronimus de Vita Marcelle. Beata Marcella post nuptias septimo mense priuata talibus usa est uestibus quibus obstaret frigus, non menbra nudaret, aurum cum ditissima esset usque ad anuli signaculum repudians et magis in uentribus egenorum quam in marsupiis recondens.

[621] **3.** Sancta Mela|nia, calente adhuc mariti corpusculo et necdum humato, duos simul filios perdidit. Rem dicturus sum incredibilem sed, Christo teste, non falsam. Quis illam tunc non putaret more lymphatico, sparsis crinibus, ueste conscissa, lacerum pectus inuadere? Lacrime gutta non influxit. Stetit immobilis et ad pedes aduoluta Christi quasi ipsum teneret arrisit dicens: "Expeditius tibi seruitura sum, Domine, quia tanto me onere liberasti." Sed forsitan superatur in ceteris quinimmo quia illos mente contempsit in unico postea filio probat. Cui omni quam habebat possessione concessa, ingruente iam hyeme, Ierosolimam nauigauit.

[622] **4.** Augustinus. Aput Treueros cum duo milites in ortos muris contiguos spatiatum existent, casu in casam quorumdam monachorum uenerunt. Vbi cum unus codicem in quo erat uita beati Antonii reperisset et in eo legisset, mirari cepit subito et accendi talemque uitam arripere meditari. Tunc in amicum coniectis oculis ait: "Dic, queso te, omnibus istis laboribus nostris quo ambimus peruenire? Maior ne esse poterit spes nostra in palatio quam | ut amici imperatoris simus; et quid ibi non fragile plenumque periculis et per quot pericula peruenitur ad grandius periculum. Amicus autem Dei si uoluero, ecce nunc fio. Queso te, si pigeat imitari, noli aduersari, iam enim Deo seruire disposui. Et hoc

CAPITVLVM LVII

ex hac hora in hoc loco aggredior." Tunc alter, spiritu Dei in se similiter insiliente, in uirum alterum commutatus est.

5. Ex Dialogo Seueri. Inter recessus montis Synay anachorita esse aliquis ferebatur. Qui iam quinquaginta annos a conuersatione humana remotus nullo uestis usu setis corporis sui tectus nuditatem suam diuino munere uestiebat.

6. Petrus Cantor. Imperator quidam cuidam heremite: "Cur, inquit, sic coangustatum est et commensuratum hospiciolum tuum corpusculo tuo ut illud nec in iotha uno superet uel excedat?" Cui ille: "Sufficit hoc homini morituro ut semper memor sit saniei busti sui, ut ex eadem necessitate se credat iam quasi mortuum esse, ex qua scit esse moriturum. Sic preueni sepulchrum meum et ita me sepeliui." Et adiecit: "Melius et facilius prosilitur | in celum de tugurio quam de palatio."

7. Duo in amicitia confederati condixerant quod prior illorum ditatus et promotus reliquum illorum protinus sublimaret. Vno igitur eorum promoto alter accessit petens federis initi repromissum. Illis autem spaciatum pergentibus pariter, diues arte magica oculos alterius sic perstrinxit ut in archiepiscopum se promoueri putaret et cum gloria multa in trono archipresulis collocari. Postea arte magica a socio subtracta, aperti sunt oculi eius et nihil inuenit diuitiarum in manibus suis. Tunc ait ad socium suum: "Quare nunc a tanto gaudio me retraxisti? Si uerum exstitisset gaudium nec Cresi diuitiis illud comparandum putarem." Cui alter: "Illud ymaginarium uerius est gaudio et felicitate presenti." Mox collatione mutua persuasus est illis mundi contemptus adeo ut, relictis omnibus, nudum Christum nudi et pauperes sequerentur.

8. De Vita sancti Anthonii. Cum a quodam duce beatus Anthonius aliquando rogaretur ut paulo largius suam ei presentiam exhiberet, ait se non posse ibidem diutius immorari grato usus exemplo quod sicuti pisces ab aqua extracti mox | in arenti terra moriuntur ita et monachi cum secularibus retardantes humanis statim confabulationibus resoluuntur.

9. De Vita sancti Pachomii. Cum uenisset mater Theodori ad sanctum Pachomium obtulit ei episcoporum litteras que precipiebant ut ei suus filius redderetur. Qui puerum aduocans ad eum ait: "Comperi quod huc mater tua uenerit et te uidere desideret. Pergens itaque satisfacito matri." Cui puer: "Prius me, pater, certum facito quod, post tantam spiritualium rerum cogitationem, si uidero eam, non dabo Domino rationem in die iudicii et quod precipis faciam." Cui Pachomius: "Si probas id tibi non expedire, non te cogam." Tunc mater eius ut eum aliquando inter alios monachos uideret, in monasterio uirginum remanere decreuit.

10. Vite Patrum. Nunciata est cuidam monacho mors patris sui. Qui nuncianti respondit: "Desine blasphemare: meus pater immortalis est."

11. Abbas Pastor et fratres eius uidentes matrem suam uenientem ad se intrauerunt et clauserunt ostium in faciem eius. Que cum persisteret plorans, abbas Pastor filius eius clamauit ad eam: "Quid ploras, uetula?" Que | respondit: "Volo uos uidere, filii mei. Quid si uos uidero? Nunquid non sum mater uestra?" – "Hic nos uidere uis an in illo seculo?" Dicit ei: "Et si non uidero uos hic, uidebo uos illuc?" Qui respondit: "Si pacienter hic tuleris, nos illuc uidebis." Et sic gaudens illa recessit.

12. Voluit aliquando iudex prouincie uidere abbatem Pastorem et non acquiescebat senex. Iudex autem tenuit filium sororis eius uelut malefactorem et redegit eum in carcerem, dicens: "Si uenerit senex et rogauerit pro eo, dimittam eum." Et uenit soror eius ad eum plorans foris ad ostium. Qui non respondit ei uerbum. Tandem cum illa persisteret et dolore compulsa eum increparet, mandauit ei: "Pastor filios non generauit." Quod iudex audiens ait: "Vel uerbo iubeat et ego dimitto." Senex autem remandauit ei dicens: "Examina causam secundum legem et, si dignus est morte, moriatur. Si autem non est, fac quod uis."

13. Mater Marci uenit cum plurimo comitatu ad abbatem Siluanum orans ut uideret filium suum. Qui ut erat sacco scisso uestitus et reconsuto pannis et caput atque facies eius | tincta de fumo et fuligine coquine propter imperium senis egressus est quidem, sed clausit oculos suos et ita matrem suam et eos qui cum ipsa uenerant salutans confestim regressus est et non est agnitus ab eis.

14. Quidam episcopus scripsit presulibus heremi ut Piorem ad sororem dirigerent. Qui iussionibus seniorum obediens, uenit ad patriam. Cumque ante domus sue ianuas accessisset, ueniente germana, clausis oculis dixit: "Ecce ego sum Pior frater tuus. Quantum uis aspectu meo satiare." Vouerat enim de domo patris sui cum exisset ad conuersionem nullum se propinquorum deinceps fore uisurum. Tunc illa gratificata laudauit Deum et ille, oratione facta, ad heremum remeauit.

15. Quidam iuuenis uolebat renunciare mundo et frequenter eum egressum reuocabant cogitationes inuoluentes eum uariis negociis. Erat enim diues. Vna igitur die, egresso eo, circumdederunt eum demones et multum puluerem excitauerunt ante eum. Qui mox despolians se et sua proiciens uestimenta, ad monasterium nudus cucurrit. Declara|uit autem Dominus uni seni dicens: "Surge et suscipe athletam meum."

16. Cassianus. Quidam frater erga puritatem sui cordis et contemplationem diuinam adeo erat sollicitus ut, cum post .XV. annos patris ac matris amicorumque multorum quamplures epistole ad eum delate fuissent, accipiens grande fasciculum litterarum diuque aput semetipsum uoluens, "Quantarum, inquit, cogitationum causa mihi erit harum lectio, que me uel ad inane gaudium uel ad tristitias infructuosas impellat! Quot diebus horum recordatione qui scripserunt intentionem pectoris mei a proposita contemplatione reuocabunt!" Hec uoluens in corde suo, confestim fasciculum litterarum ut eum constrictum susceperat, igni tradidit comburendum. "Ite, inquit, cogitationes patrie, pariter concremamini ne me ulterius ad illa que fugi reuocare uel mente temptetis."

17. De Vita beati Bernardi. Guido, frater beati Bernardi, uir magnus in seculo radicatus, cum exhortationibus fratris dedisset conuersationi assensum et uxor eius nobilis et iuuencula uotis eius omnimodis renueret, | inspirante Domino, uirile concepit consilium ut, abiciens quidquid habere uidebatur in seculo, uitam institueret agere rusticanam, laborare uidelicet manibus propriis unde suam sustentaret et uxoris uitam quam inuitam dimittere non licebat.

18. Cum egrederetur beatus Bernardus de domo paterna, pater fratrum suorum cum fratribus suis, spiritualibus filiis suis quos uerbo uite genuerat Christo, uidens Guido primogenitus fratrum Niuardum, fratrem suum minimum puerum cum pueris aliis in platea: "Eia, inquit, frater Niuarde, ad te solum respicit omnis terra possessionis nostre." Ad quem puer non pueriliter motus: "Vobis, inquit, celum, mihi terra. Non ex equo diuisio hec facta est." Quo dicto, abeuntibus illis, tunc quidem domi cum patre mansit sed, modico post euoluto tempore, fratres sequutus nec a patre nec a propinquis nec amicis detineri potuit.

19. Soror beati Bernardi, in seculo nupta et seculo dedita, cum in diuitiis et deliciis seculi periclitaretur, tandem inspirauit ei Deus ut fratres suos uisitaret. Cunque uenisset quasi uisura fratrem

---

LVII, **124** ut] ne *cod.*

suum | et adesset cum comitatu superbo et apparatu, ille detestans et execrans eam tanquam rete diaboli ad capiendas animas, nullatenus acquieuit exire ad uidendum eam. Quod audiens, illa confusa et compuncta uehementer cum nullus ei fratrum suorum occurrere dignaretur cum a fratre suo Andrea quem ad portam inuenerat monasterii ob uenustum apparatum stercus inuolutum argueretur, tota in lacrimis resoluta: "Et si peccatrix, inquit, sum, pro talibus Christus mortuus est. Quia enim peccatrix sum, iccirco consilium et colloquium bonorum requiro et si despicit frater meus carnem meam, ne despiciat seruus Dei animam meam. Veniat, precipiat. Quicquid preceperit facere parata sum." Hanc ergo promissionem tenens exiit ad eam cum fratribus suis. Et, quia eam separare a uiro non poterat, primo uerbo omnem ei mundi gloriam in cultu uestium et in omnibus seculi pompis ac curiositatibus interdixit. Deinde instare uigiliis et ieiuniis, orationibus et elemosinis. Et ab omni prorsus seculo se facere alienam indixit. Et sic eam a se dimisit. Quod illa reuersa | domi uiriliter exequens, biennio postea sic uixit cum uiro suo, donec ille tandem eius perseuerantia uictus, liberam a se dimisit. Et sic religionis habitum cum sanctimonialibus sumpsit.

CAPITVLVM LVIII

DE ZELO IVSTICIE

[638] 1. Rome, celebrato gladiatorio ludo, Thelomanus monachus increpans populum attentius spectaculo inhiantem lapidatur a populo. Vnde offensus Honorius imperator gladiatorium ludum suo edicto in perpetuum remouit.

[639] 2. Brunichildis regina eo quod per eam .X. reges fuissent extincti, a Lothario rege uno pede et brachio mulctata et ad caudam eque indomite religata menbratim discerpitur.

[640] 3. Rex Bulgarorum ad christianismum cum sua gente conuersus, missis ad eum a sede apostolica sacri ordinis ministris, acceptis etiam a rege Ludouico subsidiis, adeo in fide solidatur ut non multo post, filio maiore in regnum ordinato, ipse abrenuncians seculo monachus factus sit. Sed cum iueniliter filius eius agens ad gentilitatis cultum uellet redire, militie cingulo et cultu regio resumpto | filium persequutus et, oculis eius effossis, eum in carcerem trusit et, filio iuniore in regnum locato, sacrum habitum recepit et in eo usque ad finem uite perseuerauit. 101ub

[641] 4. De Libro deflorationum. Imperatori Traiano festinanti ad bellum ait quedam uidua: "Obsecro ut uindices filium meum qui, te regnante, innocens peremptus est." Cui respondenti: "Faciam si rediero", iterum ait: "Quid si moriaris?" Traianus respondit: "Qui post me imperabit, uindicet." Et illa: "Quid tibi proderit et si alter iusticiam faciat?" Tunc Traianus pietate commotus equo descendit et per iudicium uidue satisfecit. Ob hoc ferunt beatum Gregorium tandiu pro eo fleuisse quousque nocte sequenti responsum accepit se esse exauditum. Tantum ut pro nullo ulterius Pagano rogaret. Sed quia dubitant eum pro Pagano rogasse non aduertentes non orasse sed fleuisse. Et notandum quod non legitur anima Traiani ab inferno liberata sed a cruciatibus, quod potest uideri credibile.

[642] 5. Petrus Cantor. Refertur beatum Bernardum multum affectasse per triennium sedere in sede papatus, maxime propter tria |: 102ra propter episcopos scilicet reuocandos ad metropolitanum suum ut ei subicerentur et obedirent et abbates exemptos ad episcopum suum ut sub eius iurisdictione militarent. Secundum erat ne quis

in ecclesia duas dignitates haberet. Tercium ne monachus in cella uel alibi extra conuentum degeret.

[643] **6.** Magister R. de Thalamo, cum esset uir iustus et prudens, comperiens causam amici sui iniustam, quam prius fouerat reliquit, transferens se ad aduersarii partem tuendam, non tamen ut proditor.

[644] **7.** Magister R. de Thalamo, cum esset episcopus Ambianensis et cogeret aduocatos et iudices ad restitutionem dampni, quod per eos reis et clientibus illatum fuerat iniustis aduocationibus et iudiciis, quesitum est ab eo cur talibus tantam adhiberet operam, respondit: "Quia, nisi hoc facerem, tenerer de meo restituere iniuriam passis."

[645] **8.** Boemundus, constitutus iudex in expeditione quando primo liberata est terra promissionis ab heresi machometina, eo quod comes Sancti Egidii mercatores quosdam transeuntes spoliauerat nec ad citationem eius trinam uellet ablata restituere, ait: "Qui Dei est iungatur mihi." | Et ueniens coram comite, exerto gladio, ait: "Vel ablata restitues, uel huic gladio ceruicem subicies amputandam. Tibi certe sicut nec ignobili de populo parcam." Cui comes: "Recte iudicasti." Moxque ablata restituit. 102rb

[646] **9.** Sine tytulo. Prepositus quidam in partibus Britannie degens, imminente obitu suo, uocauit presbyterum suum ut se cum sacra eucharistia secundum morem ecclesiasticum uisitaret. Venit presbyter et confessionem peccatorum suorum fecit infirmus. Quo reticente, presbyter ait: "Vide, ne quicquam Domino abscondere uelis." Cui prepositus: "Omnia confessus sum in quibus Deum offendisse me recolo." Et presbyter: "Multis diebus uille huius preposituram administrasti et credimus te sepius premiorum causa iudicia subuertisse." Tunc prepositus: "Absit hoc a me. Testem inuoco hodie Deum et Dominum meum quem in manibus tuis tenes, quod nunquam seu gratia seu mercede quacumque occasione scienter diuerti in iudicio a tramite equitatis. Ecce, nunc recede illuc ut sicut uere innocens sum ab huiusmodi peccato, ita per se ipsum in me descendere dignetur Dominus et me in | hac parte innoxium demonstrare." Recessit igitur presbyter procul a preposito et sacrum Domini corpus sursum erexit. Qui continuo in os prepositi diuina uirtute transuolauit, Deo cui omne cor patet fidei et innocentie hominis testimonium perhibente. 102ua

[647] **10.** Vite Patrum. Innocentius proprio filio maledixit eo quod cuiusdam presbyteri filiam corrupisset deprecatusque est Dominum dicens: "Da illi, Domine, spiritum talem ut nullum unquam

ad peccandum in carne sua tempus inueniat." Rectius fore credens sic eum attrocitate demonis quam cum corporee uoluptatis impuritate certaret. Quod quidem, ut dixit, ita factum est. Nam in monte Oliueti ferreis uinctus cathenis ab immundo correptus spiritu usque ad uite exitum uexatus est.

CAPITVLVM LIX

QVAM GRAVITER SOLEAT DEVS
IN HOSTES SVOS VINDICARE

[648] 1. Excepta de Cronicis Eusebii. Valerianus, in Christianos persecutione commota, statim a Sapore, rege Persarum, capitur ibique seruitute miserabili consenescit.

[649] 2. Aurelianus, cum aduersum Christianos persecutionem mouisset, iuxta eum fulmen ce|cidit ac, non multo post, occiditur.

[650] 3. Maximus tyrannus ab Ambrosio excommunicatus quia corrigi noluit a Theodosio in bello perimitur.

[651] 4. Iohannes Chrisostomus Eudochiam uxorem Archadii imperatoris multosque sacerdotum infestos habens, episcopatu pellitur et exiliatur. Sed, pro hoc tumultuante populo, reuocatur. Secundo exiliatur. Sed, terremotu regiam urbem grauiter concutiente, a ciuibus reuocatur. Iterum uero agentibus inimicis episcopatu abiudicatus exilio relegatur ibique non multo post moritur. Innocentius uero papa et occidentales episcopi pro eius preiudicio ab orientalium se communione suspendunt. Verum iram Dei pro morte Iohannis nimia grandinis tempestas et mors Eudochie auguste subsecuta intentat.

[652] 5. Pictor quidam, cum Saluatorem secundum similitudinem Iouis pingere uoluisset, aruit manus eius.

[653] 6. Sanctus Lambertus Pipinum principem increpare ausus quod pelicem Alpaïdem Plectrudi sue legitime uxori superduxerit a Dodone fratre ipsius Alpaïdis martyrizatur. Dodo uero pessimo cruciatus languore | a uermibus consumitur et ob intolerantiam fetoris in Mosam fluuium demergitur. Omnesque huius complices infra annum diuinitus puniuntur. Percussor denique sancti martyris fratri suo congressus alter ab altero perimitur.

[654] 7. Constantinus imperator qui sanctos Dei diu persecutus fuerat et sacras ymagines deponi fecerat, plaga pessimi incendii diuinitus percutitur et clamans: "Adhuc uiuus igni sum inextinguibili traditus", miserabiliter moritur.

[655] 8. Valerianus prefectus ita primum sanctos Dei uenerabatur ut domus eius ecclesia esse crederetur. Postmodum uero per quendam magum deprauatus cum fidem christianam detestaretur et Christianos persequeretur, a rege Persarum Sapore captus, donec

CAPITVLVM LIX

uixit hanc infamis officii penam tulit ut acclinus humi non manu sed dorso regem ascensurum in equum tolleret.

9. De Ecclesiastica Hystoria. Narcissus Ierosolimorum episcopus ualde constantis animi extitit et iusti rectique indeclinabiliter tenax. Vnde quidam homunculi nequam male sibi conscii, metuentes ne criminum | suorum si arguerentur non possent effugere uindictam, preueniunt factionibus et circumuenire parant eum cuius iudicium metuebant. Concinnant igitur aduersus eum satis noxium crimen. Conueniunt auditores, testes ex semetipsis producunt, qui sub sacramento iuramenti que obiiciebantur confirmarent. Quorum unus testis ita si non igne consumeretur uera se dicere testabatur; alter ita ne regio morbo corrumperetur; tertius ita ne luminibus orbaretur; et quamuis hoc nullus de ipso crederet, ipse tamen eorum que mota sunt non ferens molestiam, simul et secretam uitam semper habere desiderans, subterfugit ecclesie multitudinem et in desertis locis annis quam plurimis delitescit. At non ille magnus diuine prouidentie oculus quiescit in longum sed in impios ultionem per ea ipsa que sibi in periuriis statuerant maledicta molitur. Primus nanque ille testis, parua ignis scintilla noctis tempore domo sua succensa, cum omni genere omnique familia flammis ultricibus conflagrauit. Alius | repente a planta pedis usque ad uerticem morbo regio repletur atque consumitur. Tertius priorum exitus uidens et oculum Dei non se latuisse prospiciens, prorupit in medium et iam penitentia ductus audientibus cunctis uniuersum concinnati sceleris ordinem pandit. Tantis autem lacrimis immanis commissi facinus deflet et in terra die noctuque perduratur in fletibus usque quo luminibus orbaretur.

10. Cum Arrius ad ecclesiam pergeret et episcoporum ac populorum constiparetur frequentia, humane necessitatis causa, ad publicum locum declinat. Ibi cum sederet, intestina eius atque omnia uiscera in secessus cuniculum defluxere; et tali in loco dignam mortem blasphemie et fetide mentis exsoluit.

11. De Tripartita Hystoria. Tempore Iuliani quidam tyrannus uniuersa Deo dicata uasa et pallia cuiusdam ecclesie collegit in unum. Que in terram proiiciens et sedens super ea Christum blasphemiis lacerabat. Sed mox circa se Christi sensit adesse uirtutem. Nam uerenda eius et loca circumposita protinus putrefacta

---

LIX, **39** ascensurum] ascensurus *cod.*

tandiu uermes creare ceperunt donec pessimam animam exhalaret. |

12. In Neapoli ciuitate Pagani cuiusdam diaconi nomine Cirilli uentrem secantes ex eius iecore comederunt. Verum in breui omnes huius sceleris participes uirtute diuina dentes et oculos amiserunt.

13. De Ecclesiastica Anglorum Hystoria. Cum multo tempore ab hostibus Britannia uastata fuisset, tantis frugum copiis quanti nulla retro etas meminit affluere cepit. Cum quibus et luxuria crescere et hanc continuo omnium lues scelerum comitari acceleraverit, crudelitas precipue et odium ueritatis amorque mendacii, ita ut si quis eorum mitior et ueritati propior aliquatenus uideretur, in hunc quasi Britannie subuersorem omnium odia telaque sine respectu torquerentur. Et non solum hec seculares uiri, sed etiam ipse grex Domini eiusque pastores egerunt. Interea subito corrupte mentis homines acerba pestis corripuit, que in breui tantam eius multitudinem strauit ut ne sepeliendis quidem mortuis uiui sufficerent. Sed ne sic quidem a sceleribus reuocantur. Vnde non multo post acrior ultio sequuta est. Inito nanque consilio Saxonum gentem ad repellendas irruptiones hosti|um euocarunt. Qui cum pro eis aliquando pugnassent, eos fortiter impugnare ceperunt.

14. Quidam Paganus dum ecclesiam beati Martini deuastare cepisset, in lapidem uersus est. Qui lapis usque hodie in effigie hominis in eadem basilica persistit habens talem colorem qualem eiusdem sarraceni tunica tunc habebat. Dicitur etiam quod fetorem emittat.

15. Cyprianus. Vnus ex his qui sponte Capitolium negaturus intrauit, postquam Christum negauit, obmutuit. Pena inde cepit unde cepit et crimen.

16. Quedam mulier Christum negauerat in balneis constituta. Hoc enim crimini eius et malis deerat ut et ad balnea statim pergeret que lauachri uitalis gratiam perdidisset. Sed illic ab immundo spiritu correpta laniauit dentibus linguam que fuerat uel pasta impie uel locuta. Sed nec diu superesse potuit doloribus uentris et uiscerum deficiens cruciatu.

17. Ambrosius. Puella quedam nobilis seculo nunc nobilior Deo, cum urgeretur ad nuptias a parentibus et propinquis, ad sacrosanctum altare confugit. Quo enim melius uirgo quam ubi sacrificium | uirginitatis offertur et nunc capiti dexteram sacerdotis imponens, precem poscens, nunc iuste impatiens more ad sum-

CAPITVLVM LIX

mum altaris subiecta uerticem: "Num melius, inquit, mauorte me quam altare uelabit quod sanctificat ipsa uelamina? Plus talis flammeus decet, in quo caput omnium Christus consecratur. Quid agitis, o propinqui? Sponsum offertis, meliorem reperi. Si non annuitis, constat quia non prouidetis mihi sed inuidetis." Silentibus ceteris unus abruptius: "Quid si, inquit, pater tuus uiueret innuptam te manere pateretur?" Tunc illa maiore religione, moderatiore pietate: "Et ideo, inquit, fortasse defecit nequis impedimentum possit auferre?"; quod ille responsum de patre de se oraculum maturo sui probauit exicio. Ita ceteri eadem sibi quisque metuentes uotis eius pariter consenserunt.

18. Ieronimus. Pretextata nobilissima quondam femina, iubente uiro Hemecio qui patruus Eustochii uirginis fuit, habitum eius cultumque mutauit et neglectum crinem mundano more texuit, uincere cupi|ens et uirginis propositum et matris desiderium. Et ecce sibi eadem nocte cernit in sompnis uenisse angelum terribili facie, minitantem penas et hec uerba frangentem: "Tu ausa es uiri imperium preferre Christo? Tu caput uirginis Dei tuis sacrilegis attrectare manibus? Que iam nunc arescent ut sentias cruciata que feceris et finito mense quinto ad inferna ducaris. Sin autem in scelere perseueraueris et marito simul orbaberis et filiis." Omnia per ordinem expleta sunt et seram misere penitentiam uelox signauit interitus. Sic ulciscitur Christus in uiolatoribus templi sui. Sic gemmas et preciosissima ornamenta deffendit.

19. Ex libris Petri Damiani. In Bononie partibus duo uiri ad inuicem amici et compatres in conuiuio discumbebant. Quibus ad mensam allatus est gallus quem unus eorum arrepto cultello, ut mos est, in frusta desecuit. Tritum quoque piper cum liquamine superfundit. Quo facto, alter protinus ait: "Profecto, compater, sic explicuisti gallum ut ipse sanctus Petrus etiam si | uelit redintegrare non possit." Cui mox intulit ille: "Plane, non modo beatus Petrus, sed et si ipse Christus imperet, gallus in perpetuum non resurget." Ad hanc uocem gallus repente uiuus et coopertus plumis exiliit, alas percussit et cecinit, plumas concussit, totumque liquamen super eos qui uescebantur excussit. Qui ambo in illa aspersione piperis lepra percussi sunt. Quam plagam non modo ipsi usque ad obitum pertulerunt sed et posteris suis in omnes generationes uelud quoddam hereditarium reliquerunt.

20. Petrus Cluniacensis abbas. Cum quidam princeps in sollempni die Matiscone in proprio palatio residens multis militibus diuersi ordinis constipatus esset, repente ignotus homo equo in-

sidens per ostium palatii ingressus, cunctis uidentibus et admirantibus, usque ad ipsum equitando peruenit, dicens se ei uelle colloqui et imperans ut surgeret et se sequeretur. Qui, inuisibili
160 potentie non ualens resistere, surrexit et usque ad ostium domus processit, ubi equum paratum inuenit quem iussus statim ascendit. Cuius habenas ille accipiens | eum uelocissimo cursu per aera ferre, cunctis conspicientibus, cepit. Ille autem miserabiliter clamans: "Succurrite ciues! Succurrite!", totam ciuitatem commouit.
165 Omnes autem eum tandiu ferri per aera conspexerunt quamdiu illum naturali oculorum acie subsequi potuerunt. Sicque tandem subtractus uisibus hominum factus est eternus socius demonum. Transiit autem per ostium muri palatio proximo. Quod ostium ciues ob tante rei horrorem lapidibus obstruxerunt. Quod postea
170 Otergus, Willelmi comitis prepositus, renouare cupiens propter quedam que publico et priuato usui necessaria uidebantur, conductis quadam die operariis, lapides ab ostio remouebat. Cui operi dum instaret, ecce inuisibiliter a diabolo rapitur et post modicum dimissus corruit et toto corpore grauiter colliso, brachium
175 unum fregit. Quod uidentes socii rursus foramen obstruxerunt. Erat autem et ipse sicut prior licet non adeo ecclesiarum persecutor.

[668] **21.** Sine tytulo. Aput castrum Montis Desiderii erat quidam prepositus nequissimus et oppressor pauperum. Hic tandem | licet
180 sero seculo mortuus est. Cunque cadauer eius elatum in feretro depositum fuisset iuxta fossam, herbis et floribus aromaticis preparatam ut in ea traderetur sepulture, ecce, mirabile dictu et horribile aspectu, totum sepulchrum illud scatere cepit uermibus quos buffones appellant. Qui omnes, facto grege, ad paratum sibi
185 conuiuium conuenerant, diuinitus inuitati. Exterriti omnes qui aderant, tam horrendo miraculo nouum sepulchrum parant et ad illud cadauer miseri cum feretro reportant. Sed o terribile iudicium Dei! Mox ut feretrum cum cadauere iuxta fossam deportatum fuit, infinita buffonum congeries eiusdem fosse aream operuit. Quid
190 plura? Pluribus uicibus facta est reportatio cadaueris de fossa ad fossam et semper horribilis rubetarum exercitus cadauer suum quasi escam sibi debitam sequebatur. Cum ergo starent omnes attoniti nescientes quid agerent, extitit inter eos quidam sapiens qui ait: "Quid frustra laboratis? Numquid cassare potestis uerum et

---

173 instaret] instraret *cod.*

ineuitabile iudicium Dei? Dico uobis quod | etsi in sarcofago poneretur marmoreo supra turrem altissimam collocato etiam illuc serpentes isti serperent ut escam sibi traditam deuorarent. Demus ergo cadauer istud uermibus quibus illud dedit Deus." His dictis, corpus miseri in fossam proicitur. Et statim, uidentibus cunctis, a uermibus terribiliter laceratur.

22. De Vita sancti Anthonii. Misit beatus Anthonius cuidam tyranno epistolam sic habentem: "Desine persequi Christianos ne te ira Dei occupet que proximum iam tibi minatur interitum." Legit infelix epistolam et irrisit atque in eam excreans proiecit in terram portitoresque afficiens iniuriis Anthonio talia renunciare precepit. "Quoniam tibi cura monachorum magnopere est etiam ad te mei uigoris transiliet disciplina." Sed confestim minitatorem oppressit supplicium et post quinque dies os effrenatum ultio diuina compescuit. A quodam siquidem equo diuulsus et laceratus pessimam animam exalauit.

23. De Vita sancti Hylarionis. Quidam discipulus beati Hylarionis multas ei fecerat iniurias, qui in penam sui sceleris et terrorem | eorum qui magistros suos despiciunt morbo regio conputruit.

CAPITVLVM LX

QVANTVS SIT AMOR CHRISTI IN SVOS

[671] **1.** Excepta de Cronicis Eusebii. Quirinus episcopus gloriose pro Christo interficitur. Nam, manuali mola ad collum ligata, e ponte precipitatus in fluuium diutissime supernatauit et cum spectantibus collocutus ne sui terrerentur exemplo, uix orans ut mergeretur obtinuit.

[672] **2.** De Ecclesiastica Hystoria. Natalis quidam confessor, a quibusdam seductus hereticis ab ipsis episcopatum suscepit certa pactione .C. scilicet .L. denariis menstrue pactionis. Qui cum se in hoc deceptus locasset, frequenter admonebatur in sompnis a Domino quia pius Ihesus nolebat martyrem suum qui sibi in multis passionibus testis extiterat de ecclesia perdere. Sed cum negligentius susciperet uisiones, primatus amore et turpis lucri deuictus illecebra, ad ultimum a sanctis angelis per totam noctem penis grauibus excruciatus, mane consurgens cilicio se induit et cinere conspersit ac multis lacrimis errorem suum deflens, ante pedes Zephirini episcopi se prosternit et uestigiis omnium | non tantum modo clericorum sed etiam omnium laicorum prouolutus in lacrimas et miserationes omnem populum prouocauit ut indulgentiam sibi a Christo continuis precibus implorarent.

[673] **3.** Gaufridus Autissiodorensis. Quidam conuersus Clareuallis ueniens ad extrema uisitanti se fratri ait: "Angelus Domini, gratissimum mihi et gratulabundum exhibens uultum, in presentiarum mihi apparuit dicens: 'Merito desideratis uos homines presentiam Domini et conspectum. Si cui tamen innotuisset quantum ipse uos diligat, quam cupiat, quam desideranter expectet, longe feruentiori ad eum properaret affectu'." Post hec uerba protinus expirauit.

[674] **4.** Vite Patrum. Frater quidam uidens filiam sacerdotis Paganorum adamauit eam dixitque patri eius: "Da mihi eam uxorem." Qui respondit: "Non possum nisi prius interrogauero deum meum." Cui interroganti demon respondit: "Si negat Deum suum et baptismum et propositum monachi interroga eum." Qui ad interrogationem sacerdotis consensit. Et statim uelut columbam uidit exire de ore suo et uolare in celum. Tunc dicit demon: "Non des ei fili|am tuam, quia Deus eius non recessit ab eo sed adiuuabit eum." Quod cum frater audisset, confusus est et compunctus et tamdiu aput quendam senem penituit donec columba rediit in os eius.

CAPITVLVM LXI

DE VIRTVTE SANCTORVM

[675] **1.** Excepta de Cronicis Eusebii. Legitur de Antidio, Vesonciensi episcopo, quod aliquando tertia feria post palmas, transiens pontem Duuii fluminis, uidit agmen demonum gesta sua principi suo referentem et inter eos Ethiopem in manu sandalium preferentem ad indicium quod romanum presulem, cuius hoc erat, per septem annos impugnatum, tandem ad lapsum traxerit. Qui uocans ad se Ethiopem et in uirtute Dei et sancte crucis super eum ascendens, eo uectante, Romam uenit feria quinta hora celebrandi officii et demone pro foribus expectante, pape rem retulit; negantem per sandalium ad penitentiam mouit et missa eius uice celebrata et parte crismatis a se consecrati assumpta, demone reuectante ad ecclesiam suam rediit sabbato sancto hora celebrandi officii.

[676] **2.** Leo papa quotiens rogabatur ab aliquibus | ut eis aliquorum apostolorum uel martyrum reliquias daret, conuenit ad corpora uel memorias sanctorum quorum reliquie petebantur missas celebrare in ipsorum honore et sic brandeum altaris quo consecratum corpus Domini inuoluerat particulatim diuidebat et pro reliquiis tribuebat. Vnde si ab aliquibus dubitabatur, cultello pannos illos pungebat et sanguinem eliciebat, sic palam cunctis faciens, quod in consecratione mysteriorum Christi sanguis apostolorum uel martyrum qui pro illo effusus est per diuinam uirtutem in pannos illos introeat.

[677] **3.** Herculanus, Perusinus episcopus, a Totila rege, secto capite, martyrizatur. Post mortem uero corpori caput eius unitum reperitur.

[678] **4.** Dagobertus rex Francorum moritur. De quo per uisionem cuidam reuelatum est quod anima eius ad iudicium rapta sit et, multis sanctis contra eam pro ecclesiarum expoliatione reclamantibus, cum eam iam mali angeli uellent ad penas rapere, interuentu martyris sancti Dyonisii Parisiensis cui ipse maxime deuotus fuerat, a penis liberata est.

[679] **5.** Clodoueus rex | corpus sancti Dyonisii parum discooperiens minus religiose, licet cupide, os brachii eius fregit et rapuit moxque in amentiam perpetuam decidit.

[680]   **6. De Exceptionibus magistri Ricardi.** Valens, Deo odibilis imperator, cum beatum Basilium nec per se nec per prefectum suum terroribus uel promissis a rectitudine fidei posset euertere, in exilium eum mittere decreuit. Cumque legem quam de eius exilio scribi preceperat manu propria roborare temptaret, tertio in manibus eius calamus confractus est. Tunc, eius animo terrore completo, ambabus manibus cartam rupit.

[681]   **7. Ecclesiastica Hystoria.** Fuit in Nicea synodo quidam philosophus in arte dialectica adeo eruditus ut nunquam concludi posset ab aliquo aut constringi. Sed ut ostenderet Deus quia non in sermone regnum Dei sed in uirtute constitit, quidam ex confessoribus simplicissime nature uir et nil aliud sciens *nisi Christum Ihesum et hunc crucifixum*, inter ceteros auditores episcopus aderat. Qui cum audisset philosophum insultantem nostris, poscit ab omnibus locum uelle se paucis cum phylosopho sermocinari. Tunc nostri qui simplicita|tem uiri, impericiam in sermone dumtaxat nossent pauere et uelut quemdam pudorem pati ceperunt, ne forte aput callidos homines risui efficeretur sancti simplicitas. Perstitit tamen senior et hinc mouit sermonis exordium. "In nomine, inquit, Ihesu Christi, phylosophe, audi que uera sunt." Qui cum ei fidem catholicam simpliciter exposuisset, ait: "Credis hec ita esse, phylosophe." At ille uelut si nullum unquam sermonem contradicendi didicisset, ita obstupefactus uirtute dictorum ac mutus ad omnia, hoc solum potuit respondere ita sibi uideri nec aliud uerum esse quam dixerat. Tunc senior: "Nunc me sequere ac dominicum et huius fidei signaculum suscipe." Et conuersus ad discipulos phylosophus ait: "Donec uerbis mecum gesta res est, uerba uerbis opposui et que dicebantur dicendi arte subuerti. Vbi uero pro uerbis uirtus processit ex ore dicentis non potuerunt resistere uerba uirtuti et ideo si quis uestrum in his que dicta sunt potuit sentire que sensi, credat Christo et mecum hunc senem sequatur."

[682]   **8. De Ecclesiastica Anglorum Hystoria.** Quidam pauperes studentes Epi|phanium episcopum arte deludere ut eis aliquid daret. Dum iter ageret unus eorum supinum se strauit in terra; alter stabat quasi mortuum deflens nec habens unde eum sepelire pos-

---

LXI, **48/49** nisi – cruxifixi] I Cor. 2, 2

LXI, **45** dialectica] dialetica *cod.*

CAPITVLVM LXI

set. Epiphanius autem superueniens orauit ut sub quiete dormiret et sepulture necessaria prebuit. Simulque consolatus est flentem dicens: "Quiesce, fili, a lacrimis, non enim fletu resuscitari poterit." Cunque episcopus discessisset, cepit corpus pulsare socii ut exurgeret, dicens: "Hodie tuis laboribus epulemur", et cum ille penitus non se moueret, cognoscens uere mortuum, cucurrit ad Epyphanium flens et petens ut eius socium resuscitaret. Verum episcopus nequaquam eius precibus acquieuit.

9. De Dialogo Seueri. Valentinianus imperator cum Martinum ea petere cognouisset que ipse prestare nolebat, iussit eum palatii foribus arceri. Etenim uxor illius arriana animum eius auerterat, ne sancto debitam reuerentiam exhiberet. Itaque Martinus cum frustra se laborare conspiceret, recurrit ad orationum nota subsidia. Septimo uero die assistens ei angelus iubet eum ad palatium ire securum regias fores sponte reserandas, imperatoris spiritum superbum molliendum. Cum igitur nemine prohibente ad regem uenisset, infrendens ille cur fuisset admissus nequaquam assurgere dignatus est astanti, donec regiam sellam ignis operiret, ipsumque regem ea parte corporis qua sedebat afflaret incendium; ita solio suo superbus excutitur et Martino inuitus assurgit. Multumque complexus quem spernere ante decreuerat, nec expectatis precibus prius omnia prestitit quam rogaretur.

10. Multi feruntur in nomine beati Martini fecisse uirtutes. Canis siquidem uni ex discipulis eius aliquando importunior oblatrabat. "In nomine, inquit, Martini iubeo te obmutescere." Cani hesit latratus in gutture, lingua ut abscisam putares obmutuit.

11. De Dialogo beati Gregorii. Quadam die cum beatus Benedictus ad beati Iohannis oratorium pergeret, ei antiquus hostis in mulomedici specie obuiam factus est, cornu et tripedicam ferens. Qui requisitus quo pergeret, respondit: "Ad fratres uado potionem eis dare." Cum igitur uir Dei orationem complesset et uelociter remeasset, inuenit quemdam seniorem monachum a demone uehementer uexari. Cui solummodo alapam dedit et malignum ab eo spiritum protinus effugauit.

12. Cum beatus Paulinus omnia sua omnino pauperibus erogasset et cuidam uidue pro redimendo filio pretium postulanti quid dare posset, aliud nisi se non haberet, petenti femine respondit: "Mulier, quod possim dare non habeo, sed me ipsum tolle, me seruum tui iuris profitere atque ut filium recipias me uice illius in seruum trade." Quod cum illa irrisionem putaret, uir Dei ei citius persuasit. Perrexerunt ergo utrique ad Affricam. Quem cum illa regis genero obtulisset pro filio et ille uenusti uultus hominem conspexisset, quam artem nosset inquisiuit. Cui uir Dei respondit: "Artem quidem aliquam nescio, sed ortum bene excolere scio." Quod cum ille libenter acciperet, suscepit seruum et roganti uidue reddidit filium. Discessit igitur mulier et episcopus | excolendi orti curam suscepit. Quem cum dominus suus uirum sapientem cerneret, amicos cepit familiares deserere et cum eo sepius colloqui atque sermonibus eius delectari. Quadam igitur die suo domino secum secretius loquenti ait: "Vide quid agas et Wandalorum regnum quomodo disponere debeas prouide quia rex citius et sub omni celeritate est moriturus." Quod cum regi ille diceret et rex uirum uidere desideraret, respondit: "Cotidie mihi herbas uirentes ad prandium deferre consueuit. Has itaque huc ad mensam tuam deportare facio, ut quis sit qui mihi hec locutus est agnoscas." Hunc ergo cum rex subito conspexisset, intremuit atque accersito genero suo secretum, quod primo absconderat, indicauit dicens: "Verum est quod audisti. Nam in nocte hac in sompno sedentes in tribunalibus iudices uidi: inter quos etiam iste sedebat et flagellum quod aliquando acceperam eorum mihi iudicio tollebatur. Sed percunctare quisnam sit. Nam ego tanti meriti hunc uirum popularem, ut conspicitur, esse non suspicor." Tunc regis gener secreto Paulinum tulit, | quisnam esset inquisiuit. Cui ille respondit: "Seruus tuus sum quem pro filio uidue uicarium suscepisti." Cunque ille instanter inquireret tandem ab eo extorsit ipsum fuisse episcopum. Quod ille audiens ualde pertimuit atque humiliter obtulit dicens: "Pete quod uis quatinus ad terram tuam a me cum magno munere reuertaris." Tunc in exemplum Ihesu Christi, qui se solum in seruitium tradidit, cum multis a seruitio ad libertatem rediit, omnes uidelicet sue ciuitatis captiuos cum onustis frumento nauibus secum reducens ad patriam.

[687] **13.** De Vita sancti Basilii. Audita fama beati Basilii, sanctus Effrem Deum exorare cepit attentius ut cuius esset meriti ei ostendere dignaretur. In extasi ergo factus uidit columpnam ignis, cuius caput pertingebat ad celum et uocem desuper dicentem audiuit: "Effrem, Effrem, quemadmodum uidisti columpnam ignis, talis est et magnus Basilius." Qui in quadam solempnitate ad eius descendens ecclesiam, uidit eum in apparatu maximo procedentem et ait sequenti se: "In uanum, frater, laborauimus, ut uideo. | Iste enim in tali ordine cum sit non est quemadmodum uidi"; et stans in loco ecclesie secreto, sic secum dicebat: "Nos qui portauimus pondus diei et estus nil consecuti sumus. Et hic cum sit in tali sti-

155 patione et honore humano columpna ignis est miror", et respiciens dum sanctus Basilius sacros libros legeret, uidit linguam igneam per os eius loquentem. Denique ad eius orationem post paululum grecam linguam quam non nouerat intellexit.

[688]   **14.** Vite Patrum. Senex quidam propter cauma quandam spe-
160 luncam ingressus inuenit ibi leonem frementem dentibus ac rugientem. Cui senex: "Quid angustiaris? Est locus qui capiat me et te. Si uero uis surgens egredere." Qui mox egressus abiit.

CAPITVLVM LXII

DE VIRTVTE SANCTE CRVCIS

[689] **1.** Excepta de Cronicis Eusebii. Handuzar Ammiras templum sibi in Ierusalem edificat et quia nullo modo structura consistere poterat, suggestione Iudeorum, crucem desuper montem Oliueti tolli imperat. Et sic structura templi stare potuit.

[690] **2.** In Turcorum patria cum antiquo tem|pore pestilentia orta fuisset, suasu Christianorum in modum crucis se totonderunt et quia per hoc signum salus patrie reddita fuerat, hunc ritum tondendi tenuerunt.

[691] **3.** De Tripartita Hystoria. Habebat Constantinus hanc consuetudinem ut in preliis signum sancte crucis ante uniuersos ordines portaretur. Quidam autem ferens hoc signum repente hostibus inuadentibus expauit deditque illud alteri deuehendum. Cumque de prelio se substraxisset et iacula declinasset, subito percussus interiit. Ille uero qui sacrum suscepit tropheum multisque iaculantibus permansit illesus.

[692] **4.** Constantinus uolens accipere milites ad cultum fidei christiane, signo crucis eorum arma signabat.

[693] **5.** Supplicium crucis quod primitus erat apud Romanos in usu, Constantinus lege prohibuit.

[694] **6.** Cum Iulianus Apostata ambiret imperium et diuersa ydola consuleret utrum eius desiderium compleretur, inuenit uirum qui ei desiderata se dicere fateretur. Qui cum eum ad quendam ydolorum locum perduceret, seductores demones euocauit. Quibus apparentibus, terrore compellitur Iulianus in fronte sua crucis | formare signaculum. Tunc demones trophei dominici respicientes figuram et sue recordati deuictionis, repente disparuerunt. Cunque Iulianus miraretur signum crucis demones timuisse, magus respondit non timore sed abhominatione signi eos potius recessisse. Et sic capiens miserum ei etiam habere signi odium decetero fecit.

[695] **7.** Iuliano aliquando sacrificanti ostensum est in uisceribus pecudis corona circumdatum signaculum crucis. Quo uiso, sacrificii ministri et uictoriam et eternitatem nominis Christiani hoc significare dixerunt eo scilicet quod ambitus circuli a suo nusquam terminaretur principio, sed magis reuertitur in seipsum. Sed hoc

princeps iniquus peruerse interpretans, christiani nominis cohertionem dixit circulo designari.

8. De Dialogo Gregorii. Andreas Fundane ciuitatis episcopus quandam sanctimonialem certus de sua eiusque continentia secum habitare permisit. Quadam uero die, Iudeus quidam ex Campanie partibus Romam ueniens, cum iam diem uesperascere cerneret et quo declinare posset minime reperiret, in quodam antiquo Appolinis templo ipsa nocte | ad manendum se contulit. Qui ipsum loci illius sacrilegium pertimescens quamuis fidem crucis minime haberet, signo tamen crucis se munire curauit. Nocte autem media cum peruigil iaceret, repente turbam malignorum spirituum conspicit et eum qui ceteris preerat quasi in eiusdem loci gremio residere. Qui cum singulorum causas actusque discuteret, quid scilicet contra bonos operati fuissent, unus in medium prosiliuit qui in Andree episcopi animum per speciem sanctimonialis femine quantam temptationem carnis commouisset aperuit et cum se inhianter audiri uideret, adiunxit quod usque adeo die preterito uespertina hora eius mentem traxerit, ut in terga eiusdem sanctimonialis alapam daret. Tunc qui preerat blande adhortatus est eum ut perficeret quod cepisset, quatinus ruine huius singularem inter ceteros palmam teneret. Tunc ab eodem iussum est ut requirerent quisnam esset qui in templo eodem iacere presumpsisset. Quem maligni spiritus subtilius intuentes, crucis mysterio signatum uiderunt mirantesque dixerunt: "Ve, | Ve, uas uacuum, sed signatum." Tunc Iudeus ad episcopum ueniens de temptatione requirit, negantem per indicia alape conuincit. Conuictus culpam fatetur et abiurat. Feminam cum omnibus qui in eius obsequium erant, de domo sua expellit et mox omni temptatione caruit. Sed et Iudeum protinus baptizauit. Qui ergo corpus suum continentie dedicant, habitare cum feminis non presumant.

9. Sine titulo. Alanus seruiens domini Beluacensis episcopi narrare solet quod cum in terra Ierosolimitana esset, contigit ut Paganis irruentibus, Christiani aduersus eos pugnaturi procederent. Ante dies autem paucos, episcopus de Bethleem uiam uniuerse carnis ingressus fuerat, cuius erat officii exercitum cum cruce sancta precedere. Vnde tunc ex antiqua consuetudine, prior sepulchri Domini alba indutus lignum Domini ante armatorum acies ferre cepit. Porro sagittarii aduerse partis ei sagittas undique retorquebant qui carnem ipsius ledere non poterant, sed, dependentibus ex alba sagittis, sine uulnere permanebat. | Subiit interea animum eius formido carnalis uocansque unum ex seruienti-

bus suis loricam sibi iussit afferi et eam sub alba induens rursus
cum cruce sancta ad bellum processit. Sed armatura tectus carnali celesti est continuo protectione nudatus. Ilico siquidem sagittarius quidam spiculum misit in eum, quod sine impedimento descendit in uiscera eius mortuumque prostrauit in terram. Quod postquam regi nuntiatum est, ne in cimeterio sepeliretur prohibuit.
Sed corpus eius alias proiici et christiana sepultura carere mandauit.

CAPITVLVM LXIII

DE CORPORE CHRISTI

[698] **1.** Excepta de Cronicis Eusebii. Lotharius rex Romam ad Adrianum papam se excusatum uadit. A quo dum pro approbatione innocencie sue ad examinationem corporis et sanguinis Domini tam ipse quam optimates regni inuitati fuissent et ipse et omnes qui cum eo corpus Domini temere accipere presumpserunt infra ipsum annum perierunt, ipso statim in redeundo Placentie defuncto.

[699] **2.** Ecclesiastica Hystoria Anglorum. Quidam miles in quodam prelio grauissime uulneratus, die uno ac nocte sequenti inter cadauera | occisorum similis mortuo iacuit. Sed tandem resumpto spiritu reuixit ac residens sua uulnera prout potuit alligauit. Qui dum abiret ab hostibus captus ad comitem adducitur. A quo interrogatus quis esset timuit se militem confiteri, rusticum se et propter uictum militibus deferendum in expeditione se uenisse testatus est. At ille suscipiens eum curam uulneribus egit et ubi sanescere cepit noctu eum ne aufugeret uinciri precepit, nec potuit tamen uinciri: nam mox ut abiere qui uinxerant eadem eius uincula sunt soluta. Habebat enim germanum fratrem presbiterum et abbatem, qui, cum eum in pugna peremptum audiret, uenit querere si forte corpus eius inuenire posset. Inuentumque alium per omnia illi simillimum putauit ipsum esse, quem ad monasterium suum deferens honorifice sepeliuit et pro anima eius missas sepius celebrabat. Quarum uirtute factum est ut nullus eum posset uincire, quin continuo solueretur. Cunque comes miraretur et an aliquid haberet aput se quare ligari non posset, interroganti respondit nil se talium artium nosse sed: "Habeo, inquit, fratrem | presbiterum qui me, ut arbitror, interfectum putans pro me missas crebro cantat et si uere in alia uita essem, ibi anima mea per intercessiones eius solueretur a penis." Tunc comes aduertens ex uultu et habitu et sermonibus eius, quia de nobili genere esset, promisit se nil ei mali facturum, si quis esset ei simpliciter fateretur. Qui, dum se regis ministrum fuisse fateretur, "licet, inquit comes, dignus sis morte, omnes enim amici mei in illa pugna mortui sunt, non te tamen interficiam, ne fidem meam preuaricer." Tunc eum Londoniam cuidam Frisoni uendidit, sed nec ab illo

ullatenus potuit alligari, unde, data ei facultate ut se redimeret, uenit Cantiam et, a rege pretio redemptionis accepto pro se, ut promiserat, misit. A tertia autem hora quando misse fieri solebant, sepissime uincula soluebantur.

3. De Libro deflorationum. Presbiter quidam uite sanctitate mirabilis tempore sacrificii conspexit angelorum multitudinem stolis fulgentibus circumstantem et altare coronantem cum officio quo circa regem suum milites stare consueuerunt.

4. Sanctus quidam | retulit quod ipse uidisset quoniam de hoc seculo recedentes qui participes sacrorum mysteriorum in consciencia munda fuerint, cum afflauerint ultimum spiritum, subuehi eos alacres manibus angelorum.

5. Quidam presbyter, ut sanctus Gregorius Turonensis narrat, cum in celebratione misse ad communicandi horam peruenisset, mox epylensia comprehensus, corruit spumans sacramque particulam ab ore proiciens. Qui ipsa nocte, sicut plerique testati sunt, ebrius fuerat.

6. Quidam infamis diaconus, dum capsam cum corpore Domini deferret de manibus eius elapsa est et per aerem super altare reuersa.

7. Sanctus Ieronimus in Vitas Patrum de beato Eulogio dicit quoniam cum uideret quosdam ex monachis uolentes accedere ad communionem retinuit eos dicens: "Tu habuisti hac nocte desiderium fornicationis; tu uero dixisti in corde tuo: Nil interest siue iustus siue peccator ad sacramentum accedat et alius dubitationem in corde suo dicens: Quid enim me sanctificare communio potest?" Hos enim singulos remouebat a communione sacramenti donec | per penitentiam et lacrimas mundarentur.

8. Item beatus Ieronimus de sancto Machario refert quod, cum fratres ad suscipiendam sacram eucharistiam accessissent, uidit in quorumdam manibus preuenientes Ethiopes carbones deponere, corpus autem Domini, quod sacerdos uidebatur dare, redire ad altare, aliis uero angelum Domini cum manu sacerdotis sacram particulam dare fugientibus Ethiopibus.

9. Item Ieronimus de sancto Piamone perhibet quia, cum quodam tempore sacrificaret, uidit angelum Dei stantem iuxta altare et quorumdam monachorum qui accedebant, nomina scribentem et quorumdam non. Quos cum senior notasset, unumquemque

---

LXIII, **52** epylensia] epilepsia *legend.*

CAPITVLVM LXIII

seorsum discutiens inuenit in singulis mortale peccatum. Quos ad penitentiam exhortans, tandiu cum ipsis fleuit, donec aliquando uideret eos ascribi cum ceteris.

[707]   **10.** Sanctus Pachomius pistoribus precepit ut, cum oblationes coquerent, salutaria meditarentur, nichil uane loquentes.

[708]   **11.** Matrona quedam, cum ei beatus Gregorius corpus Domini porrigeret, uidens speciem panis quem coxerat, lasciua subrisit. Quod uir | sanctus aduertens, corpus dominicum ab ore illius retrahens super altare posuit; orauit et digitum reperit cruentatum, quod matrone et populo ostendit. Rursumque orauit et species panis reuersa est et mulier communicauit fideliter.

[709]   **12.** Cyprianus. Parentes cuiusdam puelle persecutionem fugientes dum trepidi minus consulunt sub nutricis alimento paruulam filiam reliquerunt. Relictam nutrix detulit ad magistratus illic aput ydolum quo populus confluebat. Quod carnem nondum posset edere per etatem, panem mero mixtum quod tamen et ipsum de immolatione pereuntium supererat tradiderunt. Recepit filiam postmodum mater, sed facinus puella commissum tam loqui et indicare non potuit quam nec intelligere prius potuit, nec arcere ignoratione. Igitur contigit ut, sacrificante beato Cypriano, hanc secum mater inferret. Verum puella cum sanctis precibus mixta et orationibus impatiens, nunc ploratu concuti, nunc mentis estu fluctuabunda iactari uelut tortore cogente, quibus poterat indiciis conscienciam facti in simplicibus adhuc | annis rudis anima testabatur. Vbi uero sollempnibus adimpletis calicem populo diaconus offerret et, accipientibus ceteris, locus eius aduenit, faciem suam paruula instinctu diuine maiestatis auertere, os labiis obturantibus premere, calicem recusare; perstitit tamem diaconus et licet reluctanti de sacramento calicis infudit. Tunc sequitur singultus et uomitus et in corpore atque ore uiolato eucharistia permanere non potuit.

[710]   **13.** Quedam mulier sacrificiis ydolorum polluta corpus Domini sumere presumens non cibum sed gladium sibi sumpsit. Siquidem uelut quedam uenena letalia intra fauces et pectus admisisset, angi et anima cepit estuante concludi et, pressuram non iam persecutionis sed delicti sui patiens, tremens et palpitans, concidit ad terram, Deum ultorem sentiens que fefellerat sacerdotem.

---

87 Cyprianus] Ambrosius *scr. sed eras. al. man. et corr.* Cyprianus

14. Cum quedam sacrilega mulier archam suam in qua corpus Domini erat manibus indignis aperire temptaret, igne inde surgente, deterrita est ne auderet attingere.

15. Quidam ydolorum sacrificiis maculatus corpus Domini cum ceteris ausus est latenter | arripere. Sed ipsum Domini corpus edere et contrectare non potuit; immo cinerem se ferre, apertis manibus, inuenit.

16. Ex Dialogo Gregorii. Mulier quedam pro uiro suo in captiuitate posito et in uinculis religato cunctis diebus offerre sacrificium consueuerat. Qui longo post tempore ad coniugem reuersus, quibus diebus eius uincula soluerentur innotuit eiusque coniunx illos fuisse dies quibus pro eo offerebat sacrificium recognouit.

17. De libris Gaufridi Autisiodorensis. In partibus Apulie, quedam mulier demoniaca oblata est sancto Bernardo. Cuius collo sanctus cartulam hanc continentem scripturam fecit appendi: "Precipio tibi in nomine Domini nostri Ihesu Christi ne ulterius ad eam accedere presumas"; et probatum erat aliquotiens ut, amota cartula, statim mulier uexaretur et liberaretur admota. Factum est autem ut mulieri auferretur cartula nimium trepidanti et renuenti et mox uexabat eam malignus ⟨spiritus⟩ atrociter et de multis interrogatus occultis ad singula respondebat. Deinde clerici familiarius colloquentes ut probarent quid esset dicturus uascu|lum in quo erat eucharistia secretius afferunt et quid tulerint sciscitantur. At illa grauiter ingemiscens: "Nisi illa, ait, caruncula foret, omnes essetis usque hodie serui nostri." Et protinus cartula reddita mulieri et responsio demonis et uexatio in posterum conquieuit.

18. Quidam presbiter aput Teutonicos in quandam sanctimonialem incurrit et cum in cotidiano scelere uersaretur, missam tamen cotidie presumptor temerarius celebrabat. Dum igitur quadam die ad sacramenta sumenda post *Agnus Dei* se pararet, repente caro Christi cum sanguine tam inmundum ultra non ferens habitaculum, ab eius manibus euanuit. Sicque factum est per tres dies. Compunctus sacerdos cucurrit ad episcopum et penitentiam sibi iniunctam deuotissime consummauit. Tandem, impetrata ab episcopo licentia, ad celebranda diuina humiliter et deuote accessit. Et dum uentum esset ad perceptionem eucharistie, tres ille hostie que prius peccanti sublate fuerant, penitenti repente celitus allate sunt et calix similiter sanguine repletus est. Et sic quatuor hostie immo unum corpus Domini et totum sanguinem cum multa deuotione percepit.

CAPITVLVM LXIII

19. | Quidam monachus Cluniacensis Gerardus nomine, dum quadam die missam cantaret, uidit corpus Domini in specie pueri manibus et brachiis gestientis commutatum. Quod dum stupidus miraretur, conuertens oculos ad latus altaris, uidit mulierem honestissime forme uelut materna custodia ipsum puerum obseruantem. Iuxta quam uir erat angelici ordinis qui ait ad Gerardum: "Quid miraris? Hic puer quem conspicis celum gubernat et terram." Quibus dictis, uisio disparuit.

20. Sine titulo. Retulit nobis abbas sancti Albini in Britannia quod in partibus illis fuit quidam rusticus qui presbitero suo dixit: "Quid est, domine, quod panem quem in altari benedicis corpus Christi esse dicis, cum panis ipse si asino meo appositus fuerit tanquam cibus communis ab eo celeriter deuoretur." – "Tace, inquit presbiter, numquam fiet quod loqueris." Cunque super hoc aliquandiu contendissent, presbiter confortatus in fide ait rustico: "Vt de corde tuo et omnium dubitantium infidelitatis huius tollatur suspicio, ecce paratus sum die tertia corpus Domini mei Ihesu Christi deferre in me|dium et asino tuo comedendum tribuere ut ueraciter prebet esse corpus Domini panem qui a sacerdote benedicitur in altari." Placuit audientibus sermonem et probandi quod dixerat dies est constituta. Interim rusticus hostias fecit et ⟨asino⟩ docuit huiusmodi panem comedere. Venit dies et conuenit populi multitudo. Tunc presbiter super tabulam honorifice corpus Domini collocans in circuitu hostias plures posuit, ut ex his asinus uesceretur. Quid plura? Accessit asinus et hostias sine dilatione deuorans corpus Domini non modo attigit, sed cum magna reuerentia se in terram prosternens, demisso capite, adorauit illud, in laudem Christi acclamantibus uniuersis.

21. Idem abbas retulit quod alius quidam presbiter ad proximam uillam iter arripuerat quendam de parrochianis suis communicaturus infirmum. Ibat autem in equo solus, sacram eucharistiam secum deferens. Interea uidet septem lupos stantes secus uiam et ex eorum aspectu nimio pauore concutitur. Meditari ilico cepit intra se quid ageret. Timebat enim ne si | transire attemptaret, lupi in eum irruerent et se cum equo suo continuo deuorarent. Fugere deliberabat. Sed quia auctorem uniuersitatis et Dominum secum habebat, indignum ei et infidelitati proximum uidebatur. Tandem de uirtute sacramenti fiduciam accipiens firmiorem, iter ceptum peragit et per uiam quam lupi occupauerant, Deo protegente, transit illesus. Lupi uero secedentes in partem coram suo et omnium Domino pedes et caput deposuerunt in terram, nutu quo poterant adorantis similitudinem exprimentes.

[719] **22.** Addidit etiam idem abbas de eodem presbitero quod quadam nocte, cum quendam parrochianum suum positum in extremis sacra communione munisset et longe esset ab ecclesia, rediens corpus Domini in thalamo suo prout potuit honorifice usque in mane recondidit. Verum eadem nocte, cunctis iam alto sopore quiescentibus, domus ipsa undique igne succenditur copioso cuius luminis claritate ac flamme sonitu crepitantis, famuli excitati lectis clamantes exiliunt, presbitero ut citius exeat terribiliter intonantes. Tunc ille uo|cis et ignis horrore perterritus seminudus auolat, sacri ac preciosissimi thesauri oblitus. Res mira est: domo tota ab igne consumpta celeriter et redacta in cineres, thalamus in quo sponsus Ecclesie quiescebat intactus remanet et illesus licet ramusculis quos uulgo genestas uocant siccis iam et ad ignem paratis a summo usque deorsum et undique tegeretur.

[720] **23.** Accidit quodam tempore in Clarauelle monachum quendam in perceptione diuinorum sacramentorum singulis diebus dominicis tantam diuine suauitatis habundantiam experiri, ut non solum in spiritu, sed in ore suo et corde inenarrabili repleretur ac reficeretur dulcedine, cuius fere tota ebdomada subsequente sentiebat presentiam sed paululum deficientem cotidie quanto magis diei dominice appropinquabat. Contigit autem hunc quodam sabbato dari cuidam iuniori monacho cum quodam consanguineo suo in hospicio colloquenti custodem et socium ut in illius presentia iunior ille disciplinatius se haberet. Nichilominus tamen iuuenis ille circa obseruationem sui ordinis incautus offendit. Vnde scandalizatus ille gra|uiter et commotus, cum ad priorem illius retulisset offensam, ipso iuuenculo ueniam petente humiliter et suum confitente reatum, placari non potuit, priore etiam pro iuuene deprecante. Dum igitur iuxta morem in crastino ad perceptionem sacramentorum cum multo desiderio accederet, dissimulans quod ad commissum fratris sui post humillimam uenie postulationem implacabilis perstitisset, uisum est ei nil excogitari posse amarius quam sacra bucella dominici corporis ei foret et accedens ad calicem in sacrosancti sanguinis hastu maioris etiam amaritudinis supplicium est perpessus. Rediens igitur ad cor, iuueni satisfecit et priorem gratie recepit dulcedinem.

[721] **24.** Diuina mysteria beato Basilio celebrante, Hebreus quidam uolens diuinum explorare mysterium, populo se christiano com-

miscuit, uiditque infantem partiri in manibus Basilii. Vnde ipse credidit et domus eius tota.

25. De Vita sancti Malachie. Beatus Malachias in tantum sororis sue carnalem exhorruerat uitam, ut se deuouerit non uisurum eam in carne uiuentem. At illa carne soluta, solutum est uotum et cepit uidere in spiritu quam in corpore noluit. Qua|dam igitur nocte, audiuit per sompnium uocem sibi dicentem sororem eius stare in atrio foris et ecce per totos triginta dies nil gustasse. Qui euigilans cito intellexit cuius esce inedia marceret et, diligenter discusso numero dierum quem audierat, ipsum esse reperit ex quo pro ea panem de celo uiuum non obtulisset. Tunc ille qui sororis animam non oderat, sed peccatum, beneficientiam quam intermiserat rursum adoritur nec prius destitit donec eam a penis penitus liberatam agnouit.

26. De sancto Bernardo. Agebatur quadam precipua sollempnitas et frater aliquis quem pro secreta culpa ab altaris sacri communione uir Dei Bernardus suspenderat, notari timens et ruborem non sustinens ad manum eius cum ceteris nimium presumptuosus accessit. Intuitus autem eum quoniam causa latens erat, repellere hominem noluit. Sed intimo corde orabat Deum ut de tanta presumptione melius aliquid ordinaret. Itaque sumptam homo eucharistiam non poterat ad interiora trahicere et diu multumque conatus cum nullo modo preualeret anxius | et tremebundus, clausam ore seruabat. Expleta denique hora orationis .VI^a., patrem sanctum traxit in partem cuius pedibus aduolutus cum multis ei lacrimis quod patiebatur aperuit et, aperto ore, ipsam quoque eucharistiam ostendebat. Increpans autem eum confitentem absoluit et sine difficultate recepit dominica sacramenta.

CAPITVLVM LXIV

DE DISCRETIONE

[724] **1.** Excepta de Cronicis Eusebii. Paderburna Germanie ciuitas combusta est cum maiori ecclesia. In monasterio autem monachorum scotus quidam monachus nomine Paternus multo tempore reclusus, qui etiam hoc incendium sepe predixerat, propter propositum reclusionis exire nolens, se comburi passus est.

[725] **2.** In Premonstracensi ecclesia cuidam fratri altius de ineffabili Trinitate que Deus est cogitanti in matutinis demon astitit et ei tria gestans capita apparuit, Trinitatem se esse contestans, ob fidei sue meritum Trinitatis uisione eum dignum affirmans. Sed frater, inimici dolum agnoscens, comminando ei recedere a se compulit.

[726] **3.** De Tripartita Hystoria. Beatus Arse|nius iuuenes non excommunicabat, sed magis etate prouectos, dicens: "Iuuenis excommunicatus spernit, prouectus uero excommunicationis dolore corrigitur."

[727] **4.** Ieronimus. Grecus adolescens erat in cenobio, qui nulla continentie, nulla operis magnitudine flammam poterat carnis extinguere. Hunc periclitantem pater monasterii hac arte seruauit. Imperat cuidam uiro graui ut iurgiis atque conuiciis insectaretur hominem et post irrogatam iniuriam primus ueniret ad querimoniam. Vocati testes pro eo loquebantur qui fecerat iniuriam. Flere ille contra mendacium, nullus alius credere ueritati, solus pater deffensionem suam callide opponere studuit, ne habundantiori tristicia absorberetur frater. Quid multa? Ita annus ductus est. Quo expleto, interrogatus adolescens super cogitationibus pristinis an adhuc aliquid molestie pateretur: "Pape, inquit, mihi uiuere non licet et fornicari libet?" O si solus fuisset, quo adiutore superasset?

[728] **5.** Beatus Hylarion, cum Palestinus esset et in Palestina uiueret, uno tantum die uidit Ierosolimam ut non contempnere | loca sancta propter uiciniam nec rursus dominum loco claudere uideretur.

[729] **6.** De Dialogo Seueri. Miles quidam cingulum, monachum professus, abicerat, cellulam sibi eminus in remoto quasi heremita

---

LXIV, **34** Miles] monachus *cod.*

uicturus erexerat. Interea astutus inimicus uariis cogitationibus brutum pectus agitabat, ut coniugem suam quam in monasterio puellarum esse preceperat, uoluntate mutata, secum potius uellet habitare. Quod cum Martino reuelasset et ipse uehementer ab-
40 nueret: "Non est, inquit miles, tibi in hoc nostro consortio metuendum, cum ego sim miles Christi et illa in eadem militie sacramenta iurauerit." Tunc Martinus: "Dic michi, inquit, si unquam in bello fuisti, si in acie constitisti. – Fui, inquit ille, frequenter." Et Martinus: "Dic ergo michi: nunquid in illa acie que armata in pre-
45 lio parabatur, aut iam aduersus hostilem exercitum collocata comminus pede districto ense pugnabat, ullam feminam stare ac pugnare uidisti?" Tunc demum miles confusus erubuit, gratias agens errori suo non se fuisse permissum nec aspera increpati|one uerborum sed rationabili secundum personam militis comparatione
50 correptum.

[730] **7.** Petrus Cantor. Interrogatus legatus cuiusdam principis a principe prudenti qui legatum fatuum reputabat, eo quod nesciret litteras, quid haberetur in regno principis illius pro maxima sapientia et prudentia, respondit: "Mensura, modus in omni opere,
55 maxime principis."

[731] **8.** Quidam heremita adeo in predicatione abstinentiam commendauerat quod ad biduana ieiunia et triduana homines inuitauerat. Quamobrem fratres reficientes eum non uocauerunt. Quibus ille: "Quare, inquit, non uocastis me?" Cui illi: "Tempera igitur
60 uerbum ut et tu et alii ferre possitis."

[732] **9.** De Vita sancti Pachomii. In uigiliis cum nocturnas orationes celebrarent, si quando sanctus Palemon uidisset sompno Pachomium adhuc nouitium premi, educens eum foras harenam portare precipiebat de loco ad alterum locum; et tali exercitio mentem
65 eius grauatam sompni pondere subleuabat.

[733] **10.** Venit quidam monachorum pater cum uno fratre ad | sanctum Pachomium. Is autem frater molestus ei erat nimium, clericatus desiderans dignitatem, quem sciens indignum, ne hoc fieret differebat. Vnde et beato Pachomio totam negotii causam ex or-
70 dine pandit. Qui cum cognouisset causam ait presbytero: "Da ei quod postulat. Forte per hoc officium liberabitur anima eius de captiuitate diaboli. Sepe namque contingit ut homo malus affectus beneficiis ad bonos se conferat mores. Desiderium denique meliorum pium nouit generare propositum his dumtaxat, qui non
75 adeo negligentie torpore prolapsi sunt ut non possint studere uir-

tutibus." Tunc frater suo potitus desiderio, cunctis uirtutis exemplum postmodum fuit.

[734] **11.** Vite Patrum. Frater interrogauit senem dicens: "Que res sic bona est quam faciam et uiuam in ea?" Qui respondit: "Quod uides animam tuam secundum Deum uelle, hoc fac et custodi cor tuum."

[735] **12.** Frater quidam, a spiritu fornicationis temptatus, cuidam seni quod patiebatur aperuit. Quem cum ille miserum et indignum monachi habitu, eo | quod reciperet cogitationes huiusmodi iudicasset et ille desperans rediret ad seculum, abbas Apollo ei occurrit. Tunc ad preces eius reuersus est in cellam suam et omnis temptatio eius in senem conuersa est. Qui cum ferre non posset et rediret ad seculum, abbas Apollo ei occurrens corripuit et correxit.

[736] **13.** Quidam uenator uidit abbatem Anthonium gaudentem cum fratribus et displicuit ei. Cui beatus Anthonius ait: "Pone sagittam in arcu tuo et trahe." Et fecit sic. Et dixit ei: "Iterum trahe." Et traxit. Et rursus ait: "Trahe adhuc." Dicit ei uenator: "Si supra mensuram traxero, frangetur arcus." Dicit ei Anthonius: "Sic est in opere Dei: si plus a mensura tendimus, fratres cito deficiunt."

[737] **14.** Frater quidam dixit ad abbatem Pastorem: "Semino agrum meum et facio ex eo agapem." Dicit ei senex: "Bonum opus facis." Hoc autem audiens abbas Anub dixit abbati Pastori: "Non times Deum, quia sic locutus es fratri illi?" Et tacuit senex. Postea uocauit fratrem illum ad se et dixit ei, audiente abbate Anub: "Quid me interrogasti illa die?" Qui ait: "Semino agrum meum | et facio ex eo agapem." Et senex: "Putaui quia de fratre tuo illo qui laicus est diceres. Si autem tu facis hoc, non est hoc opus monachi." Ille autem audiens contristatus est et ait: "Aliud opus non facio. Nescio nisi hoc." Tunc cepit abbas Anub penitentiam agere dicens: "Ignosce michi pater." Dicit ei senex: "Ecce ab initio sciebam quia non est opus monachi, sed secundum animum eius locutus sum ei et excitaui eum ad profectum caritatis. Nunc autem abiit tristis et tamen idipsum opus facit."

[738] **15.** Dixit senex: "Non des et accipias cum secularibus hominibus; et non habeas notitiam cum muliere; nec habeas fiduciam diu cum puero."

[739] **16.** Cassianus. "Ita, ut ait beatus Macharius, debet monachus ieiuniis operam dare ut centum annis in corpore commoraturus; ita motus animi refrenare et puritati cordis intendere tanquam cotidie moriturus."

CAPITVLVM LXIV

[740]   **17.** Senex quidam .L. annis tanto rigore immutabilem ieiunii continentiam semper exercuit et solitudinis celle ita iugiter secreta sectatus est, ut ab eo participationem ineundi cum fraternitate conuiuii, ne ueneratio quidem diei paschalis aliquando potuerit obtinere, in qua fratribus cunctis pro anniuersaria sollempnitate in ecclesia retentatis solus non poterat aggregari, ne quantulumcumque perceptione leguminis parui a suo uideretur proposito relaxari. Qua presumptione deceptus, angelum Sathane uelut angelum lucis cum summa ueneratione suscipiens, eius preceptis prono obediens famulatu, semetipsum in puteum cuius profunditatem oculorum non attigit intuitus precipitem dedit, de angeli uidelicet sui sponsione non dubitans, qui eum pro merito uirtutum ac laborum suorum nequaquam posse firmauerat ulli iam discrimini subiacere. De quo puteo cum prope iam exsanguis ingenti labore fratrum fuisset extractus, uitam die tertia finiturus, quod his deterius est, ita in deceptionis sue obstinatione permansit, ut ei ne experimento quidem mortis sue persuaderi potuerit quod fuisset demonum calliditate deceptus.

[741]   **18.** Duo fratres, minus cauta discretione permoti, euntes per extensam solitudinis uastitatem, nullam escam penitus sumere decreuerant, nisi quam per semetipsum Dominus prestitisset. Cunque errantes eos per deserta et deficientes iam fame a longe Mazites conspexissent, que gens cunctis pene nationibus feris immanior atque crudelior est: non enim eos ad effusionem sanguinis ut nonnullas gentes desiderium prede, sed sola ferocitas mentis instigat, eisque contra naturam feritatis sue cum panibus occurrissent, unus ex eis, subueniente discretione, uelut a Domino sibi porrectos cum gaudio et gratiarum actione suscepit; alius, recusans cibum uelut ab homine sibi oblatum, inedie defectione consumptus est.

[742]   **19.** Quidam frater, dum de longinquo tempore in angeli claritate demonem suscepisset, reuelationibus eius innumeris sepe deceptus, credidit nuntium esse iustitie. Nam exceptis his etiam per omnes noctes in cella eius lumen absque ullius lucerne prebebat officio. Ad extremum iubetur a demone ut Deo filium suum, qui cum eo pariter in monasterio commanebat, offerret, ut scilicet hoc sacrificio Abrahe meritis equaretur. Quod protinus peregisset nisi eum uidens puer cultrum extra consuetudinem acuendo preparare et uincula quibus constringeret inquirere, presagio sceleris futuri perterritus aufugisset.

[743] **20.** Quidam monachus continentiam perpaucis imitabilem per multos annos singulariter in cella retrusus exegerat. Qui ad extremum diabolicis reuelationibus sompniisque ita delusus est ut ad iudaismum et circumcisionem carnis lapsu miserabili uolueretur. Nam eum uolens consuetudine uisionum ad credulitatem future deceptionis illicere, uera ei multo tempore reuelauit. Ad extremum uero ostendit populum christianum una cum sanctis apostolis ac martyribus tenebrosum atque deformem et e contra Iudeorum plebem una cum Moyse, patriarchis, prophetis, summa tripudiantem letitia et splendidissimo lumine choruscantem, suadens ut si mallet meriti ac beatitudinis illorum particeps fieri, circumcisionem quoque suscipere festinaret.

[744] **21.** Fertur beatus Iohannes Euangelista cum perdicem manibus molliter demulceret, quendam habitu uenatorio ue|nientem subito conspexisse. Qui miratus quod uir tante opinionis ac fame ad tam prona et humilia se oblectamenta submitteret: "Tune es, inquit, ille Iohannes cuius fama insignis me quoque firmo desiderio tue agnitionis illexit? Cur ergo oblectamentis tam uilioribus occuparis?" Cui beatus Iohannes: "Quid est quod manu gestas?" At ille: "Arcus, ait. – Et cur, inquit, non eum tentum semper ubique confers?" Cui ille respondit: "Non oportet, ne iugi curuamine rigoris fortitudo laxata mollescat atque depereat. – Sic est, inquit beatus Iohannes, in opere Dei."

[745] **22.** Monachus quidam aput se proposuerat quod nulla occasione unquam manum suam suis genitalibus admoueret. Cui proposito inuidens diabolus tantam in eisdem menbris dolorem et angustiam fecit sentire ut se iuuenis nullo modo ferre ualeret. Sentiebatur enim caro ipsa tanti ponderis ac si quedam plumbi grauissima moles eum ad ima detrahens in illa sui corporis parte penderet. Quod cum beatus Anselmus agnouisset, admonuit eum ut modum egri|tudinis admota manu probaret; sed uerecundatus recusauit, timens ne propositum uiolaret. Tunc uir Dei, assumpto secum quodam grandeuo fratre et religioso, iuuenem languidum in secretiorem locum ducit, carnem sanissimam reperit et de cetero diabolica uexatio conquiescit.

[746] **23.** De Vita sancti Anselmi. Quidam abbas beatum Anselmum interrogauit quid de pueris suis faceret, qui incorrigibiles erant et peruersi. "Nam die, inquit ac nocte non cessamus eos uerberan-

---

161 Nam] Nam cum *cod.*   173 firmo] sermo *cod.*

tes et semper fiunt sibi ipsis deteriores." Ad que miratus Anselmus: "Non cessatis eos, inquit, uerberare? Et cum adulti sunt, quales sunt? – Hebetes, inquit et bestiales." At ille: "Quam bono omine nutrimentum uestrum expendistis: pro hominibus bestias nutriuistis. – Et nos, ait, quid possumus inde? Modis omnibus constringimus eos ut proficiant et nichil proficimus. – Constringitis? Dic, queso, michi duo uerba: si plantam arboris in orto tuo plantares et mox illam ex omni parte concluderes ut ramos suos nullatenus extendere posset, cum eam | post annos excluderes, qualis arbor inde prodiret? – Profecto inutilis, incuruis ramis et perplexis. – Sic et uos facitis de pueris uestris. Verum si eos cupitis ornatis moribus esse, necesse est ut cum depressionibus uerberum impendatis eis paterne pietatis et mansuetudinis leuamen atque subsidium."

24. De Vita sancti Hugonis Cluniacensis abbatis. Quadam die cum Guido Albiniensis comes cum sancto loqueretur Hugone, eius accensus sermonibus: "Monachus, inquit, fierem si ad uotum permitterer ueste indui seculari." Quod ut uir Dei audiuit, uoluntati eius acquiescendo satisfecit et sic animam eius Deo lucri fecit. Nam monachus factus, primum mollioribus et preciosioribus uestimentis sub cuculla indutus incedebat. Deinde cum uideret fratrum humilitatem, simulque uite uel habitus simplicitatem, se inter oues Christi quasi leonem reprehendens, sponte sua secularia queque abiecit et ad communitatem ex integro se conuertit.

25. De Vita sancti Bernardi. Beatus Bernardus qui omnia opera sua ue|rebatur, plurimum de nimio feruore se accusare solebat, sacrilegii arguens semetipsum quod seruitio Dei et fratrum suorum abstulerat corpus suum, dum indiscreto feruore inbecille illud ac pene inutile reddidisset. In quo etsi nimietate forsitan excessit, piis certe mentibus non de nimietate sed de feruore exemplum reliquit. Felix tamen cui solum reputatur ad culpam quod ceteri presumere sibi solent ad gloriam.

CAPITVLVM LXV

DE ACCIDIA

[749] 1. Excepta de Cronicis Eusebii. Bartholomeus Laudunensis episcopus, pompa seculari contempta, Fusniaci monachus efficitur. Qui cum sederet aliquando cum ceteris monachis ad collationem, aspexit quendam monachum tardius atque lentius aduenientem nigrumque paruulum iuxta eum gradientem atque per cucullam eum tenentem. Quod cum abbati retulisset, didicit ab eo quod monachus ille ualde negligens esset.

[750] 2. De Libro deflorationum. Quidam monachus raptus in spiritu uidit homines torreri sicut anseres solent et sagimen cum patella super eos refundi. Cui perquirenti ductor suus | respondit eos qui tepide et remisse in ordine uiuunt et nimis sibi parcunt sic debere torqueri. Ille reuersus ab extasi sepe dicere solebat quod malo suo comederat carnes.

[751] 3. De Dialogo Gregorii. In uno ex monasteriis beati Benedicti quidam monachus stare ad orationem non poterat, sed dum fratres orarent, ille foras egressus, mente uaga terrena aliqua agebat. Qui ab abbate suo sepe admonitus, ad uirum Dei ductus est. Cuius etiam admonitionem uix duobus diebus tenuit. Quod cum uiro Dei nuntiatum fuisset, dixit: "Ego ueniam et curabo eum." Cum ergo fratres sese in orationem dedissent, uir Dei monachum egredi intuens uidit quod quidam niger puerulus eum per uestimenti fimbriam foras trahebat. Qui egressus oratorium monachum uirga percussit; et ad orationis studium immobilis de cetero permansit.

[752] 4. Sine tytulo. Quidam tum scientia litterarum, tum uite auctoritate preditus, in quadam domo Cisterciensis ordinis religionis habitum assumpsit. Qui propter debitam sibi reuerentiam, cum factus esset monachus in ordine triginta annorum positus est. Habebat autem iuxta | se in choro sacristam qui ex negligentia et praua consuetudine nunquam diuinum officium persoluebat. Hic autem nouiter conuersus et feruens spiritu, illius tantam pigritiam egre ferebat. Vnde et quadam nocte, cum pre tristicia dum lectiones legerentur obdormisset, uidere sibi uisus est crucifixum qui stabat ante conuersos uenire ante illum sacristam ex more dormientem, terribiliterque dicentem: "Diu est quod tuam ingratitu-

dinem pertuli; iam ulterius te ferre non possum." Et uibrans in eum lapides quas utraque manu tenebat, dum fortiter eum percutere niteretur, nouicius de sede sua ad pedes crucifixi ut rogaret pro illo contra prosternendo cecidit, magna uoce proclamans: "Miserere, Domine, miserere!" Forsitan de cetero se emendabit. Qui casu suo et clamore circumsedentes turbauit. Expergefactus autem non inuenit sacristam in stallo suo, sed nec in crastino potuit reperiri. Visus autem post dies multos in seculo cum meretrice quadam circuiens terram cum impiis et perambulans cum Sathana.

5. In quadam domo Cisterciensis ordinis | miles quidam in una sollempnitate beate Marie matutinis monachorum interfuit. Vbi cum se ad uigilandum plurimum excitaret, non tamen sompnum ab oculis amouere ualeret et ob hoc indignum se iudicaret et miserum, tandem resolutus in sompnum uidet ante se personam quandam uenerabilem dicentem sibi: "Talia posse pati soli meruere beati." Quod de uigilantibus et laudantibus Deum dictum fuisse nec ille miles potuit dubitare.

6. Clericus quidam ualefaciens seculo cum quodam sodali suo monachum professus est. Qui ceptum opus uiriliter peragens assumptus est in abbatem. E contra socius eius negligentie deditus abbatem merore afficiebat. Qui, dum quadam nocte sacris astaret uigiliis, datum est ei in spiritu uidere quid circa illum monachum ageretur. Vidit itaque demonem in tergo illius stantem funiculo eum triplici fortiter retinentem ita ut caput non posset, dum *Gloria Patri* diceretur, cum ceteris inclinare. Angelus autem Domini astans ei et miserans pigritiam eius simplici uoce dicebat: "Flecte caput, fili. | Nam dicunt *Gloria Patri*." Diabolus e contra: "Non flectet, triplicem nisi ruperit antea funem." Tunc abbas: "Ne perdamus ouem, funem, Deus, aufer et hostem." Dominus: "Libero captiuum. Tu, corripe desidiosum." Monachus his auditis perterritus in hanc uocem erupit: "Immo caput perdam, si deinceps lumina claudam!"

7. Vite Patrum. Interrogatus senex a quodam fratre quare in cella tedium pateretur, respondit: "Quia nec gloriam paradisi, nec inferni tormenta uidisti. Nam si hec uidisses etiam si cella tua ita esset plena uermibus ut usque ad collum mergereris, in ipsis sustineres utique et non extediareris."

8. Quidam senex dixit: "Sicut ad succensam ollam musce non appropinquant, si uero tepida fuerit, insidunt in ea et faciunt uermes, ita et monachum succensum igne diuini spiritus fugiunt demones, tepidum uero illidunt et insequuntur."

9. Cassianus. Quidam frater cum eum neccesitas coartaret ut statutum operis censum cotidie equonomo cenobii traderet, | ne in maiorem operis modum alicuius propensius laborantis tenderetur uel confunderetur exemplo, cum in cenobio quempiam fratrum uidisset ingressum qui ardore fidei uellet operis amplius consignare, si clandestinis eum persuasionibus reuocare ab huiusmodi intentione minime potuisset, consiliis prauis ad transmigrandum exinde persuadebat. Et quo eum facilius asportaret, se quoque iam olim multis ex causis offensum confingebat uelle discedere si solatium itineris repperisset. Cumque eum ad consensum pertraxisset, condicens ei horam qua de monasterio deberet exire uel locum quo se preueniens expectaret, ipse uelut ilico subsecuturus ibidem subsistebat.

10. Cum beatus Cassianus in heremo incipiens commorari, abbati Moysi omnium sanctorum summo dixisset se egritudine accidie quadam die grauissime fuisse affectum nec ab ea potuisse alias liberari, nisi ad abbatem Paulum protinus cucurrisset, ille: "Non te, ait, liberasti, sed magis ei dediticium ac subditum prebuisti."

CAPITVLVM LXVI

DE MEMORIA MORTIS

[759] **1.** | De Vita S. Iohannis Elemosinarii. Audiens beatus Iohannes quod postquam coronatur imperator, mox hi qui monumentorum edificatores dicuntur sumant quatuor aut quinque minutias marmorum de diuersis coloribus et ingrediantur ad eum et dicant: "De quali metallo imperium tuum iubet fieri monumentum?" (insinuantes uidelicet ei quod tanquam corruptibilis homo, sic curam sue ipsius anime habeat et pie regnum disponat), hanc traditionem digna laude comprobans, monumentum sibi edificari precipit et usque ad obitum suum imperfectum relinquit, ob hoc scilicet ut a studiosis ei sepius diceretur: "Domine, monumentum tuum imperfectum est. Precipe ut perficiatur eo quod nescias *qua hora fur ueniat.*"

[760] **2.** Vite Patrum. Dixit abbas Pastor: "Quando uenit Abraham in terram promissionis, monumentum sibi comparauit et sepulchrum."

[761] **3.** Petrus Cantor. Quidam diues ut suas uoluptates semper amaritudinibus respergeret, dum pranderet, in appositione cuiuslibet ferculi, sibi dici | a seruiente preceperat: "Morieris."

LXVI, **13/14** qua – ueniat] Luc. 12, 39

CAPITVLVM LXVII

DE METV MORTIS

[762] **1.** De Vita sancti Hylarionis. Beatus Hylarion positus in extremis, cum mortem horresceret, ait: "Egredere, anima, quid dubitas? Septuaginta prope annis seruisti Christo et mortem times?" In hec uerba spiritum exalauit.

[763] **2.** Vite Patrum. Cum traditurus esset abbas Arsenius spiritum, uiderunt eum fratres flentem et dixerunt ei: "In ueritate et tu times mortem, pater!" Et dixit eis: "In ueritate. Timor enim qui in hac hora mihi est semper fuit in me ex quo factus sum monachus, et timeo ualde." Atque ita dormiuit in pace.

CAPITVLVM LXVIII

DE TIMORE DOMINI

[764] **1.** Vite Patrum. Dixit abbas Daniel quod quantum corpus uiruerit, tantum et anima exsiccatur et econuerso.

[765] **2.** Quidam interrogauit abbatem Paisonem dicens: "Quid facio anime mee que insensibilis facta est et non timet Deum?" Qui respondit: "Vade et iungere homini timenti Deum; et cum illi inheseris, doceberis et tu timere Deum."

[766] **3.** Quidam senex qui multos de nostro habitu uide|rat ire ad tormenta et multos seculares ad gaudium, cum exire cogebatur de cella, cooperiebat faciem suam de cucullo dicens: "Quid necesse est uidere lumen istud temporale in quo nichil est utile?"

[767] **4.** De Vita sancti Anselmi Cantuariensis archiepiscopi. Beatus Anselmus sub ueritatis testimonio testabatur quoniam si hinc peccati horrorem, hinc inferni dolorem corporaliter cerneret et necessario uni eorum inmergi deberet, plus infernum quam peccatum appeteret.

[768] **5.** Ex Dialogo Gregorii. Vir Dei Martinus cathenam ferream sibi ad pedes ligauerat, ne scilicet ei ultra liceret progredi quam cathene quantitas tendebatur. Quod beatus Benedictus audiens, ei mandare curauit: "Si seruus es Dei, non te teneat cathena ferrea, sed cathena Christi." Ad quam uocem Martinus protinus eandem compedem soluit, sed nunquam postmodum solutum tetendit pedem ultra locum quo hunc tendere consueuerat ligatum.

CAPITVLVM LXIX

NE QVIS SERVVM IVDICET ALIENVM

[769] **1.** Vite Patrum. Loquebantur aliquando patres de quodam culpabili fratre. Abbas uero | Pior tacebat. Postea surgens egressus est. Et tollens saccum impleuit harena et portabat eum in humeris suis. Sed et de eadem harena in sportella modica mittens portabat in ante. Interrogatus autem a patribus quid hoc esset, respondit: "Saccus iste, qui multum habet harene, peccata mea sunt. Et posui ea supra dorsum ne doleam pro ipsis et plorem. Hec autem modica harena peccata sunt istius fratris et sunt ante faciem meam. Et in ipsis exerceor iudicans fratrem."

[770] **2.** Duo fuerunt fratres qui gratiam Dei uidere in alterutrum meruerunt. Contigit autem ut unus eorum in sexta feria uideret quendam mane commedentem. Cui et dixit: "Hac hora manducas in sexta feria?" Die uero sequenti, cum alius frater in eo Dei gratiam non uidisset, ait: "Quid fecisti?" Qui ait: "Nichil michi conscius sum." Cui ille: "Nec sermonem aliquem odiosum locutus es?" Respondit: "Etiam. Vidi enim quendam mane comedentem et dixi ei: 'Hac hora manducas in sexta feria?' Hoc | est peccatum meum. Sed labora mecum duas ebdomadas ut indulgeat michi Deus." Quod cum fecissent, uidit frater gratiam Dei iterum uenientem super fratrem suum.

[771] **3.** Dicebat abbas Iohannes: "Paruam sarcinam dimisimus, id est nosmet ipsos reprehendere; et grauem portare elegimus, id est ut nos iustificemus et alios condempnemus."

[772] **4.** Quidam Timotheus anachorita negligentem aliquem fratrem audiens, interrogante ipsius abbate quid illi faceret, dedit consilium ut eum expelleret de cenobio. Cum ergo ille expulsus fuisset, statim temptatio uenit super Timotheum. Et cum plorans diceret: "Peccaui, Domine, miserere mei!" uenit ad eum uox dicens: "Timothee, ideo hec causa tibi uenit, quia fratrem tuum in tempore temptationis desperasti."

[773] **5.** Cassianus. Senex Machetes cum instrueret quosdam neminem iudicare debere, intulit tria fuisse in quibus reprehenderit fratres: quod scilicet uuam non nulli paterentur abscidi, quod haberent in cellulis sagum, quod | oleum benedicentes secularibus darent. Et in hec omnia se incurrisse dicebat: "Nam egritudinem

uue contrahens tandiu, inquit, eius languore distabui, donec tam doloris necessitate quam seniorum omnium adhortatione compulsus abscidi eam permitterem. Cuius etiam infirmitatis causa sagum quoque habere coactus sum. Oleum quoque benedicere, quod ex magna cordis presumptione descendere iudicabam, circumdantibus me aliquando secularibus uiris, ita constrictus sum ut aliter eos nullatenus euadere possem nisi a me, summa ui et obtestationibus, extorsissent ut oblato ab eis uasculo manum meam impresso crucis signaculo supponerem. Quibus michi manifeste compertum est hisdem causis ac uitiis monachum obligari in quibus de aliis iudicare presumpserit."

CAPITVLVM LXX

DE QVIETE

[774] **1.** Vite Patrum. Dixit abbas Anthonius: "Sicut pisces si tardauerint in sicco moriuntur, ita monachi tardantes extra cellam aut cum uiris secularibus immorantes a quietis proposito resoluuntur." | Dixit iterum quia qui sedet in solitudine et quiescit a tribus bellis eripitur, id est auditus, locutionis et uisus; et contra unum tantummodo habet pugnam, id est cordis.

[775] **2.** Abbas Arsenius cum adhuc esset in palatio orauit Dominum dicens: "Domine, dirige me ad salutem." Et uox facta est ei dicens: "Arseni, fuge homines et saluaberis." Et monachus factus rursus orans audiuit: "Arseni, fuge, tace, quiesce. Hec sunt radices non peccandi."

[776] **3.** Matrona quedam romana ueniens ad beatum Arsenium orauit eum dicens: "Ora pro me, pater et memor esto mei semper." Cui ille respondit: "Oro Deum ut deleat memoriam tui de corde meo." Que turbata in sermone eius in ciuitatem rediit et pre tristicia febrire cepit. Ad quam archiepiscopus Theophilus ueniens blande consolatus est eam dicens: "Noli tristari. Nescis quia mulier es et per mulieres sanctos uiros inimicus impugnat. Propter hoc dixit senex. Nam pro anima tua semper orat."

[777] **4.** Abbas Moyses a quodam fratre quid agere debe|ret interrogatus respondit: "Vade in cella tua et ipsa docebit te uniuersa."

[778] **5.** Dixit abbas Nilus: "Inperforabilis manet qui amat quietem. Qui autem miscetur multitudini crebro suscipiet uulnera."

[779] **6.** Narrauit quidam de tribus monachis quod unus eorum elegit litigantes in pacem reducere; secundus uisitare infirmos; tertius quietem solitudinis. Primus ergo cum omnes sanare non posset, affectus tedio uenit ad secundum, quem similiter animo deficientem eo quod deficeret in mandato inuenit. Qui concordantes ad illum qui in heremum abierat perrexerunt. Cui cum suos narrassent defectus, rogauerunt ut quid profecerit enarraret. Qui mittens aquam in cyphum ait: "Attendite in aquam." Et erat turbulenta; et post paululum rursus dicit: "Attendite modo quomodo lympida

---

LXX, **25** multitudini] multudini *cod.*

facta est." In quam cum intenderent, uident tanquam in speculo uultus suos. Et item dicit eis: "Sic est qui in medio hominum consistit: Turbatus | enim sua peccata non uidet. Cum autem quiescit et maxime in solitudine, tunc delicta sua conspicit."

[780] 7. Dixit abbas Moyses: "Fugiens homines similis est uue mature. Qui autem cum hominibus conuersatur sicut uua acerba est. Cella monachi est caminus ille babylonius, ubi tres pueri Dei filium inuenerunt. Sed et columpna nubis est, ex qua Deus locutus est Moysi."

[781] 8. Dixit abbas Alonius: "Nisi dixerit homo in corde suo: 'Ego solus et Deus summus in hoc mundo', requiem non habet."

[782] 9. Frater rogauit senem dicens: "Pater, dic michi uerbum quomodo saluus fiam." Qui dixit ei: "Fuge homines et tace et saluus eris."

[783] 10. Venit aliquando iudex de prouincia Pastoris. Venientes autem omnes habitatores loci illius rogauerunt ipsum abbatem ut ueniens rogaret eum. Tunc senex orauit ad Dominum dicens: "Domine, noli michi dare gratiam hanc. Alioquin non me dimitterent homines sedere in loco isto." Veniens ergo senex ro|gabat iudicem. At ille dixit: "Pro latrone rogas, abba?" Qui gaudens rediit ad cellam suam.

[784] 11. Dicebant seniores quia quando intrabat Moyses in nubem cum Deo loquebatur, quando exibat de nube cum populo. Sic et monachus donec in cellula est cum Deo loquitur, egrediens autem de cella cum demonibus est.

[785] 12. De Vita sancti Bernardi. Erat puer Bernardus simplicissimus in secularibus amans habitare secum, publicum fugitans, mire cogitatiuus, domi simplex et quietus, foris rarus et ultra quam credi potest uerecundus.

[786] 13. Feriatus beatus Bernardus a labore manuum uel opere, iugiter aut orabat, aut legebat, aut meditabatur. Ad orandum, si se solitudo offerretur, nitebatur; si non ubicumque seu aput se seu in turba esset, solitudinem cordis ipse sibi efficiens ubique solus erat.

---

66 nitebatur] uel utebatur *s. lin. alt. man.*

CAPITVLVM LXXI

DE CVRIOSITATE

[787]   **1.** Vite Patrum. Ascendit aliquando presbiter de Scithi ad episcopum Alexandrinum. Cui reuertenti dixerunt fratres: "Quomodo est ciuitas?" Qui respondit: "Credite mihi, fratres, quia ego | ibi faciem nullius hominis uidi nisi tantum episcopi."

[788]   **2.** Monachus quidam occurrit ancillis Dei itinere quodam. Quibus uisis, diuertit extra uiam. Cui dixit abbatissa: "Tu, si perfectus monachus esses, non nos sic respiceres ut agnosceres quia femine eramus."

[789]   **3.** Abbatissa Sara supra alueum fluminis .LX. annis habitauit et nunquam ut fluuium aspiceret inclinauit.

[790]   **4.** Abbas Siluanus uelabat faciem suam dum ortum rigaret, ne, cum oculi eius arbores cernerent, occuparetur mens illius ab opere suo.

[791]   **5.** Dixit sancta Sincletica: "Quomodo potest fuscari domus, si fumus exterius ascendens fenestras apertas inuenit?"

[792]   **6.** Iam beatus Bernardus annum integrum exegerat in cella nouitiorum, cum exiens inde ignoraret adhuc an haberet domus ipsa testudinem quam solemus appellare celaturam. Multo tempore frequentauerat, intrans et exiens, domum ecclesie, cum in eius capite, ubi tres erant, unam tantum arbitraretur esse fenestram.

[793]   **7.** Cum in aduentu beati Bernar|di, fratres Cartusie in reliquis omnibus edificarentur, unum fuit quod uenerabilem eiusdem loci priorem aliquatenus mouit, stramentum uidelicet animalis cui idem uir Dei residebat, minus neglectum minus redolens paupertatem. Nec silentio pressit emulator uirtutis quod mente concepit, sed locutus uni e fratribus aliquatenus super hoc moueri sese confessus est et mirari. Cunque ille ad patrem sanctum quod audierat retulisset, non minus ipse miratus quale illud esset stramentum querebat, quod ita scilicet a Clarualle Cartusiam usque uenisset ut nunquam illud uidisset, nunquam considerasset, usque

---

LXXI, 7 Monachus] De libro illustrium uirorum ordinis Cisterciensis *add. in marg.*

in horam illam quale esset omnino nesciret. Neque enim suum erat animal illud, sed a quodam monacho Cluniacensi auunculo suo fuerat commodatum; et erat sicut sibi sternere ille solebat. Quod sepedictus prior audiens in eo potissimum mirabatur quod sic ille Dei famulus foris oculos circumcidisset intus animum occupasset, ut quod ipse primo offenderat uisu, hoc ille tanti itineris spatio non uidisset. | Iuxta lacum etiam Lausennensem tocius diei itinere pergens, eum non uidit penitus, aut se uidere non uidit. Cum enim, uespere facto, de eodem lacu socii colloquerentur, interrogabat eos ubi lacus ille esset; et mirati sunt uniuersi.

8. De Dialogo Gregorii. Quedam sanctimonialis carnis sue quidem continentiam habens, lingue sue procacitatem atque stultiloquium non declinauit. Hec igitur defuncta atque in ecclesia sepulta est. Nocte uero eadem, eiusdem ecclesie custos per reuelationem uidit quod deducta ante sacrum altare per medium secabatur et pars una illius igne cremabatur, pars autem altera intacta manebat. Cuius flamme combustio ita ante altare in marmoribus apparuit ac si illic eadem femina corporeo fuisset igne cremata.

CAPITVLVM LXXII

DE VICIO LINGVE

1. De Vita sancti Bernardi. Cautus erat beatus Bernardus artificiosissime obseruare quod ad papam Eugenium scribens de sui cordis plenitudine eructauit. "Nuge si incidant, interdum, inquit, ferende fortassis, | referende nunquam. Interueniendum caute et prudenter nugacitati. Prorumpendum sane in serium quid, quod non modo utiliter, set et libenter audiant ut supersedeant otiosis."

2. De Vita sancti Hugonis Cluniaciensis abbatis. Fuit uir quidam mire simplicitatis et gratie, Durandus nomine, Tolosane ciuitatis episcopus. Qui, quamuis religiosa uita fuisset, tamen ex animi iocunditate aliquando uerba risum mouentia proferebat. De qua re cum sepius a beato Hugone, cuius et monachus erat, argueretur, quadam die in spiritu predixit ei quia, postquam ab hac uita migraret, ore spumoso alicui fratrum appareret. Quod et factum est. Nam cuidam capellano suo nomine Siguino post decessum apparuit labris deformis et spumosis, causam suam pio patri supliciter efflagitans intimandam. Tunc uir Dei, uisione audita, .VII. fratribus ebdomada una silentium indixit, sed uiolauit unus ex eis, quod sex illibatum seruauerunt. Tunc episcopus iterum predicto fratri ore quidem iam mun|diore, sed a parte quadam quasi saliua defluente apparuit: se obedientia fratrum qui silentium seruauerunt purgatum, sed conqueri quia neglectu septimi fratris restabat illa pars nondum curata. Fractura itaque silentii iussu patris altera ebdomada solidata, tertio eidem fratri sine ulla deformitate apparuit.

CAPITVLVM LXXIII

DE HVMILITATE

[797] **1.** Papa Hyldebrandus propheticum spiritum habuit. Hic, cancellarius, cum quadam die cum multa turba obsequentium equitaret, Hugo abbas Cluniacensis cum suis monachis in extremo agmine prosequebatur. Hic uidens tantum honorem uiri cepit cogitare unde tantus honor homuncioni exilis stature et despicabilis parentele, dicens intra se hoc ei ex superbia accidere. Et statim Hyldebrandus uocans eum: "Tu, inquit, male cogitasti. Non enim hanc gloriam michi imputo, si tamen gloria dici debet que tam cito transit; sed apostolorum priuilegio mihi exhibetur." Et abbas ad eum: "Quomodo, domine, nosti cogitationem meam?" – "Ab ore, inquit, tuo quasi per fistulas ad aures meas deducta est."

[798] **2.** | Seruus Dei Christianus in Landensi cenobio degens, in ipso sue probationis anno, dum precibus nocturnis priuatim inuigilaret, totum subito Landense cenobium malignis spiritibus uidit circumdari. Et ut referebat, conglobata eorum densitas a terra usque ad celum attingere uidebatur. Intuens igitur tam magnum tamque horrende multitudinis exercitum, ait in corde suo: "Deus omnipotens, quam sublimis extat regio illa celestis in qua cum sanctis tuis gloriaris et regnas! Et quam infima est hec habitatio terrena in qua positi in doloribus sumus! Quis ergo illuc ualebit ascendere?" Ad quem uox ilico facta est dicens: "Qui hic humilitatem habere poterit."

[799] **3.** In Vitis Patrum. Iuuenis quidam, Siluanus nomine, de scena conuersus, in monasterio sancti Pachomii susceptus est. Hic peruersa infectus consuetudine, nullis discipline regulis poterat coherceri, sed salutem propriam negligens dies suos uanitatibus pristinis et ridiculis occupabat, adeo ut nonnullos ex fratribus euerteret et ad studium si|mile conuerteret. Quod plurimi non ferentes sancto Pachomio suggerebant ut eum de monasterio pelli iuberet. Ille autem non annuit eis, sed equanimiter ferens monuit dictum fratrem ut se corrigeret et antique conuersationi renuntiaret. Pro quo et Domino iugiter suplicabat ut ei compunctionem cordis largiretur. Cunque idem iuuenis in sua prauitate persisteret et aliis exemplum perditionis ostenderet, tandem uisum est omnibus ut a sancta congregatione uelut indignus amoueretur. Sed

uir Dei hoc idem credidit differendum. Tunc sapientissima et mitissima correptione iuuenem conueniens et celestibus erudiens institutis, ita timore diuino succendit et sic anima iuuenis futurorum fide compuncta est ut se deinceps a lacrimis abstinere non posset. Emendatus itaque per omnia magnum ceteris humilitatis documentum exhibuit. In omni loco et in omni operatione flebat iugiter etiam cum cibum sumeret. Que res ita permouit plurimos e fratribus ut ei dicerent: "Tandem te a fletu cohibe, ne tanta te, | quesumus, afflictione deicias." Qui respondebat: "Conor, sicut uidetis, temperare a lacrimis, nec possum." Et cogebant eum causam tanti doloris et fletus fateri. Dicebatque: "Non uultis ut plangam cum uideam me foueri multis fratrum obsequiis, quorum et puluis pedum mihi uenerandus est?" Cunque per singulos dies idem frater ad meliora proficeret omnesque propemodum in humilitate superaret, ita de eo sanctus Pachomius cepit coram omnibus dicere: "Testor, fratres et filii, coram Deo et sanctis angelis eius, quia ex quo cenobium hoc fundatum est, nullum de fratribus qui mecum sunt uel fuerunt humilitatem meam secutum esse cognosco nisi unum tantummodo." Quo audito, fratres nonnulli putabant hunc unum esse Theodorum, quidam Petronium, alii Oresium. Cunque rogarent et instarent ut quis esset depromeret, ait uir Dei: "Si scirem eum de quo dicturus sum uane glorie stimulis incitari, nunquam prorsus ostenderem. Sed quia credo quod per gratiam Dei quantum ei laudis acces|serit, tantum ipse humilitatis munus acquiret iccirco ut eum possitis imitari ac sine metu eum beatificare non desino. Tu, o Theophile et tui similes, fortiter certantes in monasterio diabolum uicistis ut passerem et sub uestris pedibus allisistis eum per Dei gratiam concultantes ut puluerem. Sed si, quod absit, neglexeritis in aliquo, consurgens is qui sub uestris pedibus est aduersum uos graui furore bachabitur. Hic autem Syluanus ita prostrauit hostem et a suis sensibus effugauit ut nunquam coram eo compareat, altaque humilitate eum per omnia superauit. Et uos quidem habentes iustitie opera in his que gessistis gloriose contenditis; hic autem quanto fortius pugnat, tanto se deteriorem omnibus iudicat, ex tota mente totaque uirtute inutilem se reprobumque pronuntians. Ideo et lacrimas habet in promptu quia semetipsum nimis humiliat et inclinat nec alicuius momenti quod gerit existimat. Nichil autem diabolum ita reddit inualidum sicut humilitas de corde puro cui | tamen correctionis opera probantur adiuncta." Sic itaque uiriliter Syluanus per octo annorum curricula Deo militans cursum uite in pace

finiuit. De cuius exitu beatus Pachomius testatus est quod multi-
80 tudo angelorum cum leticia magna sumentes animam eius uelut
electam hostiam Christi conspectibus obtulerunt.

CAPITVLVM ⟨LXXIV⟩

DE VIRTVTE ORATIONIS

[800] **1.** Papa Hyldebrandus et Hugo Cluniacensis abbas aliquando ecclesiam simul ingressi diu orauerunt prostrati simul. Tunc Hyldebrandus aspexit abbatem toruo uultu infrendens. Abbas commotionis causam inquisiuit, cui ille: "Si me, inquit, amare uis, caue ne me ulterius hac iniuria expungas. Dominus enim Ihesus Christus *speciosus forma pre filiis hominum* postulationibus meis uisibiliter astabat, intendens dictis meis et serenis fauens oculis. Sed orationis tue abductus uiolentia, me deseruit, ad te conuersus. Puto autem genus iniurie esse amico eripere auctorem salutis sue."

[801] **2.** Inuigilans aliquando nocturnis precibus, frater Christianus uidit in clau|stro ethiopes paruos ridiculose nimis sese agentes. Conuenerant autem in ea parte claustri in qua nonnulli iuuenum ociositati et significationibus superuacuis uacare et semiplena uerba proferre solebant et ordinis sui soluere disciplinam. Ibi itaque demones congregati cachinnantes significabant et uoces signis admiscebant, que utinam plerique in usu non haberent, uidelicet "si, non, ha, he, tu, an" et his similia. Cum igitur Dei famulus eos sic aspexisset, indignatus uehementer, accessit ad eos et ait: "Certe non hic amplius exagitabitis ludibria uestra." Et protinus in medio eorum se in oratione prostrauit. Ilico demones dispersi sunt, manifesta deceptionum suarum indicia pie aduertentibus relinquentes.

[802] **3.** Vite Patrum. De beato Apro Leucorum ciuitatis antistite refertur quod quadam die ad urbem Cabilonensium ueniens cognito quod tres rei | in carcere detinerentur, festinanter ad pedes Adriani iudicis prostrauit se, reis indulgentiam et absolutionem petens. Qui superbie tumore elatus, non solum preces sancti respuit, sed etiam grauiora miseris se illaturum supplicia minatus est. Sancto igitur pro eis diuinam implorante misericordiam, repente carceris claustra dissiliunt, uincula quibus constricti erant rumpuntur. Procedunt, nullo prohibente, de carcere ad locum ubi sanctus ora-

---

LXXIV, **8** speciosus – hominum] Ps. 44, 3

bat, cum laudibus ueniunt, gratias agunt, omni populo qui aderat in laudem Domini acclamante. Iudex etiam qui uiri Dei uerba audire contempserat acerrimo demone correptus et in terram elisus nimiisque uexatus doloribus, priusquam sanctus ab oratione surgeret, spiritum uiolenter amisit nec salutem corporis nec ueniam sceleris consecutus.

[803] 4. In eodem monasterio cripta est et in eadem | fons unde beatus Gregorius bibebat et cubile lapideum in quo in estate quiescebat. Quam aliquando criptam pregnans canicula ingressa est ut in ea parturiret. Que mox ut prefato cubiculo appropinquauit, moriens corruit.

⟨CAPITVLVM LXXV⟩

CONTRA SOMPNOLENTOS

[804] **1.** Quidam monachus aput Igniacum libenter uigilabat ad uigilias nocturnas. Quadam nocte sompno grauatus uellet nollet dormitare cepit et, cum ad hoc laboraret ut expergisceretur, sensit manum quandam super pectus suum uelut excitantem se et statim expergefactus sensit se liberatum ab omni torpore et pigritia sompnolentie et cepit circumspicere circa se si uideret abbatem, uel priorem, uel aliquem eorum qui solerent fratres excitare in choro. Et neminem uidens cepit cogitare obstupefactus et mirari cuius illa manus fuisset. Mane facto, dixit hoc abbati Petro. Qui respondit ei: "Scio monachum qui dum dormitaret nocte ad uigilias uidit ad se uenientem puerum pulcherrimum coronam auream in capite gestantem. Magnum, inquit, | bonum est diligenter intendere diuino seruitio dum agitur."

[805] **2.** Contigit enim monachum quendam audisse in capitulo beatum Bernardum dicentem monachis: "Debetis libenter uigilare ad uigilias." Nam in hac nocte, angelus Domini iuit per chorum cum thuribulo qui dabat incensum de thuribulo singulis uigilantibus et psallentibus. Eos autem qui dormiebant preteribat.

[806] **3.** Quidam magister nouitiorum apparuit post mortem nouitio cum enormi capite et pedibus tumidissimis, quia ad seruitium defunctorum assidue dormiebat.

⟨CAPITVLVM LXXVI⟩

DE ASTVTIA DIABOLI

1. Quidam Cenomannensis nomine Christianus iuuenis conuersus est in heremitorium quoddam in archiepiscopatu Turonensi quod dicitur Gastine, ubi dum fortiter temptaretur a carne sua affligebat se. In quadragesima ieiunabat abstinens ab omni potu preter unam diem in septimana. In hyeme stabat uestitus in aqua frigida usque ad collum, disciplinam sibimet dabat usque dum uirge rumperentur. Quod cum quadam die faceret et se cecidisset usque ad | sanguinem, audiuit uocem a parte occidentis dicentem sibi: "Nichil prodest tibi quod facis. Ille Deus quem inclamas non dabit tibi quod petis. Sed conuerte te ad me et auxiliabor tibi." Quod ille audiens intellexit uocem esse inimici. Et cum orasset Deum ut auxiliaretur sibi contra temptationes, proposuit aggredi peregrinationem ad diuersos sanctos et ita finire uitam suam in peregrinando. Et cum diu hoc cogitasset, accepto baculo, egressus est nudis pedibus. Et cum uenisset ante quandam ecclesiam, flexis genibus, rogauit Deum ut daret ei bonum consilium. Vix ab oratione surrexerat et ecce sensit fetorem magnum per quem intellexit diabolum prope astare, qui ei suggerebat ut relinqueret habitum religionis et locum suum. Et gratias agens Domino de tali signo reuersus est ad fratres suos.

2. Frater quidam Christianus nomine audiens famam Cisterciensis ordinis cepit ammonere socios suos ut ad illum transirent, sed illi no|luerunt sed statuerunt inter se ut qui uellent ad ordinem cisterciensem transire transirent et eundem Christianum miserunt ad abbatiam de Elemosina. Cum quo iuit prior suus cum uno socio. Post annum probationis expletum spiritus maligni sepe apparebant eidem Christiano in uisione noctis minantes ei quod eum expellerent de domo illa et in uanum laborare illum dicebant, quia non duraret in ordine illo. Et ille recurrebat ad orationem. Et dum hoc bellum haberet cum demonibus, quadam die facta est ad eum quedam uox a capite lecti sui dicens: "Memor esto huius

---

LXXVI, **9** cecidisset] cicidisset *cod.*

uersiculi de psalterio: *Deus in nomine tuo saluum me fac et in uirtute iudica me."* Quod audiens ille retinuit et ad omnes temptationes diaboli semper postea de isto uersiculo tanquam clipeo se muniuit. Cum autem demones dicerent eum habere fiduciam in isto uersu dicebant: "Stulte, hoc nos te docuimus, | hoc uolumus ut dicas." Tunc ille in dubio positus utrum hoc deberet dicere an non, quia simplex erat et illiteratus, quesiuit a clericis quid hec uox significaret. A quibus cum audisset hoc esse principium cuiusdam psalmi totum illum psalmum per gratiam Dei didicit et in hac pugna contra demones diu fuit. Quadam nocte, dum fratres in hyeme post uigilias sederent ad lumen in capitulo legentes, ille remansit in claustro orans. Et dum oraret, dixit ad eum uox de celo: "Illi boni homines quos uides in capitulo sunt martyres Dei." In eodem anno uidit idem Christianus omnem conuentum circumdari a demonibus, qui tante multitudinis erant ut tegere uiderentur quicquid erat inter celum et terram. Quod cum ille uideret et diceret: "Domine, quid hoc potest esse? Quis poterit euadere pericula ista?", audiuit uocem dicentem sibi: "Qui humilitatem poterit habere ab omnibus his laqueis liberabitur." Non multo post uenit quedam claritas ab oriente. Quam cum presentirent maligni spiritus euanuerunt et illi | gloriosi spiritus qui erant in illo lumine appropinquauerunt et illum locum ubi erant illi sancti homines solari claritate repleuerunt et in eadem claritate apparuit ei regina angelorum. Quam cum ille aspiceret et diceret intra se: "Deus bone, quo uadit Domina nostra aduocata nostra, saluatrix mundi?", respondit ei eadem domina: "Venio succurrere ei loco qui meo indiget auxilio. Venio auxiliari huic pauperi abbatie et aliorum pauperum locis qui confidunt in me."

3. Vir uite uenerabilis et beate memorie Hugo quondam abbas Boneuallis, iuuenis etate conuersus est in domo ordinis nostri que dicitur Macerie. Post religiosa conuersionis et conuersationis sue principia uehementer temptatus a Sathana de carne sua, cogitabat redire ad seculum. Et cum hoc disponeret, intrare prius uoluit templum, ut oraret et orauit cum multis lacrimis et flexis genibus, tetendit manus ad celum et oculos lacrimis plenos leuauit sursum et ecce uidit super altare matrem misericordie uestitam lumine si-

---

LXXVI, **34/35** Deus – me] Ps. 53, 3

LXXVI, **61** locis] loca *cod.*

CAPITVLVM LXXVI

cut uestimento et | uisum est ei quod uideret Ihesum iuxta matrem suam et quomodo annuntiatus fuerat ab angelo et de uirgine natus et pastoribus nuntiatus et circumcisus et captus a Iudeis et flagellatus et illusus et crucifixus et quomodo resurrexit tertia die et in die .XL. ascendit in celum. Cum hec omnia uideret, dixit ei domina nostra: "Intellige que uides. Quesisti consolationem ut querere debuisti et inuenisti. Non enim in temptatione dormiendum est sed uigilandum et orandum, ne intretur in temptationem. Ergo uiriliter age et confortetur cor tuum in Domino. Et certus esto te amodo talibus temptationibus non pulsandum." Ecce quomodo per lacrimas suas extinxit iste ignem qui iam ardebat et ne postea accenderetur, subtraxit penitus titiones. Nam quid postea fecit? Cepit nimiis abstinentiis se affligere in tantum ut pene sensum et memoriam perdere uideretur, quia dixerat ei domina nostra: "Viriliter age et confortetur cor tuum in Domino", et non esse dormi|endum in temptatione. Et cum ita se haberet, interea sanctus Bernardus, qui adhuc uiuebat, uenit per Dei prouidentiam ad illam domum in qua idem Hugo iuuenis manebat. Et locutus cum eo familiariter precognouit eum a Deo electum et zelum Dei habere, sed non omni modo secundum scientiam, id est discretionem. Iussit ergo eum mitti in infirmitorio et nullam districtionem ei teneri in alimentis uel in silentio, sed habere generalem licentiam loquendi ubi uellet et ut singulis noctibus uigilie nocturne ei citius cantarentur quam ceteris infirmis, ut postea magis dormire posset. Et iterum per misericordiam Dei cito conualuit. Non multo post electus est in abbatem Boneuallis. Sic plane extinguendus est ignis temptationum per lacrimarum habundantiam et titionum, id est occasionum, subtractionem. Et hec breuiter dicta sunt propter expositionem apostolice sententie de telis igneis extinguendis.

⟨CAPITVLVM LXXVII⟩

DE PERSEVERANTIA

1. | Sub hoc sancto uiro factus est quidam iuuenis nouitius ualde feruens in suis principiis. Qui postea temptatus ualde cogitabat ad seculum redire et hanc cogitationem confessus est abbati, qui cepit ei suadere ut remaneret, qui nichil profecit. Nam ille affirmabat omnimodis se recessurum. Tunc abbas: "Miserere, fili, anime tue, placens Deo et ne perdas gloriam tibi paratam. Ego enim spondeo tibi et fideiussorem huius sponsionis me statuo quod si tu remanseris sanctorum angelorum eternus socius eris." Ad hec uerba confortatus ille in Domino perstitit et optime postea conuersatus est. Qui duobus diebus antequam moreretur, grauissima infirmitate laborauit in tantum ut fratres ei ualde compaterentur uidentes dolorem eius nimium. Ad quem confortandum missus est sanctus Iob cum maxima claritate, qua totum infirmitorium repletum est. Cunque infirmus de tanta claritate miraretur, dixit ei sanctus Iob: "Scis tu quis sim ego?" Et ille: "Nescio, Domine." "Ego, inquit, sum Iob quem pater miseri|cordiarum et Deus tocius consolationis misit ad consolandum te. Sicut ego in tali infirmitate patiens fui, sic et tu et ideo mecum florebis in gloria mea et cras eris mecum et metes quod seminasti." Quod et factum est. Non multo post apparuit abbati suo in gloria magna reddens ei gratias quod per eius admonitionem in ordinem perstiterat.

2. Aput Martiniacum monasterium feminarum ignis cepit edificia deuorare. Incluse femine uotum uouerant se nunquam qualibet neccessitate septa monasterii egressuras. Talis est professio regule illarum. Curritur ad Hugonem Lugdunensem archiepiscopum ut eis preciperet monasterium egredi ne comburerentur. Precepit eis ex auctoritate beati Petri et domini Vrbani pape cuius legatione per totam Galliam fungebatur ut se periculo eriperent. Cui respondit quedam magne nobilitatis et sancte conuersationis, soror Gilla nomine, se usque ad mortem et socias suas professionem seruaturas. "Tu, inquit, potius iniunge igni ut fugiat." Qui fide illius confortatus oratione | ignem fugauit.

⟨CAPITVLVM LXXVIII⟩

DE VENERATIONE VIRGINIS MATRIS

[812]   1. Erat in Anglia quidam solitarius magne religionis. Ad hunc accessit quidam crebra et importuna temptatione pulsatus, rogans eum ut aput Dei Genitricem matrem misericordie pro se intercederet, quatinus ipsum ab ipsius temptationis periculo liberaret. Solitarius, audita eius confessione, intercessionem suam ei promisit et de Dei auxilio confidere iussit. Affligens ergo se multis lacrimis et ieiuniis, cepit Dei Genitricis auxilium uehementius implorare. Que tandem ei astitit in ueste candida et preciosa, sed in anteriori parte guttis sanguineis cruentata et ait: "Audiui orationem tuam et uidi lacrimam tuam. Illum pro quo rogasti me, scias a temptatione liberatum esse." Et his dictis, cepit flere et de oculis eius fluebant lacrime sanguinee, que uestem eius tanquam gutte sanguinis cruentabant. Miratus solitarius, causam tanti luctus inquirit, ad quem illa: "Cur, inquit, non lugeam quando iam in toto mundo uix inuenitur qui sui | ipsius misereatur? Qui mihi uel filio meo gratiam habeat? Qui non magis seductori animarum quam Saluatori credat? Maximam uero mihi luctus prestat materiam paucula gens illa que mihi specialiter adherere solebat et in qua solebam requiescere a fastidio ceterorum; et nunc se a meis amplexibus crudeliter auulsit." Quesiuit solitarius que esset illa gens, "Ordo, inquit, illa Cisterciensium, qui nil carius estimare solebat quam meis et diuinis deseruire obsequiis. Nunc autem adeo carnalis effectus est, ut de feruore spiritus habeat parum, carnis curam faciens in desideriis, pro lucro sibi ponens diem, in qua non laborat sed equitat et noctem, in qua deest uigiliis; monachi et conuersi sine causa intrant infirmitorium, murmurant pro carnibus, litigant pro uino; nesciunt uel illi psallere, uel isti laborare, nisi pleni et ructantes. Paupertatem ordinis in uictu et uestitu subsannant. Nil querunt in ordine nisi uoluptatem corporis et uanitatem cordis; dicunt et faciunt | quod nec dici uel fieri fas est et quod nefas est cogitari. *Non est in ore eorum ueritas, cor eorum uanum est, sepulchrum patens est guttur eorum.* Sicut autem

---

LXXVIII, 33/34 Non – eorum] Ps. 5, 10-11

redemptor mundi filius meus ante passionem suam sudauit sudorem sanguineum, ut dilectionem suam exprimeret, quam habebat erga mundum, quem sanguine suo redimebat, sic et ego lacrimas ab oculis meis effundo sanguineas, ut amorem meum exprimam, quem erga huiusmodi ordinem, dum puritati et humilitati studeret, habere solebam et dolorem, quem modo habeo de lapsu et ruina illius a tanto honore ad tantam contumeliam, de tanta felicitate ad tantam miseriam." His dictis, euanuit et solitarium in maximo luctu reliquit.

2. *Stemus ergo, fratres, succincti lumbos nostros in ueritate.* Stemus, inquam, stemus in sancto proposito inconcussi et immobiles, sicut stabat ille beatissimus martyr Genesius, qui cum Rome appensus esset in eculeo et ungulis abrasus et ardentes lamine ad latera essent apposite, stabat im|mobilis et clamabat dicens: "Non est rex preter Christum. Pro quo si milies occidar, ipsum mihi de ore, ipsum de corde auferre non poteritis. O columpna fortissima in domo Dei! O stella firmissima et firmissime fixa in firmamento celi! Quomodo huic preualeret draconis suggestio, cui preualere non poterat incisio ferri et ignis adustio. Sane stella ista Christum impressum habebat et a quo separari nulla ratione poterat."

3. Quod etiam de quodam alio martyre in Grecia refertur, qui Nimias uel Neemias dictus est. Qui cum similiter torqueretur et similiter fixus staret et similia responderet, iussit tyrannus uentrem eius secari per medium et cor integrum inde auelli et findi, ut uideret si Christus in eo esset, sicut martyr dixerat. Quod cum factum fuisset, apparuit in ipso cordis fissi medio pulcherrima crucifixi effigies per totam cordis longitudinem et latitudinem se diffundens. Quo uiso, tyrannus erubuit. Populus autem fidelium ualde exhylaratus in tanto miraculo expansis manibus ad celum et fixis in terram genibus lacrimansque pre | gaudio clamauit ad Dominum et dixit: "Gloria tibi Domine, qui nos tam magnifice facis experiri uerum esse sermonem Apostoli tui dicentis *Christum habitare per fidem in cordibus nostris.*"

---

44 Stemus – ueritate] Eph. 6, 14   66/67 Christum – nostris] Eph. 3, 17

⟨CAPITVLVM LXXIX⟩

DE *SALVE REGINA*

[815]   **1.** Ad *Salue Regina* uisa est aliquando Domina nostra tenere librum in choro. Tempestas cessauit in grangia, cantante priore cum conuentu *Salue Regina misericordie*.

[816]   **2.** Romulus, qui Romane urbis conditor asseritur, cum palatium suum peregisset de firmamento operis confisus, dixit: "Donec uirgo peperit, pareret palatium non esse casurum." Quod die Natalis Domini noscitur contigisse, quia et uirgo peperit et palatium cecidit.

⟨CAPITVLVM LXXX⟩

DE MEMORIA MORTIS

[817] 1. Adolescens quidam Benedictus aput Fontanas conuersus est. Qui infirmatus ad mortem ueniens, ait custodibus suis: "Orate pro me, quia per gehennam transiturus sum", cui frater Herbertus medicus: "Vnde hoc scis?" "Magister, inquit, noster sanctus Benedictus modo huc uenit et quia cito irem ad se dixit, diabolus uero se interpo|suit et quod per medias manus suas transirem ait." Cum mortuus in feretro iaceret in ecclesia, frater Herbertus uigilabat in lecto suo, quia non permittebatur uigilare ad corpus. Huic super lectum sedenti et psalmos canenti apparuit stans frater Benedictus, dicens: "Quare non dormis?" Quem ille recognoscens: "Tune es, inquit, domnus Benedictus?" – "Ego sum, inquit" et ille: "Nonne mortuus es?" – "Sum mortuus, inquit, sed Domino uiuo. Sed tu, quare non dormis?" – "Quia, inquit, pro te uigilo hic quia alibi non possum. Quomodo tecum est? An illum ignem de quo dixeras euasisti?" – "Deo, inquit, gratias, bene mecum est. Ignem illum pertransiui, non multum mihi nocuit, nec unquam ulterius nocebit." Habebat autem os aliquantisper apertum et illud non claudebat. Interrogatus quare hoc esset, respondit: "Quia pre uerecundia sepe in ecclesia silui, hec sola mihi pena remansit. Sed citius hinc releuabor quia non per simulationem, sed per uerecundiam hoc feci." Tunc Herbertus: "Possumne, inquit, ignem illum uidere uel experiri aliquomodo?" – "Poteris, inquit, | facile si tantum cupis." Et manicam suam modice uentilans columpnam ignis pergrandem uenire fecit. Quam uidens Herbertus appropinquantem sudare cepit et angustiari et iam inflammatus ex ea timens comburi, clamauit bis: "Adiuuate!" Quo clamore excitati monachi affuerunt et mortuus secessit in locum et ignem amouit. Herbertus autem signum faciens monachis ut quiescerent, nil sibi mali esse, in se reuersus, nullam lesionem sustinuit. Quibus reuersis, rediens Benedictus ait: "Exterritusne fuisti? Ecce uerum potes credere quod de illo igne dixi. Tu uero et frater tuus Ysaac nuper mecum sumetis mixtum"; et recedens in feretrum intrauit. Illi duo fratres, non multo post, diu languerunt, sed conualuerunt. Est enim languor ante mortem sicut mixtum ante refectionem. De hac uisione cum quidam monachus dubitaret et quomodo uide-

licet mortuus a feretro exisset et in illud cum corpore intrasset, rogans attentius Beatam Mariam ut se de hac re certificaret, uidere sibi uisus est postea aliquanto tempore fratrem Benedictum, nesciens utrum dormiens aut uigilans. Quem cog|noscens, ait: "Tune es frater Benedictus?" Respondit: "Sum" – "Et nonne mortuus fuisti? Et quomodo huc uenisti?" – "Mortuus equidem fui, sed de celo nunc ueni, quia Domina mea misit me ut de ambiguo tuo certificarem te. Ecce hoc est corpus meum et hec est cuculla et tunica in qua sepultus sum. Tante nanque potentie sunt anime que cum Deo sunt, ut cum Dominus uoluerit corpora sua absque tumulorum apertione sumere possint et absque uiolatione ibidem reponere; et non solum hoc sed etiam ubicumque iture sunt, non paries, non maceria, non montes, non saxa, nullum firmaculum, nulla clausura eis obsistere possint. Venies autem ad tumulum meum, uidebis quomodo illud absque apertione intrabo." Cui ille: "Obsecro ut non graueris facere unam legationem pro me." Cui ille subridens libentissime annuit. "Dominam, inquit, nostram ex parte mea salutabis et queres an bene sim de familia eius et mihi renuntiabis." – "Faciam, inquit, sed modo ueni et uide quomodo fossam meam intrabo." Veniens ergo ad tumulum, uestes suas collegit et suas manicas ante pectus composuit, super tumulum se leuiter | collocauit. Anima uero sursum ascendit et corpus sine omni reseratione terram intrauit. Rediens in se, qui hec uiderat, ualde miratus est. Post quadraginta uel amplius dies, frater Benedictus per ante illum transiuit, quia bene esset signum tantum modo fecit nichil dicens.

2. Fuit uir quidam diues in Anglia qui habebat anulum a patre suo sibi traditum, qui moriens dedit illum filio suo maiori dicens: "Fili, serua anulum istum quamdiu uixeris, nam dum illum habueris non nocebit tibi homo, nec bonum tibi deerit." Iuuenis ille in puericia sua horas beate Marie didicerat et deuota mente persoluebat singulis diebus et hoc stando. Et factus miles noluit uxorem ducere, dicens sibi sufficere amorem Virginis Marie. Post multum uero temporis amisit anulum predictum et ualde contristatus cepit rogare beatam Mariam ut redderet ei anulum suum, dicens quia "Si uis, potes mihi illum reddere." Nec multo post uidit in sompnis quod transiret per quandam capellam et introspiciens, uidit beatam Mariam sedentem ante altare in uestitu deaura|to, circumdatam uarietate et circa eam honestissimas personas et uocauit eum. Qui cecidit ad pedes eius, cui illa: "Quid uis faciam tibi?" At ille: "Domina, si tibi placet, uellem habere anulum quem perdidi." Et illa: "Si ego tuli anulum tuum?" At ille: "Non, domina mi. Sed si uis potes mihi illum reddere." Et illa: "Agnoscis illum?" Et ostendens ei digitum in quo anulus erat, ait: "Estne anulus iste tuus?" Et ille: "Credo, Domina, quia meus fuit." Et illa: "Vsque nunc seruasti eum pro amore patris tui, a modo serua eum pro amore meo." Et posuit eum in digito illius. Et euigilans, inuenit anulum in digito suo et gracias egit Deo et Beate Marie.

[819]   **3.** Miles quidam in Gallie partibus deuotissime seruiebat beate Marie et horas illius cum magna deuotione dicebat. Hic audiuit de quadam puella Anglie quod beata Maria eam ualde diligeret, quam ipse multum desiderabat uidere et cotidie orabat beatam Mariam ut eam uidere mereretur. Qui cum diu orasset, uisum est ei quadam nocte in | sompnis quod transiret per quandam capellam et uideret beatam Mariam sedentem ante altare et puellam unam ante pedes eius. Ille uero timens transire nolebat. Quem Virgo Maria uocauit et accedens cecidit ante pedes illius. Et illa dixit ei: "Surge et fac mihi homagium." Et posuit manus suas inter manus beate Marie et osculatus est eas. Tunc beata Maria dixit ad puellam que secum erat: "Tu es testis huius homagii." Et illa: "Vtique, Domina." Accidit ut post hec cito miles predictus iret in Angliam et hospitaretur in domo patris illius. Quem uidens puella et recognoscens salutauit officiosissime. Ad quam miles: "Nunquam uidisti me et modo tam deuote salutas me?" Et illa: "Nonne uidi te in capella, quando fecisti homagium beate Marie et ego testis fui nominata?" Et ille respiciens in eam, ait: "Vtique uidi te." Et illa: "Ego sum illa peccatrix quam desiderasti uidere." Et gratias agentes, laudauerunt Deum et beatam Mariam.

[820]   **4.** Erat uidua quedam pauper in quadam ciuitate Anglie habens unicum filium paruulum, | quem fecit litteras discere. Qui docilis ualde et capacis ingenii cito psalterium didicit et cantare. Qui et in hoc mirabiliter profecit habens ad hoc inaudite dulcedinis organum uocis. Qui inter alia didicit ex corde illud responsorium quod in Purificatione cantatur, *Gaude Maria Virgo*. Quod propter ipsius cantus dulcedinem libentius decantabat, ita ut a cunctis propter uocis melodiam et ipsius cantus amenitatem auidissime audiretur. Quid puer propter forme elegantiam et cantandi gratiam, cunctis fauorabilis et amabilis precipue clericis, ad hospicia singulorum quasi certatim trahebatur. Quidam autem panem, quidam argentum illi dabant, quibus puer matrem pauperculam sustentabat. Postea puer doli capax uidens omnium erga eum fauorem et quod ex cantu suo lucrum acquireret, cepit passim per

uicos ciuitatis discurrere cantando, scilicet *Gaude Maria*. Ad quem audiendum cuncti confluebant. Accidit autem ut quadam die deueniret in uicum Iudeorum cantans more solito, quem et Iudei cum | ceteris circumstantes ascultabant. Cum autem puer decantaret illud quod in contumeliam Iudeorum sequitur, scilicet: 'Erubescat Iudeus infelix', unus Iudeorum intelligens quod dicebatur, iratus est. Et cum puer percantasset et qui aderant omnes defluxissent, aduocat clanculo puerum in domum suam, dicens se uelle eum de prope audire. Qui libenter accurrit et cum ingressus esset, Iudeus, clauso ostio, uibrata securi percussit puerum in ceruicem. Qui statim corruit. Iudeus statim fecit fossam unam iuxta limen domus et puerum intus proiciens, eam terra impleuit et relique terre adequauit. Aduesperascente autem expectauit mulier reditum filii sui more solito. Quo non redeunte, contristata est, consolatur tamen se ipsam reputans apud se quod aliqui clerici secum illum detinuissent. Mane facto, non redeunte puero, mater plurimum anxia et sollicita cepit inquirere a uicinis si forte illum alicubi uidissent, uel audissent. Iam uero omni spe reditus adempta, nullam iam ultra consolationem reci|piens, cepit per uniuersam ciuitatem lamentans discurrere, querens et inquirens de puero. Consumptis itaque pluribus diebus inquirendo, accidit ut postremo deueniret in uicum Iudeorum, ubi etiam inquirens, accepit a quibusdam quod pluribus iam transactis diebus illum illic uidissent et audissent. Dumque huc atque illuc discurreret, cepit repente puer cantare *Gaude Maria*, tam sublimi et dulci modulatione quali nunquam ante cantauerat. Quo audito, mater et reliqui plurimi tanta nouitate attoniti intrauerunt domus Iudeorum, querentes in cameris et in singulis angulis puerum. Tandem ad domum Iudei deuenerunt de qua puerum proximius audiebant et infringentes hostium quod Iudeus clauserat, ceperunt domum totam euertere inquirendo puerum. Quidam uero audientes eum ut sibi uidebatur sub pedibus suis cantantem, foderunt et sanum et incolumem et iocunde cantantem eum inuenerunt. Quasdam tamen cicatrices in capite eius inuenerunt. Inquirentibus autem illis quid ei conti|gisset, respondit: "Quando ingressus sum domum istam, quasi graui sompno oppressus obdormiui. Et cum diu sic dormissem, uenit ad me beata Maria excitans et obiurgans et dicens: 'Vsque quo tamdiu hic dormis et non surgis et cantas responsorium meum sicut solebas? Surge cito et canta'. Et ecce ad imperium eius modo surrexi et ut audistis cantaui." Quod audientes qui affuerant in laudes conclamauerunt glorificantes Deum et beatam Mariam.

5. In ordine Cisterciensi fuit quidam monachus qui postquam exiuit de probatione grauissime temptatus est ita ut omnia que uidebat uel audiebat amara et grauia et importabilia ei uiderentur. Semper in murmure et ira et disceptatione uersabatur, multociens etiam recedere cogitabat, tamen licet in magna corporis et cordis anxietate perstitit usque ad duodecim annos in ordine. Tandem grauissime infirmatus in extremis laborabat. Visitante autem se abbate, grauissime ingemuit dicens: "Heu! pater, perdidi animam meam, perdidi tempus quo | inter uos conuersatus sum." et aperuit ei omnia que passus est. Quem uidens abbas quasi de uenia desperantem, consolabatur et iubens ei de Dei clementia confidere, certissimam pollicebatur ueniam et iussit ei ut cito post mortem qualiter secum ageretur monstraret. Monachus, recepta consolatione, postea cito decessit. Qui in breui abbati apparuit dicens: "Ego statim ad iudicium Domini perductus fui et agitabatur causa mea a sanctis et iudicatum est ut inter sanctos martyres computarer propter nimiam et fere intolerabilem temptationem quam sustinui."

6. Presbiter quidam duabus deseruiuit parrochiis, in quarum una in qua non residebat habuit concubinam. Erat autem transitus ab una ad aliam per quoddam nemus. Dum autem una die sacerdos transiret ab una ad aliam ad flagitium suum explendum et deuenisset in nemus illud, exiliit ex insidiis latro quidam querens quis esset qui transiret. Sacerdos respondit: "Ego quidam seruus Dei." Et dimisit eum ire. Et reuersus ad se cepit retractare quod audiuit a sacerdo|te et Dei gratia compunctus dixit intra se: "O quam felix es qui Deo seruis cuius stipendia sunt uita eterna. O quam infelix ego qui diabolo seruio, homines spolians et iugulans. Qui si in his interceptus fuero, non restat mihi aliud stipendium nisi mors eterna." Et hec meditans deuenit ad socios suos. Qui cum conuenissent omnes ut spolia sua in commune partirentur, ille dixit se ulterius nullam partem cum eis uelle accipere. Et ut cautius poterat declinans ab eis, peruenit ad uillam ad quam sacerdos predictus perrexerat, cum iam nox esset et hospitatus est in ea. Mane facto accessit ad sacerdotem illum, uolens confiteri peccata sua. Quesiuit autem sacerdos quomodo tam repente conuersus sit a latrociniis suis. Et ille respondit: "Ex occasione responsionis nescio cuius hominis. Quem cum interrogarem heri per me transeuntem quis esset, respondit: 'Ego sum quidam seruus

CAPITVLVM LXXX

Dei'." Et retulit quomodo compunctus sit ex hac occasione et intra semet ipsam cogitauerit. Audiens hec | sacerdos in seipso ualde confusus est et diuina inspiratione compunctus dixit: "Heu! Michi misero ego sum qui ita respondi et certe tunc ad immundiciam meam explendam accessi, cum me seruum Dei dicerem et ecce nunc huic operi nephario abrenuntio"; et adiecit: "Eia frater, placeat tibi consilium meum, quoniam diuina nos clementia tam misericorditer simul uisitauit, eamus ad quendam uirum spiritualem non longe manentem et secundum consilium eius faciamus." Qui cum uenissent ad eum et ille audisset quomodo sibi mutuo occasionem salutis dedissent, consuluit eis ut ad ordinem Cisterciensem se simul ad agendam penitentiam transferrent, quod et fecerunt; alter monachus, alter conuersus effectus. Qui postquam aliquandiu honeste in eo conuersati sunt, simul obierunt et simul in eadem fossa sepulti sunt, ut quos Deus coniunxit, etc.

7. Conuersus quidam erat qui negligentias fratrum suorum nunquam priuatim aut publice uolebat increpare, super quo | et ipse ab abbate suo sepissime increpatus est, sed nichil profuit. Accidit ut infirmatus ad extrema deueniret, amonitus est a fratribus ut secundum morem confessionem delictorum suorum faceret et salutaribus sacramentis exitum suum postularet muniri. Ipse autem paruipendens respondit eis: "Quid me tota die sollicitatis et inquietatis? Sinite me dormire et requiescere!" Et ita demum discessit. Et quidem satis iuste ut qui fraterna caritate noluit fratrum suorum negligentias corrigere, nec ipsi quidem sua delicta daretur per confessionis remedium purgare.

8. Cum duo fratres secundum consuetudinem astarent cuidam sacerdoti missam priuatim celebranti, accidit ut circa finem misse frater ille qui ministrabat, sanguinem per nares flueret, qua de causa recessit. Cum autem post perceptionem deesset qui sacerdoti ministraret, frater siquidem ille qui ascultabat non potuit gradum ascendere, unde anxius huc atque illuc discurrebat, ut aliquem in adiutorium uocaret. Conuersus quidam qui retro stabat uidit quandam honestissimam personam de retro altari pro|cedere et totum officium eius qui deerat adimplere; quo completo, statim disparuit.

9. Abbas quidam nigri ordinis remisse uiuens multa pro libitu faciebat et aliqua que minime conuenirent. Habebat autem in custodia camere sue duos adolescentes monachos nobiles qui uidentes opera abbatis sui plurimum dolebant et contristabantur. Et quia emendare non poterant, tolerabant inuiti. Ceperunt igitur loqui et conferre aput se quomodo malis actibus abbatis sine scandalo finem imponerent et eius animam ab eterne mortis periculo liberarent. Quesierunt itaque sibi candida uestimenta ut ornati quasi angelico scemate terrerent, flagellarent et ad meliora eum, operante Domino, reuocarent. Nocte igitur quadam cum se abbas sopori dedisset, egressi monachi de proxima camera in qua iacebant ornati et quasi pennis et angelica specie mirifice decorati, candelis multis accensis, steterunt iuxta lectum dormientis et uirgis grossioribus flagellare ceperunt dicentes: "Emenda te!" Expergefactus abbas et tam ictibus percutientium quam luminis nouitate | perterritus qui nam essent inquisiuit, "Angeli, inquiunt, sumus missi a Deo ut propter peccata tua uerberemus te et, nisi penitentiam egeris in breui, interficiemus te!" Spondente abbate quod infra .XV. dies a pristinis erroribus se perfecte corrigeret, monachi, luminaribus extinctis, ad lectulos reuertuntur. In crastino, abbas capitulum ingressus mala sua coram omnibus confitetur et se de cetero uitam religiosam emulari promittit. Quod cum agere cepisset, uidentes illi duo adolescentes eum ad meliora conuersum, colloquio inter se habito secreto, ueniam petunt coram eo et rei seriem per ordinem pandunt. Abbas autem gaudens eos absoluit et extunc cariores habuit et magis acceptos.

⟨CAPITVLVM LXXXI⟩

1. | Frater quidam laicus et conuersus in cenobio Clareuallensi extitit, uir religiosus ac summe mansuetudinis, qui, Deo magistrante, didicerat esse *mittis et humilis corde*. Huic omnes testimonium perhibebant quod nunquam uisus fuisset irasci, nunquam quibuslibet iniuriis affectus ad impatientiam prouocari. Hic, | inspirante Deo, statuerat firmiter in animo suo, ut quotiens a quibuslibet fratribus siue iuste, siue iniuste, proclamaretur, tociens pro illis oraret et pro singulis *Pater noster* una uice ad minus diceret. Cuius etiam exemplo salubriter instructi multi Clareuallensium fratrum eandem consuetudinem usque hodie quasi pro lege custodiunt. Quadam itaque uice, cum esset in uia directus, necesse habuit per fures cuiusdam nemoris solus transire. Contigit autem eum ibidem *incidere in latrones, qui eum despoliantes* caballum cum sarcinulis rapuerunt, et nichil ei penitus preter solam caritatem dimiserunt. Illa uero, quia non fuit in sistarcia neque in forulo foris incaute relicta, sed firmissime paciencie nodis intus in intimo cordis sapienter astricta, sicariorum uiolentiam timere non poterat. Salua igitur caritate, nichil seruus Dei amittere potuit, quia pro nichilo illi erat quicquid, ea remanente, amisit. Recedentibus uero latrunculis, ipse cum paululum processisset, prosternitur ad orationem obsecrans Dominum ut hanc eis remitteret im|pietatem. Quidam autem ex ipsis a longe subsecutus curiosius obseruabat, uolens scire quid ageret. Et uidens eum orationi diutius insistentem, celeri cursu reuertitur ad socios, percutiens pectus suum et dicens: "Ve nobis miseris et dampnatis! En moriemur omnes, quia hunc tam sanctum hominem et tam sancti monasterii fratrem – siquidem, ipso reuelante, cognouerat quod esset de Clarauallle – nostro malo tam male tractauimus. Hic enim ex quo recessit a nobis non cessat orare cum gemitu et lacrimis, nec dubium est quin ipse Deum roget etiam pro inimicis suis." Quod audientes compuncti sunt animo, et uenientes inueniunt illum ad-

---

LXXXI, 4 mittis – corde] cfr Matth. 11, 29   14 incidere – despoliantes] cfr Luc. 10, 30

LXXXI, 2 extitit] ex ticio *cod.*

huc in oratione, flexis genibus intentum. Cui mox uniuersa restituunt et, uenia supliciter postulata, in pace dimittunt. Quo uiso, *gauisus est* frater ille *gaudio magno*, saluatori Christo immensas gratias referens de compunctione predonum magis quam de receptione spoliorum.

Iste ergo uir bonus, cum in sancto proposito perseuerasset, tandem, uocante se Deo, collectus est ad populum suum recepturus amodo | cum eis premia meritorum. De cuius glorificatione uisio talis apparuit eadem qua defunctus est die.

Erat in quodam monasterio longius a Claraualle remoto monachus quidam, religiosus et magne opinionis uir, quem pro sua sanctitate omnes sinceriter diligebant, omnes singulariter honorabant. Hic igitur, eodem die quo predictus frater mortuus est et ipse moriens ad extrema deuenit. Cunque iam morti proximus uideretur, raptus est ab humanis ita ut, omni menbrorum officio destitutus, a mane usque ad nonam iaceret immobilis; tantummodo in pectore modicum suspiraculi supererat, quod eum a mortuo secernebat. Ita ergo de mane, sicut iam dixi, usque ad nonam in extasi positus tandem ad seipsum reuertitur et uirtute recepta lingua iterum in uerba laxatur. Stupentes uero qui aderant, causam ab eo repentine discessionis ac reuersionis efflagitant. Quibus ipse respondit: "Hodie cum a sensibus corporis in spiritu subleuatus abstraherer, inueni me subito introductum uelut in paradyso uoluptatis, in loco glorioso atque preclaro nimis, cuius | aptitudinem, pulchritudinem atque amenitatem humani sensus angustis estimare non sufficit. Ibi preciosa uasorum congeries atque ornamentorum; ibi infinita preparatio deliciarum quomodo fieri solet in aduentu cuiuspiam potentissimi regis aut imperatoris. Erant igitur sancti innumerabiles immensa gloria choruscantes quorum alii iam aduenerant, alii adhuc de cunctis partibus ueniebant, quasi ad grande spectaculum certatim properantes et uelut ad diem solempnem undique confluentes. Audiebatur etiam ibi suauitas armonie celestis et resonabat undique *gratiarum actio et uox laudis*. Ego uero, cum nimis obstupuissem, sciscitatus sum ab angelo ductore meo super his que uidebam. Ipse autem respondit: "Hec est celebritas noua noui cuiusdam sancti hodie de domo Clareuallensi assumpti et in gaudia ista modo solempniter introducendi." Hoc itaque dicto, iussit me citius egredi atque ad humana reuerti.

---

35 gaudio magno] cfr Matth. 2, 10   65 gratiarum – laudis] Is. 51, 3

CAPITVLVM LXXXI

Quod cum ego nimium detestarer, obsecrabam medullitus ut ab illa felicitate ad miserias | corporis amplius non remitterer. Ille uero respondit: "Modis omnibus oportet te ad fratres tuos regredi, donec adnunties que uidisti." Huius rei gratia missus sum ad uos
75 indicare ista que uidi, ut ipsi benefacientes proficiatis et perseueretis in bono, scientes utique quia non deerit merces operi uestro." Et cum ista dixisset, ilico ualefecit atque obdormiuit in Domino. Planxit autem eum omnis congregatio monasterii *planctu magno*, utpote sanctissimum et magne utilitatis uirum, de
80 cuius exemplo omnes erant informati et de cuius consilio pendebant uniuersi. Illi ergo sollicite tempus horamque notantes, cum requisissent in Claraualle, cognouerunt fratrem supramemoratum eadem die qua uisio demonstrata est fuisse defunctum. Cuius nimirum inuenta [est] talis tanta conuersatio, ut fidem facile faceret
85 tali et tanto miraculo.

2. Beatus uero Bernardus, cum quidam de fratribus suis hanc uisionem prescriptam coram eo cum grandi admiratione referret, ita respondit: "Et uos fratres ista miramini. Ego uero | magis admiror in uobis *incredulitatem et duriciam cordi*, qui adhuc minime
90 creditis aut minime forte aduertitis uocem illam ueridicam, qua de celo clamatur: *Beati mortui qui in Domino moriuntur; amodo enim iam dicit Spiritus ut requiescant a laboribus suis*. Michi siquidem luce clarius et uita qua uiuo certius constat, omnes qui in huius ordinis puritate obedientes et humiles perseuerauerint, mox
95 ut carnem exuerint, ab omni miseria protinus exuendos et immortalitatis gloria uestiendos."

3. Robertus, uenerabilis pater, quondam abbas Clareuallensis, uir religiosus et per cuncta laudabilis, quadam uice cum in lecto quiesceret, uidit in sompnis duos quasi ephebos adolescentes,
100 uultu et habitu insigniter relucentes, qui quasi lylia, rosas et uiolas ac diuersi generis flores in choro Clareuallensi copiose spargebant. Quo uiso, miratus est et dixit ad illos: "Quid uobis uisum est, o boni iuuenes, contra consuetudinem nostram pauimentum hoc floribus sternere et monasterio nostro huiusmodi nouitatem
105 inducere?" Illi uero dixerunt ad eum: "Noli ista mirari nec moleste accipias, quia modo | iam in choro isto celebrabitur noua cuiusdam noui sancti festiuitas." Eadem igitur hora defunctus est in in-

---

79 planctu magno] cfr I Mach. 2, 70   89 incrudelitatem – cordi] Marc. 16, 14   91/92 Beati – suis] cfr Apoc.14, 13

firmitorio religiosus quidam et boni testimonii frater. Cunque pro eo tabula pulsaretur, excitatus a sompno isdem uenerabilis pater properanter uenit ad eum cum ceteris fratribus et magna deuotione commendauit animam eius, certissime credens atque confidens quia hic erat ille nouus sanctus, de quo in requiem assumpto angeli sancti nouam festiuitatem et nouum gaudium essent ilico celebraturi.

4. Alius quidam frater uidit in uisione quedam preciosa de palleis et sericis indumenta in infirmitorio Clareuallensi incidi atque preparari. De cuius rei nouitate cum multum obstupuisset, dictum est ei: "Ornamenta ista de quibus ita miraris, preparata sunt cuidam de filiabus abbatis Clareuallensis, que modo procedit ad nuptias. Et quia minus habet pulchritudinis in se quam conueniat genere suo, oportet ut habeat saltem preciosarum uestium fraglantiam atque decorem unde *placeat uiro*." Eadem igitur hora pulsata est tabula et defunctus est ibi frater quidam, de quo inuentum est | quod quamuis bonum uoluntatem habuerit, tamen in operatione aliquantulum negligens et remissus extiterit. Vnde necesse erat ut cui gratiam absoluti decoris propria merita non prestabant, ei nimirum fratres de orationibus suis copiosiorem ornatum impenderent.

5. Ferunt in cenobio Clareuallensi nuper monachum extitisse, qui, quamuis homo bone uoluntatis existeret, corpore tamen delicatus atque infirmus in obseruatione ciborum et procuratione medicaminum curiosus erat atque superstitiosus. Huic ergo per uisionem apparuit Dei mater et Virgo Maria ad portam oratorii posita, que preciosum electuarium pixide portans intrantibus in ecclesiam fratribus singulis singula ex eo coclearia dabat, et mira dulcedine gustantes reficiebat. Cunque predictus frater accederet ut et ipse de manu piissime procuratricis portionem alimonie celestis acciperet, illa reppulit eum dicens: "Tu medicus sapiens et curam tuimet sollicite gerens, nunquid nostro medicamine in|diges? Vade itaque, uade et cura teipsum sicut uolueris, quoniam de his *qui curam suam super Dominum iactant* cura est nobis." Quod cum ille audisset, erubuit, et petens indulgentiam promisit ei quod amplius de seipso sese non intromitteret, sed totam uite sue curam Deo et sibi comitteret. Tunc illa misericorditer annuens et penitenti ueniam prebuit et mendicanti salutifere pitantie

---

122 placuit uiro] I Cor. 7, 34   141 curam – iactant] cfr Ps. 54, 23

CAPITVLVM LXXXI

pabulum impartiuit. Gustata igitur *benedictione dulcedinis*, protinus a sua teneritudine et infirmitate frater ille conualuit, et contentus deinceps communibus alimentis atque subsidiis decorem et fortitudinem cum salute corporis et anime pariter induit.

6. Fuit in eadem ecclesia monachus quidam uenerabilis, Alquerius nomine, uir religiosus atque spiritualis, sobrius in uictu, humilis in uestitu, durus admodum castigator corpori sui. Ita nanque circumcisus ac temperans erat in hiis que ad usum corporeum pertinere uidebantur, ut, omni uoluptate ac uanitate depulsa, etiam necessariis par|cissime uteretur. Hic medendi peritia ualenter expertus cunctis indigentibus artis sue operam pro uiribus impendebat; se autem solummodo huiusmodi cura excipiebat: licet enim ualitudinarius esset ac debilis corpore, nunquam tamen acquiescebat carnalem medicinam sibimet exhibere. Et quamuis operam eius uiri magnates uel etiam capita optimatum incessanter expeterent et sepius renitentem huc illucque distraherent, tamen *super egenos et pauperes* magis intendens omnimodam eorum seruitio sollicitudinem adhibebat. Nec [modo] ipsorum egritudines liuoresque curabat, uerum etiam necessitates, proutcumque potuisset, in indumentis et alimentis studiosissime procurabat. Porro languentium putridas carnes et sanie defluentis menbra ita dignanter, ita diligenter propriis manibus contrectabat, ut Christi uulnera fouere putaretur. Et uere sic erat: totum enim pro Christo faciebat et totum sibi Christus imputabat, qui ait: *Infirmus fui et uisitastis me*, et cetera. Vnde etiam ipse famulum suum secretis consolationibus sepius uisitabat, et in opus | ministerii huius incitabat. Quadam igitur uice uidit huiusmodi uisionem in Clarauaille. In primis itaque audiuit quasi quendam nuntium celestem preconaria uoce clamantem: "Ecce Christus uenit. Surgite et occurrite Saluatori." Cumque omnes certatim ad uidendum properarentur, tunc et ipse cucurrit et stetit in ostio claustri per quod eum uenire sciebat. Igitur ingrediente Domino, accessit et adorauit eum, flagitans ut *acciperet benedictionem et misericordiam a Deo salutari suo*. Qua percepta, cepit eum attentius intueri, et miro pietatis affectu compatiebatur illi, sicuti apparebat ei ueluti dolens et infirmus, confixus clauis, lancea perforatus, ac si

---

146 benedictione dulcedinis] cfr Ps. 20, 4   **162** super – pauperes] cfr Ps. 40, 2   **169/170** Infirmus – me] Matth. 25, 36   **178/179** acciperet – suo] cfr Ps. 23, 5

eadem hora depositus esset de cruce, ita ut ex plagis copia sanguinis emanaret. Porro ipse Dominus lintheolos mundos quasi corporalia tenens eisdem uulneribus imprimebat et cruore deterso in terram eos proiciebat, quos frater ille cum summa ueneratione recolligens ac nimia deuotione deosculans quasi redemptionem anime sue in sinu suo repositos conseruabat. His et huiusmodi reuelationibus frequenter | a Domino recreatus, non cessauit usque in finem operari bonum ad omnes, maxime autem ad peregrinos et miseros egrotantes.

Tandem uite cursu peracto, ad diem ultimum uenit. Cunque uenerabilis Pontius, abbas, ad eum gratia uisitationis accederet, quesiuit ab eo quid ageret, in quonam modo se haberet. Ille uero respondit: "Bene, karissime pater. Bene omnino agitur mecum, quia uadens uado ad Dominum meum." – "Quid ergo, inquit, corporalem molestiam egre non toleras et mortis angustias non formidas?" – "Ego, inquit, omnia tranquilla, omnia leta considero, quia iam preuentus sum a Domino in benedictione dulcedinis, que omnem michi merorem a corde et omnem dolorem a corpore tulit." Respondens itaque abbas dixit ei: "Age iam, dilecte mi frater; dic michi, obsecro propter Deum, si tibi diuinitus aliquid est reuelatum." Tunc ait illi: "Modo antequam huc introissetis, apparuit michi misero, licet atque indigno, Dominus Ihesus Christus, qui propitio ac sereno uultu me intuens et signa beatissime passionis eius ostendens ait: 'Ecce peccata tua deleta sunt a facie mea. Veni ergo securus, ueni | et uide ac deosculare uulnera mea que tantum dilexisti et tociens confouisti'." Tali ergo promissione firmatus, iam mori non timeo, quia *reposita est hec spes mea in sinu meo*. Et scitote quia proxima nocte – erat autem uigilia beati Martini – migraturus sum, dum opus Dei celebrabitur in ecclesia, et tali hora." Defunctus est igitur eadam nocte et tempore quo predixit. Iamque ut uere confidimus, *requiescit a laboribus* uniuersis, inuento nimirum Domino quem suis manibus exquisiuit.

7. Frater quidam de ecclesia Clareualllensi, dum pro peccatis suis, quibus Deum nimium offenderat, gemebundus et anxius incessanter seipsum affligeret, *tota die ingrediebatur tristis* et merens, finem lamentis et fletibus interdicens. Qui cum tanta cordis amaritudine diutius uersaretur, nocte quadam uidit in uisione Do-

---

208/209 reposita – meo] Iob 19, 27   212 requiescit – laboribus] cfr Apoc. 14, 13   216 tota – tristis] cfr Ps. 37, 7

CAPITVLVM LXXXI

minum nostrum Ihesum Christum sacerdotalibus ornamentis indutum et missam celebrantem. Quotiens uero iuxta sacrificii ritum sese ad populum conuertebat, tollens in manibus suis calicem de altari, cunctis qui aderant uidendum offerebat. Porro in ipso calice nichil | aliud erat nisi *lacrime* tantummodo, *quibus beata Magdalena pedes eius in domo Symonis flendo et penitendo rigauerat.* Cunque predictus frater secus pedes Domini positus ista cognosceret, percunctatus est dicens: "Obsecro Domine, utquid ostendis nobis calicem istum cum lacrimis que in eo sunt?" – "Vt uideant, inquit, et sciant uniuersi quantum michi placet contritio cordis et penitentie luctus, qui ad exemplum penitentium tamdiu seruaui lacrimas huius peccatricis ad pedes meos fluentis et penitentis."

8. Sub eadem uero tempestate, dum adhuc malorum suorum penitudine isdem frater seipsum cotidie maceraret, uidit in uisu noctis sese in lacu profundissimo fluctuantem ac periclitantem. Cumque iam euadendi spes nulla superesset, en subito affuit *adiutor in oportunitatibus* Dominus Ihesus Christus, nudis pedibus *ambulans super aquas*. Qui, cum ad eum peruenisset, leuauit in brachio atque in sinu suo miserum misericorditer ac dignanter, subleuatumque de aquis posuit in prato uirenti atque ameno. Quod, cum ille uidisset, ilico procidens | ad pedes eius pre immensitate leticie gestire animo cepit, insatiabili desiderio sibi astringens atque deosculans pia uestigia Saluatoris. Quadam uero die, cum estuanti animo cuperet nosse utrum indulgentiam a Domino consequi mereretur, cepit ardenter insistere *gemitibus inenarrabilibus* atque suspiriis diuinam pietatem obsecrans et exoptans ut hoc ei aliquomodo innueretur. Sequenti itaque nocte, dum ita affectus fratrum uigiliis interesset, subito uenit *in mentis excessum*. Et ecce astitit ei nescio quis, nouaculam acutam et quasi insensibilem per caput ipsius leniter ac suauiter ducens, qui etiam *in momento, in ictu oculi* ueluti rasit ei barbam, colum et coronam. Verumptamen paucos pilos in uno tempore deserens sompnolentie uitium, quo frater ille, quamuis inuitus, adhuc tamen grauiter premebatur, forsitan denotauit. His et huiusmodi conso-

---

223/225 lacrime – rigauerat] cfr Luc. 7, 38   235/236 adiutor – oportunitatibus] Ps. 9, 10   237 ambulans – aquas] cfr Matth. 14, 25   244/245 gemitibus inenarrabilis] Rom. 8, 26   247/248 in – excessum] Ps. 67, 28; Act. 11, 5   250 in – oculi] I Cor. 15, 52

lationibus isdem frater sepius releuatus, aspirante Domino, didicit
in spem uenie respirare, de perceptis beneficiis gratias agens, ad
ampliora percipienda iam iamque suspirare.

9. | Arnulphus de Maiorica, uir diues et delicatus nimis, natione
Flandrensi, beato Bernardo secrete se reddidit. Fuit autem utriusque consilium rem silentio tegere, propter quedam seculi impedimenta, usque ad ultimam diem qua *egressurus esset de terra et de cognatione sua*. Erat enim magnus paterfamilias, ornatus filiis et fratribus, tantisque diuitiis irretitus, ut absque suorum dampno et scandalo graui abrumpere sese non posset, nisi prius domum sapienter et caute disponeret. Interim ergo, *dum silentium istud tenerent omnia* et archani huius negotii causam ipsi soli duo in mundo cognoscerent; *factum est uerbum Domini* ad quendam rusticum armentarium cum boues minaret ad aratrum, dicens: "Vade, dic Arnulpho de Maiorica ut te secum ducat in Clarauallem, quo proxime iturus est ad conuersionem, et cum eo conuertere." *Audiebat autem uocem, sed neminem uidebat*. Quod cum factum fuisset, cepit attentius orare, ut si a Domino sermo fuisset egressus, reuelaret iterum auriculam eius, et adiecit iterum loqui | ad ipsum, repetens eundem sermonem. Accepto itaque secunda iam uice oraculo, uenit ad pretaxatum uirum et ait: "*Verbum michi ad te* Dominum meum", a quo, cum fuisset ductus in partem, *procidit ad genua* illius dicens: "Obsecro te per Christum ut ducas me tecum ad claram uallem tuam et salues tecum animam meam. Et si scire desideras, sic et sic nuntiatum est michi." Audita autem reuelatione, miratus est et letatus ualde, et accepto homine ad seipsum conduxit et habuit indiuiduum comitem itineris et conuersionis, habiturus etiam, ut credimus, consortem eterne retributionis.

Veniens itaque uir uenerabilis ad predictum monasterium multa de suis facultatibus tam ipsi quam multis pluribus contulit. De quo et beatus Bernardus talem in commune sententiam protulit: "De conuersione, ait, fratris Arnulphi, nec minus admirandus nec minus glorificandus est Christus, quam de resuscitatione Lazari quatriduani, eo quod in deliciis tantis clausus atque sepultus uelut in tumulo iace|bat, et quasi uiuens mortuus erat." Huic autem con-

---

260/261 egressurus – sua] cfr Gen. 12, 1   264/265 dum – omnia] cfr Sap. 18, 14   266 factum – Domini] Luc. 3, 2   270 Audiebat – uidebat] cfr Act. 9, 7   275 Verbum – te] IV Reg. 9, 5   276 procidit – genua] Luc. 5, 8

CAPITVLVM LXXXI

fitenti cum gemitu et lacrimis multis delicta uniuersa que in mundo contraxerat, beatus Bernardus intuens cordis eius amarissimam contritionem et *ad omne opus bonum* spontaneam uoluntatem, iniunxit ei ut *Pater noster* tribus uicibus diceret atque in suo proposito deinceps usque ad obitum perduraret. Quo ille audito, quasi substomachans, ait: "Ne, queso, irrideas famulum tuum, beatissime pater." – "In quo te, ait, irrideo?" Respondit: "Ieiunia septem uel decem annorum non sufficerent michi, etiam humiliato in sacco et cinere; et tu, michi precipis *Pater noster* tertio dicere et in Ordine perseuerare!" Et sanctus ad eum: "Ergone tu melius me nosti quid te oporteat facere et unde salueris?" Ille uero respondit: "Absit ab anima mea tam iniqua presumptio! Sed propter Deum obsecro ne michi parcas in presenti, ut parcas melius in futuro, et talem nunc impone penitentie penam, quatinus post mortem carnis ad requiem sine pena perueniam." Cui beatus pater ait: "Fac ut locutus sum et securum | te facio, quia, deposita molle corporis, mox ad Deum sine molestia peruolabis." Hoc itaque responso quasi diuinitus accepto, confortatus est nimis, adeo ut nulla deinceps temptationum uiolentia, nulla infirmitatis molestia posset a cursu desiderii sui, quo totus in Deum pergebat, aliquatenus retardari. Erat autem circa custodiam cordis sollicitus ac timoratus nimis, ita ut neminem uidisse me recolam tam studiosum conscientie proprie mundatorem. Mirabantur siquidem omnes, presertim confessionum illius auditores cotidianam, instantiam, uel potius importunitatem, qua eos quiescere non sinebat, sicut nec ipse quiescere poterat, confitendo, plangendo, plorando, non modo de otioso sermone aut signo, si quando illi uel raro subriperet, uerumetiam super uana et leui aliqua cogitatione, quod ceteri hominum, ut per paucos excipiam, aut parui, aut nichili pendunt, in quo seipsum scrupulosissime diiudicabat et quasi de crimine arguebat.

Quadam itaque die, cum in ecclesia uespere cantarentur et ipse sta|bat in retro choro iuxta quendam monachum, uirum eque sanctissimum, et ecce *angelus Domini apparuit* ibi in specie pulcherrimi monachi adolescentis, cuculla indutus niue candidiore, ipso tamen Arnulpho non uidente neque sciente. Qui, dum solito more ad gloriam psalmi inclinaret, angelus coram eo stabat et su-

---

292 ad – bonum] II Tim. 2, 21   **323** angelus – apparuit] Matth. 1, 20; Matth. 2, 19 plicantis caput suppositis manibus sustentabat. Quem, cum predictus monachus cerneret et ex fulgore uultus et habitus angelum esse deprehenderet, letatus est ualde super angelico aspectu accessitque ut apprehenderet et deuote amplexaretur. Cunque, expansis manibus, uellet eum tenere atque astringere sibi, et ille subito euanescens recessit ab eo. Et subito iterum apparens stetit in alio loco; uidens uero monachus denuo cucurrit ad eum et simili modo nitebatur apprehendere illum. Sed mox, angelo disparente et protinus alibi reapparente, frustratus est homo a conatu suo. Quod cum pluries factum fuisset, tandem angelus ex toto disparuit, et qui se uidendum | obtulerat, teneri omnino non pertulit.

Quia ergo ueraciter scriptum est: *Quem diligit, Dominus corripit; flagellat autem omnem filium quem recipit*, nunquam huic uenerabili uiro paterne miserationis correptio defuit, semper in eo carnis uitia resecans et uirtutes anime usquequaque multiplicans. Denique per plurimos annos usque ad exitum suum grauibus ac diuturnis incommodis flagellatus est, que non solum equanimiter tollerabat, uerum etiam gloriabatur in illis sicut in omnibus diuitiis. Quadam itaque uice, cum doloribus uicerum quibus nimium laborabat solito durius artaretur, angustiatus est pene usque ad mortem, ita ut aliquandiu mutus et insensibilis permanens de uita desperaretur, et ob hoc etiam oleo infirmorum inungeretur. At ubi primum respirare potuit, subito erumpens in iubilum ait: "Vera sunt omnia que dixisti, Domine Ihesu." Et hoc idem sepius repetebat. Stupentibus uero qui aderant et percunctantibus quomodo se haberet et quare ista diceret, | nichil aliud respondebat, nisi quia uera sunt omnia que locutus est Deus. Quidam autem ex ipsis dicebant quod pre acerbitate doloris crebro turbatus esset et quasi alienatus loqueretur. Quibus ille respondit: "Non ita est fratres, sed sano capite et mente sobria dico quia uera sunt omnia que locutus est Deus." At illi responderunt: "Et nos ista cognoscimus. Sed quare hoc dicis?" Respondit: "Dominus in euangelio dicit quia *quisquis pro eius amore hec et illa dimiserit, centuplum accipiet in hoc seculo et uitam eternam in futuro*. Ego itaque uim sermonis istius in presenti experior et centuplum meum iam in hac uita nunc recipio. Siquidem inmensa doloris istius acerbitas adeo michi sapit, adeo sedet propter spem diuine miserationis

---

338/339 quem – recipit] cfr Prou. 3, 12; Hebr. 12, 6   359/360 quisquis – futuro] cfr Matth. 19, 29; Marc. 10, 29

que in eo reposita est, ut hac ipsa nunc caruisse me nolim pro centuplicata mundi substantia quam reliqui. Quod si ego peccator et indignus ita a Deo confortor atque letificor et in angustiis meis, quomodo putamus sancti et perfecti uiri tripudiant et exultant in consolationibus suis! Vere etenim spiritale gaudium quod modo est in spe, centies mil|lies exuperat seculare gaudium, quod modo est in re. Et qui centuplum istud necdum accipere meruit, profecto constat quod adhuc omnia perfecte non reliquit, sed ex propria uoluntate que est mala proprietas secum retinet aliquid." Hec illo dicente, mirati sunt uniuersi ab homine laico et illiterato sententiam talem esse prolatam, nisi quod manifeste dabatur intelligi quia Spiritus Sanctus, qui eum in corpore flagellari grauiter permittebat, intus in anima suauiter unguebat, cuius nimirum sacratissima *unctio quemcumque tetigerit hominem, docet de omnibus* que oportet. Iste ergo uir sanctus, cum iam de manu Domini suscepisset duplicia pro omnibus peccatis suis, tandem longo martyrio cruciatus et *tanquam in fornace probatus*, pacatissimo sompno obdormiuit in Domino. De quo certissime credimus, quia iuxta beati Bernardi sententiam mox ut a corpore exiit, ad Deum sine pena peruenit.

10. Est in eodem cenobio uir uenerabilis cuius nomen quamdiu superest exprimere nolumus, qui dum esset clericus et iuuenis delicatus intentus erat interdum actionibus ludicris | cum ceteris coequalibus suis. Quadam igitur uice, cum ad aliquam domum iocandi causa multi confluerent et teatricis plausibus et nugis diem ipsum solito more consumerent, accessit illuc etiam prefatus iuuenis, *ut et ipse pasceret hedos suos* de spectaculo uanitatis. Erant autem aleatores quidam cum aleis ludentes, quos ut melius ex alto prospiceret super mensam ibidem positam pronus accubitabat. Et facta est super eum subito quasi manus hominis ipsum inuisibili flagello diutius uapulans, que caput illius ad dorsum totum ueluti pilo desuper feriente crebris ictibus tundebat. Ipse uero iacebat immobilis, quid faceret, quo se uerteret ignorans. Volebat autem pre nimis doloris angustia in uocem clamoris et planctus erumpere, sed pre pudore propter circumstantes non

---

377 unctio – omnibus] cfr I Ioh. 2, 27   380 tanquam – probatus] cfr Sap. 3, 6   390 ut – suos] cfr Cant. 1, 7

---

393 accubitabat] acubitabat *cod.*

audens molestiam uerberum egre ferebat. Arguens uero semetipsum *loquebatur in amaritudine anime sue*: "Ei michi, Domine Deus! Nunc inuenerunt me peccata mea, et ecce iam moriens careo penitentie fructu. O, si concederes spatium emendandi, quanta est michi uoluntas tibi in omnibus obsequendi." Dum hec et similia in corde loqueretur coram | Domino, *facta est uox* ad ipsum dicens: "Si Claramuallem conuersionis gratia adire uolueris, et in anima et in corpore saluus eris." Ad quod ille respondit: "En trado me seruum Deo et domui Clareuallis." At ubi hec in corde suo firma uoluntate proposuit, mox recedente flagello, etiam dolor totus euanuit. Quod cum ille uidisset, continuo *non acquieuit carni et sanguini*, et ne unius quidem hore morulam sustineret nisi quod ita ad manum equitatura non fuit. Quadie eodem comparata, in crastinum summo mane iter arripiens domum, familiam, agros, redditus, census et cuncta que habebat *pro Christo arbitratus ut stercora*, dereliquit, et ueniens Claramuallem, ibi usque hodie permanens, satis in sua conuersatione demonstrat quod prima illa conuersionis eius uocatio uere ab illo fuerit, qui eos *quos amat arguit et castigat, omnemque filium quem recipit paterna pietate flagellat*.

[835] 11. Quidam de fratribus eiusdem loci, cum esset positus in extremis, ingressus est ad uisitandum eum beatus Bernardus post completorium. Et | uidens hominem morti proximum iamiamque migraturum, ait: "Nosti, frater karissime, quod conuentus noster modo fatigatus est de labore, et iam post modicum habet ad uigilias surgere. Quod si, te interim obdormiente, oporteat illam suam interrumpere dormitionem, nimium uexabitur et pregrandes uigilias minus celeriter exequetur. Vt ergo bene sit tibi et longo uiuas tempore super *terram ad quam ingredieris possidendam*, in nomine Christi precipio quatinus usque ad horam diuini officii expectes nos." Quid multa? Abiit pater in dormitorium, et frater non obiit ante terminum constitutum, moxque, ut signum ad uigilias pulsari cepit, pulsata est tabula et ille decessit. Quod non modo de isto fratre, uerum etiam de pluribus aliis pluries accidit, ut uno pluribusue diebus protelaretur finis eorum ad ipsius patris imperium et uotum.

---

400 loquebatur – sue] cfr Iob 10, 1   404 facta – uox] Luc. 1, 44; Act. 7, 31; 10, 13   409/410 non – sanguini] cfr Gal. 1, 16   413/414 pro – stercora] cfr Phil. 3, 8   416/417 quos – castigat] cfr Apoc. 3, 19   417/418 onemque – flagellat] Hebr. 12, 6   427 terram – possidendam] Deut. 23, 20; 30, 16

[836] 12. Conuersus quidam de supradicto cenobio, homo religiosus et bone opinionis, cum iam ad extrema deuenisset, apertis oculis, uidit angelos sanctos presentes assistere | lectulo suo. Qui statim circumstantibus ait: "Nunquid non aspicitis angelos Dei qui modo aduenerunt? Pulsate quamtocius tabulam, quoniam ipsi prestolantur exitum meum." Et cum ista dixisset, protinus egressa est anima, nec dubium est quin eam susceperint angeli sancti, quos preuidisse meruerat.

[837] 13. Alius quidam frater, bubulci gerens officium, in eodem monasterio extitit, homo purus ac bone simplicitatis. Hic igitur quadam uice uidit in sompnis iuxta se dominum nostrum Iesum Christum iocundo nimis spectaculo illa manu sua dulcissima tenentem aculeum atque ex alia parte temonis boues minantem secum. Quod cum ille uidisset, ilico correptus egritudine lecto decubuit, et post dies sex laborem et dolorem cum morte finiuit. Beatus uero Bernardus, qui conscientiam hominis puram ac simplicem nouerat, cum uisionem hanc, ipso referente, cognosceret, pronuntiauit de illo confidenter quoniam *cum Deo ambulauit* et uere cum eo operatus est, ideoque transtulit illum Deus nec potuit miserator omnipotens seruum suum in supremo agone deserere, cui | dignantissimus comes et cooperator fuerat in labore.

[838] 14. Solent frequenter fratres infirmarii Clareuallis cum gaudio atque admiratione referre de quodam honeste uite conuerso, qui cum deuenisset ad mortem cepit loqui latino eloquio. Et cum nunquam litteras didicisset, mira quedam de scripturis sacris luculento sermone disserebat, nichil penitus proferens nisi quod sane doctrine congruebat. Preterea suaues quasdam cantilenas, que nunquam audiri consueuerant, modulatis uocibus depromebat, ita ut audientes miraculi nouitate obstupefaceret et cantuum suauitate mulceret. Qui, cum hec aliquandiu faceret, tandem in bona confessione animam reddidit et *extrema luctus illius gaudium occupauit*.

[839] 15. Preterea quidam alius conuersus, cum de eadem domo leuitate sua tertio fuisset egressus tertioque receptus, tandem grauiter ingemiscens et doloribus uulnerum dolores medicaminum superaddens presentibus lamentis preterita mala delere et ueluti clauum clauo | expellere satagebat, simulque diuersis respectibus

---

452 cum – ambulauit] Gen. 5, 24; 6, 9   465/466 extrema – occupauit] cfr Prou. 14, 13

stantes ne laberentur, lapsos ut erigerentur salubri exemplo informabat. Et ne quid illi forte deesset ad integram salutis eterne recuperationem, disponente Deo, *ingressa est putredo in ossibus*
475 *eius* et percussus circa femora ulcere canceroso distabuit, ita ut carnibus undique corrosis ossa nudata patescerent et uulnera uermibus scaturirent. Crescebat in dies angustia doloris, et, annis plurimis in grabato carceratus, quot horis uiuebat, totidem pene interitionibus subiacebat. Erat ergo patienti anime miserabilis dolor
480 et angor, simulque seruitoribus eius a facie tabidi ulceris ingens fetor et horror, sed erat nichilominus laboris ac patientie huius remuneratio copiosa penes Deum utrisque reposita. Satagebat autem frater infirmus gratias agere semper in pressuris istis, credens et confitens sese recipere adhuc imparia meritis. Et quoniam ueraciter scriptum est: *Aufer rubiginem de argento et egredietur uas*
485 *purissimum, cum iam excoc|ta fuisset ad purum scoria peccati,*   138ub
educta est tandem anima illa de conflatorio purgationis et uelut *argentum igne examinatum* munda et nitida cum ceteris misericordie uasis translata est ad palatium summi Regis. Sed antequam
490 *de lacu miserie et de luto fecis* egrederetur, meruit preuidere gloriam suam et prelibare nescio quid ineffabile de dulcedine superna, ad quam sine fine fruendam erat in proximo admittenda. Qua percepta, protinus erupit in iubilum preconii celestis, et serenata facie cepit cum suauissima melodia nouos multumque de-
495 lectabiles hymnos ac modulos *cantare de canticis Syon. Facta autem hac uoce, conuenit multitudo* fratrum uidere cum grandi miraculo hominem positum in dolore et morte communi, mortis tamen oblitum et nescium doloris, immo qui morti in morte insultans, iam quasi dicebat: *Absorta est mors in uictoria. Vbi est mors*
500 *uictoria tua?* Iste ergo modulizans et glorificans Deum in ipsa hora tristicie, omnia prospera, omnia iocunda cernebat et ueluti iam cythariza|ret in cythara sua cum ceteris sanctis, ita *letabundus*   139ra
et laudans in uoce exultationis et confessionis animam ad Deum emisit. De cuius felici consumatione beatus Bernardus mutum ex-
505 hylaratus fuit. Vnde etiam sermonem deuotissimum in capitulo

---

474 ingressa – ossibus] Hab. 3, 16   485/486 Aufer – purissimum] Prou. 25, 4   486 cum – peccati] cfr Is. 1, 25   488 argentum – examinatum] Ps. 11, 7   490 de – fecis] Ps. 39, 3   495 cantare – Syon] cfr Ps. 136, 3   495/496 Facta – multitudo] Act. 2, 6   499/500 Absorta – tua] I Cor. 15, 54-55   502/503 letabundus – laudans] cfr Is. 35, 2 ; Ps. 41, 5   503 in – confessionis] Ps. 41, 5

faciens, commendauit in eo *dignum penitentie fructum* et mirabilem pacientiam eius omnibus proposuit in exemplum.

[840] 16. Conuersus quidam, nomine Gerardus, uir ualde religiosus, fuit in domo que dicitur Moris, homo timoratus et corporis sui castigator admodum durus. Hic tanto animi feruore contra uicia luctabatur, ut quando illicitis motibus pulsabatur, super urticas sese in terra uolutaret et ex eis corpus suum ac menbra confricaret. Hoc uero sepissime faciens petulantis carnis stimulos fortiter reprimebat et incentiua libidinum penali incendio salubriter extinguebat. Hic erat homo mitissimus, multumque satagebat ut inter fratres uiueret sine querela. Qui, dum extrema egritudine laboraret, uocato ad se uni de suis seruitoribus, ait: "Recolo, karissime frater, offendisse me, | nudius tertius, uirum illum talem – designauit autem ex nomine – mea, ut uereor, culpa. A quo tamen ilico, prostrato corpore, ueniam petii et impetraui, sed utrum ex corde dimiserit, incertum est michi. Vade, queso, ad illum, et iterum uice mea propter Deum efflagita ut pleno affectu supplicanti indulgeat." Quod cum obtinuisset, benedixit Deum et ait: "*Iam letus moriar*, quia, pacatis, ut arbitror, uniuersis, pacem bonam et dilectionem cum omnibus habere me credo, et omnibus id ipsum quod michi desidero." Igitur, instante migrationis articulo illius, exhylaratus uultu et animo circumstantibus dixit: "Eia, fratres mei, gaudete in Domino et congratulamini michi, quia Dominus noster Ihesus Christus, filius Dei, modo uenit ad me cum .XII. apostolis suis. Et ecce nunc in ecclesia nostra manet prestolans aduentum meum, nec inde recedet donec ego cum ipso recedam." Cunque finisset huiusmodi sermonem, ilico finiuit et mortem. Nec dubium quin ab illo fuerit in pace receptus, a quo ineffabili fuerat dignatione expectatus. Hec frater Josbertus, uir etatis decrepite, sub diuina testificatione narrauit sicut | ab ipso Gerardo cui morienti assistebat audiuit.

[841] 17. Nouimus alium quendam de filiis Clareuallis, qui die dominica diuinis officiis intererat in quadam ecclesia parrochiali. Dicta itaque offerenda, cum iam ministratio panis et calicis sacre mense fuisset imposita, apparuit ei Dominus Ihesus stansque super eandem aram in forma paruuli ualde formosi ita manifeste atque mo-

---

506 dignum – fructum] Matth. 3, 8   523/524 Iam – moriar] Gen. 46, 30

---

515 satagebat] flagitabat *cod.*

rose ut usque ad consumationem sacrifitii prope modum uisio perseueraret. Verumptamen presbiter eiusdem loci, qui missam celebrabat, homo inhoneste uite atque flagitiosus erat. Quamdiu ergo sacerdos ille, siue oblationes fidelium recipiendo, siue sermonem ut in die festo fieri solet ad populum proferendo, seu aliud aliquid faciendo dorsum ad altare habebat, tamdiu sanctus infans ante calicem stabat. Quamdiu quoque sacerdos ad sacramentum faciem tenebat, tamdiu sacer ille puerulus tanquam inmundum presbiteri anhelitum abhorrens longe remotus ab eo post calicem stabat. Quod, cum frater ille conspiceret, compunctus est uehementer ita ut inun|datio lacrimarum interdum a uisione uisum prepediret. Completa autem reuelatione, glorificauit Deum qui sibi dignatus est talia demonstrare, et uere cognouit quod distantia meritorum non faciat distantiam sacrifitiorum, quoniam sacramenti effectus nullatenus constat ex uirtute et merito sacerdotis, sed ex instituentis gratia Redemptoris.

[842]   18. Viro sancto ac uenerabili Ricardo, quondam Sauigniacensi abbate, referente, cognoui quod narro. In prouintia Normannorum erat quidam presbiter honestus habens parrochianum uirum iustum et timoratum, quem etiam ecclesie sue fecerat matricularium. Hic in magna cordis simplicitate Dominum querebat et ideo consecutus est quod optabat. Cum autem predictus sacerdos diuina misteria celebraret, ille matricularius cotidie ferme uidebat infantulum quendam gloriosum apparentem super altare dumque sacerdos pacem populo daturus hostiam sanctam more quorumdam oscularetur, ille sacer infantulus sacerdoti appropiabat et pacis ei osculum ore proprio porrigebat. Factum est autem ut sacerdotis illius fabariam pauperis | cuiusdam compatris atque conuicanei sui porca frequenter ingressa, dum eam cohercere negligeret, a canibus et clientulis eiusdem presbiteri aggressa necaretur. Vnde et ambo iurgium conferentes, irati ab inuicem recedunt et, iracundia odium pariente, aliquanti dies absque satisfactione preterierunt. Inde sacerdoti subtrahitur gratia et iam matricularius ille solitam super eum benedictionem descendere non uidebat. Vnde secretius alloquens conuenit hominem super dampno conscientie sue, sciscitans ab eo quid mali commisisset, et nichilominus indicans quid diuini muneris amisisset. Qui uehementer exterritus compatris sui lesionem iacture huiusmodi

---

558 Sauiniacensi] Sanguiniacensi *cod.*   571 clientulis] clienctulis *cod.*

causam esse fatetur. Cui festinans reconciliari gratiam quam amiserat uix tandem recipere meruit. In diebus uero Rogationum, cum clerus et populus processionem longius procedendo extenderent, consuetudo erat ut, pausantibus interdum clericis, mulieres uicissim modulando succederent. Porro dictus ecclesie custos, Domino reuelante, uidit in aere binas bonorum atque malorum spirituum turbas a se inuicem separatas, que ipsam processionem indiuiduo comitatu late|ratim prosequebantur. Cunque clerici psalmos ymnodiamque repeterent, fugientibus apostatis angelis, boni eominus accedebant et plurima congratulatione diuinis modulis applaudebant. Mulierculis autem nugaces cantilenas reciprocantibus, spiritus benigni sublimius euolabant et maligni propius accedentes cantibus et plausibus ineptis miris cachinnationibus alludebant.

19. Frater quidam de Clarauálle, cum in quadam die dominica sacram communionem acciperet, uisum est illi tunc et per totam deinceps diem quod fauum mellis dulcissimum in ore teneret. Sequenti uero dominica, cum similiter accepisset eucharistiam, per continuum triduum similem expertus est gratiam. Tercia quoque dominica diuinam nichilominus alimoniam reaccepit, et iam tota ebdomada semel indultam suauitatem sentire promeruit. Ex tunc tamen et deinceps hanc benedictionem dulcedinis multipliciter et multo tempore sensit, modo rarius et modo crebrius, prout gratie datori placuit. Factum est ut aliquando quempiam de amicis suis pro culpa illius obiurgans iuste | inuectionis modum supra modum excederet cunque pacificam hostiam, necdum fratre pacificato, perciperet, uisum est illi quod amarissimum absenthii pabulum faucibus iniecisset. Hoc nobis secretius is cui contigerat indicauit, quod quidem uerum esse non ambigimus, cum similem gratiam pluribus et pluries accidisse hodieque accidere non ignoremus.

20. Est alius quidam de filiis eiusdem monasterii monachus, etate et religione prouectus, quadragesimum, ni fallor, in ordine cisterciensi supergrediens annum. Qui, cum aliquando sederet in claustro die sancto Parasceue librum ante se habens, apparuit illi Dominus noster Ihesus Christus, manibus et pedibus in cruce expansis, acsi eadem hora fuisset crucifixus. Que scilicet uisio felicissima, quanquam breuis et momentanea fuerit, adeo tamen manifesta atque efficax extitit, ut uisionis illius deuota memoria de corde uidentis amplius deleri non possit. Et hunc quidem uirum nominatim exprimere possem, nisi ab illo prohibitus essem, quem utique tante puritatis esse cognosco, ut pro anima non confunderetur dicere ueritatem. |

[845] 21. Vestiarius Clareuallensis, nomine Galterus, qui ante paucos annos defunctus est, homo erat honestus et religiosus, tamen laicus atque illiteratus. Qui, dum aliquando pausaret in lecto, persona quedam reuerenda dormienti apparuit et ducens in oratorium missam cantare precepit. Indutus itaque sacerdotalibus indumentis, missam de Spiritu Sancto cum magna deuotione per sompnium celebrauit. Cunque euigilasset, eandem missam, quam antea penitus utpote litteras nesciens ignorabat, cordetenus sciuit, et eam deinceps per plurimos annos in memoria retinuit.

[846] 22. Nouimus et alium quendam in eodem cenobio religiosum ac deuotissimum fratrem, Christum ab infantia sinceriter diligentem, qui precipua corporis et animi munditia pollet et speciali morum benignitate cunctis amabilem se exhibet. Iste ergo, dum adhuc nouitius esset et pro salute anime sue Dominum et sanctos eius attentius exoraret, factus est aliquando in mentis excessu. Et ecce apparuit ei beatus apostolus Paulus sacerdotalibus indutus ornamentis et ait: "Noli timere, quia salutem quam desideras plenius obtinebis." Hic | itaque memoriam beatissime Dei genitricis singulari deuotione semper amplectitur et multis ab eadem Domina nostra consolationibus recreatur. Apparuit autem ei quadam uice ipsa beatissima Virgo, que manum illius dignantissime apprehensa deducebat eum quadam regia uia. Cumque uenissent ad quandam imperialem et lucifluam mansionem, beata Mater intus ingrediens iussit eum pro foribus expectare dicens: "Hic te interim manere foris oportet, quia necdum interius admitti ydoneus es." Alia uero uice apparuit ei nichilominus eadem misericordie Mater, magnifice consolans eum et dicens: "Viriliter age et noli timere, quia ubi ego sum, ibi et tu futurus es mecum."

[847] 23. Frater quidam, religiosus et magna preditus gratia, nomine Anfulsus, cum adhuc esset in Claraualle nouitius, uidit in uisione apparentem sibi Dominum nostrum Ihesum Christum in cruce. Erant autem ut sibi uidebatur, ibidem alii duo nouitii qui secum erant adhuc in probatione. Cum ergo supliciter Dominum adorasset, ille misericordia motus respexit ac benedixit eum et alte|rum etiam cum eo supradictorum nouitiorum. Quod cum ille uidisset, cepit eum rogare ut et tercium illum simili modo benediceret. Respondit autem Dominus nequaquam illum benedicendum, sed magis ad massam pertinere maledictorum. Post diem itaque tercium tercius ille neophitus, ut tristem sui nominis ethimologiam

CAPITVLVM LXXXI

male gerendo exprimeret, Malgerus siquidem uocabatur, ordine derelicto, *reuersus est ad uomitum* uite secularis et factus est apostata uilis. Reliqui autem duo qui a Domino benedici meruerunt, ipso miserante, *benedictionem hereditate possidebunt.* Quorum scilicet predictus Anfulsus iam sancto fine quieuit. Alter uero, quia ad sortem benedictorum pertineat, in proposito suo iuste et pie perseuerando declarat. Hanc autem uisionem quam supra memoraui, ipse mihi qui uiderat indicauit.

24. Nouimus autem et alium quendam in eodem monasterio fratrem, qui uidit huiusmodi uisionem, sed utrum dormitans aut uigilans uiderit, nescit. Magis tamen uigilando et in extasi positus uidisse se credit. Igitur secunda feria Pasche, cum esset ad uigilias in cho|ro Clareuallensi, *facta est super eum manus Domini.* Et ecce sursum in aere contra medium chori apparuit ei dextera refulgens atque gloriosa, que presentem familiam confitentem nomini sancto eius benedixit et crucis benedicte signaculum semel ac secundo super eam impressit. Spiritus autem *reuelans mysteria* loquebatur in corde uidentis atque dicebat: "Istud est brachium Dominantis; ista est dextera Dei omnipotentis."

25. Eadem itaque die conuersus est ibi uir nobilissimus, Andreas nomine, Virdunensis archidiaconus, qui causa uisitationis illuc aduenerat, nec tamen aliquod ad presens conuertendi propositum habebat. Sed cum orationum suffragia petiturus capitulum introisset, uidens sancte illius multitudinis ordinem et uelut angelicam conuersationem compunctus est uehementer et, insiliente in eum subito spiritu Domini, ilico in uirum alterum mutatus est. Tantoque feruore mundum deseruit, ut nec ad horam quidem uel pro amicis salutandis, uel pro domo rebusque disponendis ad suos remearet, sed incontinenti omnia rumpendo magis | quam soluendo reliquit, ut Christo citius adhereret. Vt autem gemina crucis impressio euidentius appareret, alius quidam clericus, Gaufridus nomine, cum eo se reddidit, genere quidem humilior, sed probitate morum et generosa conuersatione forsitan non inferior. Ambo igitur intrantes, ambo in ordine perseuerantes, *bonam militiam militarunt,* iamque, consummato certamine, benedictionis eterne

---

663 reuersus – uomitum] Prou. 26, 11; II Petr. 2, 22   665 benedictionem – possidebunt] cfr I Petr. 3, 9   674 facta – Domini] Ez. 1, 3   678 reuelans mysteria] cfr Dan. 2, 28; 2, 47   695/696 bonam – militarunt] cfr I Tim. 1, 18

CAPITVLVM LXXXI

participes existunt. Sciendum tamen quod prefatus Andreas multa in probatione sustinuit temptamenta. Erat enim *quasi tenerrimus ligni uermiculus* mollis et delicatus nimis, ut pote qui a matris utero fuerat *enutritus in inuolumentis et curis multis.* Cumque teneritudinem pristine conuersationis egre dedisceret et nouiter inchoare laborem nimis arduum reputaret, cogitauit ut Loth, quia egressus de Sodomis, *non posset animam suam in monte saluare,* unde et proposuit ad aliquem remissioris obseruantie ordinem declinare. Quod cum abbati loci, domino Roberto, iam sepius indicasset, tandem una die uictus *a pusillanimitate spiritus* et tentatione, denuntiauit ei quod iam nullo modo poterat amplius sustinere. Tunc abbas precibus ac blandiciis multis extorsit ab eo ut sibi ipsi uim faceret et usque in diem tercium solummodo sustineret. Quo uix tandem impetrato, orationem statuit in conuentu pro eo fieri ad Deum. Eadem itaque die cum isdem nouitius ad mensam accederet, pisorum edulium appositum reperit, quod genus leguminis ita pre ceteris omnibus fastidire solebat, ut etiam nauseam ei interdum prouocaret. Quod, cum gustare cepisset, mirabilem quandam in eo comperit suauitatem, ita ut carnium esum saporis illius prestantia uinceret. Quod ubi persensit, arrepto protinus cocleari, admouit propius et catinum moxque oblitus parsimonie coctionem leguminis uorauit usque ad fundum. Inter edendum autem digitum in ore frequenter ponebat, existimans se deprehendere posse crema lardi, in quo legumen istud frixum esse putabat. Finita autem refectione, festinauit abbatem sollicite percunctari, utrum nam precepisset pulmentum sagimine uel quauis alia pinguedine propter ipsum ex industria condiri. Illo uero negante, conuenti sunt super hoc etiam pulmentarii. Tunc et ipsi protestati sunt in ueritate se nichil in eo preter sal et aquam imposuisse. Quo audito, neophitus ille diuine circa se uisitationis miraculum letus aduertit et gratiam agens Deo deinceps a proposito ordine moueri non potuit. Cunque secunda et tercia die et multo post tempore predictam suauitatem in eiusmodi cibariis persentiret, tandem magister experientia didicit quia potens est

---

698/699 quasi – uermiculus] II Reg. 23, 8   **700** enutrius – multis] cfr Sap. 7, 4   **703** non – saluare] cfr Gen. 19, 19   **706** a pusillanimitate spiritus] Ps. 54, 9

706/707 tentatione] tempestate *cod.*   **710** Quo] Quod *cod.*

CAPITVLVM LXXXI

Dominus, cum uoluerit ad consolationem seruorum suorum, eandem saporis gratiam conferere leguminibus et herbis quam carnibus et piscibus indidit. Vnde et sepe dicebat quia magis nunc delectabatur in commestione pisorum et olerum quam antea faciebat in commessatione altilium et uenationum.

[850]   26. Frater quidam eiusdem cenobii, cum se ad querendum Dominum magno desiderio conuertisset, uidit illum aliquando in uisione sibi apparentem. Sollicitus autem de salute sua flagitabat obnixe salutiferam eius benedictionem dicens: "Obsecro, Domine, benedic michi *ut saluus fiam*." Et benedixit eum in eodem loco. Quod cum ille uidisset, *gauisus est gaudio magno* et amplexatus beatissimam magnum a qua benedici meruerat, cum ingenti deuotione deosculabatur eam atque | dicebat: "Domine Ihesu Christe, gratias ago tibi, quia benedixisti michi *et saluus ero*." 142ua

[851]   27. In supradicto quoque monasterio nouimus existere monachum quendam ⟨ualetudine⟩ acuta grauiter olim laborantem. Qui priusquam ad diem creticum peruenisset, factus est in agone et per dimidium fere spacium noctis quasi extra se fuit, multa uidens et audiens, que modo longum est replicare. Eadem uero nocte defunctus est ibi religiosus quidam adolescens, mire mansuetudinis ac paciencie monachus, qui languore maximo cruciatus quamplurimis annis durum ac diuturnum martyrium duxit. Hic itaque moriens et flatum nouissimum diutius protrahens pre acerbitate doloris crebros gemitus plangendo emittebat. Porro predictus eger, cum eum plangentem audiret, dicebat intra se: "*Planctus iste citius conuertetur in cantum* et doloris istius extrema iamiamque occupabit gaudium sempiternum." Cum hec et similia cogitaret, en quasi persona quedam inuisibilis ante lectum eius assistens ac diutissime commanens, at singulos fere planctus quos ille emittebat, mirabili atque inexperta quadam fraglantia ac | suauitate nares eius et fauces uberius indulcabat. Tunc uero sentiebat quasi celestem quandam uirtutem sensibiliter ac manifeste in seipsum introeuntem et penetralia cordis eius suauissime perungentem. Cum hec ergo diutius fierent, ecce repente apparuit ei aper- 142ub

---

740 ut – fiam] Act. 16, 30   741 gauisus – magno] Matth. 2, 10   744/745 et – ero] Ps. 118, 117; Ier. 17, 14   756/757 Planctus – cantum] Ps. 29, 12

---

750 replicare] resplicare *cod.*

tura quedam in celo, per quam uidebatur sibi uidere *usque ad tercium celum*. Et *facta est in auribus eius uox* clamans et dicens de excelso: "*Sileat omnis terra*; discedat omnis malignitas; Christus uenit." Tunc uisum est ei quia Dominus noster Ihesus Christus ibi descenderet ac totam domum illam sua benedictione repleret. Ipse uero tanta suauitate et gratia perfusus est, ut se in paradisum esse reputaret et diceret: "Domine Deus noster, en ista uita eterna quam nobis promisisti? Hec est illa felicitas, illa suauitas quam *in tua dulcedine pauperi preparasti*? Et nunc si, reuelatis oculis, bonum istud quod sentio et quod teneo michi uidere ac semper habere liceret, iam *gaudium meum plenum* atque perfectum esset." Mox igitur imminente exitus hora, pulsata est tabula et conuenientibus cunctis ad fratris exitum muniendum, assumpta est anima illa atque liberata corpore mortis huius, et, eterna leticia subintrante, fugit ab eo dolor | et gemitus. Credo et uere confido quod non dedignatus est eam introducere in requiem suam, qui propter eam ad terras uenire dignatus est Dominus noster Ihesus Christus. Cum autem corpus ipsum sepulture traderetur, alius quidam frater religiosus atque deuotus, reuelante Domino, apertis oculis, sicut protestatus est nobis, quasi quoddam feretrum uidit de monumento procedens et sursum ad ethera tendens. Porro predictus eger ab illa ualitudine, Deo uolente, conualuit, et ex his que acciderant magnifice consolatus gratias egit. Vt autem de illa reuelatione quam in obitu fratris acceperat certior fieret, processu temporis collatum est celitus ei ut ipsam benedictionis dulcedinem quam tunc in odore aut sapore prestantissimo fuerat expertus, postmodum per dies et annos plurimos, non quidem continue, sed tamen frequenter atque copiose sentire mereretur, prout ille benignus ac suauis *Spiritus, qui ubique* et quando et quantum *uult spirat*, pauperi suo misericorditer infundere dignabatur. Et non modo per sompnium aut *per excessum mentis*, sopitis uel attonitis sensibus corporis, ut in illa forsitan agonia contigerat, sed corpore uigilante sensuque uigente, orando, psallen|do, legendo seu quippiam aliud agendo eandem suauitatis gratiam diuinitus sentiebat.

766/767 usque – celum] II Cor. 12, 2   767 facta – uox] Luc. 1, 44; Act. 7, 31; 10, 13   768 Sileat – terra] cfr Hab. 2, 20   774 tua – preparasti] cfr Ps. 67, 11   776 gaudium – plenum] cfr Ioh. 16, 24   794/795 Spiritus – spirat] cfr Ioh. 3, 8   796 per – mentis] Ps. 67, 28; Act. 11, 5

CAPITVLVM LXXXI

[852] **28.** Fratri cuidam religioso atque deuoto, dum adhuc nouitius esset in eodem cenobio, datum est in spiritu uidere beatam Mariam Magdalenam, splendido uultu et habitu ante altare stantem. Qua uisa, repletus est frater isdem leticia magna. Cumque cogitaret animo optando et suplicando, ut ei beatissima Dei genitrix similiter monstraretur, *facta est uox* ad eum in ipsa uisione dicens: "Nosse te conuenit, quod necdum ydoneus es ad eam uidendam. Satage ergo et perfice quantum poteris, ut eam quandoque uidere merearis."

[853] **29.** Alius uero quidam in eodem loco nouitius frater, cum ex toto corde Dominum querere proposuisset, solitus erat ubi oportune potuisset coniunctis siue expansis manibus frequenter orare. Quadam itaque nocte, cum in principio uigiliarum esset in choro, clausi oculis manibusque protensis, ad Deum intendens, subito affuit ei Dominus Ihesus Christus loquens ad eum et dicens: "Porrige michi manus tuas." Ad hanc itaque uocem, cum aperuisset frater ille oculos, multum obstupuit et utrum dormiens an uigilans hoc audisset | non facile discernere potuit. Ex hac autem uoce multam deuotionem atque feruorem mente concipiens, ipsam formam orandi seruare deinceps sollicitus fuit. Post aliquantum uero temporis, cum iam monachus factus in quodam eiusdem ecclesie angulo foret, intento animo iunctisque manibus stans et orans, subito fuit in spiritu. Et ecce astitit ei Dominus Ihesus Christus, suppositis atque expansis manibus suis manus illius excipiens et quasi ad professionem admittens. Quo facto, cum fuisset homo ad se reuersus, *gauisus est gaudio magno ualde*, iamque felici doctus experimento certissime credidit ubique diuinam adesse presentiam, maxime uero, ut ait sanctus Benedictus, quando operi Dei siue orando, siue psallendo assistimus.

[854] **30.** Egregius quidam adolescentulus, de partibus Alemannie oriundus, studiorum gratia, comitante didascalo suo, Parisius adibat. Qui, dum transitum haberent per domum Clareuallensem, magister ille uidens loci conuentum et ordinem, nescio quo Dei iudicio, compunctus ad horam peciit et obtinuit ut susciperetur ad conuersionem. Cumque rogaret adolescentulum ut secum re|maneret, penitus non acquieuit. Multum siquidem abhorrebat a consortio et colloquio Cisterciensium monachorum, sepiusque roga-

---

806 facta – uox] Luc. 1, 44; Act. 7, 31; 10, 13   826 gauisus – ualde] cfr Matth. 2, 10

uerat Dominum nunquam sibi dari ad ordinem illum conuerti uelle. Proinde roganti magistro et fratribus monasterii adhortantibus eum *dura ceruice resistens*, nullis predicationum machinis poterat expugnari. Eadem igitur nocte, dum eorum monita reuolueret, *facta est uox* ad eum diuinitus dicens: "Si hinc recesseris et Parisius ueneris, infra Pentecosten sine dubio morieris." Ad hanc itaque uocem iuuenculus ille multum obstupuit, necdum tamen potuit *duricia cordis* illius emolliri.

Porro sequenti nocte, cum sopori membra dedisset, uidebatur sibi esse demersus *in limo putei profundi*. Cumque desperatus ibidem iaceret, subito apparuit ei desuper ad oram putei beatus Iohannes Euangelista, in uultu et habitu sancti Bernardi, cum alio quodam sancto cuius nomen excidit michi, qui et ipse simillimus erat cuidam religiosissimo uiro, nomine Gerardo, portario Clareuallis. Quos, cum ille uidisset, rogabat obnoxius ut sui miserentur. Cui beatus Iohannes respondit: "Tu sano consilio acquiescere contempnens, opem flagitas | a nobis?" Cumque ille promitteret se esse facturum quicquid ei placeret: "Vis ergo, inquit, fieri monachus in monasterio Clareuallensi?" Et ille: "Etiam domine, libentissime uolo." Quod cum firmiter pollicitus esset sese citius impleturum, protinus ductum de profundo liberum abire permiserunt. Mane igitur facto, postulauit se quamtocius presentari beato Bernardo. Quem, cum antea non uidisset, continuo illum in uultu et habitu deprehendit ipsum esse pro certo recognoscens quem in nocte transacta, sub conditione conuertendi, liberatorem habere meruerat. Proinde miratus uehementer atque compunctus protinus eidem sancto uiro se reddidit, a quo benigne receptus mox in etate teneriori grauitatis et sapientie canos, cunctis mirantibus, induit. Porro predictus magister eius a proposito bono citius corruens fundatum in Christi amore iuuenculum mouere non potuit.

Hic ergo delicatus atque tenerrimus adolescens, cum esset annorum quatuordecim, *manum suam ad fortia mittens*, letantibus angelis atque hominibus, iugum Christi portandum aggreditur et quasi agnus ad aratrum suscepti ordinis applicatur. Sed mox, miserante Domino, iuuenci for|titudinem induens et agni mansuetudinem retinens, tanta karismatum eminentia a primis annis emi-

---

840 dura – resistens] cfr Act. 7, 51   842 facta – uox] Luc. 1, 44; Act. 7, 31; 10, 13   845 duricia cordis] Eccli. 16, 11   847 in – profundi] Ps. 68, 3   869 manum – mittens] cfr Prou. 31, 19

CAPITVLVM LXXXI

cuit, ut conuersationis ipsius ⟨elegantia⟩ atque fraglantia contubernales eius uehementer affecti gratularentur, ipsumque ueluti quendam paradysi uernantissimum florem mirantes intuerentur. Quidam uero religiosus ac spiritualis eiusdem cenobii frater protestatus est michi, quod aliquando uidisset uisionem huiuscemodi. Aspiciebat eundem adolescentem inuitatorium ante altare cantantem. Porro ymago crucis que erat in altari, quasi melodia ipsius delectata, de cruce descendit, ueniensque expansis ulnis dignanter amplexata est illum, tenere sibimet astringendo ac deosculando eum. Quod cum frater ille uidisset, animaduertit in hoc animam illam sanctam et Deo placentem existere et apud illius clementiam magne familiaritatis accessum specialiter obtinere. Hic ergo amantissimus Domini tota die cum illo ueluti in thalamo morabatur et beata ipsius presentia per contemplationem suauissime fruebatur. Quadam itaque nocte *apparuit ei in sompnis angelus Domini* et introduxit eum in quendam thala|mum gloriosum, in quo uidebatur Dominus Ihesus Christus in cruce pendere et beata Maria mater eius cum beato Iohanne Euangelista *iuxta crucem* illius *stare*. Quem cum ingressus esset, tante suauitatis fragrantiam sensit, ac si cellam aromaticam respersam *omni pulluere pigmentario* introisset. Prostratus uero in faciem suam Dominum adorauit et benedictionem illius accipere meruit. Cumque excitus a sompno fuisset, suaueolentiam quam dormiendo presenserat, tribus postea diebus continuis uigilando persensit. Alia quoque nocte, cum esset orationi intentus, meruit audire corporeis auribus angelicas uoces, armonia dulci atque preclara in ethere personantes. Quarum uidelicet uocum tanta erat altitudo, ut quantalibet humanarum intensio ad eam non posset ascendere. Cumque fuisset in eis aliquandiu delectatus, sublata est tandem ab auribus eius ymnodie celestis amenitas, sed diutissime remansit in corde concepte deuotionis inmensa iocunditas, ita ut sepe *memoriam habundantie suauitatis illius eructans* mira deuotione afficeretur et totus in gaudium uerteretur |.

Preterea quadam uice cum esset ad uigilias in ecclesia Clareuallensi, ipsa die Pasche, cepit attentius cogitare de passione et resurrectione Domini, ita ut ardenti affectu totus in lacrimas solue-

---

888/889 apparuit – Domini] Matth. 1, 20   891/892 iuxta – stare] cfr Ioh. 19, 25   893/894 omni – pigmentario] Cant. 3, 6   905 memoriam – eructans] Ps. 144, 7

CAPITVLVM LXXXI

910 retur. Et ecce repente is qui in corde eius ignem accenderat, Dominus Ihesus Christus, uigilanti et flenti apparens stetit ante illum in medio chori, manus suas expandens et quasi ostendens ei. Porro in eius beatissimis palmis *loca clauorum* euidentissime apparebant, ita ut de ipsius plagis recentibus sanguis manare uideretur. Viso itaque Domino, frater ille *gauisus est gaudio magno*, sed obstupescens et quasi extra se factus, nesciebat in arto temporis quid agere deberet. Volebat nanque in medium prosilire et pedes apprehendere Saluatoris, sed retinebat eum pudor et reuerentia conuentus, ne uelut insaniens putaretur. Nam et hoc ignorabat utrum uidelicet apparens Dominus ab eo solummodo, an et ab aliis uideretur. Flebat autem uberrime, eratque *cor* eius in semetipso pietate *liquescens* pre inmensa dulcedine amoris illius quem intuebatur. Verum in ipsa hora canebatur responsorium illud: *Angelus Domini*, et tamdiu apparitio illa perseuerauit usque | quo dictiones iste: *Iam surrexit, uenite et uidete*, a choro cantante perdicerentur.

[855] 31. Scimus quoque in eodem existere loco monachum timentem Deum, qui dum in eodem cenobio degeret, quadam die, uigilia Omnium Sanctorum, cum aliis stabat in choro. Hic uero beatum Iohannem Euangelistam precipuo diligebat affectu, in cuius etiam scriptura et memoria multum delectabatur. Cumque de more legeretur ad missam epistola illa de Apocalipsi, mira dulcedine fruebatur in eisdem uerbis. Tandem uero in ultimo uersu quo dicitur: *Dignus est agnus qui occisus est accipere uirtutem et diuinitatem* et cetera que secuntur, tota in ipso *liquefacta est anima eius* igne diuini amoris tantaque iocunditatis affluentia perfusus est, ut pre immensitate leticie seipsum uix caperet. Proinde totus in iubilum raptus, totus extra se fuit, solum Christum quasi presentem *cordis oculis* intuens et brachiis interioribus amplectens. Dum uero adhuc ibidem staret et pitancia celesti mentem habunde reficeret, necdum finita missa *sopor Domini irruit in eum*, tenuis quidem, sed delectabilis et suauis. Statim nanque presentiam suam dignanter exhibuit dormienti, qui supra dictam iocunditatem infuderat uigi|lanti, Dominus Ihesus cum eodem apostolo

---

913 loca clauorum] cfr Ioh. 20, 25   915 gauisus - magno] cfr Matth. 2, 10   922/923 cor – liquescens] cfr Ps. 21, 15   934/935 dignus – diuinitatem] Apoc. 5, 12   935/936 liquefacta – eius] cfr Cant. 5, 6   939 cordis oculis] cfr Eph. 1, 18   941 sopor – eum] I Reg. 26, 12

945 suo alloquens, eum audiente fratre, et dicens: "Hanc ego reuelationem dudum tibi ostendi, non propter te solummodo, cui iam de mea uirtute et dilectione certa cognitio certaque fidutia inerat, sed maxime propter ceteros, qui me similiter diligunt, ut et ipsi gloriam meam agnoscentes similiter in me confidant." Cum hec ergo
950 frater ille audisset, aperiens statim oculos repletus est gaudio magno tum propter indultam gratiam dominice uisitationis et consolationis, tum propter ipsius Domini attestationem de ueritate Apocalipsis, pro eo maxime quia dolens audierat quosdam hereticos ausos fuisse quondam eidem sancto detrahere libro, blas-
955 phemantes atque dicentes eum a sancto Iohanne apostolo scriptum non esse.

Euolutis autem postea diebus circiter .XV., cum supradictus frater pro peccatis suis ualde sollicitus atque compunctus esset, astitit ei per uisionem Dominus Ihesus Christus cum eodem apos-
960 tolo suo. Tunc uero idem beatus apostolus prior locutus est, dicens: "Qui uoluerit a Domino perfectam consequi ueniam, oportet eum instanter peccata sua flendo ac penitendo punire." Respondens autem Dominus ait: "Si quis ad me peruenire uo|luerit, oportet eum ad ipsum ardenter optare." His et huiusmodi
965 frater ille commonitus didicit iam cum *Moabitide Ruth bucellam suam in aceto* semper *intingere* et *panes azimos cum lactucis agrestibus comedens exultare Domino cum tremore*. Postmodum autem die natali eiusdem sancti Iohannis cum uigiliis interesset, uidit iterum *in mentis excessu* eundem apostolum ante proprium
970 eius altare, sacerdotalibus ornamentis indutum, quasi missam celebraturum. Cumque post modicum interuallum modicus ei sompnus obrepsisset, repente transiit coram se Dominus Ihesus Christus cum gloriosa matre sua, quibus statim intrantibus palatium quoddam, in quo dicebatur esse paradisus, ianua remansit
975 aperta. Illo uero mirante quod porta illa minime clauderetur, dictum est ei: "Hec est ianua uite, que, ingresso per eam Domino cum sua matre, cunctis fidelibus usque ad diem iudicii patet." Quo ille comperto, ait intra se: "Ergo et michi patet aditus paradisi. Ingrediar *itaque in locum tabernaculi admirabilis usque ad domum*
980 *Dei*." Quo cum introire cepisset, excepit eum protinus inenarra-

145ua

965/966 Moabitide – intinguere] cfr Ruth 2, 14   966/967 panens – comedens] Ex. 12, 8   967 exultare – tremore] cfr Ps. 2, 11   969 in – excessu] Ps. 67, 28; Act. 11, 5   979/980 in – Dei] Ps. 41, 5

bilis quedam iocunditas | atque suauitas. Sompno uero excusso, cum iam aliquandiu uigilasset, putabat se adhuc esse in paradyso, nimirum perseuerante in eo diutius illa iocunditate qua satis indicabat auctorem iocunditatis ibidem affuisse.

32. Vir uenerabilis Symon, quondam abbas Coziaci, quod est non ignobile monasterium nigri ordinis monachorum, magno cordis affectu beatum Bernardum diligebat, adeo ut de consilio et uoluntate eius totus pendere uideretur. Huic autem desiderium magnum inerat curam pastoralem deserere et fieri monachus in Claraualle. Verumptamen beatus Bernardus sciens uiri uirtutem et gratiam qua commisso cenobio ualde ydoneus et necessarius erat, quamdiu uixit in carne, nunquam ei uoluit super huiuscemodi petitione prebere consensum. Quadam igitur die dixit ad eum isdem abbas: "Domine pater, ego iam senex et pene decrepitus, fatiscentibus in corpore menbris et urgentibus undique morbis, iamiamque resolui me sentio. Quod si extra Clarauallem defecero, erit michi dolor inconsolabilis et irreparabile dampnum. Vnde necesse est ut uel nunc abire me iubeas et satisfacere | uotis meis, quia mors accelerans moram amplius facere non permittit." Cui uir Dei respondit: "Mane in loco tuo et *noli timere*. Ego securum te facio, quia morieris in Claraualle." Credidit homo sermonibus sancti et mansit interim in sua prelatione securior pluribus annis. Post transitum uero famuli Dei, cum iam desiderii sui stimulos nullo reprimente tolerare nequiret, dimisso regimine, Clareualli se contulit. Ibi etiam magno Dei dono magnoque miraculo septennium superuiuens, mirabile prorsus in tali etate uel infirmitate feruoris ac deuotionis exemplum nobis omnibus in fine reliquit.

33. Isdem quoque uenerabilis abbas, cum aliquando per annos tres moratus fuisset in urbe Roma atque in partibus ytalicis pro secando scismate Petri Leonis, in quo uidelicet opere eundem famulum suum Christus magnifice honestauit, tandem reuersus Claramuallem statim post factam orationem capitulum fratrum introiuit. Et quia fatigatus ex itinere diu loqui non poterat, breuem quidem sermonem, sed plenum consolatione protulit eis dicens: "Benedictus Deus, qui uos michi reddidit et me uobis. | Et ego quidem, filioli, quamuis per triennium hoc uisus fuerim longe remotus a uobis, non tamen putetis me semper absentem fuisse. Sciatis enim quod tribus uicibus iterum reuersus sum ad uos, ui-

---

1000 noli timere] Gen. 15, 1; 21, 17, etc.

CAPITVLVM LXXXI

sitans domum istam officinasque perambulans, et semper exhylaratus, semper consolatus abscessi, cognita nimirum unanimitate atque instancia uestra in proposito ordinis uestri." Innumera sunt illa que famulus Dei dixit iste et fecit, in quibus manifestius apparebat eum prophetali gratia preditum, multociens ibi in spiritu esse presentem ubi absens corpore uidebatur, multaque abscondita et cetera longius posita, Domino reuelante, cognoscere que ipsum latere putabantur. Hec autem significauit nobis domnus Gerardus, abbas Longipontis, qui unus ex antiquis senioribus Clareuallis dicta eius et facta studiose rimari satagebat.

34. Ipso quoque referente, audiuimus quod iste Dei sanctus, dum in quodam monachorum capitulo uerbum Domini predicaret, duo ex fratribus qui aderant uiderunt eum cum subsellio in quo residebat in aere suspensum et quasi mensura unius pedis a terra subleuatum. Hic ergo uenerabilis pater, | cum esset aliquando in itinere haut longe a castro Pruuiensi, reuelatum est ⟨ei⟩ diuinitus quendam de filiis Clareuallensibus tunc migrasse, statimque de uehiculo descendens fecit obsequium pro defuncto, commendans animam Deo.

Cumque uespere diuertisset ad opidum quod Cantamerula nominatur, domina ipsius loci, que illum in hospicio suo deuote susceperat, ⟨obtulit⟩ ei filiam suam quartano incommodo laborantem, ut ei benedicendo manum imponeret et bene haberet. Ipse uero benedicens eam atque consignans ait: "Adhuc unam accessionem passura es, filia, et liberaberis." Atque ita contigit ei.

Alia autem uice, cum isdem uir beatissimus de Lamniaco, nobili uilla in episcopatu Meldis posita, egrederetur, oblata est ei grandiuscula puella quedam surda et muta. Quam, cum imposuisset super collum iumenti sui, respiciens in celum breuiter orauit, cumque saliua sua linisset labia eius atque auriculas, benedixit illam, precipiens ut uocaret sanctam Mariam. Mox ergo puella que nunquam fuerat locuta, aperiens os suum clamauit et dixit: "Sancta Maria." Rogerius uero quidam, uir religiosus et monachus | Clareuallis, cum adhuc esset in seculo, uidens miraculum istud factum in oculis suis compunctus est ualde, et hec erat, ut nobis asseruit, maxima causa pro qua se ipsum reddidit in Claraualle.

1046/1047 imposuisset] imposuissent *cod.*

[859] 35. Contigit autem eundem Dei famulum pro quibusdam negotiis adire comitem Theobaldum. Cumque appropinquasset oppido ubi ille tunc erat, obuiam habuit turbam hominum copiosam, qui, iubente comite, latronem quendam facinorosum atque famosum ad supplicium pertrahebant. Quo uiso, clementissimus pater apprehendens manu sua lorum, quo erat miser astrictus, ait tortoribus eius: "Dimittite michi sicarium istum! Ego enim uolo manibus meis suspendere illum." Audiens autem comes aduentum hominis Dei festinauit ilico occurrere ei. Miro nanque deuotionis affectu semper eum dilexit atque honorauit. Cumque uideret in manu eius funem, quo latronem post se trahebat, exhorruit multum et dixit: "Heu, uenerabilis pater, quid est quod facere uoluisti? Vtquid enim furciferum istum milies condempnandum a porta inferi reuocasti? Nunquid eum saluo facere potes, qui iam totus diabolus factus est? Desperata est penitus illius correctio nec unquam benefacere potuit nisi moriendo. Sine ergo, sine perditionis hominem perditurum iri, quoniam de pestifera uita eius multorum uita periclitatur." Respondens autem uenerabilis pater dixit: "Scio quidem, uirorum optime, scio hunc esse latronem sceleratissimum omniumque tormentorum acerbitate dignissimum. Non me ergo existimes huiusmodi peccatorem impunitum uelle relinquere, quin potius cogito eum tortoribus tradere et dignam capere ultionem ex eo, que utique tanto dignior erit quanto diuturnior. Tu, illum decrueras breui supplicio et momentaneo interitu consummari, sed ego faciam eum diuturno cruciatu et morte longissima mori. Tu, furcis appensus per unum aut per plurimos dies mortuum in patibulo manere permitteres; ego, cruci affixum per annos plurimos faciam in pena iugiter uiuere et pendere." Quo audito, princeps christianissimus siluit nec ausus est amplius contradicere sermonibus. Protinus ergo benignissimus pater, exuta tunica sua, induit ex ea captiuum et, attonsa coma capitis eius, sociauit eum ouili dominico, de lupo faciens agnum, de latrone conuersum. Qui ueniens cum eo ad Clara|uallem, factus illi *obediens usque ad mortem*, triginta, ni fallor, et eo amplius annos in ordine superuiuens. Vocabatur autem Constantius, quem nos etiam uidimus et cognouimus.

[860] 36. Domnus Menardus, quondam abbas de Moris, uir religiosus et pie recordationis, mirabilem quandam uisionem quasi de alio

---

1089 obediens – mortem] Phil. 2, 8

retulit nobis, quam tamen sibimet euenisse putamus, ita dicens: "Notus est michi monachus quidam, qui beatum Bernardum abbatem aliquando reperit in ecclesia solum orantem. Qui dum prostratus esset ante altare, apparebat quedam crux cum suo crucifixo super pauimentum posita coram illo, quem isdem uir beatissimus deuotissime adorabat ac deosculabatur. Porro maiestas, separatis brachiis a cornibus crucis, uidebatur eundem Dei famulum amplecti atque astringere sibi. Quod, dum monachus ille aliquandiu cerneret, pre nimia admiratione stupidus herebat et quasi extra se erat. Tandem uero metuens ne patrem offenderet, si eum ueluti secretorum exploratorem ita sibi de proximo imminere conspiceret, silenter abscessit, | intelligens nimirum ac sciens de illo homine sancto quod uere supra hominem esset tota ipsius oratio atque conuersatio."

37. Exiit aliquando pater sanctus ad uisitandum suos metentes in agro. Qui, quoniam infirmus erat et pedes ire non poterat, perrexit in asello. Porro monachus quidam cum eo tunc ambulans atque asinum minans, cum ab olim pateretur caducum morbum, subito coram eo in ipso itinere corruit et cepit ab eadem epilempsia grauiter torqueri. Quo uiso, uir sanctus condoluit ei. Vnde et deprecatus est pro eo Dominum ut passio illa non apprehenderit amplius improuisum. Igitur ex eo tempore usque ad diem mortis per .XX. et amplius annos quibus postea uixit, datum est ei quod antea non habebat quodque ceteris epilenticis uix aliquando contigit, quotiens ex eodem morbo cadere debebat, per aliquantum temporis spacium presentire, ita ut oportune posset lecto decumbere et repentini casus elisionem precauere. Et quidem pater sanctus qui hoc ei munus a Domino impetrauit, credi|mus quia perfectam illi sanitatem optinere potuisset, si saluti anime eius expedire cognosceret. Sed, quoniam homo ille grauis moribus ad portandum et duri admodum cordis erat, cui saluando et uirga correctionis et baculus consolationis semper necessaria uidebantur, concessum est ei misericorditer ut subitanei casus periculum presciendo iugiter declinaret et salutiferi morbi stimulo non careret.

38. Sancte recordationis Stephanus, quondam Cistercii abbas et ipsius ordinis precipuus iniciator, uir conspicue sanctitatis omniumque uirtutum gratia decoratus apparuit. Hic beatum Ber-

---

1117 epilenticis] epilepticis *legend.*

nardum monachum fecit ipsumque monasterii Clareuallis abbatem primum, inspirante Domino, ordinauit.

Qui, dum aput Cistercium nouitius esset, solitus erat diebus singulis pro anima matris sue septem psalmos penitentiales in silentio dicere. Die uero quadam, cum supradictos psalmos post completorium inchoasset, omisit eos, per incuriam, nescio, an per obliuionem, antequam perdixisset, ueniensque ad stratum suum quiete soporifera | menbra refecit et solitam refectionem parenti non impendit.

Abbas uero, ⟨cognita⟩ per Spiritum negligencia, die postera conuenit eum dicens: "Frater Bernarde, ubinam queso illos tuos psalmos hesterna die post completorium dimisisti, aut cui eos commendasti?" Quod audiens adolescens, ut erat uerecundus et timoratus, erubuit et cepit intra se mirando cogitare ac dicere: "Domine Deus, quomodo palam factum est uerbum istud de quo michi solus conscius eram?" Et intelligens a uiro spirituali se esse deprehensum, procidit ad pedes eius, negligentiam confitens atque indulgentiam petens. Qua facile impetrata, curauit deinceps in huiusmodi tam priuatis quam publicis obseruationibus sollicitior inueniri, et que consulta ratione seruanda proposuisset non facile transgredi.

39. Venerabilis ac pie memorie Fastradus, quondam Cistercii abbas, uir eximie sanctitatis, nobilis quidem genere sed morum elegantia nobilior fuit. Qui liberalibus studiis non mediocriter iniciatus, sacris tamen litteris ardentiori desiderio semper inhesit, ita ut postmodum cum *sa|pientia et etate proficeret* eam pre oculis et manibus incessanter haberet et ne ad mensam siquidem sine lectione diuina discumbere uellet, quod non modo in propria domo, uerum etiam in scolis peregrinando. Hic, dum esset abbas Camberonensis, decedente pie memorie domno Roberto, qui beato Bernardo successerat, electus est ad regimen Clareuallis. Ad quam tamen electionem uenire dissimulauit, quamuis ex nomine uocaretur, timens utique ne hoc illi accideret quod semper accidere uerebatur. Verumptamen antequam legati Clareuallenses ad eum requirendum potuissent peruenire, garrula fama preuolante, cognouit quia in eius personam omnes unanimiter conuenissent. Hoc itaque turbatus rumore et anxius fugam arripuit. Veniens ad domum Vallis Sancti Petri, quod est monasterium ordinis Cartu-

---

1157 sapientia – proficeret] cfr Luc. 2, 52

siensis, per dies aliquot ibidem latitauit, ubi cum die noctuque in oratione persisteret, factus est *in mentis excessu*. Et ecce apparuit ei in magna gloria Virgo puerpera, Domina angelorum, portans in manibus Regem glorie, paruulum suum Ihesum. Quam cum ille | uidisset, procidit ad pedes eius obsecrans ut sui misereretur. Cui beata respondit: "Quid turbaris, o homo?" Et imponens ei in ulnas suas uelut alteri Symeoni nobilem illam sarcinam quam gestabat, ait: "Accipe filium meum et serua michi illum." Quo facto, sublata est uisio ab oculis eius. Et rediens ad se ipsum intellexit quoniam a Domino egressus est sermo, et quia uere filii Dei et membra Christi essent, qui eius prouidencie committebantur.

40. Hac igitur tam leta uisione premonitus, iam non est ausus ultra recalcitrare, ne uideretur ordinationi Dei uelle resistere. Suscepto prefato regimine, quam discretum, quam sollicitum quamque benignum pastorem exhibuerit se, non est mee simplicitatis exponere. Nam quemadmodum precellebat officio dignitatis, ita etiam precedebat religionis exemplo et merito sanctitatis. Castus, pius, humilis, mansuetus atque modestus super omnes quos in diebus eius uidisse me memini. Parsymoniam uero, ut ait ille Seuerus de sancto Martino, non est opus in eo laudare, cum adhuc in seculo positus ita frugaliter uixerit, | ut non iam scolasticus, sed monachus putaretur. Nam sicut ipse quibusdam intimis suis secrete innotuit, biennio ante conuersionem suam, licet etate nondum adultus, ita abstinentie operam dedit, ut nunquam uoluerit saltem pane et aqua saturari. Carnium autem edulium, quamuis in ipso tempore usque ad mortem pene egrotasset, nunquam sumere acquieuit. Iam uero monachus factus, quam sobrie uiuendo, immo quam rigide abstinendo corpus in seruitutem redegerit, supersedeo dicere. Satis etenim super huiusmodi illum noui atque notaui, quippe qui in pluribus annis eidem in sua mensa ministraui. Nam cum in se ipso uicia carnis sine miseratione persequeretur, ipsi quoque misere carni cui naturaliter insunt minus quam oportet compati uidebatur. Ceterum in exteriori habitu et cultu pro officii dignitate quam humilis et quam temperans extitit, hoc uno quod dicturus sum, facile aduertere erit.

41. Quadam igitur die, cum uestiarius monachus in lectulo eius cucullam, nescio an tunicam, qua ipsum indui uellet, solito meliusculam apposuisset, increpauit eum pater, audiente | me, et

---

1171 in – excessu] Ps. 67, 28; Act. 11, 5

dixit: "Quid est, dilecte mi frater, quod facere cupis, ut a communione fratrum nostrorum me separes et notabili habitu decolores? *Ecce qui mollibus uestiuntur*, et cetera." Si ergo me diligis, si pacem meam queris, si preceptis meis obedire non despicis, precor atque precipio ne id amplius uelis. Nam cum ego sim apud Deum indignus et omnium minimus, magnum est michi si communi omnium uictu atque uestitu fuero honoratus. Ex quo enim assumptus sum ad regimen animarum, hoc unum est quod pre ceteris timui et timeo, ne occasione huius administrationis pauperem uitam quam professus sum deseram et monachi premium perdam." Hic itaque *dilectus a Deo et hominibus*, et carismatum donis principaliter adornatus, non solum uerbo et exemplo proficiebat, uerum etiam gratissima corporis habitudine mira deuotione intuentes afficiebat. Tanta siquidem Spiritus paracliti gratia in ipsius uultu angelico radiabat, ut uix posset fidelium aliquis desiderabili eius aspectu satiari, presertim qui puritatem animi eius et singularem mansuetudinem cogitabant, quam in exteriori homine uelut in proprio sigillo diuinitus impressam | esse cernebant. Qui uidelicet uir uenerandus cum iam factus esset Cisterciensis cenobii ac totius ordinis pater uniuersalis, ut credimus, fructum in eo fecisset, nisi, peccatis nostris exigentibus, tam cito subtractus fuisset. Sed quia eius sanctissima uita diutius frui digni non fuimus, *precisa est uelut a texente, dum adhuc ordiretur*. Verumptamen ipse *consummatus in breui expleuit tempora multa: placita enim erat Deo anima eius* et angelico digna consortio.

42. De cuius felici transitu mox futuro beate memorie Petro Tholosano, de quo superius multa retulimus, facta est huiusmodi reuelatio. Videbat in uisu noctis, et *ecce in nubibus celi* filius Dei et, sanctorum frequentia comitante, de celo adueniens et ipso aere consistens in throno glorie residebat, et splendor ex eo procedens illuminabat. Porro ad dexteram maiestatis illius monumentum quodam gloriosum in aere suspensum apparebat, quod miro opere fabricatum intuentium oculos admodum delectabat. At uero ante fores basilice Clareuallis multitudo promiscui sexus innumerabilis assistebant, qui sursum, | erectis multibus, regem glorie, Dominum nostrum Ihesum Christum ipsumque mausoleum intente respiciebant. Prefatus autem monachus Petrus accedens ad

---

1210 Ecce – uestiuntur] Matth. 11, 8   1218 dilectus – hominibus] Eccli. 45, 1   1230 precisa – ordiretur] cfr Is. 38, 12   1231 consummatus – eius] Sap. 4, 13-14   1235 ecce – celi] Dan. 7, 13

CAPITVLVM LXXXI

1245 eandem turmam de sepulcro illo quod coram Domino apparebat, cepit interrogare quid hoc esset, aut quid significaret. Tunc unus ex eis respondit, taliter dicens: "Sepulcrum istud de quo sciscitaris constat esse cuiusdam sanctissimi uiri de terra proxime assumendi, de cuius recessione magna in partibus istis longe lateque
1250 desolatio erit, cuius etiam mors futura est in conspectu Domini preciosa, et in conspectu hominum preclara." Transacta autem uisione, cepit ille qui uiderat, cogitando de ea, turbari et mestus esse. In crastino autem, cum ego uidissem eum obnubilato uultu animi dolentis indicia proferentem, sciscitatus sum ab eo mestitu-
1255 dinis causam. Cumque rogatus multum tandem exposuisset michi per ordinem ipsam reuelationem, ego sciens illum multa gratia preditum et magnis uisitationibus a Domino frequenter honoratum, cogitaui et credidi, quia uerbum quod uiderat homo tam sanctus tamque perfectus non po|terat omnino non impleri.

[863e] 1260 **43.** Euolutis autem postea diebus circiter .XX., ecce repente pertulit aures nostras de inopinato eiusdem beatissimi archiabbatis ⟨obitu⟩, rumor tam tristis, quo tristiorem a multis retro diebus in tempore illo accidisse non credimus, neque in partibus istis, neque in uniuerso ordine Cisterciensi. Verumptamen iuxta predicte
1265 reuelationis modum *mors* illius, ut uere credimus, *in conspectu Domini extitit preciosa* et in conspectu hominum celebris atque honorificata. Nam, cum Parisius pro negociis monasterii ac tocius ordinis sui domino Alexandro pape assisteret, correptus egritudine lecto decubuit et infra diem quintum sancto fine quieuit.
1270 Huic autem decedenti tota Romane curie dignitas astitit, ita ut ipse quoque dominus papa propriis illum manibus inungens atque apostolica benedictione communiens magno pietatis affectu et morienti compateretur et mortuo congratularetur. Et non solum apostolicus, uerum etiam piissimus Francorum ⟨rex⟩, Ludouicus,
1275 qui et ipse presens erat cum sua nichilominus curia, planctu magno sanctissimum uirum quasi patrem karissi|mum planxit multasque super eum lacrimas fudit. Tandem uero apud Cistercium corpus eius cum ingenti honore reductum magnaque deuotione conditum est. Constat ergo quia felix consummatio sanctis-
1280 simi patris, ipsa quoque claritas celeberrimi funeris designata fuerit euidenter in splendore illius preciosissimi et coram ⟨Deo⟩ positi monumenti.

1265/1266 mors – preciosa] cfr Ps. 115, 15

[863f] 44. Aliam quoque de eodem patre sanctissimo uisionem breuiter refero, de qua, quamuis incertum habeam cui ipsa contigerit, certum tamen habeo quod eam a pluribus et pluries audisse me contigit. Ferunt Anglie quendam religiosum magneque uirtutis uirum existere, qui in ipsa die qua beatus Bernardus abbas in Clarauallle de mundo migrauit, cum esset in Anglia uidit in spiritu maximum quendam angelum de celo transmissum maximam nichilominus animam quandam de terra assumentem et eam cum ingenti gaudio secum ad astra deducentem. Postmodum autem, cum ipse beatus Fastradus exiret a corpore, eadem die uidit ille qui supra, supradictum angelum ad terram uenientem assumptamque ex ea quandam animam ad celi fasti|gia subleuantem, que, quamuis maxima uideretur, prioris tamen anime magnitudini non equiperabatur. Hec de beatissimo patre succincta relatione disserui, non ut illius uitam aut opera digna memorie que utique magna sunt et meam omnino paruitatem excedunt stilo comprehendere cuncta intenderem, sed ut ea solummodo que uel michi soli uel paucis mecum nota esse putabam, litterarum monimentis tradita non perirent.

[864a] 45. Pie recordationis Stephanus, quondam Cistercii abbas, quadam die uocauit unum ex fratribus suis et loquens ad eum in spiritu Dei dixit: "Vides, karissime, quia magna caritatis inopia prope est ut fratres nostri fame et frigore ceterisque molestiis periclitentur, nisi eis concite subueniatur. Vade ergo ad nundinas Verzelliaci, que proxime instant, ut compares ibi quadrigas tres et earum singulis ternos equos fortes ac tractores, quibus maxime indigemus ad nostra onera comportanda. Cumque quadrigas illas pannis et alimentis aliisque rebus necessariis oneraueris, adducens eas tecum cum prosperita|te et gaudio reuerteris." Respondens autem frater dixit ei: "Paratus sum, domine pater, ut tuis iussionibus obsequar, si precium dederis ad illa subsidia comparanda." Respondit ei abbas: "Ecce denarii tres qui soli reperti sunt in ista domo. Tolle ergo si uolueris eos; reliqua enim quecumque defuerint tibi, Dei misericordia prouidebit. Securus itaque uade, quia *mittet Dominus angelum suum tecum et prosperum faciet iter tuum.*" Profectus itaque frater, cum Verzelliacum peruenisset, a quodam uiro fideli et timorato hospitio susceptus est. Qui dum itineris eius causas et fratrum indigentias agnouisset, abiit in in-

---

1317 mittet – tecum] cfr Gen. 24, 40   1317/1318 et – tuum] cfr Ps. 67, 20

CAPITVLVM LXXXI

stanti ad quendam locupletissimum hominem, finitimum suum, qui desperate languens ac pene iam moriens facultates suas erogabat. Cumque Cisterciensium monachorum quorum iam in partibus suis sanctitas celebris habebatur eidem infirmo penuriam indicasset, uocatus est ad domum eius supradictus frater tantamque pecunie summam in elemosina ab ipso moriente recepit, ut cuncta que iniunxerat ei abbas sufficienter ex ea | compararet. Acceptis itaque tribus redis cum nouem quadrigariis equis, onerauit atque ornauit eas cunctis que fraternis usibus oportuna esse cognouit, et ita qui uacuus uenerat, plenus ad suos remeauit. Cumque Cistercio propinquaret, nuntium misit qui abbati significaret ipsius aduentum pariter et prouentum. Quo audito, uenerabilis pater exultauit in Domino uehementer, et, conuocatis in unum fratribus, ait: "Deus miserationum, dominus Deus miserationum libere ac liberaliter egit. Vere nobiliter, uere eleganter egisti nobiscum, Domine procurator et pastor noster, *aperiens manum tuam et implens benedictione* penuriam nostram." Tunc ordinata processione, occurerunt obuiam uenienti fratri usque ad portam, ita ut ipse abbas procederet indutus uestibus sacris cum pastorali uirga, ministris similiter indutis uestibus sacris ac precedentibus eum cum cruce et aqua benedicta. Exceperunt ergo sollempniter atque cum multa gratiarum actione elemosinam illam, non ut ab homine prestitam, sed tanquam celitus missam *benedictionem a Domino et misericordiam a Deo salutari suo*. Por|ro uir iste, prudens ac spiritalis arbitrandum est quia in ista tam celebri susceptione beneficii filios suos tam presentes quam posteros uoluit admoneri, ut huius miraculi gratiam iugi memoria retinerent, atque ex eo discerent in cunctis necessitatibus suis pia confidentia presumere de misericordia Dei, *qui nunquam deseruit sperantes in se*, sed semper est pauperum suorum consolator atque *adiutor in oportunitatibus, in tribulatione*. Ab illa uero die et deinceps, sicut in illa domo, largiente Domino, spiritualia semper superhabundant, ita non defuerunt etiam temporalia bona, quamuis parcitas in omnibus conseruetur iuxta illius ordinis instituta.

1336/1337 aperiens – benedictione] cfr Ps. 144, 16   1343/1344 benedictionem – suo] cfr Ps. 23, 5   1349/1350 qui – se] cfr Iudith 13, 17   1351 adiutor – tribulatione] cfr Ps. 9, 10

1347 admoneri] admomoneri *cod.*

46. De hoc autem uiro legitur in Gestis Anglorum quia, dum esset in seculo uiuens, profectus est aliquando Romam cum quodam socio suo causa orationis. Quandiu uero fuerunt in itinere illo, soliti erant diebus singulis sine intermissione psalterium integrum decantare. Tandem ingressus monasterium Molismense isdem uenerabilis Stephanus feruentissimo studio laborauit ac modis omnibus institit ut locus et ordo Cisterciensis | institueretur, cuius ipse postmodum, ordinante Domino, pastor et doctor eximius erat instituendus. Hic itaque longo senio confectus, cum iam caligassent oculi eius et uidere non posset, curam pastoralem deposuit, ut sibimet ipsi et soli Domino iam uacaret. Successit ei quidam indignus honore, nomine Guido, qui donis exterioribus *ad instar sepulcri dealbati* non mediocriter pollens interius erat uiciorum putredine sordens. Cumque in ipso promotionis sue primordio fratrum professiones de more reciperet, isdem Dei famulus, Stephanus, uidit immundum spiritum ad illum uenientem atque in os eius ingredientem. Vix mensis preterierat unus et ecce, reuelante Deo, denudata est impuritas eius et eradicata mox de paradiso Dei plantatio spuria quam Pater celestis non plantauit.

47. Quidam religiosus et magne opinionis abbas de filiis Clareuallis, dum Christi amore totus arderet, modis omnibus satagebat pastoralis officii curam deponere, ut quieti contemplationis liberius posset intendere. Quadam igitur uice, egressus de monasterio suo, | quasi iam minime reuersurus, diebus paucis ad aliam quandam sese contulit abbatiam, absolutionem predicti regiminis magnopere expetens et expectans. Quadam itaque nocte, cum esset ibidem ad uigilias fratrum, uigilans cum aliis et psallens, uidit *in mentis excessu* beatum Bernardum sibi apparentem. De cuius uisione exhylaratus multum cepit ei obnoxius suplicare ut ipsum dignaretur ducere ad Dominum Ihesum Christum, cuius felicissimam presentiam nimio desiderabat ardore. Quem mox beatissimus pater secum assumpsit, perductumque quo uoluerat, presentauit Domino Saluatori. Ad quem, cum introductus fuisset, procidit ad pedes eius, adorans et flagitans ut sui misereretur. Cui respondit Dominus: "Si uolueris habere me misericordem, fac michi professionem." Quo ille audito libentissime annuit et, iunctis manibus, in manus illius se tradidit, profitens ac promittens se

---

1368 ad – dealbati] cfr Matth. 23, 27   **1383** in – excessu] Ps. 67, 28; Act. II, 5

obedire illi usque ad mortem. Facta igitur professione et reuelatione transacta, cum esset ad se reuersus, uacillante animo turbabatur, | nesciens pro certo quid sibi per illam uisionem aut promissionem innueretur. Suspicabatur tamen a suo desiderio se esse fraudatum et eiusdem professionis uinculo ita innodatum, ut pastoralis officiis sarcinam, quam egre tolerabat, iam absque diuino nutu deponere non auderet. In crastinum uero, cum altari assistens sacrosanctum corpus in manibus haberet, medullitus cepit Dominum exorare, ut beneplacitum suum super hoc dignaretur euidenter ostendere. Et ecce in ipsa perceptionis hora facta est diuinitus uox ad eum dicens: "Quandiu uixeris, successorem habere non poteris." Tali itaque responso certificatus, pedem a fuga cohibuit et diuino arbitrio proprium supponere studuit. Cumque post modicum ardenti desiderio requirerent eum filii sui, etiam cum auctoritate et precepto abbatis Clareuallensis, reductus tandem fugitiuus Ionas ad ministerium suum, uel ut apertius dicam, reuersus est Petrus ad martyrium suum, occurrente nimirum Domino sibi et ueniente cum eo crucifigi. Ipse autem, ut *impleat etiam in carne sua que desunt passionibus Christi* non cessat usque hodie permanens *se ipsum crucifigere mundo et mundum sibi*. Huius | itaque sancti atque perfecti uiri nomen eque perfectum et suis partibus adequatum possemus exprimere, nisi perfectam eius humilitatem laudibus uereremur offendere, quanquam existimemus quod ex eo quod dictum est, delationis aperte non inmerito forte nos argueret. Ego autem, quemadmodum beatus Ieronimus ait, ut uerum fatear, Christi preconia atque eiusdem sanctissimi uiri laudes etiam adiuratus non tacerem. Hec pauca de pluribus litteris commendo.

48. Hic itaque uenerabilis pater in primordio conuersionis ac iuuentutis sue, cum magno dolore capitis frequentius urgeretur, magis tamen animo grauabatur quod spiritum in eo promptissimum ad ardua queque uirtutum caro infirma pro uoto subsequi non ualebat. Quadam ergo dominica, cum sollempnibus uigiliis interesset, sentiens se prefato incommodo solito amplius stimulatum, cogitauit exire de choro et ire pausatum, sed, inspirante Deo, recogitauit mox ut sibi uim facere et ut usque ad primam diei sustineret. Prima uero transacta, quamuis doloris inmensitas non ces-

---

1410/1411 impleat – Christi] cfr Col. 1, 24   1412 se – mundum] cfr Gal. 6, 14 saret, proposuit iterum tolerare usque ad missam maiorem, ut | sacram accipere posset communionem. Cumque iam communicaturus ad gradum altaris accederet et solitam ueniam ibidem, flexis genibus, peteret, ecce repente de uertice eius lapsa ⟨est⟩ ingens quasi plumbea massa, que illi per medium frontis ueniens et cadens in pauimentum non paruam collisionem fecit. Ipse uero eiusdem molis concussionem atque ruinam apertissime sentiens et nullam speciem uidens, de tanta nouitate miratus uehementer obstupuit. Moxque, percepta communione sacra, ab illa infirmitate eadem hora conualuit, et ita perfecte curatus est, ut nullam deinceps molestiam sustineret. Hec autem omnia que de memorato uiro retulimus, ipso nobis secretius indicante, cognouimus.

49. Fuit in cenobio Clareuallensi monachus quidam, uir bone simplicitatis, timens Deum et retinens innocentiam suam ab infantia usque ad senectam. Qui, licet ante conuersionem suam per triginta annos uiueret in habitu seculari, non tamen seculariter uixit, sed operibus pietatis semper insistens *in corpore suo glorificare et portare Dominum* sollicitus fuit. Nam inter cetera | bona, que corde integro faciebat, etiam corporis integritatem Domino dedicauit, per cuius opitulationem ab utero matris usque ad diem mortis incentiua libidinum et carnis spurcitias impolluto calle transiuit. Suscepto autem habitu monachili in monasterio Sancti Amandi, .XX. et eo amplius annos ibidem in sancta conuersatione peregit, ubi et sanctitatis sue non paruum specimen omnibus dedit. Inde maiori uirtutum ardore flammescens ad domum Clareuallis Dei emulatione se contulit, antea tamen premonitus a Deo reuelationibus multis. Quantos uero labores, quantasue molestias a fratribus ordinis illius, dum felicibus eius actibus inuidebant et propositum eius cuperent euertere, beatus iste pertulerit, supersedeo dicere, dum legentium tedio uelim consulere. Susceptus autem in Claraualle, ilico ad nouam militiam se accinxit, et ex milite ueterano fortissimum nobis denuo se tyronem exhibuit *in laboribus, in uigiliis, in ieiuniis* ceterisque sancte discipline obsequiis *se ipsum tota die mortificans.*

50. Habebat autem incessanter orandi studium et in oratione mirabilem affluentiam lacrimarum. Quadam igitur die | cum ad laborem triticee messis cum ceteris exisset, segregatus paululum a

---

1446/1447 in – Dominum] cfr I Cor. 6, 20   **1461/1462** in – ieiuniis] II Cor. 6, 5 ; 11, 27   **1463** se – mortificans] cfr Rom. 8, 36

CAPITVLVM LXXXI

conuentu cum magna admiratione cepit intueri metentes, secum reputans pariter et admirans, quia uidelicet tot sapientes, tot nobiles et delicati ibidem uiri propter amorem Christi laboribus et erumpnis seipsos exponerent et feruentissimum solis illius ardorem cum tanta alacritate susciperent ac si in orto delitiarum suauissime fraglantia poma decerperent, uel in mensa lautioribus epulis plena delitiosissime conuiuarent. Inde ergo, protensis in celum oculis ac manibus, grates Domino referebat, quod eum tam sancte multitudini quamuis indignum et peccatorem adiunxerat. Dum hec animo uolueret et pre inmensitate leticie seipsum uix caperet en subito apparuerunt ei tres quasi matrone uenerabiles, uultibus roseis et candidis renitentes, quarum una que precedebat fulgentior ueste, forma uenustior et statura procerior erat. Descendebant uero de monte propinquo et appropinquabant conuentui fratrum in ipsius montis latere fruges metentium. Quas cum ille uidisset, pre nimia admiratione turbatus et | obstupefactus erupit in uocem eiusmodi: "Domine Deus, inquit, quenam iste sunt femine tam formose, tam uenerande que preter aliarum consuetudinem feminarum conuentui nostri appropiant?" Et dum talis diceret, astitit ei quidam ueneranda canitie et stola candida coopertus, qui dixit ad eum: "Maior illa que ceteras ante uadit, ipsa est Virgo mater Ihesus Christi, Maria; alie que secuntur sunt sancta Elizabeth et sancta Maria Magdalena." Ille, cum audisset matrem Domini nuncupari, *commota sunt omnia uiscera eius super* pietate nominis illius, quam uehementer amabat, iterumque percunctatus est dicens: "Et quo tendit, Domine mi, quo tendit Domina nostra?" Cui respondit: "Ad uisitandum messores suos uenit." His ita dictis, persona que loquebatur, repente disparuit. Quo uiso, uir Dei plus *magis intra se stupuit*, et, reductis oculis ad sanctam Dei genitricem et ad comites eius, attonito uisu intendebat in eas. Ille autem moderato gressu incedentes, uenerunt usque ad conuentum. Quem cum introissent, separate ab inuicem deambulare ceperunt, tanquam gratia uisitationis, inter monachos et conuersos. Et dum | ita facerent, tandem ab oculis intuentis euanuerunt seseque in celos unde uenerant receperunt. Porro uir Dei herebat fixus et de loco moueri non potuit usque quo miraculum finiretur. Quantum de huiusmodi uisitatione profecerit

---

1490/1491 commota – super] III Reg. 3, 26   1495 magis – stupuit] cfr Marc. 6, 51

quantumque in Dei amorem et ipsius beatissime genitricis excreuerit, emulanda conuersatio eius et cotidiana uirtutum incrementa monstrabant. Multas quidem et alias reuelationes ipse diuinitus accepit, quas tamen ad demonstrandum cenodoxie cenum reticere quam dicere maluit. Nam et istam quam per octennium fere silentio presserat, paruo tempore, idest .XL. si bene memini, diebus ante obitum suum inuitus et quodammodo coactus michi licet indigno tali occasione patefecit.

51. Quadam die, cum de salute animarum nostrarum ambo familiariter loqueremur, ego *sciens eum uirum iustum et sanctum* et a Domino sepius uisitatum, in ea confidentia qua illum diligebam et me ab illo diligi sciebam, ausus sum sciscitari et petere ab eo aliquid. Itaque propter amorem Christi et propter miserationes eius, cepi illum medullitus obsecrare et uehementer | insistere ut ad honorem Dei unam aliquam michi ex suis consolationibus manifestaret, illam scilicet de qua me magis edificandum esse censeret. Tali obsecratione compulsus supradictam uisionem michi narrauit. Sed quo tandem affectu! Testis est michi ipse Deus, quanto tremore et timore, quanta lacrimarum inundatione eam protulerit, ita ut gemitus et singultus a fundo cordis erumpentes uocem loquentis frequentius interrumperent, tamquam si eadem hora ipsam cerneret uisionem. Euolutis postea diebus .XIIII., apparuit ei per uisum ipsa Regina celorum incidens ac preparans ei ornamenta candida et preciosa quibus proximo uestiendus erat. Que cum preparasset, colligauit in unum et recedens detulit ea secum. Quod cum ille uidisset, subsecutus est eam et clamabat post tergum eius dicens: "Ei michi, Domina mea desiderantissima, quando habiturus sum ista que michi preparare dignata es ornamenta?" Que ait: "Quando uenies ad me, tunc ea recipies." O uisio leta! O promissio certa! que tanto certior et tanto letior extitit, quanto celerius exhibita fuit. Mane igitur facto, introiuit ad me ille Dei seruus, tanquam infir|mum uisitaturus. Ego enim tunc egrotabam ad mortem et *erat languor fortissimus* adeo ut de sospitate mea etiam medici desperarent, et ob hoc die precedenti fueram inunctus oleo infirmorum, quia credebant me concito moriturum. Ille uero, cum uenisset ad me, multo pietatis affectu compassus est michi et ut posset aliquatenus consolari, retulit michi istam quam in eadem nocte uiderat uisionem, reputans scilicet atque denuntians quod

---

1513 sciens – sanctum] Marc. 6, 20   1536 erat – fortissimus] III Reg. 17, 17

CAPITVLVM LXXXI

non pro se, sed propter me, facta fuisset. Erat enim humilis corde et nichil tale de se presumebat. Cui respondi: "Noli, pater amantissime, noli benedictionem tuam a te interpretatione sinistra alienare. Ornamenta que tibi sunt celitus preparata, nunquam alterius erunt, sed, miserante Deo, salua tibi et integra permanebunt. Tu uero, piissimam illam uisitatricem tuam instanter efflagita, ut in beneplacito misericordie sue alia quecumque uoluerit michi prepararet indumenta." Quid multa? Ego qui morti proximus estimabar, uellem, nollem, reuocatus sum iterum ad tolerandas uite huius erumpnas. Ipse uero, qui sanus uidebatur atque incolumis, non amplius quam .XXV. diebus superuixit. Qui tandem, cursu uite | feliciter exacto, corruptibilis carnis indumenta deposuit et stolam inmortalitatis per beatissimam Dei matrem, cui deuote seruierat, iuxta fidem promissionis illius absque dubitatione recepit.

[866d] **52.** Non est silencio pretereundum quod iste uir Domini ante diem sextum sue depositionis, dum post completorium in ecclesia solus oraret, repente pulsata est tabula defunctorum duobus ictibus tantum. Quo audito, statim exiliit et petiit infirmitorium, putans ibi aliquem esse defunctum. Sed, dum cognosceret quia nullus ibi tunc mortuus esset, uenit ei in mentem quod ipse citius moreretur et quod in sonitu tabule sua sibi migratio significaretur. In hac igitur memoria mortis subito totus infremuit inuasitque eum tremor et horripilatio carnis, et cepit ilico febricitare, et, ingrauescente morbo, tandem ad extrema peruenit. Porro beate Marie salutationem, quam antea semper frequentare solebat, quandiu lecto decubuit, pene incessanter corde et ore uoluebat, et cum uerbis eiusdem oraculi felicem animam exalauit. Contigit autem conuersus quendam, religiose conuersationis et boni testimonii uirum, ipsa die migrare ad Dominum, ita ut amborum exequie simul celebrarentur, et in eodem | mausoleo tumularentur. Dum ista fierent, uiro cuidam spirituali demonstratum est in uisione quod duo pulcherrima templa fabricarentur in Clarauualle, unum in infirmitorio monachorum, aliud in infirmitorio conuersorum. Sed primum illud hoc altero longe nobilius erat atque uenustius. Constat ergo quia in gemina constructione templorum et in gemino ictu tabule mortuorum designata est *preciosa in conspectu Domini mors* eorum. Templorum differentia meritorum distanciam

---

1578/1579 preciosa – mors] Ps. 115, 6

indicat, quia, quamuis utrumque sanctum, tamen altero alterum sanctiorem existere credimus apud Deum.

53. In cenobio Clareuallensi senior extitit Petrus, cognomine Tholosanus, uir magne puritatis multumque deuotus. Huic unum a puero studium atque desiderium fuit *se ipsum crucifigere mundo et mundum sibi.* In iuuenili uero etate, antequam Cisterciensi ordini se submitteret, habitauit in solitudine, ieiuniis et laboribus multis ueterem hominem in se mortificans et sacrificium spiritus contribulati cotidie Domino immolans. Denique herbis agrestibus et pane lexiuia confecto iugiter utens, multo ibi tempore Christo militauit et innu|mera bella temptationum a spiritibus malignis, protegente se Deo, fortiter tolerauit. Postmodum autem comperta celebri fama de sanctitate beati Bernardi abbatis atque ipsius monasterii Clareuallensis, ut in tanta congregatione iustorum uelut *in tabernaculo Domini in securitatem et absconsionem a turbine et a pluuia* tutior uiueret, ad eundem locum sub disciplina predicti patris cum magno animi feruore se contulit et per multos ibidem annos usque ad exitum uite perseuerauit.

54. Huic autem, cum adhuc etate iunior esset, per uisionem apparere dignatus est Dominus, residens in throno sublimi et *sanctorum milia* cum eo. Videbatur autem ei quod ad iudicium coram Domino duceretur. Ad quem, cum uenisset pauidus ac tremebundus, procidit ad pedes eius, flagitans ut sui misereretur. Dixit autem illi Dominus: "*Quid tibi uis faciam?*" At ille: "Domine, *ut saluus fiam.*" Et Dominus ad eum: "Vade et conuertere cito ad seruitium meum et in eo iugiter perseuerare, quia non deerit tibi salus eterna." Hac ergo tam felici promissione firmatus, mundum perfecte deseruit et se totum diuinis obsequiis manci|pauit. Inter cetera autem dona Dei, spiritualem acceperat deuotionis gratiam in oratione, precipue uero in Dominici corporis et sanguinis consecratione. Verum fratres qui ei ad missam ministrabant, satis super que mirabantur in eo habundantiam lacrimarum, quam totus ibidem effluere solebat. Reuelabat ei Dominus de secretis celestibus multa et magna atque innumeris consolationibus eum, seu dormiendo, seu uigilando, seu etiam mente excedendo, creberrime uisitabat. Que si omnia litteris mandarentur, multorum uolu-

---

1584/1585 se – sibi] cfr Gal. 6, 14   1594/1595 in – pluuia] cfr Is. 4, 6
1599/1600 sanctorum milia] Deut. 33, 2   1603 Quid - faciam] Luc. 18, 41
1603/1604 ut – fiam] Act. 16, 30

minum comprehenderent quantitatem. Vnde quia longum michi est atque onerosum, etiam illa que de eodem beato uiro comperta sunt, michi uniuersa stilo exprimere, unum ex eis saltem quod, stimulante consciencia, penitus reticere non audeo: sicut ab ipsius ore audiui, simpliciter refero. Quod quidem tantum ac tale est, ut ex uno hoc a fidelibus auditoribus cetera credi uel estimari facile queant. Vereor siquidem multum Dominum nostrum offendere, si rem gloriosam atque mirabilem que uel michi soli, uel forte rarissimis, quorum tamen nullum hodie superesse existimo, ab eodem Dei homine credita est, in qua | etiam fidelis Deus glorificari et multorum fides atque deuotio crescere potest, silentio meo perire permittam. Igitur, dum sacris altaribus offerens sacramenta uir beatus astaret, in ipsa perceptionis hora tenenti in manibus super calicem sacrosanctum Domini Corpus, apparebat in specie paruuli speciosi, paruulus ille, *speciosus forma pre filiis hominum*, uerus Deus et uerus homo Dominus Ihesus Christus, ille humilis corde et ille mitis, qui se ipsum *sapientibus et elatis abscondere et paruulis reuelare* consueuit. Quod cum ille cerneret tremefactus ac stupens primitus pre fulgore atque reuerentia maiestatis illius claudebat oculos suos: non enim, audebat respicere contra Dominum. Qui enim, clausis oculis, uidebat eum sicut apertis, cunque declinaret uultum suum in alteram partem et aliquando maneret palpebris obductis facieque sic aduersa, uidebat eum sicut prius ante se positum, aliquando super manum, aliquando super brachium suum, miro et ineffabili modo tamquam si alios oculos haberet in occipitio, uel in tempore defixos, quibus eum intueretur. Hac uisione frequenter ille Dei famulus letificatus est, | adeo ut plerumque per quatuor aut quinque menses singulis fere diebus illi appareret. Que, si interdum solito amplius tardare uideretur, tanta inerat illi cum Deo familiaritas, tanta de eius pietate fiducia, ut ipsius sacrificii consummationem diutius protelaret, nec facile uellet illud explere, donec reddita sibi leticia salutaris Dei consuetam benedictionem mereretur accipere. Hec simplici ueritate narraui, sicut, ipso referente, cognoui. Qui postea paruo tempore superstes, propitio Deo, sancto fine in Claraualle quieuit.

1630/1631 speciosus – hominum] Ps. 44, 3   1632/1633 sapientibus – reuelare] cfr Matth. 11, 25

[868] **55.** Magne sanctitatis Willelmus, monachus Sancti Albini Andegauensis, ad solitariam uitam se transferens, tanta abstinentia affligebat corpus suum, quod etiam quadragesimalem cibum et potum aque aliquando sibi impendere solebat recusare. Hic a quodam seniore prefati monasterii aliquando uisitatus precepit ei carnium refectionem apponi, eo quod debilis et longo fatigatus itinere uidebatur. Qui respondit se nullo modo comedere, nisi ipse qui ministrari iusserat secum idem reficeret. Et acquieuit dictus Willelmus et comedit cum eo. Finito pran|dio et hospite recedente, ilico reuersus ad cor uir Dei Willelmus altius gemere cepit quod propositum tanti temporis friuola occasione fregisset. Vix talia cogitare ceperat, et ecce quidam ad fenestram cellule pulsans, cui cum aperuisset, tremefactus in aspectu eius obstupuit. Erat enim persona reuerentissimi uultus et habitus, cui similem nunquam uiderat: uestimenta eius candida et preciosa, *capilli sicut lana alba et sicut nix* et facies singulari uenustate refulgens. Nudis pedibus incedens, dicebat de remotis partibus uisitandi gratia se uenisse ad eum. Tunc, quasi cogitationum cognitor super his que mente uoluebat, blande conuenit eum dicens: "Merito ingemiscis et plangis super excessu tuo, qui diuturnum parsymonie propositum delitiosa caritate rupisti. Improba pietas est que animas ledit, ut corpora foueat."

[869] **56.** Nunc itaque audi exemplum: erat in Hyspania sanctimonialis reclusa, que pane et aqua uel semicrudis interdum oleribus utens petulantiam carnis uiriliter edomabat. Huic diaboli instinctu desiderium incidit ut | carnes comederet. Que temptationi diu reluctans tandem iubet sibi huiusmodi edulium preparari. Sed antequam ad mensam accederet, prosternens se in orationem Dominum rogauit, ut se non permitteret preparatum tangere cibum, si anime sue nouerit esse dampnosum. Et data benedictione, cum ferculum reuoluisset, ecce pro carnibus que apposite fuerant, tres pulli coruorum in disco uagantes et sine plumis apparuerunt. Quo uiso, sanctimonialis expauit et, accita sorore que ministrabat ei, rei ueritatem inquirit. Illa sub obtestatione tremendi examinis respondit se in mensa non implumes auiculas, sed tria carnis frusta cocta apposuisse. Erat cella super ripam magni fluminis sita, quod

---

1666/1667 capilli – nix] cfr Apoc.1, 14

1655 recusare] recusaret *cod*.

CAPITVLVM LXXXI 319

de montibus descendens precipiti cursu labitur ad inferiora. Igitur ancilla exultans quod exaudita esset oratio eius, precepit ut pulli cum catino in amnem iactarentur. Qui proiecti nullatenus ab inuicem separari potuerunt, sed fluitante uasculo super undas, tandem in proximum eiusdem habitaculi sinum deuoluti sunt, ubi ingentis saxi concauitas aquarum congeriem stagnat, ibidem per multos annos | in testimonium miraculi in uase rotantes." His auditis, uenerabilis Willelmus compunctus uehementer ueniam peciit et absolutionem et multam in Domino consolationem ab eo percipere meruit. Cunque iam fiducialiter loqueretur cum eo, percunctare cepit quis esset et unde uenisset, sed ei noluit indicare. Et rogatus ut illa die ibidem consisteret, non adquieuit dicens: "Quia pane, ueste nulla re non indigeo, sed habundo bonis omnibus, et *habeo cibum manducare quem uos nescitis*." Et uale dicto cum tanta festinatione recessit, ut magis uideretur euanuisse quam abisse. Credidit igitur homo Dei eum qui sibi talia dicere potuit uel angelum Domini, uel Dominum ipsum esse. Qui post uiginti annos, cum mihi ista referret, a lacrimis abstinere non potuit. Nam a sancto Bernardo in Clarauallle susceptus et sancto sociatus collegio, tanta uirtutum gratia radiauit, ut in sanctitate mirabilis appareret, etiam a perfectis certumque nobis extitit quod Spiritus Sanctus multa ei de secretis celestibus reuelaret, que ipse cenodoxie pestem declinans paucis admodum referebat.

[870]   **57.** Quidam de fratribus Clareuallis, cum instinctu diabolico ita mente | corruptus esset, ut iam ad seculum apostatare disponeret, uidit in uisu noctis beatum Bernardum sanctumque Malachiam in dormitorio deambulantes et eos qui ibi pausabant uisitando benedicentes. Qui, cum in eodem uisitationis ordine ad eius lectulum deuenissent, ait sanctus Malachias: "Homo iste peruersus nichil omnino boni in corde uersat, sed diabolo suadenti iam dedit assensum, ut *ad uomitum* seculi proxime *reuertatur*." Quo audito, beatus Bernardus dixit ei: "Tu ergo fugere queris. *Et quo fugies, miser, a facie Domini*? Crede michi, quia malo tuo talia cogitasti, neque enim delectabit te amplius fuga, quando iam euaseris de manu mea." Et his dictis, cepit eum crebris ictibus tundere baculo

---

1701 habeo – nescitis] Ioh. 4, 32   1718 ad – reuertatur] Prou. 26, 11; II Petr. 2, 22   1719/1720 Et – Domini] Ps. 138, 7

1688 precipiti] precipitu *cod.*   1700 nulla re] aut lare *cod.*

quem tenebat et ait: "Ecce stipendia que mereris; surge nunc et fuge si poteris." Euigilans itaque frater inuenit se tunsionibus illis ita dolentem atque confractum, ut in infirmitorium ductus lecto detineretur. Qui accersito priore confessus est malitiam quam intenderat et penam quam inde pertulerat. Acceptaque penitentia per|fecte resipuit et non apprehendit eum ultra desiderium fugiendi.

58. Conuersus quidam de fratribus laicis, cum grauiter egrotasset, tandem ad extrema deuenit. Introiuit autem ad eum beatus Bernardus gratia uisitationis et confortans illum ait: "Confide, fili, quia migraturus es iam de morte ad uitam, de labore ad requiem sempiternam." Ille uero cum ingenti fiducia respondit: "Quid ni pergam ad Dominum meum? Vere *credo atque confido quia cito uisurus sum bona Domini in terra uiuentium.*" Porro beatus pater, ut erat sapiens medicus pastorque sollicitus, timens nimium homini rusticano ne tam fida responsio de presumptionis temeritate magis quam de consciencie puritate procederet, ait: "Signa cor tuum, frater, signa cor tuum! Quid est quod locutus es? Vnde tibi subripere potuit tanta presumptionis audatia? Enim uero non tu es ille pauperculus et miserabilis homo, qui, cum nichil haberes in seculo, quondam fortasse sine caligis et calceis, uel etiam seminudus incedere solebas? Et cum esses forsitan fame et frigore afflic|tus confugisti ad nos, tandem multis precibus aditum impetrando. Nos uero causa Dei collegimus inopem et parem te fecimus in uictu atque uestitu, ceterisque communitatibus, his qui nobiscum sunt sapientibus atque magnatis uiris, et factus es quasi unus ex illis. Quid ergo retribuisti Domino pro omnibus istis? Et ecce non sufficit ingratitudini tue gratis accepisse tot beneficia de manu Domini, nisi et regnum ipsius iure hereditario uendices tibi, quod nullus regum aut principum quantislibet auri et argenti ponderibus potuit unquam acquirere!" Ad hec ille respondens placido uultu et tranquillo animo dixit: "Bene pater karissime, bene utique perorasti, et uera sunt omnia que dixisti. Verumptamen si iubeas, loquar ad te dominum et patrem meum, et paucis aperiam unde michi pauperi et misello suggeri potuit tante presumptionis uel potius deuotionis occasio. Nam, si uera est predicatio illa

---

1735/1736 credo – uiuentium] cfr Ps. 26, 13

1752 nullus] nullius *cod.*

CAPITVLVM LXXXI

quam nobis crebrius inculcatis, regnum Dei non carnis nobilitate, non terrenis diuitiis possidetur, sed sola obedientie uirtute acquiritur. Hanc unam lectionem tanquam uerbum abreuiatum a Domino sedula commemoratione retinui, *ponens eam | quasi signaculum super cor meum*, assidue meditando *et super brachium meum operando*. Querite, si placet, ab omnibus magistris aut sociis quibus me obsequi ac seruire iussistis, si cuiquam illorum aliquando inobediens fui, si de fratribus meis quempiam uerbo, aut signo, aut quolibet alio modo quod in me est contristaui. Quod si operam dedi omnibus in Christo obedire, omnibus seruire omnesque diligere per Dei gratiam, quis prohibere me potest, ut de ipsius misericordia non confidam?" Beatus itaque pater, cum tale responsum ab homine rusticano accepisset, *gauisus est gaudio magno* et ait: "Vere *beatus es, fili karissime, quia caro et sanguis non reuelauit tibi sapientiam hanc, sed Pater* celestis ipse te docuit; ipse *posuit animam tuam ad uitam* et rectissimo tramite perduxit ad patriam. Iamque securus ingredere, quoniam patefacta est tibi ianus celi." Defuncto itaque fratre et exequiis celebratis, uenerabilis pater de conuersatione et consummatione fratris sermonem in capitulo luculentum sua illa deuotione et facundia perorauit omnesque illius exemplo ad amorem obedientie mirabiliter animauit. Vehementer nanque affectus fuerat in responsione illius et magis congra|tulabatur ei super obedientie uirtute et super ipsius anime puritate quam si uidisset eum signis et prodigiis choruscantem.

59. Non putamus silentio pretereundum esse uirum uenerabilem Bosonem, genere et moribus insignem. Hic, unus de primogenitis filiis quos beatissimus pater Bernardus *in Christo per euangelium genuit*, satis in sua nobili conuersatione monstrabat quam *regia mammilla lactatus* et quam patiens et *filius pacis* ita benignus, ita mansuetus omnibus apparebat, ut nunquam aliquis nostrum eum uideret iratum neque turbatum, sed inter aduersa et prospera tranquillo iugiter animo persistebat. Qui dum esset etate decrepitus et ita uiribus fractus, ut, etiam baculo sustentante, uix posset incedere, nunquam tamen ocio indulgere, nunquam corpori quietem impendere acquiescebat, sed semper in orto, uel in

---

1762/1763 ponens – brachium] cfr Cant. 8, 6   1771/1772 gauisus – magno] Matth. 2, 10   1772/1773 beatus – pater] cfr Matth. 16, 17   1774 posuit – uitam] cfr Ps. 65, 9   1786/1787 in – genuit] I Cor. 4, 15   1788 regia – lactatus] cfr Is. 60, 16   1788 filius pacis] Luc. 10, 6

domo, uel alicubi quippiam operis actitans *panem ociosus comedere* nesciebat. Cunque uocante se Domino, in pace in idipsum uelut obdormiens spiritum emisisset, tanta serenitate et gratia subito refulsit, tamque mirabili quadam immutatione faci|es eius glorificata apparuit, ut, deuotione omnium attestante, beatorum angelorum presentiam atque ipsius Dei nostri respectum serenissimum ibi adesse nullo modo dubitaremus. Nunquam enim in aliquo moriente uel mortuo talem transformati uultus claritatem aspeximus. Ipse ergo uir uenerandus cum aliquando colloquentes secretius de quorumdam fratrum desiderabili ac pia dormitione quamsepius uidisse contigerat, mutua collatione inuicem pasceremus, protestatus est nobis, quia in exitu cuiusdam religiosi fratris beatorum spirituum choros audierit suaui melodia in aere modulantes atque ipsius defuncti animam ad gaudia cum gaudio deferentes. Qui quanto sublimius ascendebant, tanto magis eorum uoces inferius rarescebant usque quo tandem aurarum intercapedine nimia totus ab aure sonus excluderetur.

[873]   60. Alius quidam eiusdem cenobii frater, uir honestus et religiosus, michi de se ipso narrauit, cum uerecundia tamen, quod scilicet in primordio conuersionis sue, cum anxie stimularetur a spiritu fornicationis, | deliberauit animo cedere temptatori, et, proiecto religionis habitu, ad seculum reuerti. Qui dum iam oportunitatem recedendi sollicite aucuparetur, astitit ei per uisionem beatus Bernardus paulo ante defunctus, increpans illius socordiam et arguens super iniquitate quam mente conceperat et actu perficere satagebat. Cui, cum ille respondisset sese diutius reluctasse et iam temptationis uiolentiam ferre non posse, ait sanctus ad illum: "*Scito prenoscens* quoniam adhuc multa certamina te manent. Sed age uiriliter et noli deficere, quia Dominus aderit tibi tanquam *adiutor in oportunitatibus*, ut eruat te. Vnde tibi polliceor quia si in ordine *usque in finem perseueraueris, saluus eris*. Quod si forsitan aliquis tibi nocere uoluerit, in die nouissimo ego respondebo pro te, et *animam meam pro anima tua ponam*." Hac ergo pollicitatione frater ille corroboratus deinceps a stabilitate sua moueri non potuit. Qui etiam nunc in Ordine complens annum quinquies quinum uiriliter usque ⟨hodie⟩ decertat, multa-

---

1795/1796 panem – comedere] cfr Prou. 31, 27   **1822** Cito prenoscens] Gen. 15, 13   **1824** adiuto – oportunitatibus] Ps. 9, 10   **1825** usque – eris] Matth. 10, 22; 24, 13   **1827** aniam – ponam] Ioh. 13, 37

que uictoria iam proximo potitus salutem repromissam certius operitur.

61. | Vestiarius Clareuallis, nomine Galterus, qui ante paucos annos defunctus est, homo erat honestus et religiosus, laicus tamen atque illiteratus. Qui dum aliquando pausaret in lecto, persona quedam reuerenda dormienti apparuit et ducens in oratorium missam celebrare precepit. Indutus itaque sacerdotalibus indumentis missam de Spiritu Sancto magna cum deuotione per sompnium celebrauit. Cunque euigilasset, eandem missam quam antea penitus utpote litteras nesciens ignorabat, cordetenus sciuit, et eam deinceps per multos annos in memoria tenuit.

62. Beatus Bernardus, abbas Clareuallis, intrauit aliquando solito more ad solatiandos nouitios fratres, qui eo tempore erant in probatione centenarium numerum excedentes. Quos cum in exhortatione et consolatione multa illo suo ardenti eloquio ad amorem celestium uehementius accendisset, ad ultimum intulit dicens eis: "Beati eritis fratres, si perseuerare uolueritis in disciplina ordinis quem tenetis, quoniam hec est profecto uia regia, uia sancta, uia secura que recto tramite | ducit ad gaudia sempiterna. Dico enim uobis in ueritate me uidisse plures, non modo in sompnis ut assolet, aut per uisionem, sed orando et uigilando per manifestam reuelationem, monachorum ac nouitiorum animas ab ista lacrimarum ualle mox ubi de corpore egresse fuerant, libero et expedito transitu ad summa conscendere et sine impedimento celi peruia penetrare. Quod si uos ista letificant, audite letanter: 'adhuc letiora subnectam'."

63. Factum est aliquando in monasterio isto, audiente me missam cum ceteris in conuentu, ut abluendis manibus sacerdotis neglectu ministrantium aqua deesset. Que dum interim queritur et affertur, remorata est propter hoc explendi sacrificii actio plusquam oporteret. Quo facto, apparuit michi protinus in ipso choro quidam ex monachis nostris, uir uenerabilis ac religiosus, non longe antea defunctus. Stans ergo et intuens me, cepit mouere caput, ueluti si esset aduersum me aliqua indignatione permotus. Quem ego ubi cognoui, percunctatus sum ilico quid nam sibi | uellet, quod ita subito et inopinate apparens contra me caput agitaret. Ille autem respondit dicens: "Si fratres uestri cognoscerent quot et quantos habeant in celis socios et amicos, multum utique

---

1834 homo erat] *bis cod.*

sibi ab omnibus negligentiis precauerent, ne illos offenderent, maxime quia omnes ad eorum consortium pertinent." Quod cum letis auribus percepissem, protinus, inspirante Domino, uenit in animum michi frater quidam accidiosus, qui pre ceteris negligentior uidebatur et de illo sciscitatus sum dicens: "Quid ergo? Putas quod frater ille – designaui autem illum ex nomine – poterit aliquo modo fieri saluus?" Ipse uero respondit: "Et iste saluabitur, et ceteri omnes saluabuntur sine dubio." Cum hec ille dixisset, euanescens ab oculis meis in celum unde uenerat se recepit meque indicibili gaudio pro tanta consolatione repleuit. Vos autem filioli, non putetis ad illos tantum modo fratres, qui in ipso tempore hic intus morabantur ad hanc celestis oraculi repromissionem singulariter pertinere, sed etiam uosmet ipsos cum ceteris qui in domo ista uel | in isto ordine usque ad finem Domino seruient, credite firmiter ac sperate, miserante Domino, cunctos esse saluandos et ab illo nuntio celesti omnes pariter designatos. Hanc beati Bernardi narrationem plurimi ex eis qui audierunt hodie superstites cum gaudio recolunt, maxime Iohannes, uir religiosus et eiusdem cenobii prouisor ydoneus, qui predicto sermoni letus interfuit, ipsumque fuisse precipuum sue ipsius perseuerationis in ordine stabilimentum constantissime asserit. Multi uero similiter astruunt, quod hec eadem uerba de uisionibus animarum que supra retulimus, iste Dei seruus, dum aliquando in capitulo sermonem faceret, etiam presentibus ipsis, interloquendo gratia consolationis recitauit.

64. Beatus etiam Bernardus, cum audisset aliquando quendam de filiis suis spiritualibus, uirum bonum et religiosum, missum ab eo in Normanniam, desperata ibidem egritudine laborare, decreuit mittere et reducere eum ad se, ut deuotus frater *in nidulo suo moreretur* et desiderata sibi sepultura | non priuaretur. Verumptamen quidam de fratribus eius, nomine Guido, nitebatur huic obuiare consilio, quia, cum esset unus de prouisoribus Clareuallis, intendebat, ut credo, parcere sumptui et labori. Qui cum pertinaciter huiusmodi persuasioni insisteret, dixit ad eum beatus Bernardus: "Nunquid maior est tibi cura de pecunia, uel de iumentis quam de fratribus tuis? Quia ergo non uis, ut fratres nostri

---

1897/1898 in – moreretur] Iob 29, 18

1892 interloquendo] interloquendum *cod.*

nobiscum requiescant in ualle ista, nec tu ipse requiesces in ea." Et factum est ita. Nam isdem Guido quanquam alias uir bonus et religiosus foret, tamen ut sermo uiri sancti impleretur, non est consummatus in Clarauallle, sed aput Pontiniacum preuentus egritudine lecto decubuit, ibique disponente Domino et terminum uite et sepulture locum accepit.

65. Simili modo Gunnarius, uir illustris, quondam iudex et dominus Sardinie tetrarchalis, cum uenisset aliquando orationis gratia ad Sanctum Martinum Turonensem, in reuertendo transitum habuit per Claramuallem, ubi a sancto Bernardo deuote susceptus et de salute anime copio|se premonitus conuerti ab eo minime potuit, quamuis beatissimus pater, ipso ibi presente et multum gratulante, cecum quendam illuminasset. Cunque recessisset, dixit ei sanctus: "Ego rogaui Dominum instanter pro tua conuersione, sed ad presens exaudiri non merui. Et nunc abire te patior, quia retinere non licet inuitum. Verumptamen scias te huc iterum de Sardinia reuersurum." Abiit ergo uir in terram suam, de ignito uiri Dei colloquio emulande paupertatis et religionis secum reportans, que in eius pectore per cogitationem interim calescens atque exestuans oportuno tempore postmodum in flammam operis erupit. Cunque reuersus esset in Sardiniam, stimulabant eius animum incessanter uerba illa prophetica, que de ore sancti uiri prolata, quasi celeste oraculum retinebat, et eum quiescere non sinebant, iuxta quod Salomon ait: *Verba sapientium quasi stimuli et quasi claui in altum defixi.* Post modicum uero tempus, audito transitu sancti uiri, consternatus est animo uehementer, arguens semetipsum et penitens quod ad illius | predicationem conuersus non fuisset. Sed quod, ipso uiuente, non egit, post eius obitum implere festinauit. Mox ergo, dispositis omnibus que necessaria uidebantur, primogenitum Birasonem in regno suo principari constituit, ceteris tribus liberis patrimonium suum communiter distribuit. Quorum etiam prior natu, uocabulo Petrus, ilico post discessum patris regnum Caralitanum coniugio sortitum obtinuit potenter hodieque nobiliter regit. Ipse uero Gunnarius, dum adhuc quadragenarius esset, etate corporis et animi uigore prepollens, re-

---

1928/1929 Verba – defixi] Eccle. 12, 11

1912 tetrarchalis] tetrachalis *cod.*   1935 patrimonium suum] primogenito suo *cod.*

1940 licta Sardinia omnique gloria mundi deposita, pauper et humilis ingressus est Claramuallem, ubi iam quinquies quinum annum peragens in disciplina suscepti ordinis assidue *militat et expectat, donec ueniat immutatio eius.* Qui cum tanta pro Christi amore reliquerit, nichil omnino reputat amisisse; quinpotius gratulatur et
1945 magni lucri existimat pro celesti regno terrenum abiecisse.

[879]   66. Quidam de senioribus Clareuallis, uir religiosissimus, quadam uice, sicut ab eius ore audiuimus, uidit in ui|sione beatissimam Virginem matrem in capitulo monachorum, splendido uultu et habitu renitentem, que ipsi capitulo presidens abbatis in eo et
1950 locum tenere et officium gerere uidebatur. Hec uero *benedictum fructum uentris sui* paruulum, qui natus est nobis, gestabat in gremio, totusque conuentus monachorum circa eum residebat in ordine suo. Porro monachus ille mirabatur atque iocundabatur ualde in conspectu gloriosi pueruli et eiusdem sacre puerpere,
1955 sed, reuerberatis oculis propter luminis claritatem, non satis ualebat in facies eorum intendere. Cunque iam, expleto capitulo, soluendus esset ille conuentus, imperiosa Virgo conuersa ad seniorem illum, qui, ad eius dexteram residebat, osculum pacis dignanter ac dulciter ori eius impressit, et insuper benedictum Filium
1960 ad intuendum atque amplectendum optulit ei. Quo facto, conuertens iterum ad alterum monachum, qui a sinistris erat, similiter osculata est illum et presentauit illi nichilominus gaudium suum. Tunc uniuersi qui aderant monachi, celesti pace a senioribus illis hinc inde mutuata, communiter in osculo participati sunt | ea.
1965 Transacta uero uisione, tantam monachus ille inde deuotionem mente concepit, ut quotiens transit ante capitulum illud, tociens fere contra eundem locum inclinare solitus sit, in quo Reginam celi cum adorando Filio suo residere conspexit.

[880]   67. In abbatia Domus Dei, que una est de filiabus Clareuallis,
1970 facta est in isto anno mortalitas magna, ita ut intra triginta et quinque dies non minoris numeri fratres de medio tollerentur, et una die interdum quatuor aut quinque sepelirentur. Tanta uero alacritate et desiderio ad mortem, immo ad portum mortis et uite ianuam ferebantur, ut et morientes uiuentibus condolerent, et ui-
1975 uentes morientibus inuiderent. Inter quos etiam abstractus est uenerabilis et pie memorie Franco, abbas eiusdem loci, qui die

---

1942/1943 militat et eius] cfr Iob 14, 14   **1950/1951** benedictum – sui] Luc. 1, 42 sancto Parasceue Christo Domino felicem animam reddidit. Ad cuius etiam tumulum iam de uicinis partibus populi cateruatim undique confluunt propter sanitatem et beneficia multa, que se ibidem a Domino consequi sentiunt. Quarto autem postea ⟨die⟩, hoc est secunda feria paschalis ebdomade, defunctus est ibidem monachus etate quidem iuuenis, | sed religionis maturitate prouectus, de quo etiam asserunt quod florem uirginitatis usque ad mortem, Domino largiente, seruauerit. Hic uero, spe mirabili confortatus, ita *cupiebat dissolui et cum Christo esse*, ut nichil timere uideretur, nisi adhuc a morte differri et in corpore remanere, multumque doleret si ei aliquis commeatum uel promitteret, uel optaret. In ipsa uero die migrationis sue apparuit ei beatus Bernardus, abbas Clareuallis, cum supradicto abbate Francone, qui dixit ad eum: "Frater Bernarde, – sic enim iuuenis uocabatur – ecce adduco tibi sanctum patrem nostrum Bernardum, ut te in manibus illius reddam." Beatus uero pater clementi dextera suscipiens eum ait illi: "*Hodie mecum eris in paradiso.*" Et, his dictis, euanuerunt. Tunc monachus ille, que uiderat et audierat fratribus indicauit atque subiunxit: "Si usque in crastinum uixero, non sum uera locutus. Quod si hodie migrauero, fidem faciat dictis ipsa migratio." Defunctus est itaque in ipsa die, ut *perficerentur in ipso omnia que dicta fuerant* illi a sancto patre.

68. | Dilectus a Deo et hominibus Gerardus de Farfa, cuius memoria in benedictione est quemque pro sua singulari puritate et sanctimonia beatus Bernardus singulari gratia pre ceteris honorabat, mirabilis atque amabilis nimis apparebat. Qui, dum adhuc esset monachus in Farfa, que est Tuscie nobilis abbatia, reuelante Domino, uidit in spiritu se transpositum in Claraualle idque gerentem officii, ut cum duobus bacinis singulas officinas circuiens fratrum manibus abluendis aquam infunderet. In quo nimirum designatum fuisse rei exitus docuit, quia ipse futurus esset, qui fratrum illorum excessus cotidiana, immo pene continua oculorum inundatione acsi duobus infusoriis ablueret. Sic enim deuotio pietatis in Christi desiderio pectus illud impleuerat, ut quasi duo fontes pupille eius, que tacere non poterant, fere ubique, presertim in celebratione diuini mysterii, magno lacrimarum profluuio faciem illius madidarent.

1985 cupiebat – esse] cfr Phil. 1, 23   1993 Hodie – mecum] Luc. 23, 43
1997/1998 perficerentur – fuerant] Luc. 1, 45   1999 Dilectus – hominibus] Eccli. 45, 1

69. Habebat autem gratiam singularem, tam apud Deum quam apud homines, | quam uniuersi mirabantur et *intuebantur uultum eius tanquam uultum angeli* stantis inter illos, atque dicebant: *Hic est fratrum amator et populi Israel; hic est qui multum orat pro populo et uniuersa sancta Iherusalem.* Huic autem Dominus multas, quod dubium non est, consolationes in abscondito faciebat. Ipse tamen utpote uerecundus et humilis uirtutes suas latere malebat, et nullus ei super huiusmodi percunctatione propter sanctitatis eius reuerentiam molestus fieri audebat. Et, cum esset corpore nimium debilis, utpote qui erat iam fere nonagenarius, animi feruore iuuenescere uidebatur, uix posset etiam a labore messium retineri. Qui, dum aliquando grauissima ualitudine pressus in quadam secretiori domuncula lecto decumberet, quadam nocte contigit extingui lampadem que ibi ardebat. Quo uiso, frater quidam, qui ei tunc temporis ministrabat, surrexit et abiit reaccendere illam. Cumque reperisset clausas undique officinas, sine igne reuersus est tristis et firmato ostio cellule, iterum recubans obdormiuit. Profunda igitur nocte, cum sanctus ille uir ad necessaria surgere uellet, assurrexit frater dolens | quod ei luminare deesset. Respiciens autem ad fornaculam presentem, in qua per octo dies antea focus non fuerat, uidit ibidem prunarum ardentium non paruam congeriem, accensaque ex eis lampade, cum statim ad eandem fornaculam oculos uerteret, non modo prunas illas non reperit, sed ne ullum quidem caliditatis in ea uestigium deprehendere potuit.

70. Nouitius autem quidam, nomine Iulianus, honeste uite sacerdos et religiosus, qui de ordine regularium clericorum Clareualli sese contulerat, uidit aliquando spiritum immundum instar hedi peruagantem in choro. Qui, dum uenisset coram eo, aliquandiu substitit et cepit eum rictu patulo subsannare, obscenum caput contra illum exagitando et dentes ad inuicem minutissime concutiendo. Cunque recessisset ab eo, uenit et stetit ante hominem Dei Gerardum et cepit eum similiter peculcum animal pudendis gestibus irridere, a quo magis irrisum et exsufflatum ilico tanquam fumus euanuit, et ultra eum ille nouitius non uidit. Qui, mox accepta colloquendi licentia, percunctatus est eum utrum aliquid in choro in illa tali hora conspexisset. Confessus est autem | ei se-

---

2015/2016 intuebantur – angeli] cfr Act. 6, 15   2017/2018 Hic – Iherusalem] II Mach. 15, 14

nior se uidisse phantasticum hedum, qui ludicris motibus et se et illum pariter subsannauit. Quod audiens nouitius ille miratus est ualde ac per hoc intellexit quod multa huiusmodi cerneret, quamuis pauca referret.

71. Huic uero uiro iam posito in extremis beatus Bernardus, angelico uultu et uestibus albis decoratus, apparuit, in ea tamen existentia et habitudine corporis, qua ante obitum fuit. Quem cum ille conspiceret ad se ingredientem et ueteranos ac uenerandos artus baculo sustentantem, manu et uoce qua poterat suis seruitoribus innuit, ut sancto aduenienti assurgerent et locum sedendi citius prepararent. Illis uero mirantibus atque querentibus de quo nam sancto loqueretur, premente se egritudine, non poterat respondere. Postmodum autem recepta uirtute loquendi, cum ab ipso denuo sciscitarentur, confessus est uidisse beatum Bernardum blando ipsum alloquio consolantem. Qui, cum benedixisset eum, benedixit et totam domum subiungens hec eadem uerba et dicens: "Hec est domus mea, quam edificaui. Dominus custodiat eam in eternum et in seculum seculi." |

72. Cunque uir ille sanctus in Domino quieuisset, aliquanto postea tempore elapso, apparuit in uisione cuidam conuerso religioso, nomine Laurentio, letus atque preclarus et preciosis uestibus decenter ornatus, indicans quia per Dei gratiam gaudium sempiternum optineret et gloriam. Fratri autem solo tenus supplicanti ut eius benedictionem atque suffragia mereretur, benedixit atque ita respondit: "Ego orare non cesso non modo pro te, uerum etiam pro ipsius uniuersitate ecclesie. De hoc tamen conqueror aliquantum, quod fratres adhuc uiuentem atque spirantem me pre nimia festinatione sepelierunt."

73. Igitur quia de predicto mentio incidit, referendum existimo aliquid quod de illo cognoui. Erat ergo uir ille, quod omnes agnouimus, homo spiritualis, orationi atque compunctioni mirabili pertinatia semper insistens, ita ut per plurimos annos cum sanctorum confessorum Bernardi atque Malachie corpora in secretario die noctuque seruaret, uix unquam aliqua hora posset ibidem inueniri, nisi semper orationi incumbens et de diuturnis fletibus pauimentum aspergens. Porro uir iste in primordio conuersationis sue, cum | multis temptationibus uexaretur, nocte aliqua finitis matutinis erat in quodam domicilio solus. Et ecce spiritus immundus mugiens et plangens discursu gyrouago circa eum rotabatur. Ipse uero, imposito fronti signaculo crucis, quisnam esset interrogauit. Respondit autem demon: "Ego sum ille qui temptaui Iob et flagellaui." Quod audiens, frater cum adhuc nouitius esset, timuit a facie demonis et fugit, et eum ulterius non audiuit.

74. Post transitum autem beati Bernardi, contigit ut isdem frater a uenerabili Philippo, Clareuallensi priore, ad regem Sicilie, Rogerum, transmitteretur pro negotio ipsius ecclesie. Qui cum Romam fuisset ingressus, comperto quod idem rex nuperime mortuus esset, contristatus est animo et quid facere deberet, ignorauit. Conuersus ergo ad orationem cum gemitu et lacrimis beatum Bernardum inuocabat dicens: "Pater mi, pater mi, *currus Israel et auriga eius, ut quid dereliquisti me*? Heu me, pater sancte, quid dicam uel quid faciam ego pauperculus et misellus, ego omni solatio destitutus? Te uiuente teque iubente securus procedebam longius sepe ad exteras nationes, et ubique recipiebar ob gratiam tui cum | gratia multa, deferens nuntium, salutationes et litteras tuas, quas reges et presules cum ceteris omnibus tanquam celitus missam benedictionem suscipiebant et eulogiis tuis sese nobilitari nobiliores quique gaudebant. Nunc autem te defuncto, defuncta est tecum pariter et gratia mea, nec erit iam qui peregrino et inopi manum adiutorii porrigat; et ecce mortuus est rex qui te sinceriter amabat, surrexique pro eo puer, filius eius, qui forsitan te ignorat, quem adhuc tam longe remotum si adire uoluero, et repulsam ab eo pati contigerit, et opera et impensa perdita erit. Si uero incontinenti reuertens negotium intemptatum reliquero, torporis et insipientie argui timesco. Porrige, precor, auxilium! Prebe consilium indigenti et ne despicias gemitum seruuli miserandi!" Eadem itaque nocte apparuit ei isdem beatissimus pater et magnifice consolatus est dicens: "Quid tibi uisum est, frater, ita de Dei misericordia et mea ipsius interuentione diffidere? Quando enim uel ubi sensisti defuisse tibi amminiculum meum in necessitatibus tuis? An forte impotentiorem me modo autumas quam | olim in seculo fuerim, quando iam *introductus sum in potentias Domini*? Vade ergo securus, quia *prospera cuncta tibi euenient*, et in hoc ipso scies quia ego ipse te miserim." Hec et alia plura sancto loquente, frater ille pre nimio pietatis ardore totus *in anima liquescebat* et, corde eius immensam parturiente leticiam, foris quoque deuotionis lacrime erumpebant. Cunque euigilasset, madentibus

---

2100/2101 currus – eius] IV Reg. 13, 14   2101 ut – me] Matth. 27, 46; Marc. 15, 34   2122 introductus – Domini] cfr Ps. 70, 16   2123 prospera – euenient] cfr Ios. 23, 15   2125/2126 in – liquescebat] cfr Cant. 5, 6

CAPITVLVM LXXXI

oculis atque maxillis, etiam puluinum in quo caput reclinauerat eodem lacrimarum profluuio undique perfusum esse cognouit. Summo igitur mane iter arripiens, cum de urbe fuisset egressus, reperit cuneum institorum mercimonii gratia Siciliam adeuntium. Qui cognoscentes eum esse de Claraualle mox in suo conductu atque conuictu gratanti animo recipiunt et queque necessaria gratis cotidie ministrarunt.

75. Tandem ingressus ad regem Sicilie, *inuenit gratiam in oculis* eius, et non solum de negotio pro quo fuerat a patre destinatus prosperum euentum obtinuit, uerum etiam rex pro eiusdem patris sui anima, apertis thesauris suis, ad edificationem noue basilice Clare|uallis non modicam auri summam per eundem fratrem magna deuotione transmisit. Reuersus itaque Romam predictus frater talem nichilominus gratiam ibidem reperit ut de denariis cardinalium aliorumque Romanorum alterata consuetudine plurimam acciperet benedictionem, ita ut etiam largientibus illis ex eadem urbe usque ad decem bubalos educeret et usque ad domum Clareuallensem non sine ingenti omnium stupore perduceret. Quis enim satis mirari sufficiat, quod homo debilis ac ueteranus cum duobus puerulis tantum tante enormitatis atque ferocitatis animantia que etiam boues dupla aut tripla corpulentia et fortitudine superant, per tanta locorum discrimina, per tanta latronum predonum⟨que⟩ molimina a Roma usque ad Claram Vallem minare potuerit, presertim cum id genus animalium citra Alpes, ut asserunt, in toto Occidente hactenus uisum non fuerit? Vix enim uel una die malignantium occursus ac uiolentias poterat declinare, que tamen omnia pertransiuit indempnis, Deo et sancto patre Bernardo fidelem famulum ubique tutante.

76. | Factum est autem ut transire cogeretur per quoddam municipium, cuius principatum latronum principes obtinebant, et quorum fauces nullus immunis euadere poterat, qui nisi forte uiribus preualebat. Mane uero, iam rutilante aurora, cum de aliquo prato in quo cum animalibus pernoctauerat egrederetur, rogabat attentius Deum sanctumque Bernardum ut ab imminenti periculo erueretur. Et ecce apparuerunt ei procul quasi duo uiri obuiam uenientes et singulos cereos accensos in manibus preferentes. Qui paulatim ueniendo cum iam pene ad illum peruenissent, subito ab eius oculis euanuerunt multamque fiduciam euadendi Dei

---

2135 inuenit – oculis] Gen. 18, 3 ; Gen. 33, 10 ; I Reg. 20, 29

famulo contulerunt. Ingressus itaque illum diaboli nidum ilico sistitur atque ad predam diripiendam undique curritur. Superuenientes autem eadem hora quidam uenerabiles uiri, cum eum Clareuallensem esse cognoscerent, de manibus irruentium liberarunt et cum suis omnibus abire fecerunt. Tandem uero perueniens Claramuallem, mirantibus uniuersis, noui generis bestias intulit, que multiplicatis fetibus coti|die propagantur atque ex eo loco per multas iam prouincias dilatantur.

[883] 77. Religiosus quidam frater de Burlancurc, nomine Grihardus, elephantinum morbum incurrens et multo tempore seorsum ab aliis degens, ita flagellum Patris equanimiter tolerabat, ita semper in gratiarum actione perseuerabat, ut in eius predicabili paciencia ceteri mirifice delectati atque edificati Deum glorificarent et eum quasi martyrem reputarent. Tandem uero felici agone peracto, dolorem pariter et mortem euasit et cum beato Lazaro in sinu Abrahe recipi meruit. Eadem igitur nocte, dum funus in ecclesia seruaretur, fratribus circa eum solito more psallentibus, uni ex eis, uiro sanctissimo et abbatis amministratione longo tempore functo, facta est reuelatio talis. Videbat *in mentis excessu* et ecce persone tres uenerabiles in multa gloria circa defuncti corpus apparuerunt. Quarum cum una corpus ipsum uirga flagellaret, egressa est ex eo columba auolans et petens superiora. Tunc una ex eisdem personis dixit: "Quasi columba super nos petit fontes." Secunda uero subiunxit: "Absque impedimento | penetrat celos." Tercia nichilominus ait: "Meritis sanctorum Iohannis et Pauli coequatur." Quod ubi dixerunt, protinus ab oculis intuentis euanuerunt. Cognouit ergo uir sanctus, quod magni meriti esset anima illa, que tantis martyribus fuerat meritis sociata.

[884] 78. In territorio Meldis, in uico qui Becumbasicas dicitur, ante hoc ferme septennium defunctus est quidam famulus Christi, rebus quidem transitoriis pauper, sed uirtutibus diues. Qui, licet habitu seculari indueretur, uitam tamen monachorum sectabatur. Iste, dum adhuc esset in etate uiridiori, amicis adhortantibus, uxoria compede passus est se artari. Compare autem celeriter de medio facto, bigamiam inire penitus non acquieuit, sed uirtuti continentie menbra deinceps usque ad senectam et senium dedicauit. Erat ergo ieiuniis et obsecrationibus die ac nocte Domino seruiens, ceterisque diuinis obsequiis iugiter insistens. Habebat autem

---

2184 in – excessu] Ps. 67, 28 ; Act. II, 5

CAPITVLVM LXXXI

ex consuetudine per decennium fere ante obitum suum singulis diebus dominicis communicare. Ecclesiam uero, quamuis a sua ipsius mansione longe remotam, frequen|tius adire non desistebat, multumque temporis et laboris in hoc opere expendebat, utpote senex et decrepitus, quem tribus pedibus incedere oportebat. Quadam uero dominica, dum ad ecclesiam multo grauamine ueniens sacrosancta mysteria solito percepisset, uiribus corporis cepit repente destitui, ita ut ad suum tugurium repedare non posset. Proinde diuertens in domicilium cuiusdam uiri in proximo commorantis, per totam diem illam lecto decumbens grauiter egrotauit, et nocte sequenti, uocante se Domino, in pace quieuit. Facto itaque mane, cum ingrederentur ad eum uisitandum, inuenerunt illum in oratione positum ibique defunctum hoc modo: egressus siquidem de grabato et carens operimento preter femoralia tantum super genua sua et super leue manus articulos nuda humo perstabat; dexteram uero superius quasi tundendo pectori applicatam tendebat. Porro corpusculum erectum atque immobile stabat et, resupinato capite, facies in celum respiciebat. Ita ergo cadauer extinctum diuina uirtute subsistens et uiuenti magis quam mor|tuo simulans, satis euidenter post obitum indicabatur quod ante occubitum facere solitum fuerat. Accurrunt undique populi uidere festinantes tam pium tamque celeste miraculum, quod non magis utique in corpore mortuo quam in ipso homine uiuente, uel potius moriente constat esse mirandum. Quid enim mirabilius est mortalem hominem orando et stando mortem irruentem excipere et a statione sua moriendo non corruere, an corpus exanimatum post mortem non occumbere? Vtrumque profecto mirabile, utrumque diuine uirtutis fuit et gratie.

79. Significante nobis quodam uenerabili monacho Clareuallis, qui in partibus Danie diutius habitauit, audiuimus rem quam ultra Saxoniam nouiter accidisse asseuerabat. Igitur in quodam Cisterciensis ordinis monasterio, cuius uocabulum nunc non satis reminiscor, quidam honeste conuersationis monachus habitabat, qui dum esset in omni sue religionis obseruantia feruens atque deuotus, maxime tamen orationi atque lectioni erat intentus, ita ut semper ubicumque poterat ad legendum mirabili dulcedine traheretur et fructum | deuotionis magis quam eruditionis inquirens, ita *in ea sicut in omnibus diuitiis delectabatur*. Appropinquante au-

---

2241 in – delectabatur] cfr Ps. 118, 14

tem hora uocationis sue, cum grauiter egrotaret et oleo infirmorum iam inunctus esset, rogauit ut corpus eius in presenti lauaretur et uestimentis in quibus sepeliendus erat indueretur. Fratribus autem causantibus nouitatem et facere differentibus, cum in sua peticione persisteret, tandem quod uolebat obtinuit. Quo facto, circumstantibus ait: "Reuertimini unusquisque ad officia uestra, quia modo moriturus non sum, sed die sequenti post prandium seruitorum." In crastinum ergo eadem hora qua predixerat, cum iam ultimum spiritum traheret, conuenerunt undique fratres ad muniendum exitum eius. Tunc ille, diuino Spiritu illuminatus, exhylarata facie dixit: "En modo ingreditur beatus Iohannes Euangelista." Et cum paululum reticuisset, iterum dixit: "Ecce nunc uenit sancta Dei genitrix, Maria!" Et post modicum interuallum denuo subiunxit: "Eya fratres, ecce iam uenit Dominus Ihesus Christus." Et cum hec dixisset, ilico cantare cepit et imponere antiphonam dicens: "Subuenite sancti Dei, occurite angeli Domini Domini" atque cantando animam reddidit.

80. Eodem quo supra referente, cognouimus alium quendam supradicti ordinis monachum in eisdem partibus extitisse, qui cum ad horam ultimam deuenisset iamque loquendi officium amisisset, uidit inmundum spiritum instar simie sedentem in pertica iuxta parietem posita, ubi scapulare illius pendebat. Porro in ipso scapulari ueteri et dirupto isdem frater modicam panni scissuram sine licentia nuper assuerat, quam ille spiritus inpurus suauiter attrectans et sepe deosculans etiam lingua lingebat et manu palpabat. Quod cum ille uideret, ingemuit, et, quia iam loquelam amiserat, protensione indicis indicando quomodo poterat innuebat uerbisque semirutis ac dimidiatis balbutiendo, ut derisorem pessimum amouerent. Illis uero mirantibus et diu percunctantibus quid diceret aut quid intenderet, diuina tandem miseratione recepit officium lingue et ait: "Numquid non uidetis illum demonem obscenum sedentem in nostro scapulari et ore lambentem pitatium illud spurcissimo, quod in eo nuper sine licentiam consuere presumpsi? Expellite ergo sceleratum et tollite de indumento pitatium, ne michi in finem calumpniosus et impius iste derisor insultet." Cunque omnes intente respicerent et spiritum nequam quem ille conspicabatur uidere non possent, amouerunt scapulare de loco et protinus abiit pessimus exprobrator. Frater uero,

---

2257 sancti – angeli] s.d.o.a. *cod.*

accepta penitentia, rursus obmutuit atque post paululum in bona confessione discessit.

81. Vir illustris Romanus genere et honeste conuersationis, monachus Jordanus de Fossa Noua intulit nobis, quia in quodam Cysterciensis ordinis cenobio in Ytalia sito tale quid accidit. Frater quidam ibidem egrotabat ad mortem, qui, dum magnis febrium estibus ureretur, ad releuationem ardoris, exuta cuculla, indutus est scapulari, et ita manendo spiritum exalauit. Cumque post mortem duceretur usque ad introitum paradisi, clausere portarii portam ipsumque exclusere dicentes: "Nunquid iste sine cuculla recipiendus erit in ordine uel requie monachorum?" Repulsus itaque manebat foris pauibundus ac trepidans, metuens nimirum dampnationis audire et subire sententiam. Cumque pro illo ductores eius rogarent, dicentes eum, excepto sermone hoc, uirum extitisse probabilem et sine querela inter alios conuersantem, | iussus est ad humana redire, acceptaque uenia cum cuculla protinus remeare. Reuersus uero ad corpus, cuncta que uiderat indicauit induensque cucullam et accipiens penitentiam in pace migrauit. Constat ergo monachicum habitum, in quo etiam forma crucis exprimitur, si uita monachi teneatur, magnum continere mysterium, sicut in *Vitas Patrum* legimus cuidam sancto diuinitus fuisse monstratum, qui eandem Sancti Spiritus gratiam quam super baptismi sacramentum uenire conspexit, post modum autem super habitum monachi, cum benediceretur, descendere conspexit.

82. Piissime recordationis quondam Pratee abbas qui, sicut aiunt, uirginitatis florem, largiente Christo, seruauit usque ad mortem, homo sanctissimus ac singulari mansuetudine preditus fuit iugumque Domini ab adolescentia usque ad finem uite portauit. Qui dum adhuc esset etate pariter et religione nouellus modicam panni noui scissuram ad resarciendam uestem in grabatulo suo sine licentia secrete recondidit. Sed, cum eam post paululum requisisset et, reuersato undique stratu, minime reperisset, miratus abscessit, et, remordente conscientia, furti|uam rapinulam priuata confessione quamtotius delere curauit. Post modicum uero temporis, cum solus in coquina scutellas ablueret, ecce panniculus ille subito per aerem lapsus et uelut aliquo portante inuectus est manibus eius, quem, cum certissime recognosceret et, porrectis quaquauersum obtutibus, neminem in culina neque sursum neque deorsum aspiceret, manifeste comperit ab immundo spiritu furatum fuisse, sed post confessionem retineri non potuit. Quin etiam animaduertit quam cauendum quamque timendum sit ab eiusmodi proprietatibus, quamlibet minimis, eis qui puram atque perfectam professi sunt paupertatis uitam, cum etiam quedam, ut legitur, sanctimonialis, propter exiguum sericum filum, quod sine licentia lectulo suo reposuerat, diaboli persenserit in morte calumpniam. Hic itaque uir bonus et pius propter eximiam corporis et animi puritatem multas a Domino et a sanctis eius, precipue uero a beatissima Dei genitrice Maria, percipere solitus erat consolationes, ita ut eadem sanctissima Regina aliquando illi apparens in uisione nonnulla sibi uentura significaret et post dulcia piissime consolati|onis alloquia, pudicissimum sui oris osculum castis eius labris stupenda dignatione imprimeret. Quadam uero nocte uidebatur sibi cum perfidis Iudeis de christiana religione disputando confligere. Cumque diutius altercassent, subito tantus fetor ex eisdem reprobis hominibus exalans nares eius infecit, ut pre acerbitate teterrimi odoris euigilaret. Excusso autem sompno, per plurimos dies postea sensit eandem putoris immundiciam uigilando quam antea senserit dormiendo. Non solum autem quotiens Iudeos alloqui uel uidere de proximo, quotiens domos eorum introire uel ante eas transire causa poscebat, tociens eandem pessimam exalationem sentire solebat. Porro ista que de memorato uiro retulimus, ipso nobis secretius indicante, cognouimus.

83. Apud Fontenetum, quod est Cisterciensis ordinis nobile monasterium, quidam eximie conuersationis monachus in extremis agonizabat. Quodam uero die solempni, cum ad missam matutinalem omnes qui surgere poterant infirmi processissent, repente apparuit ei que|dam persona splendido uultu et habitu reuerenda, que accedens ad lectulum cuiusdam alterius infirmi adhortabatur eum plurimis uerbis ut sequeretur se introducendus ab ea in locum serenissimum tocius amenitatis et gaudii plenum. Verum egroto faciem obnubilante et tardum tepidumque responsum reddente, sanctus ille contempsit atque pertransiit, accedensque ad monachum supradictum sermonem eundem proposuit. Ille uero gratanter assurgens atque ex omnibus medullis gratias agens, cum eum incontinenti subsequi uellet, nuntius ille celestis dedit ei mandatum, ut interim ita maneret, indicans etiam tempus et horam quo ad ipsum in proximo remearet. Cum ergo sanctus ille disparuisset, curauit ille infirmus innotescere fratribus cuncta que uiderat. Instante autem uespera, uocatis ad se seruitoribus suis, ait: "Preparate que michi ad sepulturam necessaria sunt, quoniam in ista nocte migraturus sum. Verumptamen nolite circa me uigi-

CAPITVLVM LXXXI

lare, neque solliciti sitis, quia ego uocabo uos oportune cum tempus aduenerit." | Profunda itaque nocte pausantibus uniuersis, cepit ille clamare et dixit: "Surgite et pulsate quantotius tabulam, quia iam tempus meum impletum est." Contigit autem illa hora omnes infirmitorii lucernas esse extinctas. Surgentes itaque fratres uiderunt subito circa morientem, cum minime luceret, tanti luminis splendorem totam domum clarificantem, ut etiam in libro legere possent. Tandiu uero lux illa durauit, donec in multa mora lampades succense essent, ita ut etiam plurimi de conuentu, qui priores uenerant eam presentem adhuc inuenirent. Fratres uero uidentes et audientes cuncta que acciderant, exhylarati et consolati ualde gratias Domino retulerunt atque cum ingenti deuotione sancti uiri exequias celebrarunt. Porro ille alius eger, qui inuitanti se nuntio celesti acquiescere libenter noluit, multo tempore postea in ipso languore permansit, et usque ad mortem de lectulo in quem descenderat non ascendit. Hanc autem memorati fratris consummationem, sicut eam a uenerabili Hugone Flauinniacensi, quondam eiusdem Fonteneti priore, audiui, fideli narratione perstrinxi.

84. | Et quoniam de eodem uiro mentio incidit, placet huic loco inserere quiddam quod uir uenerabilis Willelmus de Spiriaco, sancti Bernardi nepos et monachus predicti cenobii, nobis de eodem notificauit. Erat igitur iste prefatus Hugo uir sapiens et bene morigeratus, religione feruens, uirtutum gratia pollens, litterarum scientia preminens. Qui, dum esset omnium diuinorum eloquiorum assiduus inuestigator, precipue tamen librorum sancti Augustini erat ardentissimus amator, ita ut eundem dulcissimum ac sanctissimum presulem miro affectu excoleret et propter specialem quam circa illum habebat deuotionem in eius festiuitate, ut sepius fatebatur, mori desideraret. Verum diuina clementia, que pia sanctorum uota et aspirando preuenit et adiuuando prosequitur, hunc famulum suum desiderii compotem fecit, quia in ipsa beati Augustini festiuitate, sicut preoptauerat, tam feliciter quam fideliter e mundo migrauit. Facta est autem in ipsa nocte huiusmodi reuelatio cuidam ipsius monasterii monacho religioso. Vidit enim processionem candidatorum de celo uenientium ecclesiam introire et circa corpus, quod ibidem more solito seruabatur, | assistere. Porro unus ex illis statura procerus, uultu et habitu gloriosus at-

---

2377 memorati] morienti *cod.*

que prefulgidus, accessit ad monachum illum et cepit cum illo loqui. Ille uero percunctabatur ab eo qui essent et cuius rei gratia aduenissent. Cui sanctus ita respondit: "Isti quos uides angeli Dei sunt et alii sancti; ego uero episcopus Augustinus Yponensis. Nostri quoque aduentus est causa ut animam fratris huius nobiscum deducamus ad sydera." Expleta autem reuelatione, letatus est uidens et glorificauit Deum ipsumque presulem benedictum intelligens nimirum ac sciens quia uere honorabilis et gloriosus apparet in conspectu Domini ille sacerdos magnus ille doctorum Ecclesie doctor illustris et excelsus in uerbo glorie Augustinus, qui deuotum sibi famulum in die festiuitatis eius assumptum, sicut in uita fouere non desiit, ita in morte succurrere et secum ad gloriam perducere non tardauit.

[891] **85.** Sacerdos quidam uenerabilis et uite honeste insignis, cum esset homo castus, sobrius et timoratus operibusque pietatis semper intentus, maioris tamen puritatis optinende gratia domui Alberipe se reddidit multumque desiderabat, suscepto habitu, fra|trum collegio se sociari. Verum eiusdem monasterii abbas sciens eum *uirum iustum atque perfectum*, cum esset ualde necessarius cuidam sanctimonialium feminarum monasterio in illa uicinio constituto, quibus ipse fideliter ministrando etiam diuina mysteria celebrabat, dilata illius susceptione, multis precibus licet inuitum in ipso officio detinebat. Qui, dum se molestia corporis quadam uice grauari conspiceret, predictum Alberipe cenobium festinanter expetiit susceptusque ad probationem infra dies paucos, Domino uocante, migrauit. Et dum in extremis laboraret, duobus eiusdem loci religiosis fratribus ostensa est una eademque reuelatio talis in ipsa nocte, ullo illorum de altero funditus ignorante. Viderunt ergo beatorum spirituum turmam immenso iubare choruscantem et dulci melodia suauiter concinentem de celo descendere atque per ampliorem frontis illius ecclesie fenestram intrare. Qui, uenientes in chorum monachorum, defuncti corporis quod ibi iacere uidebatur animam Domino sollempni officio commendabant. Cum ergo predicti monachi uisionem huiusce|modi cernerent, pulsata est tabula pro illo nouitio moriente, iam iamque flatum ultimum emittente. Surrexerunt itaque fratres, ut fratris exitum suis orationibus communirent. Facta autem commendatione et posito in ecclesia corpore, unus ex duobus,

---

2418 uirum – perfectum] Gen. 6, 9

CAPITVLVM LXXXI

qui supradictam reuelationem acceperant affectus magna deuotione remansit ad uigiliam defuncti cum aliis quibusdam, qui ad hoc ip-
2440 sum fuerant deputati. Alter uero in dormitorium rediens ac sese recollocans iterum obdormiuit. Et ecce persona quedam reuerentissima apparuit illi minaciter arguens sompnolentum et dicens: "*Vsquequo dormies piger?* En sancti angeli de celo uenientes circa defunctum fratrem excubias obseruant, necnon et socius
2445 tuus cum aliis uigilando atque psallendo assistit funeri, et tu miser in lectulo stertis atque inerti sopore deprimeris!" Tunc ille exterritus a uoce exprobrantis et increpantis euigilauit, et exiliens de lecto citius in oratorium uenit et psallentibus circa defunctum celeriter se adiunxit. In crastinum autem, cum utramque uisionem
2450 abbati retulisset, mirabantur quinam esse poterat socius ille qui dictus | fuerat cum aliis uigilare. Post modicum uero, cum ille alius frater uisionem quam uiderat reuelasset, cognouerunt quia ipse esset qui socii nomine fuerat designatus, pro eo scilicet quod ad intuendam fratris illius glorificationem cum altero fuisset admis-
2455 sus, *ut in ore duorum testium staret et credibile fieret istius modi uerbum.*

[892]   **86.** In domo Fontis Mauriniaci frater quidam habitabat, nomine Robertus, qui illuc a Clarauelle fuerat missus. Hic itaque uidit in uisione Dominum Ihesum Christum et beatissimam eius genitri-
2460 cem cum beato Bernardo abbate stantes in quodam orto deliciarum, cuius amenitatis et glorie tanta erat immensitas, ut humana locutione explicari non ualeat. Ipse uero eminus stabat ac respectum diuine miserationis medullitus flagitabat. Tunc piissima mater ait ad filium suum: "Domine fili, quid facturus es de isto paupere
2465 tuo?" Et Dominus ad eam: "Quicquid tibi placuerit, mater." At illa respondit: "Volo igitur ut mittas eum in requiem." Dixit autem Dominus ad eam: "Fiat ei sicut uis." Respondit ei beatissima Virgo: "Et quando fiet istud?" Dicit ad eam Dominus: "Quinta die | ueniat et saluetur." Transacta itaque uisitatione, frater ille que
2470 uiderat et audierat ceteris indicauit, et, ingrauescente egritudine quam antea tolerabat, quinta die iuxta sermonem Domini migrauit a corpore et intrauit in requiem quam optabat. Huic autem fratres testimonium perhibebant quod homo religiosus et *filius pacis* erat, et quia dignus existimabatur, qui in gaudium Domini sui es-
2475 set introducendus.

    2443 Vsquequo – piger] Prou. 6, 9   **2455/2456** ut – uerbum] cfr Matth. 18, 16   **2473** filius pacis] Luc. 10, 6

87. Adolescentule due nobiles atque germane erant in territorio Meldis, quarum primogenita matrimonio parabatur, altera Christi flammeo ditabatur. Venit itaque dies in qua simul ad nuptias ambe procederent, illa ad carnales, hec uero ad spiritales. Verumptamen senior uidens et inuidens sorori sue nobiliorem sponsum et dotem meliorem accidere ad suam nimirum retorsit iniuriam, quod prior natu soror inferior haberetur. Vnde latenter ingressa triclinium sacrandis uestibus que germane fuerant preparate se induit et eidem mox superuenienti sic ait: "En soror amantissima, cedo tibi sponsalia ornamenta; | tu uero istos lugubres pannos quibus iam denigrata sum michi relinquito." Quo audito, iuuencula egre satis accepit et ita sorori sue substomachando respondit: "Pone, domina soror, obsecro, perizomata nostra quibus te dehonoras, quia non decet gloriam tuam indigna rapina. Tibi enim debetur maritalis fecunditas et honor matronalis; michi uero indicitur puellaris sterilitas et subiectio monachalis. Tibi sericum ornamentum uestisque purpurea, michi cilicium competit et tunica pulla. Fuere ergo felix deliciis tuis et desine iam inuidere fletibus ac suspiriis nostris." Respondens autem senior dixit: "Si uera est hec felicitas de qua me ita magnificas, habeto eam totam et ipsa felicem te faciat. Quod si fragile bonum et momentaneus honor istius modi esse conuincitur, iniuriosum certe atque uerecundum est michi quod grandiusculam parua decipere satagis et quod tibi a me fieri nolles, hoc michi facere moliris. Siccine ergo existimas, ut maior minori seruire cogatur et primogenite benedictionem iuniori anticipare conetur? Tu, inquam, celestem apprehendere glis|cis hereditatem, et terrena portione uis me esse contentam? Propitius michi sit Deus, ut nulla me uiolentia pertrahas ad talem iniuriam sustinendam. Tu, sponsum eligis immortalem, et me puluero morituro putas esse nupturam." Igitur altercantibus in hunc modum puellis, ingressi sunt ad eas in cubiculum parentes et amici uidentesque piissimam litigationem quam pudicitie zelus et Christi suscitauerat amor miratique, compuncti sunt ualde. Et utramque conuenientes, cum nulla earum carnalem maritum accipere, nulla deserere celestem acquiesceret, neutram cogere uoluerunt, sed utramque Christo deuotissime obtulerunt. Susceptisque autem uelaminibus sacris, in domo Fontenarum, que est nobile monasterium uirginum de ordine Fontis Ebraldi, uirili constancia ibidem sacre uirgines decertarunt, et forsitan usque hodie supersunt.

88. Erant autem in eodem monasterio due nichilominus puelle sacre, que a parentibus ibidem fere a cunabulis collocate Christo

CAPITVLVM LXXXI

nutriebantur, atque in eius thalamo in securitatem et absconsionem a turbine et a pluuia temptationum seculi tutabantur. Que, dum adhuc essent in puerili etate, uocante Domino, | de presenti seculo migrauerunt et consummate in breui multa tempora expleuerunt. Porro illa que prior decesserat, post paucos dies uiuenti apparuit et dixit: "Notum tibi facio, dilecta mi soror, quia magna quiete iam potior, sed tamen ad uidendam faciem Domini non potero sine te introduci. Prepara ergo te et ueni quantotius, ut simul Domino presentemur. Preterea noueris de Girardo magistro mathionum qui de noua istius ecclesie fabrica corruens nuper interiit, quod meritis eius grauis animaduersio deberetur, sed quia inuentus est in opere sancte Dei genitricis, per interuentionem sororum nostrarum liberabitur atque in refrigerium educetur." Tunc denuntiauit ei etiam tempus obitus sui, et sic demum ab ea recessit. Igitur puella quod a consorte sua audierat ceteris indicauit, et tempore, quo predictum fuerat ei, defuncta est atque assumpta ad uidendam faciem Creatoris.

[895]   **89.** In pago Suessionensi constat esse cenobium, quod dicitur Carmus, de supradicto ordine Fontis Ebraldi, plenum uirginibus sacris. Erat autem ibi puella sanctissima, nomine Maria, que nouennis ingressa monasterium decennouennalis etate migrauit ad Dominum. Hec uero | plurimis annis infirmantium obsequio deputata, tanta deuotione ac sedulitate omnibus seruiebat, ut iugem illius instantiam atque feruorem cuncte mirarentur. Ad ultimum uero, dispensante Domino, ne quid ei deesset ad meritum, paralysim incurrens diutissime languit, ita ut omni menbrorum officio destituta non modo de grabatulo surgere nequiret, sed nec pedem, nec manum erigere, nec fauces ad manducandum mouere ualeret. Proinde parabantur ei accurate sorbiciuncule de farina et ex quibusdam coctionibus liquamina suspirata ad glutiendum magis quam ad comedendum. Porro secundum multitudinem dolorum quas in corpore patiebatur, multa quoque illi diuinitus reuelabantur. Quadam igitur uice uocauit infirmariam suam et ait illi: "Vade, obsecro, et dic illi sorori nostre dilecte ut oret attentius pro matre sua, quia modo defuncta est, eiusque suffragiis opus habet." Quod cum illa, nuntiante infirmaria, didicisset, commota sunt uiscera eius super matris obitum, et conuersa ad orationem ceteras quoque sorores, ut secum pro ea intercederent, inuitauit. Mis|so-

---

2526 mathionum] mathionium *cod.*, machionum *legend.*

que celeriter nuntio, tandem agnouit, quia die et hora qua predictum fuerat, mater eius de mundo migrauit. Factum est autem aliquando, ut nocte profunda, quiescentibus uniuersis, una de sororibus in diuersorio, ubi infirma iacebat, colloquentium ad inuicem tumultum audiret. Vnde surrexit mirata et uenit exploratura quid esset. Cunque silenter accederet, uidit eundem locum immenso lumine choruscantem, et amota paululum cortina que ibi dependebat, conspicata est eandem languidam in sella residentem, quod nunquam facere solebat. Lectus uero ipse erat de nouo reparatus. Quod illa ilico comperiens perterrita rediit et uocans infirmarias ad uidendum quod uiderat adduxit. Que cum simul aduenissent, inuenerunt egrotam in lecto repositam et diligentissime coopertam. In crastinum autem, cum precibus et preceptis multum coacta fuisset, confessa est tandem duas ex sororibus monasterii antea defunctas, quarum nomina indicabat, ad se uisitandam celitus fuisse transmissas, que uniuersum stratum eius uersando refecerunt et uerbis consolatoriis afflictam releuarunt. Igitur an|cilla Christi, cum tam diuturno labore fuisset exhausta, tandem morte consumpta collecta est ad populum suum uictura deinceps melius et uisura bona Domini in terra uiuentium. Porro eadem die qua de mundo transiuit, facta est huiusmodi reuelatio spirituali et sancte cuidam de sororibus illis. Vidit enim beatissimam Dei genitricem in eandem domum descendere et duas de sanctimonialibus ipsius monasterii iampridem defunctas cum ea aduenire. Quas cum ipsa recognosceret, percunctata est de illa tam uenerabili Domina quenam esset et cuius rei gratia aduenisset. Ille autem respondentes dixerunt: "Ipsa est Domina nostra, regina celorum, que modo dignata est uenire ad festiuitatem magnam hic intus hodie celebrandam, qua maior in ecclesia ista non accidit a multis retro diebus et annis."

90. In domo Grandissilue, que una est de filiabus Clareuallis, in partibus Tholosanis, constat ab initio multos fuisse et magni meriti uiros, de quorum numero uenerabilis et sanctus pater Pontius extat, qui prius existens abbas eiusdem loci et postmodum Clareuallis, modo est episcopus Clarimontis. Ipso autem | referente, cognouimus omnia que de eadem domo subiungimus. Erat ergo ibidem quidam monachus, magister nouitiorum, uir sanctitatis eximie, magnum *habens desiderium dissolui et cum Christo*

2592/2593 habens – esse] Phil. 1, 23

esse. Hic ergo in cena Domini sancta communione percepta et cum adhuc eucharistiam in ore teneret, facta est magna exultatio Dei in gutture eius et nimio perurgente desiderio petiuit anime sue ut moreretur. Et admouens gutturi suo digitum huiusmodi orationem fudit ad Dominum: "Christe Saluator omnipotens, si tibi non displicet ista petitio mea, precor et suplico ut per meatum gutturis huius non transeat amodo aliquis terrenus cibus." Facta autem oratione, uiribus corporis cepit repente destitui, et die tertio, hoc est sabbato sancto Pasche, in Domino obdormiuit. Porro predictus episcopus, tunc eiusdem monasterii monachus, qui eum diligebat unice et infirmanti ac morienti sedulum ministerium deuotus impendebat, percunctatus est eum utrum corporali molestia grauiter premeretur. Ille uero respondit se placidum ac tranquillum existere et nil sentire molestum, nisi tamen in gutture ubi digitum apposuerat, ibi se aliquantisper | dolere dicebat. Tunc rogauit eum attentius ut post mortem ad se reuerteretur, si ei licitum esset, et de hiis que circa se gererentur eum certificaret. Post paucos itaque dies rediit ad uirum predictum ille defunctus, magna claritate refulgens et quasi cristallus aut uitrum purissimum toto corpore translucens. Dixit ergo ad eum: "Notum tibi facio, karissime, quia, miserante Domino, susceptum sum in magna beatitudine. Corpus uero istud, in quo me conspicis collatum est michi usque ad diem regenerationis qua proprium recuperabo, incomparabili gloria prestantius atque preclarius isto. In hoc autem interim suauiter requiesco, quod per omnia michi accommodum et ita translucidum est, ut de singulis artubus ac de cunctis partibus eius quasi de oculis clarissime cernam, et totum corpus undique ita michi sit ac si esset oculus unus." Apparebat autem in eiusdem mortui pede cuiusdam obscuritas mende, de qua dixit: "Macula ista quam cernis contracta est a me per negligentiam meam, eo uidelicet quod ad laborem cotidianum aliquando segniter incedere solebam." Hec et alia multa multumque miranda | predicto episcopo uir beatus innotuit tandemque ab eo recedens magnifice edificatum consolatumque dimisit.

91. Hubertus Pictauensis, monachus Grandissilue, uir uenerande humilitatis et sanctimonie, solitus erat affirmando narrare quia, dum esset in quodam loco qui eidem monasterio subiacebat, uir quidam secularis, laicus et honeste conuersationis, cum mortis egritudinem incurrisset, ob fidei deuotionem ad eundem locum deferri se fecerit. Qui, languore inualescente, defunctus est, et, non multo post uite restitutus multa que uiderat enarrauit. Hoc unum uero quod precipuum est inter alia dixit quod scilicet beata Dei genitrix predictum monasterium tribus uicibus in die uisitaret, hoc est tempore uigiliarum, tempore missarum et completorii tempore.

92. Alius quoque fuit in ipso monasterio monachus, nomine Bernardus, qui dum iuuenili ac uegeto corpore robustus appareret, tamen remissius ceteris agebat, exhibens se ad opus manuum pigrum atque ad uigilias sompnolentum. Vnde etiam contubernalibus suis erat onerosus et ubique de inertia notabatur, presertim | in ecclesia, ubi negligentior inueniebatur. Quadam itaque nocte, cum eum dormientem ad uigilias precentor monasterii solito seuerius excitasset, ille commoto animo surrexit atque in dormitorium perrexit. Cum ad necessariam domum accederet, ecce ad ostium demonum turba cum ingenti strepitu et terrore aduersum eum clamans et crebris uocibus iterans: "Apprehendite, apprehendite illum!" Quo audito, repente totus inhorruit et fugam festinanter arripiens rapido cursu in ecclesiam rediit. Cunque ad stallum suum tremebundus atque anhelus uenisset, ilico defectum cordis incurrit et corruens in terram sine motu et sensu diutius uelud exanimis iacuit. Sublatus autem in infirmitorium, cum ab illo terrore aliquantulum respirasset, percunctantibus fratribus indicauit quid sibi accidisset. Tali ergo castigationis stimulo frater ille salubriter excitatus curauit deinceps circa custodiam sui uigilantior atque promptior inueniri. Porro nouitius quidam, cum tunc in oratorio esset, eundem demonum strepitum et clamorem se audisse testatus est. Hoc nobis retulit Rogerus, uenerabilis et religiosus | uir, eiusdem monasterii subprior, qui interfuerat et iuxta eundem fratrem in choro manebat.

93. Erat ergo tunc ibidem monachus quidam, probatissime conuersationis, qui in illa mortalitate defunctus est. Hic itaque, cum ad horam ultimam deuenisset, pulsata est tabula post completorium et conuenere fratres ad exitum muniendum. Cantantibus autem monachis circam illum letaniam et psalmos, et ipse, confortatus a Domino, uoce qua poterat cum aliis psallebat. Expleta uero psalmodia, predictus abbas Pontius conuentum iussit abire, eo quod infirmum psallentem aspiceret et putaret eum adhuc aliquandiu spiritum trahere. Quod cum frater ille uidisset, protensa manu significauit abbati ut faceret eos ibidem adhuc paululum subsistere, quia sciebat sese ad punctum in modico migraturum. Cernens itaque abbas feruentissimum uirum, qui propter regularis discipline censuram post completorium, etiam in mortis arti-

CAPITVLVM LXXXI

culo silentium frangere nollet, pre gaudio sese continere non potuit, sed rupto ipse silentio et premisso benedicite ait: "Obsecro, dilectissime frater, quia uideo Dominum esse tecum, ut indices nobis si tibi | reuelatum est aliquid de illa beata spe quam expectas, ut et nos ualeamus in Domino respirare et tibi pariter congaudere." Tunc isdem infirmus ait: "Vt ad ea que poscitis respondeam breuiter, sciatis me uidisse *que loqui non licet*. Verumptamen hoc unum dicere possum, quia si omnium hominum merita ego solus transcenderem, necdum utique dignus existerem ad futuram gloriam que preparata et premonstrata est michi iamiamque obituro." Et cum hoc dixisset, obdormiuit in Domino.

94. Alius quidam frater laicus eodem tempore ibidem egrotabat, qui moriendi desiderio tractus iam per triduum sine cibo permanserat. Quidam autem uenerabilis et honeste conuersationis monachus ibidem similiter agonizabat in extremis, qui eiusdem, ni fallor, monasterii cellerarius erat. Hic itaque cum iam spiritum emisisset, predictus Stephanus ait infirmario suo: "Prepara michi refectionem, mi frater, quia comedere me oportet. Si quidem cellerarius noster hic adueniens modo precepit ut comedam." Infirmarius uero respondit: "Quid est, frater, quod loqueris? Cellerarius modo defunctus est, et tu dicis quia | uenit ad te et iussit ut commederes!" Respondit infirmus: "Crede michi, frater, quia ad me uenit et iam non est mortuus, sed mortem euasit et uiuit in melius. Modo enim cum a me recederet, uidi illum intrantem in magni luminis claritatem, cuius radios fulgurantes reuerberatis obtutibus intueri non preualebam." Parata itaque refectione, frater ille commedit et post modicum tempus in sancta confessione spiritum exalauit. Huic autem morienti predictus infirmarius suplicans postulauit ut receptus in gloria pro se oraret et sibi celerem commeatum a Domino impetraret. Ille uero respondit suum ei non defuturum auxilium dummodo liceret. Euolutis autem diebus paucis, apparuit eidem infirmario per uisum et dixit: "En ego in pace receptus a Domino, iam nunc reuertor ad te opem laturus ex debito promissionis mee, non tamen illam quam incaute petisti, sed quam tibi potius expedire cognoui. Recordare ergo, quia dum adhuc esses in seculo, istud tale piaculum commisisti, de quo necdum per confessionem absolui meruisti. Confitere igitur et penitentiam age celeriter, | quia si ante obitum per confessionem

---

2681 que – licet] II Cor. 12, 4

deletum non fuerit, post mortem insolubile permanebit." Euigilans itaque frater reduxit ad mentem illud grande delictum quod ante .XII. annos perpetrarat, sed ab ipsius memoria letali obliuione funditus abolitum fuerat. Accelerauit ergo confitendo et satisfaciendo liberari, et gratias agens Deo manifeste cognouit quia non frustra sanctorum suffragia expectuntur nec paruipendendum esse confessionis sacramentum, sine quo etiam tales ignorantie taliter imputantur.

95. In regione Ierosolimitana tale quid accidisse certissima relatione didicimus. Erat in partibus illis uir quidam locuples et nobilis ualde, qui dum aliquando in aleis luderet, contigit eum de iactu uel casu tesserarum cum suo emulo disceptare, "isto est, illo non" asserente. Qui, quamuis se mentiri et fraudulenter agere sciret, tamen inanis laudis et lucri cupidus iurauit et ait: "Per crucem et sepulchrum Domini obtestor uerum esse quod dico." Porro aduersario adhuc reclamante et aliud per contrarium astipulante, predictus miles sustomachans et manu sua more peruersi hominis | barbam propriam apprehendens dixit ad eum: "Per barbam istam et per mentum a quo ipsa dependet, quia tu michi totum iactus illius lucrum, uelis nolis, exsolues." Cumque minando ita barbam eandem manu constringeret atque succuteret, mirum dictu in ipsa hora de mento mentientis barba tota cum cute sua cecidit atque in manu remansit, ita ut in facie hominis caro cruenta et quasi scalpello excoriata appareret. Quo uiso, miserabilis homo uehementer indoluit et falsi iuramenti reatum coram omnibus recognouit. Moxque assumptis penitentium uestibus ac lamentis, sepulchrum Domini properanter adire non distulit, ubi culpam et erumpnam publice deflens misericordiam Domini sustinebat. Hec nobis Radulphus, monachus Pratee, uir religiosus et fide dignissimus indicauit, qui ante conuersionem suam, cum Ierosolimis esset, uidit eundem militem in ecclesia, patriarcha presente, peccatum suum flebiliter confitentem ipsumque antistitem infelicitatis eius hystoriam populo exponentem. Multi quoque suorum aduenerant cum eo, qui miserabilem casum domini sui cum ipso ibidem deplorabant.

96. | Tempore Alexandri III pape, piissimo rege Francorum Ludouico regnante, profectus est ad Sanctum Iacobum causa orationis miles quidam, nomine Matheus de Castro Nouo, quod est

---

2724 tesserarum *scripsimus*] tessararum *cod.*   2734 cute] cuta *cod.*

CAPITVLVM LXXXI

municipium situm in episcopatu Lauduni. Peregrinatus est cum eo et alius quidam homo conuicaneus et compater eius. Qui prima mansione uenientes ad urbem Suessionum, dum mensis nummulariorum pro nummis cambiendis astarent, sacellus continens solidos quadragenta predicto militi cecidit, quem suus ille conuiator inueniens sustulit et abscondit. Cunque fuisset ab illo requisitus super hoc omnino negauit. Verumptamen erat ei semper inde suspectus, eo quod in aliis multis inuentus est comes perfidus et iniquus. Peracta igitur peregrinatione, ad propria rediere. Post plurimos autem dies, Matheus miles conuenit eum secrete super illa iactura pecunie sue, quem similiter ut prius inficiantem ad audientiam episcopi Laudunensis traxit in causam. Cunque diutius super hoc disceptassent, uidens ille fur quia iam iudiciali sententia esset artandus, preuenit appellare ad curiam domini | pape, ut tempus interim redimere posset. Videns Matheus quod iam sine labore et dispendio magno eum conuincere non ualeret, presente multitudine hominum dixit ad eum: "Quia non licet michi duello confligere tecum et pugnare aduersus compatrem meum, sed neque censura ecclesiastica callidum tergiuersantem facile ad iusticiam cogere ualeo, ad districtum Dei omnipotentis iudicium ubi subterfugere non poteris te appello. Ibi michi respondeas coram Deo et sancto illius apostolo Iacobo, quem super isto facinore magis iniuriasti quam me, cum diceremur ambo compatres et amici, ambo eiusdem apostoli peregrini." Tunc ille aliquantum territus in hoc uerbo ita respondit: "Ego de ista re consilium habiturus sum." Quo dicto, solutus est conuentus hominum et intrauerunt omnes uicinam ecclesiam. Cumque et ipse fur improbo ausu cum aliis introire presumeret, protinus in ipso limine corruit, et, uidentibus uniuersis, subitanea morte ibidem expirauit. Quia ergo, indicante Domino, comprobata est mulctati furis impietas, restituta est tandem de facultatibus eius | memorato militi pecunia sua.

97. Circa fines ciuitatis Lingonice res quedam formidolosa ante hoc triennium accidit quam nemo qui nesciat fere in partibus illis. Vir quidam secularis et arrogans cum altero quodam nichilominus carnali et lubrico iurgia conferens, cum sua illi facinora quasi potentior exprobraret, inter cetera dixit: "Vtinam detur michi mori in die illa qua tu interibis. Tanta enim auiditate uniuersi principes tenebrarum confluent ad te deuorandum, ut, contemptis ceteris omnibus, alias non intendant." Ad hec ille humiliter respondit dicens: "Ne queso amplius dicere uelis tam asperum uerbum.

Propitius sit michi Dominus, ut nunquam habeat partem in me diabolus." Tunc cum magno superbie fastu ille sermonem pessimum iterans adiecit et ait: "Quacumque die Sathanas fraudabitur anima tua, ego illi concedo ut meam accipiat." Euolutis autem diebus aliquantis, uisitante se Deo, compunctus est corde humilis ille peccator et crucem accipiens Ierosolimam iuit atque in ipso itinere confessus et penitens obiit. Quo facto, diabolus uenit in | sompnis ad illum de quo supra meminimus et ait: "En homo ille peccator, cui tu exprobrasti, modo est in uia Ierosolimitana defunctus et salua facta est anima eius. Nunc igitur uenio tuam ipsius ut dignum est pro illa recipere, quemadmodum pollicitus es, nullo rogante." Cunque uim faceret ille crudelis exactor, turbatus et anxius homo euigilauit aperiensque oculos uidit manifeste eundem aduersarium quem in sompnis aspexerat, adhuc sibi minaciter imminentem et debitum suum acerrime repetentem. Cunque ferocitatis illius impetum iam declinare non posset, tridui postulabat inducias, ut super huiusmodi debito sibi interim prouideret. Data igitur triduana dilatione, malignus euanuit et homo sacerdotis sui consultum tremebundus implorans, tale ab eo responsum accepit: "Vnum tantum uideo tibi in tanto discrimine sub tam breui temporis articulo remedium superesse: monasterium Morimundi, quod proximum esse dinoscitur, opus est ut celeriter adeas et fratribus loci totam calamitosi negotii seriem pandas. Ibi enim sunt uiri uirtutum qui tibi salubriter consulentes pessime obligationis cathe|nam tartaream possunt orationum suarum uiribus potenter abrumpere et animam tuam de fauce leonis per Dei misericordiam ualenter eripere." Placuit interim consilium sacerdotis et se incontinenti facturum asseruit. Sed ue generationi pessime ab inconstancia cordis et animi mutabilitate! Cum enim cepisset homo infelix domesticis intendere curis, horror ille nocturnus paulatim euanescere cepit et per totum triduum iter arripere distulit. Sed non distulit exactor iniquus ilico post diem tercium remeare et imparatum debitorem uehementer arguere, dicens: "Ecce triduanas inducias indulsi et in omnibus tuo desiderio satisfeci; iam nil habes de mea pacientia conqueri; redde quod debes!" Cunque terribiliter insisteret et iam pene miserum suffocaret, cepit eum per Dei omnipotentiam adiurare ut sustineret una tantum modo die. Quod cum impetrasset, protinus assumens secum quempiam de fidelioribus amicis Morimundum adire properauit. Transeuntes itaque per aliquam siluam, cum uenissent ad compitum unum ubi itineris | bifurcati diuisio duas uias facie-

CAPITVLVM LXXXI

bat, quarum tamen utraque post modicum interuallum in eandem uiam concurrebat, contigit unum ex eis per unam earum, per alteram alterum uero ingredi. Porro conuiator predicti hominis cum ad finem semitarum ueniens minime adesse illum aspiceret, reuersus est in occursum eius per alteram semitam, scire uolens qua de causa remoraretur. Et cum paululum processisset, heu inuenit eum mortuum in terra iacentem. Qui dum nulla in eo uulneris aut liuoris aut cuiuscumque lesionis signa reperiret, manifeste cognouit quod ab illo spiritu maligno suffocatus esset, moxque turbatus timore horribili fugam properanter arripuit domumque reuersus terribilem casum ceteris nunciauit atque omnium corda inmenso merore atque formidine percussit.

[904] **98.** Homo secularis nomine Hugo, cuius honestam et piam conuersacionem optime nouimus, inter alia bona que fideliter operatus est, adeo iusticie tenax et ueritatis cultor erat, ut ita uitaret omne mendatium dicere quemadmodum religiosi monachi solent. | Et quamuis multis necessitatibus interdum angeretur, utpote homo tenuis manu et arte uictum queritans, nunquam tamen pro quauis commoditate uel indigentia iusiurandum facere uel fidem suam impignorare nec aliquid per eam firmare uel pangere uoluit, quod multi secularium pro nichilo ducunt. Hic itaque beatissimam Dei genitricem Mariam, ut dignum est, speciali deuotione honorabat ac diligebat. Appropinquante autem obitus sui tempore, astitit ei per uisum eadem beatissima Virgo, consolans uocansque nomine suo. Qui statim aperiens oculos suos, cum eamdem ibidem adhuc subsistere crederet, respondit: "Ecce ego sum seruus tuus. Quid tibi placet, clementissima Domina?" At illa non apparente, homo in se ipsum reuertens, cepit attentius de aduocatione illa cogitare, uocanti gratias agens et exultans cum tremore. Hic ergo non multo post obiens et sancto fine quiescens, credimus atque confidimus quod eam apud benedictum fructum uentris sui Ihesum aduocatam inuenit, cuius piissima uoce uocatus, letus ac securior de mundo migrauit.

[905] **99.** Henricus, quondam imperator Ale|mannie, magnis uirtutibus preditus et omnium pene ante se bellicosissimus, clericum habebat in curia, qui et litterarum peritiam et uocis elegantiam uicio corporis deformabat, quod in meretriculam uilem dementer ardebat. Cum qua nocte quadam sollempni uolutatus, mane ad missam imperatoris aperta fronte astabat. Dissimulata sciencia, mandat ei Cesar ut se paret ad euangelium, quod eius melodia delectaretur. Erat enim diaconus. Ille pro peccati conscientia mul-

tis prestigiis subterfugere, imperator contra nuntiis urgere, ut probaret conscientiam. Ad extremum prorsus abnuenti: "Quia, inquit, michi non uis parere in tam facili obsequio, ego te extorrem tocius terre mee esse precipio." Clericus amplexus sentenciam abscessit continuo. Missi pedissequi qui eum persequerentur, ut si perseuerandum putaret iam urbem egressum reuocarent, ita incunctantem, compilatis omnibus suis et in sarcinulas omnibus compositis, iam profectum magnaque uiolentia retractum Henrici presentie sistunt. Qui leuiter subridens: "Probe, ait, fecisti et gratulor probitati tue, quod pluripen|deris Dei timorem quam patriam, respectum celestis ire quam meas minas. Quapropter habeto episcopatum qui primus in imperio meo uacauerit; tantum indecenti amori renuncies!"

100. Cum Petrus, abbas Cluniacensis, in quodam Cluniacensi monasterio diu infirmaretur, erat quidam frater infirmus in eadem domo qui ante conuersionem in seculo miles strenuus fuerat et post conuersionem, in quantum hominibus notum esse poterat, honeste conuersationis. Hic nimia infirmitate oppressus cepit in primis uociferari quecunque turbato animo occurrere poterant. Ad postrema uero hoc unum semper et solum incessanter toto annisu inclamabat: "Et O fratres, quare non succurritis? Cur non miseremini? Cur non remouetis a me maximum et terribilem runcinum illum, qui posterioribus pedibus contra me uersis calcibus caput meum conquassat, faciem dissipat, dentes conterit?" Cum igitur abbas Petrus aliquantulum conualuisset, egrum uisitauit et quid sibi in tam diuturna uociferatione uellet, requisiuit. Ad quod ille respondit: "Runcinus ille, ille certe, ille michi intole|rabiliter molestus est. Vultum meum assiduis ictibus conterit", et ostendebat digito locum, murum scilicet, cui ipse adherebat. Interea, uidentibus quamplurimis qui cum abbate astabant, cepit capud huc illucque conuertere et quasi a ferientis ictibus subducens nitebatur illud in puluinari uel desubtus abscondere. Iussit abbas aqua benedicta infirmum et locum quem ostendebat aspergi, sed nichilominus se runcinum uidere et ab eo eadem pati infirmus fatebatur. Quod audiens abbas suspicatus est propter aliquod occultum crimen hoc ei contingere, et sedulo hortatus est eum ut studiose preteritam uitam suam perscrutaretur, et si quid noxium, maxime de grauioribus, in ea recognosceret, confiteretur. Quod et liben-

---

2887 Petrus] Petrus Cluniacensis *add. in marg. al. man.*

CAPITVLVM LXXXI

ter concessit. Confiteri ergo cepit et cum plurima explicuisset et ad alia explicanda pergeret, ecce rursus auertere faciem et huc illucque conuertere atque sub puluinari nitebatur abscondere. Requisitus quid ille incompositus motus sibi uellet, respondit runcinum illum sibi | acrius solito instare. Et respondens abbas: "Insta, inquit, et tu frater; malignus spiritus est, impedire festinans salutem tuam, quem si perstiteris, uinces." Mox ille ad propositum confessionis reuersus, deuotius quam ceperat, peccata sua confitebatur, nichil quod occurrere posset tam de seculari quam de monastica uita preteriens, cum ecce subito in ipso narrationis progressu clamare cepit: "Quid me impedis? quid uerba mea intercidis? Aut dic quod dicere uolo, aut me dicere sine!" Super hoc etiam requisitus respondit: "Astat capiti meo uir prorsus incognitus, a quo omnia que male gessi narrari audio. Sic tamen ea memorat, ut me illa proferre non sinat, sed quantum potest impedit." Et abbas hunc demonem esse dicens, ne a proposito desisteret exhortabatur. Ille autem denuo ad priora rediens, ad finem cepta perducere nitebatur. Sed fere quadragies hec confessionis interruptio facta est. Modo enim peccata sua confitens loquebatur, modo de demonibus aliquando uerbis, aliquando uerberibus os eius obturare uolentibus conquerebatur. Sed tandem uicit nequam hostem diuina mise|ratio, et perfectam purgationem ei per plenam confessionis satisfactionem largitus est. Confessione ergo completa, abbas fratres conuocans, egrum absoluit penitentiamque pro eo fratribus, si ipse defungeretur, indixit. Rursumque interrogauit abbas ab eo quid de runcino illo diceret, uel si eum adhuc uideret. At ille quasi cum multo timore uelut iamiamque feriendus eleuans caput et oculos ad solitum locum et ad alia uicina loca dirigens, subito gaudio, obortis lacrimis, ait: "Per animam patris mei non comparet." Rursumque de illo qui ad capud eius astiterat requisitus, et iste ait: "Abscessit." Et gratias egerunt Deo qui astabant toto corde, qui saluat sperantes in se. Postea etiam a fratribus frequenter interrogatus utrum illorum aliquid uideret que prius uiderat, nichil triste se uidere, nichil prorsus molestie pati affirmabat, sed omnia sibi leta et pro uoluntate esse. Qui in breui in pace quieuit, bonam spem salutis sue et exemplum uere penitentie derelinquens.

[907]   101. Ad idem monasterium uenerat quidam laicus infirmitate carnis urgente et, ut fieri solet, monachico habitu a fratribus indutus, seculo renun|tiauerat, cui ad domum infirmorum delatus per aliquot dies inter uite mortisque confinia laborabat. Nocte ita-

que diem obitus sui precedente, in lecto iacebat et ueluti morti iam proximus a duobus famulis custodiebatur. Quorum unum aduocans ait: "Qui sunt rustici isti deformes et rostrati quos huc confluere et paulatim totam domum hanc implere uideo?" Ad quod cum famulus respondisset neminem ibi esse, nisi se tantum et socium eius, admirans ille adiecit: "Nonne cernis tetros homines omne iam domus huius spacium compleuisse, quorum horrenda species et rostris longissimis facies acute terrorem michi non paruum important?" Tunc intellexit famulus malignorum spirituum hanc esse frequentiam. Vnde fide plenus aquam benedictam arripiens omne habitaculum aspersit. Quod dum faceret, clamauit fortiter eger: "Eia! Fac quod facis, insta! Perurge aduersarios, quoniam ecce uelud a facie gladii fugientes summa cum festinatione exire contendunt, et quia moras patiuntur in alterutrum inpingentes primos hi qui secuntur uiolenter impellunt." Quo | ille audito, instare acriter et aqua benedictionis filios maledictionis a domo excludere contendebat. Quibus exclusis, eger ab eorum infestatione liberatus est, et quantum ad similia ualeat salutaris cum fide aspersio demonstratum est.

[908] 102. Rusticus quidam erat habens aluearia, in quibus exanima apum melleam fauorum dulcedinem recondebant. Hic a sortilegis acceperat quod, si Corpore Domini retento in ore, apibus in uase constitutis insufflaret, nulla deinceps moreretur, nulla recederet, nulla deperiret, sed de augmento fructus multo amplius quam ante gauderet. Accessit igitur ad ecclesiam et, sumpto a sacerdote Corpore Dominico, illudque ore retinens nec glutire uolens, ad unum de iamdictis aluearibus accessit atque foramini, quod in eo erat, ore adaptato sufflare cepit. Cumque auidus lucri diu anelitum protrahens uehementer sufflaret, ipso lingue et aeris impulsu iactatum Dominicum Corpus iuxta uas illud ad terram corruit. Cum ecce omnis illa apum multitudo de intimis egressa ad Corpus Domini sui reuerenter accurrit adque in morem rationabilium creaturarum | de terra subleuatum habitaculis suis cum multa ueneratione, homine illo inspiciente, induxit. Quod cernens homo aut negligens, aut paruipendens quod accidit, ad alia agenda gressum conuertit. Sed dum iter ageret, repentino timore turbatus se male egisse cognouit. Vnde compunctus mox rediit atque in uindictam sceleris sui apes, superi-

---

2972 Rusticus] Petrus abbas Cluniacensis *sup. l. al. man.*

niecta multa aque uiolentia, enecauit. Quibus extinctis, dum intima fauorum rimaretur, ecce conspicit Corpus Dominicum, quod eius ore lapsum fuerat, in formam speciosissimi pueruli ueluti cum recens nascitur, immutatum inter fauos et mella iacere. Ad quod stupefactus intremuit et quid inde ageret aliquandiu hesitans, hoc apud se inuenit consilium, ut eum, quia exanimis uidebatur, ad ecclesiam delatum, nullo sciente, tumularet. Quod, dum aggressus esset, subito ab indigne ferentis manibus, inuisibiliter ereptus, disparuit. In cuius piaculi ultionem accidit, ut locus ante populosus, in breui uario casu habitatore pereunte, in solitudinem redactus est.

3001 redactus est] Finis *sub. l. al. man.*

FONTES EXEMPLORVM

Pour chaque *exemplum* sont fournis un résumé, les références à la source citée explicitement par le compilateur, chaque fois que celle-ci a pu être identifiée. À défaut, on a indiqué les textes pouvant avoir servi de source ou à mettre en parallèle avec l'*exemplum* concerné, ainsi que les attestations dans d'autres œuvres cisterciennes. Hormis pour ces derniers, les cas d'utilisation postérieure ne sont pas mentionnés, sinon par le biais de la référence à l'*Index exemplorum* de F. C. Tubach[1]. Afin de faire le départ entre les récits bénéficiant de l'indication de la source et ceux qui en sont dépourvus, on a utilisé l'astérisque. Celui-ci indique au lecteur qu'il s'agit de la source alléguée par le compilateur. Il est accolé au nom de l'auteur quand celui-ci est cité ou au titre de l'œuvre quand il n'y a que ce dernier qui est noté. Les problèmes d'attribution, de défaut d'identification de l'œuvre sont signalés dans le commentaire. Sont donnés également, s'il y a lieu, une bibliographie réduite aux références intéressant l'*exemplum* en question, les renvois aux index de F. C. Tubach et de M. Poncelet[2], des éclaircissements intéressant l'identification des personnages ou de lieux et enfin un commentaire. Les renvois aux instruments de recherche usuels (dictionnaires, encyclopédies) sont à dessein exceptionnels.

Si des noms propres diffèrent sévèrement de la source présumée ou attestée, le nom fourni par la source est donné, dans le résumé, entre parenthèses, après le nom offert par le compilateur.

---

[1] F. C. Tubach, *Index exemplorum. A Handbook of medieval religious Tales*, Helsinki, Academia Scientiarum Fennica, 1969 (Folklore Fellows Communications, 204), rééd. 1981. Voir aussi sur internet le *Thesaurus exemplorum Medii Aevi* (ThEMA), développé par le Groupe d'anthropologie historique de l'Occident médiéval (GAHOM, Paris, EHESS-CNRS).

[2] M. Poncelet, 'Miraculorum B.M.V. quae saec. V-X latine conscripta sunt, index', *Analecta Bollandiana*, 21 (1902), p. 241-360.

I. DE L'ORGUEIL

1. (I, 1) Domitien ordonna qu'on l'appellât Dieu et Seigneur et se fit dresser des statues d'or et d'argent sur le Capitole.

Jérôme, *Chronicon Eusebii*, 86 p. J.-C. (EW, 7, p. 190, 13-14) et 91 p. J.-C. (EW, 7, p. 191, 11-13) – Domitien, empereur romain (81-96).
Ce récit est dit être tiré de chroniques (*In cronicis*). L'absence de précision empêche une identification formelle de la source. Onze autres cas ont été recensés, cf. *Index auctorum, relatorum et operum anonymorum, De cronicis*.

2. (I, 2) Dioclétien ordonna qu'on l'adorât comme un dieu et que ses chaussures tout comme ses vêtements fussent ornés de pierreries, alors qu'auparavant les empereurs se contentaient du salut adressé aux magistrats et se distinguaient seulement par la chlamyde pourpre.

Jérôme, *Chronicon Eusebii*, 296 p. J.-C. (EW, 7, p. 226, 10-15) – Dioclétien (245-313), empereur romain (284-305).

3. (I, 3) Tullus Hostilius qui fut le premier des rois de Rome à utiliser la pourpre et les faisceaux périt foudroyé.

Jérôme, *Chronicon Eusebii*, 674 a. J.-C. (EW, 7, p. 93a, 25-27) – Tullus Hostilius, 3e roi de Rome (672-640 av. J.-C.).

4. (I, 4) Des évêques d'Afrique, la langue coupée par les Vandales, avaient miraculeusement retrouvé l'usage de la parole. L'un d'eux s'en glorifia et redevint aussitôt muet.

Sigebert de Gembloux, *Chronica*, a. 530 (éd. D. L. C. Bethmann, MGH, SS, 6, Hanovre, 1844, p. 315, 61-63); cf. Grégoire le Grand, *Dialogorum libri IV*, III, 32, 1-4 (SC 260, p. 390-393) – Tubach 4567, 4914 – Les Vandales, peuple germanique, installé en Espagne puis en Afrique (V[e]-VIe siècles).

5. (I, 5) Le conflit qui opposa les papes Pélage et Grégoire à l'arrogance de l'évêque de Constantinople, Jean, usurpateur du titre de patriarche universel, ne trouva d'issue que dans la mort subite de ce dernier.

Sigebert de Gembloux, *Chronica*, a. 601 (éd. D. L. C. Bethmann, MGH, SS, 6, Hanovre, 1844, p. 320, 67, p. 321, 1-2) – Pélage II, pape (579-590); Grégoire Ier, dit le Grand, pape (590-604); Jean le Jeûneur, patriarche de Constantinople (582-595).

6. (I, 6) L'empereur Anastase qui opposa une réponse hautaine aux remontrances du pape Hormisdas périt foudroyé.

Richard de Saint-Victor*, *Liber Exceptionum*, I, 9, 2 (éd. J. Châtillon, p. 190) – Anastase, empereur d'Orient (491-518); saint Hormisdas, pape (514-523).

7. (I, 7) Saint Benoît, en délivrant un clerc du démon, lui avait interdit d'accéder à un ordre sacré. Après quelques années, oublieux de l'interdiction, le clerc se fit consacrer et fut immédiatement ressaisi par le démon.

Grégoire le Grand*, *Dialogorum libri IV*, II, 16, 1-2 (SC 260, p. 184-187) – Saint Benoît de Nursie (v. 480-547).

8. (I, 8) Le moine chargé de la lampe qui éclairait la table de saint Benoît en vint à se juger supérieur à cet office. Devinant sa pensée, saint Benoît le reprit vivement et lui fit retirer la lampe.

Grégoire le Grand, *Dialogorum libri IV*, II, 20, 1-2 (SC 260, p. 196-199) – Tubach 842 – Saint Benoît de Nursie, cf. supra.

9. (I, 9) Des démons avaient emporté dans les airs un chevalier. Mais, constatant avec dépit qu'il ne portait plus le vêtement à queue auquel il avait renoncé depuis peu, ils le jetèrent dans un fossé.

Dans l'*Ysengrimus*, composé entre 1148 et 1153 (éd. E. Voigt, 1884 et trad. E. Charbonnier, Paris, 1991), Ysengrinus reproche à Reinardus le Goupil, d'être un « rouquin du mauvais camp, plus perfide qu'un anglais coué » (5, 1041); le *Roman de Brut* de Wace (éd. I. Arnold, Paris, 2 vol., SATF, 1938-1940), achevé en 1155, dans son chapitre sur la Dérision de saint Augustin de Canterbury, raconte comment les habitants du Dorset, rétifs à son évangélisation, lui auraient accroché une queue de raie : depuis ce jour, ils étaient censés naître avec une queue ; voir G. Duchet-Suchaux, 'La légende des anglais « coués »', *L'Histoire*, 219 (mars 1998), p. 20 ; il mentionne également un texte postérieur daté de 1223-1226 : Jacques de Vitry, *Historia Occidentalis*, 7 (éd. J. Fr. Hinnebush, Fribourg (CH), 1972, p. 92). – McGuire, 'The Cistercians and the rise of *exemplum*', p. 211-267, spéc. p. 261.

Cet *exemplum* est dépourvu d'une indication concernant la source, à l'instar de nombreux autres récits. On notera que le récit fait partie d'un ensemble de vingt-cinq récits précédés de la mention : *Sine tytulo* : cf. *Index auctorum relatorum et operum anonymorum, Sine titulo*.

10. (I, 10) Durant six ans, une vierge recluse s'était imposé des mortifications. Mais elle en tira orgueil et, privée de l'aide divine, elle succomba aux charmes de l'homme chargé de la servir.

Palladius, *Historia lausiaca*, 35 (PL 73, 1135A-C): suite à une erreur de numérotation, il y a deux chapitres 35 dans l'*Historia lausiaca* éditée en PL 73; en conséquence, il importe de préciser que nous faisons référence ici au premier de ces deux chapitres.

Le compilateur a seulement noté que le récit était emprunté aux *Vitae Patrum*.

II. De l'humilité

11. (II, 1) Rapportant la sainte Croix à Jérusalem, Héraclius dut s'abaisser et se déchausser afin que s'ouvrit la porte par laquelle Jésus avait quitté la ville pour aller vers sa croix.

Sigebert de Gembloux, *Chronica*, a. 631 (éd. D. L. C. Bethmann, MGH, SS, 6, Hanovre, 1844, p. 323, 24-26) – Tubach 2530 – Héraclius, empereur d'Orient (610-641).

Ce récit est dit être tiré de chroniques (*In cronicis*): cf. I, 1 et *Index auctorum, relatorum et operum anonymorum, De cronicis*.

12. (II, 2) Godefroy, roi de Jérusalem, ne consentit jamais à porter la couronne dans la ville où le Seigneur avait été couronné d'épines.

Cf. Guibert de Nogent, *Gesta Dei per Francos*, VII, 25 (CCCM 127a, 1996, p. 317-318) – Godefroy de Bouillon (1061-1100), avoué du Saint Sépulcre (1099-1100).

13. (II, 3) Les martyrs de Lyon qui avaient subi de multiples tortures refusaient d'être considérés comme des martyrs, estimant que ce nom devait être réservé au Christ et à ses disciples.

Eusèbe de Césarée, *Ecclesiastica Historia**, V, 2, 2 (EW, 2/1, p. 429; SC 41, p. 23-24).

14. (II, 4) On raconte que l'empereur Philippe aurait été chrétien et qu'il se serait volontiers soumis aux conditions de confession, de pénitence et d'humilité imposées par l'évêque pour participer à la fête de Pâques.

Eusèbe de Césarée, *Ecclesiastica Historia*, VI, 34 (EW, 2/2, p. 589-591; SC 41, p. 137) – Philippe l'Arabe, empereur romain (244-249).

15. (II, 5) L'empereur Constantin vénérait les prêtres non pas comme des égaux mais comme des supérieurs, en tant qu'image de la présence divine.

Eusèbe de Césarée, *Ecclesiastica Historia*, X, 8, 1 (add. de Rufin) (EW, 2/2, p. 893) – Constantin Ier le Grand, empereur romain (306-337).

16. (II, 6) L'empereur Constantin aimait et vénérait saint Paphnuce. Il l'appelait volontiers au palais et couvrait de baisers la cicatrice de l'œil qu'il avait perdu à cause de sa foi.

Eusèbe de Césarée, *Ecclesiastica Historia*, X, 4 (add. de Rufin) (EW, 2/2, p. 963) – Constantin Ier, cf. supra; Paphnuce, qui signifie «porte-Dieu», nom assez répandu en Égypte pour avoir été porté par différents moines de Scété, avec des surnoms tels Paphnuce Cephalas, Paphnuce le Scétiote rencontré par Mélanie au désert de Nitrie à ne pas confondre avec un Paphnuce anachorète à Héraclée. J.-Cl. Guy, *Les apophtegmes des Pères* (SC 387), Paris, Cerf, 1993, p. 59-61.

17. (II, 7) Spiridion, évêque de Chypre, et berger, délia des voleurs de bétail des liens invisibles qui les avaient ligotés alors qu'ils s'apprêtaient à voler ses brebis, et il leur offrit un bélier.

Eusèbe de Césarée, *Ecclesiastica Historia*, X, 5 (add. de Rufin) (EW, 2/2, p. 963-964) – Saint Spiridion (v. 270-348), évêque de Tremithous près de Paphos (Chypre); il participa au concile de Nicée I (325).

18. (II, 8) Hélène, reine vénérée, ayant invité les vierges consacrées qui vivaient à Jérusalem, les servit elle-même, car elle se considérait comme la servante des servantes du Christ.

Eusèbe de Césarée, *Ecclesiastica Historia*, X, 8 (add. de Rufin) (EW, 2/2, p. 970-971) – Sainte Hélène (v. 255-v. 330), mère de Constantin Ier; son voyage à Jérusalem se situerait vers 326.

Vierges consacrées: La consécration des vierges est un rituel principalement monastique (dans l'Antiquité, il exista sans doute des femmes qui se consacrèrent à la virginité sans pour autant vivre sous une règle commune) qui fait suite au vœu de virginité. Ce rituel reprend (depuis le *Pontifical romano-germanique du Xe siècle*) le thème des épousailles (la remise de l'anneau est développée chez Guillaume Durand dans son *Rationale divinorum officiorum* de la fin du XIIIe siècle) tout en insistant sur la théologie de la virginité chère à l'Église. A.-G. Martimort (dir.), *L'Église en prière. Introduction à la liturgie*, t. III, *Les sacrements*, Paris, Desclée, 1984 (nouv. éd.), p. 225-237.

19. (II, 9) Placilla (Flacilla), l'épouse de l'empereur Théodose, prodiguait en cachette des soins et des secours aux infirmes et aux malades, en se chargeant des tâches ordinairement dévolues aux esclaves. À ceux qui voulaient entraver ses largesses, elle répondait que, sur l'or acquitté à l'empereur, elle offrait pour l'empire les biens qui lui étaient confiés.

Cassiodore, *Historia tripartita**, IX, 31, 1-5 (CSEL 71, p. 546-547) – Tubach 4774 – Flacilla, première épouse de Théodose Ier, morte vers 385-386 ; Théodose Ier, empereur (379-395).

20. (II, 10) L'empereur Théodose refusa de prendre la moindre nourriture avant d'avoir été relevé d'une sanction lancée par un simple moine, en dépit de l'avis de l'évêque l'assurant que cette sentence n'avait aucune valeur.

Cassiodore, *Historia tripartita*, X, 27, 3-4 (CSEL 71, p. 619-620) – Théodose Ier, cf. supra.

21. (II, 11) L'évêque d'Hébron étant mort à Constantinople, l'empereur Théodose demanda son cilice et s'en ceignit, croyant ainsi gagner un peu de sa sainteté.

Cassiodore, *Historia tripartita*, XI, 17, 15 (CSEL 71, p. 653) – Théodose Ier, cf. II, 9 ; Hébron, localité au sud de Jérusalem ; Constantinople, capitale de l'empire d'Orient, fondée par Constantin Ier.

22. (II, 12) L'évêque Pierre d'Alexandrie refusa toujours de s'asseoir sur le siège épiscopal, lui préférant un simple escabeau.

Passio s. Petri Alexandrini episcopi (BHL 6692-6693, PG 18, 464C) ; Odon de Cluny, *Collationes libri tres*, I, 26 (PL 133, 537C) – Pierre d'Alexandrie, évêque (IVe s.), saint et martyr ; « siège épiscopal » : cathèdre, chaire épiscopale.

Comme dans seize autres récits, le compilateur donne comme source à ce récit le *Liber deflorationum*. Les recherches conduites n'ont pu identifier avec certitude cette œuvre, cf. *Index auctorum, relatorum et operum anonymorum, Liber deflorationum*.

23. (II, 13) Grégoire fut le premier pape à s'intituler dans ses lettres « serviteur des serviteurs ».

Odon de Cluny, *Collationes libri tres*, III, 7 (PL 133, 594B) – Grégoire le Grand, cf. I, 5.

24. (II, 14) Les évêques se sachant prêtres et non seigneurs, honorent les clercs comme des clercs afin d'être reconnus par eux en tant qu'évêques. Interrogé à ce sujet, l'orateur Domitius déclare : « Pourquoi te considérais-je comme un prince alors que tu ne me considères pas comme un sénateur ? »

Jérôme*, *Epistulae*, 3, 52, 7 (CSEL 54, p. 427) – Saint Jérôme (v. 347-419 ou 420).

25. (II, 15) Saint Augustin jugeait qu'étant enfant, il avait commis un délit majeur en volant des fruits sans autre mobile que le goût du méfait.

Augustin*, *Confessionum libri XIII*, II, 4 (CCSL 27, p. 21-22) – Saint Augustin (354-430), évêque d'Hippone en 395.

26. (II, 16) Constance, homme de Dieu dont la réputation de sainteté attirait les foules, remercia avec effusion un paysan qui, ayant cherché à le rencontrer, exprima sa déception et son dédain en le voyant.

Grégoire le Grand*, *Dialogorum libri IV*, I, 5, 4-5 (SC 260, p. 60-63) – Tubach 2701 – Constance (saint), sacristain de l'église Saint-Étienne d'Ancône (2ᵉ moitié du VIᵉ s.).

27. (II, 17) Maître Anselme refusa la proposition d'Étienne, sénéchal de France, de favoriser l'ascension sociale de ses neveux, de crainte de voir ceux-ci abandonner leur humilité de pauvres paysans.

Pierre le Chantre*, *Verbum adbreuiatum. Versio breuis*, 47 (PL 205, 151B-C); *id.*, *Verbum adbreuiatum. Textus conflatus*, I, 45 (CCCM 196, p. 307, 215-238) – Anselme de Laon, chanoine, écolâtre, archidiacre et chancelier de l'église de Laon (v. 1050-1117); Étienne de Garlande (v. 1070-1150), favori du roi Louis VI (1108-1137) jusqu'à sa disgrâce en 1127.

28. (II, 18) Richard, duc de Normandie, se rendait souvent en secret au monastère de Fécamp pour prier. Une nuit, le sacristain le prenant pour un intrus l'attrapa par les cheveux et lui administra des gifles et des coups de poing. Le duc endura tout cela en silence. Le lendemain, il porta plainte au chapitre et convoqua le sacristain au domaine d'Argence où il lui pardonna sa violence et lui donna ce domaine. Par humilité, le duc demanda à être inhumé devant la porte de l'église.

Guillaume de Malmesbury*, *De gestis regum Anglorum*, II, 178 (éd. R. A. B. Mynors, R. M. Thomson, M. Winterbottom, Oxford, 1998, t. 1, p. 304-309) – Richard II le Bon, duc de Normandie (996-1027); Fécamp, Seine Maritime, arr. du Havre; abbaye de la Trinité de Fécamp, fondée par Guillaume de Volpiano selon la règle de Cluny vers l'an mil; Argences, Calvados, arr. Caen, cant. Troarn.

29. (II, 19) Sainte Edburge était l'une des nombreuses filles du roi Édouard. Elle avait à peine trois ans quand elle préféra les évangiles et le calice à des colliers et à des bracelets.

Guillaume de Malmesbury, *De gestis regum Anglorum*, II, 217 (éd. R. A. B. Mynors, R. M. Thomson, M. Winterbottom, Oxford, 1998, t. 1, p. 400-403) – Sainte Edburge, abbesse de Winchester (morte en 960), fille du roi Édouard l'Ancien (mort en 924).

30. (II, 20) Le corbeau qui, depuis soixante ans, descendait chaque jour porteur d'un demi pain pour Paul en apporta un entier quand Antoine vint séjourner chez l'ermite. Les deux hommes faisant assaut de politesse, le jour passa avant qu'ils ne partagent le don céleste. À son retour, Antoine exprima devant deux frères une grande vénération pour Paul, qu'il situait au paradis et le comparait aux abbas Jean et Élie, situés, eux, au désert. Il professait une grande humilité envers lui-même.

Jérôme, *Vita beati Pauli monachi Thebaei** (BHL 6596, 6596a), 10, 2-3, 11, 1 et 13, 1 (SC 508, p. 166-167, 8-15, p. 168-169, 1-7 et p. 172-173, 1-6) – Tubach 280, 757 – Sur les difficultés à identifier ce Paul parmi les treize possibles, voir J.-Cl. Guy, *Les apophtegmes des Pères* (SC 387), Paris, Cerf, 1993, p. 53-54. Antoine le Grand, ermite en Haute Égypte (251-356), connu grâce à la vie écrite par saint Athanase et par ses lettres. Il fut considéré comme le père de tous les moines chrétiens.

31. (II, 21) Antoine amenait tous les clercs, quel que soit leur rang, à prier devant lui. Il s'inquiétait de leur entourage et leur accordait son aide en cas de nécessité.

Vita beati Antonii abbatis*, 39 (PL 73, 156A-C) – Saint Antoine le Grand, cf. supra.

32. (II, 22) Annoncer à un moine la mort de son père constitue un blasphème, car le Père est immortel.

Vitae Patrum*, V, *Verba seniorum*, 1, 5 (PL 73, 855B); *Apophtegmes des Pères*, t. 1 (SC 387), chap. I, L'avancement spirituel, n° 5, p. 104-105.

33. (II, 23) Sur le point de mourir, l'abba Pambo dit qu'il n'avait même pas commencé à servir Dieu.

Vitae Patrum, V, *Verba* seniorum, 1, 16 (PL 73, 857A); *Les sentences des Pères du Désert, collection alphabétique* [trad. Dom L. Regnault], 769 Pambo 8, p. 264; même sentence attribuée à Sisoès: *Les apophtegmes des Pères*, collection systématique, t. 3 (SC 498), chap. XX, Conduite vertueuse de différents pères, n° 7, p. 168-171 – Abba Pambo (mort v. 385), abbé de Nitrie où il avait été un des premiers compagnons d'Amoun. Il était prêtre et avait rencontré saint Antoine, Poemen et Macaire. J.-Cl. Guy, *Les apophtegmes des Pères* (SC 387), Paris, Cerf, 1993, p. 89.

34. (II, 24) Un moine âgé s'accusa de pensées tentatrices pour aider un jeune confrère à vaincre les siennes.

*Vitae Patrum**, V, *Verba seniorum*, 5, 13 (PL 73, 876C-877A); *Les apophtegmes des Pères, collection systématique*, t. 3 (SC 498), chap. XVIII, Des vieillards clairvoyants, n° 13, p. 57-59.

35. (II, 25) Un frère rendu malade par une abstinence excessive se mit à tousser au point de cracher à table. Un des frères mangea ses excrétions afin de lui faire prendre conscience de ses excès.

Vitae Patrum, V, *Verba seniorum*, 4, 70 (PL 73, 873C-D); *Apophtegmes des Pères*, t. 1 (SC 387), chap. IV, De la maîtrise de soi, n° 85, p. 228-229.

36. (II, 26) L'abba Pastor a dit que les moines n'avaient pas appris à fermer leur porte de bois, mais qu'ils souhaitaient tenir close celle de la langue.

Vitae Patrum, V, *Verba seniorum*, 13, 5 (PL 73, 944C-D); *Les sentences des Pères du Désert, collection alphabétique* [trad. Dom L. Regnault], 632 Poemen 58 – Pastor, abbé du désert de Scété (IVe s.) – Cf. XXV, 7, récit analogue.

37. (II, 27) Une voix dit à l'abba Antoine angoissé par les pièges du diable que seule l'humilité pouvait les vaincre.

Vitae Patrum, V, *Verba seniorum*, 15, 3 (PL 73, 953B-C); *Les sentences des Pères du Désert, collection alphabétique* [trad. Dom L. Regnault], 7 Antoine 7, p. 14 – Saint Antoine le Grand, cf. II, 20.

38. (II, 28) On disait de l'ermite Arsène que personne n'avait porté de vêtements plus somptueux au palais, ni de plus vils depuis sa conversion.

Vitae Patrum, V, *Verba seniorum*, 15, 6 (PL 73, 953D); *Les apophtegmes des Pères*, t. 2 (SC 474), chap. XV, De l'humilité, n° 6, p. 287 – Saint Arsène le Grand, issu d'une noble famille romaine, puis haut dignitaire à la cour impériale de Constantinople. Il devint vers 394 ermite au désert de Scété auprès de Jean Colobos. Il quitta définitivement Scété après la dévastation de 434 et finit sa vie à Troé (act. Toura) près du Caire. Il serait mort vers 449. Voir J.-Cl. Guy, *Les apophtegmes des Pères* (SC 387), Paris, Cerf, 1993, p. 74-77; *Les sentences des Pères du Désert, collection alphabétique* [trad. Dom L. Regnault], 42 Arsène 4, p. 24.

39. (II, 29) Comme l'on s'étonnait que l'abba Arsène se soucie des pensées d'un vieil « Égyptien », il répondit que s'il connaissait le latin et le grec, il ignorait encore les rudiments de la langue de cet homme simple.

Vitae Patrum, V, *Verba seniorum*, 15, 7 (PL 73, 953D-954A); *Les sentences des Pères du Désert, collection alphabétique* [trad. Dom L. Regnault], 44 Arsène 6, p. 24 – Saint Arsène, cf. supra.

40. (II, 30) Leur fille étant la proie du démon, ses parents cherchèrent un ermite pour la guérir. Ils en trouvèrent un, venu au marché pour vendre ses corbeilles. Sous le prétexte d'en acheter, ils le menèrent chez eux. À peine entré, il reçut une gifle de la possédée, mais, tendant aussitôt l'autre joue, il força le démon hurlant à libérer la jeune fille.

Vitae Patrum, V, *Verba seniorum*, 15, 14 (PL 73, 956C-957A); *Les apophtegmes des Pères*, t. 2 (SC 474), chap. XV, De l'humilité, n° 71, p. 333. Cf. récit analogue: II, 35.

41. (II, 31) Le diable avoua à Macaire que, de toutes les armes utilisées contre lui par le saint homme, seule l'humilité parvenait à le vaincre.

Vitae Patrum, V, *Verba seniorum*, 15, 26 (PL 73, 959A-B); *Vitae Patrum*, VII, *Verba seniorum*, 13, 6 (PL 73, 1036C); *Les sentences des Pères du Désert, collection alphabétique* [trad. Dom L. Regnault], 464 Macaire 11, p. 178 et 488 Macaire 35, p. 186; *Les apophtegmes des Pères*, t. 2 (SC 474), chap. XV, De l'humilité, n° 40, p. 315 – Tubach 3119 – Macaire l'Égyptien (v. 300-mort v. 390), fondateur de la communauté au désert de Scété alors qu'il n'avait que trente ans. Il rendit visite à saint Antoine et fut ordonné prêtre. Dans les apophtegmes alphabétiques, il est parfois confondu avec Macaire d'Alexandrie.

42. (II, 32) L'évêque qui venait de consacrer l'abba Moïse voulut l'éprouver. Il chargea ses clercs de le jeter dehors et de lui rapporter sa réaction. Expulsé, Moïse dit : « C'est bien fait pour toi, gris et noir ; puisque tu n'es pas un homme, pourquoi prétends-tu te joindre aux hommes. »

Vitae Patrum, V, *Verba seniorum*, 15, 29 (PL 73, 959D-960A) ; *Les sentences des Pères du Désert, collection alphabétique* [trad. Dom L. Regnault], 498 Moïse 4, p. 189-190 – Abba Moïse, probablement Moïse l'Éthiopien, ancien brigand, moine de Scété formé par l'abba Isidore, assassiné par les Maziques qui dévastèrent Scété vers 407. Voir J.-Cl. Guy, *Les apophtegmes des Pères* (SC 387), Paris, Cerf, 1993, p. 68-70.

43. (II, 33) Interrogé sur sa capacité à rester stoïque en cas de tribulation dans le monastère, Nisthéros répondit que dès ses débuts dans la communauté, il s'était dit : « Un âne et toi ne font qu'un. »

Vitae Patrum, V, *Verba seniorum*, 15, 30 (PL 73, 960A-C) ; *Les apophtegmes des Pères*, t. 2 (SC 474), chap. XV, De l'humilité, n° 46, p. 319 – On retrouve cette même assimilation de l'ascète à un âne dans un apophtegme de Macaire : *Les sentences des Pères du Désert, collection alphabétique* [trad. Dom L. Regnault], Macaire Supplément 1, p. 333.

44. (II, 34) L'abba Sisoès dit à un frère qui se vantait d'avoir toujours l'esprit tendu vers Dieu, qu'il était préférable de se considérer comme inférieur à toute créature.

Vitae Patrum, V, *Verba seniorum*, 15, 47 (PL 73, 962C-D) ; *Les sentences des Pères du Désert, collection alphabétique* [trad. Dom L. Regnault], 816 Sisoès 13, p. 286 – Sisoès le Thébain, moine de la première génération des abbas de Scété puis de *Mons Antonii* à partir de 356 avec son disciple Abraham, il se retira à Clysma ; à ne pas confondre avec Sisoès de Pétra moins célèbre. Voir J.-Cl. Guy, *Les apophtegmes des Pères* (SC 387), Paris, Cerf, 1993, p. 49-50 et *Les sentences des Pères du Désert, collection alphabétique* [trad. Dom L. Regnault], p. 283.

45. (II, 35) En lui tendant l'autre joue, un ermite mit en fuite le démon qui l'avait frappé.

Vitae Patrum, V, *Verba seniorum*, 15, 53 (PL 73, 963C) – Tubach 958. Cf. récit analogue : II, 30.

46. (II, 36) Un frère, chassé sans raison de la communauté, se compara à un chien, lequel fuit quand on le chasse et vient quand on l'appelle.

Vitae Patrum, V, *Verba seniorum*, 15, 64 (PL 73, 964C-D).

47. (II, 37) En se jugeant indigne de recevoir la visite d'un ange, un frère déjoua la ruse du diable qui lui était apparu en se donnant pour l'ange Gabriel.

Vitae Patrum, V, *Verba seniorum*, 15, 68 (PL73, 965C-D); *Les apophtegmes des Pères*, t. 2 (SC 474), chap. XV, De l'humilité, n° 87, p. 343.

48. (II, 38) Après avoir jeûné soixante-dix semaines pour recevoir l'inspiration divine, un ancien décida de solliciter l'avis d'un confrère. Devant cet acte d'humilité, l'ange du Seigneur lui fut envoyé pour l'éclairer.

Vitae Patrum, V, *Verba seniorum*, 15, 72 (PL 73, 966A-B); *Les apophtegmes des Pères*, t. 2 (SC 474), chap. XV, De l'humilité, n° 91, p. 343.

49. (II, 39) Sur le conseil de l'ange du Seigneur, saint Prothère se rendit dans un monastère où se cachait une femme d'une humilité extraordinaire. Considérée comme simple d'esprit, reléguée à la cuisine, supportant privations et moqueries, elle quitta secrètement la maison dès que ses mérites furent connus.

Vitae Patrum, V, *Verba seniorum*, 18, 19 (PL 73, 984B-985B); *Les apophtegmes des Pères, collection systématique*, t. 3 (SC 498), chap. XVIII, Des vieillards clairvoyants, n° 24, p. 69-73 (renvoi à Palladius, *Historia lausiaca*, 34) – Tubach 2718 – Saint Prothère, évêque du patriarcat d'Alexandrie, mort v. 457.

50. (II, 40) Paroles de l'abba Moïse: «Si l'homme ne se reconnaît pas pécheur, Dieu ne l'entend pas.» «Si la prière n'accompagne pas le travail, l'homme peine en vain.»

Vitae Patrum, VI, *Verba seniorum*, 4, 3-4 (PL 73, 1014D); *Les sentences des Pères du Désert, collection alphabétique* [trad. Dom L. Regnault], 510 III (Moïse 16) et 511 IV (Moïse 17), p. 193 (deux des sept chapitres que l'abba Moïse envoya à l'abba Poemen); *Les apophtegmes des Pères*, t. 2 (SC 474), chap. XV, De l'humilité, n° 45, p. 317 – Abba Moïse, cf. II, 32.

51. (II, 41) À un frère qui lui demandait comment il pourrait se juger inférieur à l'auteur d'un homicide, l'abba Poemen répondit que la seule justice consistait à se blâmer soi-même.

Vitae Patrum, III, *Verba seniorum*, 131 (PL 73, 785D-786A); *Les sentences des Pères du Désert, collection alphabétique* [trad. Dom L. Regnault], 671 Poemen 97, p. 243 – Poemen, moine au désert de Scété (ve s.), héritier des anciens de Scété dont il a recueilli et transmis les enseignements. Il a dû fuir le désert plusieurs fois devant les invasions des Maziques. C'est sans doute à son époque qu'on a commencé à réunir les apophtegmes, ce qui expliquerait la part prépondérante qu'il y occupe. Voir J.-Cl. Guy, *Les apophtegmes des Pères* (SC 387), Paris, Cerf, 1993, p. 77-79.

52. (II, 42) L'abba Paphnuce qui souhaitait que son disciple Daniel lui succédât, lui avait conféré la prêtrise. Néanmoins, celui-ci continua à se comporter en diacre tant que son abbé vécut.

Vitae Patrum, IV, *Excerpta ex Severo Sulpicio et Cassiano*, 49 (PL 73, 844A-C) – Paphnuce, cf. II, 6 ; Daniel, disciple d'Arsène qu'il servit jusqu'à sa mort. Ses apophtegmes parlent peu de lui-même mais transmettent des souvenirs sur Arsène et quelques autres abbas du désert de Scété. En tant que disciple de Paphnuce à Scété, il fut élevé par lui au diaconat puis au sacerdoce pour qu'il devienne son successeur, mais il mourut prématurément. J.-Cl. Guy, *Les apophtegmes des Pères* (SC 387), Paris, Cerf, 1993, p. 56 et *Les sentences des Pères du Désert, collection alphabétique* [trad. Dom L. Regnault], p. 76.

53. (II, 43) Devant la gloire et les honneurs, saint Bernard paraissait s'évader de lui-même ou s'endormir. Il se retrouvait pleinement lui-même en compagnie des frères les plus simples. Il ne prêchait que stimulé par la crainte de Dieu et l'amour de ses frères.

Geoffroy d'Auxerre, *Vita sancti Bernardi* (BHL 1214), III, 7, 22 (PL 185, 316B-D) – Saint Bernard de Clairvaux, cistercien, fondateur de Clairvaux (1091-1153).

54. (II, 44) La confiance que les hommes mettaient en lui tourmentait saint Bernard qui ne partageait nullement l'admiration qu'il suscitait.

Geoffroy d'Auxerre, *Vita sancti Bernardi* (BHL 1216), V, 2, 12 (PL 185, 358D-359A) – Saint Bernard, cf. supra.

III. De l'envie

55. (III, 1) Après avoir tenté de supprimer saint Benoît avec un pain empoisonné (que Benoît confie à un corbeau), le prêtre Florent entreprit de corrompre ses disciples en leur envoyant des filles de joie. Saint Benoît préféra alors s'exiler avec quelques fidèles et céder ainsi la place à son persécuteur. Celui-ci savourait son triomphe, lorsqu'il trouva la mort dans l'effondrement de la terrasse sur laquelle il se tenait. Un frère nommé Maur annonça avec joie la nouvelle à Benoît et fut puni par lui.

Grégoire le Grand*, *Dialogorum libri IV*, II, 8, 1-7 (SC 260, p. 160-165) – Saint Benoît de Nursie, cf. I, 7.

56. (III, 2) Saint Florent avait souhaité la vengeance divine contre ceux qui, sans raison, avaient tué son ours familier. Exaucé, puisque les auteurs du forfait avaient été aussitôt frappés d'éléphantiasis, il ne cessa de déplorer son vœu.

Grégoire le Grand, *Dialogorum libri IV*, III, 15, 2-8 (SC 260, p. 314-321) – Tubach 519 – Saint Florent, moine dans la province de Nursie, attesté vers 547.

57. (III, 3) Pierre, abbé d'Igny, regardait les moines qui se rendaient à la communion lorsqu'il vit l'ange du Seigneur leur donner l'hostie et une clarté illuminer chaque visage, à l'exception d'un seul, tout au contraire enveloppé d'une ombre noire. Il interrogea le frère qui avoua de mauvaises pensées à l'égard d'un confrère. Le lendemain, le coupable pardonné montra un visage plus rayonnant encore que celui des autres moines.

Cf. Hélinand de Froidmont, *Chronicon*, a. 1184 (PL 212, 1070C-1071C) – Pierre le Borgne (Monoculus), abbé d'Igny avant 1169-1179, mort en 1186; Igny, Marne, cant. de Fismes, comm. Arcis-le-Ponsart, diocèse de Reims, monastère cistercien, fondé en 1128.

Cet *exemplum* est précédé de la mention *Sine tytulo*: cf. *Index auctorum relatorum et operum anonymorum*, *Sine titulo*.

IV. De la charité

58. (IV, 1) Comme le pape Sixte avait été mis en cause par un certain Bassus, Valentinien réunit un synode de cinquante-six évêques qui innocenta le pape et condamna Bassus, sans prévoir de le priver du viatique dans ses derniers moments. Mais Valentinien et sa mère Placidia aggravèrent la condamnation. Cependant, quand Bassus mourut moins de trois mois plus tard, Sixte l'ensevelit à Saint-Pierre de ses propres mains.

Liber Pontificalis*, 46 (éd. L. Duchesne, t. I, p. 89) – Sixte III, pape (432-440); Valentinien III, empereur romain (425-455), fils de Constance III et Galla Placidia; Saint-Pierre, basilique construite à Rome vers 326-333 par l'empereur Constantin.

59. (IV, 2) Les faiblesses des croyants pèsent plus lourd que les tortures infligées aux martyrs.

Eusèbe de Césarée, *Ecclesiastica Historia**, V, 1, 11-12 (EW, 2/1, p. 407; SC 41, p. 9).

60. (IV, 3) Comme saint Grégoire de Naziance s'était totalement investi au service de Dieu, il envisagea par amour pour son collègue Basile de le faire renoncer à sa charge doctorale pour le conduire au monastère.

Eusèbe de Césarée, *Historia ecclesiastica*, XI (add. de Rufin), 9 (EW, 2/2, p. 1014, 18-21) – Saint Grégoire de Naziance (v. 325-389), théologien, évêque de Naziance (381-383); saint Basile de Césarée (329-379), docteur de l'Église.

61. (IV, 4) Saint Spiridion évêque distribuait ses revenus aux pauvres ou prêtait à ceux qui voulaient : la règle était que chacun entrait dans sa cellule pour prendre ce dont il avait besoin comme pour rapporter l'équivalent de son emprunt. Un jour, un débiteur transgressa cette règle et quand il voulut emprunter à nouveau, il trouva la grange vide. Son péché avoué, il put emporter ce qu'il était venu chercher.

Cassiodore, *Historia tripartita**, I, 10, 5-6 (CSEL 71, p. 31-32) – Spiridion, cf. II, 7.

62. (IV, 5) Saint Alban fut converti par la foi d'un clerc poursuivi, auquel il avait donné asile. Il se laissa arrêter à sa place, fut martyrisé et décapité. En même temps que sa tête tombait à terre, les yeux du bourreau suivirent le même chemin.

Bède le Vénérable, *Historia ecclesiastica gentis Anglorum**, I, 7 (Colgrave-Mynors, p. 28-32) – Saint Alban, premier martyr de l'Angleterre (v. 303).

63. (IV, 6) Comme le roi Oswald (Odoald) voulait convertir son peuple et que le prédicateur écossais qu'il avait sollicité ne connaissait pas bien le dialecte des Anglais, il se fit interprète pour le bénéfice de ses vassaux et de ses officiers.

Bède le Vénérable, *Historia ecclesiastica gentis Anglorum*, III, 3 (Colgrave-Mynors, p. 218-220). – Saint Oswald (Odoald), roi de Northumberland en 635, mort en 642.

64. (IV, 7) Saint Ambroise, pressé par le tribun Dalmatius de confier au tribunal laïque le procès de l'hérétique Auxence, s'y refusa absolument.

Ambroise de Milan*, *Epistularum liber decimus, ep.* 75 (21), *Clementissimo Imperatori et beatissimo Augusto Valentiniano Ambrosius episcopus*, 1 et 12-13 (éd. M. Zelzer, CSEL 82/3, p. 74 et 78) – Saint Ambroise, évêque de Milan, docteur de l'Église (mort en 397); Auxence, évêque arien de Milan, mort en 374.

65. (IV, 8) Saint Ambroise, ayant appris qu'un prêtre, Castulus, avait été converti à l'arianisme et arrêté par la foule, envoya ses prêtres et ses diacres pour arracher l'homme à l'injustice.

Ambroise de Milan, *Epistularum liber decimus, ep.* 76 (20), *De traditione basilicae (sorori frater)*, 5 (éd. M. Zelzer, CSEL 82/3, p. 110, 24-30) – Saint Ambroise, cf. supra.

66. (IV, 9) Mourant, l'empereur Théodose s'inquiéta davantage de la situation des églises que de la sienne.

Ambroise de Milan, *De obitu Theodosii*, 35 (CSEL 73, p. 389) – Théodose Ier, cf. II, 9.

67. (IV, 10) Conduite au lupanar, une vierge d'Antioche fut sauvée par un officier qui prit sa place, mais celle-ci revint subir le martyre.

Ambroise de Milan, *De virginibus*, II, 4, 22-33 (éd. E. Cazzaniga, Corpus Scriptorum Latinorum Paravianum, 1948, p. 43-50) – Antioche (auj. Antakya, Turquie).

68. (IV, 11) Il faut suivre l'exemple de saint Augustin en faisant le salut des gens malgré eux comme il le fit avec un hérétique appelé Donat.

Augustin*, *Epistulae*, 173, 1-2 (CSEL 44, p. 640-641) – Saint Augustin, cf. II, 15.

69. (IV, 12) La mère de saint Augustin se faisait pour les camarades de son fils autant de souci que s'ils avaient été ses propres enfants.

Augustin, *Confessionum libri XIII*, IX, 9, 22 (CCSL 27, p. 146-147) – Saint Augustin, cf. II, 15; sainte Monique, mère de saint Augustin, morte en 387.

70. (IV, 13) Au monastère de Fondi, un moine jardinier ordonna à un serpent de garder le chemin qu'empruntait un voleur de légumes.

Grégoire le Grand*, *Dialogorum libri IV*, I, 3, 2-4 (SC 260, p. 34-37) – Tubach 4266 – Fondi, Latium (Italie), abbaye bénédictine fondée au VIe s., donnée au Mont-Cassin en 1084.

71. (IV, 14) L'évêque Paulin se livra comme esclave aux Vandales pour faire libérer un captif fils d'une veuve. Jardinier du gendre du roi, il ne révéla son identité que tardivement et obtint la libération de tous les captifs de sa cité.

Grégoire le Grand, *Dialogorum libri IV*, III, 1, 1-8 (SC 260, p. 256-265) – Tubach 4484 – Saint Paulin de Nole (353-431); Vandales, cf. I, 4 – Cf. LXI, 12, récit analogue.

72. (IV, 15) Pour retenir son compagnon tenté par le désespoir, un ermite prétendit qu'il avait commis le même péché et il fit pénitence avec lui.

Vitae Patrum*, III, *Verba seniorum*, 12 (PL 73, 744D-745B); *Vitae Patrum*, V, *Verba seniorum*, 5, 27 (PL 73, 880C-D); *Vitae Patrum*, V, *Verba seniorum*, 17, 14 (PL 73, 975C-D) – Tubach 2572.

73. (IV, 16) Un ermite donna à son voisin les anses de ses paniers.

Vitae Patrum, III, *Verba seniorum*, 147 (PL 73, 790A-B); *Vitae Patrum*, V, *Verba seniorum*, 17, 16 (PL 73, 975D-976A); *Les apophtegmes des Pères, collection systématique*, t. 3 (SC 498), chap. XVII, De la charité, n° 20, p. 23.

74. (IV, 17) Parole d'un ancien: « Le service aux malades vaut mieux que la mortification personnelle. »

Vitae Patrum, VII, *Verba seniorum*, 19, 1 (PL 73, 1040D-1041A); *Les apophtegmes des Pères, collection systématique*, t. 3 (SC 498), chap. XVII, De la charité, n° 22, p. 25.

75. (IV, 18) Le serviteur d'un vieillard malade qui souhaitait guérir de son infection buvait l'eau avec laquelle il lavait les plaies pour dominer son aversion.

Vitae Patrum, V, *Verba seniorum*, 17, 25 (PL 73, 977D-978A); *Les apophtegmes des Pères, collection systématique*, t. 3 (SC 498), chap. XVII, De la charité, n° 29, p. 31.

76. (IV, 19) A Paphnuce qui avait prié Dieu de lui montrer à quel saint il était semblable, un ange répondit qu'il égalait un chanteur itinérant, ancien brigand qui avait défendu une vierge et payé les dettes (300 pièces d'or) d'une famille.

Rufin d'Aquilée, *Historia monachorum*, 16 (PL 21, 435C-437A); cf. Palladius, *Historia lausiaca*, 63 (PL 73, 1170C-1171B) – Cf. Tubach 4543 – Paphnuce, cf. II, 6.

77. (IV, 20) Ammonius céda sa propre cellule à un novice.

Rufin d'Aquilée, *Historia monachorum*, 23 (PL 21, 446B-447A); cf. Palladius, *Historia lausiaca*, 70 (PL 73, 1175B-C) – Ammonius, solitaire à Nitrie, mort vers 385.

78. (IV, 21) Une grappe de raisin offerte à saint Macaire fit le tour des ermites avant de lui revenir.

Rufin d'Aquilée, *Historia monachorum*, 29 (PL 21, 453C-D); *Vitae Patrum*, III, *Verba seniorum*, 42 (PL 73, 765B-C); cf. Palladius, *Historia lausiaca*, 19-20 (PL 73, 1112D-1113A) – Macaire, cf. II, 31.

79. (IV, 22) Un ermite remercia ses détracteurs et leur envoya des cadeaux.

Vitae Patrum, VII, *Verba seniorum*, 7, 5 (PL 73, 1032B).

80. (IV, 23) Saint Jean l'Aumônier prêtait tout ce qu'il avait à qui en avait besoin.

Vitae Patrum, III, *Verba seniorum*, 148 (PL 73, 790B-791A) – Saint Jean l'Aumônier, patriarche d'Alexandrie, mort en 620.

81. (IV, 24) Un ermite ne mangeait jamais seul: il attendait pour cela la venue d'un hôte et l'attendait parfois toute la semaine.

Vitae Patrum, IV, *Excerpta ex Severo Sulpicio et Cassiano*, 33 (PL 73, 837A-B).

82. (IV, 25) Hugues de Cluny accueillit au monastère deux chevaliers meurtriers de l'un de ses frères. L'un devint moine et l'autre s'enfuit et mena une vie de rapine jusqu'à sa mort.

Rainald de Vézelay, *Vita sancti Hugonis Cluniacensis** (BHL 4008, 4009), 4, 28 (PL 159, 904D-905A; CCCM 42, suppl., XLII, p. 58) – Saint Hugues (1024-1109), abbé de Cluny de 1049 à sa mort.

83. (IV, 26) Chez saint Bernard, il y avait conflit entre son humilité et son désir de sauver les âmes.

Guillaume de Saint-Thierry, *Vita sancti Bernardi** (BHL 1211), I, 5, 26 (PL 185, 242A) – Saint Bernard, cf. II, 43.

84. (IV, 27) Dans son livre au pape Eugène, saint Bernard répondit à ceux qui critiquaient sa prédication pour la croisade à Jérusalem qu'il aimait mieux attirer sur lui les invectives des hommes que les entendre blasphémer contre Dieu.

Geoffroy d'Auxerre, *Vita sancti Bernardi* (BHL 1214), III, 4, 9 (PL 185, 308C-309B) – Eugène III, pape (1145-1153); Saint Bernard, cf. II, 43.

85. (IV, 28) Saint Bernard utilisait rarement le reproche, plus souvent le conseil et l'objurgation. Il disait en effet qu'une conversation où règne la mesure est utile à l'une et l'autre partie, nuisible à aucune, et que là où règne l'intolérance, il n'y a pas d'amendement possible, mais risque de discorde.

Geoffroy d'Auxerre, *Vita sancti Bernardi* (BHL 1214), III, 7, 26 (PL 185, 318A-319B) – Saint Bernard, cf. II, 43.

86. (IV, 29) Saint Bernard détestait le scandale et ne méprisait personne.

Geoffroy d'Auxerre, *Vita sancti Bernardi* (BHL 1214), III, 7, 27 (PL 185, 319B) – Saint Bernard, cf. II, 43.

87. (IV, 30) Saint Bernard disait qu'il voulait vaincre le mal par le bien et honorer ceux qui lui témoignaient du mépris.

Geoffroy d'Auxerre, *Vita sancti Bernardi* (BHL 1214), III, 7, 27-28 (PL 319C-D) – Saint Bernard, cf. II, 43.

88. (IV, 31) Parole d'ancien: «Les devoirs de l'hospitalité doivent passer avant la règle du jeûne, en considérant que l'on reçoit le Christ chez soi.»

Jean Cassien, *De institutis coenobiorum*, V, 24 (SC 109, p. 233-234); *Vitae Patrum**, IV, *Excerpta ex Severo Sulpicio et Cassiano*, 32 (PL 73, 836D-837A); cf. *Vitae Patrum*, V, *Verba seniorum*, 13, 2 (PL 73, 943C-944A).

V. De la cruauté

89. (V, 1) Tarquin le Superbe fut chassé à cause du viol de Lucrèce par son fils.

Cf. Tite-Live, *Ab urbe condita*, I, 56-60 (éd. J. Baillet, trad. G. Baillet, Paris, Les Belles Lettres, 1975, t. I, p. 89-97); Jérôme, *Chronicon Eusebii*, 535-533 a. J.-C. (EW, 7, p. 104a, 4-8) – Tarquin le Superbe, septième et dernier roi de Rome (534 av. J.-C. - 509 av. J.-C.); Lucrèce, épouse de Tarquin Collatin, violée par Sextus, fils de Tarquin le Superbe.

Ce récit est dit être tiré de chroniques (*De cronicis*): cf. I, 1 et *Index auctorum, relatorum et operum anonymorum, De Cronicis*. Tubach 3095.

90. (V, 2) Néron mit le feu à Rome pour imiter l'incendie de Troie. Il fut le premier à persécuter le nom du Christ.

Suétone, *De vita Caesarum*, VI (Nero), 38 (éd. H. Ailloud, Paris, Les Belles Lettres, 1961, t. II, p. 184-186); Jérôme, *Chronicon Eusebii*, 64 p. J.-C. (EW, 7, p. 183, 18-20) et 68 p. J.-C. (EW, 7, p. 185, 6-8) – Tubach 3463 – Néron, empereur romain (54-68); incendie de Rome en juillet 64; Troie, ville d'Asie Mineure, incendiée par les Achéens au XIIIe siècle avant J.-C.

91. (V, 3) La persécution fit rage sous Dioclétien. Les martyrs furent exposés au fouet, aux bêtes, au fer et au feu. La rage des hommes dépassa la sauvagerie des bêtes.

Eusèbe de Césarée, *Ecclesiastica historia**, VIII, 7, 2-4 (EW, 2/2, p. 753-755; SC 55, p. 15-16) – Dioclétien, cf. I, 2.

92. (V, 4) La cruauté de Catilina était telle qu'elle ne le laissait jamais en repos.

Augustin*, *Confessionum libri XIII*, II, 5, 11 (CCSL 27, p. 22-23) – Catilina, homme politique romain (v. 108 av. J.-C.-62 av. J.-C.).

VI. DE LA MANSUÉTUDE

93. (VI, 1) Helenus (Meletius) était surnommé le miel attique à cause de sa douceur.

Eusèbe de Césarée, *Ecclesiastica Historia**, VII, 32, 27 (EW, 2/2, p. 729, SC 41, p. 229) – Helenus (*in codice*) surnom donné à Meletius, évêque du Pont par Eusèbe. Meletius, consacré par saint Basile (*ASS, Junii*, III, p. 339), qui le présente comme son frère le plus religieux et le plus aimé (*ibid.*, p. 348 A).

94. (VI, 2) Théodose répugnait à prononcer la peine de mort.

Cassiodore, *Historia tripartita**, XI, 17, 9-13 (CSEL 71, p. 653) – Théodose, cf. II, 9.

95. (VI, 3) Théodose aimait mieux pardonner comme un père que punir comme un juge.

Ambroise de Milan*, *De obitu Theodosii*, 13 (CSEL 73, p. 377-378) – Théodose, cf. II, 9.

96. (VI, 4) La mère de saint Augustin fit preuve d'une patience inépuisable vis-à-vis d'un époux infidèle et irascible.

Augustin*, *Confessionum libri XIII*, IX, 9, 19-20 (CCSL 27, p. 145-146) – Sainte Monique, cf. IV, 12 ; saint Augustin, cf. II, 15.

97. (VI, 5) De deux ermites, depuis quarante ans dans le même monastère, le soleil n'avait jamais vu l'un se nourrir, l'autre se mettre en colère.

Sulpice Sévère*, *Dialogus super virtutibus sancti Martini*, I, 12 (SC 510, p. 148-149).

98. (VI, 6) Un religieux très austère se vit reprocher sa trop grande sévérité envers ses confrères.

Pierre le Chantre*, *Verbum adbreuiatum. Versio breuis*, 15, *notae* (PL 205, 393B-C).

99. (VI, 7) Au concile de Nicée, Constantin fit jeter au feu les écrits diffamatoires opposant entre eux les clercs et les moines.

Vita sancti Ioannis Eleemosynarii*, 35 (PL 73, 370B-D) – Tubach 1220 – Constantin Ier, cf. II, 5 ; Nicée (auj. Iznik, Turquie), Ier concile œcuménique (325).

100. (VI, 8) Parole d'ancien : « Ne chicane pas celui qui dit des sottises, mais réponds-lui : Tu dois savoir ce que tu dis. »

Vitae Patrum*, III, *Verba seniorum*, 185 (PL 73, 800B).

101. (VI, 9) Une voix dit à saint Macaire que le mérite de deux femmes vivant en paix depuis quinze ans dans la même maison dépassait le sien.

Vitae Patrum, III, *Verba seniorum*, 97 (PL 73, 778A-C) ; *Les apophtegmes des Pères, collection systématique*, t. 3 (SC 498), chap. XX, Conduite vertueuse de différents pères, n° 21, p. 191-193– Macaire, cf. II, 31.

102. (VI, 10) Quand Odon, abbé de Cluny, voyageait et qu'il rencontrait une vieille femme, il la faisait asseoir sur son cheval ; s'il s'agissait d'enfants, il les faisait chanter pour les rétribuer.

Jean de Salerne, *Vita sancti Odonis abbatis Cluniacensis** (BHL 6292-6297), II, 5 (PL 133, 63B-64A) – Saint Odon, 2ᵉ abbé de Cluny en 927 (v. 879-942).

VII. DE L'AMBITION

103. (VII, 1) Le consul Vortigern, consul des Gewissei, éleva à la royauté le moine Constant et le couronna lui-même, espérant ainsi prendre lui-même le pouvoir.

Geoffroy de Monmouth, *Historia regum Britanniae*, 94 (vol. I, p. 62; vol. II, p. 82-83) – Vortigern, consul de la région du Sud-Est de l'Angleterre, attesté vers 450.

Ce récit est dit être tiré de chroniques (*De cronicis*): cf. I, 1 et *Index auctorum, relatorum et operum anonymorum, De cronicis*.

104. (VII, 2) Sur le conseil d'un Juif qui lui prédisait un règne de quarante ans, un roi sarrasin promulgua un édit contre les images de Dieu et des saints et mourut peu après.

Sigebert de Gembloux, *Chronica*, a. 724 (éd. D. L. C. Bethmann, MGH, SS, 6, Hanovre, 1844, p. 330, 40-41).

105. (VII, 3) Tourmenté par le diable devant le roi et les grands du royaume, Charles, fils de Louis, roi des Germains, avoua qu'il conspirait contre son père.

Sigebert de Gembloux, *Chronica*, a. 873 (éd. D. L. C. Bethmann, MGH, SS, 6, Hanovre, 1844, p. 341, 62-64) – Louis le Germanique (v. 804/5-876), roi de Germanie en 843; Charles III le Gros (839-888), empereur d'Occident de 881 à 887.

106. (VII, 4) Les pauvres demandant son aide, l'évêque Boniface leur distribua les pièces d'or que son neveu le prêtre Constant avait reçues pour prix de son cheval et qu'il avait cachées dans un coffre. Comme Constant réclamait son or, Boniface se mit en prière dans une église dédiée à la Vierge, trouva sur lui les douze pièces d'or et les rendit à Constant. Mais il lui signifia qu'après sa mort, à cause de son avarice, il ne lui succéderait pas sur le siège épiscopal.

Grégoire le Grand*, *Dialogorum libri IV*, I, 9, 10-13 (SC 260, p. 84-89) – Tubach 3699 – Boniface, évêque de Ferentis au VIᵉ siècle, cité romaine au nord de Viterbe.

107. (VII, 5) Un archidiacre voulut empoisonner son évêque, Sabin, mais celui-ci, avant de boire, fit un signe de croix et ce fut l'archidiacre qui mourut.

Grégoire le Grand, *Dialogorum libri IV*, III, 5, 3-4 (SC 260, p. 274-277) – Sabin, évêque de Canossa fut envoyé en 536 au concile de Constantinople.

VIII. Contre l'ambition

108. (VIII, 1) L'empereur Pertinax refusa que son fils fût nommé « césar » et sa femme « augusta », étant lui-même empereur malgré lui.

Jérôme, *Chronicon Eusebii*, 193 p. J.-C. (EW, 7, p. 210, 12-15) – Pertinax (126-193), empereur romain (193).
Ce récit est dit être tiré de chroniques (*De cronicis*): cf. I, 1 et *Index auctorum, relatorum et operum anonymorum*, *De cronicis*.

109. (VIII, 2) Après la mort de Julien l'Apostat, les soldats proclamèrent Jovien empereur, mais celui-ci refusant de régner sur des païens, ils se convertirent.

Richard de Saint-Victor*, *Liber Exceptionum*, I, 8, 4 (éd. J. Châtillon, p. 180, 1-6) – Julien l'Apostat, empereur romain de 361 à 363; Jovien, empereur romain (363-364).

110. (VIII, 3) Valentinien reçut l'empire comme le centuple promis par le Seigneur.

Eusèbe de Césarée, *Ecclesiastica Historia**, XI, 2 (EW, 2/2, p. 1001-1003) – Valentinien Ier, empereur romain (364-375).

111. (VIII, 4) Saint Grégoire de Naziance, devenu patriarche de Constantinople par charité, abandonna cette fonction pour éviter les querelles et retourna dans sa propre église.

Eusèbe de Césarée, *Ecclesiastica Historia*, XI, 9 (add. de Rufin) (EW, 2/2, p. 1016, 19-28, p. 1017, 1-8) – Grégoire de Naziance, cf. IV, 3.

112. (VIII, 5) Le moine Ammonius qui vint à Rome avec Athanase ne s'intéressa qu'à la basilique Saint-Pierre et Saint-Paul. Il se coupa l'oreille pour échapper à la charge épiscopale.

Cassiodore, *Historia tripartita**, VIII, 1, 37-39 (CSEL 71, p. 461) – Ammonius, cf. IV, 20 ; saint Athanase, patriarche d'Alexandrie (v. 298-373), docteur de l'Église ; Saint-Pierre, basilique, cf. IV, 1. Cf récit analogue : VIII, 15.

113. (VIII, 6) Le roi des Anglais avait choisi Vichar (Wigheard) comme archevêque. Sur le chemin de Rome, celui-ci mourut avec ses compagnons. Le pape choisit l'abbé Adrien qui résidait près de Naples comme archevêque d'Angleterre. Mais celui-ci se jugeant indigne proposa un moine voisin, André ; celui-ci se récusa à cause de sa faible santé. Adrien porta son choix sur Théodore, un moine lettré natif de Tarse en Cilicie et obtint du pape sa consécration à condition de l'accompagner en Angleterre.

Bède le Vénérable, *Historia ecclesiastica gentis Anglorum**, IV, 1 (Colgrave-Mynors, p. 318-330) – Vichar, en réalité Wigheard, prêtre de l'entourage de l'archevêque Deusdedit. ; Adrien, du monastère d'Hiridanum en Campanie ; André : moine et chapelain du monastère féminin proche de celui d'Hiridanum ; Théodore de Tarse (v. 602-690), archevêque de Cantorbéry à partir de 668 et jusqu'à sa mort ; Le pape évoqué est Vitalien (667-672).

114. (VIII, 7) L'archevêque Théodore critiquant la manière dont l'évêque Ceadda avait été consacré, celui-ci se montra prêt à la soumission, acceptant volontiers de quitter son siège. Théodore l'y maintint et l'ordonna suivant les règles.

Bède le Vénérable, *Historia ecclesiastica gentis Anglorum*, IV, 2 (Colgrave-Mynors, p. 334) – Théodore de Tarse, cf. supra ; Ceadda, archevêque de Northumbrie et de Mercie (VIIe s.).

115. (VIII, 8) Élu évêque de Lindisfarne, saint Cuthbert ne voulait pas quitter son monastère. Le roi vint l'y chercher avec tout un cortège et lui arracha son consentement.

Bède le Vénérable, *Historia ecclesiastica gentis Anglorum*, IV, 28 (Colgrave-Mynors, p. 436-438) – Saint Cuthbert, évêque de Lindisfarne en 685, mort en 687.

116. (VIII, 9) Un ange révéla à un ermite qu'il prenait plus de plaisir à caresser son chat que saint Grégoire à être pape.

Odon de Cluny, *Collationes libri tres*, III, 7 (PL 133, 595A) – Tubach 891 – Grégoire le Grand, cf. I, 5.

La source alléguée ici est le *Liber deflorationum*, cf. II, 12 et *Index auctorum, relatorum et operum anonymorum*, à ce nom.

117. (VIII, 10) Pour éviter un honneur, maître Anselme dit qu'il était fils d'un diacre, marié avant son diaconat.

> Pierre le Chantre*, *Verbum adbreuiatum*. Versio breuis, 47, *notae* (PL 205, 443B) – Anselme de Laon, cf. II, 17.

118. (VIII, 11) Saint Augustin évitait les cités qui pouvaient le garder comme évêque, s'estimant indigne d'accepter le gouvernement d'une église, lui qui n'était même pas digne d'y être un simple rameur.

> Pierre le Chantre, *Verbum adbreuiatum*. Versio breuis, 54 (PL 205, 166D); *id.*, *Verbum adbreuiatum*. Textus conflatus, I, 52 (CCCM 196, p. 346, 94-110) – Saint Augustin, cf. II, 15.

119. (VIII, 12) Faute de richesses et d'honneurs, le trône pontifical resta longtemps vacant à la mort du pape Sixte. Tout changea au temps du pape Sylvestre: dès lors, l'ambition et la soif de pouvoir dominèrent.

> Pierre le Chantre, *Verbum adbreuiatum*. Versio breuis, 54 (PL 205, 166D-167A); *id.*, *Verbum adbreuiatum*. Textus conflatus, I, 52 (CCCM 196, p. 347, 124-128) – Sixte, pape, cf. IV, 1; Gerbert d'Aurillac (938-1003) devenu pape sous le nom de Sylvestre II en 999.

120. (VIII, 13) Geoffroy de Péronne, prieur de Clairvaux, refusa l'épiscopat de Tournai, auquel le destinaient le pape Eugène et saint Bernard. Après sa mort, il apparut pour dire qu'il était sauvé, mais que d'après la sainte Trinité s'il avait été évêque, il aurait été damné.

> Pierre le Chantre, *Verbum adbreuiatum*. Versio breuis, 54 (PL 205, 168A-B); id., *Verbum adbreuiatum*. Textus conflatus, I, 52 (CCCM 196, p. 351, 228-246) – Geoffroy de Péronne, converti par saint Bernard, cinquième prieur de Clairvaux, mort en 1147; Eugène III, pape, cf. IV, 27; saint Bernard, cf. II, 43.

121. (VIII, 14) Un roi de Thrace très puissant nommé Denis proposa à un courtisan de goûter les délices du pouvoir royal. Il lui fit préparer un pont étroit sur une fosse, un trône sur ce pont, et une épée suspendue par un fil au-dessus de sa tête et l'invita à faire bonne chère devant une table chargée de mets délicats.

> Cet *exemplum* est basé sur le récit de l'épée de Damoclès: cf. Cicéron, *Tusculanes*, V, 21, 61-62 (éd. G. Fohlen, trad. J. Humbert, Paris, Les Belles

Lettres, 1960, t. II, p. 136-137) et *Vitae Patrum* (PL 73, 463) – Tubach 4994 – Ce roi de Thrace, Denis, est identifié à Denys l'Ancien, tyran de Syracuse (IVe siècle av. J.-C.).
Cet exemplum est précédé de la mention *Sine tytulo* : cf. *Index auctorum relatorum et operum anonymorum, Sine titulo.*

122. (VIII, 15) Ammonius se coupa l'oreille gauche pour devenir inapte à l'épiscopat. Comme son évêque voulait néanmoins l'y forcer, il menaça de se couper la langue.

[Heraclides Alexandrinus], *Paradisus*, 2 (PL 74, 261D-262A) – Ammonius, cf. IV, 20. Cf récit analogue : VIII, 5.
Le compilateur a noté que le récit était emprunté aux *Vitae Patrum*.

123. (VIII, 16) Saint Anselme, archevêque de Cantorbéry, disait souvent qu'il eût préféré le sort d'un enfant sous la férule d'un maître dans un monastère que présider une assemblée comme primat d'Angleterre.

Eadmer, *Vita sancti Anselmi** (BHL 525, 526, 526a), II, 8 (éd. R. W. Southern, 'Medieval Texts', 1962, p. 71) – Saint Anselme de Cantorbéry, archevêque de Cantorbéry en 1093, mort en 1109.

124. (VIII, 17) Se trouvant évêque de deux diocèses, saint Malachie les sépara et sacra un nouvel évêque dans le siège principal. Belle leçon pour ceux qui chicanaient un village de leur juridiction!

Saint Bernard, *Vita sancti Malachiae** (BHL 5188), 14, 31 (SBO, 3, p. 339) – Saint Malachie, prélat d'Irlande (1094-1148).

IX. DE LA PATIENCE

125. (IX, 1) Valérien, évêque octogénaire, banni par le roi Genséric, finit sa vie nu dans la rue.

Sigebert de Gembloux, *Chronica*, a. 451 (éd. D. L. C. Bethmann, MGH, SS, 6, Hanovre, 1844, p. 309, 29-32) – Genséric, 1er roi des Vandales en Afrique (427-477); Valérien, évêque d'Avensa en Tunisie, mort en 457, victime de la persécution de Genséric.
Ce récit est dit être tiré de chroniques (*De cronicis*) : cf. I, 1 et *Index auctorum, relatorum et operum anonymorum, De cronicis.*

126. (IX, 2) Maxence mit saint Marcel aux écuries. Ses clercs l'en délivrèrent et une veuve nommée Lucina l'hébergea, faisant de sa maison l'église Saint-Marcel. Apprenant cela, Maxence fit transformer l'église en écurie où Marcel soigna à nouveau le bétail.

*Liber Pontificalis**, 31, 1-5 (éd. L. Duchesne, t. I, p. 164) – Maxence, empereur romain en 306, mort en 312 à la bataille du pont Milvius; saint Marcel Ier, pape (307-309) condamné par l'empereur Maxence. Fêté le 16 janvier; Lucina, matrone romaine (IVe s.).

127. (IX, 3) Alors qu'il célébrait la Grande Litanie, les Romains arrachèrent au pape Léon la langue et les yeux. Il les recouvra par miracle, mais ils lui furent à nouveau arrachés. Il trouva refuge auprès de Charlemagne qui le ramena à Rome et fit justice.

Sigebert de Gembloux, *Chronica*, a. 799 (éd. D. L. C. Bethmann, MGH, SS, 6, Hanovre, 1844, p. 336, 6-10); *id.*, a. 800 (éd. D. L. C. Bethmann, MGH, SS, 6, Hanovre, 1844, p. 336, 12-13) – Saint Léon III (750-816), pape (795-816); Charlemagne, roi des Francs (768-814), empereur d'Occident (800-814).

Ce récit est dit être tiré de chroniques (*De cronicis*): cf. I, 1 et *Index auctorum, relatorum et operum anonymorum, De cronicis.*

128. (IX, 4) Saint Siméon (Simon), qui succéda à saint Jacques comme évêque de Jérusalem, souffrit le supplice de la croix à l'âge de cent vingt ans.

Eusèbe de Césarée, *Ecclesiastica Historia**, III, 32, 3 (EW, 2/1, p. 269; SC 31, p. 143) – Saint Jacques le Mineur, apôtre, évêque de Jérusalem (mort en 62); saint Siméon (Simon) Ier, évêque de Jérusalem en 62, mort crucifié en 107.

129. (IX, 5) Saint Alexandre souffrit le martyre sans proférer un mot, mais en priant Dieu.

Eusèbe de Césarée, *Ecclesiastica Historia*, V, 1, 51 (EW, 2/1, p. 423; SC 41, p. 20) – Saint Alexandre: martyr d'origine phrygienne, médecin établi en Gaule connu pour son charisme prophétique. Martyrisé à Lyon en 178.

130. (IX, 6) Athanase a passé six ans caché dans une citerne obscure.

Eusèbe de Césarée, *Ecclesiastica Historia*, X, 19 (add. de Rufin) (EW, 2/2, p. 985, 25-26) – Saint Athanase, cf. VIII, 5.

131. (IX, 7) Saint Athanase poursuivi sur le Nil fit demi-tour, s'en remettant à Dieu. Son poursuivant le croisa sans le reconnaître.

Eusèbe de Césarée, *Ecclesiastica Historia*, X, 35 (EW, 2/2, p. 995) – Saint Athanase, cf. VIII, 5.

132. (IX, 8) Un père de famille qui venait de mourir ressuscita et, après avoir partagé ses biens, se fit moine et ermite. Il habitait au bord d'un fleuve et supportait sans broncher le froid glacial, disant qu'il avait vu pire.

Bède le Vénérable, *Historia ecclesiastica gentis Anglorum**, V, 12 (Colgrave-Mynors, p. 488 et 496-498).

133. (IX, 9) Réprimandé par saint Martin, un prêtre nommé Brice fut pris d'une telle fureur qu'il injuria inconsidérément le saint. Puis, apaisé, il demanda son pardon et l'obtint. Par la suite, saint Martin eut encore à subir de multiples méfaits de la part de Brice, mais lui laissa le sacerdoce en pensant qu'il pouvait bien le supporter, puisque le Christ avait supporté Judas.

Sulpice Sévère*, *Dialogus super virtutibus sancti Martini*, III, 15 (SC 510, p. 348-355) – Saint Martin (v. 317-397), l'apôtre des Gaules, évêque de Tours à partir de 370, fêté le 11 novembre.

134. (IX, 10) Irrité contre Libertinus le prieur (prévôt) du monastère, l'abbé de Fondi, faute de disposer d'une verge pour le frapper, utilisa un escabeau et lui abîma le visage. L'humble mansuétude de Libertinus provoqua un vif repentir de l'abbé. Pour justifier l'état de son visage aux yeux de tous, le prévôt prétendit qu'à cause de ses péchés, il était tombé contre le marchepied de l'escabeau.

Grégoire le Grand*, *Dialogorum libri IV*, I, 2, 8-11 (SC 260, p. 30-33) – Libertinus, prieur du monastère de Fondi (VIe s.); Fondi, abbaye, cf. IV, 13.

135. (IX, 11) Saint Pacôme qui vivait près de saint Palémon ramassait du bois, pieds nus sur un sol épineux, en pensant aux clous du Christ.

Vita sancti Pachomii, abbatis Tabennensis*, 11 (PL 73, 236A-B) – Saint Pacôme, fondateur du cénobitisme à Tabennesi, Haute Égypte (323); saint Palémon, anachorète du désert de la Thébaïde (IVe siècle).

136. (IX, 12) Théodore demanda à saint Pacôme de le délivrer de son mal de tête. Le saint l'exhorta à la patience pour accroître ses mérites.

Vita sancti Pachomii, abbatis Tabennensis, 51 (PL 73, 269C-D) – Saint Pacôme, cf. supra ; Théodore de Scété ou de Phermé appartient à la dernière génération des moines (il arrive à Scété avant 390) que les invasions obligèrent à émigrer à Phermé à partir de 407. J.-Cl. Guy, *Les apophtegmes des Pères du Désert* (SC 387), Paris, Cerf, 1993, p. 72-73.

137. (IX, 13) Un mendiant mécontent des dix pièces de cuivre reçues en aumône injuria saint Jean l'Aumônier qui, pensant à sa propre ingratitude envers Dieu, commanda qu'on lui donnât autant qu'il voulait.

Vita sancti Ioannis Eleemosynarii*, 36 (PL 73, 372A-B) – Tubach 2826 – Saint Jean l'Aumônier, cf. IV, 23.

138. (IX, 14) L'abbé Bessarion dit qu'il était resté quarante nuits debout au milieu des épines sans dormir.

Vitae Patrum*, V, *Verba seniorum*, 7, 4 (PL 73, 893C) ; *Les sentences des Pères du Désert, collection alphabétique* [trad. Dom L. Regnault], 161 Bessarion 6, p. 66 ; *Apophtegmes des Pères*, t. 1 (SC 387), chap. VII, Divers récits nous préparant à l'endurance et au courage, n° 7, p. 338-339 – Bessarion, abbé de Scété en Égypte (IVe siècle).

139. (IX, 15) L'abba Théodore conseilla l'humilité à un ermite qui voulait trouver la paix. Comme il ne la trouvait pas, il lui confia : « Il y a soixante-dix ans que je la cherche et je n'ai jamais pu la posséder une journée. »

Vitae Patrum, V, *Verba seniorum*, 7, 5 (PL 73, 893C-D) ; *Les sentences des Pères du Désert, collection alphabétique* [trad. Dom L. Regnault], 269 Théodore de Phermé 2, p. 106-107 ; *Apophtegmes des Pères*, t. 1 (SC 387), chap. VII, Divers récits nous préparant à l'endurance et au courage, n° 9, p. 340-341 – Théodore, cf. IX, 12.

140. (IX, 16) Devant l'abba Moïse qui lui demandait conseil, l'abba Zacharie piétina son capuchon pour signifier que l'on ne pouvait être un vrai moine sans être piétiné.

Vitae Patrum, III, *Verba seniorum*, 86 (PL 73, 775C-D) ; cf. *Apophtegmes des Pères*, t. 1 (SC 387), chap. I, L'avancement spirituel, n° 6, p. 104-105 – Abba Moïse, cf. II, 32 ; abba Zacharie : fils de Carion qui abandonna sa famille pour aller au désert de Scété, il fut repris par son père à Scété pour échapper à la famine. Il développa une ascèse et un charisme remarqué par Macaire ou Moïse ; à moins qu'il ne s'agisse de l'abba Zacharie, disciple de Silvain dont Sozomène dit qu'il devint son successeur à la tête de son monastère du Sinaï. J.-Cl. Guy, *Les apophtegmes des Pères*, t. 1 (SC 387), Paris, Cerf, 1993, p. 55-56.

141. (IX, 17) Récit coloré des tribulations de l'abba Macaire, qu'une fille, inspirée par le diable, accusa de l'avoir violée. Mais elle ne put accoucher avant d'avoir disculpé le saint homme.

Vitae Patrum, V, *Verba seniorum*, 15, 25 (PL 73, 958B-959A); *Les sentences des Pères du Désert, collection alphabétique* [trad. Dom L. Regnault], 454 Macaire 1, p. 172-173; *Les apophtegmes des Pères, collection systématique*, t. 2 (SC 474), chap. XV, De l'humilité, n° 39, p. 311-315 – Macaire, cf. II, 31.

142. (IX, 18) Un frère de passage vola la bible de l'abba Gélase et essaya de la vendre en ville. L'acheteur consulta Gélase qui, voyant le livre, dit qu'il valait bien le prix demandé. Le voleur, apprenant que Gélase n'avait pas dévoilé le vol, lui rendit sa bible, obtint son pardon et demeura avec lui jusqu'à la fin de sa vie.

Vitae Patrum, V, *Verba seniorum*, 16, 1 (PL 73, 969C-970A); *Les apophtegmes des Pères, collection systématique*, t. 2 (SC 474), chap. XVI, De l'endurance au mal, n° 2, p. 391-393 – Abba Gélase: converti à la vie d'anachorète dès sa jeunesse, il fonda un monastère près de Nicopolis en Palestine vers le milieu du Ve siècle. Avec saint Euthyme, il fut l'un des rares abbés palestiniens à adhérer au concile de Chalcédoine (451) et à refuser de reconnaître l'évêque de Jérusalem, Théodose. *Les sentences des Pères du Désert, collection alphabétique* [trad. Dom L. Regnault], 176 Gélase 1, p. 71.

143. (IX, 19) Macaire trouva un brigand en train de piller sa demeure, et l'aida à charger son butin.

Vitae Patrum, V, *Verba seniorum*, 16, 6 (PL 73, 970D); *Les sentences des Pères du Désert, collection alphabétique* [trad. Dom L. Regnault], 471 Macaire 18, p. 178-179; *Les apophtegmes des Pères, collection systématique*, t. 2 (SC 474), chap. XVI, L'endurance au mal, n° 8, p. 396-397 – Macaire, cf. II, 31.

144. (IX, 20) Des voleurs dirent à un ermite qu'ils voulaient emporter tout ce qui se trouvait dans sa cellule. Il accepta et courut même après eux pour leur donner un reliquaire qu'ils n'avaient pas vu. Devant une telle sérénité, ils lui rendirent tout.

Vitae Patrum, V, *Verba seniorum*, 16, 13 (PL 73, 971C-D); *Les apophtegmes des Pères, collection systématique*, t. 2 (SC 474), chap. XVI, L'endurance au mal, n° 31, p. 404-405.

145. (IX, 21) Un jeune frère volait régulièrement un ermite qui s'en aperçut mais se tut, considérant que l'autre agissait par nécessité. Il travailla davantage et mangea moins. À sa mort, il baisa les mains de son voleur, disant qu'elles lui avaient fait gagner son paradis.

Vitae Patrum, V, *Verba seniorum*, 16, 19 (PL 73, 973B-C); *Les apophtegmes des Pères, collection systématique*, t. 2 (SC 474), chap. XVI, L'endurance au mal, n° 28, p. 411-413.

146. (IX, 22) Un philosophe confia en mourant son fils à un ami. Quand l'enfant eut grandi, il séduisit la femme de son bienfaiteur qui le chassa. Le jeune homme ne devait avoir son pardon qu'après plusieurs épreuves de trois ans, dont l'une était un séjour parmi les forçats, et une autre de payer des gens pour qu'ils l'injurient. Enfin, il le fit venir à Athènes pour apprendre la philosophie. À l'entrée de la ville, le jeune homme trouva un vieux philosophe qui injuriait les passants, ce qui le fit rire. Le vieillard lui demanda pourquoi il riait : « Je ris parce que je viens de passer trois ans à payer pour me faire injurier et toi, tu m'injuries gratuitement. »

Vitae Patrum, VI, *Verba seniorum*, 4, 12 (PL 73, 1017A-C); *Les sentences des Pères du Désert, collection alphabétique* [trad. Dom L. Regnault], 956, Jean Colobos Supplément 1, p. 331.

147. (IX, 23) L'abba Macaire tua un moustique qui l'avait piqué. Mais, se reprochant son mouvement d'humeur, il se condamna à subir, six mois nu dans la solitude, la morsure de terribles insectes capables de trouer la peau des sangliers. À son retour, il était tellement enflé que seule sa voix permit de le reconnaître.

Palladius, *Historia lausiaca*, 19-20 (PL 73, 1113C-D) – Macaire, cf. II, 31.

148. (IX, 24) Benjamin l'Ancien qui avait le don de guérir en imposant les mains devint lui-même hydropique. Mais, tout énorme qu'il fût devenu, il continua de guérir les autres et leur demanda de prier pour son âme, sans se soucier de son corps.

Palladius, *Historia lausiaca*, 13 (PL 73, 1104D-1105B) – Saint Benjamin, anachorète en Égypte (Nitrie) mort en 392 après plus de quatre vingt ans de vie monastique.

149. (IX, 25) Un très saint moine nommé Étienne souffrait d'une maladie des parties sexuelles dont il fallut l'opérer. Pendant l'opération, absorbé par des pensées célestes, il ne ressentit aucune douleur.

Palladius, *Historia lausiaca*, 30 (PL 73, 1131C-1132B).

150. (IX, 26) Une sainte dame d'Alexandrie poussait la vertu de patience jusqu'à rechercher les tentations. Elle demanda à saint Athanase de lui donner la charge d'une veuve. On lui envoya une délicieuse petite vieille. La dame réclama auprès d'Athanase. Apprenant qu'on lui avait confié la plus gentille veuve, ce dernier lui fit envoyer la plus détestable, qui l'injuriait et même la frappait. La dame vint remercier saint Athanase.

Vitae Patrum, X, 206 (PL 74, 233A-B) – Tubach 3623 – Saint Athanase, cf. VIII, 5; Alexandrie, ville fondée par Alexandre le Grand, en Égypte.

151. (IX, 27) Saint Paphnuce enfant avait tant de qualités qu'il faisait des jaloux. Un condisciple l'accusa de lui avoir volé son livre. Après enquête et fouille des cellules, on trouva le livre chez Paphnuce qui ne nia pas et subit le cachot pendant deux semaines. Mais un diable s'emparant du calomniateur le força à avouer son crime. Seul Paphnuce put l'exorciser.

Jean Cassien, *Collationes*, 18, 15 (SC 64, p. 28-31) – Paphnuce, cf. II, 6.

152. (IX, 28) La patience de saint Bernard s'exerçait particulièrement dans l'adversité. Un chanoine régulier vint demander son admission à Clairvaux. Saint Bernard lui conseilla de rester dans son ordre. L'autre discuta, se fâcha et frappa Bernard qui interdit que l'on punisse ce sacrilège.

Geoffroy d'Auxerre, *Vita sancti Bernardi** (BHL 1214), III, 7, 25 (PL 185, 317C-318A) – Saint Bernard, cf. II, 43; Clairvaux, monastère cistercien fondé en 1115 par saint Bernard.

X. De l'impatience

153. (X, 1) Une dame, dont la vie avait été très charitable envers les pauvres, expiait en purgatoire ses paroles méchantes et ses rancunes envers ses rivaux, bien qu'elle les eût elle-même regrettées.

Visio monachi de Eynsham*, 30 (éd. H. Thurston, *Analecta Bollandiana*, 22 (1903), p. 284-285).

154. (X, 2) Entendant l'éloge d'un jeune moine, saint Antoine voulut s'assurer qu'il supportait l'injure. Comme ce n'était pas le cas, il le compara à la belle façade d'une maison en ruines.

Vitae Patrum*, V, *Verba seniorum*, 8, 2 (PL 73, 905C-D); *Les sentences des Pères du Désert, collection alphabétique* [trad. Dom L. Regnault], 15 Antoine 15, p. 16-17; *Les apophtegmes des Pères* (SC 387), chap. VIII, Qu'il ne faut rien faire avec ostentation, n° 2, p. 398-399 – Saint Antoine le Grand, cf. II, 20.

155. (X, 3) L'abba Agathon disait qu'un coléreux ne pouvait plaire à Dieu, quand bien même il ressusciterait les morts.

Vitae Patrum, V, *Verba seniorum*, 10, 13 (PL 73, 914B) – Agathon se trouvait à Scété au temps de Poemen. Malgré sa jeunesse, son charisme (charité, discernement, humilité) lui valut le titre d'abba et attira des disciples autour de lui qui vécurent ensuite avec Arsène. J.-Cl. Guy, *Les apophtegmes des Pères* (SC 387), Paris, Cerf, 1993, p. 89; *Les sentences des Pères du Désert, collection alphabétique* [trad. Dom L. Regnault], 101 Agathon 19, p. 41.

156. (X, 4) L'abba dit que «vendre sa tunique pour acheter un glaive [Lc 22, 36]» signifie préférer la lutte à la paix.

Vitae Patrum, VI, *Verba seniorum*, 4, 14 (PL 73, 1017D-1018A).

XI. Du péché de gourmandise

157. (XI, 1) Chaque fois que l'occasion se présentait, le prévôt du monastère d'Autun mangeait de la viande avec avidité. Il fut puni de sa gourmandise et mourut étouffé.

Odon de Cluny, *Collationes libri tres*, III, 20 (PL 133, 605A); *Collectaneum exemplorum et visionum Clarevallense*, III, 3 (CCCM 208, p. 247, n° 58).
Le compilateur donne pour source à ce récit le *Liber deflorationum*, cf. II, 12 et *Index auctorum, relatorum et operum anonymorum*, à ce nom.

158. (XI, 2) Un moine du monastère d'Autun (*Duorense*) demanda à son hôte de faire cuire rapidement de la viande à la broche. Mais, pressé de manger, il en retira un morceau, le jeta sur les braises, puis l'absorba brûlant et en mourut.

Odon de Cluny, *Collationes libri tres*, III, 20 (PL 133, 605A-B); *Collectaneum exemplorum et visionum Clarevallense*, III, 3 (CCCM 208, p. 247, n° 58). Erreur du copiste: *Duorensis* a été mis pour *Heduensis*, Autun.

159. (XI, 3) Un moine de l'abbaye Cormery qui s'était mis au lit à l'heure de l'office de nuit, mourut; la même chose arriva à un abbé.

Odon de Cluny, *Collationes libri tres*, III, 20 (PL 133, 605B). Cormery (Indre et Loire), abbaye fondée par Ithier et Alcuin en 781.

160. (XI, 4) Une nonne qui avait mangé avidement une laitue sans avoir fait le signe de croix tomba, terrassée par le diable. On fit chercher l'abbé Equitius. Lorsque celui-ci arriva au monastère, le diable cria que la nonne l'avait mordu, car il était assis sur la laitue.

Grégoire le Grand*, *Dialogorum libri IV*, I, 4, 7 (SC 260, p. 42-45) – Tubach 3503. Equitius: abbé laïc.

161. (XI, 5) Un frère qui, chaque année, avait l'habitude de se rendre à la cellule de saint Benoît pour jeûner, rencontra un jour un compagnon de route qui avait emporté avec lui des vivres pour le voyage et qui lui proposa de s'arrêter pour manger. Par deux fois, le frère refusa, mais accepta la troisième fois.

Grégoire le Grand, *Dialogorum libri IV*, II, 13, 1-2 (SC 260, p. 176-179) – Saint Benoît de Nursie, cf. I, 7.

162. (XI, 6) Un frère qui portait un plat de fritures au réfectoire en avala furtivement un morceau. Un liquide immonde jaillit aussitôt de ses mains, car Satan s'était faufilé derrière la bouchée.

Pierre Damien*, *Epistulae*, 142 (K. Reindel, *Die Briefe des Petrus Damiani*, Munich, 1989, t. 3, p. 515, 16-23).

163. (XI, 7) Dans le monastère de Saint-Vincent, pendant le Carême, alors que les moines jeûnaient, se nourrissant seulement de pain et d'eau, un frère viola cette règle. Il tomba malade, et fut écarté de l'autel. Comme il réclamait avec insistance l'hostie, on la lui donna. Mais, au moment même où il la recevait, il rendit l'âme, tandis qu'un peu de bile s'échappait de sa bouche.

Pierre Damien, *Epistulae*, 142 (K. Reindel, *Die Briefe des Petrus Damiani*, Munich, 1989, t. 3, p. 516, 28, p. 517, 1-25, p. 518, 1-18) – Saint-

Vincent al Furlo, monastère construit en mémoire de Vincent, évêque de Bevagna (Ombrie).

164. (XI, 8) Un évêque qui avait fait préparer une lamproie s'en délecta à l'avance durant la messe. En pénitence, il fit donner le poisson à un pauvre.

Pierre Damien, *Epistulae*, 57 (K. Reindel, *Die Briefe des Petrus Damiani*, Munich, 1988, t. 2, p. 177, 1-9); Hélinand de Froidmont, *Chronicon*, a. 1078 (PL 212, 971D-972B) – Tubach 2979.

165. (XI, 9) Lorsqu'il mourut, le comte de Nevers qui, toute sa vie, avait été très gourmand, devint une nourriture pour les vers. Son fils le vit en rêve : un ver horrible lui dévorait la langue. La vision se répétant trois fois, le fils du comte se rendit à la sépulture de son père et, ayant déterré le corps, il comprit que le songe était réalité. Ayant tout abandonné et vendu sa vaisselle d'or et d'argent, il se retira chez les Chartreux. Il disait y être venu, non pour manger, mais pour faire pénitence.

Cet *exemplum* est précédé de la mention : *Sine tytulo* : cf. *Index auctorum relatorum et operum anonymorum, Sine titulo*. Cet *exemplum* a été repéré avec quelques variations (Comte de Crépy) dans le poème de Thibaud de Marly, moine vers 1182-1190 de l'abbaye cistercienne de Notre-Dame du Val (E. Walberg, *Deux anciens poèmes inédits sur s. Simon de Crépy*, Lund, 1909, p. 6-7), dans un sermon de Julien de Vézelay, † 1160 (Sermon 19, SC 193, p. 408-411) et dans le *De naturis rerum* (2, 188) d'Alexandre Neckam † 1217 (Wright, p. 334-335) cités par J. Berlioz à propos de l'*exemplum* n° 346 d'Étienne de Bourbon (CCCM 124, p. 519-520). On le retrouve encore dans une collection anonyme de récits exemplaires conservée dans un manuscrit daté de la fin du XIIIe siècle ou du début du XIVe siècle (Paris, BnF, ms. lat. 3338, fol. 58-58v, n° 170) – Chartreux, ordre fondé par saint Bruno (v. 1035-1101).

166. (XI, 10) Dans le réfectoire de l'abbaye d'Igny, l'abbé Pierre aperçut un jeune homme vêtu de blanc qui parcourait les tables des frères et les tentait par divers mets. Interrogé par l'abbé, le jeune homme lui apprit qu'il pénétrait dans tous les locaux de l'abbaye, mais qu'il évitait toutefois le chapitre, c'est-à-dire le lieu où les frères se confessaient lorsqu'ils avaient péché.

McGuire, 'The Cistercians and the rise of *exemplum*', p. 211-267, spéc. p. 264 – Pierre, abbé d'Igny, cf. III, 3; Igny, abbaye, cf. III, 3.

167. (XI, 11) À l'idée même qu'il pouvait manger avec plaisir, saint Bernard perdait l'appétit.

Guillaume de Saint-Thierry, *Vita sancti Bernardi**, (BHL 1211), I, 4, 22 (PL 185, 239C-240A) – Saint Bernard, cf. II, 43 – Cf. XII, 32, récit analogue.

168. (XI, 12) Saint Bernard disait que, quand le moine doit consommer le vin, il le goûte, mais s'abstient de vider le calice : lui-même au repas laissait le flacon à peine entamé.

Geoffroy d'Auxerre, *Vita sancti Bernardi* (BHL 1214), III, 1, 2 (PL 185, 304C) – Saint Bernard, cf. II, 43.

XII. DE L'ABSTINENCE

169. (XII, 1) Pour réprimer ses désirs et acquérir la sagesse, Origène passait ses journées à méditer les livres divins et dormait fort peu, à même le sol.

Eusèbe de Césarée, *Ecclesiastica Historia**, VI, 3, 9 (EW, 2/2, p. 529, 6-12 ; SC 41, p. 89) – Origène (185-252/4), disciple de Clément d'Alexandrie, Origène a été l'un des plus grands théologiens de l'école d'Alexandrie. Il est l'auteur du schéma corps-âme-esprit. Il enseigna à partir de 231 à Césarée Maritime, grand centre hellénistique de Palestine, dont l'historien Eusèbe de Césarée fut évêque quelques années après la mort d'Origène.

170. (XII, 2) L'Abba Pior se nourrissait tout en marchant, pour ne pas donner trop d'importance à l'acte de manger, et pour éviter que son corps n'en ressente trop de volupté.

Cassiodore, *Historia tripartita**, VIII, 1, 2 (CSEL 71, p. 455) ; *Les sentences des Pères du Désert, collection alphabétique* [trad. Dom L. Regnault], 778 Pior 2, p. 267 ; *Apophtegmes des Pères*, t. 1 (SC 387), chap. IV, De la maîtrise de soi, n° 42, p. 206-207 – Pior, selon un apophtegme conservé seulement en latin, était devenu moine très jeune auprès de saint Antoine, puis sur son conseil, il s'était retiré dans la solitude entre Scété et Nitrie, il serait mort vers 390. Il est un des anachorètes de la collection alphabético-anonyme d'apophtegmes des Pères du Désert. J.-Cl. Guy, *Les apophtegmes des Pères* (SC 387), Paris, Cerf, 1993, p. 89.

171. (XII, 3) Une communauté religieuse d'Angleterre qui eut longtemps à sa tête l'évêque Colman, était aussi pauvre que généreuse. Tout l'argent reçu était donné aux pauvres. Lorsque le roi s'y rendait, il était accompagné d'une très faible escorte. Souvent, ils repartaient après une prière dans l'église ; parfois, ils se restauraient du repas frugal des frères.

Bède le Vénérable, *Historia ecclesiastica gentis Anglorum**, III, 26 (Colgrave-Mynors, p. 308-310) – Saint Colman (mort en 676), irlandais, évêque de Lindisfarne en 661.

172. (XII, 4) Comme le diable était apparu à un moine sous la forme d'un lion et d'un ours prêts à le dévorer, la Vierge le libéra en lui conseillant de s'habiller, de se nourrir pauvrement et de se soumettre aux humbles travaux.

Collectaneum exemplorum et visionum Clarevallense, I, 24 (CCCM 208, p. 145, n° 28).
Le compilateur donne pour source à ce récit le *Liber deflorationum*, cf. II, 12 et *Index auctorum, relatorum et operum anonymorum*, à ce nom.

173. (XII, 5) La bienheureuse vierge Aselle s'enferma dans une cellule, jeûnant souvent et se nourrissant uniquement de pain, de sel et d'eau, non par désir de manger, mais par nécessité vitale.

Jérôme, *Epistulae**, 24, 3-4 (CSEL 54, p. 215-216) – Sainte Aselle (v. 334-406), vierge chrétienne.

174. (XII, 6) Une femme d'un âge avancé qui instruisait des jeunes filles leur interdisait de boire, ne serait-ce que de l'eau, pour éviter qu'elles ne prennent l'habitude de la boisson, car qui est accoutumé, jeune, à boire de l'eau, garde plus tard cette habitude, mais en remplaçant l'eau par le vin.

Augustin*, *Confessionum libri XIII*, IX, 8, 17 (CCSL 27, p. 143).

175. (XII, 7) Lorsqu'elle était jeune, la mère de saint Augustin avait l'habitude de boire. Elle abandonna ce vice lorsqu'un jour, sa servante le lui reprocha au cours d'une querelle.

Augustin, *Confessionum libri XIII*, IX, 8, 18 (CCSL 27, p. 144) – Saint Augustin, cf. II, 15 ; sainte Monique, cf. IV, 12.

176. (XII, 8) Comment saint Antoine dominait son corps.

Vita beati Antonii abbatis*, 6 (PL 73, 130D-131A) – Saint Antoine le Grand, cf. II, 20.

177. (XII, 9) Saint Antoine avait honte de voir les élans de sa piété limités par son corps.

Vita beati Antonii abbatis, 22 (PL 73, 146C-147A) ; cf. *Apophtegmes des Pères*, t. 1 (SC 387), chap. V, Divers récits pour le réconfort dans les combats que suscite en nous la fornication, n° 1, p. 240-241 – Saint Antoine le Grand, cf. II, 20.

178. (XII, 10) Combien saint Antoine méprisait son corps.

Vita beati Antonii abbatis, 23 (PL 73, 147D) – Saint Antoine le Grand, cf. II, 20.

179. (XII, 11) Le diable déguisé en moine conseilla à saint Antoine de préserver sa santé en modérant ses jeûnes.

Vita beati Antonii abbatis, 19 (PL 73, 144D) – Saint Antoine le Grand, cf. II, 20.

180. (XII, 12) Hilarion jugeait inutile de laver le sac dont il était vêtu.

Jérôme, *Vita s. Hilarionis** (BHL 3879, 3879b), 4, 2 (SC 508, p. 226-227, 9-13) – Saint Hilarion (290-371), ermite, fondateur des premiers monastères palestiniens.

181. (XII, 13) Hilarion ne mettait jamais un terme à son jeûne avant le coucher du soleil, pas même les jours de fête ou en cas de maladie.

Jérôme, *Vita s. Hilarionis* (BHL 3879, 3879b), 5, 7 (SC 508, p. 228-229, 21-23) – Saint Hilarion, cf. supra.

182. (XII, 14) Le jour de Pâques, saint Pacôme avait fait pour saint Palémon un plat assaisonné d'huile et de sel. Saint Palémon le refusa et mangea comme à l'accoutumée du pain et du sel.

Vita sancti Pachomii, abbatis Tabennensis*, c. 8 (PL 73, 234) – Saint Pacôme, cf. IX, 11; Saint Palémon, cf. IX, 11.

183. (XII, 15) Saint Macaire qui dormait très peu traitait le sommeil de mauvais serviteur.

Vitae Patrum, V, *Verba seniorum*, 4, 2 (PL 73, 865A); *Vitae Patrum*, III, *Verba seniorum*, 211 (PL 73, 807A); Trait attribué à Arsène dans les *Vitae Patrum* et dans *Les sentences des Pères du Désert, collection alphabétique* [trad. Dom L. Regnault], 52 Arsène 14, p. 25-26; *Apophtegmes des Pères*, t. 1 (SC 387), chap. IV, De la maîtrise de soi, n° 2, p. 184-185 – Macaire, cf. II, 31.

184. (XII, 16) Des frères voulurent donner un peu d'huile à un vieillard. Celui-ci leur montra un petit vase pour l'huile qu'ils lui avaient donnée trois ans plus tôt et qu'il n'avait jamais touchée.

Vitae Patrum, V, *Verba seniorum*, 4, 12 (PL 73, 866A); *Les sentences des Pères du Désert, collection alphabétique* [trad. Dom L. Regnault], 169 Benjamin 2, p. 68; *Apophtegmes des Pères*, t. 1 (SC 387), chap. IV, De la maîtrise de soi, n° 12, p. 190-191.

185. (XII, 17) L'abba Elladius (Helladios) vécut vingt ans dans une cellule sans jamais lever les yeux vers son toit.

Vitae Patrum, V, *Verba seniorum*, 4, 16 (PL 73, 866C); cf. *Vitae Patrum*, V, *Verba seniorum*, 4, 67 (PL 73, 873A-B); *Apophtegmes des Pères*, t. 1 (SC 387), chap. IV, De la maîtrise de soi, n° 16, p. 192-193 – Tubach 918 – Elladius, abba, l'un des auteurs de la collection alphabetico-anonyme d'apophtegmes des Pères du désert. J.-Cl. Guy, *Les apophtegmes des Pères* (SC 387), Paris, Cerf, 1993, p. 89.

186. (XII, 18) Tenté de voler un concombre, l'abba Zénon y renonça, en pensant qu'il ne pourrait pas supporter les tortures imposées aux voleurs.

Vitae Patrum, III, *Verba seniorum*, 7 (PL 73, 742C-D); *Vitae Patrum*, V, *Verba seniorum*, 4, 17 (PL 73, 866D); *Les sentences des Pères du Désert, collection alphabétique* [trad. Dom L. Regnault], 240 Zénon 6, p. 96-97; *Apophtegmes des Pères*, t. 1 (SC 387), chap. IV, De la maîtrise de soi, n° 17, p. 192-193 – Abba Zénon, disciple de l'abba Silvain à Scété; il a suivi son maître en Palestine et en Syrie. J.-Cl. Guy, *Les apophtegmes des Pères* (SC 387), Paris, Cerf, 1993, p. 61-62.

187. (XII, 19) Chaque fois que l'abba Macaire buvait du vin, pour chaque coupe de vin qu'il avait bue, il ne buvait rien pendant une journée entière. Quand ses frères comprirent ce stratagème ascétique, ils cessèrent de lui proposer du vin.

Vitae Patrum, III, *Verba seniorum*, 53 (PL 73, 768A-B); *Les sentences des Pères du Désert, collection alphabétique* [trad. Dom L. Regnault], 463 Macaire 10, p. 177-178; *Apophtegmes des pères*, t. 1 (SC 387), chap. IV, De la maîtrise de soi, n° 29, p. 200-201 – Macaire, cf. II, 31.

188. (XII, 20) Tandis que des frères proposaient du vin à l'abba Macaire, il répondit: «Écartez de moi cette mort.» Dès lors, les frères eux-mêmes ne prirent plus de vin.

Vitae Patrum, V, *Verba seniorum*, 4, 53 (PL 73, 871A) – Macaire, cf. II, 31.

189. (XII, 21) Un vieillard avait décidé de ne pas boire pendant quarante jours. En cas de forte chaleur, il plaçait devant lui une amphore pleine d'eau.

Vitae Patrum, V, *Verba seniorum*, 4, 67 (PL 73, 873A-B); *Apophtegmes des Pères*, t. 1 (SC 387), chap. IV, De la maîtrise de soi, n° 82, p. 226-227.

190. (XII, 22) Un vieillard interrogé pour savoir comment il n'était pas attiré par la fornication répondit que, du fait qu'il était moine, il n'était rassasié ni par le pain, ni par l'eau, ni par le sommeil, ni par toutes ces choses dont on se repaît par instinct.

Vitae Patrum, III, *Verba seniorum*, 62 (PL 73, 770C-D); *Vitae Patrum*, V, *Verba seniorum*, 5, 31 (PL 73, 881D-882A).

191. (XII, 23) Comme une prostituée l'incitait au péché, l'abbé Ephrem, la conduisit sur une place publique et lui proposa de se donner à elle devant tous, pour lui faire comprendre que s'il est honteux de pécher devant les hommes, il l'est bien plus encore de le faire devant Dieu.

Vita sancti Ephraem, 7 (PL 73, 323B-324A); *Vitae Patrum*, V, *Verba seniorum*, 10, 21 (PL 73, 916A-B); *Les sentences des Pères du Désert, collection alphabétique* [trad. Dom L. Regnault], 215 Ephrem 3, p. 87; *Les apophtegmes des Pères, collection systématique*, t. 2 (SC 474), chap. X, Le discernement, n° 26, p. 30-31 – Tubach 2440 – Ephrem, abba : les trois anecdotes conservées dans la collection alphabétique se retrouvent dans les vies du saint dont la réputation s'était répandue rapidement dans la tradition monastique égyptienne.

192. (XII, 24) Des anciens découvrirent dans une grotte une vierge fort âgée. Interrogée, elle leur apprit qu'elle y vivait seule depuis trente-huit ans et que s'ils l'avaient trouvée, c'est que Dieu les y avait envoyés pour l'enterrer. Après avoir prononcé ces mots, elle mourut.

*Vitae Patrum**, VI, *Verba seniorum*, 3, 9 (PL 73, 1008A-B); *Les apophtegmes des Pères, collection systématique*, t. 3 (SC 498), chap. XX, Conduite vertueuse de différents pères, n° 12, p. 172-173.

Le compilateur a attribué ce récit à *Iohannes subdiaconus*; mais nous ne l'avons pas repéré dans le recueil intitulé *Liber de miraculis* attribué à un certain Johannes monachus [éd. P. Michael Huber, 1913].

193. (XII, 25) Alors que son fils avait séduit la fille d'un prêtre, le bienheureux Innocent demanda à Dieu que son fils n'ait plus jamais l'occasion de pécher. Celui-ci fut alors enchaîné jusqu'à la fin de sa vie sur le Mont des Oliviers.

Palladius, *Historia lausiaca*, 103 (PL 73, 1191B-C); *Les apophtegmes des Pères, collection systématique*, t. 3 (SC 498), chap. XX, Conduite vertueuse de différents pères, n° 15, p. 175-181 – Innocent Ier : pape de 401 à 417 ; Mont des Oliviers, colline à l'Est de Jérusalem – Cf. récit analogue : LVIII, 10.

Le compilateur a seulement noté que le récit était emprunté aux *Vitae Patrum*.

194. (XII, 26) Dorothée le Thébain construisit des abris pour les pauvres. Il leur préparait de la nourriture. Sans cesse au travail, il ne dormait ni ne mangeait, en disant que puisque son corps le tuait, il tuait son corps.

Palladius, *Historia lausiaca*, 2 (PL 73, 1093A-D) – Dorothée le Thébain (v. 308-v. 395), anachorète en Égypte à partir de 368.

195. (XII, 27) Exemple d'abstinence de l'abba Cassien concernant la nourriture.

Jean Cassien*, *De institutis coenobiorum*, V, 25 (SC 109, p. 234-235) – Jean Cassien († 450), moine, il partit sans doute vers 380 pour l'Égypte où il visita plusieurs monastères avant de s'établir à Scété qu'il dut quitter dès 399. La vie des Pères de Scété occupe une place majeure dans ses *Collationes*. J.-Cl. Guy, *Les apophtegmes des Pères* (SC 387), Paris, Cerf, 1993, p. 43-46.

196. (XII, 28) Aucun des frères de saint Bernard (Guy, Nivard), tous convertis par les paroles et par l'exemple de leur frère, ne voulut rester dans la demeure paternelle pour s'occuper des possessions familiales.

Guillaume de Saint-Thierry, *Vita sancti Bernardi** (BHL 1211), I, 3, 17 (PL 185, 236C-D) – Saint Bernard, cf. II, 43.

197. (XII, 29) La mère de saint Bernard avait décidé de consacrer ses enfants à Dieu et les éduqua dans cette perspective.

Guillaume de Saint-Thierry, *Vita sancti Bernardi* (BHL 1211), I, 1, 1 (PL 185, 227B-C) – Saint Bernard, cf. II, 43 ; Aleth, mère de saint Bernard, morte en 1110.

198. (XII, 30) Avant de parler aux novices, saint Bernard se mortifiait ; puis, il leur disait de laisser leur corps à l'extérieur du monastère, et de n'y faire entrer que leurs esprits.

Guillaume de Saint-Thierry, *Vita sancti Bernardi* (BHL 1211), I, 4, 19-20 (PL 185, 238AB) – Saint Bernard, cf. II, 43.

199. (XII, 31) Saint Bernard avait l'habitude de dire que l'on ne perd jamais autant de temps qu'en dormant, et que ceux qui dorment sont comme des morts.

Guillaume de Saint-Thierry, *Vita sancti Bernardi* (BHL 1211), I, 4, 21 (PL 185, 239B-C) – Saint Bernard, cf. II, 43.

200. (XII, 32) Saint Bernard pensait à son précédent repas afin de calmer son appétit. Pour se contrôler, il pesait moralement ce qu'il avait mangé.

Guillaume de Saint-Thierry, *Vita sancti Bernardi* (BHL 1211), I, 4, 22 (PL 185, 239C-240A) – Saint Bernard, cf. II, 43 – Cf. II, 11, récit analogue.

201. (XII, 33) Sainte Silvia (Salvia dans le ms.) reprocha à saint Jovin de se rafraîchir les membres avec de l'eau fraîche ; elle-même ne s'était jamais lavée, ni reposée, même lorsque les médecins le lui demandaient.

[Heraclides Alexandrinus], *Paradisus*, 42 (PL 74, 328C-329A) – Cf. Palladius, *Historia lausiaca*, 143 (PL 73, 1210A-C) – Silvia Rufina : sainte ermite morte vers 400 ; Saint Jovin : général romain d'origine gauloise. Il se convertit au christianisme et mourut en 370.

Le compilateur a seulement noté que le récit était emprunté aux *Vitae Patrum*.

202. (XII, 34) Un vieillard disait que les sens séparés de la pensée de Dieu rendent l'homme semblable au démon ou aux bêtes sauvages.

[Heraclides Alexandrinus], *Paradisus*, 46 (PL 74, 330D-331A); cf. Palladius, *Historia lausiaca*, 98 (PL 73, 1190A-B).

XIII. DE LA DÉSOBÉISSANCE

203. (XIII, 1) Un frère qui avait désobéi à son prieur fut enlevé et battu par des démons durant la nuit, au point qu'il en resta infirme.

Collectaneum exemplorum et visionum Clarevallense, III, 11 (CCCM 208, p. 253-255, n° 66); cf. Conrad d'Eberbach, *Exordium Magnum Cisterciense*, 5, 8 (Griesser, p. 286-288 ; CCCM 138, p. 319-322 ; Conrad d'Eberbach, *Le Grand Exorde*, p. 296-298).

Le compilateur donne pour source à ce récit le *Liber deflorationum*, cf. II, 12 et *Index auctorum, relatorum et operum anonymorum*, à ce nom.

204. (XIII, 2) Une nuit, un frère qui avait désobéi à son supérieur et était allé au dortoir fut entraîné et battu par deux démons. L'intervention de la Vierge le libéra.

Collectaneum exemplorum et visionum Clarevallense, III, 13 (CCCM 208, p. 256, n° 68); cf. Conrad d'Eberbach, *Exordium Magnum Cisterciense*, 5, 8 (Griesser, p. 286-288; CCCM 138, p. 319-322; Conrad d'Eberbach, *Le Grand Exorde*, p. 296-298).

205. (XIII, 3) Un sous-diacre avait demandé un peu d'huile à saint Benoît. Celui-ci demanda au cellérier de lui remettre le petit reste d'huile dont disposait sa communauté. Comme le cellérier avait omis d'obtempérer, saint Benoît fit jeter par la fenêtre, sur des roches, le flacon d'huile qui restait: miraculeusement, celui-ci ne se brisa pas et fut remis au sous-diacre.

Grégoire le Grand*, *Dialogorum libri IV*, II, 28, 1-2 (SC 260, p. 216-219) – Saint Benoît de Nursie, cf. I, 7.

206. (XIII, 4) Un convers de Clairvaux qui nettoyait ses chaussures dans une grange, sans en avoir demandé la permission, entendit des voix disant de le frapper. Aussitôt, il se sentit frappé au dos et mourut un peu plus tard.

Collectaneum exemplorum et visionum Clarevallense, IV, 47 (CCCM 208, p. 345-346, n° 141); Conrad d'Eberbach, *Exordium Magnum Cisterciense*, 4, 24 (Griesser, p. 251-252; CCCM 138, p. 272-274; Conrad d'Eberbach, *Le Grand Exorde*, p. 252-254).
Cet *exemplum* est précédé de la mention *Sine tytulo*: cf. *Index auctorum relatorum et operum anonymorum, Sine titulo*.

207. (XIII, 5) À un vieillard infirme qui voulait se retirer en Égypte, l'abba Moïse répondit qu'il tomberait dans la fornication. De fait, une vierge qui était entrée à son service lui donna un fils. Retournant alors à sa cellule, il le présenta aux frères comme le fils de la désobéissance puis entama une nouvelle conversion.

*Vitae Patrum**, V, *Verba seniorum*, 5, 35 (PL 73, 883B-C); *Apophtegmes des Pères*, t. 1 (SC 387), chap. V, Divers récits pour le réconfort dans les combats que suscite en nous la fornication, n° 40, p. 280-283 et t. 3 (SC 498), chap. XX, De la conduite vertueuse de plusieurs frères, n° 15, p. 175-181 – Tubach 1686 – Abba Moïse, cf. II, 32.

208. (XIII, 6) Un moine de Cluny qui s'était fait saigner à diverses reprises sans la permission de l'abbé Odon, en mourut.

Jean de Salerne, *Vita sancti Odonis abbatis Cluniacensis** (BHL 6292-6297), III, 5 III, 5 (PL 133, 79B) – Cluny, abbaye bénédictine fondée en 910 par Guillaume duc d'Aquitaine; Odon de Cluny, cf. VI, 10.

XIV. De l'obéissance

209. (XIV, 1) À un séculier qui voulait se faire moine, un abbé répondit que la discipline de son monastère serait trop rude pour lui. Mais celui-ci soutint que s'il en recevait l'ordre, il se jetterait même au feu. L'abbé décida de le mettre à l'épreuve, en lui ordonnant de pénétrer dans un four. Comme il obéissait, les flammes se dissipèrent.

Sulpice Sévère*, *Dialogus super virtutibus sancti Martini*, I, 18 (SC 510, p. 172-177).

210. (XIV, 2) Pour éprouver l'obéissance d'un homme qui voulait être reçu dans un monastère, l'abbé lui imposa d'arroser une branche desséchée en allant chercher au loin l'eau du Nil. Après trois ans, elle fleurit puis devint un arbre.

Sulpice Sévère, *Dialogus super virtutibus sancti Martini*, I, 19 (SC 510, p. 176-181); *Vitae Patrum*, IV, *Excerpta ex Severo Sulpicio et Cassiano*, 12 (PL 73, 823C-824A); *Apophtegmes des Pères*, t. 2 (SC 474), chap. XIV, De l'obéissance, n° 4, p. 255-257 (Jean Colobos) – Tubach 4605 – Cf récit analogue: XIV, 5.

211. (XIV, 3) Répondant à l'ordre de saint Benoît, Maur courut sur l'eau et sauva Placide, un enfant qui se noyait. Saint Benoît attribua cet exploit non à ses mérites mais à l'obéissance de Maur.

Grégoire le Grand*, *Dialogorum libri IV*, II, 7, 1-3 (SC 260, p. 156-159) – Saint Benoît de Nursie, cf. I, 7; saint Maur, cf. III, 1.

212. (XIV, 4) Un abbé envoya dans le désert, pendant quarante jours, un frère qui voulait retourner dans le siècle. Il partit et, après vingt jours, vit le diable qui avait pris l'apparence d'une femme éthiopienne. Comme il avait obéi à son abbé, le frère ne fut pas séduit par la femme, mais dégoûté par sa puanteur.

Vitae Patrum*, V, *Verba seniorum*, 5, 23 (PL 73, 879A-C); *Miracula* [*De quibusdam miraculis*], Paris, BnF, ms. lat. 3175, fol. 144v.

213. (XIV, 5) Un vieillard dit à l'abba Jean de planter un bois sec et de l'arroser chaque jour. L'abbé le fit en allant chercher de l'eau fort loin et, au bout de trois ans, le bois donna des fruits, les fruits de l'obéissance.

Vitae Patrum, V, *Verba seniorum*, 14, 3 (PL 73, 948A-B). Jean Cassien, *De institutis coenobiorum*, IV, 24, 2-4 (SC 109, p. 156-157); *Les apophtegmes des Pères*, t. 1 (SC 387), Paris, Cerf, 1993, p. 66-68 et t. 2 (SC 474), chap. XIV, De l'obéissance, n° 4, p. 255-257 et *Les sentences des Pères du Désert, collection alphabétique* [trad. Dom L. Regnault], 316 Jean Colobos 1, p. 123 – Tubach 4605 – Cf. récit analogue : XIV, 2.

214. (XIV, 6) Un vieillard demanda à son disciple Jean de lui ramener les excréments d'une lionne qu'il avait vus près d'une forêt. Lorsque le disciple revint avec l'animal, qu'il avait ligoté, le vieillard lui dit pour l'humilier qu'il avait ramené un chien enragé, et il relâcha la bête.

Vitae Patrum, III, *Verba seniorum*, 27 (PL 73, 755D-756B); *Les sentences des Pères du Désert, collection alphabétique* [trad. Dom L. Regnault], 421 Jean disciple de Paul, p. 154-155; *Les apophtegmes des Pères*, t. 2 (SC 474), chap. XIV, De l'obéissance, n° 5, p. 257; *Miracula* [*De quibusdam miraculis*], Paris, BnF, ms. lat. 3175, fol. 144v-145 – Il ne s'agit pas de Jean Colobos mais d'un autre Jean inconnu. Ce récit a connu un grand succès après sa traduction en latin au VIe siècle par Pélage et Paschase.

215. (XIV, 7) L'abba Silvain frappa à la porte de la cellule de son disciple Marc qui sortit, laissant inachevée la lettre « o » qu'il était en train de tracer.

Vitae Patrum*, III, *Verba seniorum*, 143 (PL 73, 788B-C); *Vitae Patrum*, V, *Verba seniorum*, 14, 5 (PL 73, 948D-949A); *Les apophtegmes des Pères*, t. 2 (SC 474), chap. XIV, De l'obéissance, n° 11, p. 259-261; *Les sentences des Pères du Désert, collection alphabétique* [trad. Dom L. Regnault], 526 Marc disciple de Silvain 1, p. 198-199 – Silvain, abba, qui après un long séjour à Scété où il s'attacha douze disciples, partit au Sinaï fonder un monastère, puis en Palestine où il en fonda un autre à Gerara. Marc, le disciple préféré de l'abba Silvain, connu pour son obéissance absolue. J.-Cl. Guy, *Les apophtegmes des Pères* (SC 387), Paris, Cerf, 1993, p. 61-62.

216. (XIV, 8) L'abba Sisoès ordonna à un homme qui voulait devenir moine de jeter son fils à l'eau. L'homme s'apprêtait à obéir, lorsque l'un des frères envoyé par l'abbé l'en empêcha.

Vitae Patrum, V, *Verba seniorum*, 14, 8 (PL 73, 949D); *Vitae Patrum*, IV, *Excerpta ex Severo Sulpicio et Cassiano*, 28 (PL 73, 832D-833A); *Les sentences des Pères du Désert, collection alphabétique* [trad. Dom L. Regnault], 813 Sisoès 10, p. 285-286 – Sisoès, cf. II, 34.

217. (XIV, 9) Un abbé permit à un frère qui s'affligeait d'avoir laissé ses trois enfants dans le monde de les amener au monastère. Parti les chercher, il n'en trouva plus qu'un seul en vie. A leur retour, l'abbé lui ordonna de jeter l'enfant dans le four. Le frère obéit, et le feu se transforma en rosée.

Vitae Patrum, V, *Verba seniorum*, 14, 18 (PL 73, 952A-C); *Apophtegmes des Pères*, t. 2 (SC 474), chap. XIV, De l'obéissance, n° 28, p. 275-279.

218. (XIV, 10) Vision des quatre ordres célestes par un moine : celui des malades qui rendent grâce à Dieu, celui de ceux qui pratiquent l'hospitalité, celui de ceux qui se retirent dans la solitude, et celui de ceux qui se soumettent totalement à la volonté de Dieu.

Vitae Patrum, V, *Verba seniorum*, 14, 19 (PL 952C-953A); *Apophtegmes des Pères*, t. 2 (SC 474), chap. XIV, De l'obéissance, n° 29, p. 277-279.

219. (XIV, 11) Un vieillard envoya son disciple puiser de l'eau. Arrivé au puits, sans corde pour descendre le seau, il fit une prière : aussitôt, l'eau monta jusqu'en haut du puits.

Vitae Patrum, III, *Verba seniorum*, 28 (PL 73, 756B-C); *Vitae Patrum*, VI, *Verba seniorum*, 2, 17 (PL 73, 1004A-B); *Apophtegmes des Pères*, t. 3 (SC 498), chap. XIX, Des vieillards faisant des prodiges, n° 21, p. 155.

220. (XIV, 12) Comme des personnes étaient venues voir saint Antoine et parlaient avec lui des prophètes et de Dieu, Paul le Simple, qui était présent, demanda si le Christ avait été d'abord un prophète. Antoine lui ordonna de se taire et de s'éloigner. Celui-ci se retira dans sa cellule et garda le silence. Par d'autres moyens, Antoine éprouva encore l'obéissance de Paul.

Rufin d'Aquilée, *Historia monachorum*, 31 (PL 21, 458A-C); cf. Palladius, *Historia lausiaca*, 28 (PL 73, 1128C-D) – Antoine le Grand, cf. II, 20; Cf *Les sentences des Pères du Désert, collection alphabétique* [trad. Dom L. Regnault], 27 Antoine 27, p. 20 (en partie); Paul le Simple, disciple d'Antoine. J.-Cl. Guy, *Les apophtegmes des Pères* (SC 387), Paris, Cerf, 1993, p. 52.
Ce récit est attribué à Évagre le Pontique par le compilateur.

221. (XIV, 13) Pour montrer à des frères l'obéissance de son disciple Jean, un vieillard lui ordonna de jeter par la fenêtre un flacon d'huile.

Jean Cassien*, *De institutis coenobiorum*, IV, 25 (SC 109, p. 156-159) – Jean, abba, cf. XIV, 5.

222. (XIV, 14) Une autre fois qu'il voulait montrer l'obéissance de son disciple Jean, le vieillard lui ordonna de rouler sur le sol une roche qu'une multitude aurait eu de la peine à remuer.

Jean Cassien, *De institutis coenobiorum*, IV, 26 (SC 109, p. 158-159) – Tubach 273. Jean, disciple, cf. XIV, 6.

223. (XIV, 15) Pour éprouver son humilité, un abbé envoya un frère, issu d'une riche famille et très instruit, vendre des paniers sur les places publiques en lui recommandant de les céder un par un.

Jean Cassien, *De institutis coenobiorum*, IV, 29 (SC 109, p. 162-165) – Tubach 498.

224. (XIV, 16) L'abbé Jean qui avait reçu des figues de Libye les fit porter par deux frères à un vieillard malade. Les deux frères qui s'étaient perdus dans le désert préférèrent mourir plutôt que d'enfreindre l'ordre de l'abbé.

Jean Cassien, *De institutis coenobiorum*, V, 40, 1-3 (SC 109, p. 254-257) – Abba Jean, cf. XIV, 5.

XV. DE LA PUISSANCE DE LA PRIÈRE

225. (XV, 1) Le tremblement de terre de Constantinople qui durait depuis quatre mois cessa grâce à une prière apprise au ciel par un homme ravi en extase.

Ekkehard d'Aura, *Chronicon universale* (id est abbreviato *Epythome Eusebii de sequenti opere*), a. 437 (éd. D. G. Waitz, P. Kilon, MGH, SS, 6, Hanovre, 1844, p. 135, 55-60); Sigebert de Gembloux, *Chronica*, a. 444 (éd. D. L. C. Bethmann, MGH, SS, 6, Hanovre, 1844, p. 308, 57-60) – cf. Tubach 3078 – Constantinople, cf. II, 11.

Onze *exempla*, dont celui-ci, sont précédés de la mention: *Excepta de cronicis Eusebii*. Les recherches menées dans la *Chronique* d'Eusèbe, traduite en latin et prolongée pour la période 326-378 par Jérôme sont demeurées infructueuses pour ce récit, comme pour sept autres. Dans le cas de ce récit, cela n'a rien de surprenant si l'on se fie à la datation avancée par Sigebert, cf. *Index auctorum, relatorum et operum anonymorum, Excepta de cronicis Eusebii*.

226. (XV, 2) Une épidémie qui ravageait Constantinople cessa quand on institua la fête de la Purification de la Vierge.

Purification de la Vierge : 2 février. Luc (2, 22) est le seul évangéliste à mentionner dans une même cérémonie la purification de la mère et la présentation du premier garçon né dans une famille (loi mosaïque). L'une des toutes premières manifestations rituelles conservée de cette solennité du 2 février se trouve à Jérusalem dès la fin du IVe siècle ; à cette date, c'est la présentation de l'enfant au temple et non la purification de la Vierge que l'on commémore. Cette solennité du 2 février connaît un succès rapide puisqu'au début du VIe siècle, elle est célébrée dans toute la Palestine puis à Constantinople (dès 542). À la fin du VIIIe siècle, elle entre dans le calendrier liturgique romain grâce au pape Serge (*Liber Pontificalis*, éd. cit., t. I, p. 376, 4-6). A.-G. Martimort (dir.), *L'Église en prière. Introduction à la liturgie*, t. IV, *La liturgie et le temps*, Paris, Desclée, 1984 (nouvelle éd.), p. 103-104.

Sigebert de Gembloux, *Chronica, Auctarium Ursicampinum*, a. 542 (éd. D. L. C. Bethmann, MGH, SS, 6, Hanovre, 1844, p. 470, 10-12) ; cf. Césaire de Heisterbach, *Libri VIII Miraculorum*, 3, 74 (Meister, p. 197-198 ; Hilka, *Wundergeschichten*, 3, p. 208-209) – Tubach 3713 ; Poncelet n° 920. – Constantinople, cf. II, 11.

227. (XV, 3) Un religieux de retour de Jérusalem apprit que l'on pouvait entendre les pleurs des âmes en peine dans un volcan de Sicile et que leurs souffrances étaient atténuées par les prières des moines de Cluny. C'est pour cette raison que saint Odilon institua la commémoration des défunts qu'il fixa au lendemain de la Toussaint.

Sigebert de Gembloux, *Chronica*, a. 998 (éd. D. L. C. Bethmann, MGH, SS, 6, Hanovre, 1844, p. 353, 54-62) ; cf. Jotsuald (ou Jotsaud), *Vita sancti Odilonis* (BHL 6281), II, 13 (PL 142, 926B-927C) ; cf. Pierre Damien, *Vita sancti Odilonis Cluniacensis* (BHL 6282, 6282a ; PL 144, 935C-937A) – Saint Odilon : cinquième abbé de Cluny (994-1048), qui institua la commémoration des défunts le 2 novembre.

228. (XV, 4) Dans son testament, Charlemagne attribua le tiers de son héritage aux pauvres et le reste aux églises.

Sigebert de Gembloux, *Chronica*, a. 810 (éd. D. L. C. Bethmann, MGH, SS, 6, Hanovre, 1844, p. 337, 12-16) ; Marianus Scottus, *Chronicon*, a. 833 (éd. D. G. Waitz, MGH, SS, 5, Hanovre, 1844, p. 549, 23-32) – Charlemagne, cf. IX, 3.

229. (XV, 5) La prière des ermites d'Égypte était brève, mais attentive.

Augustin*, *Epistulae*, 130, 10, 20 (CSEL 44, p. 62-63).

230. (XV, 6) Une religieuse captive des Barbares obtint par le jeûne et la prière la guérison d'une maladie qui frappait ses geôliers, et fut rendue à ses parents.

Augustin, *Epistulae*, III, 7 (CSEL 34/2, p. 653-654), 9 (CSEL 34/2, p. 656).

231. (XV, 7) Un homme vénérable du nom d'Isaac passa trois jours à prier dans une église. Poussé par l'esprit d'orgueil, un des gardiens le traita d'imposteur et, possédé par le diable, se mit à crier : « Isaac me chasse ! »

Grégoire le Grand*, *Dialogorum libri IV*, III, 14, 2-3 (SC 260, p. 302-305) – Isaac, syrien, ermite dans la région de Spolète, abbé du monastère qu'il fonda à Monteluco (VIe s.).

232. (XV, 8) Saint Antoine vit les anges emporter au ciel l'âme de saint Paul ermite qu'il trouva mort en oraison ; deux lions vinrent creuser sa tombe.

Jérôme, *Vita beati Pauli monachi Thebaei** (BHL 6596, 6596a), 15, 1-2, 16, 2-8 (SC 508, p. 174-177, 1-9, p. 176-181) – Saint Antoine le Grand, cf. II, 20 ; saint Paul de Thèbes, cf. II, 20.

233. (XV, 9) L'abba Pastor a dit : « L'enchanteur ne comprend pas ses formules, mais elles chassent les serpents ; nous ne comprenons pas non plus nos mots qui chassent les diables. »

Vitae Patrum*, V, *Verba seniorum*, 5, 32 (PL 73, 882C) – Pastor, cf. II, 26.

234. (XV, 10) Dans sa jeunesse, l'abba Isidore récitait des psaumes sans les compter.

Vitae Patrum, V, *Verba seniorum*, 11, 17 (PL 73, 935B); *Les sentences des Pères du Désert, collection alphabétique* [trad. Dom L. Regnault], 360 Isidore 4, p. 136 – Abba Isidore, prêtre en exercice à Scété avant que Paphnuce n'occupe ce poste et après que Macaire se fut retiré. Les apophtegmes soulignent ses qualités de père spirituel. J.-Cl. Guy, *Les apophtegmes des Pères* (SC 387), Paris, Cerf, 1993, p. 57-59.

235. (XV, 11) L'abba Arsène priait les mains tendues, des vêpres du samedi au lever du soleil le dimanche matin. L'abbé ordonna aux moines qui conversaient au réfectoire de se taire, car il savait que l'un d'entre eux était en prière.

Vitae Patrum, V, *Verba seniorum*, 12, 1 (PL 73, 941A); *Vitae Patrum*, III, *Verba seniorum*, 211 (PL 73, 807A) : pour la 1e partie du récit ; *Vitae Pa-*

trum, V, *Verba seniorum*, 12, 7 (PL 73, 941D-942A); *Les sentences des Pères du Désert, collection alphabétique* [trad. Dom L. Regnault], 68 Arsène 30, p. 30; pour la 2ᵉ partie du récit; *Les apophtegmes des Pères, collection systématique*, t. 2 (SC 474), chap. XII, De la prière constante et vigilante, n° 1, p. 208-209 – Tubach 3911 (1ᵉ partie du récit) – Arsène, cf. II, 28. Sur le samedi et le dimanche, cf. ci-dessous nᵒˢ 387-388.

236. (XV, 12) Un ancien a dit: «La prière ininterrompue redresse rapidement l'esprit.»

Vitae Patrum, V, *Verba seniorum*, 12, 12 (PL 73, 942D).

237. (XV, 13) La prière d'un ermite arrêta un démon envoyé en mission en Occident par Julien l'Apostat.

Vitae Patrum, VI, *Verba seniorum*, 2, 12 (PL 73, 1003A-B) – Tubach 2880, 3276 – Julien l'Apostat, cf. VIII, 2.

238. (XV, 14) L'abba Jean a dit: «Il faut éteindre par l'eau de la prière le feu des mauvaises pensées.»

Vitae Patrum, III, *Verba seniorum*, 209 (PL 73, 806C); *Les sentences des Pères du Désert, collection alphabétique* [trad. Dom L. Regnault], 327 Jean Colobos 12, p. 126; cf. *Les apophtegmes des Pères, collection systématique*, t. 2 (SC 474), chap. XI, Il faut toujours veiller n° 40, p. 154-155 – Abba Jean, cf. XIV, 5.

239. (XV, 15) Le diable perturba de diverses façons un chevalier du nom de Cadulus qui passait la nuit à prier dans une église, avant de se rendre auprès de saint Anselme et de devenir moine.

Eadmer, *Vita sancti Anselmi** (BHL 525, 526, 526a), I, 25 (éd. R. W. Southern, 'Medieval Texts', 1962, p. 42-43); cf. *Collectaneum exemplorum et visionum Clarevallense*, IV, 17 (CCCM 208, p. 290-292, n° 91); cf. Conrad d'Eberbach, *Exordium Magnum Cisterciense*, 5, 12 (éd. Griesser, p. 300-310, CCCM 138, p. 337-350; Conrad d'Eberbach, *Le Grand Exorde*, p. 314-327); cf. Césaire de Heisterbach, *Libri VIII miraculorum*, 2, 21 (Meister, p. 95-97 et annexe II, p. 214-215; Hilka, *Wundergeschichten*, 3, p. 130-132) – Tubach 3477 – Saint Anselme, cf. VIII, 16.

XVI. DE LA RÉVÉRENCE DANS LA PRIÈRE

240. (XVI, 1) Saint Bernard eut plus de confiance dans la prière que dans sa propre activité.

Guillaume de Saint-Thierry, *Vita sancti Bernardi** (BHL 1211), I, 4, 24 (PL 185, 240D-241A); Geoffroy d'Auxerre, *Vita sancti Bernardi* (BHL 1214), III, 1, 1 (PL 185, 303B) – Saint Bernard, cf. II, 43.

241. (XVI, 2) Après sa mort, saint Séverin, archevêque de Cologne, apparut entouré d'une pluie de feu à son archidiacre avec lequel il avait entendu les voix des anges à la mort de saint Martin. Il révéla qu'il souffrait pour ses distractions dans la récitation de l'office. Une goutte de feu tombant sur le bras de l'archidiacre le blessa jusqu'à l'os. Un signe de croix tracé par le saint fit disparaître la douleur.

Cf. Grégoire de Tours, *Liber de virtutibus s. Martini*, 1, 4 (éd. W. Arndt, B. Krusch, MGH, SS rer. merov., I/2, p. 590, 6/24) – Tubach 1103, 4304 – Saint Séverin, évêque de Cologne (346-403), fêté le 23 octobre; Saint Martin, cf. IX, 9.

Cet *exemplum* est précédé de la mention *Sine titulo*: cf. *Index auctorum relatorum et operum anonymorum, Sine tytulo*.

242. (XVI, 3) Saint Bernard vit les anges noter diversement le chant des moines dans le chœur, avec de l'or, de l'argent, de l'encre ou de l'eau.

Collectaneum exemplorum et visionum Clarevallense, IV, 7 (CCCM 208, p. 264-265, n° 76); Conrad d'Eberbach, *Exordium Magnum Cisterciense*, 2, 3 (Griesser, p. 100-101; CCCM 138, p. 75-76; Conrad d'Eberbach, *Le Grand Exorde*, p. 67-68) – Tubach 230 – Saint Bernard, cf. II, 43.

243. (XVI, 4) Hugues de Cluny rapportait qu'il avait vu Jésus jouant de la cithare dans le chœur de Cluny et qu'une odeur merveilleuse se faisait sentir lorsqu'on chantait une antienne évangélique sur les premières places au ciel [Mt 20, 23; Mc 10, 40].

Il s'agit de l'antienne *Sedere autem mecum non est meum dare uobis, sed quibus paratum est a patre meo*; cf. CAO, t. III, n° 4857.
Rainald de Vézelay, *Vita sancti Hugonis cluniacensis** (BHL 4008, 4009), 1, 6 (PL 159, 896B-C; CCCM 42, suppl., XIII, p. 44) – Saint Hugues de Cluny, cf. IV, 25.

XVII. De la componction

244. (XVII, 1) Pambo qui s'était rendu à Alexandrie à la demande d'Athanase vit une actrice et se mit à pleurer. Interrogé sur la raison de ses larmes, il répondit que c'était d'une part parce que cette femme était perdue et d'autre part parce qu'il n'en faisait pas autant pour plaire à Dieu qu'elle pour plaire aux hommes dépravés.

Cassiodore, Historia tripartita*, VIII, 1, 7 (CSEL 71, p. 456) Les sentences des Pères du Désert, collection alphabétique [trad. Dom L. Regnault], 765 Pambo 4, p. 263; *Apophtegmes des Pères*, t. 1 (SC 387), chap. III, De la componction, n° 32, p. 166-167 – Pambo, cf. II, 23; Athanase, cf. VIII, 5; Alexandrie, cf. IX, 26.

245. (XVII, 2) Silvain, ancien comédien, converti par saint Pacôme devint un moine indiscipliné. Refusant de céder à la demande des moines de l'expulser, Pacôme pria pour lui et lui donna une correction très dure. Le résultat fut qu'il pleurait ses péchés sans pouvoir s'arrêter, craignant d'être englouti par Dathan et Abiron.

Vita sancti Pachomii, abbatis Tabennensis, 38 (PL 73, 255C-256C) – Saint Pacôme, cf. IX, 11 – Cf. LXXIII, 3, récit analogue.

246. (XVII, 3) L'abba Arsène portait sur lui un linge pour essuyer ses larmes continuelles.

Vitae Patrum*, V, Verba seniorum, 3, 1 (PL 73, 860C); *Vitae Patrum*, III, *Verba seniorum*, 163 (PL 73, 794A-B); *Vitae Patrum*, III, *Verba seniorum*, 211 (PL 73, 807A-B); *Les sentences des Pères du Désert, collection alphabétique* [trad. Dom L. Regnault], 79 Arsène 41, p. 34 : *Apophtegmes des Pères*, t. 1 (SC 387), chap. III, De la componction, n° 3, p. 150-151 – Saint Arsène, cf. II, 28.

247. (XVII, 4) L'abba Ammon conseilla à un frère d'imiter les malfaiteurs dans leur prison.

Vitae Patrum, V, Verba seniorum, 3, 2 (PL 73, 860C-D) – Tubach 2867.
Sur les difficultés à identifier cet abba Ammon, voir J.-Cl. Guy, *Les apophtegmes des Pères* (SC 387), Paris, Cerf, 1993, p. 50-51 ; *Les sentences des Pères du Désert, collection alphabétique* [trad. Dom L. Regnault], 113 Ammonas 1, p. 45.

248. (XVII, 5) L'abba Élie avait trois craintes quant à la mort : la sortie de l'âme, la rencontre avec Dieu et la sentence proférée.

Vitae Patrum, V, Verba seniorum, 3, 4 (PL 73, 861B); *Les sentences des Pères du Désert, collection alphabétique* [trad. Dom L. Regnault], 259 Élie 1, p. 102; *Apophtegmes des Pères*, t. 1 (SC 387), chap. III, De la componction, n° 3, p. 152-153 – Tubach 2010 – Élie, abba : plusieurs moines de ce nom ont vécu en Égypte au IVe siècle. Sur les difficultés à identifier cet abba

Élie, voir J.-Cl. Guy, *Les apophtegmes des Pères* (SC 387), Paris, Cerf, 1993, p. 65-66.

249. (XVII, 6) L'abba Macaire a dit : « Il faut pleurer maintenant avant d'aller là où les larmes brûleront nos corps. »

Vitae Patrum, V, *Verba seniorum*, 3, 9 (PL 73, 861D) ; *Les sentences des Pères du Désert, collection alphabétique* [trad. Dom L. Regnault], 487 Macaire 34, p. 185 – Macaire, cf. II, 31.

250. (XVII, 7) L'abba Pastor citait le chagrin d'une femme sur un tombeau comme le modèle de la componction que devraient éprouver les religieux.

Vitae Patrum, V, *Verba seniorum*, 3, 10 (PL 73, 862A) – Pastor, cf. II, 26.

251. (XVII, 8) Un moine tombé dans le relâchement et très malade vit en extase sa mère morte qui lui rappela la résolution de sa jeunesse : « Je veux sauver mon âme. » Revenu à lui et guéri, il ne cessait de pleurer en se demandant comment il pourrait soutenir le jugement divin.

Vitae Patrum, III, *Verba seniorum*, 216 (PL 73, 808A-C) ; V, *Verba seniorum*, 3, 20 (PL 73, 863B-D) – Tubach 3392.

252. (XVII, 9) Abba Paul le Simple vit un pénitent entré tout noir et entouré de démons dans une église, puis en sortir blanchi et réconcilié en compagnie de son ange gardien.

Vitae Patrum, III, *Verba seniorum*, 167 (PL 73, 795D-796D) ; *Vitae Patrum*, V, *Verba seniorum*, 18, 20 (PL 73, 985B-988A) ; *Vitae Patrum*, VII, *Verba seniorum*, 23, 2 (PL 73, 1046D-1048A) ; *Miracula* [*De quibusdam miraculis*], Paris, BnF, ms. lat. 3175, fol. 143 – Tubach 233, cf. 1146 – Saint Paul le Simple, cf. XIV, 12.

XVIII. De la confession

253. (XVIII, 1) Un moine confessa une faute grave à un confrère, et non à son abbé. Mourant, il vit apparaître le diable et accusa le confrère de l'avoir trahi. Il se confessa alors à son abbé et le diable s'enfuit.

Collectaneum exemplorum et visionum Clarevallense, III, 10 (CCCM 208, p. 253, n° 65) ; *Miracula* [*De quibusdam miraculis*], Paris, BnF, ms. lat. 3175, fol. 143 – Tubach 1196.

Le compilateur donne pour source à ce récit le *Liber deflorationum*, cf. II, 12 et *Index auctorum, relatorum et operum anonymorum*, à ce nom.

254. (XVIII, 2) Saint Bernard ne put prêcher à des moniales avant de les avoir confessées.

Pierre le Chantre*, *Verbum adbreuiatum. Versio breuis*, 6 (PL 205, 37 C-D); *id., Verbum adbreuiatum. Textus conflatus*, I, 6 (CCCM 196, p. 37-38, 101-105) – Tubach 608 – Saint Bernard, cf. II, 43.

255. (XVIII, 3) Un ermite repentant dut renoncer à faire une confession publique, dont le scandale aurait porté atteinte au nom de moine.

Pierre le Chantre, *Verbum adbreuiatum. Versio breuis*, 142 (PL 205, 342A); *id., Verbum adbreuiatum. Textus conflatus*, II, 50 (CCCM 196, p. 796, 190-192).

256. (XVIII, 4) Un abbé de Longpont voulait se confesser souvent car il avait tout le temps le sentiment de ne s'être jamais confessé.

Pierre le Chantre, *Verbum adbreuiatum. Versio breuis*, 144 (PL 205, 345A-B); *id., Verbum adbreuiatum. Textus conflatus*, II, 52 (CCCM 196, p. 801-802, 55-61); *Miracula* [*De quibusdam miraculis*], Paris, BnF, ms. lat. 3175, fol. 143-143v – Abbaye de Longpont: abbaye cistercienne fille de Clairvaux, fondée en 1131 par saint Bernard (diocèse de Soissons, Aisne).

257. (XVIII, 5) Un homme confus de la révélation de ses péchés par un démoniaque, se précipita à la confession. Dès lors, le démoniaque, tout en les connaissant, ne pouvait plus les révéler.

Pierre le Chantre, *Verbum adbreuiatum. Versio breuis*, 144 (PL 205, 345B); *id., Verbum adbreuiatum. Textus conflatus*, II, 52 (CCCM 196, p. 802, 66-72); *Miracula* [*De quibusdam miraculis*], Paris, BnF, ms. lat. 3175, fol. 143v – Tubach 1202.

258. (XVIII, 6) Les auditeurs d'une confession en péril de mer ne se souvinrent de rien une fois le danger passé.

Pierre le Chantre, *Verbum adbreuiatum. Versio breuis*, 144 (PL 205, 345B-C); *id., Verbum adbreuiatum. Textus conflatus*, II, 52 (CCCM 196, p. 802, 73-78); Césaire de Heisterbach, *Dialogus miraculorum*, 3, 21 (Strange, t. 1, p. 136-137); *Miracula* [*De quibusdam miraculis*], Paris, BnF, ms. lat. 3175, fol. 143v – Tubach 1202c.

259. (XVIII, 7) Un jeune homme mal confessé ne put avaler l'hostie.

Pierre le Vénérable*, *De Miraculis*, I, 3 (CCCM 83, p. 11-13; Torrell-Bouthillier, p. 77-79); *Miracula* [*De quibusdam miraculis*], Paris, BnF, ms. lat. 3175, fol. 143v.

260. (XVIII, 8) Un moine du monastère de Tours-sur-Marne qui s'était insuffisamment confessé à Raoul, abbé du monastère de Châlons-sur-Marne ne put avaler l'hostie.

Pierre le Vénérable, *De Miraculis*, I, 5 (CCCM 83, p. 15-16 Torrell-Bouthillier, p. 81-83); *Miracula* [*De quibusdam miraculis*], Paris, BnF, ms. lat. 3175, fol. 143v.

261. (XVIII, 9) Un pénitent qui venait de se confesser ne fut pas reconnu par le diable avec lequel il voyageait.

Cf Césaire de Heisterbach, *Dialogus miraculorum*, 3, 6 (Strange, t. 1, p. 118); *Miracula* [*De quibusdam miraculis*], Paris, BnF, ms. lat. 3175, fol. 143v. Tubach 925, cf. 4417.

Cet *exemplum* est précédé de la mention *Sine titulo*: cf. *Index auctorum relatorum et operum anonymorum, Sine tytulo*.

262. (XVIII, 10) Une femme adultère exposée à une ordalie fut épargnée par le fer chaud une première fois, parce qu'elle s'était confessée auparavant, mais quand elle récidiva, elle fut brûlée par un fer froid.

Miracula [*De quibusdam miraculis*], Paris, BnF, ms. lat. 3175, fol. 143v-144; Césaire de Heisterbach, *Dialogus miraculorum*, 10, 35 (Strange, t. 2, p. 243) – Berlioz, 'Les ordalies dans les *exempla* de la confession', p. 325 – Tubach 59.

263. (XVIII, 11) Une dame adultère qui s'était confessée à un moine cistercien échappa au feu vêtue de sa seule chemise. Elle fonda ensuite une abbaye cistercienne.

Miracula [*De quibusdam miraculis*], Paris, BnF, ms. lat. 3175, fol. 144 – Berlioz, 'Les ordalies dans les *exempla* de la confession', p. 330.

264. (XVIII, 12) Un incroyant qui se donnait pour croyant fut condamné à l'épreuve du fer rouge, il se confessa et ne subit aucun dommage.

Berlioz, 'Les ordalies dans les *exempla* de la confession', p. 323.

265. (XVIII, 13) A Liège, un archidiacre coucha avec la fille d'un Juif un vendredi saint. La communauté juive envahit l'église le dimanche de Pâques, mais fut frappée de mutisme. L'archidiacre confessa sa faute publiquement et l'évêque consacra son sermon à la confession.

Miracula [*De quibusdam miraculis*], Paris, BnF, ms. lat. 3175, fol. 144-144v. ; Césaire de Heisterbach, *Dialogus miraculorum*, 2, 23 (Strange, t. 1, p. 92-94) – Tubach 2811 – Liège, ville importante de Belgique, siège de l'évêché et capitale de la principauté de Liège (980 à 1795).

266. (XVIII, 14) Un novice du monastère de La Prée troublé par des pollutions nocturnes vit en songe une femme le ceindre d'une ceinture remise à neuf par la confession.

Cf. McGuire, *Friendship and faith*, p. 264 – Monastère de La Prée : abbaye cistercienne fondée par saint Bernard entre 1134 et 1140 près de Bourges.

267. (XVIII, 15) Un prêtre nommé Euloge priait pour les âmes des morts. Il mourut et fut enterré avec les pauvres dans la maison des chanoines. Leur sacristain vit les morts prier Dieu pour lui. Dès lors, moines clunisiens et chanoines réguliers se disputèrent le corps qui, par jugement, resta aux chanoines.

268. (XVIII, 16) Un évêque touché de componction confessa ses péchés en chaire et voulut renoncer à sa charge. L'ange du Seigneur vint lui dire que Dieu avait accepté sa confession et ordonnait qu'il reste en place.

269. (XVIII, 17) La fille d'un roi avait tué son amant et sa servante ; elle se confessa à l'évêque qui lui fit à plusieurs reprises des propositions malhonnêtes. Repoussé, il la dénonça. Le roi réunit un concile au cours duquel saint Eusèbe interrogea la fille qui confessa sa faute, sa pénitence et les propositions de l'évêque. Elle fut absoute et l'évêque eut la langue coupée.

Saint Eusèbe de Verceil (283/290-370), baptisé par le pape Eusèbe (309-310) qui lui donna son nom. Évêque de Verceil en Italie à partir de 340, il lutta contre l'hérésie arienne et fut tué par les Ariens. Il est fêté le 2 août.

270. (XVIII, 18) Saint Antoine disait qu'un moine devrait rendre compte à son ancien du moindre pas qu'il fait et du moindre verre d'eau qu'il boit.

Vitae Patrum, III, *Verba seniorum*, 176 (PL 73, 798C); *Les sentences des Pères du Désert, collection alphabétique* [trad. Dom L. Regnault], 38 Antoine 38, p. 22; *Les apophtegmes des Pères, collection systématique*, t. 2 (SC 474), chap. XI, La nécessité de toujours veiller, n° 2, p. 136-139 – Saint Antoine le Grand, cf. II, 20.

271. (XVIII, 19) Abba Pastor disait que comme les habits laissés trop longtemps dans l'armoire se défont, les pensées qui n'ont jamais abouti se dissolvent.

Vitae Patrum, V, *Verba seniorum*, 10, 42 (PL 73, 920C) – Pastor, cf. II, 26.

272. (XVIII, 20) Une femme au très mauvais caractère qui rendait la vie insupportable à ses voisins et à sa famille fut menée auprès de Malachie qui la confessa et lui donna une pénitence. Par la suite, elle se montra d'une mansuétude remarquable.

Saint Bernard, *Vita sancti Malachiae** (BHL 5188), 25, 54 (SBO, 3, p. 358) – Saint Malachie, cf. VIII, 17.

XIX. De l'impénitence

273. (XIX, 1) Un chevalier de la province de Mercie à l'agonie vit apporter le livret de ses mérites et le registre de ses péchés; il mourut désespéré devant le roi.

Bède le Vénérable, *Historia ecclesiastica gentis Anglorum**, V, 13 (Colgrave-Mynors, p. 498-500) – Tubach 1501c – Mercie, un des sept royaumes de l'heptarchie anglo-saxonne avec Tamworth pour capitale. Ce royaume fut fondé dans la région des Midlands en 584. Le dernier roi de Mercie fut chassé par les Danois à la fin du IXe siècle.

274. (XIX, 2) Un convers forgeron était souvent ivre et passait plus de temps à sa forge qu'à l'église. Au moment de mourir, il entrevit le fond de l'enfer où se trouvait Caïphe avec ceux qui avaient tué Jésus. Il mourut certain de sa damnation et personne n'osa prier pour lui.

Bède le Vénérable, *Historia ecclesiastica gentis Anglorum*, V, 14 (Colgrave-Mynors, p. 502-504) – Caïphe, grand-prêtre du Temple de Jérusalem (18-36), c'est devant lui que fut présenté le Christ après son arrestation.

275. (XIX, 3) Les diables refusèrent d'accorder un délai à Crisaurius, un homme riche sur le point de mourir.

Grégoire le Grand*, *Dialogorum libri IV*, IV, 40, 6-8 (SC 265, p. 142-145) – Tubach 1050 – Crisaurius, homme riche de la province de Valérie en Italie (Abbruzzes).

276. (XIX, 4) Ceolred (*Chelredum*) roi débauché et ennemi des clercs mourut subitement pendant qu'il festoyait avec sa cour.

Guillaume de Malmesbury*, *De gestis regum Anglorum*, I, 80 (éd. R. A. B. Mynors, R. M. Thomson, M. Winterbottom, Oxford, 1998, t. 1, p. 116-117) – Ceolred : roi de Mercie (709-716) dans les Midlands. Toutes les sources ecclésiastiques sont négatives à son égard.

277. (XIX, 5) Un convers vit le diable comme un chien qui empêchait la confession d'un marchand à son abbé.

Cf Tubach 1538 et 1568. Proche de *Collectaneum exemplorum et visionum Clarevallense*, III, 12 et IV, 48 (CCCM 208, n° 67 et 146).

Cet *exemplum* est précédé de la mention *Sine titulo* : cf. *Index auctorum relatorum et operum anonymorum, Sine tytulo*.

XX. De la pénitence

278. (XX, 1) Sous Dioclétien, le pape Marcellin fit pénitence après son apostasie.

Liber Pontificalis*, 30, 2 (éd. L. Duchesne, t. I, p. 162) – Dioclétien, cf. I, 2 ; saint Marcellin, pape (296-304).

279. (XX, 2) L'apôtre Jean partit à la recherche d'un disciple qui s'était fait brigand.

Eusèbe de Césarée, *Ecclesiastica Historia**, III, 23, 6-19 (EW, 2/1, p. 239-245 ; SC 31, p. 127-129). Eusèbe cite Clément d'Alexandrie – Tubach 2834 – Saint Jean, apôtre.

280. (XX, 3) Un chevalier qui avait empoisonné le roi, choisit lui-même sa pénitence : il s'enferma dans un cercueil avec des serpents affamés qui le dévorèrent.

Proche de Tubach 4897. Voir Berlioz, 'Crapauds et cadavres dans la littérature exemplaire', p. 231-246.

Cet *exemplum* est précédé de la mention *Sine titulo*: cf. *Index auctorum relatorum et operum anonymorum, Sine tytulo*.

281. (XX, 4) L'abba Pastor a dit : « Trois jours de pénitence suffisent, si on les fait d'un cœur contrit. »

Vitae Patrum, V, *Verba seniorum*, 10, 40 (PL 73, 920B) – Tubach 3690 – Pastor, cf. II, 26.

282. (XX, 5) Une religieuse échappée du cloître a ensuite soigné les malades durant trente ans: cette pénitence a été plus agréable à Dieu que ses vœux de religion.

Palladius, *Historia lausiaca*, 140 (PL 73, 1207A-C, 140). Le compilateur a seulement noté que le récit était emprunté aux *Vitae Patrum*.

XXI. De la luxure

283. (XXI, 1) Un criminel nommé Dominique qui avait séduit une nonne et volé les poutres qui entouraient la fontaine Saint-Georges, fut cité devant le pape Jean, mais comme celui-ci était absent de Rome, c'est saint Grégoire qui le châtia. Le coupable mourut douze jours plus tard.

Jean Diacre, *Sancti Gregorii Magni Vita* (BHL 3641, 3642), IV, 97 (PL 75, 239B-240B); Odon de Cluny, *Collationes libri tres*, I, 27 (PL 133, 538A-C). Grégoire le Grand, cf. I, 5. Le texte de l'*exemplum* semble directement inspiré des *Collationes* d'Odon de Cluny.

Pour ce récit, deux sources sont mentionnées: d'une part, le *Liber deflorationum* (cf. II, 12 et *Index auctorum, relatorum et operum anonymorum*, à ce nom) et d'autre part, des chroniques, sans autre précision (cf. I, 1 et *Index auctorum, relatorum et operum anonymorum, De cronicis*). Les recherches menées dans les différentes chroniques au sein desquelles plusieurs récits ont pu être identifiés sont restées infructueuses. Cet *exemplum* est attestée dans le ms. lat. 3338 de la BnF (fol. 69v, n° 207): sur ce manuscrit, voir le commentaire de l'*exemplum* XI, 9.

284. (XXI, 2) Un prêtre incontinent qui s'était rendu neuf fois à Rome pour obtenir le pardon de saint Pierre, mourut en péchant à nouveau.

Odon de Cluny, *Collationes libri tres*, II, 26 (PL 133, 570D-571A) –

285. (XXI, 3) Un ermite vit son compagnon mourant emporté par les démons; comme il désespérait du salut, un ange lui expliqua que l'impureté détruisait tous les mérites.

Odon de Cluny, *Collationes libri tres*, II, 26 (PL 133, 570C); Pierre Damien, *Liber Gomorrhianus, ad Leonem IX*, 21 (PL 145, 182C-D).

286. (XXI, 4) Un homme nommé Archer qui avait couché avec son épouse dans une chambre proche de l'église ne put s'en séparer.

Odon de Cluny, *Collationes libri tres*, II, 11 (PL 133, 558C).

287. (XXI, 5) Une femme avait laissé dormir avec elle au-delà de l'âge de dix ans un enfant qu'elle avait nourri. Elle le provoqua au plaisir et se retrouva enceinte.

Jérôme*, *Epistulae*, 72, 2 (CSEL 55, p. 9-10).

288. (XXI, 6) Une femme qui s'était rendue à la dédicace de l'église Saint-Étienne sans s'être abstenue la veille de cette fête fut publiquement saisie par le démon. Elle fut conduite devant l'évêque Fortunat qui la délivra en la couvrant avec la nappe de l'autel.

Grégoire le Grand*, *Dialogorum libri IV*, I, 10, 2-5 (SC 260, p. 94-97) – Tubach 1500 – Fortunat, évêque de Todi (VIe s.). Dans les *Dialogues* de Grégoire, il s'agit de la chapelle Saint-Sébastien martyr.

289. (XXI, 7) Un courtisan qui avait défloré sa filleule le samedi saint mourut subitement huit jours après. Une flamme jaillit de son tombeau et brûla le corps et le tombeau.

Grégoire le Grand, *Dialogorum libri IV*, IV, 33, 1-3 (SC 265, p. 108-111) – Tubach 2333.

290. (XXI, 8) Un prince de Salerne dit un jour devant les flammes du volcan qu'un homme riche était sur le point de mourir et allait descendre en enfer. Il mourut la nuit suivante dans les bras d'une prostituée.

Pierre Damien*, *Epistulae*, 72 (K. Reindel, *Die Briefe des Petrus Damiani*, Munich, 1988, t. 2, p. 358, 18-19, p. 359, 1-9); Hélinand de Froidmont, *Chronicon*, a. 1078 (PL 212, 968C) – Tubach 1475 A, 5 – Salerne, ville d'Italie, en Campanie, sur le golfe de Salerne, proche du Vésuve.

291. (XXI, 9) Un clerc débauché périt avec sa maîtresse dans l'incendie de la ville.

Pierre Damien, *Epistulae*, 70 (K. Reindel, *Die Briefe des Petrus Damiani*, Munich, 1988, t. 2, p. 320, 7-18, p. 321, 1-15); Hélinand de Froidmont, *Chronicon*, a. 1078 (PL 212, 968D).

292. (XXI, 10) Un sacristain, dont les mérites étaient reconnus de tous, manqua d'huile pour garnir sa dernière lampe, la nuit de

Pâques, il la remplit d'eau et elle brilla avec les autres lampes. Mais, tombé dans la luxure, il fut battu et tondu en public.

Pierre Damien, *Epistulae*, 57 (K. Reindel, *Die Briefe des Petrus Damiani*, Munich, 1988, t. 2, p. 184, 21-22, p. 185, 1-15); Hélinand de Froidmont, *Chronicon*, a. 1078 (PL 212, 968A).

293. (XXI, 11) La belle et aristocratique Sophie obtint de faire construire son tombeau dans le monastère de Saint-Christophore; elle décéda peu après et y fut enterrée. Mais une odeur épouvantable se répandit dans le cloître, peut-être pour éloigner les moines de la tentation.

Pierre Damien, *Epistulae*, 66 (K. Reindel, *Die Briefe des Petrus Damiani*, Munich, 1988, t. 2, p. 268, 16-17, p. 269, 1-22); Hélinand de Froidmont, *Chronicon*, a. 1078 (PL 212, 966C-967A) – Sophie: sœur d'Hugues, marquis de Toscane (961-1001) et fille de Rainer, duc de Spolète et marquis de Camerino. Deux monastères du marquisat de Toscane portent ce patronage de Saint-Christophore: à Badia a Rofeno et à Métauro (Saint-Christophore del Castellare).

294. (XXI, 12) A Parme, la nuit, veille de la fête des saints Gervais et Protais, un homme profita de l'absence de son voisin Maturius pour s'introduire auprès de sa femme malade et la violer en se faisant passer pour son mari. Les époux demandèrent vengeance aux saints martyrs et le criminel succomba aux assauts du démon.

Pierre Damien, *Epistulae*, 119 (K. Reindel, *Die Briefe des Petrus Damiani*, Munich, 1989, t. 3, p. 375, 25-26, p. 376, 1-30, p. 377, 1-21); Hélinand de Froidmont, *Chronicon*, a. 1078 (PL 212, 972C-D) – Tubach 3455 – Saint Gervais et saint Protais: fils jumeaux de saint Vital et sainte Valérie; après le martyre de leurs parents, ils sont à leur tour martyrisés; Parme, ville d'Italie, en Émilie-Romagne.

295. (XXI, 13) Le pape Benoît le jeune apparut après sa mort sous l'aspect d'un monstre mi-âne mi-ours en témoignage d'une vie indigne.

Pierre Damien, *Epistulae*, 72 (K. Reindel, *Die Briefe des Petrus Damiani*, Munich, 1988, 4/2, p. 337, 10-23, p. 338, 1-19); Hélinand de Froidmont, *Chronicon*, a. 1045 (PL 212, 935D-936B) – Tubach 575 – Benoît IX, pape (1032-1045).

296. (XXI, 14) Saint Gengoul demanda à sa femme suspectée d'adultère de chercher une pierre au fond d'une fontaine. La main réapparut privée de peau. Il quitta alors son épouse.

Vita Gangulfi martyris Varennensis, 2, 8-9 (AASS, Mai II, col. 646F-647A); *ibid.*, 7 (éd. W. Levison, MGH, SS rer. merov., Hanovre, t. 7, 1920, p. 162, 3-22) – Tubach 2271 – Saint Gengoul, saint bourguignon, gouverneur de Bassigny, assassiné par un clerc amant de sa femme (v. 760), fêté le 11 mai.

297. (XXI, 15) La légende de saint Marcel de Paris raconte qu'une femme noble et adultère fut le jour même de son ensevelissement déterrée et dévorée par un serpent crachant le feu.

Vita sancti Marcelli episcopi et confessoris*, 7-9 (BHL 5248, 5249; AASS, Nov. I, Paris, 1887, col. 265E-266A) – Saint Marcel, évêque de Paris, mort en 436.

298. (XXI, 16) Vision d'un moine sur les supplices infligés dans l'autre monde à un prince oppresseur des pauvres qui espérait néanmoins un pardon pour sa générosité envers les moines.

Visio monachi de Eynsham*, 41 (éd. H. Thurston, *Analecta Bollandiana*, 22 (1903), p. 295-296).

299. (XXI, 17) Ponce abbé de Clairvaux puis évêque de Clermont, a raconté qu'un homme se rendait avec sa femme à Sainte-Marie de Rocamadour. En cours de route, deux voyageurs s'emparèrent de la femme. Amenés au tribunal de Clermont, l'un après l'autre, ils furent successivement exterminés par un feu venu d'une pustule sur leur nombril qui les réduisit en cendres.

Collectaneum exemplorum et visionum Clarevallense, IV, 53 (CCCM 208, p. 367, n° 158) – Bienheureux Ponce, abbé de Clairvaux en 1165, évêque de Clermont en 1170, mort en 1187 – Notre-Dame de Rocamadour: haut lieu de pèlerinage marial sur les chemins de Saint-Jacques (département du Lot).

Cet *exemplum* est précédé de la mention *Sine tytulo*: cf. *Index auctorum relatorum et operum anonymorum, Sine titulo*.

Cet *exemplum* figure dans le ms. lat. 3338 de la BnF (fol. 65-65v, n° 194). Pour de plus amples informations sur ce manuscrit, se reporter à l'*exemplum* XI, 9.

300. (XXI, 18) Saint Pacôme promit la guérison à une jeune fille possédée par le démon à condition qu'elle observât désormais le vœu de chasteté qu'elle avait fait, puis rompu.

Vita sancti Pachomii, abbatis Tabennensis*, 36 (PL 73, 254C-255A) – Saint Pacôme, cf. IX, 11.

301. (XXI, 19) Un jour, saint Basile ne vit pas la colombe d'or habituelle lors de l'Élévation, mais aperçut l'un de ses diacres distrait par une femme ; il le fit retirer de l'autel et la colombe revint.

Il s'agit d'une colombe eucharistique que, selon la tradition, saint Basile avait fait faire par un orfèvre pour y conserver une portion du corps du Christ et qu'il avait fait suspendre au-dessus de l'autel. Cf. *DACL*, t. III-2, Paris, Letouzey & Ané, 1914, col. 2231-2234.
AASS, Jun. III, p. 295-413 : nous n'avons trouvé qu'une histoire de colombe immaculée vue sur l'épaule droite de saint Basile par Ephrem le Syrien durant le sermon du saint (Acta, p. 381, § 302) – Saint Basile (fêté le 14 juin), cf. IV, 3.

302. (XXI, 20) Une femme priait dans l'oratoire de saint Malachie ; elle fut surprise par un homme qui voulut la violer ; mais il prit la fuite en voyant un crapaud sauter d'entre les cuisses de la femme.

Saint Bernard, *Vita sancti Malachiae** (BHL 5188), 17, 41 (SBO, 3, p. 346-347) – J. Berlioz et M. A. Polo de Beaulieu, 'Le saint, la femme et le crapaud', in J.-Cl. Schmitt *et al.* (dir.), *L'Ogre historien*, Paris, Gallimard, 1999, p. 223-242. – Saint Malachie, cf. VIII, 17.

XXII. DE LA PUDEUR

303. (XXII, 1) Une femme et ses deux filles chastes et belles, emmenées de force par des soldats au lupanar d'Antioche, se jetèrent dans le fleuve.

Eusèbe de Césarée, *Ecclesiastica Historia*, VIII, 12, 3-4 (EW, 2/2, p. 767-769 ; SC 55, p. 25) – Antioche, cf. IV, 10.
Cet *exemplum* fait partie d'un ensemble de récits précédés de la mention *Excepta de cronicis Eusebii*. Il est bien attesté chez Eusèbe, mais dans l'*Ecclesiastica Historia*. Les recherches effectuées dans sa *Chronique* traduite et prolongée par Jérôme sont demeurées vaines, cf. XV, 1 et *Index auctorum, relatorum et operum anonymorum, Excepta de cronicis Eusebii*.

304. (XXII, 2) N'ayant pu faire cesser les attaques du roi de Mercie contre son royaume, le roi Oswy fit le vœu de donner sa fille à Dieu et douze domaines pour construire des monastères. Vainqueur, il s'acquitta de son vœu.

Bède le Vénérable, *Historia ecclesiastica gentis Anglorum**, III, 24 (Colgrave-Mynors, p. 288-290) – Penda, roi de Mercie, vaincu en 654 ; Oswy, roi de Northumbrie (642-670) ; Mercie, cf. XIX, 1.

305. (XXII, 3) Sainte Etheldrède eut deux maris : le premier était prince, le deuxième roi des Anglais, mais elle garda sa virginité. Le roi Egfrid promit de l'argent et des terres à l'évêque Wilfrid pour qu'il essaie de convaincre la reine de consommer le mariage. En vain.

Bède le Vénérable, *Historia ecclesiastica gentis Anglorum*, IV, 19 (Colgrave-Mynors, p. 390-392) – Sainte Etheldrède, sainte Audrey ou Edeltrude (v. 630-679); Egfrid, roi de Northumbrie (v. 650-685); Wilfrid (634-709), évêque de York (664/669-709) et abbé de Ripon ; il participa au concile de Whitby en 664.

306. (XXII, 4) Saint Grégoire de Naziance étudiait la philosophie à Athènes. En songe, il vit deux femmes à côté de lui, Sagesse et Pureté, que le Seigneur lui montrait ainsi parce qu'il avait préparé pour elles une maison dans son cœur.

Rufin d'Aquilée, *Orationum Gregorii Nazianzeni novem interpretatio, Praefatio Rufini ad Apronianum* (*Tyrannii Rufini Opera pars I*, CSEL 46, p. 3, 14-18, p. 4, 1-4) ; *Miracula* [*De quibusdam miraculis*], Paris, BnF, ms. lat. 3175, fol. 145 – Grégoire de Naziance, cf. IV, 3 ; Athènes, cf. XXII, 4.

Le compilateur donne pour source à ce récit le *Liber deflorationum*, cf. II, 12 et *Index auctorum, relatorum et operum anonymorum*, à ce nom.

307. (XXII, 5) D'après la légende, le jeune Valentinien invita chez lui une vierge. Au début, il ne voulut pas la regarder et décida de la renvoyer à cause du mouvement de sa concupiscence. Après, il la garda pour enseigner aux jeunes gens comment maîtriser le désir du corps qui appartient au Seigneur.

Ambroise de Milan, *De obitu Valentiniani**, 17 (CSEL 73, p. 338-339) – Valentinien II, empereur romain de 375 à 392 dans un contexte politique et religieux extrêmement troublé.

308. (XXII, 6) Refusant le mariage, sainte Thècle fut livrée aux bêtes. Un lion en rage lécha ses pieds, témoignant ainsi qu'il ne pouvait porter atteinte à un corps aussi sacré.

Ambroise de Milan, *De virginibus*, II, 3, 19-20 (éd. E. Cazzaniga, Corpus Scriptorum Latinorum Paravianum, 1948, p. 42, 5-19) – Sainte Thècle protomartyre de l'Église d'Orient dont la vie est liée à l'apostolat de Paul, morte à Séleucie en Isaurie, fêtée le 23 septembre.

309. (XXII, 7) Au festin de son père, un adolescent ne doit pas se vanter insolemment de ses amours avec des femmes publiques.

Ambroise de Milan, *De virginibus*, III, 3, 13 (éd. E. Cazzaniga, Corpus Scriptorum Latinorum Paravianum, 1948, p. 63, 6-8).

310. (XXII, 8) Une femme fut injustement accusée d'adultère. Son prétendu amant fut décapité. Quant à elle, après de terribles tortures, le bourreau ne parvint pas à la décapiter. Un second bourreau la jeta à terre et on la tint pour morte. Ensevelie, elle se réveilla et fut soignée par un médecin. Elle raconta tout à l'empereur et obtint la liberté.

Jérôme*, *Epistulae*, 1, 3 et 1, 5-15 (CSEL 54, p. 2-3, 3-9).

311. (XXII, 9) Saint Augustin éloigna des moniales un sous-diacre indiscipliné, puis l'exclut du clergé.

Augustin, *Epistulae**, 35, 2 (CSEL 34/2, p. 28) – Saint Augustin, cf. II, 15.

312. (XXII, 10) La première vertu de la femme est de ne pas être vue par les hommes. Une vierge s'était tellement retirée du regard des hommes qu'elle n'accepta même pas la visite de saint Martin. Pour approuver cette attitude, celui-ci accepta de sa part un cadeau de bienvenue, même si jusqu'alors il n'avait jamais rien accepté de personne.

Sulpice Sévère*, *Dialogus super virtutibus sancti Martini*, II, 12 (SC 510, p. 268-275) – Saint Martin, cf. IX, 9.

313. (XXII, 11) Un frère aperçut le petit four de saint Martin plein de charbon et, après avoir approché un petit siège, se chauffa les parties, qui étaient nues. En l'apercevant, Martin cria au scandale et le frère se confessa.

Sulpice Sévère, *Dialogus super virtutibus sancti Martini*, III, 14 (SC 510, p. 348-349) – Saint Martin, cf. IX, 9.

314. (XXII, 12) Un prêtre accueillit dans son église une religieuse qu'il traitait comme sa sœur, mais il ne lui permettait pas de l'approcher. A son agonie, la religieuse accourut et s'approcha de lui. Il lui dit de s'éloigner parce que le feu de la concupiscence brûlait encore. Puis, il mourut saintement.

Grégoire le Grand*, *Dialogorum libri IV*, IV, 12, 2-4 (SC 265, p. 48-53).

315. (XXII, 13) Galla, jeune fille noble de Rome, devint veuve dans la première année de son mariage. Elle décida alors d'éviter la compagnie des hommes pour se lier spirituellement à son fiancé céleste. Mais son corps fut très enflammé et les médecins la prévinrent que, si elle ne revenait pas dans les bras des hommes, à cause de ce feu ardent, elle aurait des poils, ce qui arriva. Elle persévéra néanmoins dans la voie choisie.

Grégoire le Grand, *Dialogorum libri IV*, IV, 14, 1-2 (SC 265, p. 54-57) – Galla, fille du consul et patrice, Symmaque (mort en 525).

316. (XXII, 14) Comme on essayait de transférer le corps d'Édith, fille du roi Edgar, il tomba en poussière, à l'exception du ventre et d'un doigt. La vierge apparut à quelqu'un et lui expliqua que son ventre était intact parce qu'elle s'était gardée de la luxure et que le doigt avec lequel elle faisait le signe de croix était préservé grâce à la bénédiction de saint Dunstan.

Guillaume de Malmesbury*, *De gestis regum Anglorum*, II, 218 (éd. R. A. B. Mynors, R. M. Thomson, M. Winterbottom, Oxford, 1998, t. 1, p. 403-405) – Sainte Édith (v. 961-984), moniale à Wilton, fille d'Edgar le Pacifique, roi de Mercie et de Northumbrie (957-959), roi des Anglo-Saxons (959-975); saint Dunstan, archevêque de Cantorbéry (960-988).

317. (XXII, 15) Un prêtre chaste et honnête était beau et bien fait. La dame du lieu, épouse d'un chevalier, lui confessa qu'elle l'aimait et lui fixa un rendez-vous. Il s'infligea alors tant de jeûnes et de veilles que, le jour venu, il parut devant elle maigre, pâle et pauvrement vêtu. Elle le repoussa. Puis, confuse et repentante, elle renonça à son amour adultère.

Cet *exemplum* est précédé de la mention *Sine tytulo* : cf. *Index auctorum relatorum et operum anonymorum, Sine titulo*. Il est attesté dans le ms. lat. 3338 de la BnF (fol. 67-67v, n° 199): sur ce manuscrit, voir le commentaire de l'*exemplum* XI, 9.

318. (XXII, 16) Un jeune sénateur d'Auvergne marié à une jeune fille accepta de respecter durant toute leur vie son désir de rester vierge. A sa mort, il la rendit intacte à Dieu et mourut peu de temps après. Par miracle, leurs deux tombeaux se rejoignirent, cependant pas tout à fait afin de manifester leur chasteté. Depuis, cet endroit est appelé le lieu des deux amants.

Grégoire de Tours, *Historia Francorum*, I, 47 (éd. B. Krusch, W. Levison, MGH, SS rer. merov., I/1, Hanovre, 1887, p. 30, 10-28, p. 31, 1-30); *Miracula* [*De quibusdam miraculis*], Paris, BnF, ms. lat. 3175, fol. 145-145v.

319. (XXII, 17) Un frère voulait rendre visite à sa sœur malade dans son monastère, mais elle refusa de lui permettre de venir dans sa communauté de femmes. Elle lui demanda de prier pour elle, espérant qu'ils se verraient dans le royaume céleste.

Vitae Patrum*, III, *Verba seniorum*, 33 (PL 73, 760B).

320. (XXII, 18) Un frère arrivait avec sa mère au bord d'un fleuve. Au moment de l'aider à le traverser, il s'enveloppa la main dans son manteau. Ensuite, il lui expliqua que le corps d'une femme est un feu.

Vitae Patrum, V, *Verba seniorum*, 4, 68 (PL 73, 873B).

321. (XXII, 19) Deux vieillards reprochaient à l'abbesse Sarra de recevoir les hommes solitaires. Elle répondit que, par le sexe, elle était une femme, mais pas par l'esprit.

Vitae Patrum, V, *Verba seniorum*, 10, 73 (PL 73, 925A-B); *Les sentences des Pères du Désert, collection alphabétique* [trad. Dom L. Regnault], 887 Sarra 4, p. 306-307– Sarra, abbesse (amma) de Scété, morte v. 400.

322. (XXII, 20) Une jeune fille, nommée Alexandra, vivait depuis dix ans dans un tombeau, sans voir personne. La bienheureuse Mélanie lui en demanda la cause. Elle répondit que c'était parce qu'elle avait blessé l'âme de quelqu'un et que, de ce fait, elle préférait vivre enfermée plutôt que nuire à une âme faite à la ressemblance de Dieu.

[Heraclides Alexandrinus], *Paradisus**, 1 (PL 74, 255A-B) – Sainte Mélanie l'Ancienne, d'origine romaine, venue en Égypte en 371, morte à Jérusalem en 410.

323. (XXII, 21) A l'instigation du démon, une fille nue se mit dans le lit de saint Bernard. Il lui laissa la place et continua à dormir malgré ses caresses. Alors, pleine de confusion, elle s'enfuit.

Guillaume de Saint-Thierry, *Vita sancti Bernardi** (BHL 1211), I, 3, 7 (PL 185, 230C-D) – Saint Bernard, cf. II, 43.

324. (XXII, 22) Saint Bernard et ses compagnons furent hébergés chez une femme. Dans la nuit, celle-ci tenta par trois fois de s'introduire dans le lit du saint qui cria « Au voleur! » Le lendemain, il expliqua à ses frères que l'hôtesse avait cherché à lui voler sa chasteté.

Guillaume de Saint-Thierry, *Vita sancti Bernardi* (BHL 1211), I, 3, 7 (PL 185, 230D-231B); Césaire de Heisterbach, *Exempla aus den Sermones super Canticum Salomonis in laudem mulieris fortis*, n° 288 (Hilka, *Wundergeschichten*, 1, p. 179) – Tubach 598 – Saint Bernard, cf. II, 43.

XIII. Éviter la vue des femmes

325. (XXIII, 1) Le dîner de saint Martin chez l'empereur Maxime fut préparé et servi par l'impératrice elle-même.

Sulpice Sévère*, *Dialogus super virtutibus sancti Martini*, II, 7 (SC 510, p. 248-253) – Saint Martin, cf. IX, 9; Maxime, usurpateur du trône de l'empire romain d'Occident (383-384), puis co-empereur légitime (383-388), exécuté sur ordre de Théodose Ier à Aquilée.

326. (XXIII, 2) Un homme vénérable nommé Martin s'était retiré pour ne plus voir de femme. L'ayant appris, une femme vint à sa grotte. L'apercevant, l'ermite se jeta à terre et pria jusqu'à ce que la femme se décide à renoncer. Elle mourut le jour même.

Grégoire le Grand*, *Dialogorum libri IV*, III, 16, 5 (SC 260, p. 330-331) – Cf. Tubach 4733, 4741.

XXIV. Du combat contre les tentations

327. (XXIV, 1) Isidore disait qu'il y avait quarante ans qu'il sentait une certaine défaillance spirituelle mais qu'il n'avait cédé ni à la concupiscence ni à la folie.

Cassiodore, *Historia tripartita**, VIII, 1, 3 (CSEL 71, p. 455); *Les sentences des Pères du Désert, collection alphabétique* [trad. Dom L. Regnault], 359 Isidore 3, p. 136 – Isidore, cf. XV, 10.

328. (XXIV, 2) Quelqu'un trouva sa propre philosophie. Avant de se mettre au lit, il ordonnait qu'on lui jouât doucement de la flûte pour oublier ses soucis. Mais il perdait sa peine en désirant détruire les soucis terrestres par les choses mondaines. Celui qui, par le plaisir, cherche le remède, s'imprègne de boue. Ainsi devons-nous à chaque moment de la journée psalmodier et prier afin que le sommeil nous trouve en train de méditer des choses divines. Nous devons aussi tous les jours méditer le Symbole des apôtres et repenser le signe de croix dans notre cœur. Il faut avoir recours à ces choses-là lorsque nous avons peur et être belliqueux dans la bataille.

Ambroise de Milan*, *De virginibus*, III, 4, 19-20 (éd. E. Cazzaniga, Corpus Scriptorum Latinorum Paravianum, 1948, p. 66, 10-22).

Le *Credo* ne fut adopté dans la messe romaine qu'en 1014. Sur le *Credo*, cf. J.-Cl. Schmitt, 'Du bon usage du *Credo*', in *Faire croire. Modalités de la diffusion et de la réception des messages religieux du XIIe au XVe siècle*, Rome, 1981, p. 337-361.

329. (XXIV, 3) Il faut détruire le mal dans l'œuf afin que le feu intérieur n'envahisse pas la sensualité de l'homme. À l'exemple de saint Jérôme qui, dans son ermitage, jeûnait, veillait et se fouettait pour combattre le désir qui brûlait son corps. Il supporta beaucoup avant de se voir parmi la troupe des anges.

Jérôme, *Epistulae**, 22, 6-8 (CSEL 54, p. 152-154) – Saint Jérôme, cf. II, 14.

330. (XXIV, 4) Saint Benoît fut torturé par les tourments de la chair à tel point qu'il voulait presque abandonner sa solitude et s'adonner à la volupté. Soudain inspiré, il enleva ses vêtements, puis se jeta dans les épines et les orties. Il chassa ainsi par la douleur la tentation charnelle.

Grégoire le Grand*, *Dialogorum libri IV*, II, 2, 1-2 (SC 260, p. 136-139); Césaire de Heisterbach, *Exempla aus den 64 Sonntagshomilien*, n° 246 (Hilka, *Wundergeschichten*, 1, p. 164-165) – Tubach 581 – Saint Benoît de Nursie, cf. I, 7.

331. (XXIV, 5) Le diable apparut à saint Antoine et tenta de le séduire. Mais, contre les tentations de la chair et l'apparition trompeuse de femmes, saint Antoine se fortifiait en se rappelant les flammes de l'enfer et la douleur de la vermine.

Vita beati Antonii abbatis*, 4 (PL 73, 130A-B) – Saint Antoine le Grand, cf. II, 20.

332. (XXIV, 6) Craignant que saint Antoine ne lui échappât, le diable l'attaqua si violemment qu'il perdit connaissance. Il fut transporté comme mort dans une maison, mais, au milieu de la nuit, il demanda à être ramené à son ermitage. Là, il recommença à prier. Une multitude de démons l'assaillit. Il appela Dieu à son secours. Il vit alors s'ouvrir le ciel, les ténèbres et les démons disparaître et luire un rayon de soleil; il s'adressa alors à Jésus: «Où étais-tu?» La voix répondit: «Ici, j'attendais de voir ton combat. Désormais, je ne cesserai de te secourir.»

Vita beati Antonii abbatis, 7-9 (PL 73, 131B-133A) – Tubach 285, 277 – Saint Antoine le Grand, cf. II, 20.

333. (XXIV, 7) Saint Hilarion supportait tous les jours une multitude de tentations. Des femmes nues dormaient avec lui. Quand il était affamé, des repas somptueux lui apparaissaient. Pendant ses prières, il était dérangé par un renard ou par un loup. Tandis qu'il psalmodiait, il vit un combat de gladiateurs, et l'un d'eux, presque mort, tombant à ses pieds, implora une sépulture.

Jérôme, *Vita s. Hilarionis** (BHL 3879, 3879b), 3, 10-11 (SC 508, p. 224-225, 43-50) – Saint Hilarion, cf. XII, 12.

334. (XXIV, 8) L'abbesse Sarra pria pendant treize ans pour avoir la force de se défendre contre l'esprit de fornication. Celui-ci lui apparut et se reconnut vaincu. Sarra répondit que le vainqueur était le Christ.

Vitae Patrum*, V, *Verba seniorum*, 5, 10-11 (PL 73, 876B-C) *Apophtegmes des Pères*, t. 1 (SC 387), chap. V, Divers récits pour le réconfort dans les combats que suscite en nous la fornication, n° 14, p. 252-253 ; *Les sentences des Pères du Désert, collection alphabétique* [trad. Dom L. Regnault], 884 Sarra 1, p. 306 – Sarra, cf. XXII, 19.

XXV. Du silence

335. (XXV, 1) Pambo qui voulait apprendre les psaumes s'arrêta au premier verset du psaume 38, et ne voulut pas entendre le deuxième, disant qu'il voulait accomplir par les actes le premier verset. Son maître le blâmant parce qu'il venait rarement chez lui, Pambo répondit qu'il n'avait pas encore accompli le premier verset.

Cassiodore, *Historia tripartita**, VIII, 1, 4-5 (CSEL 71, p. 456) – Pambo, cf. II, 23.

336. (XXV, 2) Pendant trois ans, l'abbé Agathon porta une pierre dans la bouche pour apprendre le silence.

Vitae Patrum*, V, *Verba seniorum*, 4, 7 (PL 73, 865B) ; *Les sentences des Pères du Désert, collection alphabétique* [trad. Dom L. Regnault], 97 Agathon 15, p. 40 ; *Apophtegmes des Pères*, t. 1 (SC 387), chap. IV, De la maîtrise de soi, n° 7, p. 186-187 – Abba Agathon, cf. X, 3.

337. (XXV, 3) Pendant trente ans, l'abba Sisoès pria le Seigneur pour obtenir la garde de sa langue. Il a dit: «Notre pèlerinage est de garder notre bouche.»

Vitae Patrum, V, *Verba seniorum*, 4, 39 et 4, 44 (PL 73, 870A, 870C); *Les sentences des Pères du Désert, collection alphabétique* [trad. Dom L. Regnault], 808 Sisoès 5, p. 284 et 911 Tithoès 2, p. 313; *Apophtegmes des Pères*, t. 1 (SC 387), chap. IV, De la maîtrise de soi, n° 47, p. 210-211 (pour la première partie de l'*exemplum*) la seconde partie est un apophtegme attribué à l'abba Tithoès: *Apophtegmes des Pères*, t. 1 (SC 387), chap. IV, De la maîtrise de soi, n° 52, p. 212-213 – Sisoès, cf. II, 34. Tithoès est une déformation du nom Sisoès: *Les sentences des Pères du Désert, collection alphabétique* [trad. Dom L. Regnault], p. 313.

338. (XXV, 4) Un vieillard a dit qu'un moine qui ne retient pas sa langue au moment de la colère ne se retiendra pas pour les passions de son corps.

Vitae Patrum, V, *Verba seniorum*, 4, 49 (PL 73, 870D); *Les sentences des Pères du Désert, collection alphabétique* [trad. Dom L. Regnault], 920 Hyperéchios 2 (80a), p. 317; *Apophtegmes des Pères*, t. 1 (SC 387), chap. IV, De la maîtrise de soi, n° 57, p. 214-215 (attribué à l'abba Hypéréchios).

339. (XXV, 5) Quand l'abbé Ammoès allait à l'église, il ne permettait pas à ses disciples de marcher à ses côtés. Si, par hasard, quelqu'un se rapprochait, il le renvoyait.

Vitae Patrum, V, *Verba seniorum*, 11, 3 (PL 73, 933C-D) – Ammoès, solitaire résidant aux Cellules, ascète exigeant pour se purifier de ses péchés qu'il voyait comme un mur de ténèbres entre lui et Dieu. *Les sentences des Pères du Désert, collection alphabétique* [trad. Dom L. Regnault], 130 Ammoès 1, p. 51; *Les apophtegmes des Pères, collection systématique*, t. 2 (SC 474), chap. XI, Il faut toujours veiller, n° 11, p. 140-141.

340. (XXV, 6) Un frère interrogea l'abba Sisoès: «Je désire garder mon cœur.» L'abba lui répondit: «Comment serait-ce possible si notre langue garde la porte fermée?».

Vitae Patrum, V, *Verba seniorum*, 11, 27 (PL 73, 937A); Cf. *Les sentences des Pères du Désert, collection alphabétique* [trad. Dom L. Regnault], 912 Tithoès 3, p. 313 (Un frère demanda à l'abbé Tithoès: «Comment garderai-je mon cœur?» Le vieillard lui dit: «Comment pouvons-nous garder notre cœur, alors que nous tenons ouverts notre bouche et notre estomac?») et 967, Poemen Supplément 1, p. 334 – Sisoès, cf. II, 34.

341. (XXV, 7) L'abba Pastor dit : « Nous n'avons pas appris à fermer la porte de bois, mais nous désirons tenir fermée la porte de la langue. »

Vitae Patrum, V, *Verba seniorum*, 13, 5 (PL 73, 944C-D); *Les sentences des Pères du Désert, collection alphabétique* [trad. Dom L. Regnault], 632 Poemen 58 – Pastor, cf. II, 26 – Cf. II, 26, récit analogue.

342. (XXV, 8) La visite de frères obligea un ermite à manger en dehors de l'heure de son repas. Ses frères essayèrent après de le consoler, mais il dit qu'il était triste parce qu'il avait suivi sa propre volonté.

Vitae Patrum, V, *Verba seniorum*, 13, 8 (PL 73, 945A-B).

343. (XXV, 9) Arsène disait : « Souvent, je me repens de parler, jamais de me taire. »

Vitae Patrum, V, *Verba seniorum*, 15, 9 (PL 73, 955A); *Les sentences des Pères du Désert, collection alphabétique* [trad. Dom L. Regnault], 78 Arsène 40, p. 34 – Saint Arsène, cf. II, 28.

344. (XXV, 10) Ses frères demandèrent à Pambo de prononcer un sermon pour édifier l'archevêque. Pambo répondit : « S'il n'est pas édifié par mon silence mon sermon n'y fera rien de plus. »

Vitae Patrum, V, *Verba seniorum*, 15, 42 (PL 73, 961B-C) – Pambo, cf. II, 23.

345. (XXV, 11) L'abba Hor (Or) ne mentit jamais, ne jura jamais, ne maudit jamais aucun homme, ne parla jamais à quelqu'un, sauf en cas de nécessité.

Vitae Patrum, VI, *Verba seniorum*, 3, 7 (PL 73, 1008A); *Les sentences des Pères du Désert, collection alphabétique* [trad. Dom L. Regnault], 935 Or 2, p. 324 – Or : d'après Pallade, Or était moine à Nitrie quand Mélanie visita ce désert en 374. Il est associé dans les apophtegmes à Sisoès, à un abba Théodore et à un disciple nommé Paul. J.-Cl. Guy, *Les apophtegmes des Pères* (SC 387), Paris, Cerf, 1993, p. 52.

346. (XXV, 12) Le frère Godfrid, sur l'ordre de l'abbé Odon, gardait des chevaux dans la plaine. Une nuit pendant qu'il priait, un voleur enleva un cheval. Godfrid vit le voleur, mais préféra perdre le cheval que rompre le silence. Le matin, on retrouva le voleur ligoté sur le cheval volé, mais l'abbé Odon le laissa libre en lui donnant des pièces d'argent comme salaire de son travail nocturne.

Jean de Salerne, *Vita sancti Odonis abbatis Cluniacensis** (BHL 6292-6297), II, 10 (PL 133, 66C-67A) – Odon de Cluny, cf. VI, 10.

347. (XXV, 13) Tandis que les Normands dévastaient la région de Tours, ils découvrirent deux moines, mais ne purent savoir qui ils étaient ni ce qu'ils possédaient, car, en dépit des coups, ils ne purent les obliger à rompre le silence.

Jean de Salerne, *Vita sancti Odonis abbatis Cluniacensis* (BHL 6292-6297), II, 12 (PL 133, 67A-B) – Normands (Vikings), peuple scandinave, qui pilla les côtes de l'Europe occidentale entre env. 800 et env. 1050 ; Tours, chef-lieu du département de l'Indre-et-Loire, sur la Loire, France.

XXVI. De la puissance des larmes

348. (XXVI, 1) Établi sur un sommet des Alpes, abandonné par les siens, assiégé par les ennemis, l'empereur Théodose priait Dieu et versait un torrent de larmes pour obtenir la protection céleste. Ensuite, il se jeta sur les ennemis : ses flèches furent portées miraculeusement pour frapper ses adversaires, tandis que les flèches ennemies étaient renvoyées par le vent pour toucher ceux qui les lançaient.

Richard de Saint-Victor*, *Liber exceptionum*, I, 8, 8 (éd. J. Châtillon, p. 184, 7-23) – Théodose, cf. II, 9.

349. (XXVI, 2) La mère de saint Augustin demanda à saint Ambroise de l'aide pour sortir son fils des erreurs manichéennes. Comme il voulait qu'Augustin trouvât lui-même son erreur, elle le suppliait en pleurant abondamment. Il lui dit alors : « Le fils de telles larmes ne peut être perdu. »

Augustin*, *Confessionum libri XIII*, III, 12 (CCSL 27, p. 38-39) – Sainte Monique, cf. IV, 12 ; saint Augustin, cf. II, 15 ; saint Ambroise, cf. IV, 7.

350. (XXVI, 3) Sainte Scholastique demanda à son frère saint Benoît de demeurer une nuit avec elle. Il n'y consentit pas. Elle commença à verser un torrent de larmes sur la table et bientôt le beau temps se changea en pluie.

Grégoire le Grand*, *Dialogorum libri IV*, II, 33, 1-3 (SC 260, p. 230-233) – Sainte Scholastique (v. 480-v. 547), sœur de saint Benoît, fondatrice de la branche féminine des bénédictins à Plumarola ; saint Benoît, cf. I, 7.

XXVII. Des fléaux du Seigneur

351. (XXVII, 1) L'empereur Maurice priait le Seigneur de subir les peines pour ses péchés dans ce monde. L'image du Sauveur lui apparut en songe pour l'avertir qu'il l'avait livré ainsi que toute sa famille à Phocas.

Richard de Saint-Victor*, *Liber exceptionum*, I, 9, 7 (éd. J. Châtillon, p. 194, l. 16-36) – Maurice (v. 539-602), empereur d'Orient (582-602) fut renversé par Phocas, et tué avec ses fils.

352. (XXVII, 2) Sainte Etheldrède souffrait d'un goitre, mais s'en réjouissait, car elle le considérait comme l'expiation de son goût passé pour les bijoux.

Bède le Vénérable, *Historia ecclesiastica gentis Anglorum**, IV, 19 (Colgrave-Mynors, p. 396) – Sainte Etheldrède, ste Audrey ou Edeltrude, cf. XXII, 3.

353. (XXVII, 3) Une abbesse souffrit de fièvres pendant six ans sans jamais cesser d'en remercier Dieu.

Bède le Vénérable, *Historia ecclesiastica gentis Anglorum*, IV, 23 (Colgrave-Mynors, p. 410-412).

354. (XXVII, 4) Didyme finit par avouer à Antoine la tristesse que lui causait sa cécité.

Jérôme*, *Epistulae*, 68, 2 (CSEL 54, p. 677-678) – Saint Antoine le Grand, cf. II, 20; Didyme l'aveugle, théologien d'Alexandrie au IVe s., saint Jérôme fut son élève.

355. (XXVII, 5) Un oblat du monastère fondé par saint Grégoire à Rome était revenu dans le monde et s'était marié. A l'article de la mort, il se fit porter dans son ancien monastère. Il se mit bientôt à hurler disant qu'il était horriblement battu par saint André et saint Grégoire en châtiment de son apostasie et pour avoir escroqué une pauvre veuve. Transporté à l'église Saint-André, il proclama que ces coups l'avaient purifié et mourut à l'heure qu'il avait indiquée.

Pierre Damien*, *Epistulae*, 72 (K. Reindel, *Die Briefe des Petrus Damiani*, Munich, 1988, t. 2, p. 354, 8-14, p. 355, 1-24, p. 356, 1-6); Hélinand de Froidmont, *Chronicon*, a. 1078 (PL 212, 969D-970B) – Cf. Tubach 3322 – Église Saint André : construite par Grégoire le Grand à Rome en 575 – Grégoire le Grand, cf. I, 5.

356. (XXVII, 6) Un jeune moine qui aurait souhaité naître dans l'abbaye de Clairvaux y mourut lépreux un jour de Noël, jour où l'on chante: «Un enfant nous est né.»

Geoffroy d'Auxerre*, *Sermones* (Paris, BnF, ms. lat. 476, fol. 145), éd. J. Leclercq, 'Le témoignage de Geoffroy d'Auxerre sur la vie cistercienne', *Studia Anselmiana*, t. 31, 1953, p. 191-192.

«Un enfant nous est né»: Introït de la messe de la Nativité du Christ que l'on retrouve également utilisé au 1er janvier où il était d'usage de célébrer deux messes: l'une en l'honneur de la Vierge (*Vultum tuum*) et l'autre en l'honneur du Christ (*Puer natus est nobis*).

357. (XXVII, 7) Un ermite s'affligea d'avoir passé un an sans être malade, signe que Dieu ne l'aimait plus.

Vitae Patrum*, V, *Verba seniorum*, 7, 41 (PL 73, 903A); *Les apophtegmes des Pères* (SC 387), chap. VII, Patience et force, n° 50, p. 380-381 – Tubach 4364.

358. (XXVII, 8) Un vieillard eut une vision du ciel distribué en quatre ordres, ceux qui rendaient grâce à Dieu de leurs maux, ceux qui pratiquaient l'hospitalité, ceux qui vivaient dans la solitude et ceux qui abandonnaient toute volonté personnelle pour Dieu. Ceux-là portaient une couronne plus grande et un collier d'or.

Vitae Patrum, III, *Verba Seniorum*, 141 (PL 73, 787C-788A); *Vitae Patrum*, V, *Verba seniorum*, 14, 19 (PL 73, 952C-D) – Tubach 1855.

359. (XXVII, 9) Le saint ermite Paul accompagné de l'abbé Archebius se rendait chez un autre ermite lorsqu'ils rencontrèrent une femme. Malgré les objurgations d'Archebius, Antoine prit la fuite et rentra dans son monastère. La grâce de ses vertus fut telle que les miracles de guérison se multiplièrent dans le lieu que son corps avait touché.

Jean Cassien*, *Collationes*, 7, 26 (SC 42, p. 268-270); *Vitae Patrum*, IV, *Excerpta ex Severo Sulpicio et Cassiano*, 52 (PL 73, 846B-D) – Saint Paul, cf. II, 20.

360. (XXVII, 10) L'abba Moïse eut à subir les assauts du démon pour avoir eu des paroles trop dures contre l'abba Macaire lors d'un unique sermon.

Jean Cassien, *Collationes*, 7, 27 (SC 42, p. 270); *Vitae Patrum*, IV, *Excerpta ex Severo Sulpicio et Cassiano*, 53 (PL 73, 846D-847B) – Abba Moïse, cf. II, 32; Macaire, cf. II, 31.

361. (XXVII, 11) Saint Omer aveugle, guéri lors de la translation des reliques de saint Vaast à Arras, émit le vœu de retrouver sa cécité pour assurer son salut.

Sigebert de Gembloux, *Chronica*, a. 658 (éd. D. L. C. Bethmann, MGH, SS, 6, Hanovre, 1844, p. 325, 31-35) – Saint Omer, moine de Luxeuil, évêque de Thérouanne (mort en 670). Fêté le 12 septembre ; saint Vaast consacré évêque d'Arras et de Cambrai par saint Remi, mort vers 539. Fêté le 6 février.

Ce récit est dit être tiré de chroniques (*De cronicis*) : cf. I, 1 et Index auctorum, *relatorum et operum anonymorum, De cronicis*.

XXVIII. De l'ardeur de la foi

362. (XXVIII, 1) Saint Ignace écrivit qu'il voulait être le froment moulu sous la dent des fauves pour devenir un pain purifié pour le Christ.

Eusèbe de Césarée, *Ecclesiastica Historia**, III, 36, 6-12 (EW, 2/1, p. 277-279 ; SC 31, p. 148-149), lettre d'Ignace en chemin vers Rome pour le martyre – Saint Ignace, évêque d'Antioche, martyrisé à Rome en 107. Fêté le 1er février.

363. (XXVIII, 2) On raconte que saint Germanicus provoqua le fauve lâché contre lui alors que le proconsul tentait de le convaincre de refuser la mort.

Eusèbe de Césarée, *Ecclesiastica Historia*, IV, 15, 5 (EW, 2/1, p. 337-339 ; SC 31, p. 182) – Saint Germanicus, martyr, disciple de saint Polycarpe de Smyrne (IIe siècle).

364. (XXVIII, 3) Saint Polycarpe, averti en songe qu'il serait brûlé, invita ses bourreaux à sa table et les traita largement pendant que lui-même se consacrait à la prière.

Eusèbe de Césarée, *Ecclesiastica Historia*, IV, 15, 10-14 (EW, 2/1, p. 339-341 ; SC 31, p. 183-184 – Saint Polycarpe, évêque de Smyrne, martyrisé par le feu en 155. Fêté le 26 janvier.

365. (XXVIII, 4) Le proconsul tenta en vain de convaincre Polycarpe de se vouer à César et de renoncer au Christ. Polycarpe fut livré aux flammes et, en brûlant comme un métal précieux, dégagea une odeur des plus merveilleuses.

Eusèbe de Césarée, *Ecclesiastica Historia*, IV, 15, 19-39 (EW, 2/1, p. 345-349 ; SC 31, p. 185-188) – Saint Polycarpe, cf. supra.

366. (XXVIII, 5) Saint Lucius, conduit à la mort, remercia le tyran Urbicius de le délivrer de maîtres néfastes pour le remettre à Dieu.

Eusèbe de Césarée, *Ecclesiastica Historia*, IV, 17, 13 (EW, 2/1, p. 363; SC 31, p. 193-195) – Urbicius, préfet de Rome, il condamna Ptolémée, un maître chrétien, et Lucius au martyre.

367. (XXVIII, 6) Origène, encore enfant, brûlait de connaître le martyre, mais il en fut empêché par la ruse de sa mère qui, la nuit, lui prit tous ses vêtements. Il écrivit alors à son père Léonide lui-même détenu comme chrétien qu'il suive son destin sans se soucier d'eux.

Eusèbe de Césarée, *Ecclesiastica Historia*, VI, 2, 3-6 (EW, 2/2, p. 521; SC 41, p. 83-84) – Origène, cf. XII, 1; Léonide, martyrisé en 202.

368. (XXVIII, 7) Alors que l'empereur et son César se trouvaient à Nicomédie, un homme illustre déchira en public le texte d'un édit anti-chrétien. Supplicié, il garda jusqu'au bout un visage joyeux.

Eusèbe de Césarée, *Ecclesiastica Historia*, VIII, 5 (EW, 2/2, p. 747; SC 55, p. 11) – On peut identifier l'empereur principal paré du titre d'Auguste comme étant Dioclétien (284-305, † 313) et l'empereur auxiliaire portant le titre de César comme étant Galère (à partir de 293) dans le cadre de la tétrarchie. L'édit anti-chrétien date de 303-304; il fut placardé dans toutes les grandes villes de l'empire romain. Il ouvrit la grande persécution qui dura jusqu'en 311. Le martyr anonyme serait peut être Euethios que le martyrologe syriaque enregistre sous la rubrique Nicomédie au 24 février, date du début de la persécution (d'après H. Delehaye, *Les origines du culte des martyrs*, Bruxelles, 1912, p. 179). Nicomédie (auj. Izmit), Turquie.

369. (XXVIII, 8) Philéas, évêque de Thmuis, considérait la couronne des martyrs comme le plus précieux des joyaux. Condamné, il resta insensible aux prières et aux objurgations de ses proches. Le chef du peloton des soldats romains, Philoromos, fit remarquer que Philéas, voyant uniquement la gloire céleste, ne pouvait entendre les paroles ni voir les larmes des uns et des autres. Il fut immédiatement exécuté avec Philéas.

Eusèbe de Césarée, *Ecclesiastica Historia*, VIII, 9, 7-8 (EW, 2/2, p. 759; SC 55, p. 17-19) – Philéas, évêque de Thmuis (IVe s.); Philomoros, haut fonctionnaire de l'empire romain, en poste à Alexandrie, converti par l'exemple de Philéas durant le persécution de Dioclétien vers 308.

370. (XXVIII, 9) En Egypte, une foule d'hommes, de femmes et même d'enfants coururent au martyre, craignant seulement d'y échapper.

Eusèbe de Césarée, *Ecclesiastica Historia*, VIII, 9, 4-6 (EW, 2/2, p. 757-759; SC 55, p. 18-19).

371. (XXVIII, 10) À Antioche, deux jeunes, forcés de sacrifier aux idoles, se firent conduire aux autels et, plongeant leurs mains dans le feu, les laissèrent brûler sans bouger.

Eusèbe de Césarée, *Ecclesiastica Historia*, VIII, 12, 2 (EW, 2/2, 767; SC 55, p. 24) – Antioche, cf. IV, 10.

372. (XXVIII, 11) À Édesse, l'empereur voulait exterminer tous les chrétiens qui, chassés des églises, se réunissaient dans la campagne. Le préfet tenta de reporter la mesure au lendemain afin d'épargner le plus grand nombre. Cependant, le lendemain, à sa surprise, la foule était plus nombreuse encore. Après avoir interrogé une femme qui courait au martyre avec son enfant, il se convertit, refusa de remplir la mission confiée par l'empereur et se déclara prêt à mourir.

Eusèbe de Césarée, *Ecclesiastica Historia*, XI, 5 (add. de Rufin) (EW, 2/2, p. 1008-1010) – Édesse (auj. Urfa, Turquie).

373. (XXVIII, 12) Menacé de mort pour désobéissance au prince, saint Basile répondit au préfet qui lui accordait la nuit pour réfléchir: «Demain, je serai le même que maintenant et toi ne change pas».

Eusèbe de Césarée, *Ecclesiastica Historia*, XI, 9 (add. de Rufin) (EW, 2/2, p. 1016, 7-10) – Saint Basile, cf. IV, 3.

374. (XXVIII, 13) Saint Ambroise exhorta ses fidèles inquiets pour sa sûreté à bannir toute crainte parce que lui-même n'avait pas peur de la mort et parce qu'il estimait que sa sauvegarde appartenait à la providence divine.

Ambroise de Milan*, *Epistularum liber decimus*, ep. 75a (21a), *Contra Auxentium de basilicis tradendis*, 2, 3, 4, 6, 9 (éd. M. Zelzer, CSEL 82/3, p. 83, 16-20, 26-29, p. 84, 38-40, p. 86, 70-71, p. 87, 101-102) – Saint Ambroise, cf. IV, 7.

375. (XXVIII, 14) Saint Ambroise exprima le regret de n'avoir pas subi le martyre dont l'avait menacé Calligonus, officier de Valentinien.

Ambroise de Milan, *Epistularum liber decimus, ep.* 75a (21a), *Contra Auxentium de basilicis tradendis*, 5, 6, 15, 17, 18 (éd. M. Zelzer, CSEL 82/3, p. 85, 52-55, 58-59, p. 91, 173-177, p. 93, 204-206, p. 94, 214-216), *ep.* 76 (20), *De traditione basilicae (sorori frater)*, 8, 10, 28 (éd. M. Zelzer, CSEL 82/3, p. 112, 45-55, p. 113, 69-71, p. 125, 270-273) – Saint Ambroise, cf. IV, 7; Valentinien II, empereur romain (375-392).

376. (XXVIII, 15) Sainte Sotheris demeura inflexible sous les tortures.

Ambroise de Milan, *De virginibus*, III, 7, 38 (éd. E. Cazzaniga, Corpus Scriptorum Latinorum Paravianum, 1948, p. 75, 22-24, p. 76, 1-7) – Sainte Sotheris, originaire de Rome, parente de saint Ambroise (IVe s.).

377. (XXVIII, 16) Les voleurs ne firent pas peur au jeune Hilarion, car il n'avait rien qu'on puisse lui voler et il ne craignait pas de mourir.

Jérôme, *Vita s. Hilarionis** (BHL 3879, 3879b), 6, 1-4 (SC 508, p. 228-231, 1-14) – Saint Hilarion, cf. XII, 12.

XXIX. Des divers genres de martyres

378. (XXIX, 1) Martyre du diacre Sanctus qui, aux questions des juges, répondait seulement qu'il était chrétien.

Eusèbe de Césarée, *Ecclesiastica Historia**, V, 1, 20-25 (EW, 2/1, p. 409-413; SC 41, p. 11-12) – Sanctus, diacre, un des martyrs de Lyon (IIe s.).

379. (XXIX, 2) Martyre du noble Attale: assis sur un siège brûlant, il s'écria «Vraiment c'est manger de l'homme ce que vous faites», puis à quelqu'un qui lui demandait le nom de Dieu, il répondit: «Celui qui est unique n'a pas de nom.»

Eusèbe de Césarée, *Ecclesiastica Historia*, V, 1, 52 (EW, 2/1, p. 423; SC 41, p. 20) – Attale, martyr de Lyon (IIe s.).

380. (XXIX, 3) Pendant des années, les martyrs de la Thébaïde furent écartelés, parfois une centaine en un seul jour, hommes, femmes et enfants.

Eusèbe de Césarée, *Ecclesiastica Historia*, VIII, 9, 2-4 (EW, 2/2, p. 757 ; SC 55, p. 17-18) – Thèbes, ville de Haute Égypte.

381. (XXIX, 4) En Mésopotamie, les chrétiens étaient suspendus et fumés comme des porcs.

Eusèbe de Césarée, *Ecclesiastica Historia*, VIII, 12, 1 (EW, 2/2, p. 767, 11-14 ; SC 55, p. 24) – Mésopotamie, région d'Asie entre le Tigre et l'Euphrate.

382. (XXIX, 5) A Alexandrie, des chrétiens étaient successivement amputés des oreilles, du nez et des membres.

Eusèbe de Césarée, *Ecclesiastica Historia*, VIII, 12, 1 (EW, 2/2, p. 767, 15-18 ; SC 55, p. 24) – Alexandrie, cf. IX, 26.

383. (XXIX, 6) Dans la région du Pont, les tortures étaient faites de pointes fixées sous les ongles des doigts ou bien de plomb fondu, répandu jusque dans les parties intimes du corps pour les hommes, tandis que les femmes étaient violées avec des broches brûlantes.

Eusèbe de Césarée, *Ecclesiastica Historia*, VIII, 12, 6-7 (EW, 2/2, p. 769 ; SC 55, p. 26) – Pont, région du Nord-Ouest de l'Asie Mineure.

384. (XXIX, 7) La principale clémence envers les chrétiens fut de les déporter dans chaque province après leur avoir arraché et cautérisé l'œil droit et brûlé la jambe gauche.

Eusèbe de Césarée, *Ecclesiastica Historia*, VIII, 12, 10 (EW, 2/2, p. 770-771 ; SC 55, p. 27).

385. (XXIX, 8) Au temps de Julien, à Ascalon et à Gaza, des tyrans offrirent aux porcs en nourriture de l'orge déposé dans les ventres de prêtres et de vierges vidés de leurs entrailles.

Cassiodore, *Historia tripartita*, VI, 15, 2 (CSEL 71, p. 328) – Julien l'Apostat, cf. 8, 2 ; Ascalon, auj. Ashqelon, ville d'Israël, située sur la plaine côtière ; Gaza, ville de la Palestine du Sud.

386. (XXIX, 9) Un persécuteur fit couvrir de miel et exposer aux mouches un martyr qui avait surmonté tous les tourments. Un autre martyr cracha sa langue sur une femme envoyée pour le tenter.

Jérôme, *Vita beati Pauli monachi Thebaei** (BHL 6596, 6596a), 2, 2 et 3, 1-4 (SC 508, p. 146-149, 5-9 et p. 148-151, 1-19) – Tubach 4911.

XXX. DE L'OBSERVANCE DES JOURS SACRÉS

387. (XXX, 1) Constantin ordonna qu'aucune cause ne serait plaidée le dimanche, et que ce jour serait consacré aux prières.

Cassiodore, *Historia tripartita*, I, 9, 12 (CSEL 71, p. 27) – Constantin Ier, cf. II, 5. Ce récit est dit être tiré de chroniques: cf. I, 1 et *Index auctorum, relatorum et operum anonymorum, De cronicis*.

L'histoire du dimanche commence avec la résurrection du Christ: c'est effectivement ce premier jour de la semaine que le Christ est ressuscité, qu'il se manifeste aux apôtres (Lc 24, 41-43 et Jn 20, 21-23) et qu'il apparaît aux disciples d'Emmaüs (Lc 24, 35). Dans ces différents épisodes (résurrection, assemblée avec les siens, don de l'esprit, etc.), c'est l'intégralité de la Pâques chrétienne que l'on reconnaît. Le dimanche est donc le rappel perpétuel du mystère pascal. Les trois aspects fondamentaux du dimanche sont la mémoire de la résurrection (foi), l'attente du retour du Seigneur (espérance) et le rassemblement des chrétiens pour écouter la parole de Dieu dans l'acte eucharistique (communion).

388. (XXX, 2) Une mère lavait la tête de son fils un samedi alors que sonnaient les vêpres; ses mains se couvrirent de sang.

Sigebert de Gembloux, *Chronica, Anselmi Gemblacensis continuatio*, a. 1117 (éd. D. L. C. Bethmann, MGH, SS, 6, Hanovre, 1844, p. 376, 34-35).

Le samedi des chrétiens a remplacé le sabbat juif en en conservant le nom; à noter qu'à partir du Xe siècle, l'Occident prit l'habitude d'honorer plus spécifiquement la Vierge ce jour-là.

389. (XXX, 3) L'évêque Dusinus avait organisé un banquet le mercredi des Cendres: il fut frappé de paralysie.

Hélinand de Froidmont, *Chronicon*, a. 1077 (PL 212, 971C-D).

A partir du VIe siècle, la volonté d'avoir quarante jours effectifs de jeûne pour la période de la quadragésime impose de reculer de quatre jours ce même temps de jeûne (le dimanche n'est pas jeûné) et de le faire débuter au mercredi précédent le premier dimanche de la quadragésime. Si l'on ne parle pas encore de l'imposition des cendres avant la première moitié du Xe siècle, les anciens sacramentaires (de tradition ambrosienne) ont cependant conservé trace d'un *ordo agentibus publicam penitentiam* par lequel les pécheurs entrent en pénitence publique. Les deux témoins principaux du rituel de l'imposition des cendres sont Réginon de Prüm (*De ecclesiasticis disciplinis*, I, 291) et le *Pontifical Romano-Germanique*

XXXI. DE LA DIGNITÉ DES MOINES

390. (XXXI, 1) Le fils d'un prêtre païen vit l'assemblée des démons. L'un d'eux exposa qu'il avait conduit un moine au péché de chair. Satan l'embrassa et lui donna sa couronne. À la suite de cette vision, l'adolescent se fit moine.

*Vitae Patrum**, V, *Verba seniorum*, 5, 39 (PL 73, 885B-886A); Césaire de Heisterbach, *Libri VIII miraculorum*, 2, 56 (Meister, p. 126; Hilka, *Wundergeschichten*, 3, p. 143-144) – Cf. Tubach 1663.

391. (XXXI, 2) Un ancien a dit : « La vertu que j'ai vue dans le baptême, je l'ai vue dans le moine quand il prend l'habit monastique. »

Vitae Patrum, VI, *Verba seniorum*, 1, 9 (PL 73, 994B).
Le compilateur a attribué ce récit à *Iohannes subdiaconus*; mais nous ne l'avons pas repéré dans le recueil intitulé *Liber de miraculis* attribué à un certain Johannes monachus [éd. P. Michael Huber, 1913].

392. (XXXI, 3) Saint Anselme hésitait à choisir : soit il se faisait moine ou ermite, soit il restait dans le siècle en consacrant sa fortune aux pauvres. Il consulta Lanfranc et Maurille, archevêques de Rouen et, sur leurs conseils, entra à l'abbaye du Bec.

Eadmer, *Vita sancti Anselmi** (BHL 525, 526, 526a), I, 6 (éd. R. W. Southern, 'Medieval Texts', 1962, p. 10-11) – Saint Anselme, cf. VIII, 16; Lanfranc (1005-1089), moine bénédictin, abbé puis archevêque de Cantorbéry et maître de saint Anselme; Maurille, archevêque de Rouen et bienheureux mort en 1067; abbaye du Bec, fondée par le chevalier Hellouin en 1034, elle devint un grand foyer de la vie intellectuelle du xie siècle (département de l'Eure).

393. (XXXI, 4) Un postulant à Cluny tomba malade et se trouva aux portes de la mort alors qu'il était revenu chez lui. Le moine qui l'avait accompagné se mit en prières et eut une vision dans laquelle saint Benoît refusait d'aider le mourant parce qu'il ne le reconnaissait pas comme l'un des siens. Le frère mit son habit sur le malade et sa prière fut exaucée.

Jean de Salerne, *Vita sancti Odonis abbatis Cluniacensis** (BHL 6292-6297), III, 2 (PL 133, 76D-77B) – Clairvaux, cf. IX, 28; saint Benoît, cf. I, 7.

394. (XXXI, 5) Le fils d'un homme puissant entra dans un monastère cistercien contre lequel le père multiplia les attaques. Le jeune moine fut envoyé auprès de ce dernier pour tenter d'obtenir un accord. Arrivant près de chez lui, il aperçut deux démons sur le clocher de l'église; il obtint gain de cause auprès de son père et prit le chemin du retour pour s'éloigner de «Sodome»; mais en approchant du monastère, il vit une multitude de démons et rebroussa chemin. Inquiet de son absence, l'abbé se rendit auprès de lui et le moine lui raconta ses visions. L'abbé lui expliqua que le nombre des démons dépendait de la sainteté du lieu: il en fallait peu dans le siècle et beaucoup près d'un monastère.

Cf. Reynoldus abbas Elemosinae abbati Cisterciensi, *De Christiano monacho* (*Analecta Bollandiana*, 52 (1934), p. 5-20, c. 8, spéc. p. 20).
Cet *exemplum* est précédé de la mention *Sine titulo*: cf. *Index auctorum relatorum et operum anonymorum, Sine tytulo*.

XXXII. DE LA DIGNITÉ DE L'ORDRE CISTERCIEN

395. (XXXII, 1) Gérard, abbé de Clairvaux, vit des hommes en blanc orner son église; il apprit qu'un de ses convers venait d'entrer au ciel.

Bienheureux Gérard, abbé de Fossanova, sixième abbé de Clairvaux en 1170, mort à Igny v. 1175-1177. Cet *exemplum* est précédé de la mention *Sine titulo* : cf. *Index auctorum relatorum et operum anonymorum, Sine tytulo*.

396. (XXXII, 2) Un prévôt de la province de Gloucester avait témoigné sa vie durant sa dévotion à l'égard de l'ordre cistercien et répandu ses bienfaits sur l'abbaye proche. Il tomba gravement malade et, à l'approche de sa mort, le cellérier de l'abbaye le revêtit de son habit religieux. La nuit suivante, des démons voulurent l'emporter, mais le vêtement monastique les en empêcha. Le cellérier raconta cette vision à Ourscamp alors que, devenu abbé, il se rendait au chapitre général.

Ourscamp, abbaye cistercienne, fondée en 1130 (Oise); Gloucester: chef lieu du comté de Gloucestershire (Angleterre).

397. (XXXII, 3) En Angleterre, un moine cistercien visita en songe sous la conduite de saint Benoît un cloître dans l'au-delà réservé aux Cisterciens. Il y vit des enfants souffrir de tortures qui correspondaient aux péchés commis de leur vivant : des gouttes brûlantes tombaient sur leurs yeux, leurs mains, ou ailleurs sur leurs membres. Un homme brûlait attaché à une colonne : c'était un convers que son indiscipline avait rejeté de maison en maison, puis finalement rendu au siècle où il s'était marié. Le moine vit aussi la Vierge Marie faire sept fois le tour du lieu et exaucer la prière des souffrants : un vent léger se levait supprimant les gouttes brûlantes ; il correspondait aux prières de l'ordre cistercien.

Saint Benoît, cf. I, 7.

398. (XXXII, 4) En Angleterre, un mauvais chevalier était entré dans l'ordre cistercien durant ses derniers moments. Le lendemain de son enterrement, il apparut à son compagnon qui avait cru devoir quitter le monastère pour lui dire que lui-même avait été sauvé de la mort éternelle grâce à son engagement dans la famille cistercienne et pour lui conseiller d'en faire autant.

399. (XXXII, 5) Un chanoine régulier, qui avait une dilection particulière pour les Cisterciens, eut une vision du ciel, où il cherchait en vain à apercevoir des Cisterciens, quand la Vierge lui apparut et les lui montra groupés sous son manteau tissé d'or.

Cf. *Collectaneum exemplorum et visionum Clarevallense*, IV, 57 (CCCM 208, p. 371-372, n° 162) ; cf. Conrad d'Eberbach, *Exordium Magnum Cisterciense*, 4, 30 (Griesser, p. 263-264 ; CCCM 138, p. 288-290 ; Conrad d'Eberbach, *Le Grand Exorde*, p. 266-268) – Mc Guire, *A lost Clairvaux Collection*, p. 46-49.

400. (XXXII, 6) Un clerc qui avait une position honorable dans le siècle vit en songe le Jugement dernier. Celui-ci terminé, Rachel puis Marie s'approchèrent entourées de Cisterciens, et son Fils lui dit de leur donner la meilleure place dans le ciel.

401. (XXXII, 7) Après avoir été un novice irréprochable, un moine se trouvait au bord de la rupture : tenté de quitter Clairvaux en dépit des efforts de son maître et de l'abbé pour le retenir, il ne fut détourné de son projet que par une vision du Jugement dernier dans laquelle la cohorte des Cisterciens se détachait glorieusement.

Clairvaux, cf. IX, 28.

402. (XXXII, 8) Dans un monastère cistercien, un moine rongé par des scrupules excessifs s'interrogeait sur l'efficacité d'autres ordres comme celui de la Chartreuse ou de Grandmont, ou bien de la vie de reclus ou d'ermite pour atteindre la perfection. En songe, il se vit au Jugement dernier où on lui demanda quel ordre il voulait choisir. Sa réponse le ramena à l'ordre cistercien. Il se réveilla guéri.

Chartreuse, monastère et ordre fondés par saint Bruno en 1084; Grandmont (Haute-Vienne), ordre fondé par Étienne de Muret vers 1076.

XXXIII. Valeur de la prière et de l'aumône pour les défunts

403. (XXXIII, 1) Un chevalier avait l'habitude de dire le *Notre Père* pour les défunts dont il traversait le cimetière. Poursuivi par ses ennemis, il prit néanmoins le temps de dire cette prière et fut surpris de voir ses poursuivants prendre la fuite. Ceux-ci avaient pris peur devant une foule qui les attaquaient, des enfants avec des bâtons, des paysans avec des vouges, des femmes avec des quenouilles: c'étaient les morts du cimetière, reconnaissants.

Conrad d'Eberbach, *Exordium Magnum Cisterciense*, 6, 6 (éd. Griesser, p. 356-358; CCCM 138, p. 409-412, 4-98; Conrad d'Eberbach, *Le Grand Exorde*, p. 386-388, 2-19); Césaire de Heisterbach, *Libri VIII miraculorum*, 2, 49 (éd. Meister, p. 122-123; Hilka, *Wundergeschichten*, 3, p. 140) – Tubach 1464a, 4541.
Cet *exemplum* est précédé de la mention *Sine titulo*: cf. *Index auctorum relatorum et operum anonymorum, Sine tytulo.*

404. (XXXIII, 2) Une guerre permanente opposait Eusèbe, duc de Sardaigne, et Ostorge, duc de Sicile. Le premier consacra de multiples ressources au salut des défunts, notamment tous les revenus de l'une de ses cités qu'il avait vouée à Dieu. Ostorge s'empara de cette ville; une foule vint au secours d'Eusèbe, l'aida à vaincre Ostorge et, la tâche accomplie, révéla au duc de Sardaigne qu'ils étaient les âmes des défunts libérés grâce à ses aumônes. Ce récit est dû à saint Maïeul, abbé de Cluny, capturé lors du conflit qui opposa ces deux princes, alors qu'il visitait certains monastères.

Collectaneum exemplorum et visionum Clarevallense, II, 10 (CCCM 208, p. 231-235, n° 39); Conrad d'Eberbach, *Exordium Magnum Cisterciense*, 6, 6 (éd. Griesser, p. 358; CCCM 138, p. 409-412, 98-128; Conrad d'Eberbach, *Le Grand Exorde*, p. 388-389, 20-23) – Saint Maïeul (v. 906-994), 4ᵉ abbé de Cluny (954-994); la troupe armée des défunts renvoie au motif de la Mesnie Hellequin: voir J.-Cl. Schmitt, *Les revenants. Les vivants et les morts dans la société féodale*, Paris, 1994, p. 115-145.

405. (XXXIII, 3) Un homme emprisonné par les Perses fut considéré comme mort à Chypre durant quatre ans. Pendant ce temps, des services pour le supposé défunt furent célébrés trois fois par an. L'homme s'évada, et de retour à Chypre, reconnut que ses liens s'étaient défaits d'eux-mêmes à l'occasion de chaque service.

*Vita sancti Ioannis Eleemosynarii**, 24 (PL 73, 361C-362A); *Collectaneum exemplorum et visionum Clarevallense*, I, 21 (CCCM 208, p. 143-144, n° 25); cf. Césaire de Heisterbach, *Dialogus miraculorum*, 7, 28 (Strange, t. 2, p. 37-38) – Tubach 926b – Chypre, île de la Méditerranée orientale.

XXXIV, Des châtiments des âmes après la mort

406. (XXXIV, 1) Un ange montra à saint Fursy quatre feux: celui du mensonge, celui de la cupidité, celui de la querelle et celui de l'impiété.

Bède le Vénérable, *Historia ecclesiastica gentis Anglorum**, III, 19 (Colgrave-Mynors, p. 272) – Saint Fursy, moine irlandais, fondateur du monastère de Lagny, mort vers 650.

407. (XXXIV, 2) Selon la vision d'un moine, un chevalier, pourtant chaste et miséricordieux, souffrait encore dix ans après sa mort sous les coups d'un épervier parce que sa vie durant et sans remord il s'était passionné pour le jeu des oiseaux.

*Visio monachi de Eynsham**, 33 (éd. H. Thurston, *Analecta Bollandiana*, 22 (1903), p. 287-288) – Tubach 621, 4005b.

408. (XXXIV, 3) Des fautes considérées comme légères trouvent au purgatoire la punition appropriée à chacune: par exemple, pour les paroles oiseuses, des coups sur le visage, etc.

Visio monachi de Eynsham, 31 (éd. H. Thurston, *Analecta Bollandiana*, 22 (1903), p. 285-286).

409. (XXXIV, 4) En Sicile, quelqu'un qui traversait le mont en flamme de l'Etna entendit une voix annonçant l'arrivée de l'évêque du Puy.

Cf. Pierre Damien, *Vita sancti Odilonis* (PL 144, 933-938); cf. Jotsuald, *Vita sancti Odilonis* (PL 142, 926-928); cf. Pierre Damien*, *Epistulae*, 72 (K. Reindel, *Die Briefe des Petrus Damiani*, Munich, 1988, t. 2, p. 358-359); cf. Tubach 1475a. Arturo Graf, 'Artu nell'Etna', in *Miti, legende e superzioni del Medio Evo*, t. 2, New York, réimpr. Burt Franklin, 1971, p. 303-335.

410. (XXXIV, 5) Lors du siège d'un château, un abbé bénédictin qui faisait partie de l'ost royal eut une vision tandis qu'il s'était éloigné pour méditer et prier. Il vit un moine se dresser devant lui, les ongles et la main dévorés par le feu et reprenant ensuite leur aspect ordinaire. Puis, il vit un autre moine assoiffé, la langue tirée, le visage parcouru par le feu et retrouvant ensuite son aspect premier. Un troisième moine lui apparut la poitrine brûlée jusqu'aux côtes. Il en vit enfin un dernier brûlé par un feu infernal dans la partie inférieure du corps. L'abbé put donner l'absolution aux trois premiers dont les fautes étaient légères et correspondaient aux châtiments infligés. Le quatrième ne demanda même pas d'absolution, car il était voué à l'enfer. Ayant envoyé un messager dans son monastère, l'abbé apprit que ces quatre moines venaient de mourir.

411. (XXXIV, 6) Un moine de Clairvaux récemment décédé, de bonne conduite mais trop dur à l'égard de ses frères, apparut à saint Bernard avec un sombre visage et sous un aspect misérable se plaignant d'être maltraité dans l'au-delà. Arraché à la vue du saint, il revint quelque temps après pour signifier qu'il était libéré grâce aux prières de saint Bernard et de quelques moines choisis par ce dernier pour leur sainteté.

Guillaume de Saint-Thierry, *Vita sancti Bernardi** (BHL 1211), I, 10, 47 (PL 185, 254B-D) – Saint Bernard, cf. II, 43.

412. (XXXIV, 7) En Poitou, dans l'abbaye cistercienne des Roches, un moine incapable de secouer sa paresse en dépit des objurgations de l'abbé et des anciens, vint à mourir, emportant son péché avec lui. Une nuit, à l'heure des vigiles, l'abbé, légèrement assoupi, eut la vision de ce moine dans une cuve remplie d'eau : dans ses derniers instants, il s'était repenti de son insouciance, mais en punition de toutes les bonnes actions qu'il n'avait pas faites, il devait rester dans ce bain jusqu'au prochain quartier de lune. L'abbé jugeant la punition légère, le moine l'invita à plonger son doigt dans la cuve, ce qu'il fit, éprouvant alors une douleur intolérable qui disparut peu à peu après l'évanouissement de la vision.

Abbaye des Roches : il n'y a jamais eu d'abbaye cistercienne des Roches dans le diocèse de Poitiers, ni même dans le comté de Poitou. En revanche, il y eut bien une abbaye cistercienne des Roches, située dans le diocèse d'Auxerre (auj. Nièvre, canton de Cosne-sur-Loire, commune de Myennes).

XXXV. DE LA PERSÉVÉRANCE

413. (XXXV, 1) De même qu'un chien court après un lièvre jusqu'à ce qu'il l'attrape sans se soucier des autres chiens qui ont abandonné la chasse, de même le moine qui cherche le Christ ne doit pas se laisser troubler par ceux qui retournent au monde.

*Vitae Patrum**, V, *Verba seniorum*, 7, 35 (PL 73, 901C-902A) ; *Les apophtegmes des Pères* (SC 387), chap. VII, Patience et force, n° 42, p. 374-377.

414. (XXXV, 2) Un frère subit durant neuf ans la tentation de quitter la communauté, remettant chaque soir son départ au lendemain.

Vitae Patrum, V, *Verba seniorum*, 7, 39 (PL 73, 902B) ; *Les apophtegmes des Pères* (SC 387), chap. VII, Patience et force, n° 48, p. 378-379 et n° 51, p. 380-383.

XXXVI. DE L'HYPOCRISIE

415. (XXXVI, 1) Un évêque, qui se montrait joyeux par discrétion alors qu'en lui-même il ressentait le regret de ses péchés, fut envoyé au purgatoire, car un évêque ne doit rien dissimuler.

*Visio monachi de Eynsham**, 42 (éd. H. Thurston, *Analecta Bollandiana*, 22 (1903), p. 297-298).

416. (XXXVI, 2) Un frère vit le diable emporter l'âme d'un ermite qui habitait près d'une cité et y était réputé pour sa dévotion et les bienfaits de ses mérites.

*Vitae Patrum**, VI, *Verba seniorum*, 3, 13 (PL 73, 1012A-B).

417. (XXXVI, 3) Un frère très estimé dans la communauté jeûnait ouvertement et mangeait en cachette. Sur le point de mourir, il dit à ses frères qu'un dragon avait pénétré dans sa bouche pour s'emparer de son esprit.

Grégoire le Grand*, *Dialogorum libri IV*, IV, 40, 10-12 (SC 265, p. 144-147) – Tubach 1779.

XXXVII. DE LA VAINE GLOIRE

418. (XXXVII, 1) Saint Jérôme raconte avoir vu dans la basilique Saint-Pierre une des plus nobles dames de Rome, dont il garde le nom secret, donner une pièce d'argent à chaque pauvre, pour paraître plus pieuse. Une vieille femme voulut avoir une seconde pièce et, au lieu d'un denier, reçut un coup de poing.

Jérôme*, *Epistulae*, 22, 32 (CSEL 54, p. 193-194) – Saint Jérôme, cf. II, 14; Saint-Pierre, basilique, cf. IV, 1.

419. (XXXVII, 2) Deux oblats portant un pain à un solitaire trouvèrent un aspic. Le plus jeune le rapporta triomphant au monastère, mais l'abbé les fit battre tous les deux pour leur apprendre l'humilité.

Sulpice Sévère*, *Dialogus super virtutibus sancti Martini*, I, 10 (SC 510, p. 140-145) – Tubach 50.

420. (XXXVII, 3) Un saint exorcisait les possédés, ne buvait jamais et mangeait sept figues par jour. Sa réputation grandit et les visiteurs affluèrent. La vanité l'envahit et il perdit son pouvoir d'exorciste. Revenu à Dieu, après cinq mois de prières, il fut délivré de la tentation de vanité.

Vitae Patrum, IV, *Excerpta ex Severo Sulpicio et Cassiano*, 12 (PL 73, 824A-C).

421. (XXXVII, 4) Un homme, laissant femme et enfants, se retira dans un ermitage. En peu de temps, sa réputation de sainteté grandit. Le diable lui inspira le désir de retrouver sa famille. Les frères le laissèrent s'en aller. Mais à peine parti, il s'écroula, attaqué par le démon, se lacérant avec ses propres dents. Les frères le ramenèrent au monastère et l'attachèrent. Libéré de l'esprit immonde après deux ans de prières, il retourna dans son ermitage.

Sulpice Sévère, *Dialogus super virtutibus sancti Martini*, I, 22, 1-5 (SC 510, p. 188-195) – Cf. Tubach 3323.

422. (XXXVII, 5) L'évêque Fortunat chassa un esprit immonde d'un possédé. L'esprit parcourut la cité sous l'apparence d'un pèlerin, accusant l'évêque de lui avoir refusé l'hospitalité. Un homme accueillit le faux pèlerin pour montrer qu'il était meilleur que l'évêque, mais le mauvais esprit jeta dans le feu l'enfant de son hôte.

Grégoire le Grand*, *Dialogorum libri IV*, I, 10, 6 (SC 260, p. 96-99), I, 10, 7 (SC 260, p. 100-101) – Fortunat, évêque, cf. XXI, 6.

423. (XXXVII, 6) L'abbé Éleuthère emmena dans son monastère un oblat tourmenté par un démon et l'en délivra. Comme il s'en glorifiait, le démon s'empara de nouveau du jeune homme et n'en fut chassé que par les prières de tous les frères.

Grégoire le Grand, *Dialogorum libri IV*, III, 33, 2-6 (SC 260, p. 394-397) – Éleuthère, abbé du monastère Saint-Marc à Spolète (VIe s.).

424. (XXXVII, 7) Un frère avait mis au défi Palémon et Pacôme de se tenir sur des charbons ardents en récitant lentement la prière du Seigneur. Pacôme refusa ayant deviné l'orgueil qui inspirait ce frère. Dieu laissa le frère subir victorieusement l'épreuve du feu, avec l'aide du diable. Mais peu après, le diable sous l'apparence d'une femme séduisit le frère, l'envahit et le laissa comme mort. Revenu à lui, il s'enfuit au désert, mais, rendu fou par le démon, il alla jusqu'à la ville et se jeta dans le four des bains.

*Vita sancti Pachomii, abbatis Tabennensis**, 9 (PL 73, 234C-235C) – Saint Palémon, cf. IX, 11; Saint Pacôme, cf. IX, 11.

425. (XXXVII, 8) Quelqu'un offrit à un vieillard de l'argent pour lui ou pour les pauvres. Il refusa de crainte de tirer vanité en donnant ce qui ne lui appartenait pas.

*Vitae Patrum**, V, *Verba seniorum*, 6, 17 (PL 73, 891C) – Tubach 3360.

426. (XXXVII, 9) L'abbé Zénon a dit: «Ne t'assieds jamais avec un homme important.»

Vitae Patrum, V, *Verba seniorum*, 8, 5 (PL 73, 906C); *Les sentences des Pères du Désert, collection alphabétique* [trad. Dom L. Regnault], 235 Zénon 1, p. 95 – Abba Zénon, cf. XII, 18.

427. (XXXVII, 10) Pendant trois jours, l'abba Théodore resta silencieux devant un frère qui lui demandait une parole parce que ce frère cherchait à se glorifier des paroles d'autrui.

Vitae Patrum, V, *Verba seniorum*, 8, 6 (PL 73, 906C); *Les sentences des Pères du Désert, collection alphabétique* [trad. Dom L. Regnault], 270 Théodore de Phermé 3, p. 107; *Les apophtegmes des Pères*, t. 1 (SC 387), chap. VIII, Qu'il ne faut rien faire avec ostentation, n° 9, p. 404-406 – Théodore, cf. IX, 15.

428. (XXXVII, 11) L'abba Moïse se cacha dans le marais quand il apprit qu'un juge voulait le voir. Il répondit au juge que Moïse était simple d'esprit et hérétique. Arrivé à l'église, le juge apprit qu'il avait parlé à Moïse lui-même.

Vitae Patrum, III, *Verba seniorum*, 119 (PL 73, 782D-783A); *Les apophtegmes des Pères*, t. 1 (SC 387), chap. VIII, Qu'il ne faut rien faire avec ostentation, n° 13, p. 408-411 – Abba Moïse, cf. II, 32.

429. (XXXVII, 12) L'abbé Justeron et un frère fuyaient devant un dragon. Au frère qui lui reprochait d'avoir peur, il répondit : « Mieux vaut fuir que chercher la vaine gloire. »

Vitae Patrum, V, *Verba seniorum*, 8, 12 (PL 73, 907D).
Abba Justeron non identifié.

430. (XXXVII, 13) Trois paroles de sainte Synclétique : « La vertu est semblable à un trésor qu'il ne faut pas révéler; l'âme devant les louanges est comme cire devant le feu; on ne peut être plante et semence, avoir la gloire ici-bas et dans le ciel. »

Vitae Patrum, V, *Verba seniorum*, 8, 19 (PL 73, 909A).; *Les apophtegmes des Pères*, t. 1 (SC 387), chap. Qu'il ne faut rien faire avec ostentation, n° 24, p. 416-417 et n° 25, *ibid.*; *Les sentences des Pères du Désert, collection alphabétique* [trad. Dom L. Regnault], 994 Synclétique Supplément 3 et 995 Synclétique Supplément 4, p. 339 – Sainte Synclétique, originaire d'une noble famille chrétienne qui avait quitté la Macédoine pour s'installer à Alexandrie. Entrée dans la vie religieuse en Égypte, sa sainteté lui attira de nombreuses visites de vierges à qui elle prodigua des conseils qui constituent l'essentiel de sa biographie et la rapprochent de la spiritualité des Pères du Désert. Tous les apophtegmes de l'amma Synclétique sont extraits de sa *Vita* composée au milieu du Ve siècle. Fêtée le 5 janvier. Voir *Les sentences des Pères du Désert, collection alphabétique* [trad. Dom L. Regnault], p. 307-308.

431. (XXXVII, 14) Lors d'une fête, un moine proclama qu'il ne mangeait rien de cuit. Un vieux moine lui fit ce reproche : « Tu aurais mieux fait de manger seul dans ta cellule, plutôt que de crier devant les autres. »

Vitae Patrum, III, *Verba seniorum*, 54 (PL 73, 768B-C) ; *Les apophtegmes des Pères*, t. 1 (SC 387), chap. Qu'il ne faut rien faire avec ostentation, n° 26, p. 416-419 – Tubach 36, 4158.

432. (XXXVII, 15) Un séculier servait un solitaire. Son fils tomba malade et il demanda au solitaire de venir prier pour lui. Voyant arriver les serviteurs du séculier, le vieillard enleva ses vêtements et se tint nu au bord du fleuve. Les serviteurs le tinrent pour fou.

Vitae Patrum, III, *Verba seniorum*, 118 (PL 73, 782C-D) – Tubach 1115.

433. (XXXVII, 16) La bienheureuse Mélanie offrit à saint Isidore trente livres d'argent. Il la remercia sans interrompre son travail. Comme elle insistait sur l'importance du don, il lui fit honte de son insistance.

[Heraclides Alexandrinus], *Paradisus*, 2 (PL 74, 260B-D) ; cf. Palladius, *Historia lausiaca*, 10 (PL 73, 1102B-D) ; cf. Palladius, *Historia lausiaca, alt. vers.*, 5 (PL 74, 350B-D) – Sainte Mélanie, cf. XXII, 20 ; Isidore, cf. XV, 10.

434. (XXXVII, 17) L'esprit de vaine gloire souffla à saint Macaire d'aller à Rome soigner les possédés. Il se jeta sur le seuil de sa cellule et jura de n'en pas bouger jusqu'au soir pour résister aux démons.

Palladius, *Historia lausiaca*, 19-20 (PL 73, 1118A) – Cf. Tubach 3119 – Macaire, cf. II, 31.

435. (XXXVII, 18) A Rome, une recluse dit à Sérapion, homme très religieux, qu'elle était morte au siècle. Il lui offrit de l'accompagner jusqu'à une basilique ; là, il lui demanda d'enlever ses vêtements comme lui afin de traverser la cité, nus. Elle dit qu'on la croirait folle, et il lui fit remarquer que son détachement n'était pas parfait et qu'elle n'aurait pas dû se vanter d'être morte au siècle. Elle fit alors acte de contrition et d'humilité.

Palladius, *Historia lausiaca*, 85 (PL 1181A-1182A) – Tubach 4230 – Sérapion était un nom assez commun en Égypte. Il est difficile de distinguer plusieurs moines ayant porté ce nom : Sérapion le Grand, moine de Nitrie (*Histoire Lausiaque* [éd. Butler-Lucot, 1912] 7, 3 et 46, 2), Sérapion le

Sindonite (*Histoire Lausiaque* [éd. Butler-Lucot, 1912] 7, 1), Sérapion d'Arsinoé (Histoire des moines d'Égypte [éd. Fustigière, 1971] 18) et deux moines du désert de Scété mentionnés par Cassien. Voir *Les sentences des Pères du Désert, collection alphabétique* [trad. Dom L. Regnault], p. 301.

436. (XXXVII, 19) L'abbé Poemen affirmait: « Seul celui qui ne se glorifie pas, peut habiter avec d'autres. »

Vitae Patrum, III, *Verba seniorum*, 110 (PL 73, 781B); Cf. *Les sentences des Pères du Désert, collection alphabétique* [trad. Dom L. Regnault], 722 Poemen 148, p. 253-254 – Poemen, cf. II, 41.

437. (XXXVII, 20) Un frère négligeait ses études pour s'occuper des fautes de ses prédécesseurs. Il demanda à saint Odon la permission de s'adonner à la prière et aux remords. Saint Odon lui répondit qu'il agissait par vaine gloire.

Jean de Salerne, *Vita sancti Odonis abbatis Cluniacensis** (BHL 6292-6297), II, 14 (PL 133, 69A-B) – Odon de Cluny, cf. VI, 10.

438. (XXXVII, 21) Devant la « gloire » que valaient à saint Bernard les miracles que Dieu faisait par lui, Gaudry son oncle et Guy son frère aîné craignaient qu'il ne fût détourné de sa tâche spirituelle. Par des paroles dures et des critiques, ils minimisaient ses bonnes actions, l'affligeant jusqu'à le faire pleurer.

Guillaume de Saint-Thierry, *Vita sancti Bernardi** (BHL 1211), I, 9, 45 (PL 185, 253A-B) – Saint Bernard, cf. II, 43.

439. (XXXVII, 22) Saint Bernard a toujours refusé la gloire et les honneurs. Ses vêtements étaient pauvres, mais jamais sales, la saleté étant selon lui le signe d'une âme cherchant la gloire humaine.

Geoffroy d'Auxerre, *Vita sancti Bernardi* (BHL 1214), III, 2, 5 (PL 185, 306B) – Saint Bernard, cf. II, 43.

440. (XXXVII, 23) Les vertus de saint Bernard lui valurent le siège épiscopal, mais il refusa cette dignité.

Geoffroy d'Auxerre, *Vita sancti Bernardi* (BHL 1214), III, 3, 8 (PL 185, 307D-308A) – Saint Bernard, cf. II, 43.

XXXVIII. DE LA CUPIDITÉ

441. (XXXVIII, 1) Radbod, duc des Frisons, demanda lors de son baptême où était le plus grand nombre des siens, en paradis ou en enfer. L'évêque Wulfran répondit : « En enfer. » Le roi retira son pied du bassin disant qu'il était préférable de suivre le plus grand nombre. Le quatrième jour, il fut frappé d'une mort subite et éternelle.

Sigebert de Gembloux, *Chronica*, a. 718 (éd. D. L. C. Bethmann, MGH, SS, 6, Hanovre, 1844, p. 330, 1-5) – Tubach 1823 – Radbod duc des Frisons (680-719) ; saint Wulfran, évêque de Sens, évangélisateur des Frisons († 702).
La source indiquée par le compilateur est *Excepta de cronicis Eusebii*. Compte tenu de la période à laquelle renvoie ce récit, il ne figure bien évidemment pas dans la *Chronique* d'Eusèbe (début des temps-303), traduite et prolongée par Jérôme pour les années 326-378, cf. XV, 1 et *Index auctorum, relatorum et operum anonymorum*, *Excepta de cronicis Eusebii*.

442. (XXXVIII, 2) Sous la persécution de Dèce, des chrétiens affirmèrent impudemment qu'ils n'avaient jamais été chrétiens. Il s'agit de ceux dont le Seigneur dit qu'il est difficile de sauver ceux qui ont beaucoup d'argent.

Eusèbe de Césarée, *Ecclesiastica Historia*, VI, 41, 12 (EW, 2/2, p. 604-605 ; SC 41, p. 148) – Dèce (200-251), empereur romain (249-251), qui édicta en 250 un décret rendant obligatoire le culte impérial. La non application de cette loi était passible de mort, et son contrôle très strict entraîna la persécution des chrétiens.

443. (XXXVIII, 3) L'âme de saint Fursy fut accusée par les démons devant le tribunal de Dieu parce qu'il avait reçu un manteau d'un usurier. Les anges plaidèrent en faveur de saint Fursy qui avait agi par charité. Furieux, un des démons saisit une âme damnée dans la géhenne et la lança sur saint Fursy. Rendu à la vie, saint Fursy garda sur son visage et sur son bras la trace de la brûlure reçue par son âme.

Bède le Vénérable, *Historia ecclesiastica gentis Anglorum**, III, 19 (Colgrave-Mynors, p. 272-274) – Tubach 2152, 2229 – Saint Fursy, cf. XXXIV, 1.

444. (XXXVIII, 4) Un voleur fut tué par ses deux hôtes qu'il avait attaqués. Ils l'emportèrent à l'église afin de l'enterrer. Pendant la messe, un bruit terrible se produisit et l'autel sembla être coupé en deux. Terrifiés, le prêtre et tous les assistants s'enfuirent.

Odon de Cluny, *Collationes libri tres*, II, 29 (PL 133, 574C); *Collectaneum exemplorum et visionum Clarevallense*, III, 1 (CCCM 208, p. 246, n° 56).

Le compilateur donne pour source à ce récit le *Liber deflorationum*, cf. II, 12 et *Index auctorum, relatorum et operum anonymorum*, à ce nom.

445. (XXXVIII, 5) Un homme, nommé Carcerius, enleva une moniale et la contraignit au mariage. Un homme de Dieu, Menas, lui envoya des messagers. Alors que Carcerius, conscient de sa faute et n'osant pas venir, avait mis ses offrandes au milieu des autres, Menas les découvrit et les jeta.

Grégoire le Grand*, *Dialogorum libri IV*, III, 26, 5-6 (SC 260, p. 368-371) – Menas, solitaire dans la province de Samnium (VIe s.); Carterius, propriétaire dans la même province.

446. (XXXVIII, 6) L'évêque de Brescia avait accepté d'ensevelir dans son église moyennant finances le patrice Valérien qui, sa vie durant, s'était montré léger et luxurieux. Saint Faustin apparut au gardien afin qu'il avertisse l'évêque qu'il disposait de trente jours pour expulser ce corps. Le gardien n'osa pas raconter sa vision à l'évêque qui mourut subitement le trentième jour.

Grégoire le Grand, *Dialogorum libri IV*, IV, 54, 1-2 (SC 265, p. 178-181) – Tubach 1267 – Valérien, patrice dans la ville de Brescia, enterré dans l'église Saint-Faustin; saint Faustin, martyrisé avec son frère Jovite à Brescia (v. 122); Brescia, ville d'Italie, en Lombardie.

447. (XXXVIII, 7) Un barbier avait volé le porc de son voisin. Un pauvre se présenta et, en lui coupant les cheveux, le barbier découvrit qu'il avait deux yeux derrière la tête. Le pauvre dit: «Je suis Jésus qui voit tout et partout; avec ces yeux, je t'ai vu voler le porc de ton voisin.»

Pierre Damien*, *Epistulae*, 70 (K. Reindel, *Die Briefe des Petrus Damiani*, Munich, 1988, t. 2, p. 318, 11-18, p. 319, 1-3); Hélinand de Froidmont, *Chronicon*, a. 1078 (PL 212, 971D) – Tubach 480, 1018.

Signalons que cet *exemplum* a été repéré dans le ms. lat. 3338 de la BnF (fol. 58-58v, n° 170). Pour de plus amples informations sur ce manuscrit, le lecteur pourra se reporter au commentaire de l'*exemplum* XI, 9.

448. (XXXVIII, 8) L'évêque Cyprien vit le défunt pape Benoît, monté sur un cheval noir. Le pape lui dit qu'il se trouvait dans de grands tourments, car les aumônes qui avaient été faites pour lui venaient de rapines et d'injustices. Il demanda que son frère Jean, pape à son tour, distribue une certaine somme d'argent aux pauvres. A la suite de ce témoignage, l'évêque se défit de la charge épiscopale et revêtit l'habit de moine.

Pierre Damien, *Epistulae*, 72 (K. Reindel, *Die Briefe des Petrus Damiani*, Munich, 1988, t. 2, p. 336, 10-17, p. 337, 1-9) – Tubach 3858 – Saint Cyprien, évêque de Carthage à partir de 248, jusqu'à sa mort comme martyr en 258; pape Benoît VIII (1012-1024); pape Jean XIX (1024-1032).

449. (XXXVIII, 9) Un religieux eut la vision d'un homme riche et de bonne réputation récemment décédé, condamné à l'enfer comme tous ceux de sa lignée placés sur une échelle entourée de feu, parce que l'un de ses aïeux avait volé une terre de l'église Saint-Étienne de Metz.

Pierre Damien, *Epistulae*, 72 (K. Reindel, *Die Briefe des Petrus Damiani*, Munich, 1988, t. 2, p. 346, 3-22, p. 347, 1-3); Hélinand de Froidmont, *Chronicon*, a. 1078 (PL 212, 973D-974C) – Tubach 4762.

450. (XXXVIII, 10) La papauté tirait d'une terre proche de Babylone du baume dont le revenu assurait le luminaire devant l'autel de Saint-Pierre. Le pape s'appropria la terre. Peu après, un vieillard lui apparut lui reprochant d'avoir éteint sa lumière et l'avertit qu'il éteignait la sienne devant le Seigneur. Immédiatement, le pape s'effondra et mourut peu de temps après.

Pierre Damien, *Epistulae*, 88 (K. Reindel, *Die Briefe des Petrus Damiani*, Munich, 1988, t. 2, p. 526, 21-25, p. 527, 1-6) – Tubach 462 – Saint-Pierre, basilique, cf. IV, 1.

451. (XXXVIII, 11) Par esprit de lucre, un prêtre avait dit plusieurs introïts pour une seule messe. Peu à peu, les chevaliers refusèrent de répéter l'offrande, à l'exception d'un seul qui affirma qu'il donnerait jusqu'à ce que le prêtre ait célébré l'eucharistie.

Pierre le Chantre, *Verbum adbreuiatum. Versio breuis*, 29 (PL 205, 105C-D); *id.*, *Verbum adbreuiatum. Textus conflatus*, I, 22 (CCCM 196, p. 197-198, 131-145).

Le compilateur donne ici une version très résumée du début de l'*exemplum* de Pierre le Chantre (CCCM 196, p. 197-198, 131-145). L'introït est le premier chant de la messe qui se fait durant la procession d'entrée; il s'agit d'une antienne accompagnée d'un verset d'un psaume. C'est l'introït qui donne véritablement le ton de la messe qui suit.

452. (XXXVIII, 12) Martin, cardinal prêtre, refusa les vingt livres transmises par le chancelier pour la fête de la Nativité, parce qu'elles provenaient de rapines. Il refusa d'aider un évêque avant de savoir si sa cause était juste.

Pierre le Chantre, *Verbum adbreuiatum*. Versio breuis, 105 (PL 205, 289B); *id.*, *Verbum adbreuiatum*. Textus conflatus, II, 16 (CCCM 196, p. 662, 15-30).

453. (XXXVIII, 13) Un homme s'était confessé, mais, refusant la restitution, il s'en alla sans pénitence, et mit son offrande sur l'autel au milieu des autres. Le prêtre la jeta. Le lendemain, l'homme repentant se soumit à la prescription du confesseur.

Pierre le Chantre, *Verbum adbreuiatum*. Versio breuis, 144 (PL 205, 344C-D); *id.*, *Verbum adbreuiatum*. Textus conflatus, II, 52 (CCCM 196, p. 800, 15-20).

454. (XXXVIII, 14) Une femme voulut être enterrée dans une chemise qu'elle avait faite elle-même.

Pierre le Chantre, *Verbum adbreuiatum*. Versio breuis, 81 (PL 205, 249C); *id.*, *Verbum adbreuiatum*. Textus conflatus, I, 79 (CCCM 196, p. 558, 227-231).

455. (XXXVIII, 15) Geoffroy, seigneur du château de Semur, entra à Cluny avec son fils et ses trois filles. Après sa mort, il apparut à une sœur révélant que saint Pierre l'avait sauvé des démons, lesquels le réclamaient en raison d'une taxe injuste qu'il avait instituée sur les vêtements et toiles lavés au château. Il demandait donc que son fils supprimât la taxe.

Pierre le Vénérable*, *De Miraculis*, I, 26 (CCCM 83, p. 80-82; Torrell-Bouthillier, p. 168-170) – Tubach 3724 – Cluny, cf. XIII, 6; saint Pierre, apôtre, cf. XXI, 2; Geoffroy III de Semur, neveu de Hugues abbé de Cluny. Il rejoignit sa communauté en 1088; Semur-en-Brionnais (Saône-et-Loire).

456. (XXXVIII, 16) Une femme qui avait amassé beaucoup d'argent sous le couvert de la religion mourut. Sur le témoignage de sa servante, on trouva l'argent enterré dans la cellule et l'évêque le fit jeter sur le corps dans la tombe. Pendant trois jours et trois nuits, on entendit des hurlements. On ouvrit la tombe: l'or fondu coulait dans la bouche de la femme. Des prières firent cesser les hurlements.

Grégoire de Tours, *Liber in gloria martyrum*, 105 (éd. W. Arndt, B. Krusch, MGH, SS rer. merov., I/2, Hanovre, 1885, p. 560, 1-30).

Cet *exemplum* est précédé de la mention *Sine titulo*: cf. *Index auctorum relatorum et operum anonymorum, Sine tytulo*.

457. (XXXVIII, 17) A Lyon, un homme avait doublé son bénéfice en vendant du vin coupé d'eau. Il alla au marché avec cent sous dans une bourse de cuir rouge. Un milan, attiré par cet objet rouge qu'il crut être de la viande, la lui arracha, mais comme ce n'était pas mangeable la laissa tomber dans l'Arar (la Saône) où l'homme avait puisé l'eau.

Grégoire de Tours, *Liber in gloria confessorum*, 110 (éd. W. Arndt, B. Krusch, MGH, SS rer. merov., I/2, Hanovre, 1885, p. 819) – Arar nom ancien de la Saône). C. Ribaucourt, 'Le singe à la bourse d'or', in J. Berlioz et M. A. Polo de Beaulieu (dir.), *L'animal exemplaire au Moyen Âge (V^e-XVe siècle)*, Rennes, Presses Universitaires de Rennes, 1999, p. 241-254, spéc. p. 242-243.

458. (XXXVIII, 18) Le diable tenta d'empêcher saint Antoine d'atteindre l'ermitage, en lançant sur son chemin un disque d'argent. Le disque partit en fumée. Ensuite, le diable lança une grande masse d'or. Saint Antoine l'évita et se précipita dans l'ermitage.

Vita beati Antonii abbatis*, 10-11 (PL 73, 133A-C) – Saint Antoine le Grand, cf. II, 20.

459. (XXXVIII, 19) Un frère avare possédait une vigne. Il fit en sorte d'en écarter les moines qui accompagnant Hilarion se disposaient à la visiter. Comme ils étaient reçus avec empressement dans une autre vigne, Hilarion les invita à prier avant de s'y rendre. Cette vigne-là estimée à cent bouteilles en donna bientôt trois cents, la vigne du frère avare donna un vin en plus faible quantité que d'habitude et très vite aigri.

Jérôme, *Vita s. Hilarionis** (BHL 3879, 3879b), 17, 1-9 (SC 508, p. 258-263, 1-28) – Saint Hilarion, cf. XII, 12.

460. (XXXVIII, 20) Hilarion avait chassé un frère trop avide d'argent. Celui-ci tenta de rentrer en grâce, avec l'aide d'Hésychius qu'Hilarion aimait bien. Hésychius ayant apporté sur la table des pois et des herbes, Hilarion trouva qu'ils dégageaient une puanteur insupportable, et ordonna de les donner aux bœufs. Ceux-ci terrifiés s'enfuirent.

Jérôme, *Vita s. Hilarionis* (BHL 3879, 3879b), 18, 2-7 (SC 508, p. 262-265, 4-20) – Saint Hilarion, cf. XII, 12.

461. (XXXVIII, 21) Le patron d'un navire perdit dans un naufrage tous ses biens et les cinq livres d'or données par Jean l'Aumônier pour lui venir en aide, car il avait mêlé les cinq livres à l'argent qui lui restait. Jean l'Aumônier lui donna alors dix livres, mais il perdit tout dans un nouveau naufrage, parce que le navire avait été acquis malhonnêtement.

Vita sancti Ioannis Eleemosynarii*, 9 (PL 73, 346B-D) – Tubach 2822 – Saint Jean l'Aumônier, cf. IV, 23.

462. (XXXVIII, 22) Sur le conseil de saint Jean l'Aumônier, l'évêque Troïlus avait donné aux pauvres les trente livres d'or qu'il possédait. Le regret de son argent l'ayant rendu malade, saint Jean le guérit en lui donnant trente livres d'or. Mais Troïlus eut une vision : une maison en or qui lui avait été attribuée pour son repos éternel, lui était enlevée et donnée à Jean, archevêque d'Alexandrie (c'est-à-dire Jean l'Aumônier). S'éveillant, il devint charitable.

Vita sancti Ioannis Eleemosynarii, 26 (PL 73, 363C-364D) – Saint Jean l'Aumônier, cf. IV, 23.

XXXIX. DE LA SIMONIE

463. (XXXIX, 1) Étienne, abbé d'un monastère cistercien se rendit à la ville voisine accompagné d'un convers pour demander l'aumône, car les frères n'avaient rien à manger. Le convers reçut d'un prêtre une aumône qu'Étienne jeta parce que c'était l'aumône d'un simoniaque.

Pierre le Chantre*, *Verbum adbreuiatum. Versio breuis*, 46 (PL 205, 144D-145A); *id.*, *Verbum adbreuiatum. Textus conflatus*, I, 44 (CCCM 196, p. 291-292, 66-87).

464. (XXXIX, 2) Henri, fils de l'empereur Conrad, reçut d'un clerc un pipeau en argent contre la promesse de faire de lui un évêque, quand il monterait sur le trône. Ce qui arriva. Henri tomba malade et perdit l'usage de la parole pendant trois jours. Convalescent, il déposa l'évêque Ascitus qu'il avait promu et raconta sa vision : les démons le tourmentaient et un beau jeune homme les mit en fuite. C'était saint Laurent dont Henri avait restauré l'église.

Guillaume de Malmesbury*, *De gestis regum Anglorum*, II, 193 (éd. R. A. B. Mynors, R. M. Thomson, M. Winterbottom, Oxford; 1998, t. 1, p. 344-347) – Tubach – Conrad II le Salique (v. 990-1039) empereur germanique en 1024 ; Henri III le Noir (1017-1056) succède à son père en 1039 ; saint Laurent, martyrisé sur un gril en 258.

465. (XXXIX, 3) Un chevalier avait vendu la charge d'une église à un clerc pour vingt-sept marcs d'argent. Pris de repentir, le chevalier partit en pèlerinage au tombeau du Seigneur et mourut. Emporté au purgatoire, il fut condamné à avaler brûlantes les pièces d'or qu'il avait reçues.

Visio monachi de Eynsham, 46 (éd. H. Thurston, *Analecta Bollandiana*, 22 (1903), p. 303-304).

466. (XXXIX, 4) Pendant une famine, saint Jean l'Aumônier donna aux pauvres tout ce qu'il avait. Un bigame lui offrit 2000 mesures de froment et 184 livres d'or s'il lui conférait le diaconat. Jean repoussa l'offre. Au moment où Jean le renvoyait, deux navires chargés de blé furent annoncés en provenance de Sicile.

Vita sancti Ioannis Eleemosynarii*, 12 (PL 73, 349C-350D) – Saint Jean l'Aumônier, cf. IV, 23.

XL. DU VICE DE LA SODOMIE

467. (XL, 1) Tourments subis par les sodomites en enfer.

Visio monachi de Eynsham*, 25 (éd. H. Thurston, *Analecta Bollandiana*, 22 (1903), p. 274).

468. (XL, 2) Un moine confessa ses tendances homosexuelles. Le confesseur les attribua à un grave blasphème. Le moine confessa avoir blasphémé par pensée contre le Fils de Dieu.

Jean Cassien*, *De institutis coenobiorum*, XII, 20 (SC 109, p. 478-481).

XLI. COMME IL EST GRAVE DE DONNER LES BIENS DES PAUVRES À DES NON PAUVRES

469. (XLI, 1) Un chevalier en mourant chargea un parent de vendre son cheval au profit des pauvres. L'autre dépensa les cent sous lui-même. Le trentième jour, le mort lui annonça que son aumône lui avait mérité le ciel après trente jours de purgatoire, mais que le légataire viendrait subir le châtiment que l'aumône lui avait évité. L'autre racontant sa vision fut emporté par les diables.

Ps. Turpin*, *Historia Karoli Magni et Rotholandi*, 7 (éd. C. Meredith-Jones, 1936, p. 106-107); Hélinand de Froidmont, *Chronicon*, a. 807 (PL 212, 850C-D) – Tubach 1931, cf. 5296.

470. (XLI, 2) Un ermite hypocrite légua à sa famille les richesses qu'il avait accumulées pour nourrir les pauvres. Dieu, ému par la clameur des affamés, envoya le plus mauvais des anges Nabal de Carmelo dire à ce nouveau Crésus: «Insensé, cette nuit-même tu mourras.»

Jérôme*, *Epistulae*, 125, 9-10 (CSEL 56, p. 127-129).
Nabal, riche éleveur à Karmel dans la montagne de Juda. Il refuse de payer le tribut à David et meurt de mort subite. Appelé «brute, fou, infâme» (1 Sam. 5, 25).

XLII. Il ne faut pas conserver des objets trouvés

471. (XLII, 1) A Milan, un pauvre trouva une bourse contenant vingt sous et fit publier la chose. Au propriétaire dûment interrogé, il rendit la sacoche mais refusa toute récompense. L'autre, surpris, déclara que, dans ces conditions, il n'avait rien perdu et jeta la sacoche à terre. Le pauvre finit par accepter, mais il alla aussitôt tout distribuer aux pauvres.

Augustin*, *Sermones*, 178, 7 (PL 38, 964).

472. (XLII, 2) Sanctulus n'ayant rien pour nourrir les ouvriers de son chantier de reconstruction de l'église Saint-Laurent incendiée par les Lombards, trouva dans un four un pain d'une blancheur et d'une taille exceptionnelles. S'étant assuré que ce pain n'était à aucune des ménagères qui avaient fait cuire, il en nourrit ses ouvriers pendant dix jours.

Grégoire le Grand*, *Dialogorum libri IV*, III, 37, 4-7 (SC 260, p. 414-417) – Tubach 767 – Sanctulus, prêtre du district de Nursie, Italie (fin VIe s.); L'incendie de l'église Saint-Laurent doit dater de l'invasion lombarde (571-574) accompagnée de famines.

473. (XLII, 3) Un disciple demanda à Agathon la permission d'emporter un petit fagot de citronnier qu'il avait trouvé. «Est-ce toi qui l'as déposé là ? Alors comment veux-tu prendre ce que tu n'as pas déposé ? »

Vitae Patrum*, V, Verba seniorum, 4, 8 (PL 73, 865B-C) ; *Les sentences des Pères du Désert, collection alphabétique* [trad. Dom L. Regnault], 94 Agathon 12, p. 40 – Abba Agathon, cf. X, 3.

474. (XLII, 4) L'abba Jean emprunta un sou pour acheter du lin à tisser puis il donna le lin aux autres ermites. Le frère prêteur réclama son sou. Bien embarrassé, Jean en allant consulter son abbé Jacques, vit un sou par terre et n'y toucha pas. Le prêteur insista, et, au troisième voyage, Jean ramassa le sou et fit demander à tous les ermites s'ils avaient perdu un sou. Personne. Alors, avec la permission de l'abbé Jacques, il remit au frère prêteur le sou trouvé.

Vitae Patrum, V, *Verba seniorum*, 6, 7 (PL 73, 889C-890D) ; *Apophtegmes des Pères*, t. 1 (SC 387), chap. VI, De la pauvreté, n° 8, p. 318-323 – Abba Jean : ici Jean le Perse ; abba Jacques, l'un des pères de la collection alphabetico-anonyme d'apophtegmes des Pères du désert. J.-Cl. Guy, *Les apophtegmes des Pères* (SC 387), Paris, Cerf, 1993, p. 89.

475. (XLII, 5) Un ermite trouvant une bourse contenant mille sous sur une place publique la rendit au propriétaire en refusant toute récompense. Comme l'autre chantait ses louanges, l'ermite s'enfuit.

Vitae Patrum, V, *Verba seniorum*, 6, 15 (PL 73, 891A-B) ; *Les sentences des Pères du Désert, collection alphabétique* [trad. Dom L. Regnault], 929 Philagrios, p. 321.

XLIII. DE LA PROPRIÉTÉ

476. (XLIII, 1) Un moine avait gardé quelque bien sans permission. Comme il avait communié sans s'en être confessé, il fut pris de haut-le-cœur et vomit l'hostie.

Collectaneum exemplorum et visionum Clarevallense, III, 7 (CCCM 208, p. 250, n° 62) ; cf. Herbert de Clairvaux, *Liber miraculorum*, III, 27 (PL 185, 1373B-D) ; *Herbert von Clairvaux und sein Liber miraculorum*, LXXII, p. 253, 2-6.

Le compilateur donne pour source à ce récit le *Liber deflorationum*, cf. II, 12 et *Index auctorum, relatorum et operum anonymorum*, à ce nom.

477. (XLIII, 2) Une jeune fille qui se mourait dans un couvent vit le diable. Elle confessa qu'elle détenait une aiguille sans permission. Le diable resta. Elle se souvint finalement qu'elle avait une aiguillée de soie. Le diable la laissa et elle mourut en souriant.

Odon de Cluny, *Collationes libri tres*, III, 21 (PL 133, 606A-C); *Collectaneum exemplorum et visionum Clarevallense*, III, 6 (CCCM 208, p. 250, n° 61); cf. Herbert de Clairvaux, *Liber miraculorum*, lib. II, c. 36 (PL 185, 1346B); *Herbert von Clairvaux und sein Liber miraculorum*, VIII, p. 109, 7; cf. Conrad d'Eberbach, *Exordium Magnum Cisterciense*, d. 5, c. 2 (éd. Griesser, p. 275-276; CCCM 138, p. 304-306; Conrad d'Eberbach, *Le Grand Exorde*, p. 281-283).

478. (XLIII, 3) Un moine économe laissa en mourant cent sous qu'il avait gardés de son travail de tissage. Les moines délibérèrent sur cet argent. Les Pères, dont Macaire, Pambo et Isidore, décidèrent de l'enterrer honteusement avec cet argent. À la suite de cette décision, le fait de garder seulement un sou fut considéré comme un crime.

Jérôme*, *Epistulae*, 22, 33 (CSEL 54, p. 195-196); *Vitae Patrum*, III, *Verba seniorum*, 219 (PL 73, 810A-B) – Macaire, cf. II, 31; Pambo, cf. II, 23; Isidore, cf. XV, 10.

479. (XLIII, 4) Envoyé par saint Benoît pour prêcher chez les moniales, un moine s'y vit offrir des mouchoirs. A son retour, il fut réprimandé par saint Benoît miraculeusement prévenu.

Grégoire le Grand*, *Dialogorum libri IV*, II, 19, 1-2 (SC 260, p. 194-197) – Saint Benoît de Nursie, cf. I, 7.

480. (XLIII, 5) Saint Antoine reçut un postulant qui avait gardé quelque bien. Il l'envoya s'exposer aux oiseaux, couvert de morceaux de viande. Les oiseaux déchirèrent la viande et le postulant. Moralité : la richesse attire les diables.

Vitae Patrum*, V, *Verba seniorum*, 6, 1 (PL 73, 888B); *Les sentences des Pères du Désert, collection alphabétique* [trad. Dom L. Regnault], Antoine, 20, p. 18 – Saint Antoine, cf. II, 20.

481. (XLIII, 6) Un sénateur entra en religion, mais garda quelques biens. Saint Basile lui dit : « Tu n'es plus sénateur, mais tu n'es pas non plus moine. »

Vitae Patrum, V, *Verba seniorum*, 6, 10 (PL 73, 890C); *Apophtegmes des Pères*, t. 1 (SC 387), chap. VI, De la pauvreté, n° 14, p. 324-325; Jean Cas-

sien, *De institutis coenobiorum*, VII, 19 (SC 109, p. 320-321) – Saint Basile, cf. IV, 3.
Le sénateur en question est un certain Syncletius.

482. (XLIII, 7) Un jardinier distribuait aux pauvres tout son superflu. Un jour, il commença à mettre de l'argent de côté pour n'être à la charge à de personne s'il tombait malade. Sa jambe se mit à pourrir, et les médecins décidèrent de la lui couper. La nuit précédant l'opération, il se plaignit à Dieu. L'ange du Seigneur lui reprocha son épargne, mais le guérit. Au matin, le médecin le trouva au travail.

Vitae Patrum, V, *Verba seniorum*, 6, 21 (PL 73, 892B-D); *Apophtegmes des Pères*, t. 1 (SC 387), chap. VI, De la pauvreté, n° 25, p. 330-333.

XLIV. De l'amour de la pauvreté

483. (XLIV, 1) Postumianus et ses compagnons débarquant dans une île y reçurent une pieuse hospitalité chez un vieillard qui leur servit un repas atrocement frugal. Ils découvrirent que les gens de cette île ignoraient l'usage de l'argent et toutes les fraudes qui s'ensuivent. Quand Postumianus offrit de payer le repas, le vieillard s'enfuit.

Sulpice Sévère*, *Dialogus super virtutibus sancti Martini*, I, 4-5 (SC 510, p. 116-123) – Postumianus, ami de Sulpice Sévère, qui séjourna quelque temps en Orient, est l'un des protagonistes des *Dialogues*.

484. (XLIV, 2) Le cheval de Libertinus, prévôt de l'abbaye de Fondi dans la province de Samnium fut confisqué par Darida, comte des Goths. Libertinus leur fit cadeau de sa cravache pour le mener et se mit en prière. Les Goths revinrent parce qu'ils n'avaient pu passer la rivière. Ils le remontèrent sur son cheval et passèrent la rivière sans difficulté.

Grégoire le Grand*, *Dialogorum libri IV*, I, 2, 2-3 (SC 260, p. 24-27) – Tubach 2617 – Libertinus, prieur du monastère de Fondi (VIe s.); Darida, général des Goths inconnu, dont la venue peut être rattachée au passage de Totila dans le Samnium en allant de la Toscane jusqu'à Naples; Fondi, abbaye, cf. IV, 13; Province de Samnium, située au sud des Apennins, capitale Bénévent.

485. (XLIV, 3) Saint Isaac refusa des dons destinés à son monastère: il tenait à sa pauvreté comme un avare à l'argent.

Grégoire le Grand, *Dialogorum libri IV*, III, 14, 5 (SC 260, p. 306-307) – Tubach 3361 – Isaac le Syrien, cf. XV, 7.

486. (XLIV, 4) Un incendie criminel détruisit la récolte engrangée dont Étienne et ses disciples devaient vivre un an. « Quel malheur pour toi ! », lui dit-on. « Quel malheur plutôt pour l'incendiaire ! » répondit-il.

Grégoire le Grand, *Dialogorum libri IV*, IV, 20, 2 (SC 265, p. 74-77) – Tubach 1247 – Étienne, abbé de Rieti (Latium) mort vers 590 et canonisé.

487. (XLIV, 5) Saint Bernard demanda à un abbé des nouvelles de son monastère : « Tout va bien, dit-il : nous sommes restés pauvres. »

Pierre le Chantre*, *Verbum adbreuiatum*. Versio breuis, 16, *notae* (PL 205, 396C-D) – Saint Bernard, cf. II, 43.

488. (XLIV, 6) Une mystique, se mettant à accepter des dons pour son monastère, perdit les grâces de son état.

Pierre le Chantre, *Verbum adbreuiatum*. Versio breuis, 39 (PL 205, 132C) ; id., *Verbum adbreuiatum*. Textus conflatus, I, 38 (CCCM 196, p. 262, 21-29).

489. (XLIV, 7) Saint Bernard pleura de voir des abbayes somptueuses remplacer les cabanes primitives.

Pierre le Chantre, *Verbum adbreuiatum*. Versio breuis, 86 (PL 205, 257C-D) ; id., *Verbum adbreuiatum*. Textus conflatus, I, 84 (CCCM 196, p. 579, 125-132) – Saint Bernard, cf. II, 43.

490. (XLIV, 8) Testament de saint Antoine : « Que l'on rende à Athanase le vieux manteau qu'il m'avait jadis donné neuf, que l'on donne à l'évêque Séraphon l'autre manteau, vous, gardez le cilice comme vêtement. »

*Vita beati Antonii abbatis**, 58 (PL 73, 167C) – Saint Antoine le Grand, cf. II, 20 ; saint Athanase, cf. VIII, 5.

491. (XLIV, 9) Saint Hilarion refusa les présents d'un certain Orion qu'il avait délivré d'un démon, en lui disant : « Tu sais ce qui est advenu de Simon et de Gehazi ? » Il lui conseilla de tout donner aux pauvres. L'appellation de pauvre est souvent une ruse de l'avarice.

Jérôme, *Vita s. Hilarionis** (BHL 3879, 3879b), 10, 11-14 (SC 508, p. 240-243, 39-50); *Miracula* [*De quibusdam miraculis*], Paris, BnF, ms. lat. 3175, fol. 142v – Saint Hilarion, cf. XII, 12; Allusion à la mort de Géhazi (2 Rois 5, 20-27) et à Simon le Magicien (Act. 8, 9-24).

492. (XLIV, 10) Saint Arsène refusa le testament d'un riche parent : « Étant mort avant lui, je ne puis être son héritier. »

Vitae Patrum*, V, *Verba seniorum*, 6, 2 (PL 73, 888C-D); *Les sentences des Pères du Désert, collection alphabétique* [trad. Dom L. Regnault], 67 Arsène 29, p. 30 – Saint Arsène, cf. II, 28.

493. (XLIV, 11) Sainte Synclétique a dit que la pauvreté volontaire façonne les âmes comme les foulons blanchissent les bonnes étoffes en les malaxant et en les piétinant.

Vitae Patrum, V, *Verba seniorum*, 6, 13 (PL 73, 890D-891A); *Apophtegmes des Pères*, t. 1 (SC 387), chap. VI, De la pauvreté, n° 17, p. 324-325; *Les sentences des Pères du Désert, collection alphabétique* [trad. Dom L. Regnault], 896 Synclétique 5, p. 309 – Sainte Synclétique, cf. XXXVII, 13.

494. (XLIV, 12) Un noble personnage donna de l'argent à un ermite pour les autres ermites. Cela n'en intéressa aucun.

Vitae Patrum, V, *Verba seniorum*, 6, 19 (PL 73, 891D-892A).

495. (XLIV, 13) Saint Malachie n'eut jamais aucun bien personnel, même quand il était évêque.

Saint Bernard, *Vita sancti Malachiae** (BHL 5188), 19, 43 (SBO, 3, p. 348-349); *Miracula* [*De quibusdam miraculis*], Paris, BnF, ms. lat. 3175, fol. 143 – Saint Malachie, cf. VIII, 17.

496. (XLIV, 14) Le grossier brouet de Clairvaux, que les compagnons de saint Bernard confectionnaient à base de feuilles de hêtre, fit l'édification d'un visiteur.

Guillaume de Saint-Thierry, *Vita sancti Bernardi** (BHL 1211), I, 5, 25-26 (PL 185, 241C-242A) – Clairvaux, cf. IX, 28; Saint Bernard, cf. II, 43.

XLV. De la transgression d'un vœu

497. (XLV, 1) Deux bonnes moniales quittèrent leur monastère pour recueillir l'héritage de leurs parents, puis elles restèrent dans le monde. L'une mourut rapidement. L'autre donna le jour à un monstre et mourut dans un second accouchement.

Odon de Cluny, *Collationes libri tres*, III, 21 (PL 133, 605B-C).
Le compilateur donne pour source à ce récit le *Liber deflorationum*, cf. II, 12 et *Index auctorum, relatorum et operum anonymorum*, à ce nom.

498. (XLV, 2) Saint Benoît finit par renvoyer un moine qui voulait quitter le monastère. Il sortit, mais rencontra aussitôt un dragon prêt à le dévorer. Il appela à l'aide : personne ne vit de dragon. Le fugitif revint au monastère.

Grégoire le Grand*, *Dialogorum libri IV*, II, 25, 1-2 (SC 260, p. 212-213) – Tubach 1780 – Saint Benoît de Nursie, cf. I, 7.

499. (XLV, 3) Un riche nommé Harduin (*Ardoinus*) ne tint pas sa promesse d'entrer au monastère Saint-Vincent dans les dix ans. L'abbé ne l'encourageait guère, parce qu'il en recevait beaucoup d'aide matérielle. Après les dix ans, il mourut pieusement. L'abbé le vit en songe lui annoncer qu'il était damné ; même saint Vincent l'avait abandonné comme il l'avait trahi lui-même.

Pierre Damien*, *Epistulae*, 70 (K. Reindel, *Die Briefe des Petrus Damiani*, Munich, 1988, t. 2, p. 312, 10-21, p. 313, 1-26) – Saint-Vincent, monastère, cf. XI, 7.

500. (XLV, 4) Un prêtre, infidèle à son vœu de se faire moine, se noya dans un petit ruisseau.

Hélinand de Froidmont, *Chronicon*, a. 1077 (PL 212, 970D).

501. (XLV, 5) Jean, chanoine de Lyon, remplaça son vœu secret d'entrer dans l'ordre cistercien par un pèlerinage à Saint-Jacques. En songe, il vit Jésus, accompagné des apôtres Pierre et Jacques, le condamner pour l'abandon de son vœu. Saint Jacques plaida pour lui : « Il est mon pèlerin. – Mais, dit Jésus, il devait être mon concitoyen. » Saint Jacques se porta garant de son entrée dans les quinze jours. Ce qu'il fit. Il devint même l'abbé fondateur de Bonnevaux, puis évêque de Valence.

Geoffroy d'Auxerre*, *Sermones* (Paris, BnF, ms. lat. 476, fol. 178), éd. J. Leclercq, 'Le témoignage de Geoffroy d'Auxerre sur la vie cistercienne', *Studia Anselmiana*, t. 31, 1953, p. 193-194 ; Hélinand de Froidmont, *Chronicon*, a. 1120 (PL 212, 1019C-1020C) ; *Miracula* [*De quibusdam miraculis*],

Paris, BnF, ms. lat. 3175, fol. 154; Conrad d'Eberbach, *Exordium Magnum Cisterciense*, I, 35 (Griesser, p. 96-97; CCCM 138, p. 70-71; Conrad d'Eberbach, *Le Grand Exorde*, p. 62-63). – Jean, chanoine de Lyon, abbé de Bonnevaux en 1119, évêque de Valence en 1141 († 1146); saint Jacques, cf. 9, 4; Saint Pierre, cf. XXI, 2; Bonnevaux, abbaye cistercienne (Isère) fondée en 1119, septième fille de Cîteaux; Valence, ville épiscopale (Drôme).

502. (XLV, 6) Le monastère de femmes de Marcigny brûla, mais les moniales avaient fait le vœu de ne jamais franchir la clôture. Hugues archevêque de Lyon et nonce apostolique leur ordonna de sortir au nom de saint Pierre et du pape Urbain. Elles lui répondirent de commander plutôt au feu de s'éteindre. Ce qu'il fit.

Pierre le Vénérable*, *De Miraculis*, I, 22 (CCCM 83, p. 64-68; trad. Torrell-Bouthillier, p. 148-152) – Hugues, archevêque de Lyon, en 1082, légat du pape Urbain II (1088-1099), mort en 1106; Saint Pierre, cf. XXI, 2; Marcigny-les-Nonnains (Saône-et-Loire), monastère double fondé en 1055 par Geoffroy II de Semur (en Brionnais) et son frère Hugues de Cluny – Cf. LXXVII, 2, récit analogue.

XLVI. DE LA GRAVITÉ

503. (XLVI, 1) La sainte mère de Dieu offrit à une jeune fille (Musa) de venir se joindre à ses suivantes dans un mois. Elle lui recommanda d'ici-là de s'abstenir des jeux et des rires. La promesse fut tenue.

Grégoire le Grand*, *Dialogorum libri IV*, IV, 18, 1-3 (SC 265, p. 70-73); Césaire de Heisterbach, *Libri VIII miraculorum* 3, 19 (Meister, p. 148-149; Hilka, *Wundergeschichten*, 3, p. 160-161) – Tubach 1424.

504. (XLVI, 2) Le visage de saint Antoine, qui souriait toujours et ne riait jamais, manifestait à tous sa sainteté.

Vita beati Antonii abbatis*, 40 (PL 73, 156C) – Saint Antoine le Grand, cf. II, 20.

505. (XLVI, 3) Le rire d'un ermite à table fit pleurer l'abba Jean.

Vitae Patrum*, V, *Verba seniorum*, 3, 6 (PL 73, 861C); *Les sentences des Pères du Désert, collection alphabétique* [trad. Dom L. Regnault], 324 Jean Colobos 9, p. 125; *Apophtegmes des Pères*, t. 1 (SC 387), chap. III, De la componction, n° 16, p. 156-157 et cf. n° 41, p. 174-175 et n° 51, p. 178-179 – Jean Colobos, cf. IV, 5.

506. (XLVI, 4) Saint Malachie dans son enfance admirait un maître célèbre, jusqu'au jour où il le vit jouer à la soule et marquer des traits sur un mur. Dès lors, il méprisa les études littéraires, recherchant de préférence «l'honnête».

Saint Bernard, *Vita sancti Malachiae** (BHL 5188), 1, 2 (SBO, 3, p. 311) – Saint Malachie, cf. VIII, 17.

507. (XLVI, 5) Portrait de saint Malachie qui se distinguait par son sérieux.

Saint Bernard, *Vita sancti Malachiae* (BHL 5188), 19, 43 (SBO, 3, p. 348) – Saint Malachie, cf. VIII, 17.

508. (XLVI, 6) Le sérieux des moines de Clairvaux dans le travail et le silence édifiait les visiteurs et permettait d'y mener une vie de solitude.

Guillaume de Saint-Thierry, *Vita sancti Bernardi** (BHL 1211), I, 7, 35 (PL 185, 248A-B) – Clairvaux, cf. IX, 28.

509. (XLVI, 7) Un pape passa à Clairvaux en revenant de Liège. Il fut reçu avec simplicité par les moines, ce qui contrastait avec le luxe de la cour pontificale.

Arnaud de Bonneval, *Vita sancti Bernardi* (BHL 1212), II, 1, 6 (PL 185, 272A-B) – Clairvaux, cf. IX, 28; Liège, cf. XVIII, 13.

510. (XLVI, 8) Saint Bernard ne comprenait pas qu'un religieux puisse éclater de rire. Il n'a jamais ri lui-même que fort modérément.

Geoffroy d'Auxerre, *Vita sancti Bernardi* (BHL 1214), III, 2, 5 (PL 185, 306B-C) – Saint Bernard, cf. II, 43.

XLVII. De la discipline

511. (XLVII, 1) Un enfant de cinq ans accoutumé à blasphémer mourut sur les genoux de son père en croyant voir des esprits malins.

Grégoire le Grand*, *Dialogorum libri IV*, IV, 19, 2-3 (SC 265, p. 72-75) – Tubach 684.

512. (XLVII, 2) Un abbé baignant en enfer dans la poix et le soufre dit que son supplice augmentait chaque fois que les moines faisaient quelque mal résultant des pratiques relâchées qu'il avait lui-même introduites dans son monastère.

Visio monachi de Eynsham*, 27 (éd. H. Thurston, *Analecta Bollandiana*, 22 (1903), p. 279-280 et p. 281).

513. (XLVII, 3) Vision d'un moine de Cluny : un diable en forme de vautour à bout de souffle se plaignait de ne rien pouvoir contre les moines protégés par leurs signes de croix, leur eau bénite et la récitation des psaumes. Deux autres diables d'apparence humaine se vantèrent des péchés qu'ils avaient fait commettre à Chalon et à Tournus et reprochèrent au diable vautour son inertie, lui enjoignant de couper le pied d'un moine qui dépassait du lit contrairement à la Règle. Le moine rentra son pied et le coup de hache glissa à côté.

Pierre le Vénérable*, *De Miraculis*, I, 14 (CCCM 83, p. 45-46 ; Torrell-Bouthillier, p. 122-123) – Cluny, cf. XIII, 6. Chalon-sur-Saône, ville de Bourgogne ; Tournus, peut être l'abbaye Saint-Philibert (Bourgogne).

514. (XLVII, 4) Dans une abbaye cistercienne, un moine qui priait la nuit à la chapelle vit apparaître un moine défunt entré au ciel après un séjour de sept jours en purgatoire pour avoir supporté les plaisanteries d'un autre. Il lui demanda pourquoi il avait vu une lumière autour du tabernacle. « Il y a toujours, dit l'autre, de la lumière et des anges là où est le corps du Seigneur. Mais, à cause de la fragilité humaine, il vaut mieux qu'on ne les voie pas. »

Cet *exemplum* est précédé de la mention *Sine titulo* : cf. *Index auctorum relatorum et operum anonymorum*, Sine tytulo.

515. (XLVII, 5) Ne jamais tenir un autre par la main ; garder une distance d'une coudée.

Jérôme, *Translatio latina regulae sancti Pachomii*, 94 (PL 23, 75A).
Attesté dans la Règle de saint Pacôme, ce passage n'a pas été repéré dans la source mise en avant par le compilateur, la *Vita sancti Pachomii*.

516. (XLVII, 6) Toute familiarité avec les enfants, après trois avertissements, doit être châtiée sévèrement.

Jérôme, *Translatio latina regulae sancti Pachomii*, 166 (PL 23, 82C-D).

517. (XLVII, 7) Interrogé sur la façon dont il fallait habiter avec ses frères, l'abba Agathon répondit: « Comme au jour de son entrée parmi eux, en poursuivant sa pérégrination, jour après jour. »

Vitae Patrum*, V, *Verba seniorum*, 10, 8 (PL 73, 913B-C); *Les sentences des Pères du Désert, collection alphabétique* [trad. Dom L. Regnault], 83 Agathon 1, p. 37– Abba Agathon, cf. X, 3.

518. (XLVII, 8) Un frère qui avait laissé perdre trois lentilles fut puni pour gaspillage des biens de Dieu. On le suspendit de ses fonctions d'hebdomadier.

Jean Cassien*, *De institutis coenobiorum*, IV, 20 (SC 109, p. 148-149).

519. (XLVII, 9) Un moine de Cluny mourant vit le diable lui reprocher un sac des miettes de la table qu'il avait omis de manger conformément à la Règle. On prendra donc soin de les ramasser. Un jour, un moine qui n'avait pas eu le temps de les manger avant la fin de la lecture les présenta humblement à l'abbé. Elles se changèrent en perles.

Jean de Salerne, *Vita sancti Odonis abbatis Cluniacensis** (BHL 6292-6297), I, 31 (PL 133, 56D-57A) et I, 35 (PL 133, 58C-D) – Cluny, cf. XIII, 6.

520. (XLVII, 10) Saint Bernard accordait tout son soin à chaque occupation petite ou grande et définissait le sage: celui pour qui chaque chose possède une saveur correspondant à son essence.

Geoffroy d'Auxerre, *Vita sancti Bernardi** (BHL 1214), III, 1, 1 (PL 185, 304A-B) – Saint Bernard, cf. II, 43.

XLVIII. De la vénération de la Vierge Marie

521. (XLVIII, 1) Après la mort d'un moine très dévot à la Vierge, on trouva sur sa langue l'*Ave Maria* en lettres d'or.

Collectaneum exemplorum et visionum Clarevallense, I, 4 (CCCM 208, p. 18, n° 7) – Tubach 429.
Le compilateur donne pour source à ce récit le *Liber deflorationum*, cf. II, 12 et *Index auctorum, relatorum et operum anonymorum*, à ce nom.

522. (XLVIII, 2) Dans l'abbaye de Déols, proche de Châteauroux, miracle d'une statue de la Vierge blessée par deux soudards brabançons qui moururent emportés par les diables. La statue dévoilait son cou et son buste au peuple assemblé pour montrer ses blessures et celles de son enfant. Par la suite, de nombreux miracles eurent lieu en cet endroit.

Giraud de Cambrie, *Gemma ecclesiastica*, dist. I, 32 (éd. J. S. Brewer, Londres, 1861), p. 104-105; Gervais de Canterbury, *Chronica* (commencée en 1188), a. 1187, éd. W. Stubbs, *The Historical Works of Gervase of Canterbury*, vol. 1, London, 1879 (Rolls Series, 73, 1), p. 369-370; Rigord, *Gesta Philippi Augusti*, 58 (première partie offerte au roi en 1191 ou 1192), 58; voir *Histoire de Philippe Auguste* (éd. E. Charpentier *et al.*), Paris, 2006 (Sources d'histoire mMédiévale, 33), p. 236-239; la version la plus détaillée est due à un moine de l'abbaye de Déols, Jean Agnellus, miracle daté de 1187, récit daté de 1194 et 1200, édité par J. Hubert, 'Le miracle de Déols et la trêve conclue en 1187 entre les rois de France et d'Angleterre', *Bibliothèque de l'École des Chartes*, 96 (1935), p. 285-300, *Miracula B. Mariae Virginis* [*Mariale Magnum*], pars II, 38 (Paris, BnF, ms. lat. 3177, fol. 135v-136); *Miracula* [*De quibusdam miraculis*], Paris, BnF, ms. lat. 3175, fol. 145-145v; et ms. lat. 3338 de la BnF (fol. 62, n° 184).

Michel Tarayre, 'Le sang dans le *Speculum majus* de Vincent de Beauvais. De la science aux *miracula*', in *Le sang au Moyen Âge. Actes du quatrième colloque international de Montpellier*, Montpellier, C.R.I.S.I.M.A., Université Paul Valéry, 1999, ('Cahiers du C.R.I.S.I.M.A.', 4), p. 343-359; P. Kunstmann, *Treize miracles de Notre-Dame*, Ottawa, Université d'Ottawa (Publications médiévales de l'Université d'Ottawa, 6), 1981, p. 8; J.-M. Sansterre, '*Omnes qui coram hac imagine genua flexerint*. La vénération des saints et de la Vierge d'après les textes écrits en Angleterre du milieu du XIe siècle aux premières décennies du XIIIe siècle', *Cahiers de civilisation médiévale*, 49 (2006), p. 257-294, spéc. p. 278-280 (liste des sources). – Tubach 5152; Poncelet n° 936 – Châteauroux, ville située sur l'Indre, chef-lieu du département de l'Indre; Déols ou Bourg-Dieu, près de Châteauroux, sur la rive droite de l'Indre, ancienne abbaye bénédictine, fondée au Xe siècle; Brabançons, troupes mercenaires qui se transformaient en bandes armées une fois démobilisées et semaient la terreur.

Cet *exemplum* est précédé de la mention *Sine tytulo*: cf. *Index auctorum relatorum et operum anonymorum, Sine titulo*.

523. (XLVIII, 3) Un chrétien avait loué sa maison à un Juif en y oubliant une image de la Vierge à l'enfant. Lors d'une réunion, les Jjuifs accusèrent leur coreligionnaire d'être devenu chrétien à cause de la présence de cette image. Pour prouver sa bonne foi, il partit en courant jeter le tableau dans un égout, mais en route il fut emporté par le diable.

Cf. Poncelet n° 961 et 1146. Récit proche du *Mariale magnum*, I, 19 présenté par H. Barré d'après le manuscrit Paris, BnF, lat. 3177 composé à

l'abbaye de Beaupré: H. Barré, 'L'énigme du *Mariale magnum*', *Ephemerides mariologicae*, 16 (1966), p. 265-288.
La source alléguée pour ce récit est Jérôme. Malheureusement, les recherches entreprises pour identifier ce récit n'ont pas permis de confirmer cette attribution.

524. (XLVIII, 4) Des Sarrasins avaient saccagé les images des saints dans une église mais, malgré leurs efforts, ils ne parvinrent pas à atteindre l'image de la Vierge.

Miracula B. Mariae Virginis [*Mariale Magnum*], pars II, 40 (Paris, BnF, ms. lat. 3177, fol. 137v-138).

525. (XLVIII, 5) À Constantinople, dans l'église des Blachernes, un Juif déroba une image de la Vierge et la jeta dans un égout. Nettoyée, elle répandit un long flot d'huile.

Miracula B. Mariae Virginis [*Mariale Magnum*], pars I, 19 (Paris, BnF, ms. lat. 3177, fol. 27v-28); Cet *exemplum* figure dans le ms. lat. 3338 de la BnF (fol. 63-63v, n° 187): sur ce manuscrit, voir le commentaire de l'*exemplum* XI, 9 – Poncelet n° 878, 916 – Constantinople, cf. 2, 11; Notre-Dame-des-Blachernes, basilique construite au ve siècle.

526. (XLVIII, 6) Fulbert, évêque de Chartres, a institué la fête de la Nativité de la Vierge dans toute la Gaule en remerciement d'un miracle: quand il était malade, la Vierge lui apparut, lui jeta trois gouttes de son lait sur le visage et le guérit. Il conserva ces gouttes dans un vase d'argent.

Miracula b. Mariae Virginis, n° III, B, 4 (H. Kjellman, *La deuxième collection anglo-normande des miracles de la Sainte Vierge*, 1977, n° 38, p. 171-174); *Miracula B. Mariae Virginis* [*Mariale Magnum*], pars II, 41 (Paris, BnF, ms. lat. 3177, fol. 138-138v); *Miracula* [*De quibusdam miraculis*], Paris, BnF, ms. lat. 3175, fol. 145v; cf. Guillaume de Malmesbury, *De gestis regum Anglorum*, III, 285 (éd. R. A. B. Mynors, R. M. Thomson, M. Winterbottom, Oxford, 1998, t. 1, p. 518-519) – H. Kjellman, op. cit., p. LVI-LVIII – Poncelet n° 667, 668 – Fulbert (v. 960-1028), évêque de Chartres.
La fête de la Nativité de Marie (8 septembre) est l'une des trois fêtes majeures de célébration de la Vierge avec l'Annonciation (25 mars) et l'Assomption (15 août).

527. (XLVIII, 7) Autrefois, un moine qui disait chaque jour les heures de la Vierge en privé tomba gravement malade et fut sauvé par celle-ci : elle l'allaita, lui parla, et le guérit en touchant de ses doigts son cou et sa gorge.

Miracula b. Mariae Virginis, n°III, B, 5 (H. Kjellman, *La deuxième collection anglo-normande des miracles de la Sainte Vierge*, 1977, n° 39, p. 175-180); *Miracula* [*De quibusdam miraculis*], Paris, BnF, ms. lat. 3175, fol. 145v; cf. Césaire de Heisterbach, *Libri VIII Miraculorum*, 3, 23 (Meister, p. 152-153; Hilka, *Wundergeschichten*, 3, p. 164), 3, 75 (Meister, p. 198-199; Hilka, *Wundergeschichten*, 3, p. 209-210); proche du *Miracula B. Mariae Virginis* [*Mariale Magnum*], pars I, 29 – H. Kjellman, *op. cit.*, p. LVII et LVIII. Réf. dans J. Berlioz, 'La lactation de saint Bernard dans un *exemplum* et une miniature du *Ci nous dit* (début du XIVe siècle)', *Cîteaux, Commentarii cistercienses*, 39 (1988), p. 270-284 – Tubach 772, cf. 5109; Poncelet n° 1186, cf. 980.

528. (XLVIII, 8) Un moine très dévot à la Vierge mourut sans avoir osé confesser un grave péché, mais en se confiant à la clémence divine. Son compagnon pria beaucoup pour lui, et vit la bienheureuse mère de Dieu apparaître sur l'autel pour lui dire que son compagnon était absout et elle le lui montra heureux, gagnant les cieux.

Miracula [*De quibusdam miraculis*], Paris, BnF, ms. lat. 3175, fol. 145v-146.
Ce récit exemplaire a été repéré dans le ms. lat. 3338 de la BnF (fol. 63v-64, n° 189) : sur ce manuscrit, voir le commentaire de l'*exemplum* XI, 9.

529. (XLVIII, 9) Dans une grange de Clairvaux, un convers qui gardait les troupeaux aux champs la veille d'une fête de la Vierge, pleura de ne pouvoir participer aux vigiles avec ses frères. Marie, mère de miséricorde, lui apparut et lui permit d'y assister en vision. Saint Bernard l'apprit par le Saint Esprit et l'annonça au chapitre.

Miracula [*De quibusdam miraculis*], Paris, BnF, ms. lat. 3175, fol. 146; Conrad d'Eberbach, *Exordium Magnum Cisterciense*, d. 4, c. 13 (éd. Griesser, p. 238-239; CCCM 138, p. 255-257; Conrad d'Eberbach, *Le Grand Exorde*, p. 236-238). On notera que cet *exemplum* figure dans le ms. lat. 3338 de la BnF (fol. 68, n° 202) : sur ce manuscrit, voir le commentaire de l'*exemplum* XI, 9. – Cf. McGuire, *Friendship and faith*, p. 266 – Poncelet n° 542 – Saint Bernard, cf. II, 43.

530. (XLVIII, 10) En Angleterre, un abbé débauché et riche fut emmené à son jugement où il retrouva le Roi de gloire, la Vierge, les saints et le Juge suprême. Le réquisitoire fut terrible, il fut condamné à la damnation. Les saints n'eurent aucune compassion pour lui. Les démons trépignaient d'impatience. Il se tourna alors vers le Juge pour lui demander pardon, en vain, puis vers la Vierge qui intercéda longuement pour lui. Les saints et le Juge lui pardonnèrent. Il revint à la vie pour raconter, prier et mourir dans l'espérance de la miséricorde.

Cf. Tubach 5131, 5136.

531. (XLVIII, 11) En Angleterre, un convers cistercien simple, obéissant, très dévot à la Vierge, et ne connaissant que l'*Ave Maria* tomba malade. Seul dans l'infirmerie, il fut emporté par deux anges au Paradis où il rencontra la Vierge et le Christ. Il aurait voulu rester, mais il fut renvoyé à la vie pour trois jours pendant lesquels il dit le Psautier qu'il n'avait jamais appris et mourut comme le lui avait annoncé le Christ.

Miracula [*De quibusdam miraculis*], Paris, BnF, ms. lat. 3175, fol. 146 – Cf. Tubach 5131.

XLIX. De l'étude des lettres

532. (XLIX, 1) Saint Jérôme et son difficile apprentissage des Lettres (Quintilien, Cicéron, Fronton, Pline), tandis qu'il jeûne pour briser les tentations charnelles. Après l'amertume de l'étude, il récolte ses doux fruits.

Jérôme*, *Epistulae*, 125, 12 (CSEL 56, p. 131) – Saint Jérôme, cf. II, 14.

533. (XLIX, 2) Saint Cyprien ne délaissa jamais l'étude malgré les persécutions.

Jérôme, *Epistulae*, 58, 10 (CSEL 54, p. 539) – Saint Cyprien, cf. XXXVIII, 8.

534. (XLIX, 3) Saint Augustin a lu seul et compris, sans aucune aide, les livres d'Aristote.

Augustin*, *Confessionum libri XIII*, IV, 16, 30 (CCSL 27, p. 55) – Saint Augustin, cf. II, 15 ; Aristote, philosophe grec (384-322 av. J.-C.).

535. (XLIX, 4) Saint Ambroise était si occupé par ses tâches pastorales, que saint Augustin ne pouvait pas l'approcher. Dans le peu de temps qu'il lui restait il nourrissait son corps par des aliments et son esprit par des lectures.

Paulin de Milan, *Vita sancti Ambrosii Mediolanensis* (BHL 377), 16 (PL 14, 73A-C) – Saint Ambroise, cf. IV, 7.

L. Avec quel respect la parole de Dieu doit être écoutée

536. (L, 1) Le pape Anastase décida que les prêtres diraient l'Évangile courbés et non assis.

Liber pontificalis*, 41, 1 (éd. L. Duchesne, t. I, p. 218) – Anastase Ier, pape (399-401).
Lecture de l'Évangile : temps éminemment fort de la célébration eucharistique, il s'agit de la véritable proclamation de la parole du Christ. Cf. A.-G. Martimort, *L'Église en prière, op. cit.*, sous le n° 18, t. II, p. 81-82.

537. (L, 2) Sermon de saint Jérôme contre le bruit pendant la prière : celui des grenouilles s'arrête, mais pas celui des hommes.

Ambroise de Milan, *De virginibus*, III, 3, 14 (éd. E. Cazzaniga, Corpus Scriptorum Latinorum Paravianum, 1948, p. 220-221) – Saint Jérôme, cf. II, 14.
La source alléguée par le compilateur est saint Jérôme, mais les recherches réalisées n'ont pas permis de confirmer cette attribution.

538. (L, 3) Les disciples de Saint Martin refusèrent de recevoir des séculiers venus par curiosité plus que par sentiment religieux.

Sulpice Sévère*, *Dialogus super virtutibus sancti Martini*, III, 1 (SC 510, p. 290-293) – Saint Martin, cf. IX, 9.

539. (L, 4) Des moines s'endormirent au chapitre pendant le sermon de Serlon, abbé de l'Aumône. Certains même rirent dans leur sommeil. Tous étaient victimes d'un piège diabolique que put voir un frère : une prostituée invisible les endormait en leur faisant humer des plats succulents. En confession, l'abbé leur demanda pourquoi ils avaient ri à ce moment, et ils avouèrent avoir été victimes d'un songe.

On ne trouve aucune mention de cet épisode dans le *Speculum Ecclesiae*, de Giraud de Cambrie, II, 23 (éd. J. S. Brewer, *Gibraldi Cambrensis Opera*, p. 104-110) ni dans le *De Nugis*, de Gautier Map, II, 4 ; voir M. Schwob, *La légende de Serlon of Wilton*, Paris, 1899 ; Albert C. Friend, *Serlo of Wilton. The early Years*, Bruxelles, 1954, et A. G. Rigg, 'Serlo of Wilton. Bibliographical Notes', *Medium Aevum*, 65 (1996), p. 96-101. Il a laissé des poèmes latins : édités par J. Öberg, *Serlon de Wilton, Poèmes latins*, Stockholm, 1965 (Acta Universistatis Stockholmiensis, Studia Latina

Stockholmiensia, 14). Les recueils d'*exempla* ont plutôt retenu l'épisode de la conversion de Serlon, dont la première mise à l'écrit remonte au *Collectaneum exemplorum et visionum Clarevallense*, IV, 43 (CCCM 208, p. 339, n° 137; longue notice, p. 421-422), qui aurait été présentée à Serlon lui-même, qui refusa de la lire. Cf. Tubach 4448 – Serlon de Wilton, maître en théologie (1110-1181), abbé de l'Aumône en 1171-1173.

Cet *exemplum* est précédé de la mention *Sine tytulo*: cf. *Index auctorum relatorum et operum anonymorum, Sine titulo*.

540. (L, 5) Saint Antoine écouta l'Évangile du riche à qui l'on dit: «Va et vends tout», et le mit aussitôt en pratique.

Vita beati Antonii abbatis*, 2 (PL 73, 127B-C) – Saint Antoine le Grand, cf. II, 20.

541. (L, 6) Si le préposé de la maison ou du monastère s'est endormi pendant que le prieur parlait, on l'obligera à rester debout.

Jérôme, *Translatio latina regulae sancti Pachomii*, 22 (PL 23, 67C).
Le compilateur donne pour source à ce récit la *Vita sancti Pachomii*.

542. (L, 7) Des moines demandèrent à l'abba Félix des paroles édifiantes; il refusa d'en proférer car elles n'étaient pas mises en pratique.

Vitae Patrum*, V, *Verba seniorum*, 3, 18 (PL 73, 863A-B); *Les sentences des Pères du Désert, collection alphabétique* [trad. Dom L. Regnault], 928 Félix, p. 320 – J.-Cl. Guy, *Paroles des Anciens. Apophtegmes des Pères du Désert*, Paris, Points-Sagesse, 1976, p. 170 – Abba Félix, auteur d'un seul apophtegme conservé dans la collection alphabetico-anonyme d'apophtegmes des Pères du Désert. On ne sait rien de sa vie. J.-Cl. Guy, *Les apophtegmes des Pères* (SC 387), Paris, Cerf, 1993, p. 89.

543. (L, 8) Un ancien alla voir un père qui fit cuire des lentilles, et lui dit: «Prions, avant de manger.» Mais ils prièrent toute la nuit et oublièrent de dîner.

Vitae Patrum, V, *Verba seniorum*, 4, 57 (PL 73, 871C).

544. (L, 9) Parole de l'abba Palladius: le dégoût de l'étude est le début de l'abandon de Dieu.

Vitae Patrum, V, *Verba seniorum*, 10, 67 (PL 73, 924A-B) – Abba Pallade (Palladius) (v. 367-av. 431), solitaire en Palestine en 386, l'un des anachorètes de la collection alphabetico-anonyme d'apophtegmes des Pères du Désert. J.-Cl. Guy, *Les apophtegmes des Pères* (SC 387), Paris, Cerf, 1993, p. 89.

545. (L, 10) Question de l'abba Abraham à l'abba Arès : « Pourquoi donner à tous les moines un fardeau léger et un lourd à ce moine ? » L'abba répondit : « Les autres frères partent comme ils viennent, ce frère-là est venu entendre la parole. »

Vitae Patrum, V, *Verba seniorum*, 14, 2 (PL 73, 947D-948A) – J.-Cl. Guy, *Paroles des Anciens*, op. cit., p. 41 ; *Les sentences des Pères du Désert, collection alphabétique* [trad. Dom L. Regnault], 143 Arès, p. 57 – Abraham et l'abba Arès, solitaires en Egypte dont la vie n'est pas connue.

546. (L, 11) Parole d'un Père : « A force de s'écouler sur une pierre, l'eau finit par la perforer, de même la dureté du cœur est amollie par la parole de Dieu. »

Vitae Patrum, V, *Verba seniorum*, 18, 16 (PL 73, 983C-D) ; *Les sentences des Pères du Désert, collection alphabétique* [trad. Dom L. Regnault], 757 Poemen 183, p. 260 – Tubach 4636.

547. (L, 12) Alors que les Pères parlaient de choses édifiantes, l'un d'eux vit des anges se réjouir ; quand la conversation concerna des choses terrestres, des porcs les entourèrent.

Vitae Patrum, VI, *Verba seniorum*, 1, 3 (PL 73, 993B) – Cf. Tubach 239.

548. (L, 13) Un ancien nommé Machétès avait le don de faire de longues prières qui duraient jour et nuit, sans dormir ; si quelqu'un tentait de le détourner par des paroles oiseuses, il s'endormait aussitôt.

Jean Cassien, *De institutis coenobiorum*, V, 29 (SC 109, p. 236-237, par. 29).

549. (L, 14) Un vieillard nommé Machétès disait aussi que le diable était l'instigateur des paroles oiseuses et l'ennemi des paroles spirituelles. Cela se voyait à plusieurs indices : quand il parlait aux frères de choses spirituelles, il les voyait s'endormir, et il les réveillait par des histoires vaines, qu'ils oubliaient à leur réveil.

Jean Cassien*, *De institutis coenobiorum*, V, 31 (SC 109, p. 240-241).

LI. DU RESPECT ENVERS CERTAINS SACREMENTS

550. (LI, 1) Un prêtre nommé Théodule qui avait osé célébrer la messe, quoiqu'il eût conscience d'être en colère, périt au milieu de ses prières.

Chronica Gallica a CCCCLII et DXI, II. *Addimenta chronicorum a. CDLII ad Chronica Hieronymiana* (éd. Th. Mommsen, MGH, auct. ant., 9, Berlin, 1892, p. 631).
La source indiquée par le compilateur, *Pontificalis historia*, n'a pu être confirmée.

551. (LI, 2) En Orient, pour avoir commis des sacrilèges et proféré des blasphèmes dans une église, deux tyrans, Julien et Félix, furent frappés par la vengeance divine; Julien [l'Apostat] fut atteint d'une maladie provoquant le pourrissement des viscères, et Félix vomit son sang jusqu'à ce que mort s'ensuive.

Cassiodore, *Historia tripartita**, VI, 32, 2-5, 8 (CSEL 71, p. 352-353) – Julien l'Apostat, cf. VIII, 2; Félix, préposé au trésor royal d'après l'*Historia Tripartita* (VI, 32, 44).

552. (LI, 3) Saint Ambroise, après lui avoir accordé l'absolution, recommanda à Théodose de ne pas s'asseoir dans le chancel, un lieu uniquement réservé aux prêtres. Théodose observant cette règle à Constantinople, Nectaire l'évêque lui en demanda la raison; il répondit qu'il avait appris de la bouche de saint Ambroise la différence entre un empereur et un prêtre.

Cassiodore, *Historia tripartita*, IX, 30, 26-30 (CSEL 71, p. 545-546) – Saint Ambroise, cf. IV, 7; Théodose Ier, cf. II, 9; Constantinople, cf. 2, 11; saint Nectaire de Tarse, patriarche de Constantinople (381-397).
Chancel: clôture physique qui sépare l'espace ecclésial réservé aux clercs pour la célébration de la liturgie de celui réservé aux laïcs et attesté régulièrement en Occident à partir du VIIIe siècle.

553. (LI, 4) Dans l'église de Sainte-Walburge où étaient conservées les reliques de la sainte, les miracles qui s'y produisaient cessèrent quelques temps alors que le reliquaire était resté sur le maître-autel. La sainte apparut pour expliquer que ce lieu est réservé à la célébration de l'eucharistie.

Odon de Cluny, *Collationes libri tres*, II, 28 (PL 133, 573C-D); *Miracula* [*De quibusdam miraculis*], Paris, BnF, ms. lat. 3175, fol. 146-146v – Sainte Walburge, religieuse d'origine anglaise (v. 710-779) qui fut abbesse d'Heidenheim (Bade-Wurtemberg), son tombeau attira des foules de pèlerins; plusieurs églises sont dédiées à sainte Walburge; son tombeau fut transféré dans celle d'Eistatt et une partie de ses reliques à l'église de Monheim qui devint le centre du pèlerinage.
Le compilateur donne pour source à ce récit le *Liber deflorationum*, cf. II, 12 et *Index auctorum, relatorum et operum anonymorum*, à ce nom.

554. (LI, 5) Un dimanche, un prêtre qui revenait de la chasse osa célébrer la messe et, au moment de la consécration, il se mit à crier comme il avait l'habitude de vociférer après les chiens.

Odon de Cluny, *Collationes libri tres*, II, 34 (PL 133, 579A-B). Cf. ci-dessus, n° 387.

555. (LI, 6) Suétone rapporte que Néron n'osait pas assister aux Mystères d'Éleusis parce que le héraut en écartait les gens indignes.

Suétone*, *De vita Caesarum*, VI (Nero), 34 (éd. H. Ailloud, Paris, Les Belles Lettres, 1961, t. II, p. 180-186) – Suétone, biographe latin (v. 70 - après 128) – Néron, empereur, cf. V, 2 ; Éleusis, sanctuaire grec, lieu d'un culte à mystère dédié à Déméter et sa fille Perséphone.

Le compilateur mentionne également que ce récit figure dans les œuvres de Geoffroy d'Auxerre. Les recherches effectuées n'ont pas permis de confirmer cette information.

556. (LI, 7) Un abbé de Norvège a raconté que, dans l'une de ses églises dédiée à sainte Marguerite et à sainte Agnès, un jour de fête, un chevalier accompagné de son écuyer se présenta à l'heure de l'office. Le chevalier se tint à la porte mais, quoique se sachant pécheur, l'écuyer pénétra dans l'église. Une voix monta du sol et l'écuyer tombé à terre se plaignit d'être brûlé par des cierges tenus par deux jeunes filles. Chassé de l'église, il ne fut délivré de son mal qu'après avoir quitté cette région.

Ce récit a pu être apporté par l'archevêque des Danois Eskil, mais malheureusement on ne trouve rien de tel dans les deux chapitres de l'*Exordium Magnum* consacrés à Eskil (III, 27 et 28).

Sainte Marguerite d'Antioche : dans sa vie d'origine grecque, il est précisé qu'elle affronta le diable sous la forme d'un dragon ; elle est fêtée le 20 juillet. Sainte Agnès : vierge et martyre romaine, sa vie présente deux versions : soit une vierge adulte menée au lupanar (tradition grecque), soit une enfant de douze ans martyrisée sous Dioclétien vers 305. Elle est fêtée le 21 janvier.

Cet *exemplum* est précédé de la mention *Sine tytulo* : cf. *Index auctorum relatorum et operum anonymorum, Sine titulo*.

557. (LI, 8) Saint Jean ne permettait pas que l'on parle dans le sanctuaire.

Vita sancti Ioannis Eleemosynarii, 42 (PL 73, 376A) – Saint Jean l'Aumônier, cf. IV, 23.

Le compilateur a seulement noté que le récit était emprunté aux *Vitae Patrum*.

558. (LI, 9) Le diacre qui assistait saint Malachie n'aurait pas dû remplir son office et approcher de l'autel à la suite d'une nuit troublée par un mauvais songe.

Saint Bernard, *Vita sancti Malachiae** (BHL 5188), 29, 65 (SBO, 3, p. 369); *Collectaneum exemplorum et visionum Clarevallense*, IV, 20 (CCCM 208, p. 299, n° 94) – Saint Malachie, cf. VIII, 17.

559. (LI, 10) La nuit précédant la dédicace de l'église Saint-Pierre de Cologne, un concert de gémissements s'éleva : les démons se lamentaient de perdre un territoire qu'ils détenaient depuis longtemps.

Sigebert de Gembloux, *Chronica*, a. 871 (éd. D. L. C. Bethmann, MGH, SS, 6, Hanovre, 1844, p. 341, 41-44) – L'église d'Hildebold à Cologne, dédiée à saint Pierre, fut consacrée par Willibert en 870.

Ce récit est dit être tiré de chroniques : cf. I, 1 et *Index auctorum, relatorum et operum anonymorum, De cronicis*.

LII. DE L'OFFICE DES PRÉLATS

560. (LII, 1) Saint Pierre qui désirait se consacrer uniquement à la prière et à la prédication nomma deux évêques, Lin et Clet, pour assurer le ministère sacerdotal à Rome. De même, en consacrant saint Clément, il lui enjoignit de prier et de prêcher, mais de déléguer à d'autres les affaires diverses.

*Liber pontificalis**, 1, 1-5 (éd. L. Duchesne, t. I, p. 118) – Saint Pierre, cf. XXI, 2 ; saint Lin, pape (67-76) ; saint Clet, pape (76-88) ; saint Clément Ier, pape (88-97).

561. (LII, 2) Le pape Évariste institua sept diacres pour assister l'évêque dans sa prédication. Ce pape dont la science égalait l'éloquence offrait par ses actes des exemples conformes à sa parole.

Liber pontificalis, 6, 2 (éd. L. Duchesne, t. I, p. 126) – Saint Évariste, pape (97-105).

Il a été impossible de confirmer la source alléguée pour ce récit : *Ecclesiastica Historia*.

562. (LII, 3) Ayant constaté l'échec des persécutions contre les chrétiens, Julien l'Apostat introduisit leurs préceptes et leurs coutumes chez les païens pour étendre le culte des démons.

Cassiodore, *Historia tripartita**, VI, 5, 1-2 et VI, 29, 1-9 (CSEL 71, p. 317 et p. 345-347) – Julien l'Apostat, cf. VIII, 2.

563. (LII, 4) Au temps de l'évêque Colman, le peuple accourait au devant des clercs et ceux-ci venaient dans les villages seulement pour prêcher, baptiser et administrer les sacrements aux malades, uniquement guidés par le soin des âmes.

Bède le Vénérable, *Historia ecclesiastica gentis Anglorum**, III, 26 (Colgrave-Mynors, p. 310) – Colman, évêque, cf. XII, 3.

564. (LII, 5) Dans une lettre à Aselle, saint Jérôme, attaqué pour l'admiration qu'il portait à une sainte femme, se défendit avec ironie et rendit grâce à Dieu de la haine qu'il avait subie.

Jérôme, *Epistulae**, 45, 2, 3, 6 (CSEL 54, p. 324, 325, 327) – Saint Jérôme, cf. II, 14 ; sainte Aselle, cf. XII, 5.

565. (LII, 6) Ayant passé six mois auprès de saint Jérôme, Postumianus témoigna : « Haï par les hérétiques comme par les clercs, admiré aussi, il travaille nuit et jour, soit qu'il lise, soit qu'il écrive. »

Sulpice Sévère*, *Dialogus super virtutibus sancti Martini*, I, 9 (SC 510, p. 136-139) – Saint Jérôme, cf. II, 14 ; Postumianus, cf. XLIV, 1.

566. (LII, 7) Alexandre a dit qu'il serait un bon pape si, pour première vertu, il pratiquait la charité.

Pierre le Chantre*, *Verbum adbreuiatum. Versio breuis*, 65, 8, *notae* (PL 205, 381D) ; *id.*, *Verbum adbreuiatum. Textus conflatus*, I, 64 (CCCM 196, p. 428, 2-7) – Alexandre III, pape (1159-1181) séjourna en France de 1163 à 1165.

567. (LII, 8) Saint Thomas de Cantorbéry fit prêter serment à son chancelier de ne jamais accepter quoi que ce soit pour son administration.

Pierre le Chantre, *Verbum adbreuiatum. Versio breuis*, 22 (PL 205, 81A-B) ; *id.*, *Verbum adbreuiatum. Textus conflatus*, I, 16 (CCCM 196, p. 131, 19-23) – Saint Thomas (v. 1118-1170), archevêque de Cantorbéry de 1162 à son assassinat en 1170. Il fut canonisé dès 1173.

568. (LII, 9) Aussitôt promu patriarche d'Alexandrie, saint Jean l'Aumônier ordonna à ses ministres de recenser ses « seigneurs », c'est-à-dire les pauvres de la cité. Il s'en trouva plus de sept cents, auxquels chaque jour il dispensa le nécessaire.

Vita sancti Ioannis Eleemosynarii*, 2 (PL 73, 342B-D) – Saint Jean l'Aumônier, cf. IV, 23.

569. (LII, 10) Argument de saint Sophrone pour réconforter saint Jean l'Aumônier attristé de n'avoir reçu aucune sollicitation ce jour-là.

Vita sancti Ioannis Eleemosynarii, 5 (PL 73, 343C-344B) – Saint Jean l'Aumônier, cf. IV, 23 ; saint Sophrone de Damas, patriarche de Jérusalem en 634, mort en 638.

570. (LII, 11) Un jour, saint Jean l'Aumônier sortit de l'église revêtu de ses vêtements épiscopaux et s'assit au milieu de la foule pour la convaincre de ne plus s'en aller après l'évangile. Il dit « Je suis là où sont mes brebis ; ou vous entrez, et j'entre, ou vous restez ici, et j'y reste. »

Vita sancti Ioannis Eleemosynarii, 41 (PL 73, 375D-376A) – Saint Jean l'Aumônier, cf. IV, 23.

571. (LII, 12) L'abba Pastor disait que celui qui ne fait pas ce qu'il enseigne est comparable à un puits ; celui-ci lave et désaltère ses utilisateurs, mais il est incapable de se nettoyer lui-même.

Vitae Patrum*, V, *Verba seniorum*, 8, 14 (PL 73, 908A-B) ; *Les apophtegmes des Pères, collection systématique*, t. 2 (SC 474), chap. X, Le discernement, n° 72, p. 62-63 – Pastor, cf. II, 26.

572. (LII, 13) Saint Anselme de Cantorbéry tombait en faiblesse de corps et d'esprit devant les affaires profanes, mais retrouvait la santé à la moindre question sur l'Écriture.

Eadmer, *Vita sancti Anselmi** (BHL 525, 526, 526a), II, 13 (éd. R. W. Southern, 'Medieval Texts', 1962, p. 80) – Saint Anselme, cf. VIII, 16.

573. (LII, 14) Saint Malachie, accompagné de ses disciples, allait à pied inlassablement dans la cité et hors de la cité pour attirer ses paroissiens à l'église.

Saint Bernard, *Vita sancti Malachiae** (BHL 5188), 8, 16-17 (SBO, 3, p. 326) – Saint Malachie, cf. VIII, 17.

LIII. De la dignité des clercs

574. (LIII, 1) Le pape Sylvestre décida qu'aucun laïc ne pourrait porter une accusation contre un clerc, qu'aucun clerc n'irait devant la justice séculière et que ni la soie ni un tissu teint, mais seul le lin serait utilisé pour la célébration eucharistique.

Liber pontificalis*, 34, 10 (éd. L. Duchesne, t. I, p. 171) – Sylvestre II, pape, cf. VIII, 12.

575. (LIII, 2) Le comte Charles de Flandre recevait toute affaire cessante tout clerc qui se présentait à la cour pour quelque cause que ce fût.

Gautier de Thérouanne, *Vita Karoli comitis Flandriae**, 12 (éd. R. Köpke, Hanovre, 1856, MGH, SS, 12, p. 544, 47-48, p. 545, 1-5; CCCM 217, p. 38-39); voir Galbert de Bruges, *Histoire du meurtre de Charles le Bon*, éd. H. Pirenne, Paris, Picard, 1891, p. 11-12, par. 6, et traduction française par J. Gengoux, *Le Meurtre de Charles le Bon*, Anvers, 1978.

Charles le Bon, fils de Canut, roi du Danemark et d'Adèle de Flandre, comte de Flandre à partir de 1119, mourut assassiné en 1127.

LIV. De la miséricorde

576. (LIV, 1) Saint Grégoire fit de sa maison un monastère; le pape Boniface en fit autant.

Liber pontificalis*, 66, 5 et 69 (éd. L. Duchesne, t. I, p. 312 et p. 317) – Grégoire le Grand, cf. I, 5; Boniface III, pape (607-608).

577. (LIV, 2) Saint Odilon, abbé de Cluny, préférait être damné pour excès de miséricorde envers les pécheurs plutôt que pour une trop grande rigueur.

Sigebert de Gembloux, *Chronica*, a. 993 (éd. D. L. C. Bethmann, MGH, SS, 6, Hanovre, 1844, p. 353, 33-34); cf. Jotsuald (ou Jotsaud), *Vita sancti Odilonis* (BHL 6281), I, 8 (PL 142, 903C); cf. Pierre Damien, *Vita sancti Odilonis Cluniacensis* (BHL 6282, 6282a; PL 144, 930A) – Saint Odilon de Cluny, cf. XV, 3.

Ce récit est dit être tiré de chroniques: cf. I, 1 et *Index auctorum, relatorum et operum anonymorum, De cronicis*.

578. (LIV, 3) Pierre, archevêque de Tarentaise, releva un homme d'une pénitence imposée par le pape, au nom du Christ qui avait proclamé bienheureux les miséricordieux. Il estimait par ailleurs qu'en prenant aux riches, il ne les volait pas mais qu'il rendait aux pauvres ce qui leur appartenait.

Pierre le Chantre*, *Verbum adbreuiatum*. Versio breuis, 98 (PL 205, 280A-B); id., *Verbum adbreuiatum*. Textus conflatus, II, 7 (CCCM 196, p. 641-642, 115-129) – Saint Pierre de Tarentaise (v. 1101-1174), cistercien, archevêque de Tarentaise en 1141.

579. (LIV, 4) Un homme qui avait tué le fils d'un chevalier obtint la vie sauve en offrant de la consacrer à faire des pèlerinages pour l'âme de sa victime.

Pierre le Chantre, *Verbum adbreuiatum*. Versio breuis, 99 (PL 205, 281C-D); id., *Verbum adbreuiatum*. Textus conflatus, II, 8 (CCCM 196, p. 646-647, 69-92).

580. (LIV, 5) Un moine eut la vision d'un évêque qui brûlait dans l'au-delà, mais dont le vêtement, intact, étincelait, parce qu'il s'était montré particulièrement miséricordieux envers les pauvres nus.

*Visio monachi de Eynsham**, 29 (éd. H. Thurston, *Analecta Bollandiana*, 22 (1903), p. 284).

581. (LIV, 6) Saint Jean l'Aumônier vit en songe une jeune fille resplendissante couronnée de branches d'olivier. À son réveil, il reconnut qu'elle était la Miséricorde.

*Vita sancti Ioannis Eleemosynarii**, 7 (PL 73, 345B-C) – Saint Jean l'Aumônier, IV, 23.

582. (LIV, 7) L'abba Bessarion sortit de l'église avec un frère chassé pour avoir péché, en disant que lui aussi était pécheur.

*Vitae Patrum**, V, *Verba seniorum*, 9, 2 (PL 73, 909D); *Les sentences des Pères du Désert, collection alphabétique* [trad. Dom L. Regnault], 162 Bessarion 7, p. 66 – Bessarion, cf. IX, 14.

583. (LIV, 8) Saint Bernard gardait les yeux secs lors des funérailles d'un parent particulièrement cher, mais versait des larmes lorsqu'il enterrait un étranger, car l'affection ne devait pas l'emporter sur la foi.

Geoffroy d'Auxerre, *Vita sancti Bernardi** (BHL 1214), III, 7, 21 (PL 185, 315C-D) – Saint Bernard, cf. II, 43.

LV. De l'aumône

584. (LV, 1) Un homme charitable qui vivait à Antioche rencontra un soir un vieillard vêtu de blanc avec deux compagnons. Le vieil homme lui dit que, malgré Siméon, sa charité ne pourrait pas sauver Antioche et, étendant un voile sur une moitié de la ville, il la détruisit. Grâce à la prière de ses deux compagnons, il épargna l'autre moitié et disparut.

Sigebert de Gembloux, *Chronica*, a. 585 (éd. D. L. C. Bethmann, MGH, SS, 6, Hanovre, 1844, p. 319, 50-58) – Antioche, cf. IV, 10.

La source indiquée par le compilateur, *Pontificalis historia*, n'a pu être confirmée.

585. (LV, 2) Un pauvre ayant demandé l'aumône à des marins, ceux-ci lui répondirent qu'ils n'avaient que des pierres. Aussitôt, tous les aliments contenus dans le navire se transformèrent en pierre, en gardant leur couleur et leur forme.

Grégoire de Tours, *Liber in gloria confessorum*, 109 (éd. W. Arndt, B. Krusch, MGH, SS rer. merov., I/2, Hanovre, 1885, p. 818-819); Sigebert de Gembloux, *Chronica*, a. 606 (éd. D. L. C. Bethmann, MGH, SS, 6, Hanovre, 1844, p. 321, 22-25).

586. (LV, 3) Comme le pape Sabinien n'apportait aucun secours aux nécessiteux, son prédécesseur Grégoire lui apparut à trois reprises pour le lui reprocher. Puis, la quatrième fois, il accompagna ses reproches et ses menaces d'un coup sur la tête. Sabinien mourut peu après.

Sigebert de Gembloux, *Chronica*, a. 607 (éd. D. L. C. Bethmann, MGH, SS, 6, Hanovre, 1844, p. 321, 32-34); cf. Paul Diacre, *Vita s. Gregorii* (BHL 3639, 3639a, 3639b, 3639c), 29 (PL 75, 58C-D) – Sabinien, pape (604-606) – Grégoire le Grand, cf. I, 5.

587. (LV, 4) Le pape Léon avait recueilli un pauvre lépreux et l'avait porté sur son lit. Le pauvre disparu, il réalisa avec stupeur qu'il avait recueilli le Christ.

Sigebert de Gembloux, *Chronica*, a. 1048 (éd. D. L. C. Bethmann, MGH, SS, 6, Hanovre, 1844, p. 359, 9-14) – Tubach 3011 – Léon IX, pape (1048-1054).

La source alléguée pour ce récit est la *Pontificalis historia*.

588. (LV, 5) Le roi Oswald (Odoald) participait à un banquet avec l'évêque Adam (Aïdan) quand survint une multitude de pauvres.

Le roi ordonna que le repas leur fût distribué et que le plateau d'argent fût divisé entre eux par petits morceaux. Ému par ce trait de piété, l'évêque fit le vœu que jamais cette main ne vieillisse. En effet, le roi étant mort au combat, sa main et son bras échappèrent à la corruption.

Bède le Vénérable, *Historia ecclesiastica gentis Anglorum**, III, 6 (Colgrave-Mynors, p. 230) – Saint Oswald (Odoald), cf. IV, 6 ; saint Aïdan, moine irlandais formé par saint Senan et par son passage à l'abbaye de Iona (v. 630) où il s'illustra au point d'être choisi comme premier évêque de l'évêché de Lindisfarne en 635, évangélisateur de la Northumbrie, avec l'aide du roi Oswald. Mort en 651, il est fêté le 31 août.

589. (LV, 6) Le roi Oswy avait fait cadeau d'un cheval à l'évêque Adam (Aïdan). Ce dernier l'ayant donné à un pauvre et le roi lui ayant reproché cette largesse, l'évêque lui répondit : « Est-ce que ce fils de jument t'est plus cher que le fils de Dieu ? » Le roi qui revenait de la chasse fit amende honorable et promit de se conformer désormais aux conseils de l'évêque. Mais celui-ci fut envahi de tristesse, car il savait que bientôt ce roi serait la victime de son peuple : il fut tué en effet peu après par la ruse d'un chevalier.

Bède le Vénérable, *Historia ecclesiastica gentis Anglorum*, III, 14 (Colgrave-Mynors, p. 258-260) – Oswy, roi de Northumbrie, cf. XXII, 2 ; Adam (Aïdan), cf. supra.

590. (LV, 7) Saint Grégoire ayant trouvé un pauvre mort et pensant qu'il avait péri faute d'oboles, cessa pendant quelques jours de célébrer, comme s'il devait faire pénitence.

Jean Diacre, *Sancti Gregorii Magni Vita* (BHL 3641, 3642), II, 29 (PL 75, 97D-98A) ; Odon de Cluny, *Collationes libri tres*, III, 7 (PL 133, 595A) ; *Collectaneum exemplorum et visionum Clarevallense*, I, 11 (CCCM 208, p. 133, n° 15) – Grégoire le Grand, cf. I, 5.

Le compilateur donne pour source à ce récit le *Liber deflorationum*, cf. II, 12 et *Index auctorum, relatorum et operum anonymorum*, à ce nom.

591. (LV, 8) Le roi Agolant qui s'était rendu auprès de Charlemagne pour y être baptisé fut scandalisé par la manière dont étaient traités certains pauvres, pourtant considérés comme messagers divins. Il en fit reproche à Charles et refusa le baptême. Le roi fit alors rechercher les pauvres dans son armée afin de leur attribuer une nourriture et un vêtement honorables.

Ps. Turpin*, *Historia Karoli Magni et Rotholandi*, 13 (éd. C. Meredith-Jones, 1936, p. 136-139) – Agolant, roi musulman venu d'Afrique pour soutenir ses coreligionnaires d'Espagne attaqués par Charlemagne ; Charlemagne, cf. IX, 3.

592. (LV, 9) Au moment de la mort de Charles, l'archevêque Turpin à Vienne eut la vision d'une multitude de démons qui se dirigeaient vers la Lotharingie. Il demanda à un Éthiopien qui suivait les autres où ils allaient. Celui-ci répondit : « A Aix, pour porter l'âme de Charles au Tartare. » Mais au retour, le démon avoua que l'âme leur avait échappé parce que le « Galicien sans tête » avait mis dans la balance tant de pierres et de bois de ses basiliques que ses bonnes œuvres l'avaient emporté sur les mauvaises.

Ps. Turpin, *Historia Karoli Magni et Rotholandi*, 32 (éd. C. Meredith-Jones, 1936, p. 228-231) – Tubach 946 – Saint Jacques le Majeur, apôtre dont le culte s'est concentré à Saint-Jacques-de-Compostelle. Il est surnommé ici « le Galicien » ; Charlemagne, cf. IX, 3 ; Turpin, archevêque de Reims (v. 751-v. 795) qui devint l'objet d'une légende le transformant en héros guerrier pourfendeur des Sarrasins, notamment dans la *Chanson de Roland* (XIe siècle) ; on lui attribue très tôt l'*Historia Karoli Magni et Rotholandi* ; Aix-la-Chapelle (auj. Aachen, Belgique).

593. (LV, 10) En temps de disette, le comte Charles de Flandre faisait distribuer le pain quotidien aux pauvres de ses domaines. En outre, dans toute cité où il passait, les pauvres affluaient vers lui et il leur distribuait de ses propres mains argent, vêtements et nourriture – jusqu'à sept mille huit cents pains, un jour à Ypres. Avant même de se rendre à l'église, il commençait ses journées en distribuant l'aumône. En temps de famine, il interdisait la fabrication de cervoise et de boisson et avait décrété que quiconque faisait un pain pour le vendre, devrait en fabriquer deux petits, dont un gratuit pour les pauvres démunis d'argent.

Gautier de Thérouanne, *Vita Karoli comitis Flandriae**, 11 (éd. R. Köpke, Hanovre, 1856, MGH, SS, 12, p. 544, 1-26 ; 11 (éd. R. Köpke, Hanovre, 1856, MGH, SS, 12, p. 544, 1-26 ; CCCM 217, p. 36-37) – Charles le Bon, comte de Flandre, cf. LIII, 2 ; Ypres, ville de Belgique, province de Flandre occidentale.

594. (LV, 11) Ambroise disait que ses ennemis ne pouvaient rien contre lui ; ils l'accusèrent devant l'empereur d'accumuler de l'or. Il répondit que ses gardiens du trésor étaient les pauvres du Christ et que sa défense résidait dans les prières de ceux-ci : les aveugles, les boiteux, les personnes âgées et faibles, plus fortes que de vaillants guerriers.

    Ambroise de Milan*, *Epistularum liber decimus*, ep. 75a (21a), *Contra Auxentium de basilicis tradendis*, 33 (éd. M. Zelzer, CSEL 82/3, p. 105, 412-419) – Saint Ambroise, cf. IV, 7.

595. (LV, 12) Un jour d'hiver, en se rendant à l'église, saint Martin rencontra un pauvre à demi nu et ordonna à son archidiacre de lui procurer un vêtement. Devant la mauvaise volonté de son clerc et en observant la plus grande discrétion, saint Martin donna sa tunique au pauvre nu et revêtit la harde noire trop courte que l'archidiacre avait achetée à contrecœur.

    Sulpice Sévère*, *Dialogus super virtutibus sancti Martini*, II, 1 (SC 510, p. 214-221) – Saint Martin, cf. IX, 9.

596. (LV, 13) Enfant, saint Boniface se dépouillait souvent de son vêtement pour en vêtir un homme nu en qui il voyait le Christ. Sa mère s'étant lamentée de ce qu'il ait vidé le grenier pour nourrir les pauvres, il le remplit à nouveau par sa prière.

    Grégoire le Grand*, *Dialogorum libri IV*, I, 9, 16-17 (SC 260, p. 88-91) – Saint Boniface, cf. VII, 4.

597. (LV, 14) Ayant soif, un évêque avait demandé du vin que lui avait apporté l'échanson. Un pauvre demanda alors avec insistance à boire, et le serviteur assurant qu'il n'y avait plus une goutte de vin, l'évêque lui fit porter son vin. Mais, le pauvre de nouveau assoiffé, l'évêque réclama la goutte qui pouvait se trouver au fond du vase : on le trouva alors de nouveau plein.

    Pierre Damien*, *Epistulae*, 57 (K. Reindel, *Die Briefe des Petrus Damiani*, Munich, 1988, t. 2, p. 175, 11-22, p. 176, 1-4) ; Hélinand de Froidmont, *Chronicon*, a. 1078 (PL 212, 971D-972A) – Tubach 5307.
    Cet *exemplum* est attesté dans le ms. lat. 3338 de la BnF (fol. 59, n° 173). Pour de plus amples informations sur ce manuscrit, le lecteur pourra se reporter au commentaire de l'*exemplum* XI, 9.

598. (LV, 15) Un abbé qui avait souhaité manger une lamproie avait dû donner vingt sous en monnaie de Pavie pour s'en procurer une. On la lui avait apportée, cuisinée avec art, mais avant qu'il eût pu y toucher, un pauvre se présenta à la porte et la demanda.

L'abbé lui donna tout le poisson, et ce pauvre s'éleva au ciel avec le plat plein de poisson comme s'il portait un cadeau.

Pierre Damien, *Epistulae*, 57 (K. Reindel, *Die Briefe des Petrus Damiani*, Munich, 1988, t. 2, p. 176, 5-16); Hélinand de Froidmont, *Chronicon*, a. 1078 (PL 212, 971D-972A) – Tubach 2065.

Tout comme le récit exemplaire précédent, cet *exemplum* a été repéré dans le ms. lat. 3338 de la BnF (fol. 59, n° 174).

599. (LV, 16) Un père de famille avait donné à un pauvre la seule pièce qu'il possédait et avec laquelle il projetait d'acheter quelque aliment pour accompagner son pain. Un homme qu'il n'avait jamais vu lui mit vingt deniers dans la main de la part de son maître et disparut.

Pierre Damien, *Epistulae*, 57 (K. Reindel, *Die Briefe des Petrus Damiani*, Munich, 1988, t. 2, p. 177, 10-21, p. 178, 1-3); Hélinand de Froidmont, *Chronicon*, a. 1078 (PL 212, 972B) – Tubach 1140.

Cet *exemplum* est attesté dans le ms. lat. 3338 de la BnF (fol. 59, n° 175), voir supra.

600. (LV, 17) Le comte Thibaut donna souvent aux pauvres des souliers cirés de sa propre main.

Pierre le Chantre*, *Verbum adbreuiatum*. Versio breuis, 107 (PL 205, 290C-D); *id.*, *Verbum adbreuiatum*. Textus conflatus, II, 18 (CCCM 196, p. 667, 25-29) – Thibaut, comte de Champagne (1125-1151) connu pour sa générosité, au point que le chroniqueur Guillaume de Nangis le qualifia de «père des orphelins, le défenseur des veuves, l'œil des aveugles, le pied des boiteux, qui soutenait les pauvres avec une singulière munificence, et se montrait incomparablement libéral à aider toutes sortes de religieux» dans sa *Chronique* (année 1138) – Tubach 162.

601. (LV, 18) Après sa mort, un homme puissant, Bernard dit le Gros, apparut vêtu de peaux de renard neuves. Il expliqua qu'il avait acheté cette veste pour lui et qu'il l'avait donnée le jour même à un pauvre, c'est pourquoi elle restait neuve et lui apportait le rafraîchissement au milieu de ses peines.

Pierre le Vénérable*, *De Miraculis*, I, 11 (CCCM 83, p. 40-42; Torrell-Bouthillier, p. 114-116). Bernard II le Gros, issu d'un lignage bourguignon puissant ravageait les terres de Cluny; parti pour faire pénitence à Rome, il mourut peu avant 1070 sur le chemin du retour.

602. (LV, 19) Près de Grenoble, à Ferrières, en cherchant du fer, un paysan fut englouti dans la terre. Le croyant mort, sa femme fit dire chaque semaine une messe offrant au prêtre un pain et une chandelle; elle n'y manqua qu'une seule fois. Libéré au bout d'un an, l'homme raconta qu'il avait vécu nourri tous les sept ou huit jours par un pain et éclairé de même par une chandelle à l'exception d'une semaine.

Pierre le Vénérable, *De Miraculis*, II, 2 (CCCM 83, p. 100-102; Torrell-Bouthillier, p. 192-195); *Collectaneum exemplorum et visionum Clarevallense*, IV, 39 (CCCM 208, p. 326-327, n° 134); cf. Pierre Damien, *De Bono suffragiorum*, 5 (PL 145, 567B-568B) – Tubach 3233, 3892 – Grenoble, ville de France, chef-lieu du département de l'Isère; Ferrières (Isère).

603. (LV, 20) À Cadouin, en Apulie, il y avait un monastère construit par le roi Étienne et dédicacé à saint Étienne. Sur cette terre, un démoniaque révélait le secret des cœurs à ceux qui l'interrogeaient. Après la mort du roi Étienne, muet pendant trois jours, le démoniaque raconta qu'il avait été appelé à participer au rapt de l'âme d'Étienne par la troupe des démons sur l'ordre de leur prince, mais que l'entreprise avait échoué, car quelqu'un à la tête cassée, saint Étienne, leur avait arraché leur proie.

La vie du roi Étienne est mentionné dans les *Gesta Normannorum ducum* de William de Jumièges, Orderic Vital et Raoul de Torigny, mais sans allusion à ce miracle (éd. et trad. E. M. C. van Houts, vol. 2, Books 5-8, Oxford, Clarendon Press, 1995, p. 262-265 et 274-276).

Saint Étienne, diacre chargé d'assister les apôtres, premier martyr de la chrétienté (Actes, 6); Roi Étienne: ancien comte de Mortain qui s'empara du trône d'Angleterre (1135) mais dut lutter contre les autres prétendants à la couronne († 1154), son règne fut marqué par des troubles politiques et sociaux selon la *Chronique anglo-saxonne* (*Chronique de Peterborough* jusqu'en 1154, éd. et trad. M. Swanton, *The Anglo-Saxon Chronicle, Continuation (1135-1154)*, London, 1998); Apulie, ancienne province du sud de l'Italie.

Cet *exemplum* est précédé de la mention *Sine tytulo*: cf. *Index auctorum relatorum et operum anonymorum, Sine titulo*.

604. (LV, 21) Le diable décida d'exposer à la tentation un évêque qui, quoique fort mêlé aux affaires profanes, se montrait néanmoins miséricordieux envers les pauvres. La tentation se présenta sous les traits d'une noble dame durant le sermon qu'il faisait à son peuple lors d'une solennité. L'évêque, conquis, l'invita à déjeuner, mais Dieu lui envoya un ange sous l'apparence d'un pèlerin qui fit poser à l'évêque par l'intermédiaire du portier les trois questions suivantes: en quel lieu le ciel est-il le plus proche de la terre? Quel lieu n'est pas plus grand qu'un pied et porte en lui plusieurs variétés? De toutes les créatures, quelle est la plus haute et la plus abyssale? La dame fournit à l'évêque la matière des réponses: pour la première, c'est l'homme; pour la deuxième, c'est le visage de l'homme, et pour la troisième, c'est le ciel et l'enfer. Le pèlerin fit dire à l'évêque que la dame venait de cet abîme, et elle s'évanouit alors en laissant derrière elle une odeur épouvantable. Désormais l'évêque se consacra à pratiquer les plus hautes vertus.

Tubach 214.

605. (LV, 22) Zacharie, disciple de saint Jean [l'Aumônier], voulait distribuer tout ce que Dieu lui envoyait; mais comme alors il n'avait rien à donner aux pauvres, il se fit serviteur un mois ou deux pour gagner de quoi subvenir à leurs besoins.

Vita sancti Ioannis Eleemosynarii, 1 (PL 73, 341C-D) – Saint Jean l'Aumônier, cf. IV, 23.

606. (LV, 23) Saint Jean l'Aumônier donna trois fois l'aumône au même pèlerin qui se présentait à lui sous des apparences différentes en pensant que le Christ le mettait à l'épreuve.

Vita sancti Ioannis Eleemosynarii, 8 (PL 73, 346A-B); *Miracula* [*De quibusdam miraculis*], Paris, BnF, ms. lat. 3175, fol. 141v – Saint Jean l'Aumônier, cf. IV, 23.

607. (LV, 24) Un homme riche et noble apprenant que saint Jean l'Aumônier était couvert d'une vile couverture lui en envoya une qui coûtait trente-six pièces d'argent. Le saint ne dormit qu'une nuit avec celle-ci, taraudé par le remord d'être au chaud. Il la revendit sans plus attendre. Elle fut rachetée par le donateur, revendue par le patriarche, etc. La troisième fois, saint Jean l'Aumônier dit à son bienfaiteur: « Nous verrons qui se lassera le premier: moi ou toi. »

Vita sancti Ioannis Eleemosynarii, 20 (PL 73, 354D-356A); *Miracula* [*De quibusdam miraculis*], Paris, BnF, ms. lat. 3175, fol. 141v-142 – Tubach 2827 – Saint Jean l'Aumônier, cf. IV, 23.

608. (LV, 25) Il y avait en Afrique un percepteur d'impôts (un télonier) riche et dur envers les pauvres. L'un d'eux paria un jour qu'il en obtiendrait un bienfait et se tint devant la porte de sa maison. A son arrivée, le télonier, faute de pierre, jeta au visage du pauvre une poignée de grains puisé dans le bât. Peu après, il tomba malade et se vit en songe placé entre des noirs démons et des hommes d'un blanc resplendissant, ces derniers regrettant d'avoir seulement à leur disposition le grain donné au Christ deux jours auparavant, mais dont le poids suffisait à équilibrer la balance. Les hommes en blanc conseillèrent au télonier d'augmenter la part du grain pour éviter que les démons noirs ne l'emportent. Dès son réveil, le télonier s'adonna aux œuvres de miséricorde. Ayant rencontré un marin naufragé, il lui donna son manteau pour couvrir sa nudité. Le marin ayant vendu le manteau, le télonier crut son bienfait mal accepté. Mais, s'étant endormi, il fut consolé par la vision d'un être resplendissant portant la croix et revêtu de son manteau. Ensuite, il se fit vendre comme esclave ayant ordonné que l'argent ainsi gagné (trente pièces d'argent) fût distribué aux pauvres. Son maître voulut le libérer et le considérer comme son frère, il refusa. Puis, certains marchands étant arrivés d'Afrique, ayant reconnu Pierre le télonier, il s'enfuit non sans avoir rendu la parole et l'ouïe au portier de la maison, sourd et muet depuis sa naissance.

Vita sancti Ioannis Eleemosynarii, 21 (PL 73, 356B-359A) ; *Collectaneum exemplorum et visionum Clarevallense*, I, 20 (CCCM 208, p. 140-143, n° 24) – Tubach 171, 3727.

609. (LV, 26) Un prince ayant repoussé un nécessiteux, celui-ci s'adressa à saint Jean l'Aumônier avec succès. La nuit suivante, le prince eut un songe qui lui indiquait que, pour un denier d'offrande, il en recueillerait cent. Comme il tardait un peu, le patriarche courut, donna son offrande et en recueillit le centuple. À son réveil, le prince offrit de donner ce qui lui avait été demandé la veille. Il lui fut répondu que le patriarche l'avait devancé.

Vita sancti Ioannis Eleemosynarii, 29 (PL 73, 366A-366D) – Saint Jean l'Aumônier, cf. IV, 23.

610. (LV, 27) Ayant appris qu'un enfant orphelin se trouvait en grande pauvreté, parce que son père ne lui avait pas laissé une seule pièce d'argent, mais avait donné tout son or aux pauvres, car son fils avait choisi la Vierge comme curatrice, saint Jean l'Aumônier fit fabriquer un testament au nom d'un certain Théopintus faisant de lui l'oncle du garçon, le fit venir, le dota et le maria.

Vita sancti Ioannis Eleemosynarii, 33 (PL 73, 367D-368C); *Miracula* [*De quibusdam miraculis*], Paris, BnF, ms. lat. 3175, fol. 142 – Saint Jean l'Aumônier, cf. IV, 23.

611. (LV, 28) Un homme charitable, qui était changeur, expliqua à Jean l'Aumônier qu'il avait commencé à pratiquer la charité pour s'attirer la bénédiction de Dieu. Comme Satan tentait de l'en détourner, il dit à son fils de lui voler chaque jour cinq pièces de monnaie pour les donner aux pauvres, et voyant les bienfaits de Dieu se multiplier, il porta le nombre à dix.

Vita sancti Ioannis Eleemosynarii, 37 (PL 73, 372B-D) – Saint Jean l'Aumônier, cf. IV, 23.

612. (LV, 29) L'abba Pastor interrogé par un de ses frères au sujet de l'héritage qui lui était échu lui répondit : « Si tu le donnes à l'Église, les clercs en feront bombance ; si tu le laisses à ta famille, tu n'en auras aucune récompense, mais si tu le laisses aux pauvres, tu seras sans souci. »

Vitae Patrum*, V, *Verba seniorum*, 10, 56 (PL 73, 922A-B) – Pastor, cf. II, 26.

613. (LV, 30) Un homme charitable vit venir à lui deux femmes : lorsqu'il vit la première vêtue de vieux vêtements, il se disposa à lui donner beaucoup, mais sa main resta fermée et donna peu ; pour la seconde bien vêtue, il se disposait à faire une petite aumône, mais sa main s'ouvrit et donna beaucoup. Il apprit que la première s'habillait en pauvresse pour mendier, et la seconde, autrefois riche était devenue pauvre.

Vitae Patrum, V, *Verba seniorum*, 13, 12 (PL 73, 945D-946A).

614. (LV, 31) Une disette survint en Gaule et sur ses confins. Le Seigneur avait rempli les greniers de Clairvaux. Mais, une fois la récolte rentrée, les moines virent qu'elle leur suffirait à peine jusqu'à Pâques. Néanmoins, dès le temps du Carême, ils donnèrent aux pauvres qui se présentaient de quoi subsister en puisant dans leur réserve, laquelle, avec la bénédiction de Dieu, dura jusqu'à la moisson.

Guillaume de Saint-Thierry, *Vita sancti Bernardi** (BHL 1211), I, 10, 49 (PL 185, 255A-B); *Miracula* [*De quibusdam miraculis*], Paris, BnF, ms. lat. 3175, fol. 142 – Clairvaux, cf. IX, 28.

LVI. De la puissance du nom du Christ

615. (LVI, 1) Alors que tous les martyrs se demandaient si sainte Blandine n'abjurerait pas assez vite sa foi en raison de la faiblesse de son corps, celle-ci montra une combativité sans faille répétant constamment au milieu des tourments: «Je suis chrétienne.» Après avoir surmonté tous les supplices, elle parvint à la mort le visage irradié de bonheur comme si elle s'installait pour le banquet royal.

Eusèbe de Césarée, *Ecclesiastica Historia*, V, 1, 18-19 et V, 1, 55 (EW, 2/1, p. 425 ; SC 41, p. 20-21) – Sainte Blandine, martyre à Lyon (177).

616. (LVI, 2) Dans un pays encore païen, la pluie n'était pas tombée depuis trois ans. Une grande famine sévissait, provoquant une terrible misère et entraînant par dizaine des hommes au suicide. Cependant, évangélisé par l'évêque Wilfrid, ce peuple reçut le baptême. Le jour même, une pluie abondante tomba, ramenant avec elle la prospérité et la joie.

Bède le Vénérable, *Historia ecclesiastica gentis Anglorum**, IV, 13 (Colgrave-Mynors, p. 372-374) – Wilfrid, évêque, cf. XXII, 3.

617. (LVI, 3) Saint Antoine reçut la visite du diable qui se présenta sous le nom de Satan et qui se plaignit des accusations des moines et des malédictions des chrétiens. Il en demanda la raison ajoutant qu'il n'avait ni lieu ni cité, car partout résonnait le nom du Christ. Antoine prononça à son tour le nom de Jésus et le diable disparut aussitôt.

Vita beati Antonii abbatis*, 20 (PL 73, 145A-C) – Saint Antoine le Grand, cf. II, 20.

618. (LVI, 4) Une nuit, saint Hilarion entendit des bruits de toute nature (vagissements d'enfant, plaintes féminines, rugissements de lion) qui cessèrent dès qu'il clama le nom de Jésus.

Jérôme, *Vita s. Hilarionis** (BHL 3879, 3879b), 3, 7-8 (SC 508, p. 222-225, 27-40) – Saint Hilarion, cf. XII, 12.

LVII. Du mépris du monde

619. (LVII, 1) Cédual, roi des Saxons de l'Occident, ayant laissé sa couronne, vint à Rome pour y recevoir le baptême en espérant quitter bientôt ce monde pour la vie éternelle.

Bède le Vénérable, *Historia ecclesiastica gentis Anglorum**, V, 7 (Colgrave-Mynors, p. 468-470) – Cédual (Caedwalla): roi des Saxons de l'Ouest à partir de 686, il abdiqua en 688.

620. (LVII, 2) Sainte Marcelle, dame romaine, choisissait des habits qui la protégeaient du froid, et non qui découvraient son corps.

Jérôme, *Epistulae**, 127, 2 (CSEL 56, p. 146), 127, 3 (CSEL 56, p. 147-148) – Sainte Marcelle: noble romaine (ve s.), convertie au christianisme à Rome sous l'influence de saint Jérôme.
Pour la source de ce récit, le compilateur a ajouté au nom de Jérôme la mention: *de vita Marcelle*.

621. (LVII, 3) Sainte Mélanie perdit coup sur coup son mari et deux de ses fils. Elle remercia Dieu de l'avoir libérée de ses entraves, laissa tous ses biens au seul fils survivant et partit pour Jérusalem.

Jérôme, *Epistulae*, 39, 5 (CSEL 54, p. 305) – Sainte Mélanie, cf. XXII, 20.

622. (LVII, 4) A Trèves, deux soldats entrés dans une maison habitée par des moines trouvèrent une Vie de saint Antoine et commencèrent à la lire. Réfléchissant sur leurs perspectives d'avenir comme soldats, ils abandonnèrent l'empereur pour se mettre au service de Dieu.

Vita sancti Aurelii Augustini, II, 5, 3 (PL 32, 113-114) – Saint Antoine le Grand, cf. II, 20.
La mention indicative de la source de ce récit se limitait à *Augustinus*.

623. (LVII, 5) Un anachorète qui vivait seul depuis cinquante ans dans les grottes du mont Sinaï n'avait d'autre vêtement que la toison que Dieu lui avait donnée.

Sulpice Sévère*, *Dialogus super virtutibus sancti Martini*, I, 17 (SC 510, p. 170-171).

624. (LVII, 6) Un empereur demanda à un ermite pourquoi il se logeait si étroitement, il répondit: «On gagne plus facilement le ciel en quittant une cabane plutôt qu'un palais.»

Pierre le Chantre*, *Verbum adbreuiatum. Versio breuis*, 86 (PL 205, 256D-257A); *id.*, *Verbum adbreuiatum. Textus conflatus*, I, 84 (CCCM 196, p. 577, 80-89).

625. (LVII, 7) Deux amis avaient juré que le premier des deux qui s'enrichirait aiderait l'autre, ce qui arriva. L'ami riche, par magie, fit alors connaître à l'autre le bonheur de se croire archevêque et aussi riche que Crésus, puis il lui révéla que tout cela était imaginaire. Convaincus de l'inanité du monde, ils se firent pauvres dans le Christ.

Pierre le Chantre, *Verbum adbreuiatum. Versio breuis*, 147 (PL 205, 352B-D); *id.*, *Verbum adbreuiatum. Textus conflatus*, II, 56 (CCCM 196, p. 823-824, 110-137).

626. (LVII, 8) Un prince demandait à saint Antoine de venir le voir plus longtemps, mais saint Antoine répondit que, comme les poissons mis sur le sable brûlant sont voués à la mort, de même les moines attardés dans les affaires profanes se perdent dans les futilités.

Vita beati Antonii abbatis*, 53 (PL 73, 164B-C); *Les sentences des Pères du Désert, collection alphabétique* [trad. Dom L. Regnault], 10 Antoine 10, p. 15; *Apophtegmes des Pères*, t. 1 (SC 387), chap. II, Qu'il faut rechercher de toutes ses forces le recueillement, n° 1, p. 124-125 – Saint Antoine le Grand, cf. II, 20. Récit analogue, *exemplum* LXX, 1.

627. (LVII, 9) La mère du jeune Théodore vint trouver saint Pacôme. Elle était munie de lettres d'évêques recommandant de laisser aller son fils. Pacôme fit appeler celui-ci, mais refusa d'exercer une pression quelconque. Pour voir de temps en temps son fils, la mère de Théodore décida d'entrer dans le monastère des femmes.

Vita sancti Pachomii, abbatis Tabennensis*, 31 (PL 73, 251A-252A) – Saint Pacôme, cf. IX, 11; Théodore, cf. IX, 12.

628. (LVII, 10) On annonça à un moine la mort de son père. Il dit alors: «Cessez de blasphémer, mon père est immortel.»

Vitae Patrum*, V, *Verba seniorum*, 1, 5 (PL 73, 855B); cf. [Heraclides Alexandrinus], *Paradisus*, 25 (PL 74, 312C); cf. Palladius, *Historia lausiaca*, 86 (PL 73, 1184D).

629. (LVII, 11) Pastor convainquit sa mère de renoncer à le voir, lui et ses frères, en ce monde, pour les voir dans l'autre monde.

Vitae Patrum, V, *Verba seniorum*, 4, 33 (PL 73, 869A-B) – Pastor, cf. II, 26.

630. (LVII, 12) Un juge qui voulait voir l'abba Pastor emprisonna son neveu comme un malfaiteur, en pensant que l'oncle se dérangerait pour sa libération. La mère du jeune homme vint pleurer auprès de Pastor en vain. L'abba fit dire au juge de juger l'affaire selon la loi, même si la sanction devait en être la mort.

Vitae Patrum, V, *Verba seniorum*, 8, 13 (PL 73, 907D-908A); *Apophtegmes des Pères*, t. 1 (SC 387), chap. VIII, Qu'il ne faut rien faire avec ostentation, n° 16, p. 410-413 (abba Poemen); *Miracula* [*De quibusdam miraculis*], Paris, BnF, ms. lat. 3175, fol. 142 – Tubach 3458 – Pastor, cf. II, 26.

631. (LVII, 13) La mère de Marc, disciple de l'abba Silvain, ne le reconnut pas quand il se présenta vêtu d'un sac fendu et rapiécé, le visage couvert de suie et les yeux fermés.

Vitae Patrum, V, *Verba seniorum*, 14, 6 (PL 73, 949A-C); *Les sentences des Pères du Désert, collection alphabétique* [trad. Dom L. Regnault], 528 Marc disciple de l'abba Silvain 3, p. 199; *Miracula* [*De quibusdam miraculis*], Paris, BnF, ms. lat. 3175, fol. 142 – Marc, cf. XIV, 7.

632. (LVII, 14) L'ermite Pior se présenta les yeux fermés à sa sœur qui demandait à le voir.

[Heraclides Alexandrinus], *Paradisus*, 26 (PL 74, 312C-313A); Palladius, *Historia lausiaca*, 87 (PL 73, 1185A-C); *Vitae Patrum*, III, *Verba seniorum*, 31 (PL 73, 758D-759B) – Cf. Tubach 4424 – Pior, cf. XII, 2.

633. (LVII, 15) Un jeune homme riche voulait renoncer au monde, mais repoussait sans cesse ce projet. Un jour, les démons l'entourèrent en soulevant un énorme nuage de poussière. Se dépouillant aussitôt de ses vêtements, il courut au monastère et le Seigneur dit à un ancien: «Lève-toi et accueille mon athlète.»

Vitae Patrum, III, *Verba seniorum*, 67 (PL 73, 772A-B).

634. (LVII, 16) Pour ne pas troubler sa méditation, un frère jeta au feu sans les lire le paquet de lettres que ses amis et ses parents lui avaient écrites depuis quinze ans.

Jean Cassien*, *De institutis coenobiorum*, V, 32, 1-3 (SC, p. 240-243); *Miracula* [*De quibusdam miraculis*], Paris, BnF, ms. lat. 3175, fol. 142-142v – Tubach 3036.

635. (LVII, 17) Guy, le frère de saint Bernard, ne pouvant quitter le monde parce que sa femme s'y opposait, décida de se défaire de ses biens et de gagner sa vie et la sienne en travaillant de ses mains.

Guillaume de Saint-Thierry, *Vita sancti Bernardi** (BHL 1211), I, 3, 10 (PL 185, 232C-D); *Miracula* [*De quibusdam miraculis*], Paris, BnF, ms. lat. 3175, fol. 142v – Saint Bernard, cf. II, 43.

636. (LVII, 18) En quittant la maison paternelle, le frère ainé de saint Bernard, Guy, avait dit au plus jeune qui restait, Nivard, qu'il était le seul héritier de toute la terre de la famille. L'enfant répliqua que le partage n'était pas équitable : à lui la terre, pour eux le ciel. Il demeura quelque temps avec son père et rejoignit ses frères.

Guillaume de Saint-Thierry, *Vita sancti Bernardi* (BHL 1211), I, 3, 17 (PL 185, 236C-D); *Miracula* [*De quibusdam miraculis*], Paris, BnF, ms. lat. 3175, fol. 142v – Saint Bernard, cf. II, 43.

637. (LVII, 19) Plongée dans les délices du monde, la sœur de saint Bernard éprouva le besoin de rendre visite à ses frères. Ils refusèrent de la voir. Comme son frère André la morigénait de son luxe, elle fondit en larmes et expliqua que si elle était pécheresse, elle avait justement besoin du conseil de ses frères. Peu à peu, elle se transforma et, deux ans plus tard, avec la permission de son mari, elle prit l'habit de moniale.

Guillaume de Saint-Thierry, *Vita sancti Bernardi* (BHL 1211), I, 6, 30 (PL 185, 244C-245B); *Miracula* [*De quibusdam miraculis*], Paris, BnF, ms. lat. 3175, fol. 142v – Tubach 615 – Saint Bernard, cf. II, 43.

LVIII. Du zèle dans la justice

638. (LVIII, 1) A Rome, le peuple ayant lapidé le moine Thélématius (Thelomanus) qui lui reprochait son intérêt excessif pour les spectacles de gladiateurs, l'empereur Honorius supprima ces jeux.

Sigebert de Gembloux, *Chronica*, a. 400 (éd. D. L. C. Bethmann, MGH, SS, 6, Hanovre, 1844, p. 304, 46-49) – Honorius, empereur d'Occident (395-423) dans un contexte difficile d'invasions barbares.

639. (LVIII, 2) La reine Brunehilde (Brunehaut) qui avait causé la mort de dix rois, fut condamnée sur l'ordre de Lothaire (Clotaire) à périr attachée à la queue d'un cheval sauvage.

Sigebert de Gembloux, *Chronica*, a. 618 (éd. D. L. C. Bethmann, MGH, SS, 6, Hanovre, 1844, p. 322, 28-29) – Brunehilde (Brunehaut), reine d'Austrasie, épouse en 567 Sigebert Ier roi d'Austrasie ; Lothaire : en réalité Clotaire II dit le Jeune (584-629) : roi de Neustrie de 584 à 613, puis roi des Francs de 613 à 629, après la conquête du royaume d'Austrasie. Il fit exécuter la reine Brunehaut en 613.

D'autres sources, telles que les *Vitae* de Didier ou Jonas de Bobblio affirment qu'elle périt attachée à la queue de plusieurs chevaux. La chronique de Frédégaire aurait mélangé les différentes versions, en la faisant attacher à un cheval par un pied et un bras. Voir Bruno Dumézil, *La reine Brunehaut*, Paris, éditions Fayard, 2008, p. 386.

640. (LVIII, 3) Le roi des Bulgares, converti au christianisme avec les siens reçut l'aide du roi Louis. Après avoir confié le royaume à son fils aîné, il devint moine. Mais voyant son fils revenir à l'idolâtrie, il prit les armes, poursuivit son fils, lui fit crever les yeux et le fit enfermer. Ayant laissé le royaume à son plus jeune fils, il reprit l'habit religieux pour le reste de ses jours.

Sigebert de Gembloux, *Chronica*, a. 865 (éd. D. L. C. Bethmann, MGH, SS, 6, Hanovre, 1844, p. 341, 10-15) – Le roi de Bulgarie en question est Boris Ier aussi appelé Michel, qui régna de 852 à 889 et assura la conversion de son pays au christianisme. Il s'allia effectivement à Louis II dit le Germanique (v. 806-876), fils de Louis Ier dit le Pieux. En juillet 817, celui-ci reçut la Bavière lors du premier partage de l'Empire carolingien, puis lors du Traité de Verdun, en 843, la Francie orientale (royaume de Germanie), sur laquelle il régna jusqu'à sa mort en 876.

641. (LVIII, 4) Sur le chemin de la guerre, Trajan s'arrêta pour faire œuvre de justice à l'égard d'une veuve. On raconte que saint Grégoire, attentif à la justice de Trajan, pleura sur son sort. Il apprit qu'il était exaucé et qu'il ne devait désormais plus prier pour un païen ; cependant, on remarque qu'il n'a pas prié, mais pleuré, et que l'âme de Trajan n'a pas été libérée de l'enfer, mais des tourments.

Paul Diacre, *Sancti Gregorii Magni Vita* (BHL 3639, 3639a, 3639b, 3639c), 27 (PL 75, 56C-57C) ; Jean Diacre, *Sancti Gregorii Magni Vita* (BHL 3641, 3642), II, 44 (PL 75, 104D-106A) ; Pierre Abélard, *Theologica Christiana*, II, 112 (CCCM 12, p. 182) ; cf. *id.*, *Sic et non*, *Questio* 106 (éd. B. Boyer et R. McKeon, Chicago, 1976, p. 348-349) – cf. Tubach 2368 – Trajan (58-117), empereur romain à partir de 98 ; Grégoire le Grand, cf. I, 5.

Le compilateur donne pour source à ce récit le *Liber deflorationum*, cf. II, 12 et *Index auctorum, relatorum et operum anonymorum*, à ce nom.

642. (LVIII, 5) Saint Bernard a pu souhaiter être pape durant trois ans pour trois raisons : forcer les évêques à obéir à leur métropolitain et les abbés exempts à leur évêque, lutter contre le cumul des bénéfices et interdire le vagabondage des moines.

Pierre le Chantre*, *Verbum adbreuiatum*. Versio breuis, 44 (PL 205, 137A-B); *id.*, *Verbum adbreuiatum*. Textus conflatus, I, 42 (CCCM 196, p. 272-273, 41-51) – Saint Bernard, cf. II, 43.

643. (LVIII, 6) Maître Robert de Thalamo abandonna la cause d'un ami, non par trahison, mais parce qu'il avait découvert qu'elle était injuste.

Pierre le Chantre, *Verbum adbreuiatum*. Versio breuis, 74, *notae* (PL 205, 539C) – Robert de Thalamo pour Robert de Camera, chanoine et maître à Reims, puis évêque d'Amiens de 1164 à sa mort survenue en 1169.

644. (LVIII, 7) Robert de Thalamo, alors qu'il était évêque d'Amiens, obligeait les juges et les avocats à réparer le dommage qu'ils avaient occasionné à leurs clients en disant que si eux ne le faisaient pas, lui serait obligé de le faire.

Pierre le Chantre, *Verbum adbreuiatum*. Versio breuis, 52, *notae* (PL 205, 448D) – Robert de Thalamo, cf. supra.

645. (LVIII, 8) Lors de la première croisade, Bohémond après trois citations vaines força le comte de Saint-Gilles à rendre à des marchands ce qu'il leur avait volé en le menaçant de lui couper le cou.

Pierre le Chantre, *Verbum adbreuiatum*. Versio breuis, 66 (PL 205, 201D); *id.*, *Verbum adbreuiatum*. Textus conflatus, I, 65 (CCCM 196, p. 434, 100-108) – Bohémond de Tarente (v. 1057-1111), Bohémond Ier, prince d'Antioche en 1098 ; Raymond de Saint-Gilles (1042-1105), comte de Toulouse à partir de 1093.

646. (LVIII, 9) À l'article de la mort, un prévôt d'Angleterre appela le prêtre qui le confessa. Comme il insistait pour que le mourant cherche dans sa mémoire s'il n'avait oublié aucun péché commis du fait de sa charge, le prévôt protesta de son innocence. Le prêtre se recula un peu et s'apprêtait à lui donner l'hostie lorsque celle-ci vola d'elle-même dans la bouche du prévôt.

Cet *exemplum* est précédé de la mention *Sine tytulo*: cf. *Index auctorum relatorum et operum anonymorum, Sine titulo*.

647. (LVIII, 10) Innocent maudit son fils qui avait compromis la fille d'un prêtre et supplia Dieu de faire en sorte qu'il ne récidive pas. Le fautif fut en effet horriblement malmené par un esprit immonde jusqu'à la fin de sa vie, enchaîné sur le Mont des Oliviers.

Palladius, *Historia lausiaca*, 103 (PL 73, 1191B-C) – Innocent, cf. XII, 25; Mont des Oliviers, cf. XII, 25 – Cf. XII, 25, récit analogue.

LIX. Avec quelle force Dieu se venge de ses ennemis

648. (LIX, 1) Valérien qui avait persécuté les chrétiens fut capturé par Sapor, roi des Perses, et vieillit misérablement dans l'esclavage.

Jérôme, *Chronicon Eusebii**, 258 p. J.-C. (EW, 7, p. 220, 12-14) – Valérien, empereur romain (253-260), fait prisonnier par Sapor (Chapur Ier), roi des Perses, à la bataille d'Édesse, et mort en captivité – Cf. LIX, 8, récit analogue.

649. (LIX, 2) Aurélien le persécuteur des chrétiens vit la foudre tomber près de lui. Il fut assassiné peu après.

Jérôme, *Chronicon Eusebii*, 275-276 p. J.-C. (EW, 7, p. 223, 7-11) – Aurélien: empereur romain qui, durant son bref règne (270-275), tenta d'imposer le culte du dieu Soleil. Il périt assassiné par ses officiers.

650. (LIX, 3) Le tyran Maxime, qui avait méprisé son excommunication par saint Ambroise, fut défait et tué par Théodose.

Sigebert de Gembloux, *Chronica*, a. 390 (éd. D. L. C. Bethmann, MGH, SS, 6, Hanovre, 1844, p. 303, 59-60) – Saint Ambroise, cf. IV, 7; Théodose Ier, cf. II, 9; Maxime, cf. XXIII, 1.

651. (LIX, 4) En butte à l'hostilité d'Eudoxie, la femme de l'empereur Arcadius, et à celle d'un certain nombre de prêtres, l'évêque Jean Chrysostome fut déposé et exilé, mais rappelé en raison de la protestation populaire. Cependant, exilé une deuxième fois, il fut à nouveau rappelé par les citoyens après un tremblement de terre qui endommagea la ville royale. Éloigné une troisième fois, il mourut peu après. Le pape Innocent et les évêques occidentaux se séparèrent de ceux d'Orient, tandis qu'une terrible tempête de grêle et la mort d'Eudoxie traduisaient la colère divine.

Sigebert de Gembloux, *Chronica*, a. 405 (éd. D. L. C. Bethmann, MGH, SS, 6, Hanovre, 1844, p. 305, 20-22); *ibid*., a. 409 (p. 305, 42-45) – Arcadius

(377-408), empereur d'Orient en 395; Eudoxie, épouse d'Arcadius, morte en 404; saint Jean Chrysostome (v. 349-407), docteur de l'Église, patriarche de Constantinople en 398; Innocent Ier, pape (401-417).

652. (LIX, 5) La main d'un peintre qui voulait représenter Jésus sous les traits de Jupiter se desséra.

Ekkehard d'Aura, *Chronicon universale* (id est adbreviato *Epythome Eusebii de sequenti opere*), a. 467 (éd. D. G. Waitz, P. Kilon, MGH, SS, 6, Hanovre, 1844, p. 137, 53-54); Sigebert de Gembloux, *Chronica*, a. 463 (éd. D. L. C. Bethmann, MGH, SS, 6, Hanovre, 1844, p. 311, 8).

653. (LIX, 6) Saint Lambert qui avait reproché à Pépin d'avoir amené une concubine, Alpaïde, offensant sa femme Plectrude, fut martyrisé par Dodon, le frère d'Alpaïde. Dodon, rongé par les vers, se jeta dans la Meuse et ses complices subirent tous le châtiment divin dans l'année qui suivit.

Sigebert de Gembloux, *Chronica*, a. 698 (éd. D. L. C. Bethmann, MGH, SS, 6, Hanovre, 1844, p. 328, 41-43); *ibid.*, a. 699 (p. 328, 49-52) – Saint Lambert: un des évangélisateurs du diocèse de Tongres-Maastricht, mort à Liège vers 705. Les causes de son assassinat ne sont pas connues mais furent probablement liées au contexte politique de l'époque et non pas à la dénonciation de la liaison extra-conjugale de Pépin avec Alpaïde, comme l'atteste la chronique de Sigebert de Gembloux, reprise dans cet *exemplum*. Pépin de Herstal, maire du palais d'Austrasie en 678, duc et prince des Francs, mort en 714; Plectrude, épouse de Pépin, répudiée v. 688, morte à Cologne v. 725; Alpaïde épouse Pépin v. 688, mère de Charles Martel; Dodon: haut fonctionnaire chargé de la gestion des domaines de Pépin.

654. (LIX, 7) L'empereur Constantin, qui avait persécuté les saints de Dieu et fait enlever les images sacrées, mourut dévoré vivant par un feu inextinguible.

Ekkehard d'Aura, *Chronicon universale* (id est adbreviato *Epythome Eusebii de sequenti opere*), a. 775 (éd. D. G. Waitz, P. Kilon, MGH, SS, 6, Hanovre, 1844, p. 166, 4-5); Sigebert de Gembloux, *Chronica*, a. 776 (éd. D. L. C. Bethmann, MGH, SS, 6, Hanovre, 1844, p. 334, 41-42) – Constantin V (718-775), empereur byzantin à partir de 741.

655. (LIX, 8) Le préfet Valérien qui avait d'abord vénéré les saints de Dieu, puis persécuté les chrétiens fut capturé par Sapor roi des Perses. Devenu son esclave, son dos servit de marchepied au roi lorsqu'il montait à cheval.

Ekkehard d'Aura, *Chronicon Wirziburgense* (*Valerianus cum filio Gallieno*, 7, éd. D. G. Waitz, P. Kilon, MGH, SS, 6, Hanovre, 1844, p. 21, 10-11); *id.*, *Chronicon universale* (id est adbreviato *Epythome Eusebii de sequenti opere*), a. 259 (éd. D. G. Waitz, P. Kilon, MGH, SS, 6, Hanovre, 1844, p. 109, 7-11); Richard de Saint-Victor, *Liber Exceptionum*, I, 7, 18 (éd. J. Châtillon, p. 172, 2-6, p. 173, 7-17) – Valérien, empereur, cf. LIX, 1; Sapor, cf. LIX, 1 – Cf. LIX, 1, récit analogue.

656. (LIX, 9) L'évêque de Jérusalem, Narcisse, fut victime du complot d'hommes dépravés qui avaient réuni des faux témoins. L'un d'eux avait juré par le feu, l'autre par la lèpre, le troisième par la lumière. Chaque témoin fut atteint par un mal lié au faux serment qu'il avait prononcé : le feu ravagea la maison et la famille du premier; le deuxième fut totalement dévoré par lèpre; le troisième, quant à lui, voyant la punition divine, fit pénitence et pleura tant le crime commis qu'il fut privé de la vue.

Eusèbe de Césarée, *Ecclesiastica Historia**, VI, 9, 4-8 (EW, 2/2, p. 539-541; SC 41, p. 98-99) – Tubach 3706 – Saint Narcisse, évêque de Jérusalem en 195, démis v. 199, rétabli en 207, mort v. 222.

657. (LIX, 10) Arius mourut en perdant ses entrailles.

Eusèbe de Césarée, *Ecclesiastica Historia*, X, 14 (add. de Rufin) (EW, 2/2, p. 979) – Arius, prêtre hérétique d'Alexandrie (v. 256-336).

658. (LIX, 11) Au temps de Julien, un tyran avait projeté à terre les vases et les tentures d'une église. Assis dessus, il lacérait le Christ par des blasphèmes. Bientôt, son sexe et les chairs alentour devinrent putréfaction et vermine jusqu'à ce que mort s'ensuive.

Cassiodore, *Historia tripartita**, VI, 10, 2-3 (CSEL 71, p. 320-321) – Tubach 2882 – Julien l'Apostat, cf. VIII, 2.

659. (LIX, 12) Les païens qui, à Naples, avaient mangé le foie du diacre Cyrille, perdirent tous leurs dents et leurs yeux.

Cassiodore, *Historia tripartita*, VI, 15, 4-5 (CSEL 71, p. 328).

660. (LIX, 13) Alors que l'Angleterre subissait souvent des incursions ennemies, les récoltes se montrèrent d'une abondance extraordinaire. Cette richesse fut cause de luxure, de crimes, de cruautés et de mensonge, non seulement de la part des laïcs, mais aussi de la part de leurs pasteurs. Une peste meurtrière frappa ces gens au point que les vivants ne suffisaient pas à enterrer les morts. Cette punition ne suffit pas. Les Saxons, sollicités pour repousser les incursions ennemies, se retournèrent contre les Bretons.

Bède le Vénérable, *Historia ecclesiastica gentis Anglorum**, I, 14 (Colgrave-Mynors, p. 46-48).

661. (LIX, 14) Un païen qui saccageait l'église Saint-Martin fut changé en statue que l'on y voit encore; elle a la couleur de la tunique du Sarrasin et elle dégage une odeur nauséabonde.

Ps. Turpin, *Historia Karoli Magni et Rotholandi* (éd. C. Meredith-Jones, 1936, Appendice, Ms. A. 6, p. 246).

662. (LIX, 15) Un chrétien devint muet après avoir renié le Christ.

Cyprien de Carthage*, *De lapsis*, 24 (CCSL 3, 1, p. 234, 463-465).

663. (LIX, 16) Une femme qui se trouvait aux bains publics avait nié le Christ. Attaquée par l'esprit immonde, elle déchira sa langue avec ses dents et ne survécut pas longtemps à des douleurs viscérales.

Cyprien de Carthage, *De lapsis*, 24 (CCSL 3, 1, p. 234, 466-473).

664. (LIX, 17) Une fille noble qui voulait se consacrer à Dieu, quitta ses parents et ses proches qui voulaient la marier, et chercha refuge auprès de l'autel. Comme ils lui demandaient, si son père avait été encore vivant, s'il aurait supporté de la laisser vierge, elle répondit que justement son père lui manquait, car il aurait sans doute pu lever l'obstacle à son vœu. Devant la maturité de sa réponse, le silence se fit et on consentit à ses vœux religieux.

Ambroise de Milan*, *De virginibus*, I, 11, 65-66 (éd. E. Cazzaniga, Corpus Scriptorum Latinorum Paravianum, 1948, p. 33-34, 5-16).

665. (LIX, 18) Praetextata, épouse d'Hymettius, fut frappée d'une punition divine pour avoir habillé et coiffé conformément à la mode du jour sa nièce Eustochium qui se proposait de rester vierge, comme sa mère le désirait.

Jérôme*, *Epistulae*, 107, 5 (CSEL 55, p. 296) – Sainte Eustochium (368-419/420), fille de sainte Paula, mena avec sa mère à Rome une vie très austère sous la direction de Jérôme qui écrivit pour elle son *De custodia uirginitatis* (PL 22, col. 394-425) et ce malgré les tentatives de son oncle Hymettius et de sa tante Preatextata pour l'en dissuader. Avec sa mère elle rejoignit saint Jérôme en Palestine.

666. (LIX, 19) A Bologne, deux compères s'apprêtaient à manger un coq découpé, couvert de poivre et de sauce. Comme par plaisanterie, ils disaient que ni saint Pierre ni même le Christ ne pourraient le ressusciter, la volaille sauta couverte de plumes, chanta et, agitant les ailes, répandit la sauce sur les convives. La sauce leur donna la lèpre qui se transmit à toute leur descendance.

Pierre Damien*, *Epistulae*, 119 (K. Reindel, *Die Briefe des Petrus Damiani*, Munich, 1989, t. 3, p. 374, 10-21, p. 375, 1-3); Hélinand de Froidmont, *Chronicon*, a. 1078 (PL 212, 974C-975A); *Miracula* [*De quibusdam miraculis*], Paris, BnF, ms. lat. 3175, fol. 146v-147 – Tubach 1130 – Saint Pierre, cf. XXI, 2.

667. (LIX, 20) A Mâcon, un jour de fête religieuse, alors qu'une foule de chevaliers se pressait dans son palais, le comte vit venir à lui un cavalier inconnu qui lui commanda de le suivre. Il trouva un cheval tout prêt à la porte du palais, fut entraîné dans les airs par une course effrénée malgré ses cris et devint le compagnon éternel des démons. Horrifiés, les gens bouchèrent la porte par laquelle il était sorti. Lorsque plus tard Otergus (Otgerius), prévôt du comte Guillaume, voulut la rouvrir avec l'aide d'ouvriers, à peine avait-il enlevé quelques pierres qu'il fut saisi par le diable et rejeté peu après, contusionné et le bras cassé : quoiqu'à un moindre degré que le comte de Mâcon, lui aussi persécutait l'Église.

Pierre le Vénérable*, *De miraculis*, II, 1 (CCCM 83, p. 97-99; Torrell-Bouthillier, p. 188-191) – Tubach 1477 – Guillaume, comte de Mâcon, peut être Guillaume surnommé l'Allemand, comte de 1106 à 1126. Il aurait péri assassiné.

668. (LIX, 21) À Montdidier, un prévôt, infâme oppresseur de pauvres, mourut. Lorsqu'on voulut le mettre dans le tombeau préparé, garni de fleurs et de plantes aromatiques, on aperçut au fond une multitude de vers appelés crapauds. Un nouveau tombeau fut préparé, mais, de nouveau, le fond fourmillait de crapauds quand le cadavre fut approché. La même scène se répéta plusieurs fois. Sans espoir d'éviter le jugement de Dieu, le cadavre fut finalement jeté dans une fosse et immédiatement dévoré par les vers.

Miracula [*De quibusdam miraculis*], Paris, BnF, ms. lat. 3175, fol. 147; et dans le ms. lat. 3338 de la BnF (fol. 66-66v, n° 197): sur ce manuscrit, voir le commentaire de l'*exemplum* XI, 9.

Voir Berlioz, 'Crapauds et cadavres dans la littérature exemplaire', p. 231-246. – Tubach 4890 (var.) – Montdidier, au moins deux villes françaises portent cette appellation dans la Somme et en Moselle.

Cet *exemplum* est précédé de la mention *Sine tytulo*: cf. *Index auctorum relatorum et operum anonymorum, Sine titulo*.

669. (LIX, 22) Un tyran qui s'était moqué de saint Antoine et de sa lettre qui le menaçait de punition divine parce qu'il persécutait les chrétiens, mourut cinq jours plus tard jeté à terre et piétiné par un cheval.

Vita beati Antonii abbatis*, 54 (PL 73, 164D-165A) – Saint Antoine le Grand, cf. II, 20.

670. (LIX, 23) Un disciple d'Hilarion qui manquait de respect à son maître fut frappé par la lèpre, punition de ceux qui méprisent leur maître.

Jérôme, *Vita s. Hilarionis** (BHL 3879, 3879b), 24, 2-4 (SC 508, p. 278-279, 4-13) – Saint Hilarion, cf. XII, 12.

LX. Force de l'amour du Christ pour les siens

671. (LX, 1) Jeté à l'eau avec une meule au cou, l'évêque Quirinus surnagea assez longtemps tout en s'entretenant avec les spectateurs, et dut prier pour obtenir de s'enfoncer.

Jérôme, *Chronicon Eusebii**, 308 p. J.-C. (EW, 7, p. 229, 10-15) – Saint Quirinus († 309), évêque de Sescia (actuel Sisak, Croatie), il fut victime des persécutions de Dioclétien.

672. (LX, 2) Natalios, confesseur de la foi, séduit par des hérétiques, accepta de devenir leur évêque. Averti par des songes divins dont il ne tint pas compte, il fut finalement malmené durant toute une nuit par des saints anges. Au matin, revêtu du cilice et couvert de cendres, en larmes, il se prosterna aux pieds de l'évêque Zéphyrin et fit une confession publique implorant les prières du peuple pour obtenir le pardon du Christ.

Eusèbe de Césarée, *Ecclesiastica Historia**, V, 28, 8-12 (EW, 2/1, p. 503-505; SC 41, p. 76-77) – Zéphyrin († 217), évêque de Rome dans un contexte d'affrontement d'hérésies trinitaires; Natalios avait certainement dû confesser sa foi en vertu d'un édit de l'empereur Septime Sévère (193-211) interdisant les conversions au christianisme.

673. (LX, 3) Un convers de Clairvaux mourant rapporta à l'un de ses frères que l'ange du Seigneur lui était apparu, lui disant que si les hommes savaient combien Dieu les aimait, ils l'aimeraient bien plus encore.

Geoffroy d'Auxerre*, *Sermones* (Paris, BnF, ms. lat. 476, fol. 148v, signalé par J. Leclercq, 'Le témoignage de Geoffroy d'Auxerre sur la vie cistercienne', *Studia Anselmiana*, t. 31, 1953, p. 174-201, spéc. p. 192) – Clairvaux, cf. IX, 28.

674. (LX, 4) Un frère voulut épouser la fille d'un prêtre païen. Il accepta de renier Dieu et son baptême. Il vit aussitôt une colombe sortir de sa bouche et voler vers le ciel. Repentant, il fit pénitence jusqu'à ce que la colombe revienne dans sa bouche.

Vitae Patrum*, V, *Verba seniorum*, 5, 38 (PL 73, 884D-885C) – Tubach 1760; 2327; 2575.

LXI. DE LA PUISSANCE DES SAINTS

675. (LXI, 1) Antide, évêque de Besançon, traversant un pont sur le Doubs au début de la semaine sainte, aperçut une troupe de démons, et parmi eux un Éthiopien tenant une sandale comme signe d'un succès auprès du pontife romain. L'évêque appela l'Éthiopien, monta sur lui, se rendit à Rome. Le laissant à la porte, il convainquit le pape de faire pénitence et assura le service divin à sa place. Enfin, il repartit sur son démon avec une partie du chrême consacré et arriva dans son église le samedi saint pour célébrer l'office.

Sigebert de Gembloux, *Chronica*, a. 411 (éd. D. L. C. Bethmann, MGH, SS, 6, Hanovre, 1844, p. 305, 58-64) – Saint Antide, évêque de Besançon, martyrisé par les Vandales vers 411; Doubs, rivière qui coule dans la ville de Besançon.

La source indiquée par le compilateur est *Excepta de cronicis Eusebii*. Le récit ne figure pas dans la *Chronique* d'Eusèbe (début des temps-303), traduite et prolongée par Jérôme pour les années 326-378, cf. XV, 1 et *Index auctorum, relatorum et operum anonymorum*, *Excepta de cronicis Eusebii*.

676. (LXI, 2) Quand on lui demandait des reliques d'apôtres ou de martyrs, le pape Léon célébrait des messes en l'honneur de ces saints et, divisant ensuite le corporal qui avait servi durant ces messes, en distribuait les morceaux comme reliques. Devant ceux qui exprimaient des doutes, il piquait les étoffes et en faisait jaillir du sang.

Sigebert de Gembloux, *Chronica*, a. 441 (éd. D. L. C. Bethmann, MGH, SS, 6, Hanovre, 1844, p. 308, 38-44); *Collectaneum exemplorum et visionum Clarevallense*, I, 14 (CCCM 208, p. 135, n° 18); cf. Jean Diacre, *Sancti Gregorii Magni Vita* (BHL 3641, 3642), II, 42 (PL 75, 103D-104B) – Tubach 1107 – Léon Ier pape (440-461) et docteur de l'Église.

Corporal: linge consacré (symbole du suaire du Christ) que le prêtre étend sur l'autel au commencement de la messe pour y déposer le calice et la patène. Cf. Innocent III, *De sacro altaris mysterio*, lib. II, c. 56 (PL 217, 832A-B); Guillaume Durand, *Rationale divinorum officiorum*, IV, 29 (A. Davril et Th. M. Thibodeau, éd., Turnhout, Brepols [CCCM 140], 1995, t. I, p. 378-380).

677. (LXI, 3) Le corps d'Herculanus, évêque de Pérouse, décapité sur l'ordre du roi Totila, fut retrouvé intact.

Sigebert de Gembloux, *Chronica*, a. 544 (éd. D. L. C. Bethmann, MGH, SS, 6, Hanovre, 1844, p. 317, 20-21); cf. Grégoire le Grand, *Dialogorum libri IV*, III, 13, 2-3 (SC 260, p. 300-303) – Herculanus, évêque de Pérouse, martyrisé par le roi Totila au début de l'an 549; Totila, roi des Ostrogoths (541-552).

678. (LXI, 4) Vision de Dagobert, roi des Francs, après sa mort, en butte à l'hostilité des saints dont il avait spolié les églises. Menacé par les mauvais anges, il fut sauvé par saint Denis de Paris envers lequel il avait montré une très grande dévotion.

Sigebert de Gembloux, *Chronica*, a. 645 (éd. D. L. C. Bethmann, MGH, SS, 6, Hanovre, 1844, p. 324, 29-32) – Dagobert Ier, roi des Francs (629-639); saint Denis, premier évêque de Paris (v. 250), martyr à Montmartre ou à Saint-Denis.

679. (LXI, 5) Le roi Clovis sombra dans la folie après avoir cassé et volé le bras de saint Denis.

Sigebert de Gembloux, *Chronica*, a. 660 (éd. D. L. C. Bethmann, MGH, SS, 6, Hanovre, 1844, p. 325, 41-42) – Clovis II accède au trône à la mort de son père Dagobert Ier, en 639. Sa mère Nantilde assure la régence jusqu'en 642. La suite du règne de Clovis II se déroule sous l'influence des maires du palais de Neustrie. Il meurt en 657, à l'âge de 22 ans. Il est inhumé à Saint-Denis, auprès de son père Dagobert; saint Denis, cf. supra.

680. (LXI, 6) L'empereur Valens voulait signer l'édit de proscription de saint Basile, mais le calame s'étant brisa à trois reprises sous sa main, il fut épouvanté et déchira le feuillet des deux mains.

Richard de Saint-Victor*, *Liber exceptionum*, I, 8, 6 (éd. J. Châtillon, p. 182, 19-30) – Valens (v. 328-378), empereur romain en 364 ; Saint Basile, cf. IV, 3.

681. (LXI, 7) Au concile de Nicée, un évêque dont la simplicité et l'ignorance étaient connues de tous sut mettre fin à l'argumentation compliquée d'un philosophe.

Eusèbe de Césarée, *Ecclesiastica Historia**, X, 3 (add. de Rufin) (EW, 2/2, p. 962-963) – Concile de Nicée, cf. VI, 7.

682. (LXI, 8) Pour abuser l'évêque Epiphanius, un mendiant se coucha à terre comme s'il était mort, son compagnon feignant de le pleurer demanda l'aumône pour lui assurer une sépulture. L'évêque pria pour le mort, donna l'argent pour son inhumation et s'en fut, laissant le faux mort bien mort, et refusant de le ressusciter malgré les prières de son complice désolé.

Cassiodore, *Historia tripartita*, IX, 48, 3-6 (CSEL 71, p. 577) – Epiphanius, évêque de Pavie (466–496) – Cf. Tubach 797.
Le récit est dit provenir de l'*Ecclesiastica Anglorum Historia*, mais les recherches menées n'ont pas permis de confirmer cette information.

683. (LXI, 9) L'empereur Valentinien détourné de saint Martin par sa femme qui était arienne avait donné l'ordre d'interdire au saint l'accès du palais. Saint Martin se mit en prière et, au septième jour, un ange lui ordonna de se rendre au palais royal. Il arriva auprès de l'empereur sans encombre, puis l'embrasement de son siège obligea celui-ci à se lever pour accueillir le saint.

Sulpice Sévère*, *Dialogus super virtutibus sancti Martini*, II, 5 (SC 510, p. 240-243) – Saint Martin, cf. IX, 9 ; Valentinien Ier, empereur, cf. VIII, 3.

684. (LXI, 10) L'invocation du nom de saint Martin mit fin aux aboiements d'un chien.

Sulpice Sévère, *Dialogus super virtutibus sancti Martini*, III, 3 (SC 510, p. 300-301) – Saint Martin, cf. IX, 9.

685. (LXI, 11) Saint Benoît se rendait à l'oratoire Saint-Jean quand il vit venir le diable sous l'aspect d'un médecin monté sur un mulet ; interrogé, le diable dit qu'il allait donner la potion aux frères. L'homme de Dieu rentra précipitamment, trouva un vieux moine tourmenté par le démon, lui donna un soufflet qui mit en fuite l'esprit malin.

Grégoire le Grand*, *Dialogorum libri IV*, II, 30, 1 (SC 260, p. 220-221) – Saint Benoît de Nursie, cf. I, 7 ; oratoire Saint-Jean, retrouvé en 1951 sous l'église du monastère du Mont-Cassin.

686. (LXI, 12) Comme saint Paulin avait tout donné aux pauvres, il s'offrit comme esclave en Afrique pour racheter le fils d'une veuve. Devenu le jardinier du gendre du roi, il avertit celui-ci de réfléchir parce que le roi des Vandales devait bientôt mourir. Ayant demandé à le voir, le roi fut stupéfait de reconnaître l'une des figures des juges qu'il avait vues en songe. Le gendre intrigué finit par obtenir la véritable identité de son jardinier. Frappé de crainte, il le laissa repartir avec ses compagnons d'infortune et des navires chargés de blé.

Grégoire le Grand, *Dialogorum libri IV*, III, 1, 1-8 (SC 260, p. 256-265) – Tubach 4484 – Saint Paulin de Nole, cf. IV, 14 ; Vandales, cf. I, 4 – Cf. IV, 14, récit analogue.

687. (LXI, 13) Ayant prié Dieu de lui montrer quel était le mérite de saint Basile, saint Éphrem vit, alors qu'il se trouvait en extase, une colonne de feu qui atteignait le ciel et entendit une voix disant : « Tel est le grand Basile. » Il le vit aussi lisant les livres saints, une langue de feu lui sortant de la bouche.

*Vita sancti Basilii... Ps. Amphilochio**, int. Anastasio bibliothecario (BHL 1022), 11 (PL 73, 309C-310B) – Saint Basile, cf. IV, 3 ; Saint Éphrem, cf. XII, 23.

688. (LXI, 14) Un ermite entrant dans une caverne pour échapper à la canicule y trouva un lion menaçant et rugissant. Il lui parla sans peur et le lion partit.

*Vitae Patrum**, VI, *Verba seniorum*, 2, 15 (PL 73, 1003C-D).

LXII. DE LA PUISSANCE DE LA SAINTE CROIX

689. (LXII, 1) L'émir Omar (*Handuzar Ammiras*) qui voulait se construire un temple à Jérusalem dut, pour y parvenir, enlever la croix du Mont des Oliviers, comme le lui conseillaient des Juifs.

Sigebert de Gembloux, *Chronica*, a. 644 (éd. D. L. C. Bethmann, MGH, SS, 6, Hanovre, 1844, p. 324, 25-26) – Omar fut un compagnon de Mahomet. Il devint le deuxième calife de l'Islam en succédant à Abu Bakr en 634. Il faisait partie du clan Banu 'Ad de la tribu Quraych. Il mourut assassiné en 644; Mont des Oliviers, cf. XII, 25.

La source indiquée par le compilateur est *Excepta de cronicis Eusebii*. Le récit ne figure pas dans la *Chronique* d'Eusèbe (début des temps-303), traduite et prolongée par Jérôme pour les années 326-378, ce qui n'est pas étonnant compte tenu de la datation des faits; cf. XV, 1 et *Index auctorum, relatorum et operum anonymorum*, *Excepta de cronicis Eusebii*.

690. (LXII, 2) Conseillés par des chrétiens, des Turcs s'étaient fait raser les cheveux en forme de croix pour arrêter la peste qui sévissait dans leur pays. Cette coutume demeura.

Sigebert de Gembloux, *Chronica*, a. 762 (éd. D. L. C. Bethmann, MGH, SS, 6, Hanovre, 1844, p. 333, 7-9).

691. (LXII, 3) Constantin avait l'habitude de faire porter l'étendard marqué du signe de la Croix devant ses troupes. Lors d'un combat, le porte-étendard pris de panique sous l'assaut donna l'étendard à son compagnon et tenta de fuir. Il fut tué et son compagnon s'en tira indemne malgré le nombre des assaillants.

Cassiodore, *Historia tripartita**, I, 5, 6 (CSEL 71, p. 18-19) – Constantin Ier, cf. II, 5.

692. (LXII, 4) Voulant attirer ses soldats au christianisme, Constantin fit graver la croix sur leurs armes.

Cassiodore, *Historia tripartita*, I, 9, 11 (CSEL 71, p. 27) – Constantin Ier, cf. II, 5.

693. (LXII, 5) Constantin supprima le supplice de la croix en usage à Rome.

Cassiodore, *Historia tripartita*, I, 9, 13 (CSEL 71, p. 27) – Constantin Ier, cf. II, 5.

694. (LXII, 6) Un mage qui s'était mis au service de Julien l'Apostat invoqua les démons. En les voyant, Julien saisi de terreur fit le signe de croix sur son front, et les démons disparurent. Comme il s'étonnait, le mage affirma que leur fuite était due à l'horreur et non à la crainte, et Julien eut désormais ce signe en haine.

Cassiodore, *Historia tripartita*, VI, 1, 16-19 (CSEL 71, p. 308) – Julien l'Apostat, cf. VIII, 2.

695. (LXII, 7) Julien soutint que le cercle entourant une croix dans les entrailles des bêtes de sacrifice ne signifiait pas la pérennité du nom de chrétien, mais sa répression.

Cassiodore, *Historia tripartita*, VI, 2, 2-3 (CSEL 71, p. 313) – Julien l'Apostat, cf. VIII, 2.

696. (LXII, 8) Un Juif venant de Campanie à Rome chercha asile dans un ancien temple d'Apollon pour y passer la nuit. Impressionné, il fit le signe de croix. Réveillé au milieu de la nuit par une bande d'esprits malins, il entendit l'un d'eux se vanter d'avoir presque vaincu André, l'évêque de Fondi, tenté par sa servante, une chaste moniale. L'esprit mauvais espérait parvenir sous peu à ses fins. Découvert à ce moment, le Juif s'enfuit et prévint l'évêque qui chassa la femme de sa maison et baptisa le Juif.

Grégoire le Grand*, *Dialogorum libri IV*, III, 7, 2-9 (SC 260, p. 278-285) – Tubach 1663 – André, évêque de Fondi, aurait vécu au VIe siècle succédant à Vital (502) et précédant Agnellus.

697. (LXII, 9) Alain, sergent de l'évêque de Beauvais, avait l'habitude de raconter que, lors d'un combat contre les païens, l'évêque de Bethléem revêtu de blanc portait comme d'habitude la sainte Croix devant l'armée des chrétiens. Tout d'abord, les flèches l'épargnèrent. Cependant, quelques jours auparavant, il avait succombé au péché de la chair. Or, durant le combat, la crainte s'insinua en lui et il se fit apporter une cuirasse qu'il endossa sous son vêtement blanc. Peu après, une flèche l'atteignit au plus profond et le tua. Le roi, averti, ordonna de le priver de sépulture chrétienne.

La présence de l'évêque de Bethleem (évêché fondé en 1111) à la tête des troupes, dans les batailles durant les croisades, est attestée par diverses chroniques. Par exemple, l'évêque Albert (1175-1186?) dans la bataille de Montgisard opposant Baudouin IV le Lépreux à Saladin en novembre 1177 durant la deuxième croisade.

Cet *exemplum* est précédé de la mention *Sine tytulo* : cf. *Index auctorum relatorum et operum anonymorum, Sine titulo*.

LXIII. Du corps du Christ

698. (LXIII, 1) S'étant rendus à Rome auprès du pape Adrien pour prouver leur innocence, le roi Lothaire et les grands de son royaume osèrent recevoir le corps du Christ et moururent dans l'année, Lothaire lui-même à Plaisance, sur le chemin du retour.

Sigebert de Gembloux, *Chronica*, a. 870 (éd. D. L. C. Bethmann, MGH, SS, 6, Hanovre, 1844, p. 341, 36-39) – Lothaire II (v. 825-869), roi de Lotharingie en 855; Adrien II, pape (867-872); Plaisance, ville d'Italie.

La source indiquée par le compilateur est *Excepta de cronicis Eusebii*. Le récit ne figure pas dans la *Chronique* d'Eusèbe (début des temps-303), traduite et prolongée par Jérôme pour les années 326-378, ce qui n'a rien d'étonnant compte tenu de la datation des faits: cf. XV, 1 et *Index auctorum, relatorum et operum anonymorum*, Excepta de cronicis Eusebii.

699. (LXIII, 2) Un chevalier blessé sur le champ de bataille fut fait prisonnier. Guéri mais chargé de chaînes, on constata que celles-ci tombaient d'elles-mêmes. Le prisonnier avait un frère prêtre et abbé qui le croyant mort avait trouvé sur le lieu du combat un cadavre lui ressemblant, lui avait donné une sépulture et disait des messes pour lui. A ces messes correspondait la chute des chaînes. Le chevalier fut vendu à Londres à un Frison puis, s'étant rendu en Cantie (Kent), il reçut du roi le prix de sa rançon.

Bède le Vénérable, *Historia ecclesiastica gentis Anglorum**, IV, 22 (Colgrave-Mynors, p. 400-404) – Tubach 926c – Londres, sur la Tamise, capitale de l'Angleterre; la Cantie est le Kent, région d'Angleterre, au Sud-Est de Londres.

700. (LXIII, 3) Un prêtre admirable vit des anges aux étoles étincelantes entourer l'autel au moment de la messe.

Collectaneum exemplorum et visionum Clarevallense, IV, 27 (CCCM 208, p. 302, n° 99); cf. Césaire de Heisterbach, *Libri VIII Miraculorum*, 1, 4 (Meister, p. 9-14; Hilka, *Wundergeschichten*, 3, p. 22-24) – Tubach 236.

Le compilateur donne pour source à ce récit le *Liber deflorationum*, cf. II, 12 et *Index auctorum, relatorum et operum anonymorum*, à ce nom.

701. (LXIII, 4) Un saint rapporta qu'il avait vu les anges emporter les âmes des morts qui avaient participé aux mystères sacrés, la conscience pure.

Jean Chrysostome, *De sacerdotio*, 6, 4 (PG 48, 681); *Collectaneum exemplorum et visionum Clarevallense*, IV, 27 (CCCM 208, p. 302, n° 99) – Cf. Tubach 236.

702. (LXIII, 5) La messe d'un prieur qui s'était enivré la nuit précédente, fut interrompue à la communion par une crise d'épilepsie qui le frappa.

    Grégoire de Tours*, *Liber in gloria martyrum* 86 (éd. W. Arndt, B. Krusch, MGH, SS rer. merov., I/2, Hanovre, 1885, p. 546); Odon de Cluny, *Collationes libri tres*, II, 32 (PL 133, 577C).

703. (LXIII, 6) La pyxide échappa des mains d'un diacre indigne et s'envola vers l'autel.

    Grégoire de Tours, *Liber in gloria martyrum*, 85 (éd. W. Arndt, B. Krusch, MGH, SS rer. merov., I/2, Hanovre, 1885, p. 545-546); Odon de Cluny, *Collationes libri tres*, II, 32 (PL 133, 577C); *Collectaneum exemplorum et visionum Clarevallense*, II, 25 (CCCM 208, p. 243, n° 54).

704. (LXIII, 7) Saint Euloge détourna de la communion certains moines qui avaient eu de mauvaises pensées jusqu'à ce qu'ils se fussent purifiés par la pénitence et les larmes.

    Rufin d'Aquilée, *Historia monachorum*, 14 (PL 21, 433A-B); cf. Palladius, *Historia lausiaca*, 75 (PL 73, 1176D-1177A); Odon de Cluny, *Collationes libri tres*, II, 32 (PL 133, 577C-D) – Saint Euloge : évêque d'Édesse (Syrie), mort en 387.
    La source alléguée pour ce récit est Jérôme. Malheureusement, les recherches entreprises pour identifier ce récit n'ont pas permis de confirmer cette attribution.

705. (LXIII, 8) Comme des frères s'avançaient pour recevoir l'Eucharistie, saint Macaire vit des Éthiopiens déposer des charbons dans les mains de certains d'entre eux – le Corps du Seigneur revenant sur l'autel – tandis que, les Éthiopiens s'enfuyant, l'ange du Seigneur donnait aux autres l'hostie par la main du prêtre.

    Rufin d'Aquilée, *Historia monachorum*, 29 (PL 21, 455A-B); Odon de Cluny, *Collationes libri tres*, II, 32 (PL 133, 577D) – Macaire, cf. II, 31.
    Comme pour le récit précédent, la source mise en avant est ici Jérôme et n'a pu être confirmée.

706. (LXIII, 9) Voyant l'ange du Seigneur qui se tenait près de l'autel pendant la messe inscrire seulement le nom de certains moines et découvrant que, parmi les autres, chacun d'eux avait commis un grave péché, saint Piamon les exhortait à la pénitence et pleurait avec eux jusqu'à ce qu'ils figurassent sur la liste de l'ange.

Rufin d'Aquilée, *Historia monachorum*, 32 (PL 21, 459B-460A); cf. Palladius, *Historia lausiaca*, 72 (PL 73, 1176A-B) – saint Piamon: premier abbé des solitaires de Diolque en Égypte, mort dans la deuxième moitié du IVe siècle.

707. (LXIII, 10) Saint Pacôme recommanda aux boulangers de méditer tandis qu'ils faisaient cuire les pains destinés à l'offrande.

Vita sancti Pachomii, abbatis Tabennensis, 47 (PL 73, 266A-D) – Saint Pacôme, cf. IX, 11.

708. (LXIII, 11) Saint Grégoire retira le corps du Seigneur qu'il s'apprêtait à donner à une femme parce que celle-ci avait ri de l'aspect du pain. L'ayant posé sur l'autel et ayant prié, saint Grégoire le trouva sous la forme d'un doigt ensanglanté qu'il montra au peuple. Il fit une autre prière et le doigt redevint un morceau de pain que la femme prit pour la communion.

Jean Diacre, *Sancti Gregorii Magni Vita* (BHL 3641, 3642), II, 41 (PL 75, 103B-D); *Collectaneum exemplorum et visionum Clarevallense*, I, 13 (CCCM 208, p. 134-135, n° 17) – Tubach 4943 – Grégoire le Grand, cf. I, 5.

709. (LXIII, 12) Des parents fuyant les persécutions avaient dû laisser leur petite fille à sa nourrice, laquelle lui fit manger du pain mêlé de vin qui restait d'un sacrifice aux idoles. L'enfant retrouva ses parents, mais elle était trop jeune pour comprendre et raconter ce qui s'était passé. Quand sa mère l'emmena à la messe dite par saint Cyprien, l'enfant pleura et se contorsionna durant les oraisons. Puis, le diacre parcourant la foule avec le calice et étant parvenu à lui faire avaler de son contenu, l'enfant fut prise de convulsions et de vomissements.

Cyprien de Carthage*, *De Lapsis*, 25 (CCSL 3, 1, p. 234-235, 474-495) – Saint Cyprien de Carthage, cf. XXXVIII, 8.

710. (LXIII, 13) Une femme souillée par les sacrifices des idoles fut terrassée pour avoir osé recevoir le corps du Seigneur.

Cyprien de Carthage, *De Lapsis*, 26 (CCSL 3, 1, p. 235, 409-508).

711. (LXIII, 14) Une femme sacrilège voulut ouvrir la petite armoire où était conservée l'eucharistie, mais elle en fut dissuadée par le feu qui en surgit.

Cyprien de Carthage, *De Lapsis*, 26 (CCSL 3, 1, p. 235, 508-510).

« Armoire où était conservée l'Eucharistie » : il s'agit de ce qu'on appelle la réserve eucharistique (du latin *servare*, « garder »), le tabernacle.

712. (LXIII, 15) Un homme souillé par des sacrifices aux idoles osa recevoir le corps du Seigneur, mais celui-ci se changea en cendres dans ses mains.

Cyprien de Carthage, *De Lapsis*, 26 (CCSL 3, 1, p. 235, 510-514).

713. (LXIII, 16) Une femme fit dire souvent une messe pour son mari retenu prisonnier. Quand il revint, il comprit que les jours où ses liens tombaient, étaient ceux où le sacrifice était offert à son intention.

Grégoire le Grand*, *Dialogorum libri IV*, IV, 59, 1 (SC 265, p. 196-197); cf. *Collectaneum exemplorum et visionum Clarevallense*, I, 21 (CCCM 208, p. 143-144, n° 25); cf. Césaire de Heisterbach, *Dialogus miraculorum*, 7, 28 (Strange, t. 2, p. 37-38) – Tubach 926a.

714. (LXIII, 17) En Apulie, on amena à saint Bernard une possédée. Le saint lui fit suspendre au cou un écriteau avec ces mots : « Je t'ordonne au nom de notre Seigneur Jésus-Christ de ne pas venir à elle. » Chaque fois que l'écriteau était enlevé, la femme subissait à nouveau le démon. Des clercs apportèrent le petit vase dans lequel se trouvait l'eucharistie. La femme gémit en disant que s'il n'y avait pas ce petit morceau de chair, ils seraient restés jusqu'alors serviteurs des démons. On lui remit son écriteau et elle fut libérée du diable.

Geoffroy d'Auxerre*, *Tertia pars sermonum in praecipuis solemnitatibus a pascha usque ad adventum* (Troyes, BM, ms. 503, fol. 145, in 'Les souvenirs de Geoffroy d'Auxerre', *Analecta sacri ordinis cisterciensis*, 9 (1953), p. 156-157) – Saint Bernard, cf. II, 43 ; Apulie, cf. LV, 20.

715. (LXIII, 18) Chez les Teutons, un prêtre avait séduit une moniale et continuait à célébrer la messe. Trois jours de suite, au moment de l'*Agnus Dei*, le corps et le sang du Christ s'évanouirent de ses mains. Le prêtre alla trouver l'évêque et accomplit pieusement la pénitence infligée. Puis, il obtint la permission de célébrer à nouveau. Quand il en fut à la communion, les trois hosties et le calice qui lui avaient été enlevés lui furent rapportés du ciel.

Pierre le Vénérable, *De Miraculis*, I, 2 (CCCM 83, p. 9-11 ; Torrell-Bouthillier, p. 73-76); *Collectaneum exemplorum et visionum Clareval-*

lense, II, 18 (CCCM 208, p. 239, n° 47); Herbert de Clairvaux, *Liber miraculorum*, III, 23 (PL 185, 1371A-D); cf. Césaire de Heisterbach, *Dialogus miraculorum*, 2, 5 (Strange, t. 1, p. 64-67) – Tubach 2682.

Agnus Dei: Le chant de l'*Agnus Dei* vient conclure le rituel du baiser de paix lié à la communion. Cf. J.-A. Jungmann, *Missarum sollemnia. Explication génétique de la messe romaine*, Paris, Aubier (Théologie, n° 19, 20 et 21), 1956-1958 (3ᵉ éd.), 3 vol., spéc. t. III, p. 249-260; B. Botte et Chr. Mohrmann, *L'ordinaire de la messe. Texte critique, traduction et études*, Paris-Louvain, Cerf-Abbaye du Mont-César (Études liturgiques, 2), 1953, p. 86-87.

716. (LXIII, 19) Vision d'un moine de Cluny du nom de Gérard: tandis qu'il chantait la messe, il vit le corps du Seigneur sous la forme d'un enfant, à côté de l'autel une femme qui couvait des yeux l'enfant et près d'elle un homme de l'ordre angélique qui dit: « Pourquoi t'étonner? Cet enfant gouverne le ciel et la terre. »

Pierre le Vénérable, *De Miraculis*, I, 8, 2 (CCCM 83, p. 27-29; Torrell-Bouthillier, p. 98-99); *Miracula* [*De quibusdam miraculis*], Paris, BnF, ms. lat. 3175, fol. 146-146v – Cluny, cf. XIII, 6.

717. (LXIII, 20) Selon un récit de l'abbé de Saint-Alban, en Angleterre, un paysan avait exprimé son scepticisme en disant que son âne ne verrait aucune différence entre le pain consacré et le pain ordinaire. Finalement, le prêtre accepta de tenter l'expérience, mais le paysan entraîna son âne à manger des hosties. Le jour venu, l'âne dévora les hosties non consacrées et s'agenouilla devant le corps du Christ.

Miracula [*De quibusdam miraculis*], Paris, BnF, ms. lat. 3175, fol. 146v – L'abbaye de Saint-Alban (située au N-O de Londres) est dédiée au martyr Alban tué sous Septime-Sévère (193-211). L'abbaye a été fondée, selon la tradition, par Offa, roi de Mercie en 793, sur un ancien établissement qui existait déjà en 429, sans doute depuis la paix de Constantin.

Cet *exemplum* est précédé de la mention *Sine tytulo* : cf. *Index auctorum relatorum et operum anonymorum, Sine titulo*.

718. (LXIII, 21) L'abbé de Saint-Alban a raconté aussi qu'un prêtre portant la communion à un malade dans la ville voisine vit sept loups qui lui barraient la route. Il eut peur et hésita à poursuivre son chemin. Toutefois, confiant dans le saint sacrement, il passa: non seulement il eut la vie sauve, mais les loups se prosternèrent devant le Seigneur.

Miracula [*De quibusdam miraculis*], Paris, BnF, ms. lat. 3175, fol. 154v – Saint Alban, cf. LXIII, 20.

719. (LXIII, 22) L'abbé de Saint-Alban rapporta aussi que ce prêtre, ayant porté la communion à un mourant, regagna très tardivement son presbytère, et y entreposa l'hostie jusqu'au lendemain matin. Or, cette même nuit, la maison brûla, ses occupants s'enfuirent terrifiés et demi-nus, oubliant le trésor sacré. Cependant, dans la maison totalement réduite en cendres, l'hostie reposait intacte, quoique recouverte de rameaux secs (genêts) préparés pour le feu du lendemain.

Saint Alban, cf. LXIII, 20.

720. (LXIII, 23) A Clairvaux, un moine ressentait une douceur extraordinaire durant presque toute la semaine après la communion du dimanche. Or il arriva qu'un samedi, un jeune moine lui ayant manqué de respect, il refusa d'accepter ses excuses malgré l'intervention du prieur. Le lendemain, le corps du Christ lui parut très amer et le calice encore plus. Il pardonna au jeune moine et retrouva la grâce habituelle.

Herbert de Clairvaux, *Liber miraculorum*, I, 22 (PL 185, 1298D-1299A); *Herbert von Clairvaux und sein Liber miraculorum*, XXXI, p. 180, 2-8; *Miracula* [*De quibusdam miraculis*], Paris, BnF, ms. lat. 3175, fol. 146v – Clairvaux, cf. IX, 28.

La communion sous les deux espèces cesse en Occident au cours du XIIIe siècle. C'est durant ce même siècle que les Cisterciens la réservent à celui qui officie; en 1437, elle leur est supprimée. Cf. A.-G. Martimort, *L'Église en prière*, Tournai, Desclée & Cie, 1961, p. 426-427.

721. (LXIII, 24) Tandis que saint Basile célébrait les divins mystères, un juif vit un enfant se diviser dans les mains du célébrant. Il se convertit et sa famille avec lui.

Vita sancti Basilii... Ps. Amphilochio, int. Anastasio bibliothecario (BHL 1022), 7 (PL 73, 301D-302A) – Saint Basile, cf. IV, 3.

722. (LXIII, 25) Saint Malachie détestait tellement la vie que menait sa sœur, qu'il refusa de la voir de son vivant. Mais après la mort de celle-ci, il eut un songe qui la présentait affamée parce que, depuis un certain temps, il n'avait pas offert pour elle l'eucharistie. Dès lors, il ne cessa de le faire jusqu'à ce qu'il eût l'assurance qu'elle était libérée de ses peines.

Saint Bernard, *Vita sancti Malachiae** (BHL 5188), 5, 11 (SBO, 3, p. 320); *Collectaneum exemplorum et visionum Clarevallense*, I, 16 (CCCM 208, p. 136-137, n° 20) – Saint Malachie, cf. VIII, 17.

723. (LXIII, 26) Saint Bernard avait interdit la communion à l'un de ses moines. Celui-ci craignant le jugement des autres s'avança avec eux, et l'abbé laissa Dieu juge de cette présomption. Le moine ne put avaler l'hostie et, quelques heures plus tard, il se jeta en larmes aux pieds de saint Bernard qui lui donna l'absolution: il put alors consommer l'hostie.

Guillaume de Saint-Thierry, *Vita sancti Bernardi** (BHL 1211), I, 11, 51 (PL 185, 256A-B); *Collectaneum exemplorum et visionum Clarevallense*, II, 21 (CCCM 208, p. 241, n° 50) – Tubach 2683 – Saint Bernard, cf. II, 43.

LXIV. Du discernement

724. (LXIV, 1) Dans l'incendie de Paderborn, ville de Germanie, Paterne, un vieux moine qui avait fait vœu de ne pas franchir la clôture se laissa brûler avec le monastère.

Sigebert de Gembloux, *Chronica*, a. 1058 (éd. D. L. C. Bethmann, MGH, SS, 6, Hanovre, 1844, p. 360, 27-29) – Paderborn, ville dans la région Rhénanie-Westphalie, Allemagne.
La source indiquée par le compilateur est *Excepta de cronicis Eusebii*. Le récit ne figure pas dans la *Chronique* d'Eusèbe (début des temps-303), traduite et prolongée par Jérôme pour les années 326-378, ce qui n'a rien d'étonnant compte tenu de la datation des faits: cf. XV, 1 et *Index auctorum, relatorum et operum anonymorum*, *Excepta de cronicis Eusebii*.

725. (LXIV, 2) Dans une église des Prémontrés, à matines, le démon apparut avec trois têtes à un moine, en affirmant qu'il était la Trinité et que cette vision venait récompenser sa dévotion. Mais le moine, méfiant, le chassa.

Vita s. Norberti archiepiscopi Magdeburgensis (BHL 6248, 6249), *Vita A*, 9 (éd. R. Wilmans, MGH, SS, 12, Hanovre, 1856, p. 679); *id.*, *Vita B*, 7, 41 (AASS, Jun. I, 1895, col. 833A); Sigebert de Gembloux, *Chronica*, *Continuatio Praemonstratensis*, a. 1121 (éd. D. L. C. Bethmann, MGH, SS, 6, Hanovre, 1844, p. 448, 43-46). – Selon François Boespflug, ce texte serait la première attestation, en Occident, du diable et de la Trinité tricéphale associés dans une même vision: F. Boespflug, 'Le diable et la Trinité tricéphale. A propos d'une pseudo – «vision de la Trinité» advenue à un novice de saint Norbert de Xanten', *Revue des sciences religieuses*, 72 (1998), p. 156-175, spéc. p. 158 – Saint Norbert (1082-1134), fondateur de l'ordre des Prémontrés.

726. (LXIV, 3) L'abba Arsène se gardait d'excommunier les jeunes moines parce qu'ils s'en moquaient. Mais il excommuniait les plus âgés parce qu'ils pouvaient en souffrir.

Cassiodore, *Historia tripartita**, VIII, 1, 1 (CSEL 71, p. 455) – Abba Arsène, cf. II, 28.

727. (LXIV, 4) Un jeune moine grec était assailli par les tentations de la chair. Son abbé le fit persécuter par un autre moine, au point de plonger le jeune homme dans la tristesse. Au bout d'une année, il s'aperçut qu'il n'avait pas eu le temps de penser à ses tentations.

Jérôme*, *Epistulae*, 125, 13 (CSEL 56, p. 132).

728. (LXIV, 5) Saint Hilarion, qui habitait la Palestine, n'alla qu'une fois à Jérusalem. Il ne voulait avoir l'air ni de mépriser les lieux saints, ni d'y enfermer le Seigneur.

Jérôme, *Epistulae*, 58, 3 (CSEL 54, p. 531) – Saint Hilarion, cf. XII, 12.

729. (LXIV, 6) Un chevalier qui s'était fait ermite et dont la femme était devenue religieuse pensait à s'organiser une vie érémitique en compagnie de sa femme. Saint Martin s'y opposa en lui demandant si, dans la vie militaire, on admettait des femmes en première ligne. L'autre comprit et se rendit à l'argument.

Sulpice Sévère*, *Dialogus super virtutibus sancti Martini*, II, 11 (SC 510, p. 264-269) – Saint Martin, cf. IX, 9.

730. (LXIV, 7) Jugeant stupide un ambassadeur étranger parce qu'il était illettré, un prince lui demanda un jour quelle était la plus haute sagesse. L'autre lui répondit : « La modération en toute chose, surtout chez un prince. »

Pierre le Chantre*, *Verbum adbreuiatum. Versio breuis*, 67 (PL 205, 203A-B); *id.*, *Verbum adbreuiatum. Textus conflatus*, I, 66 (CCCM 196, p. 438, 44-51).

731. (LXIV, 8) Un ermite recommandait dans sa prédication les jeûnes de deux ou trois jours. Les frères qui le logeaient ne l'appelant pas pour le repas, il s'en étonna, et ils lui répondirent : « Bornez-vous donc à prêcher ce que vous et d'autres serez capables de supporter. »

Pierre le Chantre, *Verbum adbreuiatum. Versio breuis*, 92 (PL 205, 268B-C).

732. (LXIV, 9) Durant leurs prières nocturnes, saint Palémon voyait Pacôme encore novice tomber de sommeil. Il lui faisait transporter du sable d'un endroit à un autre pour le réveiller.

Vita sancti Pachomii, abbatis Tabennensis*, 7 (PL 73, 233D-234B) – Saint Palémon, cf. IX, 11; Saint Pacôme, cf. IX, 11.

733. (LXIV, 10) Un abbé vint consulter saint Pacôme avec un frère qui postulait la cléricature alors qu'il y semblait impropre. Pacôme conseilla qu'on la lui accordât, car certains changeaient leur comportement après avoir obtenu ce qu'ils souhaitaient. En effet, par la suite, le frère devint un modèle pour les autres.

Vita sancti Pachomii, abbatis Tabennensis, 35 (PL 73, 253D-254C) – Saint Pacôme, cf. IX, 11.

734. (LXIV, 11) Un frère interrogea un ancien sur ce qu'il pouvait faire de mieux: désirer une âme sans tourments et garder son cœur.

Vitae Patrum*, V, *Verba seniorum*, 1, 11 (PL 73, 856B-C).

735. (LXIV, 12) Un frère confessa des tentations charnelles. L'ancien s'indigna, l'injuria, et le frère quitta le monastère. Mais il rencontra l'abba Apollo qui le ramena et pria pour que les tentations soient transférées du jeune moine à l'ancien. Ce dernier s'apprêta à retourner dans le siècle, mais Apollo le rattrapa, et rectifia son jugement.

Vitae Patrum, V, *Verba seniorum*, 5, 4 (PL 73, 874B-875C); *Apophtegmes des Pères*, t. 1 (SC 387), chap. V, Divers récits pour le réconfort dans les combats que suscite en nous la fornication, n° 4, p. 242-247 et *Les sentences des Pères du Désert, collection alphabétique* [trad. Dom L. Regnault], p. 59.

Sous le nom d'Apollo ou Apollos, trois apophtegmes sont regroupés qui proviennent de trois pères différents, l'un vivait au désert des Cellules, le deuxième à Scété et le troisième à Hermopolis en Haute-Égypte,. Celui de Scété était réputé pour son discernement spirituel (Cassien, *Collationes*, II, 13, 5-12 et 24-9) et son hospitalité. J.-Cl. Guy, *Les apophtegmes des Pères* (SC 387), Paris, Cerf, 1993, p. 64-65.

736. (LXIV, 13) Un chasseur s'indignait de voir l'abba Antoine prendre une récréation avec ses moines. Antoine l'invita à tendre son arc, à le tendre encore et encore. L'autre dit qu'il allait se briser si on le tendait davantage. « Il en est de même, dit Antoine, dans la vie spirituelle. »

Vitae Patrum, V, *Verba seniorum*, 10, 2 (PL 73, 912B-D); *Les apophtegmes des Pères, collection systématique*, t. 2 (SC 474), chap. X, Le discernement, n° 3, p. 15-17. *Les sentences des Pères du Désert, collection alphabétique* [trad. Dom L. Regnault], 13 Antoine 13, p. 16 – Tubach 272 – Saint Antoine le Grand, cf. II, 20. Thème proche dans l'*exemplum* LXIV, 21.

737. (LXIV, 14) Un frère dit à l'abba Pastor qu'il cultivait un champ pour procurer un repas à la communauté. Pastor approuva et l'abba Anub s'en scandalisa. Pastor rappela donc le moine et lui dit que ce n'était pas l'occupation d'un moine et le frère s'attrista, car il ne savait rien faire d'autre. Anub demanda pardon à Pastor qui lui expliqua : « Ce frère fait maintenant le même travail, mais dans la tristesse. »

Vitae Patrum, V, *Verba seniorum*, 10, 46 (PL 73, 920D-921B) – Pastor, cf. II, 26 ; Anub, disciple de l'abba Pastor.

738. (LXIV, 15) Parole d'ancien : « N'aie pas de relations avec les gens du monde, ni d'amitié avec une femme, ni de confiance durable envers un enfant. »

Vitae Patrum, V, *Verba seniorum*, 10, 87 (PL 73, 928C-D).

739. (LXIV, 16) Le moine, dit saint Macaire, doit jeûner comme s'il devait vivre encore cent ans ; il doit veiller sur son âme comme s'il devait mourir aujourd'hui.

Jean Cassien*, *De institutis coenobiorum*, V, 41 (SC 109, p. 256-257) – Macaire, cf. II, 31.

740. (LXIV, 17) Après cinquante ans de vie exemplaire, un moine refusa de se joindre à la communauté pour le repas du jour de Pâques. L'ange de Satan sous l'apparence d'un ange de lumière le persuada de sa haute perfection et l'amena à se jeter dans un puits. On l'en tira à grand peine, mais il mourut trois jours après sans avoir reconnu la ruse démoniaque.

Jean Cassien, *Collationes*, 2, 5 (SC 42, p. 116-117) – Tubach 3815.

741. (LXIV, 18) Deux frères cheminant dans le désert avaient résolu de ne prendre d'autre nourriture que celle que Dieu leur enverrait. Ils furent recueillis à bout de forces par les Maziques, tribu féroce, qui leur apporta des pains. L'un rendit grâce à Dieu ; l'autre s'obstina à refuser la nourriture et mourut.

Jean Cassien, *Collationes*, 2, 6 (SC 42, p. 117-118). Maziques : population d'Afrique septentrionale signalée dès l'Antiquité.

742. (LXIV, 19) Un diable sous l'apparence d'un ange gouvernait un moine depuis longtemps. Il le persuada d'immoler son fils qui vivait également dans le monastère, pour égaler le mérite du sacrifice d'Abraham. Mais l'enfant, voyant son père aiguiser son couteau et chercher des cordes, fut pris de terreur et s'enfuit.

Jean Cassien, *Collationes*, 2, 7 (SC 42, p. 118-119) – Abraham, patriarche de l'Ancien Testament prêt à sacrifier son fils Isaac.

743. (LXIV, 20) Trompé par des songes et des visions diaboliques, un saint moine en vint à se tourner vers le judaïsme et la circoncision pour participer à la sainteté de Moïse, des Patriarches et des Prophètes.

Jean Cassien, *Collationes*, 2, 8 (SC 42, p. 119).

744. (LXIV, 21) Saint Jean l'Évangéliste caressait une perdrix. Un chasseur s'étonna qu'un personnage d'une telle réputation se livrât à une occupation aussi humble. Jean lui demanda pourquoi il portait son arc détendu : « Il s'affaiblirait si je le gardais tendu. »

Jean Cassien, *Collationes*, 24, 21 (SC 64, p. 192-193) – cf. Tubach 272 – Saint Jean l'évangéliste, cf. XX, 2. Thème analogue dans l'*exemplum* LXIV, 13.

745. (LXIV, 22) Un moine s'était promis de ne jamais toucher son sexe. Le diable lui fit éprouver une grande souffrance. Averti, saint Anselme conseilla au moine une auscultation, mais le moine refusa de palper pour s'informer. Finalement, on l'examina. Il n'avait rien et la douleur cessa.

Eadmer, *Vita sancti Anselmi* (BHL 525, 526, 526a), I, 14 (éd. R. W. Southern, 'Medieval Texts', 1962, p. 23-24) – Saint Anselme, cf. VIII, 16.

746. (LXIV, 23) Un abbé se plaignit de ses élèves à saint Anselme : « On a beau les battre sans cesse, ils ont tous les vices. – Mais, dit saint Anselme, en grandissant ? – Ils restent stupides et frustes. – C'est décourageant en effet ! – On n'y peut rien, mais ce n'est pas faute de les réprimer. – Réprimer !, dit saint Anselme, si on faisait pousser un jeune arbre limité de toutes parts dans un espace étroit, que trouverait-on en le libérant ? – Certainement, il serait stérile et tout tordu. – De même pour eux, dit saint Anselme, les punitions ne suffisent pas : il faut y joindre affection et sollicitude pour les amener à s'épanouir. »

Eadmer, *Vita sancti Anselmi** (BHL 525, 526, 526a), I, 22 (éd. R. W. Southern, 'Medieval Texts', 1962, p. 37-38) – Saint Anselme, cf. VIII, 16.

747. (LXIV, 24) Saint Hugues de Cluny accepta l'entrée de Guy, comte d'Albi, au monastère de Cluny, en lui permettant de garder son linge sous l'habit religieux. Mais, à la vue de l'humilité et de la simplicité des moines, Guy renonça bientôt de lui-même à son privilège pour devenir un moine authentique.

Rainald de Vézelay, *Vita sancti Hugonis Cluniacensis** (BHL 4008, 4009), 4, 27 (PL 159, 904A-C; CCCM 42, suppl., XL, p. 57) – Cluny, cf. XIII, 6; saint Hugues de Cluny, cf. IV, 25. Guy, comte d'Albi: non repéré.

748. (LXIV, 25) Saint Bernard se reprochait l'excès de son zèle qui l'avait amené à compromettre sa santé. Mais ce qu'il faut retenir de lui, c'est plutôt le zèle que son excès.

Guillaume de Saint-Thierry, *Vita sancti Bernardi** (BHL 1211), I, 8, 41 (PL 185, 251B) – Saint Bernard, cf. II, 43.

LXV. De l'acédie

749. (LXV, 1) Barthélemy évêque de Laon, devenu moine à Foigny, vit un Éthiopien mener par le capuchon un moine négligent.

Barthélemy de Jur, évêque de Laon de 1113 à 1151, devenu moine à Foigny, y meurt vers 1157; l'abbaye de Foigny (Aisne) a été fondée en 1121 par Bernard de Clairvaux et Barthélemy de Jur.

La source indiquée par le compilateur est *Excepta de cronicis Eusebii*. Le récit ne figure pas dans la *Chronique* d'Eusèbe (début des temps-303), traduite et prolongée par Jérôme pour les années 326-378, ce qui n'a rien d'étonnant compte tenu de la datation des faits: cf. XV, 1 et *Index auctorum, relatorum et operum anonymorum*, *Excepta de cronicis Eusebii*.

750. (LXV, 2) Un moine vit en vision des gens rôtis à la broche comme des oies et arrosés de leur propre jus. C'est le sort qui attend les moines négligents.

Cette description est proche de la *Visio Pauli*, 3, 1-14 (éd. Silverstein, p. 160-179). Elle se rapproche également de la *Visio Tnugdali* (ed. Albrecht Wagner *Visio Tnugdali. Lateinisch und Altdeutsch*, Erlangen: Deichert, 1882). Ces œuvres ne sont jamais citées dans ce recueil.

Le compilateur donne pour source à ce récit le *Liber deflorationum*, cf. II, 12 et *Index auctorum, relatorum et operum anonymorum*, à ce nom.

751. (LXV, 3) Un moine bénédictin sortait régulièrement pendant que les frères priaient pour se livrer à des occupations profanes. Admonesté, il recommença à peine deux jours plus tard. Saint Benoît le vit entraîné par un petit enfant noir; il alla le rechercher et lui donna du bâton. Désormais, le moine demeura durant l'oraison.

Grégoire le Grand*, *Dialogorum libri IV*, II, 4, 1-3 (SC 260, p. 150-153) – Tubach 1534 – Saint Benoît de Nursie, cf. I, 7.

752. (LXV, 4) Durant son noviciat, un moine cistercien supportait difficilement qu'un sacristain, son voisin de chœur, ne s'acquittât jamais de l'office. Un jour, en vision, il vit le Crucifié dire au moine négligent qu'il ne le supportait plus et le frapper à coups de pierres. Lui-même se prosterna et demanda grâce pour le sacristain. Mais le sacristain disparut. On l'aperçut longtemps après avec une prostituée.

Cet *exemplum* est précédé de la mention *Sine tytulo*: cf. *Index auctorum relatorum et operum anonymorum, Sine titulo*.

753. (LXV, 5) Lors d'une fête de la Vierge, un chevalier assistait à matines dans un monastère cistercien et ne put empêcher le sommeil de le gagner. Comme il se jugeait indigne, il eut une vision qui le rassura.

Conrad d'Eberbach, *Exordium Magnum Cisterciense*, 5, 17 (éd. Griesser, p. 326-327, CCCM 138, p. 371-372; Conrad d'Eberbach, *Le Grand Exorde*, p. 248-349, 9-19) – McGuire, 'The Cistercians and the rise of *exemplum*', p. 211-267, spéc. p. 244.

Matines: à l'origine (jusqu'au IVe siècle), les matines se confondent avec le premier office de la journée, au lever du soleil (les laudes). Ensuite, les matines en viennent à désigner l'office de la nuit (dans ce sens-là, elles correspondent aux vigiles) composé de un, deux ou trois nocturnes (suivant les traditions et l'importance de la fête du jour). Cf. P. Tirot, 'Vigiles et Matines. Liturgie monastique et liturgie cathédrale', *Études grégoriennes*, 22 (1988), p. 24-30; R. Taft, *La liturgie des heures en Orient et en Occident. Origine et sens de l'Office divin*, Turnhout, Brepols (Mysteria, 2), 1991.

754. (LXV, 6) Un moine vit son compagnon négligent qui ne s'inclinait pas au *Gloria Patri*, retenu par le diable avec une triple corde. Entendant les paroles qu'échangeaient à son sujet l'ange du Seigneur, le diable et Dieu, le moine négligent se promit de ne plus fermer les yeux à l'office.

De monacho dormiente ad vigilias (*metrice*) (Montpellier, Méd., H 35, fol. 12).

Gloria Patri : A.-G. Martimort, *L'Église en prière*, t. IV, p. 219-220, signale l'usage de la doxologie *Gloria Patri* dès la fin du IVe siècle ; elle se dit à l'office directement après les psaumes. Voir également A.-G. Martimort (dir.), *L'Église en prière. Introduction à la liturgie*, t. I, *Principes de la liturgie*, Paris, Desclée, 1983 (nouvelle éd.), p. 158 ; J.-A. Jungmann, *La liturgie des premiers siècles jusqu'à Grégoire le Grand*, Paris, Le Cerf (Lex orandi, 33), 1962, p. 315 *sq.* ; S. Bäumer, *Histoire du bréviaire*, Paris, 1905, t. I, p. 177-178.

755. (LXV, 7) Un frère se plaignait d'être peu fervent. L'ancien lui répondit : « Si tu avais vu la gloire du paradis et les tourments de l'enfer, tu ne connaîtrais plus la tiédeur. »

Vitae Patrum*, V, *Verba seniorum*, 7, 28 (PL 73, 900C).

756. (LXV, 8) Parole d'un ancien : « De même que les mouches évitent la marmite bouillante, mais s'attachent à elle quand elle est tiède et y pondent leurs œufs, de même les démons fuient les moines fervents et s'attachent aux âmes tièdes. »

Vitae Patrum, III, *Verba seniorum*, 204 (PL 73, 805D).

757. (LXV, 9) Un moine qui devait rendre compte à l'économe de son travail quotidien s'arrangea pour que les autres n'en fassent pas plus que lui, afin que l'on n'augmente pas le minimum exigé. Les nouveaux étaient plus difficiles à convaincre et il les poussa à quitter le monastère. Il fit mine de vouloir s'enfuir avec l'un d'eux et lui fixa rendez-vous à l'extérieur, mais lui-même demeura au monastère.

Jean Cassien*, *De institutis coenobiorum*, X, 20 (SC 109, p. 414-417).

758. (LXV, 10) Saint Cassien à ses débuts au désert dit à l'abba Moïse qu'il éprouvait une grave désaffection dont il ne se délivrerait qu'en allant voir l'abba Paul. Celui-ci lui dit : « Tu ne t'es pas libéré, mais au contraire tu as capitulé. »

Jean Cassien, *De institutis coenobiorum*, X, 25 (SC 109, p. 424-425) – Abba Moïse, cf. II, 32 ; saint Paul (abba), cf. II, 20 ; Jean Cassien, cf. XII 27.

LXVI. DE LA MÉMOIRE DE LA MORT

759. (LXVI, 1) A l'exemple des empereurs à qui l'on faisait choisir au lendemain de leur couronnement la pierre de leur tombeau,

Jean l'Aumônier fit édifier son tombeau et le laissa inachevé pour que l'on ait l'occasion de lui en parler.

Vita sancti Ioannis Eleemosynarii*, 18 (PL 73, 354C-D) – Saint Jean l'Aumônier, cf. IV, 23.

760. (LXVI, 2) Parole de l'abba Pastor : « Quand Abraham arriva dans la Terre promise, il fit édifier son tombeau. »

Vitae Patrum*, V, *Verba seniorum*, 3, 13 (PL 73, 862B) – Pastor, cf. II, 26 ; Abraham, cf. LXIV, 19.

761. (LXVI, 3) Un riche, pour altérer son plaisir durant les festins, avait un esclave chargé de lui rappeler à chaque plat : « Tu mourras. »

Pierre le Chantre*, *Verbum adbreuiatum*. Versio breuis, 147 (PL 205, 353C) ; *id.*, *Verbum adbreuiatum*. Textus conflatus, II, 56 (CCCM 196, p. 826, 207-211).

LXVII. De la crainte de la mort

762. (LXVII, 1) Saint Hilarion mourant exhorta son âme à ne pas craindre la mort.

Jérôme, *Vita s. Hilarionis** (BHL 3879, 3879b), 32, 4-5 (SC 508, p. 296-297, 14-19) – Saint Hilarion, cf. XII, 12.

763. (LXVII, 2) L'abba Arsène mourant pleurait. A ses disciples qui s'étonnaient, il confessa qu'il avait toujours craint la mort, cause de sa vocation de moine, et qu'à ce moment précis, il la craignait toujours.

Vitae Patrum*, V, *Verba seniorum*, 15, 9 (PL 73, 955A) ; *Les sentences des Pères du Désert, collection alphabétique* [trad. Dom L. Regnault], 78 Arsène 40, p. 34-35 – Saint Arsène, cf. II, 28.

LXVIII. De la crainte de Dieu

764. (LXVIII, 1) Parole de l'abba Daniel : « Mieux se porte le corps, plus l'âme se dessèche, et vice versa. »

Vitae Patrum*, V, *Verba seniorum*, 10, 17 (PL 73, 915B) ; *Les sentences des Pères du Désert, collection alphabétique* [trad. Dom L. Regnault], 186

Daniel 4, p. 77; *Les apophtegmes des Pères, collection systématique*, t. 2 (SC 474), chap. X, Le discernement, n° 22, p. 28-29.
Daniel, cf. II, 42.

765. (LXVIII, 2) Quelqu'un demanda à l'abba Paésios : « Que faire pour mon âme insensible qui ignore la crainte de Dieu ? » Celui-ci lui répondit : « Vis avec un compagnon qui le craigne et tu apprendras à le craindre. »

Vitae Patrum, V, *Verba seniorum*, 11, 23 (PL 73, 936C) – Paésios, disciple d'Amoï avec Jean Colobos. A la mort de son maître, il se creuse une cellule à l'écart où des disciples viennent le rejoindre. J.-Cl. Guy, *Les apophtegmes des Pères* (SC 387), Paris, Cerf, 1993, p. 52-53 ; *Les apophtegmes des Pères, collection systématique*, t. 2 (SC 474), chap. XI, Il faut toujours veiller, n° 59, p. 170-171.

766. (LXVIII, 3) Un ancien qui avait vu des religieux aller en enfer et des gens du monde au paradis se couvrait la tête de son capuchon pour ne pas voir la lumière terrestre.

Vitae Patrum, V, *Verba seniorum*, 3, 15 (PL 73, 862C-D).

767. (LXVIII, 4 Saint Anselme de Cantorbéry assurait que s'il devait choisir entre l'horreur du péché et la douleur de l'enfer, il choisirait l'enfer.

Eadmer, *Vita sancti Anselmi** (BHL 525, 526, 526a), II, 15 (éd. R. W. Southern, 'Medieval Texts', 1962, p. 84) – Saint Anselme, cf. VIII, 16.

768. (LXVIII, 5) Saint Martin s'était attaché les pieds avec une chaîne pour limiter ses mouvements. Saint Benoît lui dit de choisir plutôt la chaîne du Christ que la chaîne de fer. Martin se débarrassa donc de la chaîne de fer, mais il limita lui-même son mouvement au parcours auparavant délimité par la chaîne.

Grégoire le Grand*, *Dialogorum libri IV*, III, 16, 9 (SC 260, p. 334-335) – Saint Martin, cf. IX, 9 ; saint Benoît, cf. I, 7.

LXIX. Que personne ne juge le serviteur d'autrui

769. (LXIX, 1) L'abba Pior, entendant juger sévèrement un frère coupable, mit un gros sac de sable sur son dos et un petit sac devant lui. Il expliqua : « Je mets mes gros péchés sur mon dos pour ne pas les voir et les pleurer. Je préfère contempler les petits péchés de ce frère. »

Vitae Patrum*, III, *Verba seniorum*, 136 (PL 73, 786C-D) ; *Les sentences des Pères du Désert, collection alphabétique* [trad. Dom L. Regnault], 779 Pior 3, p. 267 ; *Apophtegmes des Pères*, t. 1 (SC 387), chap. IX, Qu'il faut veiller à ne juger personne, n° 7, p. 430-433 (abba Moïse) et n° 13, p. 436-439 (abba Pior) – Pior, cf. XII, 2.

770. (LXIX, 2) Deux frères voyaient chacun la grâce de Dieu sur l'autre. Un vendredi, l'un d'eux vit un moine manger de bon matin. Il lui demanda : « Tu manges si tôt un vendredi ? » Le lendemain, son frère ne vit pas sur lui la grâce de Dieu et l'interrogea : « Qu'as-tu fait ? » Celui-ci finit par comprendre que sa remarque était son péché. Tous deux firent pénitence durant deux semaines pour obtenir le pardon de Dieu.

Vitae Patrum, V, *Verba seniorum*, 9, 12 (PL 73, 911D-912B) ; *Apophtegmes des Pères*, t. 1 (SC 387), chap. IX, Qu'il faut veiller à ne juger personne, n° 18, p. 440-443.

« Manger un vendredi » : depuis l'Antiquité, le vendredi est traditionnellement un jour de jeûne. Entre le VIe et le Xe siècle, cette pratique du jeûne du vendredi tend à disparaître dans le monde occidental.

771. (LXIX, 3) Parole de l'abba Jean : « Nous nous sommes débarrassés d'une petite charge, qui était de nous juger nous-mêmes, mais nous en avons pris une énorme, qui est de juger les autres. »

Vitae Patrum, III, *Verba seniorum*, 135 (PL 73, 786C) ; *Les sentences des Pères du Désert, collection alphabétique* [trad. Dom L. Regnault], 336 Jean Colobos 21, p. 129 – Jean Colobos, cf. IV, 5.

772. (LXIX, 4) L'anachorète Timothée avait conseillé à un abbé de chasser un frère négligent. Aussitôt il fut lui-même tenté parce qu'il avait désespéré son frère en proie à la tentation.

Vitae Patrum, III, *Verba seniorum*, 140 (PL 73, 787C) ; *Les sentences des Pères du Désert, collection alphabétique* [trad. Dom L. Regnault], 644 Poemen 70, p. 237-238 – Plusieurs anachorètes portèrent le nom de Timothée : un abbé-prêtre, un anachorète qui vivait dans un monastère de cénobites et le frère de Paul qui était « cosmète » à Scété (cf. collection alphabétique 792-793). Ici, il s'agit de l'anachorète vivant dans un monastère de cénobites. Voir *Les sentences des Pères du Désert, collection alphabétique* [trad. Dom L. Regnault], p. 314.

773. (LXIX, 5) Machétès l'ancien enseignait à ne juger personne. Il avait lui-même blâmé ses frères pour trois motifs : se faire enlever les amygdales, avoir une couverture dans sa cellule, et bénir de l'huile pour des laïcs. Il disait qu'il avait encouru lui-même ces trois reproches, ce qui lui avait prouvé qu'un moine se trouve parfois dans des situations qu'il blâmait chez les autres.

Jean Cassien, *De institutis coenobiorum*, V, 30, 1-3 (SC 109, p. 236-239) – Machétès l'ancien, cf. L, 13.

«Bénir de l'huile»: l'huile bénie sert à plusieurs rituels dans la liturgie médiévale: huile des malades, huile des catéchumènes (dans le cadre du baptême) et huile pour la confection du saint Chrême (utilisé dans le cas des consécrations des personnes et/ou des lieux).

LXX. Du retrait du monde

774. (LXX, 1) L'abba Antoine a dit: «Comme les poissons meurent s'ils restent trop longtemps hors de l'eau, de même, si un moine reste trop longtemps hors de sa cellule ou avec des laïcs, il perd la paix de l'âme.» Il disait aussi: «Le solitaire échappe à trois guerres: sur ce que l'on entend, sur ce que l'on dit, sur ce que l'on voit. Il lui reste la guerre contre ses pensées.»

*Vitae Patrum**, V, *Verba seniorum*, 2, 1-2 (PL 73, 858A); *Les sentences des Pères du Désert, collection alphabétique* [trad. Dom L. Regnault], 10 Antoine 10, p. 15 et 11 Antoine 11, *ibid*. – Saint Antoine le Grand, cf. II, 20. Récit analogue: *exemplum* LVII, 8.

775. (LXX, 2) Abba Arsène, quand il était un grand de ce monde, avait prié Dieu de lui montrer le chemin du salut. Une voix lui avait dit: «Fuis la compagnie des gens et tu seras sauvé.» Quand il fut moine, il entendit encore cette voix: «Fuis, tais-toi, sois en paix. Ce sont les trois moyens d'éviter le péché.»

Vitae Patrum, V, *Verba seniorum*, 2, 3 (PL 73, 858A-B); *Les sentences des Pères du Désert, collection alphabétique* [trad. Dom L. Regnault], 39 Arsène 1, p. 23 et 40 Arsène 2, *ibid.*; *Apophtegmes des Pères*, t. 1 (SC 387), chap. II, Qu'il faut rechercher de toutes ses forces le recueillement, n° 3 et 4, p. 124-125 – Tubach 354, 2019 – Saint Arsène, cf. II, 28. Récit analogue: *exemplum* LXX, 9.

776. (LXX, 3) Une dame demanda à saint Arsène de prier pour elle et de se souvenir d'elle. Il répondit qu'il allait demander à Dieu la grâce de l'oublier. Elle le quitta troublée. L'archevêque Théophile lui expliqua que le diable se servait des femmes pour attaquer les saints ermites et que cela n'empêcherait pas Arsène de prier pour elle.

Vitae Patrum, III, *Verba seniorum*, 65 (PL 73, 771B-772A); *Vitae Patrum*, V, *Verba seniorum*, 2, 7 (PL 73, 858D-859C); *Les sentences des Pères du Désert, collection alphabétique* [trad. Dom L. Regnault], 66 Arsène 28, p. 29-30; *Apophtegmes des Pères*, t. 1 (SC 387), chap. II, Qu'il faut rechercher de toutes ses forces le recueillement, n° 10, p. 128-131 – Saint Arsène, cf. II, 28; Théophile troisième successeur de saint Athanase sur le siège archiépiscopal d'Alexandrie (385-412) et oncle de saint Cyrille. Il s'opposa aux théories d'Origène et à saint Jean Chrysostome. Son admiration pour Arsène et Pambo ne fut pas réciproque.

777. (LXX, 4) Un frère demanda à l'abba Moïse ce qu'il devait faire. Il lui répondit: «Retire-toi dans ta cellule: elle t'enseignera tout.»

Vitae Patrum, V, *Verba seniorum*, 2, 9 (PL 73, 859C) – Abba Moïse, cf. II, 32.

778. (LXX, 5) Parole de l'abba Nil: «Celui qui aime la solitude n'a rien à craindre; celui qui se mêle souvent à la foule s'expose fréquemment aux coups.»

Vitae Patrum, V, *Verba seniorum*, 2, 11 (PL 73, 859C-D) – Saint Nil l'Ancien, préfet du prétoire, ascète sur le mont Sinaï v. 390 (mort en 451/452). L'un des pères de la collection alphabetico-anonyme d'apophtegmes des Pères du désert. J.-Cl. Guy, *Les apophtegmes des Pères* (SC 387), Paris, Cerf, 1993, p. 89.

779. (LXX, 6) De trois moines, l'un choisit d'apaiser les querelles, l'autre de soigner les malades, le troisième la paix de la solitude. N'aboutissant à rien, les deux premiers allèrent trouver le troisième et lui demandèrent quels résultats il avait obtenus. Le solitaire les invita à regarder ce que l'on voit dans l'eau quand elle cesse d'être troublée: ils y virent leur visage. Ainsi dans la solitude voit-on ses propres péchés.

Vitae Patrum, V, *Verba seniorum*, 2, 16 (PL 73, 860A-C).

780. (LXX, 7) Parole de l'abba Moïse: «La solitude est comme un raisin mûr, la vie dans le monde comme un raisin vert. La cellule du moine est la fournaise de Babylone où trois enfants ont trouvé Dieu. C'est la nuée de Moïse.»

Vitae Patrum, V, *Verba seniorum*, 2, 10 et 7, 38 (PL 73, 859C et 902A-B); *Les apophtegmes des Pères* (SC 387), chap. VII, Patience et force, n° 46, p. 377-379 – Abba Moïse, cf. II, 32. Allusion à Ex. 13, 21 et à Dan. 3, 4-23. Cf. LXX, 11, récit analogue (nuée de Moïse).

781. (LXX, 8) Parole de l'abba Alonios (*Alonius*): «L'homme ne peut connaître la paix que s'il considère qu'il n'y a au monde que Dieu et lui.»

Vitae Patrum, V, *Verba seniorum*, 11, 5 (PL 73, 934A); *Les sentences des Pères du Désert, collection alphabétique* [trad. Dom L. Regnault], 144 Alonios 1, p. 57 – Alonios était bien connu de Poemen avec lequel il a dû vivre à Scété. Il eut un disciple nommé Joseph.

782. (LXX, 9) Un frère demanda conseil à un ancien pour son salut, il lui répondit: «Fuis le monde et garde le silence.»

Vitae Patrum, VI, *Verba seniorum*, 3, 10 (PL 73, 1008C). Récit analogue: *exemplum* LXX, 2 attribué à saint Arsène.

783. (LXX, 10) L'abba Pastor, délégué par les gens de la région pour intercéder auprès d'un magistrat, demanda à Dieu d'échouer dans sa mission. Il fut exaucé et retourna joyeux dans sa cellule.

Vitae Patrum, VI, *Verba seniorum*, 4, 32 (PL 73, 1020B-C) – Pastor, cf. II, 26.

784. (LXX, 11) Quand Moïse était dans la nuée, il conversait avec Dieu, hors de la nuée, avec le peuple. De même, dans sa cellule, le moine est avec Dieu, au dehors avec les diables.

Vitae Patrum, VI, *Verba seniorum*, 4, 33 (PL 73, 1020C). Cf. LXX, 7, récit analoque.

785. (LXX, 12) Saint Bernard enfant aimait la solitude.

Guillaume de Saint-Thierry, *Vita sancti Bernardi** (BHL 1211), I, 1, 3 (PL 185, 228B-C) – Saint Bernard, cf. II, 43.

786. (LXX, 13) Partout saint Bernard savait préserver la solitude pour la paix du cœur.

Guillaume de Saint-Thierry, *Vita sancti Bernardi** (BHL 1211), I, 4, 24 (PL 185, 241A) – Saint Bernard, cf. II, 43.

LXXI. DE LA CURIOSITÉ

787. (LXXI, 1) Un prêtre de Scété se rendit auprès de l'évêque d'Alexandrie. Aux frères qui lui demandaient à son retour comment était la cité, il répondit qu'il n'avait regardé que l'évêque.

Vitae Patrum*, V, *Verba seniorum*, 4, 55 (PL 73, 871B) – Alexandrie, cf. IX, 26.

788. (LXXI, 2) Un moine détourna son chemin pour éviter la rencontre avec des servantes du Seigneur. Leur abbesse lui dit qu'un bon moine n'aurait même pas remarqué qu'elles étaient des femmes.

Vitae Patrum, V, *Verba seniorum*, 4, 62 (PL 73, 872B-C).

789. (LXXI, 3) En soixante ans, l'abbesse Sarra ne regarda jamais la rivière près de laquelle elle habitait.

Vitae Patrum, V, *Verba seniorum*, 7, 19 (PL 73, 896D-897A); *Apophtegmes des Pères*, t. 1 (SC 387), chap. VII, Divers récits nous préparant à l'endurance et au courage, n° 26, p. 356-357; *Les sentences des Pères du Désert, collection alphabétique* [trad. Dom L. Regnault], 886 Sarra 3, p. 306 – Sarra, cf. XXII, 19.

790. (LXXI, 4) L'abba Silvain travaillait au jardin la tête couverte pour éviter de voir les arbres qui auraient pu le distraire.

Vitae Patrum, V, *Verba seniorum*, 11, 28 (PL 73, 937A-B); *Les sentences des Pères du Désert, collection alphabétique* [trad. Dom L. Regnault], 857 Silvain 2, p. 296 et 859 Silvain 4, p. 297 – Cf. Silvain, abba, XIV, 7.

791. (LXXI, 5) Sainte Synclétique a dit: « Comment une maison pourrait-elle être noircie par de la fumée venant de l'extérieur si les fenêtres sont ouvertes ? »

Vitae Patrum, V, *Verba seniorum*, 11, 32 (PL 73, 937C); *Les sentences des Pères du Désert, collection alphabétique* [trad. Dom L. Regnault], 997 Synclétique Supplément 6, p. 339 – Sainte Synclétique, cf. XXXVII, 13.

792. (LXXI, 6) Saint Bernard au bout d'un an dans la maison des novices ignorait en la quittant si elle était voûtée et croyait que l'église avait seulement une fenêtre à son abside alors qu'elle en avait trois.

Guillaume de Saint-Thierry, *Vita sancti Bernardi* (BHL 1211), I, 4, 20 (PL 185, 238D) – Saint Bernard, cf. II, 43.

793. (LXXI, 7) Lorsque saint Bernard vint à la Chartreuse, les frères furent édifiés en tout, si ce n'est que le prieur remarqua que la couverture posée sur le cheval du saint homme témoignait de la plus grande pauvreté. Il en fit part à l'un des frères qui s'empressa de le répéter à saint Bernard. Celui-ci dit alors que le cheval lui avait été prêté par son oncle, moine clunisien, et qu'il n'avait jamais fait attention à la couverture jusqu'à cette heure. Ayant cheminé le long du lac de Lausanne toute la journée et tandis que, le soir venu, ses compagnons en parlaient, il demanda où se trouvait ce lac.

Geoffroy d'Auxerre, *Vita sancti Bernardi* (BHL 1214), III, 2, 4 (PL 185, 305B-306A) – Saint Bernard, cf. II, 43 ; Grande Chartreuse : maison mère de l'ordre des Chartreux, fondée par saint Bruno en 1084 dans le massif du même nom (Isère).

794. (LXXI, 8) Une moniale chaste mais bavarde, impudente et futile fut enterrée dans l'église. La nuit même, le gardien eut la révélation qu'une partie du corps brûlait, l'autre restant intacte : des flammes apparaissaient en effet devant l'autel, marquant ainsi la matérialité du feu autour de la morte.

Grégoire le Grand*, *Dialogorum libri IV*, IV, 53, 1-2 (SC 265, p. 178-179) ; Césaire de Heisterbach, *Dialogus miraculorum*, 4, 22 (Strange, t. 1, p. 193-194) – Tubach 723.

LXXII. Du péché de langue

795. (LXXII, 1) Écrivant au pape Eugène, saint Bernard expose que s'il arrive que des paroles futiles soient prononcées, peut-être faut-il les supporter, certainement pas les rapporter. Il ajoute qu'il faut intervenir avec discernement et doigté pour qu'un discours utile mais agréable élimine une conversation oiseuse.

Geoffroy d'Auxerre, *Vita sancti Bernardi** (BHL 1214), III, 3, 6 (PL 185, 306D-307A) – Saint Bernard, cf. II, 43 ; Eugène, pape, cf. IV, 27.

796. (LXXII, 2) Conformément à l'avertissement d'Hugues, abbé de Cluny, un moine très pieux, Durand, auparavant évêque de Toulouse, coupable de provoquer le rire par ses paroles, apparut à son chapelain Siguin (*Siguinus*) après sa mort, les lèvres écumantes et déformées. Saint Hugues ordonna à sept moines de garder le silence durant sept jours, ordre rompu par l'un d'eux. Le mort apparut de nouveau, les lèvres presque normales. Le coupable dut observer une nouvelle semaine de silence. Le mort apparut encore totalement guéri.

Rainald de Vézelay, *Vita sancti Hugonis Cluniacensis** (BHL 4008, 4009), 3, 18 (PL 159, 901A-B; CCCM 42, suppl., XXVIII, p. 51-52) – Hugues de Cluny, cf. IV, 25; Durand, évêque de Toulouse (1059-1070), puis moine à Cluny, mort en 1070.

LXXIII. DE L'HUMILITÉ

797. (LXXIII, 1) Hugues, abbé de Cluny, jugeait en lui-même que les honneurs dont on entourait le pape Hildebrand (homme de petite taille et d'origine modeste) relevaient de l'orgueil. Le pape Hildebrand possédait le don de prophétie. Devinant sa pensée, le pape lui dit que ces honneurs ne lui revenaient pas à lui mais appartenaient aux apôtres.

Guillaume de Malmesbury, *De gestis regum Anglorum*, III, 263 (éd. R. A. B. Mynors, R. M. Thomson, M. Winterbottom, Oxford, 1998, t. 1, p. 486-487); Hélinand de Froidmont, *Chronicon*, a. 1074 (PL 212, 961A-B); *Miracula* [*De quibusdam miraculis*], Paris, BnF, ms. lat. 3175, fol. 154-154v – Hildebrand: Grégoire VII, clunisien, 1073-1085; Hugues abbé de Cluny, cf. IV, 25.

798. (LXXIII, 2) Un frère nommé Christian, du monastère de Landais, vit des bataillons de diables entourer le monastère comme pour empêcher l'accès du ciel. Horrifié, il se demanda qui pourrait y parvenir. Une voix lui répondit: «Celui qui possédera l'humilité.»

Reynoldus abbas Elemosinae abbati Cisterciensi, *De Christiano monacho* (*Analecta Bollandiana*, 52 (1934), p. 5-20, c. 8, spéc. p. 20) – Landais: abbaye cistercienne au diocèse de Bourges, fondée en 1129 par Ulrich, abbé de l'Aumône. Christian: convers illettré, qui, après avoir vécu au «désert» de Gastines en compagnie d'ermites, entra vers 1130 à l'abbaye de l'Aumône, d'où il fut envoyé à l'abbaye de Landais. Il mourut vers 1186 en route pour Cîteaux où il avait été appelé à la suite de la révélation de ses mérites. Cf. LXXVI, 2 récit analogue.

799. (LXXIII, 3) Silvain, un comédien entré au monastère de Saint-Pacôme fut d'abord un moine dissipé. Pris en main par son abbé, il devint un modèle d'humilité dont l'abbé faisait un grand éloge.

Vita sancti Pachomii, abbatis Tabennensis, 38 (PL 73, 255C-D) – Saint Pacôme, cf. IX, 11 – Cf. XVII, 2, récit analogue.

[LXXIV]. DE LA PUISSANCE DE LA PRIÈRE

800. (LXXIV, 1) Le pape Hildebrand vit le Christ se détourner de sa prière pour écouter celle de l'abbé Hugues de Cluny.

Guillaume de Malmesbury, *De gestis regum Anglorum*, III, 264 (éd. R. A. B. Mynors, R. M. Thomson, M. Winterbottom, Oxford, 1998, t. 1, p. 487-489); Hélinand de Froidmont, *Chronicon*, a. 1074 (PL 212, 961B-C) – Hildebrand, cf. LXXIII, 1; Hugues abbé de Cluny, cf. IV, 25. Dans le texte latin, *speciosus – hominum* renvoie à une antienne régulièrement utilisée pour l'office de la Nativité du Christ, et de son octave.

801. (LXXIV, 2) Une nuit, le frère Christian en prière vit des petits Éthiopiens dans le cloître à l'endroit où quelques jeunes oisifs avaient l'habitude de proférer des paroles oiseuses et de faire preuve d'indiscipline. Il se prosterna en oraison parmi les démons et ils disparurent.

Cf. Reynoldus abbas Elemosinae abbati Cisterciensi, *De Christiano monacho* (*Analecta Bollandiana*, 52 (1934), p. 5-20, c. 7, spéc. p. 19-20) – Christian, moine, cf. LXXIII, 2.

802. (LXXIV, 3) Epvre, évêque de la cité des Leuques (Toul), se rendit à Chalon-sur-Saône et se prosterna aux pieds du juge Adrien pour obtenir la grâce de trois condamnés. En vain. L'évêque se mit à prier: les prisonniers furent libérés miraculeusement, un diable s'empara violemment du juge qui mourut sur le champ.

Le miracle attribué à Epvre ressemble à celui dont Grégoire de Tours gratifie les saints Grégoire et Nizier dans ses *Vitae patrum*; voir Grégoire de Tours, *Vie des Pères*, trad. franç. par H. L. Bordier, Paris, Éd. O.E.I.L. et Ymca Press, 1985, p. 67, par. 3 et p. 85, par. 10.

Epvre, sixième évêque de Toul (500-507); Chalon-sur-Saône, cf. XLVII, 3.

803. (LXXIV, 4) Un monastère conservait la crypte avec la fontaine où saint Grégoire venait boire et se reposer en été. Une chienne qui vint y faire ses petits y mourut subitement.

Hélinand de Froidmont, *Chronicon*, a. 1077 (PL 212, 970B-C) – Grégoire le Grand, cf. I, 5.

[LXXV]. Contre ceux qui cèdent au sommeil

804. (LXXV, 1) A Igny, un moine qui luttait contre le sommeil pendant l'office se sentit libéré par le contact d'une main mystérieuse. Il en parla à l'abbé du monastère, Pierre, qui lui dit qu'un moine dans les mêmes difficultés avait vu un jour un enfant couronné lui recommander l'attention à l'office.

   Pierre, abbé d'Igny, cf. III, 3; Igny, abbaye, cf. III, 3.

805. (LXXV, 2) Un jour, saint Bernard dit à ses moines qu'il avait vu l'ange du Seigneur encenser ceux qui ne dormaient pas pendant l'office.

   Saint Bernard, cf. II, 43.

806. (LXXV, 3) Après sa mort, un maître des novices apparut avec la tête et les pieds enflés parce qu'il avait coutume de dormir pendant l'office des morts.

[LXXVI]. De la ruse du diable

807. (LXXVI, 1) Christian, un jeune homme originaire du Maine, entra à l'abbaye de Gastines située dans l'archevêché de Tours. Là, il dut lutter contre des tentations charnelles. Le diable lui conseilla alors des pèlerinages pour lui faire quitter son ordre. Mais, ayant invoqué Dieu devant une église, il sentit une odeur épouvantable à côté de lui, comprit la ruse du diable et retourna chez ses frères.

   Reynoldus abbas Elemosinae abbati Cisterciensi, *De Christiano monacho* (*Analecta Bollandiana*, 52 (1934), p. 5-20, c. 2, spéc. p. 15-16) – Gastines, communauté d'ermites soumis à la règle de Saint-Augustin vers 1138 (Indre-et-Loire, arr. de Tours, cant. de Chateaurenault); Christian, moine, cf. LXXIII, 2.

808. (LXXVI, 2) Un certain frère Christian entra chez les Cisterciens, à l'abbaye de l'Aumône. Les diables essayèrent de l'en détourner. Une voix divine lui enseigna un verset du psaume 53 dont il se servit comme d'un bouclier. Les démons prétendirent que c'étaient eux qui le lui avaient appris. Simple et illettré, Christian interrogea des clercs et, par la grâce de Dieu, connut tout le psaume. Une voix du ciel dit au frère Christian que les moines qui étudiaient après l'office étaient les martyrs de Dieu. La même année, une foule de démons ayant entouré le monastère au point de couvrir l'espace de la terre au ciel et Christian se demandant comment s'en sortir, une voix céleste lui dit: «Seule l'humilité s'évadera des filets diaboliques.» Peu après, dissipant les cohortes des diables, Marie, reine des anges, vint au secours de ses moines.

Reynoldus abbas Elemosinae abbati Cisterciensi, *De Christiano monacho* (*Analecta Bollandiana*, 52 (1934), p. 5-20, c. 5-6, spéc. p. 17-19) – Christian, moine, cf. LXXIII, 2. Cf. LXXIII, 2, récit analogue.

Le compilateur n'a pas indiqué la source de cet *exemplum*. En revanche, une mention a été ajoutée en marge du manuscrit par une autre main: *De libro illustrium virorum cisterciensium*. Cet ouvrage n'a pu être identifié.

809. (LXXVI, 3) Hugues, abbé de Bonnevaux, lorsqu'il était novice au Miroir, eut à lutter contre la tentation. Il pria et pleura, et vit sur l'autel la Vierge Marie qui lui fit voir les principales scènes de la vie de Jésus. Il s'astreignit alors à des abstinences excessives. Saint Bernard vint visiter l'abbaye et s'entretint avec lui. Il le fit conduire à l'infirmerie et donna l'ordre de ne l'astreindre à aucune règle, qu'il s'agisse des repas ou du silence, et même d'avancer pour lui l'heure des vigiles de manière à préserver son sommeil. Hugues retrouva la santé et fut élu abbé de Bonnevaux.

Hélinand de Froidmont, *Chronicon*, a. 1185 (PL 212, 1078A-C) – Hugues, cistercien au Miroir v. 1138, abbé de Bonnevaux en 1169, mort en 1183 ou 1191; Saint Bernard, cf. II, 43; abbaye de Bonnevaux, cf. XLV, 5; abbaye cistercienne du Miroir: fondée en 1131 par Humbert de Coligny en Bourgogne.

[LXXVII]. DE LA PERSÉVÉRANCE

810. (LXXVII, 1) Un moine de Bonnevaux, tenté de retourner dans le siècle, resta à l'abbaye grâce à l'intervention de l'abbé Hugues. Deux jours avant sa mort, alors qu'il souffrait terriblement, Job lui apparut dans une lumière qui éclairait toute l'infirmerie et lui annonça qu'il le rejoindrait bientôt. Peu après, le moine défunt dans toute sa gloire vint remercier l'abbé Hugues de l'avoir retenu.

Hélinand de Froidmont, *Chronicon*, a. 1185 (PL 212, 1078C-1079A); *Miracula* [*De quibusdam miraculis*], Paris, BnF, ms. lat. 3175, fol. 149-

149v – Hugues, abbé de Bonnevaux, cf. supra ; abbaye de Bonnevaux, cf. XLV, 5.

811. (LXXVII, 2) Par la voix de la sœur Gilla, les religieuses de Marcigny, retenues par leur vœu de clôture, refusèrent de fuir l'incendie de leur monastère, malgré l'ordre donné par Hugues, archevêque de Lyon et légat du pape Urbain ; elles le sommèrent de commander plutôt au feu. Ce qu'il fit au nom de saint Pierre et le feu se retira.

Pierre le Vénérable, *De Miraculis*, I, 22 (CCCM 83, p. 64-68 ; Torrell-Bouthillier, p. 148-152) – Hugues, archevêque de Lyon, cf. XLV, 6 ; Saint Pierre, cf. XXI, 2 ; Marcigny-les-Nonnains, monastère, cf. XLV, 6 – Cf. XLV, 6, récit analogue.

[LXXVIII]. De la vénération de la Vierge mère

812. (LXXVIII, 1) En Angleterre, un solitaire accepta d'intercéder auprès de la Vierge pour un homme toujours en proie à la tentation. Elle apparut à l'ermite et lui dit que l'homme était libéré de la tentation. La Vierge était vêtue de blanc, mais pleurait des larmes de sang à cause de l'ordre des Cisterciens qu'elle jugeait en pleine décadence.

813. (LXXVIII, 2) Vigoureuse exhortation aux Cisterciens pour leur redressement, prenant pour exemple la constance du martyr saint Genès à Rome et se terminant par une louange à la Vierge.

M. A. Polo de Beaulieu, 'La légende du cœur inscrit d'Ignace dans la littérature religieuse et didactique', in *ead.*, *Éducation, prédication et cultures au Moyen Âge*, Lyon, Presses universitaires de Lyon, 1999, p. 184-196, spéc. p. 189 – Saint Genès (IVe s.) : comédien, alors qu'il tenait sur une scène de Rome le rôle d'un païen qui reçoit le baptême et que l'on tourne en dérision pour cette raison, il se convertit et se déclara chrétien. Comme il ne voulait pas se dédire, malgré les tortures, il fut condamné à être décapité

814. (LXXVIII, 3) En Grèce, le martyr Nimias torturé ordonna au tyran de fendre son cœur par le milieu. Ce qui fut fait et l'on y trouva une très belle image du Christ en croix.

M. A. Polo de Beaulieu, 'La légende du cœur inscrit d'Ignace dans la littérature religieuse et didactique', *op. cit.*, n° 813, p. 189 – Tubach 1338.

[LXXIX]. Du *Salve Regina*

815. (LXXIX, 1) Effet du *Salve Regina* : pendant le chant, la Vierge apparut parfois dans le chœur le Livre à la main. La tempête cessa sur une grange tandis que le prieur et le couvent chantaient l'hymne.

Tubach 4169.
Hymne *Salve Regina* : U. Chevalier, *Repertorium Hymnologicum*, n° 18150; Cl. Blume und G. M. Dreves, *Analecta Hymnica*, t. 50, Leipzig, 1907, n° 245 (p. 318-319). Cette hymne apparaît dans les liturgies clunisienne et cistercienne au XIIe siècle, marquant ainsi l'importance du culte marial à cette date; voir Ch. Waddell, 'La Vierge dans la liturgie cistercienne au XIIe siècle', in J. Longère, dir., *La Vierge dans la tradition cistercienne*, Paris, 1999, p. 123-136, spéc. p. 134; G. Iversen, *Chanter avec les anges. Poésie dans la messe médiévale. Interprétations et commentaires*, Paris, Cerf (coll. Patrimoines Christianisme), 2001, spéc. p. 178.

816. (LXXIX, 2) Romulus déclara que son palais ne tomberait pas tant qu'une vierge ne mettrait pas au monde un enfant. Le jour de la naissance de Jésus, son palais s'effondra.

Mirabilia urbis Romae, 6, éd. R. Valentini, G. Zuchetti, *Codice topografico della città di Roma*, 3, 1946, p. 21-22. Récit attesté dans la *Legende dorée* (trad. A. Boureau *et al.*), chap. 6 : De la Nativité du Seigneur, spéc. p. 52 et chez Barthélemy de Trente, *Liber epilogorum*, p. 33-34. Ce serait sur les ruines de ce temple dédié à Romulus (et non le palais de Romulus comme l'affirme l'*exemplum*) que l'église Sainte-Marie-la-Nouvelle aurait été construite par le pape Léon IV (847-855). Romulus, fondateur et premier roi légendaire de Rome (753 av. J.-C.).

[LXXX]. De la mémoire de la mort

817. (LXXX, 1) Benoît, un adolescent entré à l'abbaye de Fountains, sur le point de mourir, dit au frère médecin Herbert que saint Benoît lui avait annoncé qu'il passerait par la Géhenne, et demanda que l'on prie pour lui. Après sa mort, alors que le frère Herbert veillait et chantait des psaumes pour lui, il lui apparut et lui raconta qu'il était passé très rapidement dans le feu de la Géhenne. Cependant, il ne pouvait fermer complètement la bouche, car, par honte, il s'était souvent tu à l'église. Puis, il donna à Herbert un aperçu du feu de la Géhenne. Peu après, le frère Benoît apparut à un moine pour lui expliquer en détail comment il pouvait sortir de son cercueil et y rentrer sans l'ouvrir. Le moine pria alors le défunt de demander à la Vierge s'il était bien de sa *familia* et, quarante jours plus tard, frère Benoît fit une dernière apparition.

Saint Benoît de Nursie, cf. I, 7 ; Fountains, abbaye cistercienne de Grande-Bretagne.

818. (LXXX, 2) En Angleterre, un homme riche, sur le point de mourir, donna un anneau à son fils ainé. Celui-ci le perdit quelques années plus tard et s'adressa à la Vierge envers laquelle il avait une véritable dévotion. Elle lui apparut en songe avec cet anneau au doigt et le lui rendit.

Miracula [*De quibusdam miraculis*], Paris, BnF, ms. lat. 3175, fol. 150v.

819. (LXXX, 3) En Gaule, un chevalier très dévot à la Vierge entendit parler d'une jeune fille anglaise que la Vierge aimait particulièrement. Il pria chaque jour pour la rencontrer. Une fois, en songe, la Vierge lui apparut avec une jeune fille à ses pieds. Elle lui demanda de lui prêter hommage, ce qu'il accomplit. La jeune fille fut choisie comme témoin. Plus tard, de passage en Angleterre, il rencontra cette jeune fille dans la maison de son père ; ils se reconnurent mutuellement.

Miracula [*De quibusdam miraculis*], Paris, BnF, ms. lat. 3175, fol. 150v – Poncelet n° 1065.

820. (LXXX, 4) En Angleterre, une pauvre veuve fit apprendre les lettres à son fils. Celui-ci se révéla très doué. A la Purification, il chantait admirablement le *Gaude Maria Virgo* dans les rues de la ville pour gagner de l'argent. Mais un jour, il fut tué par un Juif mis en colère par le verset : « Que le malheureux juif rougisse », et son corps fut jeté dans une fosse cachée dans la maison du meurtrier. Sa mère le chercha dans toute la ville, et quand elle entra dans le quartier juif, le chant de l'enfant se fit entendre. On le retrouva sain et sauf dans sa fosse avec une cicatrice au cou, sauvé par l'intervention de Marie.

Miracula [*De quibusdam miraculis*], Paris, BnF, ms. lat. 3175, fol. 150v-151 – *Gaude Maria Virgo* : antienne très utilisée dans la liturgie de l'Occident médiéval pour les fêtes mariales. Selon H. Barré, *Prières anciennes de l'Occident à la mère du Sauveur*, Paris, 1963, p. 35 : la prière *Gaude Maria Virgo, cunctas haereses sola interemisti in uniuerso mundo* a peut-être une origine byzantine. Le verset sur le juif se trouve dans les versions suivantes: PL 78, col. 746 B (pour la Purification de la Vierge), PL 78, col. 799B (pour l'Assomption de la Vierge). H. Barré renvoie à: L. Brou, *Ephemerides Liturgicae*, 62 (1948) p. 321-362 et 65 (1951) p. 28-33; et aux *Acta Bollandiana*, 68 (1948) p. 357 – Poncelet n° 487.

821. (LXXX, 5) Un moine cistercien qui avait supporté très difficilement ses douze années de vie monastique revint dire à son abbé après sa mort qu'il avait été reconnu comme martyr.

Miracula [*De quibusdam miraculis*], Paris, BnF, ms. lat. 3175, fol. 151-151v.

822. (LXXX, 6) Un prêtre qui desservait deux paroisses devait traverser un bois pour aller de l'une à l'autre. Un jour, il se trouva en face d'un brigand, lequel lui demanda qui il était. Il répondit qu'il était un serviteur de Dieu. Frappé par cette formule, le brigand songea que lui était un serviteur du diable et décida de se convertir. Il vint donc trouver le prêtre. Or, celui-ci avait une concubine. Bouleversé par la conversion du brigand, il décida lui aussi de changer de vie. Tous les deux entrèrent dans un monastère cistercien: l'un convers, l'autre moine; ils y moururent le même jour et furent enterrés dans la même tombe.

823. (LXXX, 7) Un convers qui n'avait jamais fait le moindre reproche à ses frères pour leurs négligences, malgré les injonctions de son abbé à accomplir la correction fraternelle, refusa de se confesser au moment de sa mort.

Miracula [*De quibusdam miraculis*], Paris, BnF, ms. lat. 3175, fol. 154.

824. (LXXX, 8) Deux frères assistaient un prêtre qui célébrait la messe. À cause d'un saignement de nez, l'un dut se retirer et l'autre ne put monter jusqu'à l'autel. Un convers vit alors une personne les remplacer dans leur office et disparaître aussitôt après.

Miracula [*De quibusdam miraculis*], Paris, BnF, ms. lat. 3175, fol. 154.

825. (LXXX, 9) Un abbé bénédictin menait une vie dissolue qui désolait les deux jeunes moines affectés à son service. Une nuit, déguisés en anges et après avoir allumé une foison de cierges, ils lui administrèrent une sévère correction en lui enjoignant de s'amender au plus vite. L'abbé s'exécuta et, quelque temps après, les jeunes gens lui révélèrent leur stratagème.

[LXXXI.]

826a (LXXXI, 1) Un convers de Clairvaux, remarquable par sa douceur et son humilité, disait un *Notre Père* chaque fois qu'un conflit opposait les frères, et pour beaucoup cette façon de réagir devint une règle. Un jour ce convers, dépouillé par des voleurs de son cheval et de son chargement, se mit à prier pour eux. Saisis de remords, les brigands demandèrent pardon et lui rendirent ce qu'ils lui avaient pris. Le jour de sa mort, un moine mourant dans un monastère éloigné de Clairvaux eut la vision de l'accueil triomphal qui se préparait dans l'au-delà pour le recevoir.

Herbert von Clairvaux und sein Liber miraculorum, LX, p. 232-235, 2-43. Herbert de Clairvaux, *Fragmenta ex libris de miraculis*, III, 8 (PL 185, 459D-460C); Conrad d'Eberbach, *Exordium Magnum Cisterciense*, d. 4, c. 20 (éd. Griesser, p. 246-248); Conrad d'Eberbach, *Le Grand Exorde*, p. 246-248, 2-39.

826b (LXXXI, 2) Saint Bernard, racontant à ses frères la vision d'un moine mourant sur l'accueil triomphal qui se préparait dans l'Au-delà, pour un pieux convers, leur reproche leur étonnement, preuve de leur manque de foi.

Herbert von Clairvaux und sein Liber miraculorum, LX, p. 235, 44-48. Herbert de Clairvaux, *Fragmenta ex libris de miraculis*, III, 9 (PL 185, 460C-461C); Conrad d'Eberbach, *Exordium Magnum Cisterciense*, d. 4, c. 20 (éd. Griesser, p. 246-248); Conrad d'Eberbach, *Le Grand Exorde*, p. 248-249, 40-44. Dans le texte latin, *qua – moriuntur* envoie à l'antienne *Audivi – moriuntur* (CAO, t. III, n° 1528).

827. (LXXXI, 3) Robert, abbé de Clairvaux, vit en songe deux anges joncher de fleurs le seuil de l'église pour accueillir un frère mourant.

Herbert von Clairvaux und sein Liber miraculorum, XII, p. 121, 2-8. Herbert de Clairvaux, *Liber miraculorum*, lib. 1, c. 8 (PL 185, 1285-1286); Conrad d'Eberbach, *Exordium Magnum Cisterciense*, d. 2, c. 23 (éd. Griesser, p. 122-123); Conrad d'Eberbach, *Le Grand Exorde*, p. 92-93.

Robert de Bruges, premier successeur de saint Bernard, abbé de Clairvaux de 1153 à 1157.

828. (LXXXI, 4) Un frère eut la vision de vêtements splendides préparés dans l'infirmerie de Clairvaux. Il lui fut révélé que ces parures représentaient les prières dont les frères devaient accompagner l'un des leurs qui venait de mourir et qui durant sa vie, quoique homme de bonne volonté, s'était parfois montré négligent.

Herbert von Clairvaux und sein Liber miraculorum, XXXII, p. 181, 1-7; Herbert de Clairvaux, *Liber miraculorum*, lib. 1, c. 9 (PL 185, 1286); Conrad d'Eberbach, *Exordium Magnum Cisterciense*, d. 4, c. 14 (éd. Griesser, p. 239-240); Conrad d'Eberbach, *Le Grand Exorde*, p. 238-239.

829. (LXXXI, 5) Un moine de Clairvaux, de santé délicate, attachait une importance excessive aux aliments et à la recherche de médicaments. Une vision de la Vierge le remit sur la bonne voie.

Herbert von Clairvaux und sein Liber miraculorum, XXIX, p. 176, 1-9; Herbert de Clairvaux, *Liber miraculorum*, lib. 3, c. 14 (PL 185, 1365-1366); Conrad d'Eberbach, *Exordium Magnum Cisterciense*, d. 3, c. 21 (éd. Griesser, p. 199-200); Conrad d'Eberbach, *Le Grand Exorde*, p. 189-191.

830. (LXXXI, 6) Alquirin, moine de Clairvaux, qui soignait les malades, tout particulièrement les indigents et les pèlerins comme si chacun d'eux représentait le Christ crucifié, eut la vision du Christ, mains et côté percés, épongeant le sang avec des linges qu'il jetait à terre et que lui, Alquirin, recueillait précieusement. Il mourut la nuit précédant la Saint-Martin connaissant l'heure de son trépas et assuré de son salut par une apparition du Christ, ainsi qu'il le révéla à son abbé.

Herbert von Clairvaux und sein Liber miraculorum, XXX, p. 177, 1-35; Herbert de Clairvaux, *Liber miraculorum*, lib. 3, c. 15 (PL 185, 1366-1368); Conrad d'Eberbach, *Exordium Magnum Cisterciense*, d. 4, c. 1 (éd. Griesser, p. 224-225); Conrad d'Eberbach, *Le Grand Exorde*, p. 219-221.

Alquirin, moine de Clairvaux, v. 1145; Ponce de Polignac, abbé de Grandselve, cinquième abbé de Clairvaux de 1165 à 1170, évêque de Clermont, mort le 2 avril 1185.

831. (LXXXI, 7) Un moine de Clairvaux, tourmenté par ses péchés, reçut la vision du Christ célébrant la messe et élevant le calice rempli des larmes de sainte Madeleine, la pénitente.

Herbert von Clairvaux und sein Liber miraculorum, XLII, p. 200, 1-8; Herbert de Clairvaux, *Liber miraculorum*, lib. 3, c. 16 (PL 185, 1368); Conrad d'Eberbach, *Exordium Magnum Cisterciense*, D. 4, c. 2 (éd. Griesser, p. 226); Conrad d'Eberbach, *Le Grand Exorde*, p. 221-222. Tubach 927.

832. (LXXXI, 8) Un moine de Clairvaux se vit en songe sur le point de périr dans un lac et sauvé par le Christ marchant sur les flots.

Une autre fois encore, alors qu'il recherchait désespérément un signe de la miséricorde divine, il tomba en extase pendant des vigiles et crut sentir sur sa tête comme un rasoir rapide et léger. Peut-être pourtant ne s'agissait-il que d'une somnolence.

Herbert von Clairvaux und sein Liber miraculorum, XLII, p. 200-201, 9-17; Herbert de Clairvaux, *Liber miraculorum*, lib. 3, c. 17 et 18 (PL 185, 1368-1369); Conrad d'Eberbach, *Exordium Magnum Cisterciense*, d. 4, c. 2 (éd. Griesser, p. 226-227); Conrad d'Eberbach, *Le Grand Exorde*, p. 222-223.

833. (LXXXI, 9) Arnoul de Majorque, originaire de Flandre, comblé de richesses et chef d'une lignée prospère, fut converti par saint Bernard, cependant son engagement fut gardé secret et différé. Mais un simple paysan, requis par une voix céleste, vint chercher Arnoul pour entrer avec lui à Clairvaux. Comme saint Bernard ne lui infligeait que la récitation de trois *Pater* pour la pénitence de ses fautes passées, Arnoul protesta craignant qu'un châtiment si léger n'alourdisse gravement celui de l'Au-delà. Par la suite ses scrupules ne lui laissèrent pas de repos, non plus que les souffrances physiques. Un jour, durant les vêpres, un moine vit un ange s'approcher d'Arnoul et lui soutenir la tête quand il s'inclinait. Au moment de mourir, alors qu'il avait reçu le sacrement des malades, il sortit du coma pour proférer des paroles inattendues de la part d'un laïc illettré.

Herbert von Clairvaux und sein Liber miraculorum, XIII, p. 122, 1-64; Herbert de Clairvaux, *Liber miraculorum*, lib. 1, c. 11 (PL 185, 1287-1290); Conrad d'Eberbach, *Exordium Magnum Cisterciense*, d. 3, c. 19 (éd. Griesser, p. 194-198); Conrad d'Eberbach, *Le Grand Exorde*, p. 184-188.

Arnoul de Majorque: moine à Clairvaux v. 1147, mort en 1155. Herbert semble être la première source concernant Arnoul.

834. (LXXXI, 10) Un homme vénérable de Clairvaux avait été dans sa jeunesse un clerc amateur du spectacle qu'offraient les joueurs de dés. Un jour alors qu'il occupait ainsi son temps, une main invisible lui administra une rude correction. Il se crut mort sans avoir pu faire pénitence et, envahi par la contrition, obéit à la voix qui lui enjoignait de se rendre à Clairvaux où il trouverait le salut. Dès le lendemain matin, il abandonna famille et biens et se rendit à l'abbaye.

Herbert von Clairvaux und sein Liber miraculorum, XLV, p. 207-208, 1-18. Herbert de Clairvaux, *Liber miraculorum*, lib. 1, c. 12 (PL 185, 1290-

1291); Conrad d'Eberbach, *Exordium Magnum Cisterciense*, d. 4, c. 6 (éd. p. 231-233); Conrad d'Eberbach, *Le Grand Exorde*, p. 228-230. Cf. J.-Y. Tilliette, 'Belles lettres et mauvais rêves', in A. Corbellari et J.-Y. Tilliette, éd., *Le rêve médiéval. Études littéraires*, Genève, Droz, 2007, p. 14-36, sp. p. 19-27.

835. (LXXXI, 11) Saint Bernard ordonna à un frère mourant d'attendre les matines pour rendre l'âme, afin de ménager le court repos des moines.

Herbert von Clairvaux und sein Liber miraculorum, XIV, p. 127, 1-11; Herbert de Clairvaux, *Liber miraculorum*, lib. 1, c. 13 (PL 185, 1291); Conrad d'Eberbach, *Exordium Magnum Cisterciense*, d. 2, c. 9 (éd. Griesser, p. 103-104); trad. p. 72.

836. (LXXXI, 12) Au moment de mourir, un convers vit les anges entourer son lit.

Herbert von Clairvaux und sein Liber miraculorum, LXII, p. 237, 2-6. Herbert de Clairvaux, *Liber miraculorum*, lib. 1, c. 14 (PL 185, 1291); Conrad d'Eberbach, *Exordium Magnum Cisterciense*, d. 4, c. 23 (éd. p. 250); trad., p. 251-252.

837. (LXXXI, 13) Un frère convers, bouvier à Clairvaux, vit en songe le Christ tenir l'aiguillon et conduire les bœufs avec lui. Il mourut six jours plus tard.

Herbert von Clairvaux und sein Liber miraculorum, LXIII, p. 238, 2-7. Herbert de Clairvaux, *Liber miraculorum*, lib. 1, c. 15 (PL 185, 1291-1292); Conrad d'Eberbach, *Exordium magnum.*, d. 4, c. 18 (éd. Griesser, p. 243-244); trad., p. 243-244.

838. (LXXXI, 14) Un convers de Clairvaux à l'approche de la mort se mit à parler latin, à disserter avec autorité sur les textes sacrés et à chanter des cantiques d'une douceur exquise.

Herbert von Clairvaux und sein Liber miraculorum, LXIV, p. 239, 2-4. Herbert de Clairvaux, *Liber miraculorum*, lib. 1, c. 16 (PL 185, 1292); Conrad d'Eberbach, *Exordium Magnum Cisterciense*, d. 4, c. 17 (éd. Griesser, p. 242-243); trad. p. 241-243.

839. (LXXXI, 15) Un convers de Clairvaux qui avait quitté l'abbaye à trois reprises avant d'y rester définitivement supporta avec patience l'abjection et les douleurs intolérables d'un cancer, durant plusieurs années, confiant dans la vertu purificatrice de ces souffrances. Au moment ultime, ayant la vision d'une gloire et d'une douceur surnaturelles, il se mit à chanter. En chapitre, saint Bernard évoqua cet exemple de pénitence et de patience.

Herbert von Clairvaux und sein Liber miraculorum, LXV, p. 240-241, 2-18. Herbert de Clairvaux, *Liber miraculorum*, lib. 1, c. 17 (PL 185, 1292-1293); Conrad d'Eberbach, *Exordium Magnum Cisterciense*, d. 4, c. 16 (éd. Griesser, p. 241-242); trad. p. 239-241.

840. (LXXXI, 16) Un convers de l'abbaye de Mores, du nom de Gérard, menait une guerre sans merci contre lui-même et se montrait particulièrement soucieux de vivre en paix avec ses frères. Au moment de mourir, il vit le Christ venir accompagné des douze apôtres l'attendre dans l'église.

Herbert von Clairvaux und sein Liber miraculorum, LXVI, p. 242-243, 2-15. Herbert de Clairvaux, *Liber miraculorum*, lib. 1, c. 18 (PL 185, 1293-1294).

Mores, abbaye cistercienne Notre-Dame-de-Mores, diocèse de Langres, fille de Clairvaux fondée en 1153 (Aube, arr. Troyes, cant. Mussy-sur-Seine, comm. Celle-sur-Ource).

841. (LXXXI, 17) Dans une église paroissiale, durant la messe, un frère de Clairvaux vit le Christ sous l'apparence d'un bel enfant manifester son aversion pour un prêtre indigne.

Herbert von Clairvaux und sein Liber miraculorum, XXI, p. 146-147, 44-50; Herbert de Clairvaux, *Liber miraculorum*, lib. 1, c. 19, dernier paragraphe (PL 185, 1294); Conrad d'Eberbach, *Exordium Magnum Cisterciense*, d. 4, c. 4, dernier par. (éd. Griesser, p. 230-231); trad. p. 227; *Collectaneum exemplorum et visionum Clarevallense*, II, 15 (CCCM 208, p. 237-238, n° 44). Tubach 1033.

842. (LXXXI, 18) Récit de Richard, abbé de Savigny: dans une église de Normandie un marguillier voyait chaque jour durant la messe, l'enfant de gloire se tenir sur l'autel et rendre son baiser au prêtre au moment où celui-ci baisait l'hostie. Ce prodige disparut lorsqu'un différend opposa le prêtre à l'un de ses voisins. Il fit tuer un porc par son chien. Averti, le prêtre s'empressa de réparer le dommage qu'il avait causé et retrouva la faveur divine. Le marguillier put voir, le jour des Rogations, deux groupes d'esprits, les bons et les mauvais accompagner les processions, les premiers s'approchant quand on chantait les psaumes, les seconds quand résonnaient des chansonnettes.

Herbert de Clairvaux, *Liber miraculorum*, lib. 1, c. 21 (PL 185, 1297-1298); Conrad d'Eberbach, *Exordium Magnum Cisterciense*, d. 5, c. 14, premier par. seulement (éd. Griesser, p. 315-316); trad. p. 332-334; *Collectaneum exemplorum et visionum Clarevallense*, II, 9 (CCCM 208, p. 230-231, n° 38).

Richard de Curcy, abbé de Savigny de 1154 à 1158; Savigny-le-Vieux, abbaye bénédictine fondée par Vital de Mortain en 1112, qui rejoint l'ordre cistercien en 1147 (diocèse d'Avranches).

843. (LXXXI, 19) Un frère de Clairvaux gardait longtemps en bouche un parfum de miel après qu'il eut reçu l'hostie. Mais ce miel se changea en une absinthe amère après qu'il eut fait un reproche excessif à l'un de ses amis.

Herbert von Clairvaux und sein Liber miraculorum, XXX, p. 180, 2-8; Herbert de Clairvaux, *Liber miraculorum*, lib. 1, c. 22 (PL 185, 1298-1299); Conrad d'Eberbach, *Exordium Magnum Cisterciense*, d. 4, c. 3 (éd. Griesser, p. 227-228); trad. p. 223-224. Allusion à l'épisode décrit en Matth. 5, 24.

844. (LXXXI, 20) Un moine de Clairvaux eut la vision du Christ crucifié le vendredi saint alors qu'il se trouvait dans le cloître.

Herbert von Clairvaux und sein Liber miraculorum, XXVI, p. 171, 1-5; Herbert de Clairvaux, *Liber miraculorum*, lib. 1, c. 23 (PL 185, 1299); Conrad d'Eberbach, *Exordium Magnum Cisterciense*, d. 4, c. 5 (éd. Griesser, p. 231); trad. p. 227-228.

845. (LXXXI, 21) Gautier, un laïc illettré, «vestiaire» à Clairvaux célébra dans un songe la messe du Saint Esprit et dès lors il la garda en mémoire.

Herbert von Clairvaux ind sein Liber miraculorum, LXVIII, p. 247, 2-5; Herbert de Clairvaux, *Liber miraculorum*, lib. 1, c. 32 (PL 185, 1304); Conrad d'Eberbach, *Exordium Magnum Cisterciense*, d. 4, c. 15 (éd. Griesser, p. 240); trad. p. 239.

846. (LXXXI, 22) Lorsqu'il était encore novice un frère de Clairvaux parvenu à l'extase vit apparaître saint Paul revêtu des ornements sacerdotaux, qui l'assura de son salut. Plus tard, la Vierge lui apparut aussi et le prenant par la main le conduisit jusqu'à une demeure de lumière où elle pénétra le laissant à la porte. Elle lui apparut encore pour lui assurer qu'il la rejoindrait.

Herbert de Clairvaux, *Liber miraculorum*, lib. 1, c. 34 (PL 185, 1306).

847. (LXXXI, 23) Au temps de son noviciat, Anfulsus, frère de Clairvaux, eut la vision du Christ en croix, qui le bénit ainsi qu'un autre novice, mais qui n'eut pas un geste pour un troisième, lequel peu de temps après retourna à la vie séculière.

Herbert von Clairvaux und sein Liber miraculorum, XXXVI, p. 188, 1-10 ; Herbert de Clairvaux, *Liber miraculorum*, lib. 2, c. 2 (PL 185, 1314) ; Conrad d'Eberbach, *Exordium Magnum Cisterciense*, d. 4, c. 9 (éd. Griesser, p. 239) ; Conrad d'Eberbach, *Le Grand Exorde*, p. 232-233.

848. (LXXXI, 24) Un soir de Pâques, alors qu'il se trouvait dans le chœur de l'église, un frère de Clairvaux, durant les vêpres, vit la droite du Seigneur bénir la congrégation. Il ne sut pas clairement s'il veillait ou sommeillait ; il pensa pourtant qu'il veillait et se trouvait en extase.

Herbert von Clairvaux und sein Liber miraculorum, XXXIV, p. 184, 1-6 ; Herbert de Clairvaux, *Liber miraculorum*, lib. 2, c. 3 (PL 185, 1314-1315) ; Conrad d'Eberbach, *Exordium Magnum Cisterciense*, d. 2, c. 21 (éd. Griesser, p. 118-119).

849. (LXXXI, 25) En visite à Clairvaux, André, archidiacre de l'évêché de Verdun, subjugué par la ferveur du lieu, entra immédiatement au monastère, de même qu'un clerc du nom de Geoffroy. Comme il peinait à supporter la dureté de la règle, l'abbé Robert mit la congrégation en prière. Peu après, les pois qui donnaient la nausée au nouveau frère, dégagèrent un goût exquis dans sa bouche.

Herbert von Clairvaux und sein Liber miraculorum, XXXV, p. 185-187, 1-21 ; Herbert de Clairvaux, *Liber miraculorum*, lib. 2, c. 4 (PL 185, 1315-1316) ; Conrad d'Eberbach, *Exordium Magnum Cisterciense*, d. 2, c. 21 (éd. Griesser, p. 119-120).

Robert de Bruges, abbé de Clairvaux de 1153 à 1157, premier successeur de saint Bernard.

850. (LXXXI, 26) Un frère de Clairvaux eut la vision du Seigneur le bénissant et lui-même étreignant et baisant la main céleste.

Herbert von Clairvaux und sein Liber miraculorum, XL, p. 196, 1-8 ; Herbert de Clairvaux, *Liber miraculorum*, lib. 2, c. 5 (PL 185, 1316) ; Conrad d'Eberbach, *Exordium Magnum Cisterciense*, d. 4, c. 10 (éd. Griesser, p. 235-236) ; Conrad d'Eberbach, *Le Grand Exorde*, p. 233.

851. (LXXXI, 27) Un moine de Clairvaux gravement malade, porté à l'extase durant presque la moitié d'une nuit, vit s'entrouvrir le ciel et le Christ descendre pour accueillir un jeune moine mourant. Réveillé, puis guéri, il continua à ressentir le bonheur et la douceur que lui avait provoqués cette vision.

Herbert von Clairvaux und sein Liber miraculorum, XLI, p. 197-199, 1-23 ; Herbert de Clairvaux, *Liber miraculorum*, lib. 2, c. 6 (PL 185, 1316-1318) ; Conrad d'Eberbach, *Exordium Magnum Cisterciense*, d. 3, c. 33 (éd. Griesser, p. 221-223) ; Conrad d'Eberbach, *Le Grand Exorde*, p. 215-216.

852. (LXXXI, 28) Au temps de son noviciat, un frère de Clairvaux vit en esprit apparaître Marie Madeleine. Comme il souhaitait voir la Vierge, une voix l'avertit qu'il ne méritait pas encore une telle vision.

Herbert von Clairvaux und sein Liber miraculorum, XXXVII, p. 189, 1-6 ; Herbert de Clairvaux, *Liber miraculorum*, lib. 2, c. 7 (PL 185, 1318) ; Conrad d'Eberbach, *Exordium Magnum Cisterciense*, d. 4, c. 11 (éd. Griesser, p. 236) ; Conrad d'Eberbach, *Le Grand Exorde*, p. 234.

853. (LXXXI, 29) Un novice de Clairvaux qui priait souvent mains jointes ou mains offertes, sentit une nuit au début des vigiles la présence du Christ qui lui ordonna de lui donner ses mains. Plus tard, devenu moine, il eut une vision semblable.

Herbert von Clairvaux und sein Liber miraculorum, XXXVIII, p. 190, 1-10 ; Herbert de Clairvaux, *Liber miraculorum*, lib. 2, c. 8 (PL 185, 1318) ; Conrad d'Eberbach, *Exordium Magnum Cisterciense*, d. 4, c. 8 (éd. Griesser, p. 234-235) ; Conrad d'Eberbach, *Le Grand Exorde*, p. 232.

854. (LXXXI, 30) Un adolescent de seize ans originaire d'Allemagne, hostile aux Cisterciens, dut faire halte à Clairvaux alors qu'il se rendait à Paris. Après un songe menaçant, dans lequel lui apparurent saint Jean l'Évangéliste, un autre saint sous l'apparence de saint Bernard et le portier Gérard, il entra dans la congrégation. Sa ferveur fut telle que les visions et les songes célestes se multiplièrent en lui et autour de lui, notamment à l'église pendant les offices, particulièrement durant la nuit de Pâques où le Christ lui apparu et lui montra ses mains percées.

Herbert von Clairvaux und sein Liber miraculorum, XXXIX, p. 191-194, 1-44 ; Herbert de Clairvaux, *Liber miraculorum*, lib. 2, c. 9 (PL 185, 1318-1320) ; Conrad d'Eberbach, *Exordium Magnum Cisterciense*, d. 3, c. 18 (éd. Griesser, p. 190-194) ; Conrad d'Eberbach, *Le Grand Exorde*, p. 178-183 ; *Collectaneum exemplorum et uisionum Clarevallense*, IV, 28 (CCCM 208, p. 303, n° 100).

L'*exemplum* évoque des répons de l'office de Pâques : *Angelus Domini* et *Iam surrexit, uenite et uidete*.

855. (LXXXI, 31) Un moine de Clairvaux animé d'une foi particulière à l'égard de saint Jean l'Évangéliste vit apparaître celui-ci avec le Christ à trois reprises : aux vêpres de la Toussaint, quinze jours plus tard et aux vêpres de la fête du saint. Passant alors de l'extase à un léger sommeil, il aperçut le Christ et sa mère entrant dans un palais, le paradis, dont la porte resta ouverte : la porte de la vie ouverte à tous les fidèles jusqu'au jour du jugement.

Herbert von Clairvaux und sein Liber miraculorum, XXVII, p. 172-174, 1-27 ; Herbert de Clairvaux, *Liber miraculorum*, lib. 2, c. 10 (PL 185, 1321-1322) ; Conrad d'Eberbach, *Exordium Magnum Cisterciense*, d 3, c. 32 (éd. Griesser, p. 220-221) ; Conrad d'Eberbach, *Le Grand Exorde*, p. 213-214. Le verset de l'Apocalypse (5, 12) cité en début de récit correspond au dernier verset de l'épître pour la messe de la veille de la fête de la Toussaint.

856. (LXXXI, 32) Simon, abbé du monastère bénédictin de Chézy, avait souhaité entrer à Clairvaux. Il ne put réaliser son vœu qu'après la mort de saint Bernard, celui-ci s'étant refusé à priver le monastère de son abbé.

Herbert von Clairvaux und sein Liber miraculorum, III, 10-21, p. 79-80 ; Herbert de Clairvaux, *Liber miraculorum*, lib. 2, c. 12 (PL 185, 461-462) ; Conrad d'Eberbach, *Exordium Magnum Cisterciense*, d. 3, c. 30 (éd. Griesser, p. 211-212) ; Conrad d'Eberbach, *Le Grand Exorde*, p. 218-219.
Chézy[-sur-Marne], abbaye bénédictine, Aisne, diocèse de Soissons.

857. (LXXXI, 33) Selon le récit de Gérard, abbé de Longpont, l'abbé Simon [saint Bernard] de retour à Clairvaux après un séjour de trois ans à Rome où il avait œuvré pour mettre fin au schisme de Pierre Léon, assura ses frères que durant cette absence il était revenu à trois reprises parmi eux.

Herbert von Clairvaux und sein Liber miraculorum, III, p. 82, 37-44 ; Herbert de Clairvaux, *Liber miraculorum*, lib. 2, c. 14 (PL 185, 463) ; Conrad d'Eberbach, *Exordium Magnum Cisterciense*, d. 2, c. 11 (éd. Griesser, p. 104-105) ; Conrad d'Eberbach, *Le Grand Exorde*, p. 73.
L'abbé dont il est question ici est saint Bernard lui-même et non pas l'abbé Simon (cf. *exemplum* n° 856) ; abbaye cistercienne Notre-Dame de Longpont, diocèse de Soissons, fondée en 1132, Aisne, cant. de Villers-Cotterets ; Gérard, abbé de Longpont de 1153 à 1161 ; Pierre Léon, anti-pape sous le nom d'Anaclet II de 1130 à 1138.

858. (LXXXI, 34) Prodiges et miracles de saint Bernard : tandis qu'il prêchait, sa chaise fut soulevée du sol. Alors qu'il se trouvait dans la région de Provins, par prescience divine il sut qu'un frère de Clairvaux venait de mourir. A Chantemerle, il guérit une malade et à Lagny une infirme.

Herbert von Clairvaux und sein Liber miraculorum, III, p. 83-84, 45-58; Herbert de Clairvaux, *Liber miraculorum*, lib. 2, c. 14 (PL 185, 463-464).

Castrum Pruviense, Provins, Seine et Marne; *Cantamerula*, Chantemerle, Marne, arr. Épernay, cant. Esternay; *Lamniacum*, Lagny-sur-Marne, Seine et Marne, arr. Meaux.

859. (LXXXI, 35) Faisant valoir qu'un long supplice quotidien constituait une punition plus dure qu'une exécution capitale, saint Bernard arracha à la potence de Thibaut de Champagne un bandit et le conduisit à Clairvaux où, comme convers, sous le nom de Constant il vécut en toute obéissance durant plus de trente ans.

Herbert von Clairvaux und sein Liber miraculorum, III, p. 84, 59-78; Herbert de Clairvaux, *Liber miraculorum*, lib. 2, c. 15 (PL 185, 1324-1325); Conrad d'Eberbach, *Exordium Magnum Cisterciense*, d. 2, c. 15 (éd. Griesser, p. 109); Conrad d'Eberbach, *Le Grand Exorde*, p. 78-79.

Thibaut II, comte de Champagne (1125-1152).

860. (LXXXI, 36) Vision rapportée par Ménard, abbé de Mores: le Christ de la croix qu'embrassait saint Bernard détacha ses bras pour étreindre son adorateur.

Herbert von Clairvaux und sein Liber miraculorum, III, p. 90-91, 139-145; Herbert de Clairvaux, *Liber miraculorum*, lib. 2, c. 19 (PL 185, 1328); Conrad d'Eberbach, *Exordium Magnum Cisterciense*, d. 2, c. 7 (éd. Griesser, p. 102-103); Conrad d'Eberbach, *Le Grand Exorde*, p. 70-71.

Mores, cf. 81, 15.

861. (LXXXI, 37) Sur l'intercession de saint Bernard un moine épileptique fut désormais averti de ses crises de manière à pouvoir s'allonger à temps. Néanmoins il garda son mal comme un aiguillon nécessaire à son salut.

Herbert von Clairvaux und sein Liber miraculorum, III, p. 91, 146-154; Herbert de Clairvaux, *Liber miraculorum*, lib. 2, c. 20 (PL 185, 1328-1329); Conrad d'Eberbach, *Exordium Magnum Cisterciense*, d. 2, c. 8 (éd. Griesser, p. 103); Conrad d'Eberbach, *Le Grand Exorde*, p. 71.

862. (LXXXI, 38) Au temps de son noviciat à Cîteaux, saint Bernard oublia un jour les sept psaumes pénitentiels qu'il disait quotidiennement pour sa mère. Averti par l'Esprit, l'abbé Étienne Harding l'en confessa.

Herbert von Clairvaux und sein Liber miraculorum, I, p. 62, 2-12; Herbert de Clairvaux, *Liber miraculorum*, lib. 2, c. 23 (PL 185, 1332); Conrad d'Eberbach, *Exordium Magnum Cisterciense*, d. 1, c. 23 (éd. Griesser, p. 82); Conrad d'Eberbach, *Le Grand Exorde*, p. 47.

L'auteur du manuscrit donne une version plus proche de *l'Exordium magnum* que de l'œuvre d'Herbert.

863a. (LXXXI, 39) Fastrède était abbé de Cambron quand il fut élu abbé de Clairvaux. Il n'était pas venu à l'élection et tenta de se soustraire à sa nouvelle charge en se cachant dans la chartreuse du Val-Saint-Pierre. Une apparition de la Vierge vainquit sa résistance.

Conrad d'Eberbach, *Exordium Magnum Cisterciense*, d 1, c. 32 (éd. Griesser, p. 89-90); Conrad d'Eberbach, *Le Grand Exorde*, p. 55-56, 2-15. Herbert de Clairvaux, *Fragmenta ex libris de miraculis*, VII, 15 (PL 185, 464A-464D); *Herbert von Clairvaux und sein Liber miraculorum*, II, p. 72-73, 2-17.

Fastradus, de la famille de Gaviamez (Hainaut) fut le premier abbé de Cambron de 1148 à 1157, troisième abbé de Clairvaux de 1157 à 1161, élu abbé de Cîteaux en 1161, mort à Paris le 21 avril 1163. Chartreuse du Val-Saint-Pierre, fondée en 1140 (Aisne, arr. et cant. de Vervins, comm. de Braye-en-Thiérache). Cambron, abbaye cistercienne, diocèse de Cambrai, auj. Tournai (Belgique).

863b. (LXXXI, 40) Devenu abbé de Cîteaux, la bonté et la frugalité de Fastrède n'eurent d'égale que sa modestie et sa chasteté.

Conrad d'Eberbach, *Exordium Magnum Cisterciense*, d. 1, c. 32 (éd. Griesser, p. 90-91); Conrad d'Eberbach, *Le Grand Exorde*, p. 56-57, 16-25. Herbert de Clairvaux, *Fragmenta ex libris de miraculis*, VII, 16 (PL 185, 464D-465A); *Herbert von Clairvaux und sein Liber miraculorum*, II, p. 73-74, 18-28.

Sur Fastrède, cf. *exemplum* n° 863a.

863c. (LXXXI, 41) Un jour que le moine chargé du vestiaire avait voulu améliorer le vêtement de Fastrède, ce dernier le lui reprocha, voulant être traité comme un simple moine et pas comme un abbé.

Conrad d'Eberbach, *Exordium Magnum Cisterciense*, d. 1, c. 32 (éd. Griesser, p. 91); Conrad d'Eberbach, *Le Grand Exorde*, p. 57, 26-30. Herbert de Clairvaux, *Fragmenta ex libris de miraculis*, VII, 17 (PL 185, 465B-

466A); *Herbert von Clairvaux und sein Liber miraculorum*, II, p. 74-75, 29-41.
Sur Fastrède, cf. *exemplum* n° 863a.

863d. (LXXXI, 42) Une vision divine avertit Pierre de Toulouse de la mort d'un homme très saint dans l'Ordre six jours avant la mort de Fastrède.

Conrad d'Eberbach, *Exordium Magnum Cisterciense*, d. 1, c. 32 (éd. Griesser, p. 91-92); Conrad d'Eberbach, *Le Grand Exorde*, p. 57-58, 31-44. Herbert de Clairvaux, *Fragmenta ex libris de miraculis*, VII, 18 (PL 185, 466A-466C); *Herbert von Clairvaux und sein Liber miraculorum*, II, p. 75-76, 42-51.
Sur Fastrède, cf. *exemplum* n° 863a.

863e. (LXXXI, 43) Fastrède mourut à Paris où il s'était rendu pour rencontrer le pape Alexandre III qui lui donna les derniers sacrements; le roi de France Louis VII et le pape participèrent au deuil. Le corps fut ramené et enterré à Cîteaux.

Conrad d'Eberbach, *Exordium Magnum Cisterciense*, d. 1, c. 32 (éd. Griesser, p. 92); Conrad d'Eberbach, *Le Grand Exorde*, p. 58, 45-49. Herbert de Clairvaux, *Fragmenta ex libris de miraculis*, VII, 18 (PL 185, 466C); *Herbert von Clairvaux und sein Liber miraculorum*, II, p. 76-77, 52-58.
Sur Fastrède, cf. *exemplum* n° 863a. Alexandre III (1159-1181); Louis VII, roi de France (1137-1180).

863f. (LXXXI, 44) Lors de la mort de Fastrède, un moine d'Angleterre eut la vision d'un ange qui emportait une grande âme, moins grande cependant que celle qu'il avait également vue à la mort de saint Bernard.

Conrad d'Eberbach, *Exordium Magnum Cisterciense*, d. 1, c. 32 (éd. Griesser, p. 92-93); Conrad d'Eberbach, *Le Grand Exorde*, p. 58-59, 50-54. Herbert de Clairvaux, *Fragmenta ex libris de miraculis*, VII, 18 (PL 185, 466C-D); *Herbert von Clairvaux und sein Liber miraculorum*, II, p. 77-78, 59-63.
Sur Fastrède, cf. *exemplum* n° 863a.

864a. (LXXXI, 45) Étienne Harding, moine à Molesmes, puis fondateur de Cîteaux, envoya un des frères à la foire de Vézelay avec la mission d'acheter quatre attelages et pour chacun d'eux, deux forts chevaux, ainsi que des tissus, de la nourriture et tout le nécessaire, en emportant pour tout argent les trois derniers deniers du monastère. Le don d'un homme riche sur le point de mourir permit au moine de revenir avec un chargement inespéré.

Herbert de Clairvaux, *Liber miraculorum*, lib. 2, c. 24 (PL 185, 1333A-1333D); *Herbert von Clairvaux und sein Liber miraculorum*, I, p. 68-70, 2 et 13-34; Conrad d'Eberbach, *Exordium Magnum Cisterciense*, d. 1, c. 28 (éd. Griesser, p. 84-86 et 87-89); Conrad d'Eberbach, *Le Grand Exorde*, p. 49-51, 2-19.

Étienne Harding, abbé de Cîteaux de 1110 à 1133, mort le 28 mars 1134. Molesmes, abbaye bénédictine, fondée en 1075 par Robert de Champagne, au diocèse de Langres.

864b. (LXXXI, 46) Durant un voyage à Rome avec son compagnon, Étienne Harding avait décidé de dire, sans interruption, le psautier en entier chaque jour. Il instaura cette coutume à Molesmes puis dans l'ordre cistercien. Devenu vieux et aveugle, Étienne Harding se démit de sa charge. Gu,i successeur indigne, fut rapidement éliminé.

Herbert de Clairvaux, *Liber miraculorum*, lib. 2, c. 24 (PL 185, 1333D-1334B); *Herbert von Clairvaux und sein Liber miraculorum*, I, p. 71, 35-41; Conrad d'Eberbach, *Exordium Magnum Cisterciense*, d. 1, c. 21 (éd. Griesser, p. 84-86 et 87-89); Conrad d'Eberbach, *Le Grand Exorde*, p. 40, 5.

Sur Étienne Harding, cf. *exemplum* n° 864a.

865a. (LXXXI, 47) Un abbé très religieux d'une abbaye fille de Clairvaux veut se consacrer à la contemplation et quitter son monastère. Pendant un office, il a une vision de saint Bernard qui le conduit au Christ auquel il fait hommage. Le lendemain à la messe, tenant l'hostie dans ses mains, il entend une voix lui dire qu'il n'aura pas de successeur tant qu'il vivra. Il renonce alors à quitter sa charge.

Herbert von Clairvaux und sein Liber miraculorum, VI, p. 102-103, 1-20; Herbert de Clairvaux, *Liber miraculorum*, lLib. 1, c. 26 (PL 185, 1334B-1335A); cf. Conrad d'Eberbach, *Exordium Magnum Cisterciense*, d. 3, c. 16 (éd. Griesser, p. 183-186); Conrad d'Eberbach, *Le Grand Exorde*, p. 173-175, 56 et 60-75; Londres, Brit. Libr., ms. Add. 15833, n° 131.

865b. (LXXXI, 48) Dans sa jeunesse, un abbé avait eu de violentes migraines. Un jour que durant les vigiles il voulait sortir du chœur tant il souffrait, il résista à cette tentation, et au cours de la messe, après la communion, il fut définitivement débarrassé de cette douleur qui s'échappa de sa tête comme une masse.

Herbert von Clairvaux und sein Liber miraculorum, VI, p. 103-104, 21-28; Herbert de Clairvaux, *Liber miraculorum*, lib. 1, c. 26 (PL 185, 1335A-1335C); Londres, Brit. Libr., ms. Add. 15833, n° 131.

866a. (LXXXI, 49) Un moine, qui toute sa vie avait subi les assauts de la luxure, fit preuve de perfection au monastère de Saint-Amand.

Herbert von Clairvaux und sein Liber miraculorum, XXII, p. 148, 1-7; Herbert de Clairvaux, *Liber miraculorum*, lib. 1, c. 1 (PL 185, 1273A-1273C); Conrad d'Eberbach, *Exordium Magnum Cisterciense*, d. 3, c. 13 (éd. Griesser, p. 176); Conrad d'Eberbach, *Le Grand Exorde*, p. 161, 5.

866b. (LXXXI, 50) Un jour, pendant la moisson, alors qu'un moine rendait grâce à Dieu, il vit trois femmes: Marie, sainte Élisabeth et Marie Madeleine venues visiter les moines et les convers. Dès lors, il fit preuve d'une dévotion encore plus grande envers la Vierge. Il garda cachée cette vision durant huit ans et ne la révéla que quarante jours avant sa mort.

Herbert von Clairvaux und sein Liber miraculorum, XXII, p. 148-149, 8-31; Herbert de Clairvaux, *Liber miraculorum*, lib. 1, c. 1 (PL 185, 1274A-1275B); Conrad d'Eberbach, *Exordium Magnum Cisterciense*, d. 3, c. 13 (éd. Griesser, p. 176-177); Conrad d'Eberbach, *Le Grand Exorde*, p. 161-162, 6-23.

866c. (LXXXI, 51) Un jour, l'auteur (du *Liber*) demanda à un moine de lui révéler une de ses consolations divines. Le moine lui révéla une vision lors des moissons. Il ajouta que, quatorze jours après, la Vierge lui apparut avec de beaux vêtements blancs qui lui étaient destinés après sa mort. Le lendemain, il vint raconter cette nouvelle vision à l'auteur malade à l'infirmerie. Il mourut vingt-cinq jours plus tard.

Herbert von Clairvaux und sein Liber miraculorum, XXII, p. 150-152, 32-57; Herbert de Clairvaux, *Liber miraculorum*, lib. 1, c. 1 (PL 185, 1275B-1276B); Conrad d'Eberbach, *Exordium Magnum Cisterciense*, d. 3, c. 13 (éd. Griesser, p. 177-178); Conrad d'Eberbach, *Le Grand Exorde*, p. 162-164, 24-42.

866d. (LXXXI, 52) Un moine avait reçu la prescience de sa mort six jours auparavant: à complies il entendit frapper deux coups sur la tablette des défunts et avait compris que cela annonçait sa propre mort. Il récita l'*Ave Maria* jusqu'à son dernier souffle. Le même jour, un convers mourut et ils furent inhumés ensemble. Un autre moine eut la vision de deux très beaux temples construits à Clairvaux : l'un dans l'infirmerie des moines, l'autre dans celle des convers. Les deux coups de la tablette des défunts et ces deux temples attestent de leur salut, malgré leur différence de sainteté.

Herbert von Clairvaux und sein Liber miraculorum, XXII, p. 152-153, 58-69 ; Herbert de Clairvaux, *Liber miraculorum*, lib. I, c. 1 (PL 185, 1276B-1276D) ; Conrad d'Eberbach, *Exordium Magnum Cisterciense*, d. 3, c. 13 (éd. Griesser, p. 178-179) ; Conrad d'Eberbach, *Le Grand Exorde*, p. 164, 43-53.

867a. (LXXXI, 53) Après avoir vécu en ermite, Pierre de Toulouse rejoignit Clairvaux où il vécut de nombreuses années.

Herbert von Clairvaux und sein Liber miraculorum, XXIV, p. 156, 1-6 ; Herbert de Clairvaux, *Liber miraculorum*, lib. 1, c. 3 (PL 185, 1277D-1278A) ; Conrad d'Eberbach, *Exordium Magnum Cisterciense*, d. 1, c. 32 et d. 3, c. 15 (éd. Griesser, p. 89-93 et p. 180-183) ; Conrad d'Eberbach, *Le Grand Exorde*, p. 57, 34 et p. 166, 2-6.

867b. (LXXXI, 54) Dans sa jeunesse, Pierre de Toulouse avait eu une vision de Dieu en majesté. Il avait une très forte dévotion pour l'eucharistie et un jour, pendant la messe, il vit l'enfant Jésus à la place de l'hostie. Par respect, il ferma les yeux mais continua cependant à avoir la même vision qui se produisit pendant plusieurs mois ; il finit ses jours à Clairvaux.

Herbert von Clairvaux und sein Liber miraculorum, XXIV, p. 156-157, 7-15 et p. 159-161, 45-58 ; Herbert de Clairvaux, *Liber miraculorum*, lib. 1, c. 3 (PL 185, 1278A-1280D) ; Conrad d'Eberbach, *Exordium Magnum Cisterciense*, d. 3, c. 15 (éd. Griesser, p. 180-183) ; Conrad d'Eberbach, *Le Grand Exorde*, p. 166-167, 7-13 et p. 168-170, 40-56.

868. (LXXXI, 55) Guillaume, moine de Saint-Aubin d'Angers, vivait en solitaire et s'imposait des jeûnes très stricts. Il entra à Clairvaux en expiation d'avoir un jour trahi son vœu pour accompagner le repas d'un visiteur. En effet, à peine celui-ci était-il parti, qu'un visiteur entré par la fenêtre le reprit sévèrement.

Herbert von Clairvaux und sein Liber miraculorum, XXV, p. 162, 1-25 ; Herbert de Clairvaux, *Liber miraculorum*, lLib. 1, c. 4 (PL 185, 1280D-1281A, 1281D) ; Conrad d'Eberbach, *Exordium Magnum Cisterciense*, d. 3, c. 16 (éd. Griesser, p. 183-186) ; Conrad d'Eberbach, *Le Grand Exorde*, p. 170-175. Tubach 33.

869. (LXXXI, 56) En Espagne, une moniale qui jeûnait fut tentée par le diable de manger de la viande. Avant de toucher au plat désiré, elle pria Dieu de l'empêcher de le manger si cela devait entraîner sa damnation. Aussitôt, la viande se changea en trois petits corbeaux qu'elle fit jeter dans le fleuve où ils restèrent des années, en témoignage de ce miracle. Guillaume de Saint-Aubin d'Angers, ayant entendu ce récit, fut frappé de componction.

Herbert von Clairvaux und sein Liber miraculorum, XXV, p. 164-165, 26-39; Conrad d'Eberbach, *Exordium Magnum Cisterciense*, d. 3, c. 16 (éd. Griesser, p. 183-186); Conrad d'Eberbach, *Le Grand Exorde*, p. 172-173, 27-39; Herbert de Clairvaux, *Liber miraculorum*, lib. I, c. 4 (PL 185, 1281D-1282D); Tubach 33.

870. (LXXXI, 57) Un frère de Clairvaux, tenté par le retour dans le monde, eut dans la nuit la vision de saint Bernard (accompagné de saint Malachie) qui lui administra une volée de coups de bâton. A son réveil, il dut séjourner à l'infirmerie; il se confessa à son abbé et ne ressentit plus jamais l'envie de quitter le monastère.

Herbert von Clairvaux und sein Liber miraculorum, XV, p. 128, 1-14; Herbert de Clairvaux, *Liber miraculorum*, lib. I, c. 28 (PL 185, 1301B-D); Conrad d'Eberbach, *Exordium Magnum Cisterciense*, d. 4, c. 22 (éd. Griesser, p. 265-266); Conrad d'Eberbach, *Le Grand Exorde*, p. 250-251; Londres, Brit. Libr., ms. Add. 15833, n° 6.

871. (LXXXI, 58) Un convers gravement malade expliqua à saint Bernard inquiet de sa sérénité devant la mort, que celle-ci était fondée sur la vertu d'obéissance qu'il avait pratiquée durant tous les jours de sa vie.

Herbert von Clairvaux und sein Liber miraculorum, LXVII, p. 244-246, 2-27; Herbert de Clairvaux, *Liber miraculorum*, lib. I, c. 29 (PL 185, 1301D-1303B); Conrad d'Eberbach, *Exordium Magnum Cisterciense*, d. 4, c. 19 (éd. Griesser, p. 244-245); Conrad d'Eberbach, *Le Grand Exorde*, p. 244-245; Londres, Brit. Libr., ms. Add. 15833, n° 7.

872. (LXXXI, 59) Boson, l'un des premiers moines de Clairvaux, patient et bon travailleur malgré les infirmités de la vieillesse, témoigna sur son lit de mort d'une présence angélique. Il avait entendu le chœur des esprits bienheureux emportant dans la joie l'âme d'un frère.

Herbert von Clairvaux und sein Liber miraculorum, XXXIII, p. 182-183, 2-9; Herbert de Clairvaux, *Liber miraculorum*, lib. I, c. 30 (PL 185, 1303A-

D); Conrad d'Eberbach, *Exordium Magnum Cisterciense*, d. 3, c. 34 (éd. Griesser, p. 223); Conrad d'Eberbach, *Le Grand Exorde*, p. 217.

873. (LXXXI, 60) D'un frère tourmenté pendant des années par la concupiscence, auquel saint Bernard apparut après sa mort et l'avertit dans une vision de ne pas céder à la tentation de fuir l'abbaye.

Herbert von Clairvaux und sein Liber miraculorum, XVI, p. 129, 1-8; Herbert de Clairvaux, *Liber miraculorum*, lib. I, c. 31 (PL 185, 1303D-1304B); Conrad d'Eberbach, *Exordium Magnum Cisterciense*, d. 4, c. 21 (éd. Griesser, p. 248-249); Conrad d'Eberbach, *Le Grand Exorde*, p. 249-250.

874. (LXXXI, 61) Gautier, frère laïc illettré, chargé du vestiaire à Cîteaux, apprit dans son sommeil à dire la messe, par une inspiration divine.

Herbert von Clairvaux und sein Liber miraculorum, LXVIII, p. 247, 2-5; Herbert de Clairvaux, *Liber miraculorum*, lib. I, c. 32 (PL 185, 1304B-C); Conrad d'Eberbach, *Exordium Magnum Cisterciense*, d. 4, c. 15 (éd. Griesser, p. 240); Conrad d'Eberbach, *Le Grand Exorde*, p. 239.

875. (LXXXI, 62) Comme à son habitude, saint Bernard vint réconforter les novices; il leur révéla que si les moines et les novices de l'ordre persistaient dans la discipline de la Règle, ils seraient tous sauvés.

Herbert de Clairvaux, *Liber miraculorum*, lib. II, c. 23 (PL 185, 1322D-1323B); cf. Conrad d'Eberbach, *Exordium Magnum Cisterciense*, d. 2, c. 1 (éd. Griesser, p. 98); Conrad d'Eberbach, *Le Grand Exorde*, p. 65-66, 8-10.

876. (LXXXI, 63) Vie et miracles de saint Bernard: un frère défunt lui apparut lors d'une messe où il manquait de l'eau pour laver les mains du prêtre. Il lui révéla que tous les frères seraient sauvés.

Herbert de Clairvaux, *Liber miraculorum*, lib. II, c. 11 (PL 185, 1323B-C); Conrad d'Eberbach, *Exordium Magnum Cisterciense*, d. 2, c. 1 (éd. Griesser, p. 98-99); Conrad d'Eberbach, *Le Grand Exorde*, p. 65-66.

877. (LXXXI, 64) Saint Bernard prédit à son frère Gui, cellérier à Clairvaux, qui pour des raisons d'économie s'opposait à ce que l'on allât chercher un frère mourant en Normandie, qu'il ne mourrait pas à Clairvaux. En effet, il mourut à Pontigny.

Herbert von Clairvaux und sein Liber miraculorum, III, p. 79, 2-8; Herbert de Clairvaux, *Liber miraculorum*, lib. II, c. 11 (PL 185, 1323D-1324B); Conrad d'Eberbach, *Exordium Magnum Cisterciense*, d. 2, c. 10 (éd. Griesser, p. 104); Conrad d'Eberbach, *Le Grand Exorde*, p. 72-73.

878. (LXXXI, 65) En dépit d'un miracle par lequel il avait rendu la vue à un aveugle, saint Bernard n'avait pu retenir à Clairvaux Gunarius, juge en Sardaigne, qui avait séjourné dans l'abbaye au retour d'un pèlerinage à Saint-Martin de Tours. Mais saint Bernard avait prédit qu'un jour Gunarius reviendrait, ce qui se passé en effet après la mort du saint.

Herbert von Clairvaux und sein Liber miraculorum, III, p. 80-82, 23-26; Herbert de Clairvaux, *Liber miraculorum*, lib. 2, c. 13 (PL 185, 462-463); Conrad d'Eberbach, *Exordium Magnum Cisterciense*, d. 3, c. 29 (éd. Griesser, p. 217-218); Conrad d'Eberbach, *Le Grand Exorde*, p. 210-211. G. Fois, 'Gonario giudice e poi monaco ed Herbertus Arcivescovo di Torres: storia di intersezioni', *Herbertus*, II, 1 (2000), p. 25-78 et M. Kaup, 'Una nuova fonte sulla vita religiosa di Gonario di Torres', *ibid.*, p. 79-90.

Gunarius II de Laon, juge de Torrès (1127-1147), entré à Clairvaux en 1154; Barisone II, juge de Torrès († 1191); Pierre de Lacon-Serra, devenu en 1185 Pierre Torchitorius III.

879. (LXXXI, 66) Au chapitre, un moine de Clairvaux eut la vision de la Vierge tenant la place de l'abbé, donnant le baiser de paix à ceux qui se trouvaient près d'elle et leur donnant à embrasser l'enfant béni qu'elle portait dans ses bras.

Herbert von Clairvaux und sein Liber miraculorum, XXVIII, p. 175, 1-8; cf. Herbert de Clairvaux, *Liber miraculorum*, lib. 2, c. 36 (PL 185, 1345D-1346C); Conrad d'Eberbach, *Exordium Magnum Cisterciense*, 3, c. 31 (ed. Griesser, p. 219); Conrad d'Eberbach, *Le Grand Exorde*, p. 212. Dans le texte latin, *benedictum – sui* renvoie à l'*Ave Maria* et au *Salve Regina*. Pour *qui – nobis*, cf. n° 356.

880. (LXXXI, 67) Dans l'abbaye Notre-Dame de Noirlac, une épidémie emporta dans la tombe un grand nombre de moines, et parmi eux leur abbé, Francon, décédé le vendredi saint. À un jeune moine qui désirait ardemment rejoindre les défunts, apparaît Francon accompagné de saint Bernard qui lui prédit sa mort le jour même, c'est-à-dire le lundi de Pâques.

Herbert von Clairvaux und sein Liber miraculorum, XVII, p. 130, 1-17; Herbert de Clairvaux, *Liber miraculorum*, lib. 2, c. 28 (PL 185, 1337D-1338B).

Notre-Dame de Noirlac, abbaye cistercienne, fille de Clairvaux (Cher). Francon est le 3ᵉ abbé de cette abbaye; il meurt dans l'épidémie de 1175.

881a. (LXXXI, 68) Gérard, un moine de Farfa puis de Clairvaux, témoignait d'une extraordinaire dévotion au Christ au point qu'un fleuve de larmes inondait son visage au moment de la consécration.

Herbert von Clairvaux und sein Liber miraculorum, XVIII, p. 132, 2-5; Herbert de Clairvaux, *Liber miraculorum*, lib. 2, c. 29 (PL 185, 1338C-1338D); Conrad d'Eberbach, *Exordium Magnum Cisterciense*, d. 3, c. 17 (éd. Griesser, p. 187-189); Conrad d'Eberbach, *Le Grand Exorde*, p. 175-177, 2-8.
Gérard de Farfa, moine de l'abbaye bénédictine de Farfa, devenu moine de Clairvaux en 1115, mort vers 1160.

881b. (LXXXI, 69) Gravement malade et reposant à l'écart dans une petite maison, Gérard de Farfa était servi par un frère, qui fit rallumer à un feu inattendu la lampe éteinte et disparut aussitôt.

Herbert von Clairvaux und sein Liber miraculorum, XVIII, p. 132-133, 6-14; Herbert de Clairvaux, *Liber miraculorum*, lib. 2, c. 29 (PL 185, 1339A-1339B); Conrad d'Eberbach, *Exordium Magnum Cisterciense*, d. 3, c. 17 (éd. Griesser, p. 187-189); Conrad d'Eberbach, *Le Grand Exorde*, p. 176-177, 17-22.
Sur Gérard de Farfa, cf. *exemplum* n° 881a.

881c. (LXXXI, 70) Un novice, Julien avait vu dans le chœur un esprit immonde, sous la forme d'un jeune bouc, se poser devant lui et devant Gérard de Farfa, moine de Clairvaux.

Herbert von Clairvaux und sein Liber miraculorum, XVIII, p. 133-134, 7-20; Herbert de Clairvaux, *Liber miraculorum*, lib. 2, c. 29 (PL 185, 1339B-1339D); Conrad d'Eberbach, *Exordium Magnum Cisterciense*, d. 3, c. 17 (éd. Griesser, p. 187-189); Conrad d'Eberbach, *Le Grand Exorde*, p. 176, 9-15.
Sur Gérard de Farfa, cf. *exemplum* n° 881a.

881d. (LXXXI, 71) Au moment de mourir, Gérard de Farfa a l'apparition de saint Bernard.

Herbert von Clairvaux und sein Liber miraculorum, XVIII, p. 134, 21-26; Herbert de Clairvaux, *Liber miraculorum*, lib. 2, c. 29 (PL 185, 1339D-1340A); Conrad d'Eberbach, *Exordium Magnum Cisterciense*, d. 3, c. 17 (éd. Griesser, p. 187-189); Conrad d'Eberbach, *Le Grand Exorde*, p. 177, 23-28.

881e. (LXXXI, 72) Après sa mort, le moine Gérard de Farfa apparut étincelant de gloire au convers Laurent, regrettant toutefois que les frères l'eussent enseveli avant son dernier soupir.

Herbert von Clairvaux und sein Liber miraculorum, XVIII, p. 134-135, 28-31; Herbert de Clairvaux, *Liber miraculorum*, lib. 2, c. 29 (PL 185, 1340A-1340B); Conrad d'Eberbach, *Exordium Magnum Cisterciense*, d. 3, c. 17 (éd. Griesser, p. 187-189); Conrad d'Eberbach, *Le Grand Exorde*, p. 177, 28-30.

882a. (LXXXI, 73) Le frère convers Laurent, d'une dévotion remarquable envers saint Bernard et saint Malachie, fut tourmenté par un esprit immonde qu'il renvoya par un signe de croix.

Herbert von Clairvaux und sein Liber miraculorum, XIX, p. 136, 2-9; Herbert de Clairvaux, *Liber miraculorum*, lib. 2, c. 30 (PL 185, 1340B-1340C); Conrad d'Eberbach, *Exordium Magnum Cisterciense*, d. 4, c. 34 (éd. Griesser, p. 268); Conrad d'Eberbach, *Le Grand Exorde*, p. 272-273, 2-8.

882b. (LXXXI, 74) Après la mort de saint Bernard, le frère convers Laurent fut envoyé par Philippe, prieur de Clairvaux, auprès du roi de Sicile, Roger. Il apprit la mort de celui-ci en arrivant à Rome et, désemparé, adressa une prière à saint Bernard qui lui apparut et lui rendit la confiance nécessaire pour accomplir sa mission au-delà de toute espérance.

Herbert von Clairvaux und sein Liber miraculorum, XIX, p. 136-138, 10-27; Herbert de Clairvaux, *Liber miraculorum*, lib. 2, c. 30 (PL 185, 1340B-1341A); Conrad d'Eberbach, *Exordium Magnum Cisterciense*, d. 4, c. 34 (éd. Griesser, p. 269); Conrad d'Eberbach, *Le Grand Exorde*, p. 273-274, 9-19.
Roger II, roi de Sicile (1130-1154), mort le 26 février 1154.

882c. (LXXXI, 75) Durant sa mission en Sicile, le frère convers Laurent fut aidé et comblé de dons par le roi de Sicile et par les cardinaux romains qui lui donnèrent une nouvelle race de bœufs.

Herbert von Clairvaux und sein Liber miraculorum, XIX, p. 138, 28-33; Herbert de Clairvaux, *Liber miraculorum*, lib. 2, c. 30 (PL 185, 1341A-1342A); Conrad d'Eberbach, *Exordium Magnum Cisterciense*, d. 4, c. 34 (éd. Griesser, p. 270); Conrad d'Eberbach, *Le Grand Exorde*, p. 274, 20-24.

882d. (LXXXI, 76) Durant son voyage de Sicile à Clairvaux, le frère convers Laurent dut traverser une ville tenue par des voleurs.

Après avoir invoqué saint Bernard, il reçut une protection miraculeuse. Il arriva sain et sauf à Clairvaux avec une nouvelle race de bœufs qui se répandit et proliféra bien au-delà du domaine.

Herbert von Clairvaux und sein Liber miraculorum, XIX, p. 139, 34-40 ; Herbert de Clairvaux, *Liber miraculorum*, lib. 2, c. 30 (PL 185, 1342A-1342B) ; Conrad d'Eberbach, *Exordium Magnum Cisterciense*, d. 4, c. 34 (éd. Griesser, p. 270) ; Conrad d'Eberbach, *Le Grand Exorde*, p. 274-275, 25-32.

883. (LXXXI, 77) Dans l'abbaye de Boulancourt (Burlancurc), un frère nommé Grihardus, atteint par la lèpre, supportait si sereinement son mal qu'on le considérait comme un martyr. Lorsqu'il mourut, l'abbé vit son âme s'envoler comme une colombe et eut la révélation qu'au ciel aussi ses mérites étaient reconnus comparables à ceux de saint Jean et de saint Paul.

Herbert von Clairvaux und sein Liber miraculorum, LIII, p. 222, 2-13 ; Herbert de Clairvaux, *Liber miraculorum*, lib 2, c. 31 (PL 185, 1342C-1342D) ; *Collectaneum exemplorum et visionum Clarevallense*, IV, 40 (CCCM 208, p. 327-328, n° 135). Boulancourt, au diocèse de Troyes, maison de chanoines augustins fondée vers 1095, devenue abbaye et affiliée à Clairvaux en 1150.

884. (LXXXI, 78) Dans la région de Meaux, un habitant de Beton-Bazoches, un homme très pieux, fut saisi par la mort au milieu de sa prière : il resta agenouillé au lieu de choir à terre.

Herbert de Clairvaux, *Liber miraculorum*, lib. 2, c. 32 (PL 185, 1343A-1344A).

885. (LXXXI, 79) Un moine cistercien très pieux et lettré put au moment de sa mort en prédire le jour et l'heure. Dans ses derniers instants, il eut la vision de saint Jean, puis de la Vierge et enfin du Christ qui venaient l'accueillir. Il entonna lui-même le *Subvenite*.

Herbert von Clairvaux und sein Liber miraculorum, LIV, p. 223-224, 2-17 ; Herbert de Clairvaux, *Liber miraculorum*, lib. 2, c. 33 (PL 185, 1344B-1344D) ; Conrad d'Eberbach, *Exordium Magnum Cisterciense*, d. 4, c. 35 (éd. Griesser, p. 270-271) ; Conrad d'Eberbach, *Le Grand Exorde*, p. 275-277 ; *Collectaneum exemplorum et visionum Clarevallense*, I, 5 (CCCM 208, p. 19-20, n° 8).
La cérémonie de l'extrême-onction chez les Cisterciens impose aux moines présents de dire le *Subvenite* une fois le moine mort ; J.-M. Cani-

vez, 'Le rite cistercien', *Ephemerides liturgicae*, 63 (1949), p. 276-311, spéc. p. 302-303.

886. (LXXXI, 80) Un moine cistercien mourant la langue paralysée, vit le démon lécher et palper son vieux scapulaire qu'il avait réparé sans en demander la permission.

Herbert von Clairvaux und sein Liber miraculorum, LV, p. 225, 2-10; Herbert de Clairvaux, *Liber miraculorum*, lib. 2, c. 34 (PL 185, 1344D-1345B); Conrad d'Eberbach, *Exordium Magnum Cisterciense*, d. 5, c. 2 (2e partie) (éd. Griesser, p. 282-283); Conrad d'Eberbach, *Le Grand Exorde*, p. 282-283.

887. (LXXXI, 81) Le portier ferma la porte du paradis au nez d'un moine privé de sa cuculle que les frères lui avaient ôtée parce qu'il brûlait de fièvre.

Herbert von Clairvaux und sein Liber miraculorum, LVI, p. 226, 2-10; Herbert de Clairvaux, *Liber miraculorum*, lib. 2, c. 35 (PL 185, 1345C-1345D); Conrad d'Eberbach, *Exordium Magnum Cisterciense*, d. 5, c. 3 (éd. Griesser, p. 276-277); Conrad d'Eberbach, *Le Grand Exorde*, p. 283-284.

Gérard, abbé de Fossanova, abbé de Clairvaux en 1170, mort vers 1175-1176. Fossanova, abbaye cistercienne au diocèse de Terracina.

888. (LXXXI, 82) L'abbé de La Prée avait caché dans sa paillasse un bout de tissu pour réparer son vêtement, un esprit immonde s'en empara. Intrigué par sa disparition, il se confessa et l'esprit immonde qui s'en était emparé, ne sut plus que faire de ce bout de chiffon. Il fut gratifié à plusieurs reprises de consolations célestes, de la part de la mère de Dieu notamment. À noter également qu'une odeur intolérable atteignait son nez dès qu'un ou plusieurs Juifs se trouvaient près de lui.

Herbert von Clairvaux und sein Liber miraculorum, VIII, p. 109-110, 2-6 et 8-13; Herbert de Clairvaux, *Liber miraculorum*, lib. 2, c. 36 (PL 185, 1345D-1346D); Conrad d'Eberbach, *Exordium Magnum Cisterciense*, d. 5, c. 2 (éd. Griesser, p. 274-276); Conrad d'Eberbach, *Le Grand Exorde*, p. 281-283.

Dom Abraham, abbé de La Prée (sur Arnon), abbaye cistercienne, au diocèse de Bourges, fondée en 1128 et consacrée par saint Bernard en 1141.

889. (LXXXI, 83) Un moine de l'abbaye cistercienne de Fontenay, malade, répondit avec empressement à l'invitation d'un personnage surnaturel de passer dans le lieu de paix et de joie. Un confrère malade lui aussi mais beaucoup plus réticent, traîna encore longtemps sans quitter son lit jusqu'à la mort.

Herbert von Clairvaux und sein Liber miraculorum, LVII, p. 227-228, 2-17; Herbert de Clairvaux, *Liber miraculorum*, lib. 2, c. 37 (PL 185, 1346D-1347D).

890. (LXXXI, 84) Un moine eut la vision de saint Augustin à la tête d'une procession céleste qui pénétrait dans l'église du monastère pour venir chercher l'âme d'un moine défunt, qui de son vivant avait eu une dévotion particulière pour saint Augustin.

Herbert von Clairvaux und sein Liber miraculorum, LVII, p. 228, 18 et LVIII, p. 220-230, 2-12; Herbert de Clairvaux, *Liber miraculorum*, lib. 2, c. 38 (PL 185, 1347D-1348C).

891. (LXXXI, 85) Deux moines, chacun de son côté, avaient vu une foule d'anges entourer un frère expirant. L'un d'eux qui, une fois la prière terminée, était revenu pour dormir, fut promptement renvoyé à l'autre par un ange.

Herbert von Clairvaux und sein Liber miraculorum, XLIV, p. 205-206, 2-16; Herbert de Clairvaux, *Liber miraculorum*, lib. 2, c. 39 (PL 185, 1348C-1349C).

892. (LXXXI, 86) Un frère de Fontmorigny eut la vision de saint Bernard avec la Vierge et le Christ conversant dans un jardin merveilleux. Il apprit ainsi qu'il allait mourir cinq jours plus tard.

Herbert von Clairvaux und sein Liber miraculorum, LIX, p. 231, 2-18; Herbert de Clairvaux, *Liber miraculorum*, lib. 2, c. 40 (PL 185, 1349C-1350A); Conrad d'Eberbach, *Exordium Magnum Cisterciense*, d. 4, c. 32 (éd. Griesser, p. 265-266); Conrad d'Eberbach, *Le Grand Exorde*, p. 269-270.
Fontmorigny, abbaye cistercienne au diocèse de Bourges.

893. (LXXXI, 87) Deux sœurs, l'ainée promise au mariage, la cadette au monastère, discutaient, la première offrant sa place à la seconde. L'une et l'autre préférant le Christ, l'époux immortel, elles entrèrent toutes deux au monastère fontevriste de Fontaines.

Sans doute le monastère fontevriste de Fontaines-les-Nonnes, au diocèse de Meaux, fondé en 1124.

894. (LXXXI, 88) Deux sœurs élevées au monastère de Fontaines y moururent encore enfants. La première décédée apparut à l'autre pour lui prédire sa fin prochaine et prescrire à la communauté des prières à l'intention de Girard, le maître maçon décédé accidentellement peu de temps auparavant.

Herbert de Clairvaux, *Liber miraculorum*, lib. 2, c. 43 (PL 185, 1353A-1353B); Lehmann, 68, p. 270-271.

895. (LXXXI, 89) Une moniale entrée au prieuré de Charme à l'âge de neuf ans, y mourut une dizaine d'années plus tard après une longue maladie invalidante, non sans avoir reçu des signes de sollicitude divine, notamment la visite de sœurs défuntes durant sa maladie et la présence de la reine du ciel à ses obsèques.

Herbert de Clairvaux, *Liber miraculorum*, lib. 2, c. 44 (PL 185, 1353B-1354C).

Peut-être un prieuré fondé par l'abbaye de Vauclair en 1167, diocèse de Laon.

896. (LXXXI, 90) Selon le récit de l'abbé de Clairvaux, Pons, un moine de l'abbaye de Grandselve, maître des novices, rempli d'un amour ardent pour le Christ et bouleversé par la communion du jeudi saint, avait décidé qu'aucun aliment terrestre ne passerait désormais par sa bouche. Mort le samedi saint, il revint, conformément à la demande de l'abbé, quelques jours plus tard resplendissant donner de ses nouvelles.

Herbert von Clairvaux und sein Liber miraculorum, XLVI, p. 209-210, 1-19; Herbert de Clairvaux, *Liber miraculorum*, lib. 3, c. 1 (PL 185, 1353D-1355C); Conrad d'Eberbach, *Exordium Magnum Cisterciense*, d. 2, c. 24 (éd. Griesser, p. 123-125); Conrad d'Eberbach, *Le Grand Exorde*, p. 93-96.

Pons, abbé de Grandselve en 1158, de Clairvaux en 1165-1170, puis évêque de Clermont, 1170-1189, date de sa mort. Grandselve, abbaye cistercienne, au diocèse de Toulouse.

897. (LXXXI, 91) Humbert, un poitevin moine à Grandselve, racontait qu'un laïc de la région était mort dans l'abbaye puis était revenu à la vie. Il avait révélé que la Vierge visitait l'abbaye trois fois par jour, à mâtines, à complies et lors de la messe.

Herbert von Clairvaux und sein Liber miraculorum, XLVII, p. 211, 2-4; Herbert de Clairvaux, *Liber miraculorum*, lib. 3, c. 2 (PL 185, 1355D-1356A).

898. (LXXXI, 92) Roger, sous-prieur avait raconté qu'un des moines de l'abbaye de Grandselve, Bernard, qui montrait peu d'empressement pour le travail manuel et somnolait à l'office, fut guéri de ses défauts après avoir vu une foule de démons hurlants fondre sur lui.

Cf. *Herbert von Clairvaux und sein Liber miraculorum*, XLIX, p. 213, 2-12; Herbert de Clairvaux, *Liber miraculorum*, lib. 3, c. 4 (PL 185, 1356B-1356D); Conrad d'Eberbach, *Exordium Magnum Cisterciense*, d. 5, c. 6 (éd. Griesser, p. 282); Conrad d'Eberbach, *Le Grand Exorde*, p. 290-291.

899. (LXXXI, 93) Sur le point de mourir lors de l'épidémie qui ravagea l'abbaye, un moine de Grandselve affirma que l'homme le plus chargé de mérites n'est pas digne de la gloire qui l'attend dans l'au-delà.

Herbert von Clairvaux und sein Liber miraculorum, L, p. 215, 6-8; Herbert de Clairvaux, *Liber miraculorum*, lib. 3, c. 6 (PL 185, 1357A-1357C).

900. (LXXXI, 94) Un frère infirmier est averti par un frère laïc mort depuis peu qu'il doit se confesser d'un péché oublié, douze ans auparavant.

Herbert von Clairvaux und sein Liber miraculorum, LI, p. 217-218, 2-21; Herbert de Clairvaux, *Liber miraculorum*, lib. 3, c. 7 (PL 185, 1357D-1358C); cf. Conrad d'Eberbach, *Exordium Magnum Cisterciense*, d. 5, c. 4 (éd. Griesser, p. 277-278); Conrad d'Eberbach, *Le Grand Exorde*, p. 285.

901. (LXXXI, 95) Un chevalier des environs de Jérusalem qui jouait aux dés eut une querelle avec son adversaire. Il voulut asseoir sa mauvaise foi en jurant par sa barbe et son menton : l'un et l'autre lui restèrent dans la main.

Lehmann, 132, p. 277.

902. (LXXXI, 96) Au temps du pape Alexandre III et du roi Louis, Matthieu, chevalier de Neufchâtel-sur-Aisne dans le diocèse de Laon, parti en pèlerinage à Saint-Jacques avec un compatriote fut victime d'un vol de la part de celui-ci. Il porta l'affaire devant l'évêque de Laon dès son retour. Le voleur voulant en appeler au pape, le plaignant s'en remit au jugement de Dieu et de saint Jacques.

Lehmann, 133, p. 277. Alexandre III, pape de 1159 à 1181; Louis VII, roi de France de 1137 à 1180.

903. (LXXXI, 97) Un jeune homme a offert son âme à Satan le jour où celle de son compagnon échappait à la damnation. Quand le diable vient réclamer son dû, le pécheur incorrigible ne met pas à profit le délai qu'il a obtenu. Il meurt brutalement sur le chemin de l'abbaye de Morimont.

Morimont, abbaye cistercienne, comm. De Fresnoy, Haute Marne, dioc. De Langres, auj. Troyes.

904. (LXXXI, 98) Hugues, un laïc juste et pieux durant toute sa vie, en dépit de sa misère, garda une dévotion particulière à la Vierge Marie, dont il ressentit la présence consolante au moment de mourir.

Lehmann, 149, p. 279.

905. (LXXXI, 99) L'empereur Henri mit à l'épreuve un clerc concubinaire. Celui-ci ayant préféré désobéir à l'empereur et subir la sanction plutôt que d'offenser plus gravement Dieu, le souverain lui procura le premier siège épiscopal vacant dans le royaume tout en lui enjoignant de renvoyer sa femme.

Guillaume de Malmesbury, *De gestis regum Anglorum*, II, 189, 191 (éd. R. A. B. Mynors, R. M. Thomson, M. Winterbottom, Oxford, 1998, t. 1, p. 338-339, 342-343). Cet empereur germanique est d'identification difficile (éd. citée, 1999, t. 2, p. 184).

906. (LXXXI, 100) Pierre, abbé de Cluny, retenu par la maladie dans un monastère clunisien aida un frère de cette maison à se libérer par la confession des tortures que lui infligeait un cheval imaginaire.

Pierre le Vénérable, *De miraculis libri duo*, I, 6 (éd. D. Bouthillier, Turnhout, Brepols [CCCM 83], p. 16-21). Pierre le Vénérable, neuvième abbé de Cluny (1122-1156).

907. (LXXXI, 101) Un laïc malade entré dans un monastère clunisien est porté à l'infirmerie qu'il voit envahie de démons sous forme de paysans hideux et d'hommes noirs : l'aspersion d'eau bénite les fait fuir.

Pierre le Vénérable, *De miraculis libri duo*, I, 7 (éd. D. Bouthillier, Turnhout, Brepols [CCCM 83], p. 21-23).

908. (LXXXI, 102) Un paysan ayant voulu mettre une hostie consacrée dans l'une de ses ruches, celle-ci tomba à terre et fut recueillie par les abeilles. Épouvanté par son acte, l'homme noya ses abeilles et trouva au milieu des rayons de miel à la place de l'hostie un enfant nouveau-né. Tandis qu'il l'emportait pour l'ensevelir à l'église, il lui fut arraché des mains et le lieu auparavant peuplé devint un désert.

Pierre le Vénérable, *De miraculis libri duo*, I, 1 (éd. D. Bouthillier, Turnhout, Brepols [CCCM 83], p. 7-8); Cf. *Collectaneum exemplorum et visionum Clarevallense*, II, 11 (CCCM 208, p. 235-236, n° 40); Cf. Herbert de Clairvaux, *Liber miraculorum*, Lib. 3, c. 30 (PL 185, 1374-1375). Tubach 2662.

APPENDIX

Concordance renversée
entre l'*Index exemplorum* de F. C. Tubach (Helsinki, 1969)
et les *exempla* de la *Collectio exemplorvm Cisterciensis*

Tubach	N° des exempla	Tubach	N° des exempla	Tubach	N° des exempla
33	869	684	511	1202c	258
36	431	723	794	1220	99
50	419	757	30	1247	486
59	262	767	472	1267	446
171	608	772	527	1338	814
214	604	797	682	1424	503
230	242	842	8	1464a	403
233	252	891	116	1475 A, 5	290
236	700 et 701	918	185	1477	667
239	547	925	261	1500	288
272	736 et 744	926a	713	1501c	273
273	222	926b	405	1534	751
277	332	926c	699	1538	277
280	30	927	831	1568 var.	277
285	332	946	592	1663	390 et 696
354	775	958	45	1686	207
429	521	1018	447	1760	674
462	450	1033	841	1779	443
480	447	1050	275	1780	498
498	223	1103	241	1823	441
519	56	1107	676	1855	358
575	295	1115	432	1931	469
581	330	1130	666	2010	248
598	324	1140	599	2019	775
608	254	1146	252	2065	598
615	537	1196	253	2152	443
621	408	1202	257	2229	443

Tubach	N° des exempla	Tubach	N° des exempla	Tubach	N° des exempla
2271	296	3233	602	4266	70
2327	674	3276	237	4304	241
2333	289	3322	355	4364	357
2368	641	3323	421	4417 var.	261
2440	191	3360	425	4424	632
2530	11	3361	578	4448	539
2572	72	3392	251	4484	71 et 686
2575	674	3455	294	4541	403
2617	484	3458	630	4543	76
2662	908	3463	90	4567	4
2682	715	3477	239	4605	210 et 213
2683	723	3503	160	4636	546
2701	26	3623	150	4733	326
2718	49	3690	281	4741	326
2811	265	3699	106	4762	449
2822	461	3706	656	4774	19
2826	137	3713	226	4890	668
2827	607	3724	455	4911	386
2834	279	3727	608	4914	4
2867	247	3815	740	4943	708
2880	237	3858	448	4994	121
2882	658	3892	602	5109	527
2979	164	3911	235	5131	530 et 531
3011	587	4005b	407	5136	530 et 531
3036	634	4158	431	5152	522
3078	225	4169	815	5296	469
3119	41 et 434	4230	435	5307	597

INDICES

Index Locorvm S. Scriptvrae

Index Avctorvm, Relatorvm et Opervm Anonymorvm

Index Personarvm Locorvmqve Exemplorvm

Index Rervm Exemplorvm

INDEX LOCORVM SACRAE SCRIPTVRAE

		Exemplum	*lin.*	*Pag.*
Genesis				
4, 12-14	cfr	XXXVIII, 13	118	147
5, 24		LXXXI, 13	452	285
6, 9		LXXXI, 13	452	285
		LXXXI, 85	2418	338
12, 1	cfr	LXXXI, 9	260/261	280
15, 1		LXXXI, 32	1000	300
15, 13		LXXXI, 60	1822	322
18, 3		LXXXI, 75	2135	331
19, 19	cfr	LXXXI, 25	703	290
21, 17		LXXXI, 32	1000	300
24, 40	cfr	LXXXI, 45	1317	308
33, 10		LXXXI, 75	2135	331
46, 30		LXXXI, 16	523/524	287
Exodus				
12, 8		LXXXI, 31	966/967	299
Leuiticus				
16, 31		XXXIV, 7	143	134
Deuteronomium				
23, 20		LXXXI, 11	427	284
30, 16		LXXXI, 11	427	284
33, 2		LXXXI, 54	1599/1600	316
Iosue				
23, 15	cfr	LXXXI, 74	2123	330
Ruth				
2, 14	cfr	LXXXI, 31	965/966	299
I Regum				
20, 29		LXXXI, 75	2135	331
26, 12		LXXXI, 31	941	298
II Regum				
23, 8		LXXXI, 25	698/699	292
III Regum				
3, 26		LXXXI, 50	1490/1491	313
17, 17		LXXXI, 51	1536	314
IV Regum				
9, 5		LXXXI, 9	275	280
13, 14		LXXXI, 74	2100/2101	330
Iudith				
13, 17		LXXXI, 45	1349/1350	309

		Exemplum	lin.	Pag.
Iob				
10, 1	cfr	LXXXI, 10	400	284
14, 14	cfr	LXXXI, 65	1942/1943	326
19, 27		LXXXI, 6	208/209	278
29, 18		LXXXI, 64	1897/1898	324
Psalmi				
2, 11	cfr	LXXXI, 31	967	299
5, 10-11		LXXVIII, 1	33/34	263
9, 10		LXXXI, 8	235/236	279
		LXXXI, 45	1351	309
		LXXXI, 60	1824	
11, 7		LXXXI, 15	488	286
20, 4	cfr	LXXXI, 5	146	277
21, 15	cfr	LXXXI, 30	922/923	298
23, 5	cfr	LXXXI, 6	178/179	277
	cfr	LXXXI, 45	1343/1344	309
26, 13	cfr	LXXXI, 58	1735/1736	320
29, 12		LXXXI, 27	756/757	293
37, 7	cfr	LXXXI, 7	216	278
38, 2		XXV, 1	5/6	101
39, 3		LXXXI, 15	490	286
40, 2	cfr	LXXXI, 6	162	277
41, 5		LXXXI, 15	502/503	286
		LXXXI, 31	979/980	299
44, 3		LXXIV, 1	8	256
		LXXXI, 54	1630/1631	317
53, 3		LXXVI, 2	34/35	260
54, 9		LXXXI, 25	706	292
54, 23	cfr	LXXXI, 5	141	276
65, 9	cfr	LXXXI, 58	1774	321
67, 11	cfr	LXXXI, 27	774	294
67, 20	cfr	LXXXI, 45	1317/1318	308
67, 28		LXXXI, 8	247/248	279
		LXXXI, 27	796	294
		LXXXI, 31	969	299
		LXXXI, 39	1171	305
		LXXXI, 47	1383	310
		LXXXI, 77	2184	332
68, 3		LXXXI, 30	847	296
70, 16	cfr	LXXXI, 74	2122	330
115, 6		LXXXI, 52	1578/1579	315
115, 15	cfr	LXXXI, 43	1265/1266	307
118, 14	cfr	LXXXI, 79	2241	333
118, 17		LXXXI, 26	744/745	293
136, 3	cfr	LXXXI, 15	495	286
138, 7		LXXXI, 57	1719/1720	319
144, 7	cfr	LXXXI, 30	905	297
144, 16	cfr	LXXXI, 45	1336/1337	309
Prouerbia				
3, 12	cfr	LXXXI, 9	338/339	282

INDEX LOCORVM SACRAE SCRIPTVRAE

		Exemplum	*lin.*	*Pag.*
6, 9		LXXXI, 85	2443	339
14, 13	cfr	LXXXI, 14	465/466	285
25, 4		LXXXI, 15	485/486	286
26, 11		XVIII, 10	77/78	73
		LXXXI, 23	663	291
		LXXXI, 57	1718	319
31, 19		LXXXI, 30	869	296
31, 27		LXXXI, 59	1795/1796	322

Ecclesiastes

12, 11		LXXXI, 65	1928/1929	325

Canticum Canticorum

1, 7	cfr	LXXXI, 10	390	283
1, 10		XLV, 5	74/75	163
3, 6	cfr	LXXXI, 31	893/894	297
5, 6	cfr	LXXXI, 31	935/936	298
	cfr	LXXXI, 74	2125/2126	330
8, 6	cfr	LXXXI, 58	1762/1763	321

Sapientia

3, 6	cfr	LXXXI, 9	380	283
4, 13-14		LXXXI, 41	1231	306
7, 4	cfr	LXXXI, 25	700	292
18, 14	cfr	LXXXI, 9	264/265	280

Ecclesiasticus

16, 11		LXXXI, 30	845	296
41, 1		LXXXI, 41	1218	306
		LXXXI, 68	1999	327

Threni

1, 7		XXXIV, 7	143	134

Isaias

1, 25	cfr	LXXXI, 15	486	286
4, 6	cfr	LXXXI, 53	1594/1595	316
35, 2	cfr	LXXXI, 15	502/503	286
38, 12	cfr	LXXXI, 41	1230	306
51, 3		LXXXI, 1	65	274
60, 16	cfr	LXXXI, 59	1788	321

Ieremias

17, 14		LXXXI, 26	744/745	293

Ezechiel

1, 3		LXXXI, 24	674	291
33, 11	cfr	XVIII, 9	62/63	72

Daniel

2, 28	cfr	LXXXI, 24	678	291
2, 47	cfr	LXXXI, 24	678	291

		Exemplum	lin.	Pag.
7, 13		LXXXI, 42	1235	306
Amos				
1, 13		VIII, 17	156/157	36
Habacuc				
2, 20	cfr	LXXXI, 27	768	294
3, 16		LXXXI, 15	474	286
I Machabaeorum				
2, 70	cfr	LXXXI, 1	78/79	275
II Machabaeorum				
15, 14		LXXXI, 69	2017/2018	328
Matthaeus				
1, 20		LXXXI, 9	323	281
		LXXXI, 30	888/889	297
2, 10	cfr	LXXXI, 1	35	274
		LXXXI, 26	741	293
		LXXXI, 29	826	295
	cfr	LXXXI, 30	915	298
		LXXXI, 58	1771/1722	321
2, 19		LXXXI, 9	323	281
3, 8		LXXXI, 15	506	286
5, 7		LIV, 3	12	188
10, 22		LXXXI, 60	1825	322
11, 8		LXXXI, 41	1210	306
11, 25	cfr	LXXXI, 54	1632/1633	317
11, 29	cfr	LXXXI, 1	4	273
14, 25	cfr	LXXXI, 8	237	279
16, 17	cfr	LXXXI, 58	1772/1773	321
18, 16	cfr	LXXXI, 85	2455/2456	339
19, 21		L, 5	30/31	178
19, 29	cfr	LXXXI, 9	359/360	282
21, 13		LI, 8	82/83	183
23, 27	cfr	LXXXI, 46	1368	310
24, 23		LXXXI, 60	1825	322
25, 36		LXXXI, 6	169/170	277
27, 46		LXXXI, 74	2101	330
Marcus				
6, 20		LXXXI, 51	1513	314
6, 51	cfr	LXXXI, 50	1495	313
10, 21		L, 5	30/31	178
10, 23-24	cfr	XXXVIII, 2	15	144
10, 29		LXXXI, 9	359/360	282
15, 34	cfr	LXXXI, 74	2101	330
16, 14		LXXXI, 2	89	275
Lucas				
1, 28		LXVIII, 1	5	171

		Exemplum	lin.	Pag.
1, 42		LXXXI, 66	1950/1951	326
1, 44		LXXXI, 10	404	284
		LXXXI, 27	767	294
		LXXXI, 28	806	295
		LXXXI, 30	842	296
1, 45	cfr	LXXXI, 67	1997/1998	327
2, 52	cfr	LXXXI, 39	1157	304
3, 2		LXXXI, 9	266	280
5, 8		LXXXI, 9	276	280
7, 38	cfr	LXXXI, 7	223/225	279
10, 6		LXXXI, 59	1788/1789	321
		LXXXI, 86	2473	339
10, 30	cfr	LXXXI, 1	14	273
12, 20		XLI, 2	2	154
12, 39		LXVI, 1	13/14	243
18, 22		L, 5	30/31	178
18, 24	cfr	XXXVIII, 2	15	144
18, 41		LXXXI, 54	1603	316
22, 36		X, 4	18/19	45
23, 43		LXXXI, 67	1993	327

Iohannes

3, 8	cfr	LXXXI, 27	776	294
4, 32		LXXXI, 56	1701	319
13, 37		LXXXI, 60	1827	322
14, 2		XXXII, 5	116/117	124
16, 24	cfr	LXXXI, 27	776	294
19, 25	cfr	LXXXI, 30	891/892	297
20, 25		LXXXI, 30	913	298

Actus Apostolorum

2, 6		LXXXI, 15	495/496	286
6, 15	cfr	LXXXI, 69	2015/2016	328
7, 31		LXXXI, 10	404	284
		LXXXI, 27	767	294
		LXXXI, 28	806	295
		LXXXI, 30	841	296
7, 51	cfr	LXXXI, 30	840	296
8, 20		XXXVIII, 13	117	147
	cfr	XXXVIII, 13	186/188	148
		XLIII, 3	24/25	157
9, 7	cfr	LXXXI, 9	270	280
10, 13		LXXXI, 10	404	284
		LXXXI, 27	767	294
		LXXXI, 28	806	295
		LXXXI, 30	841	296
11, 5		LXXXI, 8	247/248	279
		LXXXI, 27	796	294
		LXXXI, 31	969	299
		LXXXI, 39	1171	305
		LXXXI, 47	1383	310
		LXXXI, 77	2184	332

		Exemplum	lin.	Pag.
16, 30		LXXXI, 26	740	293
		LXXXI, 54	1603/1604	316
Ad Romanos				
8, 26		LXXXI, 8	244/245	279
8, 36	cfr	LXXXI, 49	1463	312
I ad Corinthios				
2, 2		LXI, 7	48/49	220
4, 15		LXXXI, 59	1786/1787	321
6, 20	cfr	LXXXI, 49	1446/1447	312
7, 34		LXXXI, 4	122	276
15, 52		LXXXI, 8	250	279
15, 54-55		LXXXI, 15	499/500	286
II ad Corinthios				
6, 5		LXXXI, 49	1461/1462	312
11, 27		LXXXI, 49	1461/1462	312
12, 2		LXXXI, 27	766/767	294
12, 4		LXXXI, 93	2681	345
12, 11		XXXIV, 7	190/191	135
Ad Galatas				
1, 16	cfr	LXXXI, 10	409/410	284
6, 14	cfr	LXXXI, 47	1412	311
	cfr	LXXXI, 53	1584/1585	316
Ad Ephesios				
1, 16	cfr	LXXXI, 31	939	298
3, 17		LXXVIII, 2	66/67	264
6, 14		LXXVIII, 2	44	264
Ad Philippenses				
1, 23	cfr	LXXXI, 67	1985	327
		LXXXI, 90	2592/2593	342-343
2, 8		LXXXI, 35	1089	302
3, 8		LXXXI, 10	413/414	284
Ad Colossenses				
1, 24	cfr	LXXXI, 47	1410/1411	311
I ad Timotheum				
1, 18	cfr	LXXXI, 25	695/696	291
II ad Timotheum				
2, 21		LXXXI, 9	292	281
Ad Hebraeos				
12, 6	cfr	LXXXI, 9	338/339	282
		LXXXI, 10	417/418	284
I Petri				
3, 9	cfr	LXXXI, 23	665	291

INDEX LOCORVM SACRAE SCRIPTVRAE

		Exemplum	*lin.*	*Pag.*
II Petri				
2, 22		LXXXI, 23	663	291
		LXXXI, 57	1718	319
I Iohannis				
2, 27	cfr	LXXXI, 9	377	283
Apocalypsis				
1, 14	cfr	LXXXI, 55	1666/1667	318
3, 19	cfr	LXXXI, 10	416/417	284
5, 12		LXXXI, 31	934/935	298
14, 13	cfr	LXXXI, 2	91/92	275
	cfr	LXXXI, 6	212	278

INDEX AVCTORVM, RELATORVM ET OPERVM ANONYMORVM

Cet index regroupe sans distinction les sources proprement dites et les lieux parallèles, qu'ils soient mentionnés dans l'apparat des sources de l'édition ou dans les *Fontes exemplorum* (p. 355-566).
Les mentions liturgiques sont regroupées sous le terme *Liturgica*. Les œuvres anonymes sont énumérées sous *Anonyma opera*. Le titre des recueils anonymes d'*exempla* édités est enfin fourni sous *Anonymae exemplorum collectiones*. Les recueils inédits d'*exempla* ou de miracles marials sont regroupés sous les entrées *Anonymae exemplorum collectiones in codicibus manuscriptis servatae* et *Anonymae miraculorum b. Mariae Virginis collectiones in codicibus manuscriptis servatae*. Les numéros d'*exempla* en gras signalent que l'indication de la source figurait dans le canal d'information de l'*exemplum*. Dans certains cas, on a utilisé l'astérisque pour indiquer au lecteur qu'il s'agit du titre fourni par le compilateur.

Abbas de Norueia – relator	**51, 7**
Abbas sancti Albini in Britannia – relator	**63, 20-22**

AMBROSIVS MEDIOLANENSIS

Epistularum liber decimus
Ep. 75 (21), *Clementissimo Imperatori et beatissimo Augusto Valentiniano Ambrosius episcopus*

75, 1	**4, 7**
75, 12-13	**4, 7**

Ep. 75a (21a), *Contra Auxentium de basilicis tradendis*

75a, 2	**28, 13**
75a, 3	**28, 13**
75a, 4	**28, 13**
75a, 5	28, 14
75a, 6	28, 13 ; **28, 14**
75a, 9	**28, 13**
75a, 15	28, 14
75a, 17	28, 14
75a, 18	28, 14
75a, 33	**55, 11**

Ep. 76 (20), *De traditione basilicae (sorori frater)*

76, 5	**4, 8**
76, 8	28, 14
76, 10	28, 14
76, 28	28, 14

De obitu Theodosii (CSEL 73)

13	**6, 3**
35	**4, 9**

De obitu Valentiniani (CSEL 73)

17	**22, 5**

INDEX AVCTORVM, RELATORVM ET OPERVM ANONYMORVM 577

De uirginibus (ed. E. Cazzaniga, Corpus Scriptorum Latinorum Paravianum, 1948)

I, 11, 65-66	**59, 17**
II, 3, 19-20	22, 6
II, 4, 22-33	4, 10
III, 3, 13	22, 7
III, 3, 14	50, 2
III, 4, 19-20	**24, 2**
III, 7, 38	28, 15

Anonymae exemplorum collectiones, uide *Collectaneum exemplorum et uisionum Clareuallense et Anonymae exemplorum collectiones in codicibus manuscriptis seruatae*

Anonymae exemplorum collectiones in codicibus manuscriptis seruatae

Exempla (Paris, BnF, lat. 3338, fol. 59-69v)

170 (fol. 58-58v)	38, 7
173 (fol. 59)	55, 14
174 (fol. 59)	55, 15
175 (fol. 59)	55, 16
184 (fol. 62)	48, 2
187 (fol. 63-63v)	48, 5
189 (fol. 63v-64)	48, 8
194 (fol. 65-65v)	21, 17
195 (fol. 65-65v)	11, 9
197 (fol. 66-66v)	59, 21
199 (fol. 67-67v)	22, 15
202 (fol. 68)	48, 9
207 (fol. 69v)	21, 1

Anonymae miraculorum collectiones in codicibus manuscriptis seruatae

De quibusdam miraculis (Paris, BnF, lat. 3175, fol. 137-154v)

fol. 141v	55, 23
fol. 141v-142	55, 24
fol. 142	55, 27; 55, 31; 57, 12; 57, 13
fol. 142-142v	57, 16
fol. 142v	44, 9; 57, 17; 57, 18; 57, 19
fol. 143	17, 9; 18, 1; 44, 13
fol. 143-143v	18, 4
fol. 143v	18, 5; 18, 6; 18, 7; 18, 8; 18, 9
fol. 143v-144	18, 10
fol. 144	18, 11
fol. 144-144v	18, 13
fol. 144v	14, 4
fol. 144v-145	14, 6
fol. 145	22, 4
fol. 145-145v	22, 16; 48, 2
fol. 145v	48, 6; 48, 7
fol. 145v-146	48, 8
fol. 146	48, 9; 48, 11
fol. 146-146v	51, 4; 63, 19
fol. 146v	63, 20; 63, 23
fol. 146v-147	59, 19

fol. 147   59, 21
fol. 149-149v   77, 1
fol. 150v   80, 2 ; 80, 3
fol. 150v-151   80, 4
fol. 151-151v   80, 5
fol. 154   45, 5 ; 80, 7 ; 80, 8
fol. 154-154v   73, 1
fol. 154v   63, 21

   Miracula B. Mariae Virginis [*Mariale Magnum*] (Paris, BnF, lat. 3177, fol. 2-149)

pars I, 19 (fol. 27v-28)   48, 5
pars II, 38 (fol. 135v-136)   48, 2
pars II, 40 (fol. 137v-138)   48, 4
pars II, 41 (fol. 138-138v)   48, 6

   Miracula b. Mariae Virginis [Oxford, Balliol, ms. 240] (H. Kjellman, *La deuxième collection anglo-normande des miracles de la Sainte Vierge*, 1922, ed. anast. 1977).

III, B, 4 (fol. 157) n°38   48, 6
III, B, 5 (fol. 157d-158b) n°39   48, 7

Anonyma opera, uide *Anonymae exemplorum collectiones ; Anonymae miraculorum collectiones ; Chronica Gallica a. CCCCLII et DXI ; De monacho dormiente ad vigilias (metrice) ; Liber deflorationum* ; Liber illustrium virorum cisterciensium* ; Liber Pontificalis* [*Pontificalis historia**] *; Opera sine titulo citata ; Passio s. Petri Alexandrini episcopi ; Visio monachi de Eynsham* [*Visio cuiusdam monachi**] *; Vita sancti Aurelii Augustini ; Vita sancti Basilii ; Vita sancti Ephraem ; Vita Gangulfi martyris Varennensis ; Vita sancti Ioannis Eleemosynarii ; Vita sancti Marcelli episcopi et confessoris ; Vita s. Norberti archiepiscopi Magdeburgensis ; Vita sancti Pachomii, abbatis Tabennensis ; Vitae Patrum*

Anonymi relatores, uide Abbas de Norueia, Abbas sancti Albini in Britannia

Relatores, uide Pontius, Aruernensis episcopus, Maiolus, abbas Cluniaciensis

AVGVSTINVS HIPPONENSIS

   Confessionum libri XIII (CCSL 27)

II, 4   **2, 15**
II, 5, 11   **5, 4**
III, 12   **26, 2**
IV, 16, 30   **49, 3**
IX, 8, 17   **12, 6**
IX, 8, 18   12, 7
IX, 9, 19-20   **6, 4**
IX, 9, 22   4, 12

   Epistulae (CSEL 34/2)

35, 2   **22, 9**
III, 7   15, 6
III, 9   15, 6
130, 10, 20   **15, 5**
173, 1-2   **4, 11**

   Sermones (PL 38)

178, 7   **42, 1**

INDEX AVCTORVM, RELATORVM ET OPERVM ANONYMORVM 579

BEDA VENERABILIS

    Historia ecclesiastica gentis Anglorum (ed. B. Colgrave, R. A. B. Mynors)

I, 7	4, 5
I, 14	59, 13
III, 3	4, 6
III, 6	55, 5
III, 14	55, 6
III, 19	34, 1
III, 19	38, 3
III, 24	22, 2
III, 26	12, 3; 52, 4
IV, 1	8, 6
IV, 2	8, 7
IV, 13	56, 2
IV, 19	22, 3; 27, 2
IV, 22	63, 2
IV, 23	27, 3
IV, 28	8, 8
V, 7	57, 1
V, 12	9, 8
V, 13	19, 1
V, 14	19, 2

BERNARDVS CLARAEVALLENSIS

    Vita sancti Malachiae (BHL 5188)

1, 2	46, 4
5, 11	63, 25
8, 16-17	52, 14
14, 31	8, 17
17, 41	21, 20
19, 43	44, 13; 46, 5
25, 54	18, 20
29, 65	51, 9

CAESARIVS HEISTERBACENSIS MONACHVS

    Dialogus miraculorum (ed. J. Strange)

2, 5	63, 18
2, 23	18, 13
3, 21	18, 6
4, 22	71, 8
7, 28	33, 3; 63, 16
10, 35	18, 10

    Libri VIII Miraculorum (ed. A. Meister; A. Hilka)

1, 4	63, 3
2, 49	33, 1
2, 21	15, 15
2, 56	31, 1
3, 19	46, 1
3, 23	48, 7
3, 74	15, 2
3, 75	48, 7

580 INDEX AVCTORVM, RELATORVM ET OPERVM ANONYMORVM

Sermones super Canticum Salomonis in laudem mulieris fortis – Exempla (ed. Hilka, *Wundergeschichten*, 1)

288   22, 22

Sermones dominicales – Exempla (ed. Hilka, *Wundergeschichten*, 1)

246   24, 4

CASSIODORVS

Historia tripartita (CSEL 71)

I, 5, 6	**62, 3**
I, 9, 11	62, 4
I, 9, 12	30, 1
I, 9, 13	62, 5
I, 10, 5-6	**4, 4**
VI, 1, 16-19	62, 6
VI, 2, 2-3	62, 7
VI, 5, 1-2	**52, 3**
VI, 10, 2-3	**59, 11**
VI, 15, 4-5	59, 12
VI, 15, 2	29, 8
VI, 29, 1-9	52, 3
VI, 32, 2-5 et 8	**51, 2**
VIII, 1, 1	**64, 3**
VIII, 1, 2	**12, 2**
VIII, 1, 3	**24, 1**
VIII, 1, 4-5	**25, 1**
VIII, 1, 7	**17, 1**
VIII, 1, 37-39	**8, 5**
IX, 30, 26-30	51, 3
IX, 31, 1-5	**2, 9**
IX, 48, 3-6	61, 8
X, 27, 3-4	2, 10
XI, 17, 15	2, 11
XI, 17, 9-13	**6, 2**

Chronica Gallica a. CCCCLII et DXI, II. Addimenta chronicorum a. CDLII ad Chronica Hieronymiana (ed. Th. Mommsen, MGH, auct. ant., 9, 1892)

p. 631   51, 1

M. TVLLIVS CICERO

Tusculanae disputationes (ed. G. Fohlen, trad. J. Humbert, 1960)

V, 21, 61-62   8, 14

Collectaneum exemplorum et uisionum Clareuallense (CCCM 208)

I, 4, n° 7	48, 1
I, 5, n° 8	81, 79
I, 11, n° 15	55, 7
I, 13, n° 17	63, 11
I, 14, n° 18	61, 2
I, 16, n° 20	63, 25
I, 20, n° 24	55, 25
I, 21, n° 25	33, 3; 63, 16

INDEX AVCTORVM, RELATORVM ET OPERVM ANONYMORVM 581

I, 24, n° 28	12, 4
II, 1, n° 30	81, 102
II, 9, n° 38	81, 18
II, 10, n° 39	33, 2
II, 11, n° 40	81, 102
II, 15, n° 44	81, 17
II, 18, n° 47	63, 18
II, 21, n° 50	63, 26
II, 25, n° 54	63, 6
III, 1, n° 56	38, 4
III, 3, n° 58	11, 1; 11, 2
III, 6, n° 61	43, 2
III, 7, n° 62	43, 1
III, 10, n° 65	18, 1
III, 11, n° 66	13, 1
III, 13, n° 68	13, 2
IV, 7, n° 76	16, 3
IV, 17, n° 91	15, 15
IV, 20, n° 94	51, 9
IV, 27, n° 99	63, 3; 63, 4
IV, 28, n° 100	81, 30
IV, 39, n° 134	55, 19
IV, 40, n° 135	81, 77
IV, 47, n° 141	13, 4
IV, 53 n° 158	21, 17
IV, 57, n° 162	32, 5

CONRADVS EBERBARCENSIS

Exordium Magnum Cisterciense (ed. Griesser, 1961)

1, 21	81, 46
1, 23	81, 38
1, 28	81, 45
1, 31	81, 46
1, 32	81, 39; 81, 40; 81, 41; 81, 42; 81, 43; 81, 44; 81, 53
1, 35	45, 5
2, 1	81, 63
2, 3	16, 3
2, 7	81, 36
2, 8	81, 37
2, 10	81, 64
2, 11	81, 33
2, 15	81, 35
2, 21	81, 24
2, 23	81, 3
2, 24	81, 90
3, 13	81, 49; 81, 50; 81, 51; 81, 52
3, 15	81, 53; 81, 54
3, 16	81, 47; 81, 55; 81, 56
3, 17	81, 68; 81, 69; 81, 70; 81, 71; 81, 72
3, 18	81, 30

582 INDEX AVCTORVM, RELATORVM ET OPERVM ANONYMORVM

3, 19	81, 9
3, 21	81, 5
3, 26	81, 11
3, 29	81, 65
3, 30	81, 32
3, 31	81, 66
3, 32	81, 31
3, 33	81, 27
3, 34	81, 59
4, 1	81, 6
4, 2	81, 7; 81, 8
4, 3	81, 19
4, 4	81, 17
4, 5	81, 20
4, 6	81, 10
4, 8	81, 29
4, 9	81, 23
4, 10	81, 26
4, 11	81, 28
4, 13	48, 9
4, 14	81, 4
4, 15	81, 21; 81, 61
4, 16	81, 15
4, 17	81, 14
4, 18	81, 13
4, 19	81, 58
4, 20	81, 1; 81, 2
4, 21	81, 60
4, 22	81, 57
4, 23	81, 12
4, 24	13, 4
4, 30	32, 5
4, 32	81, 86
4, 34	81, 73; 81, 74; 81, 75; 81, 76
4, 35	81, 79
5, 2	43, 2; 81, 80; 81, 82
5, 3	81, 81
5, 4	81, 94
5, 6	81, 92
5, 8	13, 1; 13, 2
5, 12	15, 15
5, 14	81, 18
5, 17	65, 5
6, 6	33, 1; 33, 2

CYPRIANVS CARTHAGINENSIS
    De lapsis (CCSL 3, 1)

24	**59, 15**
24	59, 16
25	**63, 12**
26	63, 13
26	63, 14
26	63, 15

INDEX AVCTORVM, RELATORVM ET OPERVM ANONYMORVM 583

De monacho dormiente ad uigilias (*metrice*) (Montpellier, Méd., H 35, s. XII)
fol. 12   65, 6

EADMERVS CANTVARIENSIS

Vita sancti Anselmi (BHL 525, 526, 526a), (ed. R. W. Southern, 1962)
I, 6   **31, 3**
I, 14   64, 22
I, 22   **64, 23**
I, 25   **15, 15**
II, 8   **8, 16**
II, 13   **52, 13**
II, 15   **68, 4**

EKKEHARDVS VRAVGIENSIS

Chronicon Wirziburgense (ed. D. G. Waitz, P. Kilon, MGH, SS, 6, 1844)
Valerianus cum filio Gallieno, 7   59, 8

Chronicon uniuersale (i.e. adbreu. *Epythome Eusebii de sequenti opere*)
(ed. D. G. Waitz, P. Kilon, MGH, SS, 6, 1844)
a. 259   59, 8
a. 437   15, 1
a. 467   59, 5
a. 775   59, 7

ERNALDVS BONAEVALLIS

Vita sancti Bernardi (BHL 1212) (PL 185)
II, 1, 6   46, 7

EVSEBIVS CAESARIENSIS

Historia ecclesiastica (EW et SC 31)
III, 23, 6-19   **20, 2**
III, 32, 3   **9, 4**
III, 36, 6-12   **28, 1**
IV, 15, 5   28, 2
IV, 15, 10-14   28, 3
IV, 15, 19-39   28, 4
IV, 17, 13   28, 5
V, 1, 11-12   **4, 2**
V, 1, 18-19   56, 1
V, 1, 20-25   **29, 1**
V, 1, 51   9, 5
V, 1, 52   29, 2
V, 1, 55   56, 1
V, 2, 2   **2, 3**
V, 28, 8-12   **60, 2**
VI, 2, 3-6   28, 6
VI, 3, 9   **12, 1**
VI, 9, 4-8   **59, 9**
VI, 34   2, 4
VI, 41, 12   38, 2
VII, 32, 27   **6, 1**
VIII, 5   28, 7

584 INDEX AVCTORVM, RELATORVM ET OPERVM ANONYMORVM

VIII, 7, 2-4	**5, 3**
VIII, 9, 2-4	29, 3
VIII, 9, 4-6	28, 9
VIII, 9, 7-8	28, 8
VIII, 12, 1	29, 4; 29, 5
VIII, 12, 2	28, 10
VIII, 12, 3-4	**22, 1**
VIII, 12, 6-7	29, 6
VIII, 12, 10	29, 7
X, 3 (add. Rufin.)	**61, 7**
X, 4 (add. Rufin.)	2, 6
X, 5 (add. Rufin.)	2, 7
X, 8 (add. Rufin.)	2, 8
X, 8, 1 (add. Rufin.)	2, 5
X, 14 (add. Rufin.)	59, 10
X, 19 (add. Rufin.)	9, 6
X, 35	9, 7
XI, 2	**8, 3**
XI, 5 (add. Rufin.)	28, 11
XI, 9 (add. Rufin.)	4, 3; 8, 4; 28, 12

Chronicon, uide Hieronymvs Presbyter, *Chronicon Eusebii*

Excepta de cronicis Eusebii*, uide Hieronymvs Presbyter, *Chronicon Eusebii*

uide etiam Ekkehardvs Vravgiensis, *Chronicon uniuersale* (i.e. adbreu. *Epythome Eusebii de sequenti opere*)	**15, 1**
uide etiam Evsebivs Caesariensis, *Ecclesiastica Historia*	**22, 1**
uide etiam Hieronymvs Presbyter, *Chronicon Eusebii*	59, 1; 60, 1
uide etiam Sigebertvs Gemblacensis, *Chronica*	38, 1; **61, 1**; **62, 1**; **63, 1**; **64, 1**; **65, 1**

Evagrivs diaconvs*   14, 12

Exemplorum anonymae collectiones, uide *Anonymae exemplorum collectiones*

Galbertvs Brvgensis

Passio Caroli Boni comitis (BHL 1574) (ed. H. Pirenne, 1891)
par. 6   LIII, 2

Gavfridvs Avtissiodorensis

Vita sancti Bernardi (BHL 1214, 1216) (PL 185)

III, 1, 1	**16, 1**; 47, 10
III, 1, 2	11, 12
III, 2, 4	71, 7
III, 2, 5	37, 22; 46, 8
III, 3, 6	**72, 1**
III, 3, 8	37, 23
III, 4, 9	4, 27
III, 7, 21	**54, 8**
III, 7, 22	2, 43

III, 7, 25	**9, 28**
III, 7, 26	4, 28
III, 7, 27	4, 29
III, 7, 27-28	4, 30
V, 2, 12	2, 44

Sermones (Paris, BnF, lat. 476; ed. J. Leclercq, *Studia Anselmiana*, t. 31, 1953, p. 174-201)

fol. 145	27, 6
fol. 148v	60, 3
fol. 178	45, 5

Tertia pars sermonum in praecipuis solemnitatibus a pascha usque ad aduentum (Troyes, BM 503, fol. 145), *Analecta sacri ordinis cisterciensis*, 9 (1953), p. 156-157

fol. 145	63, 17

GAVFRIDVS MONEMVTENSIS

Historia regum Britanniae (ed. J. A. Giles, 1844; ed. N. Wright, 5 vol., 1984-1991)

94	7, 1

GERARDVS CASIMARIENSIS

Liber de miraculis (ed. P. Lehmann, 'Ein Mirakalbuch des Zisterziensordens', in *Erforschung des Mittelalters*, Band IV, Stuttgart, 1961, p. 264-282)

LXVIII	81, 88
CXXIIII	38, 3
CXXXII	81, 95
CXXXIII	81, 96
CXXXV	81, 97
CXIX	81, 98
CLIII	81, 99
CLV	39, 2
CLXVI	16, 2

GERVASIVS CANTVARIENSIS

Chronica (ed. W. Stubbs, 1879, Rolls Series, 73/1)

a. 1187	48, 2

GIRALDVS CAMBRENSIS

Gemma ecclesiastica (ed. J. S. Brewer, 1861)

dist. I, 32	48, 2

GREGORIVS MAGNVS

Dialogorum libri IV (SC 260)

I, 2, 2-3	44, 2
I, 2, 8-11	9, 10
I, 3, 2-4	4, 13
I, 4, 7	11, 4
I, 5, 4-5	2, 16
I, 9, 10-13	7, 4
I, 9, 16-17	55, 13

I, 10, 2-5	21, 6
I, 10, 6 et I, 10, 7	37, 5
II, 2, 1-2	24, 4
II, 4, 1-3	65, 3
II, 7, 1-3	14, 3
II, 8, 1-7	3, 1
II, 13, 1-2	11, 5
II, 16, 1-2	1, 7
II, 19, 1-2	43, 4
II, 20, 1-2	1, 8
II, 25, 1-2	45, 2
II, 28, 1-2	13, 3
II, 30, 1	61, 11
II, 33, 1-3	26, 3
III, 1, 1-8	4, 14 ; 61, 12
III, 5, 3-4	7, 5
III, 7, 2-9	62, 8
III, 13, 2-3	61, 3
III, 14, 2-3	15, 7
III, 14, 5	44, 3
III, 15, 2-8	3, 2
III, 16, 5	23, 2
III, 16, 9	68, 5
III, 26, 5-6	38, 5
III, 32, 1-4	1, 4
III, 33, 2-6	37, 6
III, 37, 4-7	42, 2
IV, 12, 2-4	22, 12
IV, 14, 1-2	22, 13
IV, 18, 1-3	46, 1
IV, 19, 2-3	47, 1
IV, 20, 2	44, 4
IV, 33, 1-3	21, 7
IV, 40, 6-8	19, 3
IV, 40, 10-12	36, 3
IV, 53, 1-2	71, 8
IV, 54, 1-2	38, 6
IV, 59, 1	63, 16

GREGORIVS TVRONENSIS

Historia Francorum (ed. B. Krusch, W. Levison, MGH, SS rer. merov., I/1, 1887)

I, 47	22, 16

Liber in gloria martyrum (ed. W. Arndt, B. Krusch, MGH, SS rer. merov., I/2, 1885)

85	63, 6
86	63, 5
105	38, 16

Liber in gloria confessorum (ed. W. Arndt, B. Krusch, MGH, SS rer. merov., I/2, 1885)

109	55, 2
110	38, 17

INDEX AVCTORVM, RELATORVM ET OPERVM ANONYMORVM 587

Liber de uirtutibus s. Martini (ed. W. Arndt, B. Krusch, MGH, SS rer. merov., I/2, MGH, SS rer. merov. I/2, 1885)

I, 4   16, 2

GVIBERTVS NOVIGENTI

Gesta Dei per Francos (Recueil des Historiens des Croisades, t. 4; CCCM 127A, 1996)

VII, 2   2, 2

GVILLELMVS MONACHVS MALMESBIRIENSIS

De gestis regum Anglorum (ed. W. Stubbs, 1887; ed. R. A. B. Mynors, R. M. Thomson, M. Winterbottom, 1998)

I, 80	**19, 4**
II, 178	**2, 18**
II, 191	81, 99
II, 193	**39, 2**
II, 217	2, 19
II, 218	**22, 14**
III, 263	73, 1
III, 264	74, 1
III, 285	48, 6

GVILLELMVS DE SANCTO THEODORICO

Vita sancti Bernardi (BHL 1211) (PL 185)

I, 1, 1	12, 29
I, 1, 3	**70, 12**
I, 3, 7	**22, 21**; 22, 22
I, 3, 10	**57, 17**
I, 3, 17	**12, 28**; 57, 18
I, 4, 19-20	12, 30
I, 4, 20	71, 6
I, 4, 21	12, 31
I, 4, 22	**11, 11**; 12, 32
I, 4, 24	**16, 1**; 70, 13
I, 5, 25-26	44, 14
I, 5, 26	**4, 26**
I, 6, 30	57, 19
I, 7, 35	**46, 6**
I, 8, 41	**64, 25**
I, 9, 45	**37, 21**
I, 10, 47	**34, 6**
I, 10, 49	**55, 31**
I, 11, 51	**63, 26**

HELINANDVS, DE FRIGIDO MONTE MONACHVS

Chronicon (PL 212)

a. 807	41, 1
a. 1045	21, 13
a. 1074	73, 1; 74, 1
a. 1077	30, 3; 45, 4; 74, 4

588 INDEX AVCTORVM, RELATORVM ET OPERVM ANONYMORVM

a. 1078	11, 8; 21, 8; 21, 9; 21, 10; 21, 11; 21, 12; 27, 5; 38, 7; 38, 9; 55, 14; 55, 15; 55, 16; 59, 19
a. 1120	45, 5
a. 1184	3, 3
a. 1185	76, 3; 77, 1

HERACLIDES ALEXANDRINVS

Paradisus (PL 74)

1	**22, 20**
2	8, 15; 37, 16
25	57, 10
26	57, 14
42	12, 33
46	12, 34

HERBERTVS CLAREVALLENSIS

Liber miraculorum (PL 185), *uersio longior*

1, 1	81, 49; 81, 50; 81, 51; 81, 52
1, 3	81, 53; 81, 54
1, 4	81, 55; 81, 56
1, 5	81, 66
1, 8	81, 3
1, 9	81, 4
1, 11	81, 6; 81, 9
1, 12	81, 10
1, 13	81, 11
1, 14	81, 12
1, 15	81, 13
1, 16	81, 14
1, 17	81, 15
1, 18	81, 16
1, 19	81, 17
1, 21	81, 18
1, 22	63, 23; 81, 19
1, 23	81, 20
1, 26	81, 47; 81, 48
1, 28	81, 57
1, 29	81, 58
1, 30	81, 59
1, 31	81, 60
1, 32	81, 21; 81, 61
1, 34	81, 22
2, 2	81, 23
2, 3	81, 24
2, 4	81, 25
2, 5	81, 26
2, 6	81, 27
2, 7	81, 28
2, 8	81, 29
2, 9	81, 30

INDEX AVCTORVM, RELATORVM ET OPERVM ANONYMORVM 589

2, 10	81, 31
2, 11	81, 62; 81, 63; 81, 64
2, 12	81, 32
2, 13	81, 65
2, 14	81, 33; 81, 34
2, 15	81, 35
2, 19	81, 36
2, 20	81, 37
2, 23	81, 38
2, 24	81, 45; 81, 46
2, 28	81, 67
2, 29	81, 68; 81, 69; 81, 70; 81, 71; 81, 72
2, 30	81, 73; 81, 74; 81, 75; 81, 76
2, 31	81, 77
2, 32	81, 78; 81, 80
2, 33	81, 79
2, 34	81, 80
2, 35	81, 81
2, 36	43, 2; 81, 82
2, 37	81, 83
2, 38	81, 84
2, 39	81, 85
2, 40	81, 86
2, 43	81, 88
2, 44	81, 89
3, 1	81, 90
3, 2	81, 91
3, 4	81, 92
3, 6	81, 93
3, 7	81, 94
3, 14	81, 5
3, 15	81, 6
3, 16	81, 7
3, 17-18	81, 8
3, 23	63, 18
3, 27	43, 1
3, 30	81, 102
Fragm. ex lib. de Mir. III, 8	81, 1
Fragm. ex lib. de Mir. III, 9	81, 2
Fragm. ex lib. de Mir. VII, 15	81, 39
Fragm. ex lib. de Mir. VII, 16	81, 40
Fragm. ex lib. de Mir. VII, 17	81, 41
Fragm. ex lib. de Mir. VII, 18	81, 42; 81, 43; 81, 44

Liber miraculorum (ed. G. Komptscher Gufler, 2005), *uersio breuis*

I, 2	81, 45
I, 2-12	81, 38
I, 13-34	81, 45
I, 35-41	81, 46
II, 2-17	81, 39
II, 18-28	81, 40
II, 29-41	81, 41

II, 42-51	81, 42
II, 52-58	81, 43
II, 59-63	81, 44
III, 2-8	81, 64
III, 10-21	81, 32
III, 23-36	81, 65
III, 37-44	81, 33
III, 45-58	81, 34
III, 59-78	81, 35
III, 90-91	81, 36
III, 146-154	81, 37
VI, 1-20	81, 47
VI, 21-28	81, 48
VIII, 2-6	81, 82
VIII, 7	43, 2
VIII, 13	81, 82
XII, 2-8	81, 3
XIII, 1-64	81, 9
XIV, 1-11	81, 11
XV, 1-14	81, 57
XVI, 1-8	81, 60
XVII, 1-17	81, 67
XVIII, 2-5	81, 68
XVIII, 6-14	81, 69
XVIII, 7-20	81, 70
XVIII, 21-26	81, 71
XVIII, 27-31	81, 72
XIX, 2-9	81, 73
XIX, 10-27	81, 74
XIX, 28-33	81, 75
XIX, 34-40	81, 76
XXI, 44-50	81, 17
XXII, 1-7	81, 49
XXII, 8-31	81, 50
XXII, 32-57	81, 51
XXII, 58-69	81, 52
XXIV, 1-6	81, 53
XXIV, 7-15	81, 54
XXV, 1-25	81, 55
XXV, 26-39	81, 56
XXVI, 1-5	81, 20
XXVII, 1-27	81, 31
XXVIII, 1-8	81, 66
XXIX, 1-9	81, 5
XXX, 1-35	81, 6
XXX, 2-8	81, 19
XXXI, 2-8	63, 23
XXXII, 1-7	81, 4
XXXIII, 2-9	81, 59
XXXIV, 1-6	81, 24
XXXV, 1-21	81, 25
XXXVI, 1-10	81, 23
XXXVII, 1-6	81, 28

INDEX AVCTORVM, RELATORVM ET OPERVM ANONYMORVM

XXXVIII, 1-10	81, 29
XXXIX, 1-44	81, 30
XL, 1-8	81, 26
XLI, 1-23	81, 27
XLII, 1-8	81, 7
XLII, 9-17	81, 8
XLIV, 2-16	81, 85
XLV, 1-18	81, 10
XLVI, 1-19	81, 90
XLVII, 2-4	81, 91
XLIX, 2-12	81, 92
L, 6-8	81, 93
LI, 2-21	81, 94
LIII, 2-13	81, 77; 81, 78
LIV, 2-17	81, 79
LV, 2-10	81, 80
LVI, 2-10	81, 81
LVII, 2-17	81, 83
LVII, 18	81, 84
LVIII, 2-12	81, 84
LIX, 2-18	81, 86
LX, 2-43	81, 1
LX, 44-48	81, 2
LXII, 2-6	81, 12
LXIII, 2-7	81, 13
LXIV, 2-4	81, 14
LXV, 2-18	81, 15
LXVI, 2-15	81, 16
LXVII, 2-27	81, 58
LXVIII, 2-5	81, 21; 81, 61
LXXII, 2-6	43, 1

HIERONYMVS PRESBYTER

Epistulae (CSEL 54)

1, 3	22, 8
1, 5-15	22, 8
22, 6-8	24, 3
22, 32	37, 1
22, 33	43, 3
24, 3-4	12, 5
39, 5	57, 3
45, 2	52, 5
45, 3	52, 5
45, 6	52, 5
52, 7	2, 14
58, 3	64, 5
58, 10	49, 2
68, 2	27, 4
72, 2	21, 5
107, 5	59, 18
125, 9-10	41, 2
125, 12	49, 1
125, 13	64, 4

127, 2	57, 2
127, 3	57, 2

Translatio latina regulae sancti Pachomii (PL 23)

22	50, 6
94	47, 5
166	47, 6

Vita s. Hilarionis (BHL 3879, 3879b) (SC 508)

3, 7-8	**56, 4**
3, 10-11	**24, 7**
4, 2	**12, 12**
5, 7	12, 13
6, 1-4	**28, 16**
10, 11-14	**44, 9**
17, 1-9	**38, 19**
18, 2-7	38, 20
24, 2-4	**59, 23**
32, 4-5	67, 1

Vita beati Pauli monachi Thebaei (BHL 6596, 6596a) (SC 508)

2, 2	**29, 9**
3, 1-4	**29, 9**
10, 2-3	2, 20
11, 1	2, 20
13, 1	2, 20
15, 1-2	**15, 8**
16, 2-8	**15, 8**

Chronicon Eusebii, uide *Excepta de cronicis Eusebii** (EW 7)

674 a. J.-C.	1, 3
535-533 a. J.-C.	5, 1
64 p. J.-C.	5, 2
68 p. J.-C.	5, 2
86 p. J.-C.	1, 1
91 p. J.-C.	1, 1
193 p. J.-C.	8, 1
258 p. J.-C.	**59, 1**
275-276 p. J.-C.	59, 2
296 p. J.-C.	1, 2
308 p. J.-C.	**60, 1**

IACOBVS DE VITRIACO

Historia Occidentalis (ed. J. Fr. Hinnebush, 1972)

7	1, 9

IOHANNES AGNELLVS

Liber de miraculis   48, 2

IOHANNES CASSIANVS

De institutis coenobiorum (SC 109)

IV, 20	47, 8
IV, 25	**14, 13**
IV, 26	14, 14
IV, 29	14, 15

V, 24	4, 31
V, 25	**12, 27**
V, 29	**50, 13**
V, 30, 1-3	**69, 5**
V, 31	50, 14
V, 32, 1-3	**57, 16**
V, 40, 1-3	14, 16
V, 41	**64, 16**
X, 20	**65, 9**
X, 25	65, 10
XII, 20	**40, 2**

Collationes (SC 42 et 64)

2, 5	64, 17
2, 6	64, 18
2, 7	64, 19
2, 8	64, 20
7, 26	**27, 9**
7, 27	27, 10
18, 15	9, 27
24, 21	64, 21

IOHANNES CHRYSOSTOMVS

De sacerdotio (PG 48)

6, 4	63, 4

IOHANNES DIACONVS

Sancti Gregorii Magni Vita (BHL 3641, 3642) (PL 75)

II, 29	55, 7
II, 41	63, 11
II, 44	58, 4
II, 42	61, 2
IV, 97	21, 1

IOHANNES SALERNI

Vita sancti Odonis abbatis Cluniacensis (BHL 6292-6297) (PL 133)

I, 31	**47, 9**
I, 35	**47, 9**
II, 5	6, 10
II, 10	**25, 12**
II, 12	25, 13
II, 14	**37, 20**
III, 2	**31, 4**
III, 5	**13, 6**

IOHANNES SVBDIACONVS*   **12, 24**; **31, 2**

IOTSVALDVS

Vita sancti Odilonis (BHL 6281) (PL 142)

I, 8	54, 2
II, 13	15, 3

594 INDEX AVCTORVM, RELATORVM ET OPERVM ANONYMORVM

Liber deflorationum* 2, 12; 8, 9; 11, 1; 12, 4; 13, 1; 18, 1; 21, 1; 22, 4; 38, 4; 43, 1; 45, 1; 48, 1; 51, 4; 55, 7; 58, 4; 63, 3; 65, 2

Liber illustrium uirorum cisterciensium* 76, 2

Liber Pontificalis [*Pontificalis historia**] (ed. L. Duchesne, t. I)

1, 1-5	52, 1
6, 2	52, 2
30, 2	20, 1
31, 1-5	9, 2
34, 10	53, 1
41, 1	50, 1
46	4, 1
66, 5	54, 1
69	54, 1
uide Sigebertvs Gemblacensis, Chronica	55, 1; 55, 4

Litvrgica

Ad iudicandum uiuos et mortuos	32, 7
Agnus Dei	63, 18
Angelus Domini	81, 30
Aue Maria	48, 1; 48, 10; 48, 11; 81, 52
Beati mortui qui in Domino moriuntur	81, 2
Benedicendum fructum uentris suis	81, 66
Dignus est agnus qui occisus est accipere uirtutem et diuinitatem	81, 31
Credo (Symbolum)	24, 2
Gaude Maria Virgo	80, 4
Gloria Patri	65, 6.
Iam surrexit, uenite et uidete	81, 30
Pater noster	24, 2; 33, 1; 81, 1; 81, 9
Puer natus est nobis	27, 6
Qui natus est nobis	81, 66
Salue Regina	79, 1
Speciosus forma pre filiis hominum	74, 1
Subuenite sancti Dei	81, 79

Maiolus, abbas Cluniacensis – relator **33, 2**

Marianvs Scottvs

Chronicon (ed. D. G. Waitz, MGH, SS, 5, 1844)
a. 833   15, 4

Odo Clvniacensis

Collationes libri tres (PL 133)

I, 26	2, 12
I, 27	21, 1
II, 11	21, 4
II, 26	21, 2; 21, 3
II, 28	51, 4

INDEX AVCTORVM, RELATORVM ET OPERVM ANONYMORVM 595

II, 29	38, 4
II, 32	63, 5; 63, 6; 63, 7; 63, 8
II, 34	51, 5
III, 7	2, 13; 8, 9; 55, 7
III, 20	11, 1; 11, 2; 11, 3
III, 21	43, 2; 45, 1

OPERA SINE TITVLO CITATA

De Cronicis* (In Cronicis, Cronice, Exceptiones de cronicis)	
uide CASSIODORVS, *Historia tripartita*	**30, 1**
uide GAVFRIDVS MONVMETENSIS, *Historia regum Britanniae*	**7, 1**
uide HIERONYMVS PRESBYTER, *Chronicon Eusebii*	**1, 1; 5, 1; 8, 1**
uide IOHANNES DIACONVS, *Sancti Gregorii Magni Vita* et ODO CLVNIACENSIS, *Collationes libri tres*	**21, 1**
uide SIGEBERTVS GEMBLACENSIS, *Chronica*	**2, 1; 9, 1; 9, 3; 27, 11; 51, 10**
uide SIGEBERTVS GEMBLACENSIS, *Chronica*, IOTSALDVS, *Vita sancti Odilonis* et PETRVS DAMIANI, *Vita sancti Odilonis*	**54, 2**

PALLADIVS

Historia lausiaca (PL 73)

2	12, 26
10	37, 16
13	9, 24
19-20	4, 21; 9, 23; 37, 17
28	14, 12
30	9, 25
35	1, 10
63	4, 19
70	4, 20
72	63, 9
75	63, 7
85	37, 18
86	**57, 10**
87	57, 14
98	12, 34
103	12, 25; 58, 10
140	20, 5
143	12, 33

Historia lausiaca, uersio altera (PL 74)

| 5 | 37, 16 |

Passio s. Petri Alexandrini episcopi (BHL 6692-6693) (PG 18)

| 464 C | 2, 12 |

PAVLVS DIACONVS

Sancti Gregorii Magni Vita (BHL 3639, 3639a, 3639b, 3639c) (PL 75)

| 27 | 58, 4 |
| 29 | 55, 3 |

596 INDEX AVCTORVM, RELATORVM ET OPERVM ANONYMORVM

PAVLINVS MEDIOLANVS

    Vita sancti Ambrosii Mediolanensis (BHL 377) (PL 14)

16	49, 4

PETRVS ABAELARDVS

    Theologica Christiana (CCCM 12)

II, 112	58, 4

    Sic et non (ed. B. Boyer et R. McKeon, 1976)

Questio 106	58, 4

PETRVS CANTOR

    Verbum adbreuiatum, uersio breuis (PL 205)

6	**18, 2**
22	**52, 8**
29	38, 11
39	44, 6
44	**58, 5**
46	**39, 1**
47	2, 17
54	8, 11; 8, 12; 8, 13
65	**52, 7**
66	58, 8
67	**64, 7**
81	38, 14
86	44, 7; **57, 6**
92	64, 8
98	**54, 3**
99	54, 4
105	38, 12
107	**55, 17**
142	18, 3
144	18, 4; 18, 5; 18, 6; 38, 13
147	57, 7
	66, 3

    Verbum adbreuiatum textus alter (*notae*, i.e. Notae in uerbum abbreuiatum R. P. D. Georgio Galopino. Verbum abbreuiatum, textus alter a capitulo LXVI bis LXXX) (PL 205)

15, *notae*	**6, 6**
16, *notae*	**44, 5**
47, *notae*	**8, 10**
52, *notae*	58, 7
65, 8, *notae*	**52, 7**
74, *notae*	58, 6

    Verbum adbreuiatum, textus conflatus (CCCM 196)

I, 6	**18, 2**
I, 16	52, 8
I, 22	38, 11
I, 38	44, 6
I, 42	**58, 5**
I, 44	**39, 1**
I, 45	**2, 17**

INDEX AVCTORVM, RELATORVM ET OPERVM ANONYMORVM 597

I, 52	8, 11; 8, 12; 8, 13
I, 64	52, 7
I, 65	58, 8
I, 66	**64, 7**
I, 79	38, 14
I, 84	44, 7; **57, 6**
II, 7	**54, 3**
II, 8	54, 4
II, 16	38, 12
II, 18	**55, 17**
II, 50	18, 3
II, 52	18, 4; 18, 5; 18, 6; 38, 13
II, 56	57, 7; **66, 3**

PETRVS DAMIANI

    Epistulae (K. Reindel, MGH, 1988-1989)

57	11, 8; 21, 10; **55, 14**; 55, 15; 55, 16
66	21, 11
70	21, 9; **38, 7**; **45, 3**
72	27, 5; **21, 8**; 21, 13; 38, 8; 38, 9
88	38, 10
119	21, 12; **59, 19**
142	**11, 6**; 11, 7

    De bono suffragiorum (PL 145)

5	55, 19

    Liber Gomorrhianus, ad Leonem IX (PL 145)

21	21, 3

    Vita sancti Odilonis Cluniacensis (BHL 6282, 6282a) (PL 144)

930A	54, 2
935C-937A	15, 3

PETRVS VENERABILIS

    De miraculis libri duo (CCCM 83)

I, 1	81, 102
I, 2	63, 18
I, 3	**18, 7**
I, 5	18, 8
I, 7	81, 101
I, 8, 2	63, 19
I, 11	**55, 18**
I, 14	**47, 3**
I, 22	**45, 6**; 77, 2
I, 26	**38, 15**
II, 1	**59, 20**
II, 2	55, 19

Pontius, Aruernensis episcopus – relator	**21, 17**

RAINALDVS VIZELIACENSIS

    Vita sancti Hugonis Cluniacensis (BHL 4008, 4009) (CCCM 42 suppl., 1980)

I, 6	**16, 4**

598 INDEX AVCTORVM, RELATORVM ET OPERVM ANONYMORVM

3, 18	**72, 2**
4, 27	**64, 24**
4, 28	**4, 25**

Regula sancti Pachomii, uide Hieronymvs Presbyter

Reynoldvs abbas Elemosinae

    De Christiano monacho (*Analecta Bollandiana*, t. 52, 1934, p. 5-20)   73, 2 ; 74, 2 ; 76, 2

Richardvs De Sancto Victoris

    Liber Exceptionum (ed. J. Châtillon)

I, 7, 18	59, 8
I, 8, 4	**8, 2**
I, 8, 6	**61, 6**
I, 8, 8	**26, 1**
I, 9, 2	**1, 6**
I, 9, 7	**27, 1**

Rigordvs

    Gesta Philippi Augusti (ed. E. Charpentier et al., 2006)

58	48, 2

Rvfinvs Aqvileiensis Presbyter

    Historia monachorum (PL 21)

14	63, 7
16	4, 19
23	4, 20
29	4, 21 ; 63, 8
31	14, 12
32	63, 9

    Praefatio Rufini ad Apronianum (CSEL 46)   22, 4

    Historia ecclesiastica (add.), uide Evsebivs Caesariensis

Sigebertvs Gemblacensis

    Chronica (ed. D. L. C. Bethmann, MGH, SS, 6, 1844)

a. 390	59, 3
a. 400	58, 1
a. 405	59, 4
a. 409	59, 4
a. 411	61, 1
a. 441	61, 2
a. 444	15, 1
a. 451	9, 1
a. 463	59, 5
a. 530	1, 4
a. 544	61, 3
a. 585	55, 1
a. 601	1, 5
a. 606	55, 2
a. 607	55, 3

a. 618	58, 2
a. 631	2, 1
a. 644	62, 1
a. 645	61, 4
a. 658	27, 11
a. 660	61, 5
a. 698	59, 6
a. 699	59, 6
a. 718	38, 1
a. 724	7, 2
a. 762	62, 2
a. 776	59, 7
a. 799	9, 3
a. 800	9, 3
a. 810	15, 4
a. 865	58, 3
a. 870	63, 1
a. 871	51, 10
a. 873	7, 3
a. 993	54, 2
a. 998	15, 3
a. 1048	55, 4
a. 1058	64, 1

Anselmi Gemblacensis continuatio (a. 1136-1148)

a. 1117	30, 2

Auctarium Vrsicampinum (a 382-1154)

a. 542	15, 2

Continuatio Praemonstratensis (a. 1113-1155)

a. 1121	64, 2

SVETONIVS

De uita Caesarum (ed. H. Ailloud, t. II, 1961)

VI (Nero), 34	**51, 6**
VI (Nero), 38	5, 2

SVLPICIVS SEVERVS

Dialogus super uirtutibus sancti Martini (SC 510)

I, 4-5	**44, 1**
I, 9	**52, 6**
I, 10	**37, 2**
I, 12	**6, 5**
I, 17	**57, 5**
I, 18	**14, 1**
I, 19	14, 2
I, 22, 1-5	37, 4
II, 1	**55, 12**
II, 5	**61, 9**
II, 7	**23, 1**
II, 11	**64, 6**
II, 12	22, 10
III, 1	50, 3

600 INDEX AVCTORVM, RELATORVM ET OPERVM ANONYMORVM

III, 3	61, 10
III, 14	22, 11
III, 15	**9, 9**

Tɪᴛᴠs Lɪᴠɪᴠs

Ab urbe condita (ed. J. Baillet, trad. G. Baillet, 1975, t. I)

I, 56-60	5, 1

Tᴠʀᴘɪɴᴠs (Ps.)

Historia Karoli Magni et Rotholandi (De Historia Turpini archiepiscopi)* (ed. C. Meredith-Jones, 1936)

7	**41, 1**
13	**55, 8**
32	**55, 9**
App., Ms. A. 6	59, 14

Visio monachi de Eynsham [*Visio cuiusdam monachi**] (ed. H. Thurston, *Analecta Bollandiana*, t. 22, 1903)

25	**40, 1**
27	**47, 2**
29	**54, 5**
30	**10, 1**
31	34, 3
33	**34, 2**
41	**21, 16**
42	**36, 1**
46	39, 3

Vita beati Antonii abbatis (PL 73)

2	**50, 5**
4	**24, 5**
6	**12, 8**
7-9	24, 6
10-11	**38, 18**
19	12, 11
20	**56, 3**
22	12, 9
23	12, 10
39	**2, 21**
40	**46, 2**
53	**57, 8**
54	**59, 22**
58	**44, 8**

Vita sancti Aurelii Augustini (PL 32)

II, 5, 3	57, 4

Vita sancti Basilii, Ps. Amphilochio, int. Anastasio bibliothecario (BHL 1022) (PL 73)

	21, 19
7	63, 24
11	**61, 13**

INDEX AVCTORVM, RELATORVM ET OPERVM ANONYMORVM 601

Vita sancti Ephraem (PL 73)

7	12, 23

Vita Gangulfi martyris Varennensis (ed. W. Levison, MGH, scrip. rer. merov., 7)

2, 8-9	21, 14

Vita sancti Ioannis Eleemosynarii (PL 73)

1	55, 22
2	**52, 9**
5	52, 10
7	**54, 6**
8	55, 23
9	**38, 21**
12	**39, 4**
18	**66, 1**
20	55, 24
21	55, 25
24	**33, 3**
26	38, 22
29	55, 26
33	55, 27
35	**6, 7**
36	**9, 13**
37	55, 28
41	52, 11
42	51, 8

Vita sancti Marcelli episcopi et confessoris (BHL 5248-5249) (AASS, Nou. I, 1887)

7-9	**21, 15**

Vita s. Norberti archiepiscopi Magdeburgensis (BHL 6248, 6249)

    Vita A (ed. R. Wilmans, MGH, SS, 12, 1856)

9	64, 2

    Vita B (AASS, Iun. I, 1895)

7, 41	64, 2

Vita sancti Pachomii, abbatis Tabennensis (PL 73)

7	**64, 9**
8	**12, 14**
9	**37, 7**
11	**9, 11**
31	**57, 9**
35	64, 10
36	**21, 18**
38	17, 2
38	**73, 3**
47	63, 10
51	9, 12

602 INDEX AVCTORVM, RELATORVM ET OPERVM ANONYMORVM

Vitae Patrum (PL 73)

III, Verba seniorum

7	12, 18
12	**4, 15**
27	14, 6
28	14, 11
31	57, 14
33	**22, 17**
42	4, 21
53	12, 19
54	37, 14
62	12, 22
65	70, 3
67	57, 15
86	9, 16
97	6, 9
110	37, 19
118	37, 15
119	37, 11
124	2, 31
131	2, 41
135	69, 3
136	**69, 1**
140	69, 4
141	27, 8
143	**14, 7**
147	4, 16
148	4, 23
163	**17, 3**
167	17, 9
176	18, 18
185	**6, 8**
204	65, 8
209	15, 14
211	12, 15 ; 15, 11 ; **17, 3**
216	17, 8
219	43, 3

IV, *Excerpta ex Seuero Sulpicio et Cassiano*

12	14, 2 ; 37, 3
28	14, 8
32	**4, 31**
33	4, 24
49	2, 42
52	27, 9
53	27, 10

V, *Verba seniorum*

1, 5	**2, 22** ; 57, 10
1, 11	**64, 11**
1, 16	2, 23
2, 1-2	**70, 1**
2, 3	70, 2
2, 7	70, 3

2, 9	70, 4
2, 10	70, 7
2, 11	70, 5
2, 16	70, 6
3, 1	**17, 3**
3, 2	17, 4
3, 4	17, 5
3, 6	**46, 3**
3, 9	17, 6
3, 10	17, 7
3, 13	**66, 2**
3, 15	68, 3
3, 18	**50, 7**
3, 20	17, 8
4, 2	12, 15
4, 7	**25, 2**
4, 8	**42, 3**
4, 12	12, 16
4, 16	12, 17
4, 33	57, 11
4, 39	25, 3
4, 44	25, 3
4, 49	25, 4
4, 53	12, 20
4, 55	**71, 1**
4, 57	50, 8
4, 62	71, 2
4, 67	12, 17 ; 12, 21
4, 68	22, 18
4, 70	2, 25
5, 4	64, 12
5, 10-11	**24, 8**
5, 13	**2, 24**
5, 23	**14, 4**
5, 27	**4, 15**
5, 31	12, 22
5, 32	**15, 9**
5, 35	**13, 5**
5, 38	**60, 4**
5, 39	31, 1
6, 1	**43, 5**
6, 2	**44, 10**
6, 7	42, 4
6, 10	43, 6
6, 13	44, 11
6, 15	42, 5
6, 17	**37, 8**
6, 19	44, 12
6, 21	43, 7
7, 4	**9, 14**
7, 5	9, 15
7, 19	71, 3
7, 28	**65, 7**

604 INDEX AVCTORVM, RELATORVM ET OPERVM ANONYMORVM

7, 35	**35, 1**
7, 38	70, 7
7, 39	35, 2
7, 41	**27, 7**
8, 2	**10, 2**
8, 5	37, 9
8, 6	37, 10
8, 12	37, 12
8, 13	57, 12
8, 14	**52, 12**
8, 19	37, 13
9, 2	**54, 7**
9, 12	69, 2
10, 2	64, 13
10, 8	**47, 7**
10, 13	10, 3
10, 17	**68, 1**
10, 21	12, 23
10, 40	20, 4
10, 42	18, 19
10, 46	64, 14
10, 56	**55, 29**
10, 67	50, 9
10, 73	22, 19
10, 87	64, 15
11, 3	25, 5
11, 5	70, 8
11, 17	15, 10
11, 23	68, 2
11, 27	25, 6
11, 28	71, 4
11, 32	71, 5
12, 1	15, 11
12, 7	15, 11
12, 12	15, 12
13, 2	**4, 31**
13, 5	2, 26; 25, 7
13, 8	25, 8
13, 12	55, 30
14, 2	50, 10
14, 3	14, 5
14, 5	**14, 7**
14, 6	57, 13
14, 8	14, 8
14, 18	14, 9
14, 19	14, 10; 27, 8
15, 3	2, 27
15, 6	2, 28
15, 7	2, 29
15, 9	25, 9; **67, 2**
15, 14	2, 30
15, 25	9, 17
15, 26	2, 31

15, 29	2, 32
15, 30	2, 33
15, 42	25, 10
15, 47	2, 34
15, 53	2, 35
15, 64	2, 36
15, 68	2, 37
15, 72	2, 38
16, 1	9, 18
16, 6	9, 19
16, 13	9, 20
16, 19	9, 21
17, 14	**4, 15**
17, 16	4, 16
17, 25	4, 18
18, 16	50, 11
18, 19	2, 39
18, 20	17, 9

  VI, *Verba seniorum*

1, 3	50, 12
1, 9	31, 2
2, 12	15, 13
2, 15	**61, 14**
2, 17	14, 11
3, 7	25, 11
3, 9	**12, 24**
3, 10	70, 9
3, 13	**36, 2**
4, 3-4	2, 40
4, 12	9, 22
4, 14	10, 4
4, 32	70, 10
4, 33	70, 11

  VII, *Verba seniorum*

7, 5	4, 22
13, 6	2, 31
19, 1	4, 17
23, 2	17, 9

  VIII, *Historia lausacia*, uide Palladivs, *Historia lausiaca* (PL 74)

X, 206	9, 26

Wace

 Roman de Brut (ed. I. Arnold, Société des anciens textes français, 1938-1940)

                 1, 9

Waltervs archidiaconvs Tervanensis

 Vita Karoli comitis Flandriae (CCCM 217)

11	**55, 10**
12	**53, 2**

Ysengrimus (ed. E. Voigt, 1884; trad. E. Charbonnier, 1993)

5, 1041	1, 9

INDEX PERSONARVM LOCORVMQVE EXEMPLORVM

Cet index reprend les noms propres et les lieux et personnages surnaturels contenus dans les résumés fournis par les *Fontes exemplorum similitudinumque*, p. 355-566. Renvoi est fait au chapitre et au numéro d'ordre de l'*exemplum* dans le chapitre. Les noms qui se trouvent dans les commentaires des récits voient leur numéro accompagné d'un astérique (*). Les auteurs des textes sources ou des récits parallèles mentionnés dans les commentaires ne figurent pas dans cet index : ils sont repris dans l'*Index auctorum, relatorum et operum anonymorum*.

Abraham, abba L, 10
Abraham, patriarche XXXII, 5 ; LXIV, 19 ; LXVI, 25
Abiron XVII, 2
Adam, v. Aïdan
Adrien, abbé VIII, 6
Adrien, juge LXXIV, 3
Adrien, pape LXIII, 1
Afrique IV, 14 ; LV, 25 ; LXI, 12 ; évêques d' I, 4
Agathon, abba X, 3 ; XXV, 2 ; XLII, 3 ; XLVII, 7
Agnès, ste LI, 7
Agoulant, roi LV, 8
Aïdan (Adam), évêque LV, 5 ; LV, 6
Aix-la-Chapelle LV, 9
Alain, sergent de l'évêque de Beauvais LXII, 9
Alban, s. IV, 5
Alexandra XXII, 20
Alexandre III, pape LII, 7 ; LXXXI, 96
Alexandre, s. IX, 5
Alexandrie XVII, 1 ; XXIX, 5 ; évêque d' LXXI, 1 ; sainte dame d' IX, 26 ; v. Jean l'Aumônier, s., patriarche d' ; Pierre d'Alexandrie, évêque d'
Allemagne LXXXI, 30
Alonios, abba LXX, 8
Alpaïde, concubine LIX, 6
Alpes XXVI, 1
Alquirin, moine de Clairvaux LXXXI, 6
Ambroise, s. IV, 7 ; IV, 8 ; XXVI, 2 ; XXVIII, 13 ; XXVIII, 14 ; XLIX, 4 ; LI, 3 ; LV, 11 ; LIX, 3
Amiens, v. Robert de Thalamo, évêque d'
Ammoès, abbé XXV, 5
Ammon, abba XVII, 4
Ammonius, ermite IV, 20 ; VIII, 5 ; VIII, 15
Anastase, empereur I, 6

Anastase, pape L, 1
André, archidiacre de l'évêque d'Autun, LXXXI, 25
André, moine VIII, 6
André, évêque de Fondi LXII, 8
André, frère de s. Bernard LVII, 19
André, s. XXVII, 5
Anfulsus, moine à Clairvaux LXXXI, 23
Anglais IV, 6 ; VIII, 6 ; IX, 8 ; XIX, 1 ; LII, 4 ; LV, 5 ; LIX, 13 ; LXXX, 3 ; roi des XXII, 3
Angleterre VIII, 6 ; VIII, 16 ; XII, 3 ; XXXII, 3 ; XXXII, 4 ; XLVIII, 10 ; XLVIII, 11 ; LVIII, 9 ; LIX, 13 LXIII, 20 ; LXXVIII, 1 ; LXXX, 2 ; LXXX, 3 ; LXXX, 4 ; LXXXI, 44
Anselme de Cantorbéry, s. VIII, 16 ; XXXI, 3 ; LII, 13 ; LXIV, 22 ; LXIV, 23 ; LXVIII, 4
Anselme de Laon II, 17 ; VIII, 10
Antide, évêque de Besançon LXI, 1
Antioche XXII, 1 ; XXVIII, 10 ; LV, 1 ; vierge d' IV, 10
Antoine, ermite, s. II, 20 ; II, 21 ; II, 27 ; II, 31* ; X, 2 ; XII, 2* ; XII, 8 ; XII, 9 ; XII, 10 ; XII, 11 ; XIV, 12 ; XV, 8 ; XVIII, 18 ; XXIV, 5 ; XXIV, 6 ; XXVII, 4 ; XXXVIII, 18 ; XLIII, 5 ; XLIV, 8 ; XLVI, 2 ; L, 5 ; LVI, 3 ; LVII, 4 ; LVII, 8 ; LIX, 22 ; LXIV, 13 ; LXX, 1
Autun, prévôt du monastère d' XI, 1
Anub, abba LXIV, 14
Apollo, abba LXIV, 12
Apollon, temple d' LXII, 8
Apulie LV, 20 ; LXIII, 17
Arnoul de Majorque LXXXI, 9
Arar, v. Saône, la
Arcadius, empereur LIX, 4
Archebius, abbé XXVII, 9
Archer, homme nommé XXI, 4

INDEX PERSONARVM LOCORVMQVE EXEMPLORVM

Arès, abba L, 10
Argences, domaine d' II, 18
Arienne, femme de Valentinien LXI, 9
Aristote XLIX, 3
Arius, prêtre LIX, 10
Arras XXVII, 11
Arsène, abba II, 28; II, 29; X, 3*; XII, 15*; XV, 11; XVII, 3; XXV, 9; XLIV, 10; LXIV, 3; LXVII, 2; LXX, 2; LXX, 3
Ascalon XXIX, 8
Ascitus, évêque XXXIX, 2
Aselle, ste XII, 5; LII, 5
Athanase, s. VIII, 5; IX, 6; IX, 7; IX, 26; XVII, 1; XLIV, 8
Athènes IX, 22; XXII, 4
Attale, martyr XXIX, 2
Audrey, ste, v. Etheldrède, s
Augusta, titre impérial VIII, 1
Auguste, empereur XXVIII, 7
Augustin, s. II, 15; IV, 11; IV, 12; VI, 4; VIII, 11; XII, 7; XXII, 9; XXVI, 2; XLIX, 3; XLIX, 4; mère de saint Augustin (ste Monique) IV, 12; VI, 4; XII, 7; XXVI, 2; LXXXI, 84
Aumône, abbaye de l' LXXVI, 2; v. Serlon, abbé de
Aurélien, empereur LIX, 2
Autun, monastère d' XI, 2
Auvergne, sénateur d' XXII, 16
Auxence, hérétique IV, 7

Babylone XXXVIII, 10; LXX, 7
Barbares XV, 6
Barisone II, juge LXXXI, 63
Barthélemy de Jura, évêque de Laon, moine à Foigny LXV, 1
Basile, s. IV, 3; XXI, 19; XXVIII, 12; XLIII, 6; LXI, 6; LXI, 13; LXIII, 24
Bassus IV, 1
Beauvais, évêque de LXII, 9; v. Alain, sergent de l'évêque de
Bec, abbaye du XXXI, 3
Benjamin l'Ancien, s. IX, 24
Benoît IX, pape XXI, 13; XXXVIII, 8
Benoît, moine de l'abbaye de Fountains LXXX, 1
Benoît, s. I, 7; I, 8; III, 1; XI, 5; XIII, 3; XIV, 3; XXIV, 4; XXVI, 3; XXXI, 4; XXXII, 3; XLIII, 4; XLV, 2; LXI, 11; LXV, 3; LXVIII, 5; LXXX, 1
Bernard, dit le Gros LV, 18
Bernard, s. II, 43; II, 44; IV, 26; IV, 27; IV, 28; IV, 29; IV, 30; VIII, 13; IX, 28;

XI, 11; XI, 12; XII, 28; XII, 30; XII, 31; XII, 32; XVI, 1; XVI, 3; XVIII, 2; XXII, 21; XXII, 22; XXXIV, 6; XXXVII, 21; XXXVII, 22; XXXVII, 23; XLIV, 5; XLIV, 7; XLIV, 14; XLVI, 8; XLVII, 10; XLVIII, 9; LIV, 8; LVII, 18; LVIII, 5; LXIII, 17; LXIII, 26; LXIV, 25; LXX, 12; LXX, 13; LXXI, 6; LXXI, 7; LXXII, 1; LXXV, 2; LXXVI, 3; mère de XII, 29; LXXXI, 2, 9, 11, 30, 32-34, 36-38, 44, 47, 57, 58, 60, 62-65, 70, 73, 74, 86; sœur de LVII, 19; v. André, Nivard, Guy, frères de s., Gaudry, oncle de s.
Besançon, v. Antide, évêque de
Bessarion, abba IX, 14; LIV, 7
Beton-Bazoches, (région de Meaux) LXXXI, 78
Bethléem LXII, 9
Blandine, ste LVI, 1
Bohémond de Tarente LVIII, 8
Bologne LIX, 19
Boniface, évêque de Ferentis VII, 4; LV, 13
Boniface III, pape LIV, 1
Boniface, s. LV, 13
Bonnevaux, abbaye cistercienne XLV, 5; LXXVI, 3; LXXVII, 1
Boson, moine à Clairvaux LXXXI, 59
Boulancourt, abbaye LXXXI, 77
Bourg-Dieu, v. Déols, abbaye bénédictine de
Brabançons XLVIII, 2
Brescia, évêque de XXXVIII, 6
Brice, prêtre IX, 9
Brunehilde (Brunehaut), reine LVIII, 2
Bulgares, roi des LVIII, 3

Cadulus, chevalier XV, 16
Caduin (*Cadvinum oppidum*) Apulie LV, 20
Caïn XXXVIII, 13
Caïphe XIX, 2
Calligonus, officier de Valentinien XXVIII, 7
Cambron, abbaye de LXXXI, 39
Campanie LXII, 8
Canossa VII, 5*
Cantie, v. Kent
Cantorbéry, v. Anselme, archevêque de; Théodore de Tarse, archevêque de
Capitole I, 1
Carion IX, 16*

Carterius XXXVIII, 5
Cassien, s. XII, 27; LXV, 10
Castulus, prêtre arien IV, 8
Catilina V, 4
Ceadda, évêque VIII, 7
Cédual (Caedwalla), roi des saxons LVII, 1
Ceolred, roi XIX, 4
César, empereur VIII, 1; XXVIII, 4
César, titre XXVIII, 7
Châlons-sur-Marne, monastère de XVIII, 8
Chalon-sur-Saône XLVII, 3; LXXIV, 3
Chantemerle, abbaye LXXXI, 34
Charlemagne IX, 3; XV, 4; LV, 8; LV, 9
Charles le Bon, comte de Flandre LIII, 2; LV, 10
Charles le Gros VII, 3
Charme, prieuré LXXXI, 89
Chartres, évêque de XLVIII, 6
Chartreuse, monastère de la XXXII, 8; LXXI, 7; v. chartreux
Chartreux XI, 9; v. Chartreuse, monastère de la
Châteauroux XLVIII, 2
Chézy-sur-Marne, abbaye de LXXXI, 32
Christ II, 1; II, 3; II, 8; II, 20; II, 30; III, 3; IV, 5; IV, 9; IV, 12; IV, 31; V, 2; VI, 4; VIII, 3; IX, 2; IX, 9; IX, 11; IX, 13; IX, 28; XI, 7; XII, 24; XII, 28; XIV, 12; XV, 3; XV, 4; XVI, 4; XVII, 8; XVIII, 16; XIX, 2; XX, 1; XX, 2; XX, 5; XXI, 18; XXII, 8; XXII, 16; XXII, 20; XXIV, 6; XXVI, 1; XXVIII, 1; XXVIII, 3; XXVIII, 4; XXVIII, 12; XXIX, 1; XXIX, 2; XXIX, 9; XXXI, 5; XXXII, 6; XXXII, 7; XXXV, 1; XXXVIII, 7; XXXVIII, 12; XXXVIII, 22; XXXIX, 3; XXXIX, 4; XL, 2; XLV, 5; XLVI, 7; XLVIII, 9; XLVIII, 11; L, 5; LII, 1; LII, 10; LII, 14; LIII, 1; LIV, 3; LV, 4; LV, 8; LV, 10; LV, 11; LV, 13; LV, 23; LV, 25; LVI, 3; LVI, 4; LVII, 3; LVII, 7; LVII, 19; LIX, 5; LIX, 11; LIX, 15; LIX, 16; LIX, 17; LIX, 19; LX, 1; LX, 2; LXI, 2; LXI, 7; LXI, 12; LXIII, 1; LXIII, 8; LXIII, 11; LXIII, 13; LXIII, 15; LXIII, 17; LXIII, 18; LXIII, 19; LXIII, 20; LXIII, 21; LXIII, 22; LXIII, 23; LXIV, 5; LXVII, 1; LXVIII, 5; LXX, 7; LXXIV, 1; LXXVI, 3; LXXVIII, 1; LXXVIII, 2; LXXVIII, 3; LXXIX, 2;
LXXXI, 8, 13, 16, 17, 20, 23, 27, 31, 36, 37, 79, 86, 91
Christian, moine LXXIII, 2; LXXIV, 2; LXXVI, 1; LXXVI, 2
Chypre XXXIII, 3; v. Spiridion, évêque de
Cicéron XLIX, 1
Cilicie VIII, 6
Cistercien abbé XXXIX, 1; convers XLVIII, 11; moine XVIII, 11; XXXII, 3; LXV, 4; LXXX, 5; monastère XXXI, 5; XXXII, 8; XXXIV, 7; XLVII, 4; LXV, 5; LXXX, 6; ordre (ou cisterciens) XXXII, 2; XXXII, 4; XXXII, 5; XXXII, 6; XXXII, 7; XLV, 5; LXXVI, 2; LXXVIII, 1; LXXVIII, 2
Cîteaux, abbaye de XXXIX, 1; LXXXI, 38, 40, 41, 61
Clairvaux, abbaye de VIII, 13; IX, 28; XII, 30; XXVII, 6; XXXI, 4; XXXII, 7; XXXIV, 6; XLIV, 14; XLVI, 6; XLVI, 7; LV, 31; LXIII, 23; LXXI, 7; LXXXI, 1-76; convers de XIII, 4; LX, 3; grange de XLVIII, 9; v. Geoffroy de Péronne, prieur de; Gérard, abbé de; Pons, abbé de; Robert abbé de; s. Bernard
Clément, s., pape LII, 1
Clermont-Ferrand XXI, 17
Clet, s., pape LII, 1
Clotaire II, roi LVIII, 2
Clovis, roi LXI, 5
Clunisien abbé VI, 10; XXV, 12; XXXIII, 2; XXXVII, 20; LIV, 2; LXXIII, 1; LXXIV, 1; chœur XVI, 4; moine XIII, 6; XVIII, 15; XXXI, 4; XLVII, 3; XLVII, 9; LXIII, 19; LXIV, 24; LXXI, 7; monastère IV, 25; XLV, 6
Cluny, abbaye de XLVII, 3; XLVII, 9; LXXI, 7; moine de XIII, 6; v. Hugues, abbé de; Odon, abbé de; Gérard, moine de; Maïeul, s., abbé de; Pierre, abbé de
Colman, s., évêque XII, 3; LII, 4
Cologne v. Séverin, archevêque de; Saint-Pierre, église de
Conrad II, empereur, père d'Henri III XXXIX, 2
Constance, s. II, 16
Constant, convers à Clairvaux LXXXI, 35
Constant, moine VII, 1
Constant, prêtre VII, 4
Constantin, empereur II, 5; II, 6; VI, 7; XXX, 1; LIX, 7; LXII, 3; LXII, 4; LXII, 5

Constantinople II, 11; XLVIII, 5; LI, 3; épidémie XV, 2; tremblement de terre XV, 1; v. Jean, évêque de Constantinople; Grégoire de Naziance, patriarche de
Cormarin XI, 3
Crésus XLI, 2; LVII, 7
Crisaurius, homme riche de la région de Valérie XIX, 3
Cuthbert, s., évêque de Lindisfarne VIII, 8
Cyprien, s., évêque XXXVIII, 8; XLIX, 2; LIX, 15; LXIII, 12
Cyrille, diacre LIX, 12

Dagobert, roi des Francs LXI, 4
Dalmatius, tribun IV, 7
Damoclès, épée de VIII, 14*
Daniel, abba II, 42; LXVIII, 1
Darida, comte des Goths XLIV, 2
Dathan XVII, 2
Dèce, empereur XXXVIII, 2
Denis de Paris, s. LXI, 4; LXI, 5
Denis, roi de Thrace VIII, 14
Déols (Bourg-Dieu), abbaye bénédictine de XLVIII, 2
Diable II, 27; II, 31; II, 35; II, 37; XI, 6; XII, 11; XIV, 4; XVIII, 1; XVIII, 9; XIX, 2; XIX, 4; XIX, 5; XX, 3; XXII, 21; XXIV, 5; XXIV, 6; XXXI, 1; XXXI, 5; XXXIV, 1; XXXVI, 2; XXXVII, 7; XXXVII, 18; XXXVIII, 18; XLIII, 2; XLIII, 7; XLIV, 9; XLVII, 3; XLVII, 9; LV, 9; LVI, 3; LIX, 16; LIX, 20; LX, 4; LXI, 1; LXI, 11; LXII, 6; LXIII, 8; LXIV, 10; LXIV, 19; LXV, 3; LXV, 6; LXXIV, 2; LXXIV, 3; LXXVI, 3; LXXIX, 1; v. Satan
Didyme, s. XXVII, 4
Dioclétien, empereur I, 2; V, 3; XX, 1
Dodon, frère d'Alpaïde LIX, 6
Dominique, criminel XXI, 1
Domitien, empereur I, 1
Domitius, orateur II, 14
Donat, hérétique IV, 11
Dorothée le Thébain XII, 26
Doubs, pont sur le LXI, 1
Dunstan, s. XXII, 14
Durand, évêque de Toulouse, moine LXXII, 2
Dusinus, évêque XXX, 3

Écossais IV, 6
Edburge, ste II, 19
Edeltrude, ste, v. Etheldrède, ste
Edesse (Urfa) XXVIII, 11
Edgar, roi XXII, 14
Édith, ste, fille du roi Edgar XXII, 14
Édouard, roi II, 19
Egfrid, roi XXII, 3
Égypte XIII, 5; XXVIII, 9; ermites d' XV, 5; II, 7*; II, 20*; IX, 11*; IX, 14*; IX, 24*; IX, 26*; XII, 27*; XVII, 5*; XXI, 20*; XXIX, 3*; XXXVII, 13*; XXXVII, 18*; L. 10*; LXIII, 10*; LXIV, 12*
Égyptien II, 29
Élisabeth, ste LXXXI, 50
Éleusis, mystères d' LI, 6
Éleuthère, s., abbé XXXVII, 6
Élie, abba II, 20; XVII, 5
Enfer XIX, 2; XXI, 8; XXIV, 5; XXXIV, 5; XXXVIII, 1; XXXVIII, 9; XL, 1; XLVII, 2; LXV, 7; LXVIII, 3; LXVIII, 4
Ephrem, s., abbé XII, 23; LXI, 13
Epiphanius, évêque LXI, 8
Epvre, s., évêque de Toul LXXIV, 3
Equitius, abbé XI, 4
Espagne LXXXI, 56
Etheldrède (Audrey, Edeltrude), ste XXII, 3; XXVII, 2
Éthiopien (s) XIV, 4; LV, 9; LXI, 1; LXIII, 8; LXXIV, 2
Étienne Harding XXXIX, 1; LXXXI, 38, 45, 46
Étienne, moine IX, 25
Étienne, s. abbé de Rieti XLIV, 4
Étienne, s. LV, 20
Étienne, roi d'Angleterre LV, 20
Étienne de Garlande II, 17
Étienne de Muret XXXII, 8*
Etna XXXIV, 4
Eudoxie, femme d'Arcadius LIX, 4
Eugène, pape IV, 27; VIII, 13; LXXII, 1
Euloge, prêtre XVIII, 15
Euloge, s. LXIII, 7
Eusèbe, duc de Sardaigne XXXIII, 2
Eusèbe, s. XVIII, 17
Eustochium, ste, fille de ste Paula LIX, 18
Évariste, s., pape LII, 2

Farfa LXXXI, 68, 69-72
Fastrède, abbé de Cambron, Clairvaux, Cîteaux LXXXI, 39-44

Faustin, s. XXXVIII, 6
Fécamp, monastère de II, 18
Félix, abba L, 7
Felix, tyran LI, 2
Ferrières LV, 19
Flacilla, impératrice II, 9
Flandre LXXXI,; v. Charles, comte de
Florent, prêtre III, 1
Florent, s. III, 2
Foigny, abbaye cistercienne, v. Barthélemy de Jur
Fontaines-les-Nonnes, monastère LXXXI, 88, 89
Fontenay, abbaye de LXXXI, 83
Fontmorigny, abbaye de LXXXI, 86
Fondi, abbaye de IV, 13; abbé de IX, 10; v. André, évêque de; Libertinus, prieur de
Fortunat, évêque XXI, 6; XXXVII, 5
Fountains, abbaye cistercienne de LXXIX, 1
France, v. Etienne de Garlande, sénéchal de
Francon, abbé de Notre-Dame de Noirlac LXXXI, 67
Francs LXI, 4
Frison(s) LXIII, 2; v. Radbod, duc des
Fronton, orateur XLIX, 1
Fulbert, évêque de Chartres XLVIII, 6
Fursy, s. XXXIV, 1; XXXVIII, 3

Gabriel, archange II, 37
Galaad VIII, 17
Galicien LV, 9
Galla, jeune fille noble de Rome XXII, 13
Gastines, abbaye de LXXVI, 1
Gaudry, oncle de s. Bernard XXXVII, 21
Gaule II, 18; IV, 25; IX, 5*; IX, 9*; XLV, 6; XLVIII, 6; LV, 31; LXXVII, 2; LXXX, 3
Gautier, convers à Cîteaux et Clairvaux LXXXI, 21, 61
Gaza XXIX, 8
Gélase, abba IX, 18
Genès, s., martyr LXXVIII, 2
Gengoul, s. XXI, 14
Genséric, roi IX, 1
Geoffroy de Péronne, prieur de Clairvaux VIII, 13
Geoffroy, clerc de l'évêché de Verdun LXXXI, 25
Geoffroy, seigneur du château de Semur XXXVIII, 15

Gérard, abbé de Clairvaux XXXII, 1
Gérard, abbé de Longpont LXXXI, 33
Gérard, abbé de Mores LXXXI, 16
Gérard, convers portier à Clairvaux LXXXI, 30
Gérard, moine de Farfa LXXXI, 68-72
Gérard, moine de Cluny LXIII, 19
Germains VII, 3
Germanicus, s. XXVIII, 2
Germanie, v. Paderborn, ville de
Gervais, s. XXI, 12
Gewissei v. Vortigern, consul des
Giezi XLIV, 9
Gilla, moniale XLV, 6; LXXVII, 2
Gloucester, province de XXXII, 2
Godefroy, roi de Jérusalem II, 2
Godfrid, moine de Cluny XXV, 12
Goths XLIV, 2
Grandmont, ordre de XXXII, 8
Grandselve, abbaye LXXXI, 90-93
Grec VIII, 6
Grèce LXXVIII, 3
Grégoire de Nazianze, s. IV, 3; VIII, 4; XXII, 4
Grégoire le Grand, s. I, 5; II, 13; VIII, 9; XXI, 1; XXVII, 5; LIV, 1; LV, 3; LV, 7; LVIII, 4; LXIII, 11; LXXIV, 4
Grenoble LV, 19
Guillaume, comte de Mâcon LIX, 20
Guillaume, moine de Saint-Aubin d'Angers LXXXI, 55-56
Gunarius, juge de Sardaigne LXXXI, 65
Guy, comte d'Albi LXIV, 24
Guy, frère de s. Bernard XII, 28; XXXVII, 21; LVII, 17; LVII, 18; LXXXI, 64
Guy, successeur d'Étienne Harding LXXXI, 46

Harduin, homme riche XLV, 3
Hébron, évêque d' II, 11
Hélène, reine, ste II, 8; VI, 1
Helenus, v. Melitius VI, 1
Helladios, abba XII, 17
Henri, empereur LXXXI, 99
Henri, roi, fils de l'empereur Conrad XXXIX, 2
Héraclius, empereur II, 1
Herbert, moine médecin LXXX, 1
Herculanus, évêque de Pérouse LXI, 3
Hermopolis, Haute Egypte LXIV, 12*
Hésychius XXXVIII, 20

INDEX PERSONARVM LOCORVMQVE EXEMPLORVM 611

Hilarion, s. XII, 12; XII, 13; XXIV, 7; XXVIII, 16; XXXVIII, 19; XXXVIII, 20; XLIV, 9; LVI, 4; LXIV, 5; LXVII, 1; disciple d' LIX, 23
Hildebrand, pape Grégoire VII LXXIII, 1; LXXIV, 1
Honorius, empereur LVIII, 1
Hormisdas, s., pape I, 6
Hugues de Cluny, s., abbé IV, 25; XVI, 4; LXIV, 24; LXXII, 2; LXXIII, 1; LXXIV, 1
Hugues, abbé de Bonnevaux LXXVI, 3; LXXVII, 1
Hugues, archevêque de Lyon XLV, 6; LXXVII, 2
Hugues, laïc LXXXI, 98
Humbert, moine de Grandselve LXXXI, 91
Hymettius, oncle de ste Eustochium LIX, 18

Ignace s. XXVIII, 1
Igny, abbaye cistercienne d' XI, 10; LXXV, 1; v. Pierre, abbé d'
Innocent, bienheureux XII, 25; LVIII, 10
Innocent, pape LIX, 4
Isaac, ermite en Italie XV, 7; XLIV, 3
Isaac, fils d'Abraham 44. 19
Isidore, abba II, 32*; XV, 10; XXIV, 1; XXXVII, 16; XLIII, 3
Israël, terre d' LXVI, 2

Jacques, abba XLII, 4
Jacques, s., évêque de Jérusalem IX, 4; XLV, 5
Jean Colobos abba II, 20; II, 28*; IX, 28*; XIV, 2*; XIV, 5; XIV, 13; XIV, 16; XV, 14; XLVI, 3; LXVIII, 2*; LXIX, 3
Jean le Perse, abba 42. 4
Jean ermite XIV, 6; XIV, 14
Jean Chrysostome, s., évêque LIX, 4
Jean l'Aumônier, s., patriarche d'Alexandrie IV, 23; IX, 13; XXXVIII, 21; XXXVIII, 22; XXXIX, 4; LI, 8; LII, 9; LII, 10; LIII, 11; LIV, 6; LV, 22; LV, 23; LV, 24; LV, 26; LV, 27; LV, 28; LXVI, 1
Jean, chanoine de Lyon, abbé de Bonnevaux, évêque de Valence XLV, 5
Jean, évêque de Constantinople, patriarche I, 5
Jean X, pape XXI, 1
Jean XIX, pape XXXVIII, 8

Jean l'Évangéliste, s., apôtre XX, 2; LXIV, 21; LXXXI, 30, 31, 79
Jérôme, s. II, 14; XXIV, 3; XXXVII, 1; XLIX, 1; L, 2; LII, 5; LII, 6
Jérusalem II, 1; II, 8; IV, 27; IX, 4; XV, 3; LVII, 3; LXII, 1; LXIV, 5; LXXXI, 95; v. Godefroy, roi de Jérusalem; v. Jacques, s., Siméon, s., Narcisse, évêques de
Jésus-Christ, v. Christ
Job LXXVII, 1
Jovien, empereur VIII, 2
Jovin, s. XII, 33
Judas IX, 9
Juifs VII, 2; VIII, 15; XVIII, 13; XLVIII, 3; LXIV, 20; LXXX, 4
Julien l'Apostat, empereur VIII, 2; XV, 14; XXIX, 8; LI, 2; LII, 3; LIX, 11; LXII, 6; LXII, 7
Julien, novice de Clairvaux LXXXI, 70
Jupiter LIX, 5
Justeron, abba XXXVII, 12

Kent LXIII, 2

Lagny LXXXI, 34
Lambert, s. LIX, 6
Landais, abbaye cistercienne, v. Christian, moine LXXIII, 2
Lanfranc XXXI, 3
Laon LXXXI, 96; évêque de LXV, 1
Laurent, s. XXXIX, 2
Laurent, convers à Clairvaux LXXXI, 72-76
Lausanne, lac de LXXI, 7
Le Caire II, 28*
Léon Ier, pape LXI, 2
Léon III, pape IX, 3
Léon IV, pape LXXIX, 2*
Léon IX, pape LV, 4
Léonide, père d'Origène XXVIII, 6
Leuques, cité de, v. Toul
Libertinus, prieur du monastère de Fondi IX, 10; XLIV, 2
Liège XVIII, 13; XLVI, 7
Lin, pape, s. LII, 1
Lindisfarne, évêque de VIII, 8
Lombards XLII, 2
Londres LXIII, 2
Longpont, abbé de XVIII, 4
Lothaire, roi LXIII, 1
Lotharingie LV, 9
Louis le Germanique, roi VII, 3; LVIII, 3

Louis VII, roi de France LXXXI, 43, 96
Louis le Pieux, empereur LVIII, 3*
Lucina, veuve IX, 2
Lucius, s. XXVIII, 5
Lucrèce V, 1
Libye XIV, 16
Lyon XXXVIII, 17; v. Hugues, archevêque de Lyon; Jean, chanoine de Lyon; martyrs de II, 3

Macaire, abba II, 31; IV, 21; VI, 9; IX, 17; IX, 19; IX, 23; XII, 15; XII, 19; XII, 20; XV, 10*; XVII, 6; XXVII, 10; XXXVII, 17; XLIII, 3; LXIII, 8; LXIV, 16
Machétès l'ancien L, 13; L, 14; LXIX, 5
Mâcon LIX, 20
Maïeul, s., abbé de Cluny XXXIII, 2
Maine LXXVI, 1
Malachie, s. VIII, 17; XVIII, 20; XXI, 20; XLIV, 13; XLVI, 4; XLVI, 5; LI, 9; LII, 14; LXIII, 25; LXXXI, 57, 73
Marc, disciple de l'abba Sylvain XIV, 7; LVII, 13
Marcel de Paris, s. XXI, 15
Marcel, s., pape IX, 2
Marcelle, ste LVII, 2
Marcellin, s., pape XX, 1
Marcigny, monastère bénédictin de femmes XLV, 6; LXXVII, 2
Marguerite, ste LI, 7
Marie, ste, v. Vierge
Marie Madeleine, ste LXXXI, 28, 50
Martin s. IX, 9; XVI, 2; XXII, 10; XXII, 11; XXIII, 1; L, 3; LV, 12; LXI, 9; LXI, 10; LXIV, 6; LXVIII, 5
Martin, homme vénérable XXIII, 2
Martin, cardinal prêtre XXXVIII, 12
Matthieu, chevalier LXXXI, 96
Maturius XXI, 12
Maur, moine III, 1; XIV, 3
Maurice, empereur XXVII, 1
Maurille, archevêque de Rouen XXXI, 3
Maxence IX, 2
Maxime, tyran, empereur XXIII, 1; LIX, 3
Maziques, tribu II, 32*; II, 41*; LXIV, 18
Mélanie, ste XXII, 20; XXXVII, 16; LVII, 3
Meaux LXXXI, 78
Melitius, évêque du Pont, v. Helenus VI, 1
Ménard, abbé de Mores LXXXI, 36

Menas XXXVIII, 5
Mercie, province de XIX, 1; roi de XXII, 2
Mésopotamie XXIX, 4
Metz, église de XXXVIII, 9
Meuse, fleuve LIX, 6
Michel, roi des Bulgares, moine LVIII, 3*
Milan XLII, 1
Miroir, abbaye cistercienne du LXXVI, 3
Moïse, abba II, 32; II, 40; IX, 16; XIII, 5; XXVII, 10; XXXVII, 11; LXV, 10; LXX, 4; LXX, 7
Moïse, prophète et patriarche LXIV, 20; LXX, 7; LXX, 11
Molesmes, abbaye LXXXI, 45-46
Monique, ste, v. Augustin, s., mère de
Mont des Oliviers XII, 25; LVIII, 10; LXII, 1
Montdidier LIX, 21
Mores, abbaye LXXXI, 16, 36
Morimont, abbaye LXXXI, 97

Nabal de Carmelo XLI, 2
Naples VIII, 6; LIX, 12
Narcisse, s., évêque de Jérusalem LIX, 9
Natalios, confesseur LX, 2
Nectaire de Tarse, s. LI, 3
Néron V, 2; LI, 6
Neufchâtel-sur-Aisne LXXXI, 96
Nevers, comte de XI, 9
Nicée, Ier concile de VI, 7; LXI, 7
Nicomédie XXVIII, 7
Nil IX, 7; XIV, 2
Nil l'Ancien, s. LXX, 5
Nimias, s. LXXVIII, 3
Nisthéros, ermite II, 33
Nitrie, désert de XII, 2*
Nivard, frère de s. Bernard XII, 28; LVII, 18
Normandie, v. Richard, duc de
Normands XXV, 13
Norvège, abbé de LI, 7
Notre-Dame de Noirlac LXXXI, 67
Notre-Dame de Rocamadour XXI, 17
Notre-Dame des Blachernes, Constantinople XLVIII, 5

Occident XV, 14; LVII, 1; évêques d' LIX, 4
Odilon, s., abbé de Cluny XV, 3; LIV, 2
Odoald, roi, v. Oswald

INDEX PERSONARVM LOCORVMQVE EXEMPLORVM 613

Odon, s., abbé de Cluny VI, 10; XIII, 6; XXV, 12; XXXVII, 20
Omar, émir (Handuzar Ammiras) LXII, 1
Omer, s. XXVII, 11
Or, abba XXV, 11
Oresius, disciple de Pachôme LXXIII, 3
Orient LI, 2; évêques d' LIX, 4
Origène XII, 1; XXVIII, 6
Orion XLIV, 9
Ostorge, duc de Sicile XXXIII, 2
Oswald (Odoald), roi IV, 6; LV, 5
Oswy, roi XXII, 2; LV, 6
Otger, prévôt de Guillaume, comte de Mâcon LIX, 20
Ourscamp, abbaye cistercienne XXXII, 2

Pacôme, s., ermite IX, 11; IX, 12; XII, 14; XVII, 2; XXI, 18; XXXVII, 7; LVII, 9; LXIII, 10; LXIV, 9; LXIV, 10
Paderborn, ville de Germanie LXIV, 1
Paesios, abba LXVIII, 2
Palémon, s., abba IX, 11; XII, 14; XXXVII, 7; LXIV, 9
Palestine XIV, 7*; LXIV, 5
Pallade (Palladius), abba L, 9
Pambo, abba II, 23; XVII, 1; XXV, 1; XXV, 10; XLIII, 3
Paphnuce, abba II, 6; II, 42; IV, 19; IX, 27; XV, 10*
Paradis II, 20; IX, 21; XXXVIII, 1; XLVIII, 11; LXV, 7; LXVIII, 3
Paris, v. Denis de Paris, s.; Marcel de Paris, s
Parme XXI, 12
Pastor, abba II, 26; XV, 9; XVII, 7; XVIII, 19; XX, 4; XXV, 7; LII, 12; LV, 29; LVII, 11; LVII, 12; LXIV, 14; LXVI, 2; LXX, 10
Paterne, moine LXIV, 1
Paul, s., apôtre LXXXI, 22
Paul de Thèbes, s., ermite II, 20; XV, 8; XXVII, 9; LXV, 4*; LXV, 10
Paul le Simple, s. XIV, 12; XVII, 9
Paulin de Nole, s., évêque IV, 14; LXI, 12
Pavie, monnaie de LV, 15
Pélage, pape I, 5
Pépin, roi LIX, 6
Péronne, v. Geoffroy de
Pérouse, v. Herculanus, évêque de LXI, 3
Perses XXXIII, 3; v. Sapor, roi des
Pertinax, empereur VIII, 1

Petronius, disciple de Pachôme LXXIII, 3
Philéas, évêque de Thèbes XXVIII, 8
Philippe, empereur II, 4
Philoromos XXVIII, 7
Phocas XXVII, 1
Phrygien IX, 5
Piamon, s. LXIII, 9
Pierre d'Alexandrie, évêque II, 12
Pierre de Tarentaise, s., archevêque LIV, 3
Pierre le Télonier LV, 25
Pierre le Vénérable, abbé de Cluny XVIII, 7; XXXVIII, 15; XLV, 6; XLVII, 3; LV, 18; LIX, 20; LXXXI, 100
Pierre, abbé d'Igny III, 3; XI, 10; LXXV, 1
Pierre, s., apôtre XXI, 2 XXXVIII, 15; XLV, 5; XLV, 6; LII, 1; LIX, 19; LXXVII, 2
Pierre Léon, pape schismatique (Anaclet II) LXXXI, 33
Pierre Torchiterius LXXXI, 65
Pierre de Toulouse LXXXI, 42, 53, 54
Pior abba XII, 2; LVII, 14; LXIX, 1
Placide, enfant XIV, 3
Placidia, mère de l'empereur Valentinien IV, 1
Plaisance LXIII, 1
Plectrude, épouse de Pépin LIX, 6
Pline XLIX, 1
Poemen, abba II, 26*; II, 41; X, 3*; XXXVII, 19
Poitou, comté XXXIV, 7; LXXXI, 91
Polycarpe, s. XXVIII, 3; XXVIII, 4
Pons, abbé de Clairvaux, puis évêque de Clermont-Ferrand XXI, 17
Pons, moine de Grandselve LXXXI, 90
Pont, région du XXIX, 6
Postumianus XLIV, 1; LII, 6
Praetextata, tante de ste Eustochium LIX, 18
Prée, abbaye cistercienne de la (Pré-sur-Arnon) XVIII, 14; LXXXI, 82
Prémontrés, église des LXIV, 2
Protais, s. XXI, 12
Prothère, s. II, 39
Provins LXXXI, 34
Purgatoire X, 1; XXXIV, 3; XLVII, 5
Puy, évêque du XXXIV, 4

Quintillien XLIX, 1
Quirinus, s. évêque LX, 1

Rachel XXXII, 6
Radbod, duc des Frisons XXXVIII, 1
Raoul, abbé du monastère de Châlons-sur-Marne XVIII, 8
Richard, abbé de Savigny LXXXI, 18
Richard, duc de Normandie II, 18
Robert, abbé de Clairvaux LXXXI, 3, 25
Robert de Camera, maître, évêque d'Amiens LVIII, 6; LVIII, 7 v. Robert de Thalamo
Robert de Thalamo, v. Robert de Camera
Rocamadour, v. Notre-Dame de
Roches, abbaye cistercienne des XXXIV, 7
Roger, sous-prieur de Grandselve LXXXI, 92
Roger II de Sicile LXXXI, 74-76
Romains IX, 3; XXVIII, 7
Rome I, 3; I, 5; V, 2; VIII, 6; VIII, 9; IX, 3; XXI, 2; XXII, 13; XXIV, 3; XXVII, 5; XXVIII, 1; XXVIII, 8; XXXVII, 1; XXXVII, 17; XXXVII, 18; XXXVIII, 8; XLVI, 7; XLVII, 1; LII, 1; LII, 5; LVII, 1; LVIII, 1; LX, 2*; LXI, 1; LXII, 5; LXII, 8; LXIII, 1; LXX, 3; LXXIX, 2; LXXXI, 33, 46, 74, 75; noble dame de XXXVII, 1; rois de I, 3
Romulus LXXIX, 2

Sabin, évêque VII, 5
Sabinien, pape LV, 3
Saint-Alban, abbé de LXIII, 20; LXIII, 21; LXIII, 22
Saint-André, église XXVII, 5
Saint-Amand, abbaye LXXXI, 49
Saint-Aubin d'Angers LXXXI, 55-56
Saint-Christophore, monastère XXI, 11
Saint-Étienne, église II, 16; XXI, 6; XXXVIII, 9
Saint-Étienne, monastère LV, 20
Saint-Georges, fontaine XXI, 1
Saint-Gilles, comte de LVIII, 8
Saint-Jacques-de-Compostelle XLV, 5; LXXXI, 96
Saint-Jean, oratoire LXI, 11
Saint-Laurent, église (district de Nursie, Italie) XLII, 2
Saint-Marcel, église IX, 2
Saint-Martin, église LIX, 14
Saint-Martin de Tours LXXXI, 65
Saint-Pacôme, monastère de LXXIII, 3

Saint-Paul, basilique VIII, 5
Saint-Pierre autel XXXVIII, 10; basilique IV, 1; VIII, 5; XXXVII, 1
Saint-Pierre, église de Cologne LI, 10
Saint-Vincent, monastère XI, 7; XLV, 3
Sainte-Marie de Rocamadour, v. Notre-Dame de Rocamadour
Sainte-Walburge, église LI, 4
Salerne, prince de XXI, 8
Samnium, province de XLIV, 2
Sanctulus XLII, 2
Sanctus, diacre, martyr XXIX, 1
Saône (Arar) XXXVIII, 17
Sapor, roi des Perses LIX, 1; LIX, 8
Sardaigne LXXXI, 65; v. Eusèbe, duc de XXXIII, 2
Sarra, abbesse XXII, 19; XXIV, 8; LXXI, 3
Sarrasins XLVIII, 4; LIX, 14; roi des VII, 2
Satan XI, 6; XXXI, 1; LV, 28; LVI, 3; LXIV, 17; v. diable, démon (Index rerum)
Savigny LXXXI, 18
Saxons LIX, 13; v. Cédual, roi des
Scété II, 26*; II, 28*; II, 31*; II, 32*; II, 34*; II, 41*; IX, 12*; X, 3*; XII, 2*; XII, 18*; XII, 27*; XIII, 5; XIV, 7*; XV, 10*; XXXVII, 18*; LXIV, 12*; LXIX, 4*; prêtre de LXXI, 1
Scholastique, ste XXVI, 3
Semur, v. Geoffroy, seigneur du château de
Seraphon, évêque XLIV, 8
Sérapion XXXVII, 18
Serlon, abbé de l'Aumône L, 4
Séverin, s., archevêque de Cologne XVI, 2
Sicile XV, 3; XXXIV, 4; XXXIX, 4; LXXXI, 74-76; v. Ostorge, duc de
Siguin, chapelain LXXII, 2
Silvain, abba IX, 16*; XII, 18*; XIV, 7; LVII, 13; LXXI, 4
Silvain, ancien comédien, moine XVII, 2; LXXIII, 3
Silvia, ste XII, 33
Siméon (Simon), s., évêque de Jérusalem IX, 4
Siméon LV, 1
Simon, abbé de Chézy-sur-Marne LXXXI, 32
Simon le Magicien XLIV, 9
Sinaï, mont IX, 16*; XIV, 7*, LVII, 5
Sisoès, abba II, 34; XIV, 8; XXV, 3; XXV, 6

INDEX PERSONARVM LOCORVMQVE EXEMPLORVM

Sixte, pape IV, 1; VIII, 12
Sodome XXXI, 5
Sophie, noble dame XXI, 11
Sophrone, s. LII, 10
Sotheris, ste XXVIII, 15
Sozomène IX, 16*
Spiridion, s., évêque de Chypre II, 7; IV, 4
Suétone LI, 6
Sylvestre, s., pape VIII, 12; LIII, 1
Synclétique, ste XXXVII, 13; XLIV, 11; LXXI, 5
Syrie XII, 18*

Tarquin le Superbe V, 1
Tarse, Cilicie VIII, 6; v. Théodore de; Nectaire, s.
Tartare LV, 9
Terre promise, v. Israël, terre d'
Teutons LXIII, 18
Thébaïde, martyrs de XXIX, 3
Thèbes, v. Dorothée le Thébain; Philéas, évêque de
Thècle, ste XXII, 6
Thelomanus, moine LVIII, 1
Théodore de Tarse, archevêque de Cantorbéry VIII, 6; VIII, 7
Théodore, abba de Scété ou de Phermé IX, 12; IX, 15; XXV, 11*; XXXVII, 10; LVII, 9
Théodore, moine LXXIII, 3
Théodore, disciple de Pachôme LXXIII, 3
Théodose, empereur II, 9; II, 10; II, 11; IV, 9; VI, 2; VI, 3; XXVI, 1; LI, 3; LIX, 3
Théodule, prêtre LI, 1
Théophile, archevêque LXX, 3; LXXIII, 3
Théopintus, testament au nom de LV, 27
Thibaut, comte de Champagne LV, 17; LXXXI, 35
Thomas de Cantorbéry LII, 8
Thrace, v. Denis, roi de
Timothée, anachorète LXIX, 4
Totila, roi LXI, 3
Toul (cité des Leuques), v. Epvre, s., évêque de
Toulouse, v. Durand, évêque de LXXII, 2
Tournai, évêché de VIII, 13
Tours XXV, 13; archevêché de LXXVI, 1
Tours-sur-Marne, monastère de XVIII, 8

Trajan LVIII, 4
Trèves LVII, 4
Trinité de Fécamp, abbaye de la, v. Fécamp, monastère
Troé II, 28*
Troie V, 2
Troïlus, évêque XXXVIII, 22
Tullus Hostilius, roi I, 3
Turcs LXII, 2
Turpin, archevêque LV, 9

Urbain II, pape XLV, 6; LXXVII, 2*
Urbicius, tyran XXVIII, 5
Urfa, v. Édesse

Vaast, s. XXVII, 11
Val Saint-Pierre, chartreuse LXXXI, 39
Valence, v. Jean, chanoine de Lyon, abbé de Bonnevaux, évêque de XLV, 5
Valens, empereur LXI, 6
Valentinien I, empereur VIII, 3; LXI, 9
Valentinien II, empereur XXII, 5; v. Calligonus, officier de XXVIII, 14
Valentinien III, empereur IV, 1
Valérien, patrice XXXVIII, 6
Valérien, empereur LIX, 1; LIX, 8
Valérien, évêque IX, 1
Vandales I, 4; IV, 14; roi des LXI, 12
Verdun, évêché de LXXXI, 25
Vézelay LXXXI, 45
Vichar (Vighear), prêtre VIII, 6
Vienne LV, 9
Vierge I, 10; VII, 4; XII, 4; XIII, 2; XVIII, 11; XXXII, 1; XXXII, 3; XXXII, 5; XXXII, 6; XLVI, 1; XLVIII, 1; XLVIII, 2; XLVIII, 3; XLVIII, 4; XLVIII, 5; XLVIII, 6; XLVIII, 7; XLVIII, 8; XLVIII, 9; XLVIII, 10; XLVIII, 11; LV, 27; LXV, 5; LXXVI, 2; LXXVII, 1; LXXVIII, 1; LXXVIII, 2; LXXVIII, 4; LXXVIII, 5; LXXIX, 1; LXXX, 1; LXXXI, 22, 31, 39, 50, 51, 66, 79, 86, 98
Vighear v. Vichar
Vincent, s. XLV, 3

Vortigern, consul des Gewissei VII, 1
Walburge, ste LI, 4
Wilfrid, évêque XXII, 3; LVI, 2
Wulfran, évêque XXXVIII, 1

Ypres LV, 10

Zacharie, abba IX, 16
Zacharie, disciple de saint Jean l'Aumônier LV, 22
Zénon, abba XII, 18; XXXVII, 9
Zéphyrin, évêque LX, 2

INDEX RERVM EXEMPLORVM

Renvoi est fait au numéro d'ordre des *exempla*.

Abba 30, 33, 36, 37, 39, 42, 44, 50-52, 139-143, 147, 155, 156, 170, 176, 185, 188, 195, 207, 213, 215, 216, 233-235, 238, 246-252, 271, 281, 325, 337, 340-342, 345, 361, 427, 428, 474, 505, 517, 542, 544-545, 571, 582, 612, 630-631, 726, 732-733, 735-739, 758, 760, 763-765, 769, 771, 774-775, 777-781, 783, 790

Abbaye; – cistercienne fondation d'– 263; construction d'une – 304; 839, 903

Abbé 57, 82, 102, 113, 134, 138, 159, 166, 186, 187, 191, 208-212, 217, 223, 224, 253, 256, 260, 277, 299, 336, 339, 346, 359, 394-396, 401, 410, 412, 419, 423, 426, 429, 436, 463, 474, 487, 499, 501, 507, 512, 530, 539, 556, 577, 598, 642, 699, 717-719, 723, 727, 745-746, 772, 792-793, 795-797, 799, 803-805, 809-810, 821, 823, 825, 888, 896, 906

Abbesse 321, 334, 353, 788-789, 791, 830, 856, 863A, 863B, 865A, 865B

Absinthe, amertume de l' 843

Absolution 269, 410, 552, 723

Abstinence 288, 315, 318, 809; – excessive 35, 169-202

Acédie, voir Paresse

Accouchement 141, 497

Accusation 34, 151, 253, 443

Acteur/Actrice 244, 245, 799

Admiration 54

Adolescent: voir Jeunesse

Adultère 262, 263, 296, 297, 310, 317

Adversité 152

Agonie 33, 273, 275, 285, 290, 314, 355, 393, 417, 519, 646, 673, 762-763, 817-818, 827, 835, 836, 838, 840, 851, 872, 881D, 885, 891

Ambition 103-124

Âme 163, 227, 232, 267, 406-412, 416, 443, 493, 579, 701, 739, 762, 764-765; – des défunts 404, 890, 903

Amitié 625, 643

Amour 60, 86, 317, 583; – du Christ 671-674

Amygdales, se faire enlever les – 773

Amphore 89

Âne 43, 295; – mangeant des hosties 717

Ange 47-49, 57, 76, 116, 232, 241, 242, 268, 285, 406, 443, 470, 482, 514, 531, 547, 604, 672-673, 683, 700-701, 705-706, 740, 754, 805, 825; – déchu; – gardien 252; mauvais – 678; apparence d'un – 742; 827, 872, 891

Animal 362-363; sacrifice d'un – 695; voir Âne, Bélier, Bétail, Bêtes sauvages, Bouc, Brebis, Chat, Cheval, Chien, Cochon, Colombe, Coq, Corbeau, Crapaud, Dragon, Épervier, Fauve, Grenouille, Insecte, Lièvre, Lamproie, Lion, Loup, Mouche, Moustique, Mulet, Oiseau, Ours, Renard, Sanglier, Singe, Vautour, Ver

Anneau 818

Antienne 243, 800-820

Anthropophagie 659

Apostasie 278, 355, 365, 401, 413, 414, 442, 498, 562, 615, 640, 655, 662-663, 674, 735, 743, 752, 757, 810, 839, 847, 870, 873

Apôtre 279

Apparition 47, 48, 57, 120, 172, 241, 253, 295, 316, 331, 334, 351, 398-399, 411, 446, 450, 455, 514, 526, 528-529, 584, 586-587, 599, 601, 606, 617; – du démon 725; – d'un revenant 796, 817, 821, 875, 881E, 894-896, 900; – de Dieu 673; – de Job 810; – d'un prêtre 824; – de saint Paul 846; – de Marie Madeleine 852; – de Jean l'évangéliste 854, 855; – d'un convers 854; – d'un pseudo saint Bernard 854; – de la Vierge 815, 846, 855, 863A, 866C, 895; – du Christ 830, 855; – de saint Paul 846; – de Marie Madeleine 852; – de Jean l'évangéliste 854, 855; – d'un personnage surnaturel 881B, 889; – de saint Bernard 873, 881D, 882B; – de saint Bernard et saint Malachie 870;868; – d'anges 872; – de saint Jean, la Vierge et le Christ 885; – de saint Augustin 890; – de la Vierge, du Christ et de saint Bernard 892

Appétit 167, 200

Arbre 210, 213, 790

Arc 736

INDEX RERVM EXEMPLORVM

Archevêque 113, 114, 123, 241, 344, 392, 462, 578, 592, 625, 767, 776, 811
Archidiacre 107, 241, 265, 595
Architecture 792
Archidiacre 849
Argent: voir Monnaie
Arianisme 65, 683; voir Hérésie
Arme 41, 348, 692
Ascèse 98, 130, 135, 184, 187, 188, 194, 420, 748
Asile; droit d'– 62
Aumône 61, 137, 164, 171, 403-405, 418, 425, 433, 448, 463, 469, 471, 568, 584-614, 682, 686
Autel 163, 301, 444, 450, 453, 528, 553, 558, 664, 676, 700, 703, 705-706, 708, 716, 794, 809, 842: voir Corporal
Auteur du recueil 866C
Avarice 106, 459, 491
Ave Maria 521, 531, 866D
Aveu 41, 61, 105, 151, 327, 354
Avocat 644

Bains publics 663; voir Hygiène
Baiser 16, 145; – de Satan 390; – de paix 842, 879
Bannissement 89
Banquet, 276, 309, 325, 389, 588, 615, 761
Baptême 391, 441, 563, 591, 616, 619, 674, 696
Barbare 230, 375, 608
Barbe; jurer par sa – 901
Barbier 447
Basilique 112
Bateau: voir Navire
Bâtiments ecclésiastiques, voir Architecture, Chapitre, Chœur, Clocher, Cloître, Clôture monastique, Cuisine, Crypte, Dortoir, Église, Grange, Infirmerie, Monastère, Réfectoire
Baume 450
Bavardage 794
Beauté 303, 317, 581
Bélier 17
Bénédiction 316; – d'un novice par le Christ 847
Bénéfices; cumul des – 642
Berger 17
Bétail 17, 126
Bête sauvage 202
Bible 29, 142; connaissance miraculeuse de la – 838

Bijou 2, 29, 352
Bile 163
Blasphème 32, 84, 468, 511, 551, 628, 658, 901
Blé 466, 486
Bœuf 882C, 882D
Boisson 75, 174, 187-189, 270
Bouc 881c
Bouche 163, 336-337, 417, 646; or fondu dans la – 456; – déformée d'un revenant 796; 843, 849
Boulanger 707
Bourreau 62, 310, 364
Bouvier 837
Bracelet 29
Bras 241, 443, 679
Brebis 17
Brigand: voir Voleur
Brûlure 262, 371, 412, 443; – par un cierge 556
Bûcher 91

Cachot: voir Prison
Cadavre 165, 446, 668, 677, 699, 820; transfert du – 316; – déterré et dévoré 297; 863D
Calendrier 412, 770, 830, 844, 848, 855
Calice 29, 168, 709, 715, 720; – rempli de larmes par Marie Madeleine 831
Canicule 688; voir Intempéries, Tempête
Cardinal 452, 882C
Carême 163
Caresse 323; voir Luxure
Cécité 354, 361, 864B, 878
Ceinture, vision de – 266
Cellérier 205, 396
Cellule 61, 77, 143, 144, 151, 161, 173, 185, 215, 220, 624, 773, 777, 780, 783-784
Cendres 299, 672, 712
Cercueil 817
Chaîne 193, 768
Chaire 268; – épiscopale 22
Chaise soulevée miraculeusement 858
Chancel 552
Chancelier 567
Chandelle: voir Luminaire
Chanoine 152, 501; – régulier 267, 399
Chant 76, 102, 242, 243, 356; – de messe 716; – du *Gaude Maria Virgo* 820; – du *Salve regina* 815-816; – cantique 838; 839; – profane 842, – des anges 872; – du *Subvenite* 885

INDEX RERVM EXEMPLORVM

Chapelain 796
Chapitre général 396
Chapitre monastique 28, 166, 529, 539, 839, 879
Charité 53, 67, 72, 80, 82, 86, 87, 111, 443, 462, 566, 575, 584, 593, 595-596, 598, 605, 607, 611, 613-614
Chartreux 165, 793
Chartreuse 863A
Chasse 413, 554, 589, 736, 744
Chasteté 266, 303, 317, 318, 321, 323, 324, 327, 794; vœu de – 300; 863B
Chat 116
Château 410, 455
Châtiment 512, 551, 652, 656, 658-662, 665-667, 669-670, 682, 751, 806; – *post-mortem* 406-412, 601
Chaussures 2, 11, 206, 600, 675
Chemise 263
Cheval 102, 106, 346, 448, 469, 484, 589, 655, 667, 669, 793; – sauvage 639; 826A, 864A, 906
Chevalier 9, 82, 239, 273, 280, 317, 398, 403, 407, 465, 469, 556, 579, 589, 667, 699, 729, 753, 819, 901, 902
Cheveux 28, 623; – tondus 292; – tondus en forme de croix 690
Chien 46, 277, 413, 554, 684, 803; – enragé 214
Chœur 242, 243, 752, 881C
Chrême (saint) 675
Cierge 825, voir Luminaire
Cilice 21, 490, 672
Cimetière 403
Circoncision 743
Cithare 243
Clercs, dignité des –, 574-575; 905
Cloche 388
Clocher 394
Cloître 293, 397, 801, 844
Clôture monastique 724; vœu de – 811
Clou 135
Cochon: voir Porc
Cœur, – inscrit 814
Coffre 106
Colère 96, 97, 133, 152, 155, 338, 550; – divine 651
Collier 29
Colombe, – d'or 301; – sortant de la bouche 674
Coma 833
Comédien: voir Acteur

Commémoration des défunts 227
Commerce 223
Communion 57, 476, 702, 704, 708, 710, 712, 720; – interdite 723; 865B; voir aussi Eucharistie, Hostie, Liturgie
Complies 866D, 897
Componction 244-252, 268, 869
Comte 165, 484, 575, 593, 600, 645, 747
Concile 99, 269, 681
Concombre 186
Concubine 653, 822, 905
Concupiscence 825, 873
Condamnation 58, 369, 449, 465, 501, 530, 677
Conditions sociales, voir Acteur, Avocat, Barbier, Berger, Comte, Concubine, Consul, Duc, Esclave, Forgeron, Foulon, Gladiateur, Jardinier, Juge, Maçon, Magistrat, Marchand, Paysan, Percepteur d'impôts, Préfet, Prévôt, Prince, Prostituée, Rameur, Reine, Roi, Sénateur, Servante, Serviteur, Soldat, Tribun, Tyran, Usurier
Confession 14, 166, 253-272; 313-317, 453, 476-477, 528, 539, 646, 672, 735, 763; – publique 255, 265; mauvaise – 259-260; refus de la – 823; 862, 870, 888, 900, 906
Confiance 54
Conjuration 714
Consécration 7, 42; – des espèces 554, 881A; voir Communion, Hostie, Eucharistie, Liturgie
Conseil 104
Consolation 904
Conspiration 105
Consul 103
Contemplation 865A
Contrition 281, 435, 834
Convers 206, 274, 277, 395, 397, 463, 529, 531, 673, 822-824, 826A, 836-838, 840, 845, vestiaire 863C; – portier 854; 859, 866B, 866D, 871-874, 881E, 882A-D, 900
Conversation 85, 235, 547, 557; voir Dialogue
Conversion 38, 60, 62, 63, 65, 82, 109, 142, 165, 196, 207, 209, 239, 245, 372, 391-392, 398, 421, 455, 480, 481, 499, 503, 523, 573, 576, 622, 627, 633, 635-637, 640, 664, 692, 696, 729, 743, 747, 799, 807-808, 822, 833, 834, 849, 866A, 867A, 893; voir Judaïsme

Convulsions 709
Coq 666
Coquetterie 352, 665; absence de – 620
Corbeau 30, 55; viande transformée en – 869
Corbeille 40, 73, 223
Corporal 288, 676
Corps 148, 170, 176-178, 198, 201, 206, 241, 249, 267, 289, 308, 315, 338, 359, 397, 410, 456, 527, 535, 588, 615, 655, 694, 714, 745, 764; tuer son propre – 194; – amputé 382; – écartelé 380; – mutilé 421; – rongé par les vers 653; voir Barbe, Bile, Bouche, Bras, Cheveux, Crachat, Dent, Doigt, Excrément, Hygiène, Jambe, Langue, Larme, Main, Œil, Oreille, Os, Nez, Nombril, Peau, Pied, Poil, Pustule, Sexe, Tête, Ventre, Visage, Viscère, Voix
Correction 133, 134, 245, 335, 419, 479, 516, 541, 736, 751, 823, 825, 834, 868, 870
Cortège 115
Coup 150, 152, 292, 341, 408, 586, 746; – de poing 28, 418
Cour 667; – comtale 575
Couronne 358, 619; – du martyre; – d'épines 12; – de Satan 390
Couronnement 103, 759
Coutume 690
Crachat 35
Crainte de Dieu 53, 248, 764-768
Crapaud 302, 668
Crédit 474
Credo 328
Cri 231, 313, 324, 355, 431, 456, 470, 554, 559, 618, 667; – du diable 40, 160; des démons 898
Criminel 294
Croisade 84, 645
Croix 11, 63, 697; – au Mont des Oliviers 689; – gravée 692; motif de la – 690; signe de – 107, 160, 241, 316, 328, 513, 691, 694, 696, 882A; supplice de la – 128, 693
Cruauté 62, 89-92, 381-385, 639, 659-660, 814
Crucifix 697; animé 860
Crypte 803
Cuculle 887
Cuisine 49, 158, 182, 381, 431, 543, 598, 666; – infernale 750
Cupidité 441-462, 908
Curiosité 538, 787-794

Damnation 120, 274, 499, 530, 577
Débauche: voir Dépravation
Décadence cistercienne 812-813
Décapitation 62, 310, 677; menace de – 645
Dédicace: voir Église
Défunts 403-405
Déguisement 179; – en ange 825
Démon 9, 40, 141, 172, 179, 202, 203, 204, 233, 237, 252, 285, 332, 390, 394, 396, 434, 443, 464, 491, 513, 559, 592, 608, 617, 633, 647, 667, 675, 694, 696, 714, 740, 742, 754, 784, 808; – chassé 45; – tricéphale 725; 881C, 882A, 886, 888, 898, 907
Démoniaque 434, 603; voir Possession diabolique
Dent 362, 421, 659
Dépravation 276, 291, 530; voir Luxure
Désert 30, 212, 224, 741, 758
Désespoir 72
Désir 169, 329-331; – du corps 307
Désobéissance 203, 208, 373
Dette 76
Deuil 863E
Dévotion 521, 678, 725, 755, 796, 818; – mariale 866B, 904; – au Christ 881A, 896; – à saint Bernard et saint Malachie 882A; – à saint Augustin 890; à la communion 896
Diable 903
Diacre 52, 65, 117, 301, 378, 466, 558, 561, 659, 703, 709; sous-diacre 205, 311
Dialecte 63
Dialogue 152, 220, 332, 379, 501, 545, 592, 671, 681, 696, 729, 731, 734, 746, 754-755, 758, 763, 765, 770, 784, 787, 795; voir Conversation
Discernement 724-748, 779
Dimanche 235, 265, 387, 554, 720; – de Pâques 740
Diocèse 124
Discipline 209, 511-520; refus de la – 801; 875; voir Règle
Distraction 790
Doigt 316, 383, 412; – ensanglanté 708
Don 73, 78, 79, 164, 171, 304, 433, 462, 466, 469-470, 482, 485, 488, 491, 494, 605, 608, 610-612, 686; – d'argent 392-425, 599; – céleste 30, 110; – de chaussures 600; – d'un vêtement 601; – d'argent 864A; – de bœufs 882C-D
Don de guérir 148

INDEX RERVM EXEMPLORVM

Dortoir 204, 513
Douceur 93
Douleur 149, 227, 330, 663, 810, 839
Dragon 429, 498; – dans la bouche 417
Duc 28, 404, 441

Eau 173, 174, 187, 189, 190, 201, 210, 211, 213, 216, 219, 242, 270, 292, 296, 546; – bénite, 513, 907; – souillée 75; – pour laver les mains à la messe 875
Écriture 215, 680, 706, 714
Écurie 126
Écuyer 556
Édit 368
Éducation 123, 174, 197, 773, 777-778, 820
Église (bâtiment) 66, 126, 228, 252, 286, 314, 339, 395, 444, 449, 472, 551, 557, 573, 582, 667; – abbatiale 792; dédicace d'une – 288, 559, 603; – dédiée à la Vierge; – saccagée 661, 827, 840; – paroissiale 841; chœur de – 848, 865B; 854
Elephantiasis 56
Élection; – épiscopale 115; abbatiale 863A
Élévation 301
Éloge 154
Émir 689
Empereur 1, 2, 6, 14-16, 19-21, 58, 66, 90-92, 94, 95, 99, 108-110, 127, 136, 278, 310, 325, 351, 368, 372, 387, 442, 464, 552, 555, 562, 591-592, 622, 624, 627, 638, 641, 648-651, 654, 680, 683, 691-695, 759, 905
Encre 242
Enfant 25, 69, 102, 123, 146, 151, 197, 211, 217, 287, 367, 370, 372, 397, 506, 511, 516, 522, 596, 610, 709, 738, 742, 767, 780, 785; – jeté dans le feu 422; 894, 895, 908
Enfer 274, 290, 441, 512, 766
Épée 121, 156
Épervier 407
Épidémie 226, 880, 899
Épilepsie 702, 861
Épines 135, 138, 330
Épiscopat 112
Épouse 286, 602, 635, 651, 683, 729
Époux 96, 305, 713
Épreuve 42, 209, 222, 732, 905
Ermitage 329, 332, 458
Ermite 30, 38, 40, 45, 72, 73, 76-79, 81, 97, 116, 132, 135, 139, 143-145, 183, 229, 232, 237, 255, 285, 326, 342, 357, 359, 392, 402, 416, 419, 421, 432, 470, 474, 475, 494, 505, 623-624, 626, 632, 688, 729, 731, 772, 776, 812, 867A, 868
Escabeau 22
Esclave 19, 71, 608, 648, 655, 686, 761
Étendard 691
Éthiopien 212, 749, 751, 801; voir Vision
Étole 700
Études 306, 335, 437, 532-535, 571, 808
Eucharistie 451, 698-723; 865B; voir aussi Liturgie, Communion
Évangiles 29, 536, 540, 570, 572
Évêché 849, 905
Évêque 4, 5, 14, 17, 20-22, 24, 42, 61, 71, 106, 114, 115, 118, 120, 122, 124, 125, 128, 164, 161, 265, 268, 269, 288, 299, 369, 389, 409, 415, 422, 440-441, 446, 448, 452, 456, 462, 464, 490, 495, 501, 526, 552, 560-561, 563, 567, 572, 580, 588-589, 597, 604, 616, 627, 642, 644, 651, 656, 671-672, 675, 677, 681-682, 696-697, 715, 749, 787, 796, 802, 902
Excès de zèle 748
Excommunication 650, 726
Excréments 214
Exécution capitale 859
Exemple 68, 196, 540, 733, 799, 813
Exil 89, 125, 651
Exorcisme 151, 420, 714
Extase 225
Extrême onction 833, 863E

Famine 466, 593, 614, 616
Fauves 362-363, 776, 788
Femme 49, 101, 141, 146, 150, 153, 212, 230, 244, 250, 265, 272, 287, 288, 291, 293, 294, 296, 297, 299-306, 310, 315, 321-324, 326, 331, 333, 359, 370, 372, 386, 418, 424, 454, 456, 488, 503, 604, 613, 620, 635, 637, 653, 663, 683, 696, 708, 710-711, 713, 729, 738; – adultère 262, 263; – possédée 714; vieille – 102, 150, 174, 192
Festin; voir Banquet
Fête 14, 181, 431, 556, 667; institution de – 226, 227; veille de – 288, 294; – de la Vierge 529, 753; – de saint Jean 855
Feu 209, 217, 262, 263, 289, 290, 299, 320, 365, 371, 397, 406, 409, 410, 422, 424, 449, 502, 580, 634, 654, 683, 711, 794, 811
Fièvre 353; voir Maladie
Figue 224, 420

Fille 40, 193, 269, 455, 647; – du roi 29; voir Parenté
Fils 69, 108, 117, 165, 193, 216, 388, 390, 394, 432, 455, 464, 579, 647, 820; voir Parenté
Fleuve 131, 132, 210, 303, 320, 432, 457, 484, 653, 789, 869
Flûte 328, 464
Foi 362-377, 583, 615, 855
Foire 864A
Folie 327, 424, 432, 435, 679
Fonts baptismaux 441
Fontaine 283, 296, 803
Forêt 214, 822
Forgeron 274
Fornication 190, 207, 334
Foudre 3, 6, 649
Fouet 91, 329
Foule 370
Four 209, 217, 313, 472

Geste 536
Gifle 28, 40, 685
Gladiateur 333, 638
Glaive : voir Épée
Gloire 53 ; – dans l'au-delà 899
Goitre 352
Gourmandise 157-168
Grange 206, 815
Gravité 503-510
Grec 39 ; moine – 727
Grenouille 537
Grossesse 141, 207, 287
Grotte 192, 326, 623
Guérison 75, 230, 251, 300, 359, 361, 402, 462, 482, 526-527, 796, 809 ; – miraculeuse 851, 865B ; 858
Guerre 348, 404, 410, 641, 660, 691, 697, 774

Habit : voir Vêtement
Haine 564-565
Hebdomadier 518
Hérésie 565 ; – manichéenne 349
Hérétique 64, 65, 68, 672
Héritage 228, 490, 492, 497, 610, 612, 621, 636, 640
Hiérarchie ecclésiastique, voir Abba, Abbé, Abbesse, Archevêque, Archidiacre, Chanoine, Chapelain, Clerc, Convers, Diacre, Ermite, Évêque, Moine, Moniale, Nonce apostolique, Novice, Oblat, Pape, Patriarche, Prédicateur, Prélat, Prêtre, Prieur, Sacristain
Hommage 819 ; – au Christ 865A
Homosexualité masculine 468
Honneur 53
Honnêteté 471, 475
Honte 177, 191, 433, 478
Hospitalité 88, 218, 342, 358, 422, 483
Hostie 57, 163, 259, 260, 646, 705, 717, 719 ; – vomie 476 ; – non avalée 723 ; amertume de l'– 720 ; – baisée 842 ; manducation de 843 ; – dans les mains 865A ; – dans une ruche 908 ; voir aussi Communion, Eucharistie, Liturgie
Huile 182, 184, 205, 221, 292, 525 ; bénédiction de l'– 773
Humilité 11-54, 83, 118, 130, 138, 172, 223, 419, 435, 475, 624, 631, 747, 769, 797-799, 863A, 863B
Humiliation 214
Hydropisie 148, 415-417
Hygiène 201, 388 ; voir Bains publics
Hymne 815-816

Idole 371
Ignorance 681, 730, – illettrisme 833 ; 845, 874
Île 483
Illusion magique 625
Image 523-524 ; – de Dieu 351 ; – de Jésus-Christ 652 ; – du Christ dans le cœur 814 ; – des saints 524 ; – de la Vierge 525 ; – sacrée 654
Impatience 153-156, 158
Impératrice 325
Impôts, percepteur des – 608
Imposteur 264
Incantation 233
Incendie 90, 291, 472, 486, 502, 719, 724 ; – d'un monastère 811 ; – du trône impérial 683
Inclination 754
Infirme 19, 203, 207
Infirmerie 809-810, 828, 830, 866C ; des moines, des convers 866D
Infirmier 900
Inhumation 28, 58, 192, 267, 297, 310, 398, 444, 446, 454, 478, 583, 660, 668, 682, 794, 863D, 866D, 881E, 896, 908
Injure 133, 137, 146, 150, 154, 231
Injustice 65, 643

INDEX RERVM EXEMPLORVM

Insecte 147, 386; voir Mouche, Moustique, Ver
Inspiration divine 48
Intempéries 616, 651; voir Canicule
Intercession 530-531, 812
Interrogation 43, 378, 604
Intolérance 85
Introït 356, 451, 879
Introspection 779
Ironie 564
Invasion 347
Invocation du nom de saint Martin 684
Ivresse 175, 274, 702

Jalousie 151
Jambe; – brûlée 384; – putréfiée 482
Jardinier 70, 71, 686
Jeu 407, 503, 506, 638; – de dés 834, 901
Jeudi saint 896
Jeûne 20, 48, 88, 161, 163, 173, 179, 181, 230, 317, 329, 417, 420, 532, 731, 739, 868, 869, 896
Jeunesse 175, 234, 309, 390, 477, 503, 556, 581, 664, 807, 817, 825, 834, 854, 867B, 903
Joie 368, 415
Judaïsme, conversion au – 743
Juge 95, 378, 428, 802, 878
Jugement 267, 283, 630, 639, 735, 769-773, 797; dernier 855; – de Dieu et de saint Jacques 902
Juif 104, 265, 523, 525, 689, 696, 721, 820, 888
Justice 51, 127, 387, 574, 638-647; – divine 251

Lac (de Lausanne) 793; 832
Laïc 574, 660, 773, 774, 833, 845, 874, 897, 901, 902, 904, 907
Lait de la Vierge 526-527
Laitue 160
Lampe 8, 292; – allumée miraculeusement 881B
Lamproie 164, 598
Langue 337-338, 340-341, 410; – arrachée 386; – coupée 269; – déchirée 663; – inscrite 521; – de feu sortant de la bouche 687; péché de – 795-796
Lapidation 638
Larmes 583, 630, 637, 641, 656, 672, 682, 704, 706, 709, 723, 763, 769, 809; – continuelles 246; – de sang 812; 881A; voir Pleurs

Latin 39; connaissance miraculeuse du 838
Lecture 519, 535-536, 540, 570, 622, 687
Légende 307
Lèpre 356, 587, 666, 670, 883
Lettre (missive) 23, 564, 634, 795
Lettre d'or 521
Lessive 455
Libération 40, 602
Lièvre 413
Lin 474, 574
Lion 172, 232, 308, 688; lionne 214
Lit 159, 323, 324
Litanie – majeure 127
Liturgie : célébration de la – 675-676, 841, 842, 866D; voir aussi Antienne, Autel, Calendrier, Calice, Carême, Chant, Chrême (saint –), Cierge, Cilice, Commémoration des morts, Communion, Corporal, Eucharistie, Évangiles, Exorcisme, Fonts baptismaux, Hostie, Hymne, Introït, Litanie (majeure), Luminaire, Mercredi des cendres, Messe, Nativité, Office, Ordalie, Ordination, Pâques, Psalmodie, Samedi saint, Toussaint, Vendredi saint, Vigiles
Livre 84, 99, 169, 273, 534, 687, 815
Loi 104, 638
Loup 333, 718
Luminaire 450, 602
Lundi de Pâques 880
Lupanar 67, 303
Luxure 10, 96, 190, 116, 244, 269, 283-302, 309, 316, 390-446, 532, 660, 697, 715, 825, 866A

Maçon 894
Mage 694
Magie 625
Magistrat 783
Main 58, 145, 162, 320, 323, 515, 652; – brulée 296, 371, 410; – tendue 235; – ensanglantée 388, 712; charbon dans la – 705; imposition des – 148; – invisible 834; – céleste baisée 850; – jointes 853; – offertes 853; 846
Maître 123
Maladie 19, 35, 56, 74, 75, 148, 149, 163, 181, 218, 224, 230, 251, 294, 319, 352-353, 356-357, 389, 393, 396, 432, 462, 464, 526-527, 531, 551, 572, 608, 653, 666, 745, 748, cancer 839; 851, 865B, 866C, 871, 881B,

883, 887, 889, 895, 906, 907; voir Convulsions, *Elephantiasis*, Épidémie, Fièvre, Hydropisie, Infirme, Lèpre, Peste, Saignée
Malades; sacrements aux – 563; service aux – 74, 75, 282, 779
Malédiction 345, 617, 647
Malfaiteur: voir Voleur
Manichéisme: voir Hérésie
Mansuétude 93-102, 802
Manteau 320, 343, 390, 608; – de la Vierge 399
Marchand 277, 645
Marguillier 842
Mariage 355, 445, 664, 674; consommation du – 305, 315; refus du – 308, 893
Martyr 362-366, 368-369, 376
Martyre 13, 59, 62, 67, 91, 129, 308, 367, 370, 372, 375, 378-386, 615, 653, 671, 814; vie monastique comme – 821; maladie comme – 893
Matines 753, 835, 897
Médecin 310, 315, 482, 685, 745, 773, 817, 830
Médicament 829
Méditation 169, 328, 634, 707
Mémoire 646; – d'une messe 845
Mendiant 137, 682
Mensonge 134, 345, 660
Mépris 86, 87; – du corps 176-178; – du monde 619-637; envers un prêtre indigne 841
Mer; péril de – 258
Mercredi des Cendres 389
Mère 69, 96, 175, 197, 251, 349, 367, 388, 596, 631, 862
Mérite 899
Messe 164, 444-445, 451, 550, 553-554, 570, 574, 602, 676, 699-702, 709, 712-713, 715, 721-722, 824; chant de la – 716.; 841, 842; – du saint Esprit 845; 865A, 865B, 874, 875, 897
Meurtre 51, 82, 269, 280, 283, 444, 579, 589, 649-650, 656, 660, 820; tentative de – 742
Miel 843
Migraine 865B
Mine 602
Miracle 127, 131, 162, 205, 209, 211, 213, 217, 219, 348, 350, 359, 361, 472, 479, 519, 522, 526-527, 531, 553, 585, 588, 597-598, 602, 608, 646, 652, 661, 666, 671, 676, 680, 683-684, 688, 690-691, 698, 703, 708, 710-713, 715, 717, 719, 745, 802, 838, – de bilocation 857; 858, 860, 864A, 865B
Miséricorde 576-583
Modération 730
Moine 7, 8, 46, 98, 103, 154, *etc.*; dignité des – 390-402, 496, 828-833 passim...855
Moisson 866B
Monastère 28, 70, 82, 401, 477, 893
Moniale 160, 230, 254, 282, 283, 311, 314, 445, 479, 497, 502, 637, 715, 788, 794, 811, 868, 895
Monnaie 137, 171, 242, 346, 418, 452, 456-457, 460-462, 465, 469, 471, 474, 475, 478, 483, 494, 599, 607-608, 613, 864A, 869, 874, 878, 881B, 901, 908
Monstre 295, 497
Montagne 348
Moquerie 708
Mort 32, 33, 132, 155, 157, 158, 163, 192, 206, 208, 224, 226, 232, 248, 273, 283, 284, 289-291, 293, 297, 314, 318, 326, 332, 366, 411, 417, 441, 444, 446, 450, 455, 465, 469-470, 477, 497, 499, 511, 521-522, 528, 531, 551, 586, 589, 615, 619, 621, 626, 628-629, 657-658, 660, 663, 668-669, 678, 697-698, 701, 710, 722, 724, 739, 741, 774, 806, 817-824, 827, 828, 830, 837, 856, 863D, 863E, 863F, 866C; – subite 276; – subite d'une chienne 803; crainte de la – 762-763; mémoire de la – 759-761; peine de – 94, 199; peur de la – 374; 871, 877, 880, 881D, 882B, 883-886, 889, 890, 892, 894, 8895, 899, 900, 903, 904
Mortification 10, 74, 130, 135, 138, 198, 496, 768
Morts; Office des – 806
Mouche 386; comparaison des moines avec la – 756
Moustique 147
Mulet 685
Musique 464
Mutilation 482; automutilation 421
Mutisme 4, 129, 145, 265, 464, 603, 608, 662

Naissance 356
Nappe d'autel: voir Corporal
Navire 461, 466, 585, 686
Nativité de la Vierge; fête de la – 526
Nativité du Christ; fête de la – 356, 452, 816

Naufrage 461
Nausée 849
Négligence 544, 726, 749-751, 756, 772, 823
Neveu 106, 438, 630
Nez, amputé 382
Nièce 665
Noblesse 635, 664, 833
Nom du Christ 615-618
Nombril 299
Nonce apostolique 502
Nonne : voir Moniale
Nourriture 97, 121, 157, 161, 162, 170, 182, 194, 195, 420, 496, 518, 535, 750, 849, 864A
Novice 77, 198, 266, 211, 216, 401, 732, 752, 809; maison des – 792; maître des – 806, 846, 847, 852, 853, 862, 875, 881C, maître des – 896
Noyade 500, 671, 832
Nudité 125, 147, 223, 330, 333, 432, 435, 522, 580, 595-596, 608, 623, 633
Nuit 203, 204, 239, 294, 350, 412, 543, 618, 801; office de – 159, 725, 732, 753, 804-805, 809, 851, 853

Obéissance 209-224, 473, 502, 642, 859, 871
Oblat 355, 419, 423
Odeur 365, 539, 604; – merveilleuse 243, 888
Œil 631-632; – arraché 127, 384, 659; cicatrice à l'– 16; – crevé 640; – tombé à terre 62; – derrière la tête 447
Office 556, 752, 808; – marial 527; – de nuit 159; récitation de l'– 241; 854
Offrande 609; – à la messe 445, 451, 453, 707
Oie, rôtie 750
Oiseau 407, 457, 480, 513
Oisiveté 801
Or 19, 165, 242, 358, 456, 458, 461, 466, 594, 610; pièce d'– 106, 457; pièce d'– avalée 465
Oraison : voir Prière
Ordalie 262, 264
Ordination; – d'un clerc 7; – d'un évêque 113, 114, 124; – d'un prêtre 52, 560
Ordre cistercien; dignité de l'– 395-402
Ordre céleste 218
Oreille coupée 112, 122, 382
Orgueil 1-10, 44, 231, 420, 424, 797
Orphelin 610

Os 241
Ours 56, 72, 295

Paganisme 109, 371-390, 441, 555, 562, 616, 640-641, 652, 659, 661, 674, 697, 709-710, 712, 741, 816
Pain 30, 173, 182, 190, 362, 419, 472, 519, 593, 599, 602, 741; – consacré 717; – empoisonné 55; – mêlé de vin 709; cuisson du – 707
Paix 101, 781
Palais 38; – de Romulus 816
Panier : voir corbeille
Pape 5, 6, 23, 58, 84, 113, 116, 119, 120, 127, 278, 283, 295, 450, 502, 509, 536, 561, 566, 574, 576, 578, 586-587, 590, 642, 651, 675-676, 698, 795, 797, 800, 811, 863E, 902
Pâques 14, 182; dimanche de – 265; nuit de – 292; 848
Parabole 156, 791
Paradis 145, 441, 766; portes du – 855; portes du – 887
Pardon 57, 95, 142, 146, 284, 298, 720
Parenté – charnelle 29, 40, 69, 76, 89, 96, 105, 108, 117, 132, 146, 151, 165, 175, 193, 195, 197, 217, 230, 251, 269, 272, 286, 294, 305, 319, 320, 349, 367, 388, 390, 394, 432, 438, 455, 511, 579, 596, 602, 612, 621, 627, 629, 631-632, 635-637, 647, 651, 665, 683, 699, 709, 722, 729, 742, 820, 862; – spirituelle 289; 877, 893-895; Voir Fille, Fils, Frère, Mère, Neveu, Nièce, Orphelin, Père, Sœur
Paresse 159, 412, 749-758, 898
Parfum – de miel de l'hostie 843; – délicieux dans la bouche 849
Parole 85, 88, 100, 183, 195, 198, 199, 360, 430; – divine 545-546, 549; – oiseuse 408
Pastorale 535
Pater noster 403, 826A, 833
Patience 81, 96, 125-152, 839
Patriarche 5, 111; – d'Alexandrie 568-570, 609-611
Pauvreté 106, 153, 194, 228, 439, 469-470, 483-496, 509, 568, 578, 580, 585-591, 593-600, 605, 608-612, 614, 624-625, 793, 830, 904
Paysan 26, 27, 717, 907, 908
Peau 147, 296
Pèlerin 284, 337, 422, 465, 501, 579, 604, 606, 621, 728, 807, 830, 878, 902

Pendaison 381
Pénitence 14, 51, 72, 164, 269, 272, 278-282, 453, 578, 590, 674-675, 704, 706, 715, 770, 833, 834, 839
Pénitent 252, 261
Pensée 238
Perdrix 744
Père 95, 105, 132, 165, 367, 511, 742
Péril de mer: voir Naufrage
Persécution 90, 91, 368, 372, 373, 378-386, 442, 532, 562, 615, 648-649, 654, 667, 669, 695
Persévérance 413-414, 607, 810-811
Peste 690
Peur 248, 444, 555, 680, 688, 694, 763; – de la mort 374; – d'un dragon 429
Philosophe 146, 681
Philosophie 146, 306, 328
Pieds 441, 513, 768; – enflés 806; – léchés 308
Pierre 336, 585
Piété 177, 588, 884, 885
Plaisir 167, 170, 287, 328, 761
Pleurs 227, 244, 245, 249, 251, 348-350, 369, 438, 489, 505, 529
Poil 315, 623
Poison 107, 280
Poisson 164, 774; voir Lamproie
Politesse 30
Pont 121, 675
Porc 381, 385, 447, 547
Porte 11, 36
Possession diabolique 7, 40, 141, 160, 231, 257, 300, 420, 422-423, 603
Possédé: voir Démoniaque
Potence 859
Pourpre 2, 3
Prédiction 104, 409, 878, 880, 885, 892, 894
Prédicateur 63
Prédication: voir Sermon
Préfet 655
Prélats, Office des – 560-575
Prémontré 725
Prescience 830, 858, 861, 862, 863D, 866D
Prêtre 15, 24, 55, 65, 133, 193, 267, 284, 314, 385, 451, 453, 463, 500, 536, 538, 550, 552, 554, 646-647, 651, 699-700, 705, 715, 718, 733, 787, 822, 824; – indigne 841
Prévôt 157, 396, 484, 646, 668
Prière 28, 31, 50, 76, 129, 171, 219, 225, 227, 229-232, 235, 237-240, 245, 267, 274, 302, 319, 326, 348, 364, 387, 397, 403-405, 411, 421, 423-424, 437, 456, 459, 484, 528, 537, 543, 548, 550, 560, 584, 594, 596, 618, 671, 708-709, 751, 776, 809; – ininterrompue 120, 134, 236, ; – nocturne 514; – pour un agonisant 817; – pour les défunts 267, 328, 333, 334, 682; – à la Vierge 813; puissance de la – 800-803, 826A, 828, 849, 866D; geste de la – 853; – à saint Bernard 882B-D; 884, 891, 894
Prieur 203, 702, 815
Prince 24, 290, 298, 305, 373, 609, 626, 730
Prison 151, 247, 405, 630
Prisonnier 699, 713, 802
Privation 420
Procès 64
Procession 842, 890
Prodige 519, 858
Promesse 305, 499, 501
Prophète 220
Prophétie 290; don de – 797
Propriété 473, 476-482
Prosternation 672, 752, 801; – de l'âne 717; – des loups 718
Prostituée 55, 191, 290, 309, 539, 752
Protection miraculeuse 882D
Proverbe 100
Providence 374
Psalmodie 234, 328, 333, 513, 531, 842
Psaume 234, 335, 817; connaissance des – 808; – pénitentiels 862
Psautier 531; récitation du 864B
Puanteur 212, 293, 460, 661, 807
Pudeur 303-326, 620
Puits 219, 571; se jeter dans un – 740; voir Suicide
Punition 55, 95, 157, 286, 389, 408, 518, 670, 746
Purgatoire 153, 227, 408-409, 415, 465, 469, 514, 601
Purification 355, 704; – de la Vierge 226
Pustule 299
Putréfaction 658
Pyxide 703; voir Tabernacle

Querelle 111, 175; apaiser les – 779; 842, 901

Rafraîchissement 601
Raisin 78
Rasoir 832
Récit 717, 826A, 866B, 869

INDEX RERVM EXEMPLORVM

Recluse 10, 322, 435
Récolte 486, 614, 660
Réfectoire 162, 166, 235
Règle 61, 88, 209, 513, 515, 519; dureté de la – 849; 875, 886
Reine 18, 639
Reliquaire 144, 526, 553
Reliques 526, 553, 676; destruction de – 679; translation de – 361
Renard 333
Repas 81, 168, 171, 200, 342, 364, 770; – pascal 740
Repentir 134, 412
Repos 92, 835
Respect, – de la parole de Dieu 536-549; – du maître 670
Réserve eucharistique: voir Tabernacle, Pyxide
Résurrection 132, 155, 443, 682, 897
Rétribution 102, 346
Rêve; voir Songe
Révélation 116, 257, 883
Revenant 403, 411, 530-531, 601, 806, 876
Richesse 223, 275, 290, 442, 449, 470, 480, 492, 495, 499, 509, 530, 540, 578, 607-608, 625, 633, 637, 660, 761, 818, 864A
Rire 146, 503-505, 510, 539, 708, 796
Rogations 842
Roi 3, 12, 63, 71, 104, 105, 113, 115, 121, 125, 171, 269, 273, 280, 304, 305, 316, 588-589, 591, 603, 619, 639-640, 648, 655, 677-679, 686, 698, 882C
Royaume 105, 640
Royaume céleste: voir Paradis
Ruche 908
Ruse 179, 367, 428, 457-458, 491, 589, 613, 630, 682, 740, 742, 757, 825; – diabolique 47, 212, 807-809; – de femme 331

Sac; – de sable 769; laver le – 180
Sacrements, voir Baptême, Communion, Confession, Consécration, Mariage, Ordination, Viatique
Sacrifice païen 695, 709
Sacrilège 711
Sacristain 28, 267, 292, 752
Sagesse 100, 169, 430, 520
Saignée, 208
Sainteté 26, 240, 440, 507, 621, 786; puissance de la – 675-688
Saleté 439

Salut éternel 361, 404, 782, 846, 861, 875; de tous les frères d'une abbaye 876; 883
Samedi 235, 388; – saint 289, 675, 720, 896
Sang 388, 676, 712, 824; – vomi 551; – du Christ épongé par un médecin 830
Sanglier 147
Santé 748, 829
Sarrasin 104, 524, 689
Salve regina 815-816
Scandale 86
Scapulaire, léché par le démon 886
Schisme 857
Séculier
Séduction 146, 212
Sel 173, 182
Sénateur 24, 481
Sentence 94, 738, 756, 765, 771, 777-778, 791
Sépulture 165, 232, 250, 333, 456, 697, 699, 759-760
Sérénité 144; – devant la mort 871, 872, 889
Serment 567; faux – 656
Sermon 53, 94, 254, 265, 344, 360, 479, 537, 539, 542, 560-561, 563, 731
Serpent 70, 233, 280, 419; – crachant du feu 297
Servante 18, 269
Serviteur, d'un abbé 825; jugement du – 769-773
Sévérité 98
Sexe 149, 302, 313, 383, 658, 745
Siège épiscopal 22, 106, 114, 124
Signe de croix 107, 160, 241, 316, 328, 513, 691, 694, 696, 882A
Silence 28, 36, 220, 335-347, 427, 508, 775, 782, 796
Simonie 463-466
Simplicité d'esprit 49
Singe 886
Sodomie 467-468
Sœur (parenté charnelle) 632, 637
Soldat 109, 522, 622
Soleil 97, 235
Solitude 81, 192, 218, 339, 358, 508, 774-786
Sommeil 138, 159, 169, 183, 190, 194, 199, 201, 323, 328, 412, 513, 539, 541, 548-549, 732, 753-754, 809; céder au – 804-806, 832, 874, 891, 898
Songe 165, 266, 306, 351, 364, 397, 400, 402, 499, 501, 539, 558, 581, 608-609, 672, 686, 722, 743, 827, 832, 845, 854

Sourire 477, 504
Spectacle 834
Statue 1, 661; – de la Vierge 522
Suffrages 405, 602, 682, 699, 722
Suicide 303, 424, 616, 740; voir Puits
Surdité 608
Symbole des apôtres: voir *Credo*
Synode 58

Tabernacle 514, 711; voir Pyxide
Tablettes des défunts 866D
Taxe 455
Tempête 651, 815; voir Intempéries
Temple; – d'Apollon 696; construction d'un – 689
Temps 796
Tentation 150, 166, 293, 327-334, 386, 414, 421, 532, 604, 696, 772, 812; – de la chair 727-735, 807
Terre, voir Tremblement de –
Testament: voir Héritage
Tête 62, 310, 790; – décapitée 62; – enflée 806; mal de – 136, 865B; 832, 833
Tissus 864A, 888
Tombeau 280, 289, 293, 318, 322; voir Sépulture
Torture 13, 59, 91, 186, 298, 310, 376, 379, 383-384, 397, 512, 615, 639, 814, 906
Toussaint 227, 855; voir Fête
Travail 50, 145, 346, 508, 565, 635, 737, 757, 790; outils de – 403; – du foulon 493
Tremblement de terre, 225, 651
Tribulation 43, 351-361, 467
Tribun 64
Tribunal 64
Trinité 120, 725
Tristesse 342, 354, 569, 727, 737
Trône pontifical 119
Trône royal 121
Turc 690
Tyran 366, 385, 551, 650, 658, 669

Usurier 443

Vaine gloire 418-440
Vaisselle 165
Vanité 420; voir Orgueil
Vase 526
Veille nocturne 183, 317, 329
Vendredi 770; – saint 844, 880
Vénération 15, 16; – de la Vierge mère 521-531, 812-814

Vengeance 294; – divine 56, 648-670; – par les saints 294
Ventre 316, 385, 658
Vêpres 388, 833, 848
Vers 165, 653, 658, 668
Verge 134
Vermine: voir Vers
Vertus, voir Abstinence, Ascèse, Charité, Chasteté, Gravité, Honnêteté, Hospitalité, Humilité, Mansuétude, Obéissance, Patience, Persévérance
Vêtement 271; – blanc d'un croisé 697; – épiscopal 570, 580; – monastique 140, 156, 172, 180, 391, 393, 396, 439, 448, 637, 640, 747, 766, 790, 887; – liturgique 700; – profane 2, 9, 38, 454, 490, 591, 601, 613, 620, 631, 747; – à queue 9; – sacerdotal 846; abbatial 863C
Veuve 71, 126, 150, 355, 621, 641, 686, 820
Viande 157, 158, 457, 480; – transformée en corbeaux 869
Viatique 58, 718-719
Vices, voir Acédie, Adultère, Ambition, Avarice, Concupiscence, Désespoir, Désobéissance, Gourmandise, Haine, Impatience, Ivresse, Jalousie, Luxure, Magie, Mensonge, Orgueil, Paresse
Vieillard 75, 125, 128, 184, 189, 202, 207, 214, 219, 221, 222, 224, 321, 338, 358, 391, 425, 431, 450, 483, 543, 548-549, 584, 633, 685, 724, 734-735, 738, 766, 782, 864B
Vierge (jeune fille) 67, 76, 173, 192, 207, 307, 312, 385, 819
Vierge consacrée 18
Vigiles 412; office des – 529;832, 853, 855, 865B
Vigne 459
Ville 667, 787
Vin 168, 174, 187, 188, 457, 459, 597
Viol 89, 141, 289, 294, 302, 383
Violence 28, 45, 150, 203, 204, 206, 292, 347, 408, 418, 746
Virginité 305, 318, 665
Visage 57, 134, 504, 631
Viscères 657-658; – pourrie 551
Visite de la Vierge dans une abbaye 897
Vision 47, 48, 57, 165, 218, 232, 242, 243, 251, 253, 267, 273, 274, 277, 285, 298, 312, 358, 390, 393-397, 399-402, 406-407, 410, 412, 416, 446, 449, 462, 464, 469, 499, 501, 511, 513, 519, 529, 580, 592, 608, 686-687, 696, 700-701, 705-706, 716, 718, 721, 753-755, 766; – d'hommes rô-

tis en enfer 750; – d'un ange 805, 827, 833; – de plusieurs anges 836, 863F; – d'un enfant couronné 804; – d'un moine crucifié 752; – de la Vierge 809, 829, 852, 879; – de la Vierge avec Marie Madeleine et sainte Élisabeth 866B; – de démons 477, 685, 743, 798, 907; – du Christ 800; – du roi Dagobert mort 678; – d'un éthiopien 749, 751, 801, 826B, 828, 839, 854, 863D; – du Christ en croix 830, 844, 847, 860; – du Christ célébrant la messe 831; – du Christ conduisant des bœufs 837; – du Christ et des apôtres 840; – du Christ enfant 841, 842; – du Christ 851, 853; – du Christ bénissant 848, 850; – de sa propre mort 832; – de saint Bernard 865A; – cachée puis révélée 866B

Vœu 56, 282, 304, 361, 497-502, 724, 856

Voix 37, 101, 147, 206, 241, 332, 409, 556, 687, 775, 798, 801; – céleste 833, 852; – surnaturelle 865A

Vol 17, 76, 82, 143-145, 162, 186, 283, 324, 346, 355, 377, 444, 448, 452, 483, 525, 603, 611, 645, 822; – de nourriture 25, 70; – d'un livre 151; – d'une Bible 142; – d'un cheval 826A

Volcan 228, 290, 409

Voleur 17, 76, 82, 143, 144, 247, 279, 444, 826A, 859, 882D, 902

Volupté, voir Plaisir

Voyage 102, 112, 113, 161, 227, 261, 284, 299, 864B, 882B-D

CONSPECTVS MATERIAE

AVANT-PROPOS	VII
BIBLIOGRAPHICA COMPENDIA ADHIBITA	IX-XI
INTRODUCTION	XIII-XXX
I. La place du manuscrit Paris, BnF, lat. 15912 (dit *Collectio exemplorum Cisterciensis*) dans les premiers recueils cisterciens d'*exempla*	XIII-XV
II. Le manuscrit Paris, Bibliothèque nationale de France, lat. 15912	XV-XXI
Structure générale	XV-XVI
Description matérielle	XVI-XVIII
Histoire du manuscrit	XVIII-XXI
III. La date et la provenance du manuscrit	XXI-XXIII
IV. Le public, le but et les sources du recueil	XXIII-XXIX
V. Principes d'édition	XXIX-XXX
ANNEXE 1: Rubriques de la *Collectio exemplorum Cisterciensis*	XXXI-XXXIII
ANNEXE 2: Rubriques par ordre dévcroissant d'*exempla*	XXXIV-XXXVI
ANNEXE 3: Correspondances entre la *Collectio exemplorum Cisterciensis*, le *Liber miraculorum et uisionum* de Herbert de Clairvaux et l'*Exordium magnum Cisterciense*	XXXVII-XL
BIBLIOGRAPHIE SÉLECTIVE	XLI-XLIII
COLLECTIO EXEMPLORVM CISTERCIENSIS	1-353
Capitula sequentis operis	3-4
Textus	5-353
FONTES EXEMPLORVM	355-564
APPENDIX: Concordance renversée entre l'*Index exemplorum* de F. C. Tubach (Helsinki, 1969) et les exempla de la *Collectio exemplorum Cisterciensis*..	565-566

INDICES 567-629

    Index locorum S. Scripturae 569-575
    Index auctorum, relatorum et operum anony-
      morum 576-605
    Index personarum locorumque exemplorum 606-616
    Index rerum exemplorum 617-629

Printed in Belgium – Imprimé en Belgique
D/2012/0095/27
ISBN 978-2-503-54004-7 HB – relié
ISBN 978-2-503-03000-5 series – série

EXEMPLA MEDII AEVI

inuestiganda atque edenda
curant

Jacques BERLIOZ   Marie Anne POLO DE BEAULIEU
Jean-Claude SCHMITT

Corpus Christianorum
Continuatio Mediaeualis

I Stephanus de Borbone, *Tractatus de diuersis materiis praedicabilibus. Prologus, Prima pars: De dono timoris*, ed. Jacques BERLIOZ et Jean-Luc EICHENLAUB
    Turnholti, 2002 (*CCCM* 124)

II *Collectaneum exemplorum et uisionum Clarevallense e codice Trecensi 946*, ed. Olivier LEGENDRE
    Turnholti, 2005 (*CCCM* 205)

III Stephanus de Borbone, *Tractatus de diuersis materiis praedicabilibus. Tertia pars*, ed. Jacques BERLIOZ
    Turnholti, 2006 (*CCCM* 124B)

IV Humbertus de Romanis, *De dono timoris*, ed. Christine BOYER
    Turnholti, 2008 (*CCCM* 218)

V *Collectio exemplorum Cisterciensis in codice Parisiensi 15912 asseruata*, ed. Jacques BERLIOZ et Marie Anne POLO DE BEAULIEU
    Turnholti, 2012 (*CCCM* 243)

CORPVS CHRISTIANORVM
CONTINVATIO MEDIAEVALIS

ONOMASTICON

Adalboldus Traiectensis 171
Adelmannus Leodiensis 171
Ademarus Cabannensis 129
Adso Dervensis 45, 198
Aelredus Rievallensis 1, 2A, 2B, 2C, 2D
Agnellus Ravennas 199
Agobardus Lugdunensis 52
Alexander Essebiensis 188, 188A
Alexander Neckam 221, 227
Ambrosius Autpertus 27, 27A, 27B
Andreas a S. Victore 53, 53A, 53B, 53E, 53F, 53G
Anonymus Bonnensis 171
Anonymus Einsiedlensis 171
Anonymus Erfurtensis 171
Anonymus in Matthaeum 159
Arnoldus Gheyloven Roterdamus 212
Ars Lauresbamensis 40A
Ascelinus Carnotensis 171
Balduinus de Forda 99
Bartholomaeus Exoniensis 157
Beatus Liebanensis 58
Benedictus Anianensis 168, 168A
Beringerius Turonensis 84, 84A, 171
Bernoldus Constantiensis 171
Bovo Corbeiensis 171
Burchardus abbas Bellevallis 62
Caesarius Heisterbacensis 171
Carmen Campidoctoris 71
Christanus Campililiensis 19A, 19B
Chronica Adefonsi imperatoris 71
Chronica Hispana 71, 71A, 73
Chronica Naierensis 71A
Chronica Latina Regum Castellae 73
Collectaneum exemplorum et uisionum Clarevallense 208
Collectio canonum in V libris 6
Collectio exemplorum Cisterciensis 243
Commentaria in Ruth 81
Conradus Eberbacensis 138
Conradus de Mure 210
Constitutiones canonicorum regularium ordinis Arroasiensis 20
Consuetudines canonicorum regularium Springiersbacenses-Rodenses 48
Constitutiones quae uocantur Ordinis Praemonstratensis 216
Dionysius Cartusiensis 121, 121A
Donatus ortigraphus 40D
Eterius Oxomensis 59

Excerpta isagogarum et categoriarum 120
Excidii Aconis gestorum collectio 202
Expositiones Pauli epistularum ad Romanos, Galathas et Ephesios 151
Florus Lugdunensis 193, 193A, 193B, 220B
Folchinus de Borfonibus 201
Frechulfus Lexoviensis 169, 169A
Frowinus abbas Montis Angelorum 134
Galbertus notarius Brugensis 131
Galterus a S. Victore 30
Garnerius de Rupeforti 232
Gerardus Magnus 172, 192, 235
Gerardus Moresenus seu Csanadensis 49
Gerlacus Peters 155
Germanus Parisiensis episcopus 187
Gillebertus 171A
Giraldus Floriacensis 171A
Glosa super Graecismum Eberhardi Bethuniensis 225
Glossa ordinaria in Canticum Canticorum 170.22
Glossae aeui Carolini in libros I-II Martiani Capellae De nuptiis Philologiae et Mercurii 237
Glossae biblicae 189A, 189B
Gozechinus 62
Grammatici Hibernici Carolini aevi 40, 40A, 40B, 40C, 40D
Magister Gregorius 171
Guibertus Gemblacensis 66, 66A
Guibertus Tornacensis 242
Guillelmus Alvernus 230, 230A
Guillelmus de Conchis 152, 158, 203
Guillelmus Durantus 140, 140A, 140B
Guillelmus de Luxi 219
Guillelmus Petrus de Calciata 73
Guillelmus a S. Theodorico 86, 87, 88, 89, 89A, 89B
Guitbertus abbas Novigenti 127, 127A, 171
Heiricus Autissiodorensis 116, 116A, 116B
Henricus a S. Victore 30
Herimannus abbas 236
Hermannus de Runa 64
Hermannus Werdinensis 204
Hermes Trismegistus 142, 143A, 144, 144C
Hieronymus de Praga 222

Hildebertus Cenomanensis 209
Hildegardis Bingensis 43, 43A, 90, 91, 91A, 91B, 92, 226
Historia Compostellana 70
Historia translationis S. Isidori 73
Historia Roderici vel Gesta Roderici Campidocti 71
Homiletica Vadstenensia 229
Homiliarium Veronense 186
Hugo Pictaviensis 42
Hugo de Miromari 234
Hugo de Sancto Victore 176, 176A, 177
Humbertus de Romanis 218
Iacobus de Vitriaco 171
Iohannes Beleth 41, 41A
Iohannes de Caulibus 153
Iohannes de Forda 17, 18
Iohannes Hus 205, 211, 222, 238, 239, 239A, 253
Iohannes Rusbrochius 101, 102, 103, 104, 105, 106, 107, 107A, 108, 109, 110, 172, 207
Iohannes Saresberiensis 98, 118
Iohannes Scottus (Eriugena) 31, 50, 161, 162, 163, 164, 165, 166
Iohannes Wirziburgensis 139
Lanfrancus 171
Liber de gratia Noui Testamenti 195
Liber ordinis S. Victoris Parisiensis 61
Liber prefigurationum Christi et Ecclesie 195
Liber Quare 60
Liber sacramentorum excarsus 47
Liber sacramentorum Romane ecclesiae ordine exscarpsus 47
Liudprandus Cremonensis 156
Logica antiquioris mediae aetatis 120
Lucas Tudensis 74, 74A
Margareta Porete 69
Martianus Capella 237
Metamorphosis Golie 171A
Metrum de vita et miraculis et obitu S. Martini 171A
Monumenta Arroasiensia 175
Monumenta Vizeliacensia 42 + suppl.
Muretach 40
Oratio S. Brandani 47
Oswaldus de Corda 179
Otfridus Wizemburgensis 200
Pascasius Radbertus 16, 56, 56A, 56B, 56C, 85, 94, 96, 97
Paulinus Aquileiensis 95
Petrus Abaelardus 11, 12, 13, 14, 15, 190, 206
Petrus Blesensis 128, 171, 194
Petrus Cantor 196
Petrus Cellensis 54
Petrus Comestor 191

Petrus Damiani 57
Petrus Iohannis Oliui 233
Petrus Pictaviensis 51
Petrus Pictor 25
Petrus de S. Audemaro 25
Petrus Venerabilis 10, 58, 83
Polythecon 93
Prefatio de Almaria 71
Psalterium adbreviatum Vercellense 47
Rabanus Maurus 44, 100, 174, 174A
Radulfus Ardens 241
Radulfus phisicus 171A
Radulphus Cadomensis 231
Raimundus Lullus 32, 33, 34, 35, 36, 37, 38, 39, 75, 76, 77, 78, 79, 80, 111, 112, 113, 114, 115, 180A, 180B, 180C, 181, 182, 183, 184, 185, 213, 214, 215, 246
Ratherius Veronensis 46, 46A
Reference Bible – Das Bibelwerk 173
Reimbaldus Leodiensis 4
Remigius Autissiodorensis 136, 171
Reynardus Vulpes 171A
Robertus Grosseteste 130
Rodericus Ximenius de Rada 72, 72A, 72B, 72C
Rudolfus de Liebegg 55
Rupertus Tuitiensis 7, 9, 21, 22, 23, 24, 26, 29
Saewulf 139
Salimbene de Adam 125, 125A
Scriptores Ordinis Grandimontensis 8
Sedulius Scottus 40B, 40C, 67 + suppl., 117
Sermones anonymi codd. S. Vict. Paris. exarati 30
Sermones in dormitionem Mariae 154
Sicardus Cremonensis 228
Sigo abbas 171
Smaragdus 68
Speculum virginum 5
Stephanus de Borbone 124, 124B
Testimonia orationis christianae antiquioris 47
Teterius Nivernensis 171
Thadeus 202
Theodericus 139
Thiofridus Epternacensis 133
Thomas de Chobham 82, 82A, 82B
Thomas Gallus 223, 223A
Thomas Migerius 77
Vincentius Belvacensis 137
Vita S. Hildegardis 126
Vitae S. Katharinae 119, 119A
Walterus Tervanensis 217
Wilhelmus Iordani 207
Willelmus Meldunensis 244
Willelmus Tyrensis 63, 63A

March 2012